任乃强◎著

任乃强全集【第四卷】

华阳国志校补图注（上）

主编 任新建
副主编 何洁

四川人民出版社

图书在版编目（CIP）数据

华阳国志校补图注. 上 / 任乃强著. —成都：四川人民出版社，2021.12
（任乃强全集；第四卷）
ISBN 978-7-220-12479-2

Ⅰ. ①华… Ⅱ. ①任… Ⅲ. ①西南地区－地方志－东晋时代 Ⅳ. ①K297

中国版本图书馆 CIP 数据核字（2021）第 249286 号

HUAYANGGUOZHI JIAOBU TUZHU SHANG

华阳国志校补图注（上）

任乃强 著

主　　编　　任新建
副 主 编　　何　洁

总 策 划	罗桑道吉
出 版 人	黄立新
组稿统筹	喻　磊
项目执行	邹　近　章　涛
责任编辑	熊　韵　张东升
装帧设计	戴雨虹
封面画像	蒋骊霄
责任印制	祝　健
出版发行	四川人民出版社（成都三色路 238 号）
网　　址	http://www.scpph.com
E-mail	scrmcbs@sina.com
新浪微博	@四川人民出版社
微信公众号	四川人民出版社
发行部业务电话	（028）86361653　86361656
防盗版举报电话	（028）86361653
照　　排	四川胜翔数码印务设计有限公司
印　　刷	成都东江印务有限公司
成品尺寸	185mm×260mm
印　　张	21.25
字　　数	557 千
版　　次	2021 年 12 月第 1 版
印　　次	2021 年 12 月第 1 次印刷
书　　号	ISBN 978-7-220-12479-2
定　　价	2500.00 元（全十五卷）

■版权所有·侵权必究

本书若出现印装质量问题，请与我社发行部联系调换
电话：（028）86361656

总目录

[华阳国志校补图注（上、中、下）]

第四卷　华阳国志校补图注（上）

前　言 …………………………………………………………………………（001）

巴　志（卷一）………………………………………………………………（051）

汉中志（卷二）………………………………………………………………（125）

蜀　志（卷三）………………………………………………………………（191）

第五卷　华阳国志校补图注（中）

南中志（卷四）………………………………………………………………（333）

公孙述刘二牧志（卷五）……………………………………………………（453）

刘先主志（卷六）……………………………………………………………（483）

刘后主志（卷七）……………………………………………………………（521）

大同志（卷八）………………………………………………………………（575）

001

第六卷　华阳国志校补图注（下）

李特雄期寿势志（卷九） ·· (635)

先贤士女总赞论（卷十上） ·· (681)

广汉士女（卷十中） ··· (729)

汉中士女（卷十下） ··· (773)

后贤志（卷十一） ·· (803)

原附　益梁宁三州先汉以来士女目录 ·· (859)

序　志（卷十二） ·· (925)

　　附录一　旧刊序跋 ·· (947)

　　附录二　莫与俦著作两篇 ··· (985)

跋 ·· (991)

目 录

[华阳国志校补图注（上）]

前　言 …………………………………………………………………（001）

巴　志（卷一） ………………………………………………………（051）

汉中志（卷二） ………………………………………………………（125）

蜀　志（卷三） ………………………………………………………（191）

前　言

（一）常璩身世与其撰述动机。

（二）原著撰述过程与资料依据。

（三）原著之优缺点。

（四）原著流行情况。

（五）宋代刻本与校勘工作。

（六）明代刻本、钞本与校勘工作。

（七）清中叶刻本与校勘本。

（八）道咸以来之翻刻与校勘。

（九）旧刻遗存问题与此次整理目的。

（十）校勘述例。

（十一）阙文辑补述例。

（十二）绘图述例。

（十三）注解与标点述例。

（十四）附录搜辑述例。

研讨西南古代史地，屡须检核《华阳国志》，然学者每以未有善本，残阙讹夺，影响文义为憾。今在四川大学历史系师生的协助下，搜讨旧刻，博征群书，勘正原文，补其残阙，施以标点，分段加注，插绘地图，期于解决旧刻遗存之问题，便于读者使用，称为《华阳国志校补图注》。兹将常璩原著特点，历代钞刻情形，与此次整理工作过程、方法、着力之点及存留问题作一说明，借当叙例云尔。

（一）常璩身世与其撰述动机

常璩字道将，晋世蜀郡江原县人。江原常氏为巨族，颇多治学艺、擅文辞、喜著述者。四世纪初，因蜀地农民起义，当地士族纷率其部曲客户流转远徙他乡。常氏以常宽为首领，从杜弢等东走荆湘。璩时尚幼，家较贫，未能远徙，随族结坞，附青城范长生以自存。后受李雄绥抚。雄既奄有梁益，颇兴文教。时则蜀土清晏，年丰赋薄，璩以旧族遗民，方当壮岁，在安定生活中，得遍读先世遗书，颇以文学自负。其后蜀民流在荆湘者，奉杜弢割据湘州，常宽复率族避地交址。李雄收取宁州，招辑流民，蜀人流在交址、南中、荆湘者，次第复还，常族与焉。时璩方强仕，常氏新还者咸依之。璩强学好问，招还流民中又多有识远方地理与乱离故事者，记问既丰，颇多撰述。逮李期、李寿之世，璩仍为史官。曾依李雄时图籍版档，撰《梁益宁三州地志》及《蜀汉书》。李寿与江左绝，而颇交通北方，璩书缘是最先流传黄河流域。李势时，璩官散骑常侍，素服巴西龚壮言论，倾心江左。永和三年（三四七），桓温伐蜀，军至成都，璩与中书监王嘏等劝势降晋，随势徙建康。江左重中原故族，轻蜀人，璩时已老，常怀亢愤，遂不复仕进，衰削旧作，改写成为《华阳国志》。其主旨在于夸诩巴蜀文化悠远，记述其历史人物，以颃颉中原，压倒扬越，以反抗江左士流之消藐。因资料新颖，叙述有法，文词亦复典雅、庄严，符合封建士流志尚，故能及时流行，为千六百年来地方史志所取则。

其书凡十二卷，约分三部：第一至四卷，述梁、益、宁三州地理与其古史；第五至九卷，志公孙述以来割据蜀地者始末；第十、十一两卷，标榜蜀中人物，殿以《自序》一卷，又辑附三州人物目录。全书共约九万字，在绢素时代，为地方史一鸿篇巨制矣。

兹为便于说明常璩的时代背景与撰述过程起见，编为下列年表：

公元	晋帝纪年	李氏纪年	大事	常璩年岁（估计数，误差约五年）与其著述
291	惠帝元康元年		晋朝廷内乱发生。	出生年（？）
296	六		关中羌胡并起叛晋。	
298	八		关陇流民入蜀。	
300	永康元年		赵廞据益州叛晋。	
301	永宁元年		李特攻杀赵廞。	十岁左右
302	泰安元年		晋益州刺史罗尚与李特相攻。	
303	二	李特建初元年	李特败死，李雄反攻罗尚。	
304	永兴元年	李雄建兴元年	罗尚败走巴郡。李雄入成都。	
305	二	二	蜀民大流徙。	江原常宽率族入巴，流转荆湘。
306	光熙元年	晏平元年	罗尚得荆州支持，军复振。	

续表 1

公元	晋帝纪年	李氏纪年	大事	常璩年岁（估计数，误差约五年）与其著述
307	怀帝永嘉元年	二	蜀、巴对峙。	
308	二	三	梓潼叛雄附巴。	
309	三	四	巴西叛雄附巴。巴内乱。	
310	四	五	蜀流民杜弢等据湘州。	
311	五	玉衡元年	李雄收复巴西、梓潼、犍为。	二十岁左右
312	六	二	李雄统一益、梁二州。	
313	愍帝建兴元年	三	南中流民渐还巴蜀。	
314	二	四		
315	三	五	湘州杜弢败亡。	
316	四	六	刘曜入关中，西晋亡。	
317	元帝建武元年	七	司马睿称晋王。	
318	大兴元年	八	司马睿称帝，是为东晋。	
319	二	九		
320	三	十	陈安叛刘曜于陇右。	
321	四	十一		三十岁左右
322	永昌元年	十二	晋有王敦叛乱。	
323	明帝大宁元年	十三	李雄军攻宁州，败还。	
324	二	十四	王敦败死。	
325	三	十五		
326	成帝咸和元年	十六	李雄取涪陵。	
327	二	十七	晋有苏峻等叛乱。	
328	三	十八	苏峻败死。	
329	四	十九	苏峻余党败溃。	
330	五	二十	李雄遣李寿攻取巴东、建平。	
331	六	二一	李寿进军阴平，武都杨难当降。	四十岁左右
332	七	二二	李寿南征宁州。	撰梁、益二州
333	八	二三	宁州入于李雄。交、广流民渐还。	地记及《南中志》。
334	九	二四	李雄卒。蜀宗室相残。	
335	咸康元年	李期玉恒元年		改写《梁州记》为《巴汉志》、《益州记》为《蜀志》。
336	二	二	晋取蜀兴占。蜀取晋汉中。	
337	三	三		

续表 2

公元	晋帝纪年	李氏纪年	大事	常璩年岁（估计数，误差约五年）与其著述
338	四	李寿汉兴元年	李寿袭成都，杀李期，改国号汉。	
339	五	二	建宁叛蜀附晋。李寿通使石虎。	撰成《蜀汉书》。
340	六	三	蜀克建宁，复宁州。	
341	七	四	蜀军攻牂柯不克。	五十岁左右
342	八	五		改写《三州志》为《华阳国记》。
343	康帝建元元年	六	晋军袭蜀江阳。李寿卒。	
344	二	李势太和元年	晋军取巴东。	
345	穆帝永和元年	二	李势杀其弟广及解思明等。	
346	二	嘉宁元年	李弈自晋寿叛，寻败死。	
347	三		桓温伐蜀，李势降。	随李势徙江左。
348	四		李势余众拥立范贲复据成都。	改写《华阳国记》为《华阳国志》。
349	五		晋军再破成都擒范贲。	
350	六		萧敬文犹据涪城叛晋。	
351	七			六十岁左右
352	八		萧敬文败死。	
353	九		晋殷浩北伐屡败。	
354	十		晋内外政权归于桓温。	
357	升平元年		秦苻坚即天王位。	
361	五		李势卒于建康。	七十岁左右卒（？）

（二）原著撰述过程与资料依据

上表判断《华阳国志》非一次写成，而为纂合多种旧作所改编者，有下列证据。

1. 全书各篇自言其截止年代，参差不同，且其实际内容亦未与《序志》所标计划一致。如《三州士女目录》言"至晋元康末年"，而所列人物如谯登、侯馥，皆死于永嘉以后。又其《后贤志》云收"二十人"，实仅十八人有赞。足见其虽最后辑录之《士女目录》与《后贤志》，亦非按照计划一次完成者。大抵《先贤》《后贤》两篇皆先撰成赞，后乃补传为注，又后乃造《目录》，复经几次增删，故流行本与最初计划颇有不符。

2. 其《序志》自言全书叙事"终乎永和三年"。其卷九亦明明标题为《李特雄期寿势志》，乃其文终于咸康五年（三三九）李寿犹未死时，阙李寿事之太半与《势志》全文；又其篇始于李雄，李特事迹乃在《大同志》内。可知其撰《大同志》在玉衡年代，至汉兴年代又更以《蜀先主后主纪》与李特、流、雄、期、寿事纂为《蜀汉书》，至汉兴三年（三四〇）以后，慵未赓续。晚居江左，乃分《蜀汉书》之《先主后主纪》各为志，改特、流事为《大同志》；并拟于雄、期纪志外续成寿、势二志，卒因畏避忌讳，兼以老病，未克完成，仍旧至咸康五年而止。

3. 《魏书》卷六十七《崔鸿传》（《北史》卷四十四略同），谓鸿景明初（五〇〇）"搜集诸国旧史"撰《十六国春秋》，因多犯忌讳，不敢行世，魏主闻而征之，正始三年（五〇六），"乃妄载其表曰……惟常璩所撰李雄父子据蜀时书寻访未获，所以未及缮成，辍笔私求，七载于今。此书本江南撰录，恐中国（指中原）所无，非臣私力所能终得。其起兵僭号，事之始末，乃亦颇有，但不得此书，惧简略不成"。又其子秘书郎子元，永安二年（五二九）奏士其父书曰："先朝之日，草构悉了。唯有李雄蜀书搜索未获。阙兹一国，迟留未成。去正光三年（五二二），购访始得。讨论适讫，而先臣弃世。"父云"乃亦颇有"，子云"草构悉了"，皆足证正始年代鸿已撰成全书，具有蜀事。时既尚未购得江南撰之《华阳国志》，则其于蜀李事为何书耶？其为璩汉兴初年所撰之《蜀汉书》无疑矣。故魏收指其借口未得江南书为"妄载其表"，而崔子元表则径称其父所谓"江南撰录"之"李雄父子据蜀时书"（指《华阳国志》）为"李雄蜀书"；盖就李雄父子据蜀一事言，两书内容类同，崔子元混称之也。

4. 《水经注》屡引常璩之书，有称《华阳国记》者（《漾水》《沫水》）二处，称《华阳记》者多处（卷三十三最多），他或称"常璩曰"，或称《巴汉志》，其文则皆今日通行之《华阳国志》文也，而竟无一处称《华阳国志》者。又常氏自序，虽标题为《序志》，文中乃作"号曰《华阳国记》"。可见此书旧本原称《华阳国记》或《华阳记》，江左改写本乃称为志耳。又，江左人士引此书者，如裴松之《三国志注》，刘昭《续汉郡国志注》，皆只称《华阳国志》，无称作"记"者。隋唐以下引此书者亦然。足见常氏居蜀时所撰而流行于北方者，本曰《华阳国记》或《华阳记》，居江左改写之本乃称《华阳国志》。因其改写易名于衰年恍惚中，偶仍旧序文字作"号曰《华阳国记》"耳。盖常氏原著有《巴汉志》《蜀志》《南中志》为地理专书。旋复增益霸史部分，名曰《华阳国记》，盖早已单行，传钞于黄河流域，为崔鸿、郦道元等所依据；徙居江南后，乃合地记、霸史与地方人物为一书，分别篇章，定名

《华阳国志》，江左人士与隋以来各书所引皆江南本，原撰各记未更流行也。

5. 常氏此书，以地理之部为最精。其为历世所称道与引用者，大抵不出前四卷。然此四卷之编次方法，颇多可疑：璩本蜀人，仕于蜀国，其文亦特重在蜀，何以首列《巴志》，《蜀志》反叙《汉中志》后？又记益、梁、宁三州文字分量相当，何以独分梁州为巴与汉中两卷？晋梁州治历在汉中，李氏梁州刺史亦常驻晋寿，何以首列《巴志》，且以《梁州总序》属之？《水经注》引此前两卷文，何以又不称《巴志》《汉中志》而别称为《巴汉志》？综此疑点，可以推断：常氏最先所撰地记为益梁宁三州各一卷，缘李雄弃汉中后，梁州形势首重三巴，故作如此叙述，并名为《巴汉志》，原次在《蜀志》后。入江左后，为尊晋制，未便抑汉中于巴郡下，乃分《巴志》与《汉中志》为两卷，借省改写之劳。试细校此巴、汉两卷文字，其为李氏统治时期旧作，形迹宛然，足知其先后撰述沿袭过程。大抵璩居江左时，但着力于表扬乡邦人物，衰惫暮气，未能更写符合晋制之《梁州记》也。

由上推断，更综述常氏撰述过程与其资料依据如次：

地理之部　《蜀志》撰述最早，取材于扬雄《蜀本纪》、应劭《风俗通》、谯周《益州记》、陈寿《益部耆旧》，与扬雄、左思两《蜀都赋》、来敏《本蜀论》、赵宁《乡俗记》及常氏自所见闻，而以《史记》《汉书》《续汉书》《汉纪》《续汉纪》与陈寿、王崇《蜀书》之文参订之。其他所云司马相如、严君平、阳城子玄等之《蜀本纪》，皆既佚之书，则疑其或属虚记，或仅传闻，莫得而征之矣。此篇初名《蜀记》，曾单行（魏、周、隋时诸书所引《蜀记》，即出常氏）。后乃改为《华阳国志》之一篇，称《蜀志》耳。最初撰述时间，约在咸和中李雄统一蜀地之际。

常氏于撰述《蜀记》同时，亦撰《巴记》一书，所据为谯周《三巴记》及自荆湘招还流民之传述。后复采祝龟《汉中志》与郑廑、陈术之书，合东三郡与梓潼、阴平旧事于《巴记》为一书，曰《巴汉记》，至李寿时流传于北方。永和中，收入《华阳国志》，始分为《巴志》与《汉中志》二卷。

其《南中志》纂述较晚，约在咸和八年（三三三）李寿取宁州后。所据为杨终《哀牢传》、谯周《南中异物志》、魏完《南中志》等书，尤以得于北还流民之传说为多。收入《华阳国志》时，全用旧文，未有增改，故咸和八年以后更无所纪。

霸史之部　晋初，陈寿与王崇各撰《蜀书》，记刘二牧与蜀二主君臣史事。其后常宽撰《蜀后志》，记晋武帝时蜀中官吏。汉嘉太守杜龚更续赵廞、罗尚时事。常璩并得其书。既为李氏史官，得详知李氏世谱，又亲见太安以来蜀中乱离情形及李雄收拾全局经过，复继杜龚之后，续常宽之书，皆叙次年月如本纪。初未行世。汉兴初，乃更取《汉纪》所载公孙述事，分别《纪》《传》若陈寿书，称为《蜀汉书》，凡九卷，合《自序》为十卷。李寿录之以遗石虎，故北方文士最先传抄之，崔鸿表所谓"亦颇有之"，由得此书也。《隋书·经籍志》与《新唐书·艺文志》并作"《汉之书》十卷"，《通典》直称之为"《汉书》十卷"，《通志》称为《汉志书》，皆钞者所以自便之名。其由李势表上者，已删除常氏《自序》，改称《蜀李书》；《旧唐书·经籍志》"《蜀李书》九卷"是也。其书只叙至汉兴二年（三三九），今本《华阳国志》卷九，改用晋帝纪年，至咸康五年（三三九）而止者是也。

《隋书·经籍志》《华阳国志》下，又有"梁有《蜀平记》十卷，《蜀汉伪官故事》一卷，亡"等字，谓梁世子萧方等与其幕客撰此二书，记李氏事，当入霸史，非谓常璩所撰。惟其文实多出于常氏《蜀汉书》，故附著之耳。

《蜀汉书》以蜀此正统。降居江左改写《华阳国志》时，不能不将此部大加改造，除改用晋帝纪年外，又将公孙述、刘二牧合为一志（原为列传），李特、李流事（原为本纪）合王浚、赵廞、罗尚事为《大同志》一卷，仅以李雄据蜀后别为一卷；在晋著书，势所必然。究其内容实质，皆未失《蜀汉书》旨趣。

人物之部　常璩在蜀时，陈寿《益部耆旧》与各郡单行之《耆旧传》并盛流行，常宽复有《梁益篇》续陈寿《耆旧》，故璩仅专力于地记与霸史之部。似亦曾仿杨羲《辅臣赞》撰有《益部士女总赞》一篇，为文学自娱之业，未以行世。由其地理书中，已将州郡杰出人物加以短语表扬，兼及贤守令，则其初无赞述人物专篇之志可知矣。入江左后，乃因旧所赞，更仿陈寿《辅臣赞注》前例，各系小传为注，明确颂扬巴蜀人士之德业功名足以傲世励俗者，为《先贤》《后贤》两篇，以抒其不堪东人诮藐之郁气。着力过猛，故虽仅两卷，篇幅则大于地志与霸史之四、五卷。犹嫌其发抒不尽，更辑《三州士女目录》以充实之。此其于江左改写此书时新增之部也。

自序之部　封建文人恒喜于其得意著作之末，夸张门第德业。常璩亦仿司马迁、扬雄、班固、仲长统等，于书末撰《自序》一篇，盖本有长文述其身世，附著于《蜀汉书》内，崔鸿据之，于《十六国春秋》中列有《常璩小传》。今传常璩字道将，即出鸿书。李势表上之《蜀李书》，则已将《自序》删除。《华阳国志·序志》虽为一卷，篇幅不逮他卷之十一；盖降人没落，衰年畏讥，且惧触忌讳、滋是非，反以妨其书之流行，故删去旧序身世之部，但存著述旨趣千余言而已。文中"凡十篇，号曰《华阳国记》"一语，盖仍原《自序》文，恍惚未改正也。原《华阳国记·巴汉志》为一篇，合《蜀志》至《后贤志》为十篇。

（三）原著之优缺点

我国自公元一世纪开始，渐起地方史志撰述之风，或传耆旧，或记风俗，或志古迹，或纪岁时，或状山水，或辑故事，逮如宫观梵塔，夷貊殊俗，草木禽兽之类，或文或赋，各依州郡方隅，汇为专书，传钞流布，与群经诸子争市。此实我国文化一大进步也。大抵汉武以前，文化事业集中于政府，掌握于史官，故史籍必出于国都，所纪恒属王侯世家之事。闾里所传，仅或著于诗歌，极难收入史录。汉武以后，儒生高拥《七经》，夺去文化揆席，史官降于从属地位。然经师史官时相冲突，虽由历朝帝王以政治强力融合之，终不可以长久相保，故自东汉初年起，治史诸家往往退处州邑，传其地方故事，群芳怒发，遍地皆然，不复更萃于上林一角焉，于是基层社会之情俗，不待辎车采访，中枢布政，能广泛资为依凭。大统一之局从而赖以稳定，则方志诸家有其功矣。然一至四世纪间，地方史志虽已发达，率皆偏记一类，无全面描绘之巨文。其一书而兼备各类，上下古今，纵横边腹，综名物，揆道度，存治要，彰法戒，极人事之变化，穷天地之所有，汇为一帙，使人览而知其方隅之全貌者，实自常璩此书创始。此其于地方史中开创造之局，亦如正史之有《史记》者一。

璩虽生于乱世，而笃好古籍，勤于搜讨。当李雄升平之世，承两汉魏晋之后，旧家遗存典籍之富，复缘李雄颇兴文教，饬风雅，璩壮年喜事，驰骋其间，所获丰备。又历任史职，得取用当时图籍档簿，且多与聚集迁流之人交往，录其见闻，故所拥资料，在当时最为瞻足。按其《自序》所举，获见司马相如、严君平、扬雄、阳城衡、郑廑、尹贡、谯周、任熙八家《蜀本纪》，旁所引据复有何英、杨终、赵甯、王崇、陈术、祝龟、习凿齿、王隐、虞预、干宝之书，多有永和时已经散佚者。在未有印刷术时，学者依于纨素，千里访购，累年不能必得。璩乃独拥一方之盛，博取约用，精练再三，故能一度书成，辄被传抄，流行南北，如有胫翼，"洛阳纸贵"，未为多让。此其凭借丰厚，取用鸿博，亦如《三都赋》之见重于时者二。

封建时代著作，非依附于经艺，即恒被斥为异端，为士林所摈。璩则崇倚儒术，泛通经艺，兼及谶纬、五行、天文、易象之说。其所崇奖，又全属清高洁白、孝义节烈、亲上死长、勇强任侠一类封建道德，足以培养风俗，与儒家主张契合。所揭"书契五善"，能自兼备，文学复足以相称，而于条理部居、抑扬控纵之间，未尝苟且。故其在封建史籍中，从来无人加以訾议。我国两千年来，地方史志不下万种，无非流行一时,旋成覆瓿。惟璩此书,虽仅方隅之事而能流行全国,迄今研究封建社会史者犹必重之。此其在历史发展阶段中,代表性强,足以抗衡正史者三。

巴、蜀、南中,即今所谓大西南者,开化虽与中原同时,而以地形险阻,僻在边方,文化发育则不与中原一致。尤以古代巴蜀,自有其独特的经济基础,文物有独具之特色,其与中原文化,尺短寸长,各有所适。汉魏以降,虽已互相融合,仍各有所偏重。分途异致,世乱则离。中原人物,留心此隅者甚希。例如李冰治水,瑰然为人类创造奇迹,而马、班之书仅在《河渠》、《沟洫》篇中记以数言。天文历数,《易》理医方,从来推蜀士最精究,而《史》、《汉》诸书亦未明确苌弘、落下闳、任文公、涪翁等身世。蜀士既多见轻,述作亦遂罕能传于中原者。相如、扬雄之赋,乃得狗监与侍臣推荐而显。是故蜀士多怀宝自迷,肥遁不出。此巴蜀与中原古代隔阂之实际情形也。常璩此书,纯用中原文化之精神,驰骛于地方一隅之掌故,通其痞隔,畅其流灌,使中土不复以蜀士见轻,而蜀人亦不复以中土为远。唐宋以降,蜀舆中原融为一体,此书盖有力焉。此就掌握地方特殊性与全国一致性相结合言,常氏实开其先河者四。

常璩长育于封建时代,其思想固不可以现代水平责之。若仅就社会发展阶段而论,则当时之封建制度,究不失为此较进步之社会制度。而璩又为其中倾向于改革之人物,故其著述中往往表现出一定的进步性。例如,对贪污之揭发指责,对劳动人民的同情,对被压迫的少数民族的公道主张之表扬,与夫崇俭德、尚勤劳、奖信义、鄙自私等,书中多有突出之叙述。又屡表彰出自塞微之人物,与捍卫群体利益的功勋。对于古代史料,颇能批判吸收,而非一味盲从滥用。又略于往古而详于当近。虽非通体皆然,要其个别有所表现,稍胜于班固、陈寿诸史。此其于史学三长中,史德尤为杰出者五。

其书缺点,首在于宣传封建迷信,脱离历史真实之处不少。次为其着力表扬之封建道德,除供历史参证外,已少价值。又次在于对经济资料搜讨太少,未能透达社会基层。由于其对经济基础无所认识,故不能反映社会发展的阶段性;缘是,往往以前后不同时代之社会现象混为一谈。例如第三卷论蜀中风俗,以奴隶社会与封建社会相杂揉;第四卷记南中事,以封建文化讥少数民族之类皆是也。又因其书定于衰暮之岁,精神既难贯注,校核尤多疏虞,字句间往往有重复、歧互、脱误、偏枯,甚至有前后牴牾之处。凡此数失,大多由于历史时代所局限,殆为封建史学家共同之缺点,未足引为深责。要当善为区别,发扬其优点,评正其缺点,是则余为此书作注时所曾随处留意者也。

其书脱稿迄今，千六百年中，历经书手传抄，匠民翻刻，颇有讹夺、溢衍。或经俗手改窜，或有脱简阙文。清代从事于校勘此书者二十余家，所能解决之问题不多。阙失待补、讹讹待正、误衍待削、颠乱待乙、晦涩待解、异同待校之处累累有之，则抄刻所遗之憾事，未得逯为常氏之缺失也。

（四）原著流行情况

唐宋以前，书籍全靠传抄，流传甚难。学人求书，亦甚迫切。举凡内容新颖、代表性强、切于实用之书，有所闻知，必争抄购。故左思赋成，洛阳纸贵；陈子昂碎琴，百轴遽空。常璩所辑录者，皆当时中原学人所不深悉而极欲知晓之事，故每一卷成，即能抄售，无论江左、中原，流行并颇迅速，《华阳国志》为其最后定本，尤为世人所重。崔鸿求之七年不得，至于表乞魏帝访购，著于《魏害》。其他经人引用，今可考见者约举如次。

晋义熙中，徐广撰《晋纪》已采用。宋元嘉初，范晔撰《后汉书》采用尤多。同时，裴松之注《三国志》亦有引用。梁天监中，刘昭注《续汉书·郡国志》引用。太清中，萧方等撰《三十国春秋》亦依据之。此皆南朝人士之使用此书者。在北朝，则魏太和中郦道元撰《水经注》，已采用其蜀中旧著甚多。崔鸿景明中撰《十六国春秋》，依据其《蜀汉书》。正光三年（五二二），又购得其《华阳国志》。他如贾思勰《齐民要术》，本农学书，亦引用之。诸家或称所引书名，或否，要其文字可按验也。

隋唐时，则大业中虞世南等撰《北堂书钞》屡引之，贞观中，房玄龄等撰《晋书》尤多采用。同时欧阳询等撰《艺文类聚》，魏王泰等撰《括地志》亦颇引之。景龙中，刘知几撰《史通》，屡称此书，比于正史。开元中，徐坚等撰《初学记》屡引之。元和中，李吉甫《郡县图志》亦曾采录。

宋世，则太平兴国中李昉等辑《太平御览》《太平广记》，乐史撰《太平寰宇记》，并多采之。景德中，王钦若等辑《册府元龟》采之。南宋则如欧阳忞《舆地广记》、王象之《舆地纪胜》，并多采入，时则雕板盛行，此书已有刻本，而旧抄传播于故家者犹多。川峡四路各州图经，殆无不引据此书者。

此后，各代一统志、地方志蔚起如麻，虽或地非梁益，亦多采录此书。其汇辑巨制，如明之《永乐大典》、清之《图书集成》等，皆几于录用此书全文。惟昔人采书，不遵原语，断烂割裂者为多。又或不检原本，意举其义；甚至剿录他书所引，未见本文；因而每有讹乱，不尽可据以校订刻本。

至于仅志书目与卷帙者，自《隋书·经籍志》、《旧唐书·经籍志》、《新唐书·艺文志》、《宋史·艺文志》、《通志·艺文略》、《通考·经籍考》、宋晁公武《郡斋读书志》、陈振孙《直斋书录解题》、王应麟《玉海》、明焦竑《国史经籍志》、陶珽重辑《说郛》、清《四库全书提要》，以及近世书目诸刊，皆著录之。清代补辑《晋艺文志》诸家更无论矣。

此书刻本始于北宋，历世转多。明末以来，辑丛书者往往收入，并各以原书全貌与世相见，而颇有异同。清代诸校雠家考订此书者先后二十余人。

以下略述此书版刻源流与诸家校勘工作。

（五）宋代刻本与校勘工作

元丰元年（一○七八），成都府尹吕大防（《宋史》卷三百四十有传）开始镂行《华阳国志》。其目的仅在表彰一方人物，故云"庶有益于风教"。此刻本久已散绝，仅赖李㛒录存其原序一篇（参看《附录》）。向觉明（达）先生家藏有朱墨校本《华阳国志》十二卷，后八卷为顾千里批校真迹（前四卷乃过录何焯校本）。前四卷之顾校原件存北大图书馆，余曾见其摄影胶卷。此二本除顾氏墨批之外，另皆有朱批，为清何焯（义门）所书，窃依其内容，定何氏校语所据之本为元丰吕大防刻本（辨证详见《附录》），是何校此顾批价值更高。吕本不显于世久矣，赖何焯批校而存其匡略，又复得为吾人所利用，亦幸矣哉。

常璩此书，在传钞时代，流行既广，窜乱亦多。抄者或肆己意为别字，或随爱憎有节删，或因误解文义而妄加增饰，亦有以前人批注语误入正文者。又或夹页误连，错简误缀。误衍、误脱，讹讹错乱之处，在在难免。自有刻本，始稍统一。然吕刻所据非善本，亦未加校勘。地志、霸史之部，谬乱颇甚，至如李㛒所云"载祀荒忽，刬缺愈多，观者莫晓所谓"。

李㛒字叔廑，丹棱人，史学巨子李焘之子（《宋史·李焘传》），嘉泰四年（一二○四）官邛州知州时，嫌吕刻讹乱，乃取《史记》《两汉书》《三国志》与《益部耆旧传》参订，通正文理，从新刻版印行。是为此书最早刊行之整理本。此刻行而吕本遂废。明代诸刻，皆遵李氏。然李刻未久而蒙古军入蜀，文物荡然，故刻本流行于世者仍希，今世亦不可得，但能从明代诸刻知其大体面目而已。

李氏原序，自言整理工作亦颇矜慎："凡一事而先后失序、本末舛逆者，则考而正之。一意而词旨重复、句读错杂者，则刊而去之。设或字误而文理明白者，则因而全之。其他旁搜远取,求通于义者又非一端。凡此皆有明验,可信不诬者。若其无所考据,则亦不敢臆决,姑阙之以俟能者。"是垩仅据正史调整吕刻错乱之部,固未曾径以己意窜改旧文。其所改正字亦不多,大抵皆有小注说明。今其注文具在。世有谓李垩窜改《常志》者,非实。

李刻之遗憾,首在于未能博征旧抄善本,进行校勘。既属史学世家,讵无家藏此书抄本?乃亦未能取以校正吕刻,而别取正史校之。其序云"盖尝博访善本而莫之或得"。夫常氏原作,必不遵循旧史成文,是李垩所为,仅能据史实疏通吕刻讹乱格塞之意,非可能得常着面目精神;且所订限于霸史之部,贡献殊属微渺。至于所谓整理吕本文,如《蜀志》与《李志》两处,则谬陋难以设想。乃犹自诩为"较以旧本之讹谬,大略十得五六"(原序参看附录二),未免失于夸妄矣。

(六) 明代刻本、钞本与校勘工作

李垩刻版后三十年,元人据蜀,又四十年而宋亡,历元至明嘉靖时,约三百六十年中,更无刻本。嘉靖以后,明刻本有下列五种:

1. 嘉靖甲子(一五六四,嘉靖四三年)成都刘大昌刻本(以下省称刘本)。现存书两部:一部在四川省图书馆,一部在北京图书馆,亦各有残阙,互补恰成完本。冠首《知成都府杨经序》云:"壬戌岁,剖符西土,景行先哲,博征文献。政余谈及是书,鲜有知者。乃刘子出家藏一帙视之。因托之校正。谋之同知温子训,推官宋子守约,将梓传焉。……阅三月,梓人告成事。"又有《刘大昌后序》云:"璩仕晋为散骑常侍,平生著作有《汉之书》《平蜀记》《蜀汉故事》;三书散逸,所传仅此,藏书家亦不多得。兹编旧录间有脱误。尝参互考订,稽之《范史》列传并注中所引,幸获什一。阙者仍旧。久藏笥中。献之郡斋,受命校正。爰命梓人"。《序》末有"本府吏张尧誉写"七字一行。其书每叶两面各十行,行二十字。杨经大字序后载《李垩序》,又次乃为《吕序》,足见所依为邛州宋刻。于纪年处皆提行(偶有非纪年处提行,及纪年处未提行者,然极少),不尽依段落文气。又多俚俗字,如称作稱、补作補、博作愽、迎作迊之类不一。每段自首行顶格外,余行皆低一格,此皆当时书吏缮写程序,非宋刻原式甚明。即就刘大昌《后序》文字分析,亦可知其人仅俗吏,学识浅陋。误解《隋书·经籍志》梁人之《平蜀记》与《蜀伪官故事》为常璩书,又以李氏散骑常侍为晋授之官,而所据参订书仅《范史》一种,其不胜"校正"之任亦甚明。通观全书,实未见其校正之迹。若云有之,则亦惟多作提行,破坏宋刻段落耳。

惟其刘大昌无校订此书之力，故所保存宋刻原文最多，适以形成此刻一大优点。近代大藏书家傅沅叔（增湘）《藏园群书题记》有长文称道此刻本，举出其前十卷佳字六十四处，解决清代校雠家如顾广圻等所怀疑而不能确定之问题颇多。如云："如卷五'以功曹李雄为大司徒'，廖校云：'雄当作熊，见《后汉书》'。此本正作李熊。……卷十，'同室斋定'。廖校云：'误，未详，本或作窒字'。又，'菊谷二石'，廖校云：'误，未详，本或作蜀'。今本正作窒、蜀字。凡此皆廖氏所疑而未敢遽为订正者，今得此本，若合符契，益可恍然矣。"（全文另载附录）。此外尚有绝大优点为傅氏所未道及者三：一，清初国内流行之明代刻本，《大同志》皆阙"太安元年"以下四页，刘本则全有之。二，又，皆脱《先贤·士女总赞》与巴、蜀、广汉、犍为四郡《士女小传》，刘本除巴郡外全具。三，又，《三州士女目录》人数与总数多不相应，说明各本皆有脱漏；刘本此《目录》亦有脱漏，而独多出数人，可资以参订他本，补成总计数的全部人名。

2. 嘉靖甲子蒲州张佳胤刻本（省称张本）。张佳胤，四川铜梁人，嘉靖庚戌进士，《明史》卷二百二十二与《铜梁县志》卷八有传，避清庙讳作佳允。亦于嘉靖甲子官蒲州知州时刻行《华阳国志》。妙在与刘大昌初不相谋而同时开雕，同于甲子春季完成。据王世贞所撰《墓志铭》："公之乞归也，实在万历丁亥……明年戊子，卒得风疾不起。"又序其《诗文集》云："卒年六十有二。"则张氏生于一五二七，卒于一五八八。其官蒲州在中进士后十四年，年三十八，正盛壮好事之时也。

吾于张本初未求得。迨全书初稿将完时，始从北京图书馆拍照得之。《中国版刻图录》第五册亦有此书原刻第一页样片。用与吴琯刻《古今逸史》本《华阳国志》校，文字、行款相同，每面十行，行二十字。足见吴琯系用张本影刻，何允中《汉魏丛书》本亦然。故张、吴、何本及上海石印本大体相同。非如刘刻之为完本也。

傅沅叔《藏园群书题记》卷一《校明刘大昌本华阳国志跋》谓："张氏蒲州所刻，观其《自序》，乃得抄本于澶渊晁太史家。嗣在江阳，假得杨用修本，又在梁，假得朱灌父本，交互取质，参正脱讹。"又"有《张四维序》，亦署嘉靖甲子元月"。"凡刘刻改正之字，张本一一皆具。可知二公校订之精审，视后世所传恶抄迥然大异。""余昔年曾得抱经堂藏本，缺第十、十一两卷。嗣与友人易得完帙，今宝藏于双鉴楼中。"知傅氏亦有此本。或即转入北大图书馆者。

另据《山右丛书初篇》（近世山西省文献委员会编印）清耿文光《万卷精华楼藏书记》卷四十云："《华阳国志》十二卷，晋常璩撰，明嘉靖本，张佳允刊。前有宋元丰戊申吕大防微仲序，次目录。十卷以下差谬过甚，卢招弓先生按《自序》重订。

末附江原常氏《士女志》一卷，张佳胤补。"

大抵张氏原刻有特点四：（一）用吕大防成都刻本为蓝本，但是本残阙。未得嘉泰李氏刻本相校，虽云用晁太史、杨升庵、朱灌甫三家批注本参订，并未校出诸多脱落，足见其用功殊疏。（二）有张氏新辑江原常氏《士女目录》附在卷末。（三）《先贤志》不仅阙《巴郡士女赞传》，又阙蜀、广汉、犍为三郡士女。又脱《大同志》泰安元年以上至永宁元年四页。（四）改窜宋刻原文之处颇多，每失常氏原作精神。例如《先主志》中，有不依宋刻，径用《三国志》原文长段刊易宋本之处。致被后人斥为"俗本"。此正由其以学识自负，妄弄笔墨，反不如刘大昌之嘿无所措者焉。

3. 新安吴琯刻《古今逸史》本（以下省称吴本）。吴琯名不见史籍，所辑《古今逸史》五十五种，经上海涵芬楼影印，有所撰《自序》一篇，未著辑刻年月。各卷皆有"明吴琯校"或"明新安吴琯校"或"明吴中珩校"一行，与万历壬辰（一五九二）新安程荣所刻之《汉魏丛书》行款同式，而所收书鲜同（如《华阳国志》程即未收）。疑是与程荣同时分购括苍何镗之书，别自刊售，其时间亦在万历二十年（一五九二）前后也。

其《华阳国志》一种，系依张佳胤原刻，有下列证据：

（1）用《中国版刻图录》第五册所影张刻第一页，以及自北京所拍回的张本胶片同吴本相校，文字、行款均同。各行字画如一，可以相套，直同影刻。惟吴本卷首多"晋常璩著"与"明吴琯校"二行，致将"州牧"至"甄其"二行顺移下页。又，张刻骑页折线上为"《华阳国志》卷一"六字，吴本作《华阳国志》与"卷之一"两段于墨界上下。其他五十余处皆为此式。盖为求全书五十五种行款一致而改，于原文无所改也。

（2）江原常氏《士女目录》，张佳胤所辑（吴本已明著于题下），万历以前唯张刻有之，跋语作"佳胤曰"云云；吴本亦有之，同作"佳胤曰"云云。夫惟张氏自刻乃可作"佳胤曰"。他人刻本即当加上"张"字，而吴本无之，足见其是全用张刻，更无所用心于其间。

（3）吴本有"校刻《华阳国志》凡例"六条，其第二条云："《先贤志》遗第二卷《巴郡士女》计七十八人传赞，故旧逸也，宋李叔廑校刻曾未指出，今考明阙之，庶备搜补"。然吴本《先贤志》仅《汉中士女》《梓潼士女》两篇，且皆无赞。无论巴郡，即蜀、广、犍三郡《士女赞传》亦无。验以另引之耿氏《藏书记》，则吴本所据仅为张刻之残阙本，而此凡例六条，实张刻文，故与吴本不相应也。

4. 武林何允中刻《汉魏丛书》本（以下省称何本）。《汉魏丛书》创辑于浙江括苍人何镗（字振卿，号宾岩，嘉靖进士，见《浙江通志》），原辑书一百种，分经、史、子、集四部，包有《华阳国志》。万历己卯（一五七九），东海屠隆（字纬真，《明史》卷二百八十八附《徐渭传》）为之改排为典雅、奇丽、鸿肆、藻艳四部，写有序文。但未刊行。新安书估程荣，购得其书三十八种，仍分经、史、子（集部全阙），于壬辰年（一五九二）刻行。有屠隆序，隆盖其介购者。此三十八种中无《华阳国志》，疑是被吴琯分购去矣。

何允中刊行《汉魏丛书》约在十七世纪初叶，即万历末年，分经翼、别史、子余、载籍四部，增辑为八十种。多取吴琯《古今逸史》诸书。其《华阳国志》编入载籍，内容与吴本全同。每行二十字，各行首尾起讫，与吴本毫无参差。惟每面只九行，故各页起讫不同。又无凡例。《目录》与各篇标题亦大悬殊。其《目录》不标卷数，作十四行平排。吴本之《李特雄寿势志》，何本作《雄寿势志》，而书中标题作《李志》。无《先贤志》，但有《汉中士女志》与《梓潼士女志》两目（吴本则作"卷十《汉中士女志》"，非用张刻旧目）。《后贤志》，作《西州后贤志》。各卷首行，何本标目顶格，不记卷数，其下有"晋常璩著"及"某县某人阅"共一行。如此相异而已。亦阙《大同志》四页与《先贤志》前二子卷，为其依照吴本，而非与吴氏同用张刻为蓝本之证。其最大荒谬处在于以《三州士女目录》为《序志》，而以常氏《序志》为《序志后语》。个别文字镌误，亦较吴本为多。在宋明刻《华阳国志》中，此为最劣。

何允中，字文开，武林县人，见所题《丛书目录款识》，余无可考。其人盖略知文艺而不通豁，敢于剽窃改窜，而巧于推广销场之书估。其书每卷皆镌有校阅人名贯，如《巴志》，"武林黄嘉惠阅"；《汉中志》，"蜀郡刘志曜阅"；《蜀志》、《南中志》，"吴郡汪明际阅"，如此广泛引列当时知名人物以壮声势，实皆未曾从事校阅。至如《序志》"武林钱敬臣阅"，竟不知其内容为《三州士女目录》。《序志后语》，"武林何士锡阅"，亦不知其为常璩《自序》，则其校阅名实可知。然竟借此虚声，迷惑无识之八股文士，一时行销甚多。四川省图书馆藏有明刻单行之《华阳国志》一部，即用此本翻刻者也。

5. 天启丙寅（一六二六）李一公成都刻本（以下简称李本）。有知成都府李一公与钦差四川恤刑范汝梓两序（另载《附录》），均称"重刻《华阳国志》"。时距刘刻仅六十三年，非由版片敝败，盖不满刘本字体庸俗与段落谬乱，略作调整而重刻之。

今未求得李本原刻，但从《函海》校注中知其文全据刘本，仅有极少异字。所录宋人校语，移在书头如眉批。提行分段则与刘本大异。又移《序志》于《巴志》之前，是为特点。刊行未二十年而蜀大乱，故流行亦不甚广。

6. 影写《永乐大典》本。《永乐大典》中收有《华阳国志》，系依李㙯校刻本缮正。清武英殿聚珍版《钦定四库全书考证》卷三十八之《华阳国志考证》，即对《永乐大典》辑出本之校勘文也。原辑本未经刊行，今《永乐大典》已散帙不可得。

7. 嘉靖中钱谷手抄本（以下省称钱木）。钱谷字叔宝，号馨室，出身孤贫，好读书。每得善本，手自抄写，穷日夜校勘，至老不衰。游文徵明门，师其书画。《明史》卷二百八十七，附《文徵明传》。查文徵明生于成化六年，卒于嘉靖三十八年（一四七〇——一五五九），钱氏游其门下，当在中岁，即正德、嘉靖之间。其手抄《华阳国志》，今有《四部丛刊》影印本。就其笔力与印章推测，又当是钱氏晚岁所作，大约抄于嘉靖末年，或隆庆之世。在刘、张二刻之后。或与同时。其板本与刘、张二本又不同，是其所抄为李㙯刻本。审其内容，有为抄自李刻之证据数端：

（1）仅有李㙯《重刊〈华阳国志〉序》。

（2）各篇文字，殆与刘本相同，但多古字，无俗字。

（3）提行空格，皆有法度。每有无文空格，其格数与校得宋刻原阙或作黑疤之字数相当（并详本书校注）。

（4）文中小字夹注，经考订可知全属宋刻已有之校语。

（5）多有避宋庙讳，如恒作恒之类，至敦字缺笔为避光宗讳，故知为依南宋刊本。

（6）卷十分上中下三子卷，标题为《先贤士女总赞》，各传本为注文，此与刘本均通为大字。与《四库全书提要》之"《总赞》相续成文"，及"㙯本第十卷分上中下"各语符合。

（7）提行处与刘本大异，则非据刘本。《蜀郡士女志》后无"佳胤曰"按语，亦不附《江原常氏士女志》，则非据张刻。第三卷《越嶲郡》及第九卷《李势志》后，李㙯按语皆作大字低格抄入，亦李刻之证。

今世不可复见李㙯刻本，清初江南藏书家固当有之，借钱氏此抄，获于今日识见李刻形制，为益甚大。惜原抄不言所据版本，殊劳猜测耳。

8. 附论明何宇度刻《华阳国志》单行本的有无问题。清乾隆中撰《钦定四库全书提要》屡屡提及，颇似当时馆阁笔人，曾亲见何宇度刊之《华阳国志》单行本，并取以与吴琯、何镗二本校勘者。然今未见有何宇度刻《华阳国志》单行本，自此《提要》外，亦更未见他文论及何刻此书。

查《四川通志》卷八十八,《经籍志·史部附录》(原例录非蜀人官蜀者所刻之书)有如此一条:"《益部谈资》三卷,明何宇度撰。宇度里贯未详,万历中官夔州通判。"又查《夔州府志》卷二十三《秩官》,明代通判有"何宇度,湖广德安守御所官籍恩生"一条。再查《湖北通志》中的《选举志》《人物志》皆无其人。惟卷八十一《艺文志》五有"《益部谈资》三卷,明何宇度撰"一条,云:"宇度字仁仲,安陆人,侍郎迁仲子,官詹事,主簿,出为夔州通判……"并无曾刊《华阳国志》之说。再查《明史》卷二八三《何迁传》,安陆人,字益之,永乐进士,官至刑部侍郎。则宇度官夔州时,只能在仁、宣之季,最迟不得过正统间,果曾刊行《华阳国志》,则是刻此书之最早者。嘉靖以后诸刻,应或取校于此书,清代藏书家、校雠家,亦当有所接触,乃皆无迹象可征。是可疑矣。

　　细释此则《提要》,不合实际之处甚多,例如何镗《汉魏丛书》并未刊行,即程荣刻本亦无《华阳国志》,而《提要》云有何镗《汉魏丛书》本,盖误以何允中为何镗也。明刻《华阳国志》之尤近于李㼈本者,当推张佳胤、刘大昌两本,《提要》均未提及,但言有影写本,应指影写《永乐大典》本或钱叔宝抄本。是搜讨犹未到也。《后贤志》二十人,只十八人有赞,各抄、刻本皆然,《提要》乃云"二十人有赞",是其检核疏忽也。至于以常氏《序志》"升于简端",明刻惟李一公本为然。李刻亦有蜀、广汉、犍为《士女赞传》。初阅《提要》,以为所言何宇度本即李本。嗣因何与李不同时,何亦未官于成都,且《李序》与《范序》均未言有何宇度参加其事,判其不然。嗣疑所言何宇度即何允中,因考二人并不同时,且《汉魏丛书》本与单行本不可相混,亦判其不然。反复推求,判此《提要》为馆阁诸人妄凭记忆,捕风捉影,信手写成,初未检核原书,遂误以何允中为何镗,以《益部谈资》为《华阳国志》,又以李一公本为何宇度刻故也。何宇度实未刻有《华阳国志》。

　　《四库提要》谬误颇多,近人已有纠谬专册印行,犹未论及此条,故并附录辨正于此。

(七)清中叶刻本与校勘工作

　　清代校勘《华阳国志》,始于乾隆三十九年(一七七四)《四库全书考证》之《华阳国志考证》,只十二条,仅用何允中本及《后汉书》文订正《永乐大典》辑出之影写本。且其书未印行,今置不论,但录曾刊行者与从事刊本之校补者如次:

　　1. 乾隆通州李调元辑刻《函海》本(以下省称《函海》或《函》)。李调元,字羹堂，号雨村，绵州罗江县人，乾隆癸未（一七六三）进士，戊戌岁（一七七八）官直隶通永道时，搜集蜀人著述（仅少量非蜀人作品）百五十九种镌成丛书四十函，称为《函海》，"皆知不足斋所未采者"，号为当时三大丛书之一（《汉魏》《知不足斋》《函海》）。其书以《华阳国志》冠首，亦惟《华阳国志》一种为精校之本。其底本为苏州朱文游家所藏吴县惠氏红豆斋旧物，经惠定宇批校之宋椠。又有钱谷钤记，可能即钱谷据抄之底本。一时校勘名宿如吴骞、卢文弨、金榜、程瑶田、陈鱣等并推重之，许为邛州原必。李氏从丁小山（名杰，浙江归安人，亦校雠家）家购得，并取刘大昌、李一公、吴琯、何允中本，手自校勘，注其异同。是为十八世纪内最为完善之足本《华阳国志》，《函海》一书，以此取重于时。

《函海》开雕于辛丑（一七八一）秋，至壬寅（一七八二），全书将成，李因亏空撤职。刻工收工赀未足，不肯发版，赖其戚南部陈琮（字韫山，时官永定道）借银三百两赎回续雕，至甲辰（一七八四）春完成。李自撰有后序，见《附录》。

此书校勘工作甚细致，态度矜慎。凡提行、空格、诸本异文、别字，各家批注，无不忠实注出，使阅者如兼得诸本。又无辄以己意窜改之迹，是其远胜宋明诸刻之处。所集明刻中无张佳胤本，故亦无《江原常氏士女目录》。

《函海》初刻，自《华阳国志》外，他本讹脱颇多。各方对之多所指责。至嘉庆十四年（一八〇九）：调元从弟鼎元（字叔和，号墨庄）致仕回籍，检定全书，改正篇目，并校订文字若干处，付调元子重夔刊行。重夔托言搬移损失，另刻新板，于道光乙酉（一八二五）完成，仍四十函，是为绵竹重刻《函海》。其内容与通州旧刻出入颇大。剔去旧刻十三种，新收入者十四种，各函编次之书殆与旧刻全异，而以《华阳国志》冠首如故。其《华阳国志》，较旧刻少吕、刘、李、范四序，仅存《李㻫序》一篇。余仍原版。因其非另一版本，故只附著于此。

2. 乾隆江西建昌王谟刻《汉魏丛书》本（以下省称王本）。王谟，字仁圃，江西金溪人，乾隆丁酉（一七七七）进士，授知县，自乞教职，选建昌府教授。好著述。尝辑《汉魏遗书》五百余种，撰《江西考古录》、《豫章十代文献》等书。嫌程荣、何允中《汉魏丛书》义例未善，乃就学署增订为八十六种，乾隆五十六年（一七九一）刊行。学使桂林陈兰森为之序。亦载屠隆原序。谟自撰《凡例》九条。又于《目录》后作《总跋》，指斥何允中本之谬。又载有"参阅姓氏"九十二人，皆南昌、南城、南丰、新城、泸溪诸县生员与建昌府学生。

其中《华阳国志》一种，仍只翻刻何允中本，但从载籍转入别史，并加圈点而已。其以《三州士女目录》为《序志》，《序志》为《序志后语》，及脱《大同志》四页与脱《先贤志》两子卷等重大缺点，皆无所指称与修正。故就《丛书》全面言，王本稍胜于何；就《华阳国志》言，则无毫厘差胜于何本，且其圈点谬妄，篇页错落之处颇多，实非佳书，而清代学人多重之，称"江西本"，足见其时认真读书者少也。

其首卷《巴志》标目行下，有"晋常璩著，万载袁廷鳌校"十字。以下各卷则只"晋常璩著"四字，不更载校阅姓名。是为与何本唯一不同处。袁廷鳌者，乾隆已亥（一七七九）乡试举人，选知县（见《江西通志》卷三十四《选举表》），盖王谟教职任内最先捷之门生，实未参加校阅，但借其微名以自壮，仍是何允中攀载名流入书故智。乃此后直至清末，凡刻《汉魏丛书》者皆遵江西本，于《华阳国志》下亦皆有"万载袁廷鳌校"一行，可谓书林怪事。

3. 浙江杭州增补何允中《汉魏丛书》本（以下省称浙本）。自何允中刻《汉魏丛书》，至乾隆时，已二百余年，原刻存于坊间者少而购者益多，至于书贾"多以建阳书林所刻《汉魏名文乘》冒充"（王谟《凡例》语），王谟因而增辑，别镌为江西本以夺其利。杭州书估又复訾短王本，乃更向江浙诸藏书家求得善本改易何刻《汉魏丛书》之一部分为浙江本以与相竞。所刻仍依何允中原式。镌刻时间未详。

其中《华阳国志》一种，原用何本影刻，雕成，乃更剜补成为足本。其改补何本之处，约举如次：

（1）《目录》依常氏《序志》十二卷原目，改用吴本款式，卷数与题目各占一行，而第十卷又分上中下，共占二十九行。洗去何本《序志后语》等荒谬标题。惟卷十上、中、下卷分题为《先贤士女总赞》、《广汉士女总赞》、《汉中士女总赞》，与原著刺谬。

（2）剷去各卷首行下"晋常璩著"与校阅人名贯各字。

（3）第一至九卷，行、叶全同何本，惟多有剜补拥挤字及剷余空白处。例如：卷五第五叶下，何本原文"汉二十二世孝灵皇帝政治衰缺王室多故太常刘（以上第四行）焉字君朗江夏竟陵人汉鲁恭王之裔建议……（第五行）"两行，此本在前行刘字上剜补"竟陵"二字挤刻。于次行朗字下，剷去"江夏竟陵人汉鲁恭王之裔"十一字为空格。如此例多不胜举，故文虽改易而各行首尾与叶数皆仍旧刻无变动。

（4）卷第八（《大同志》），除剜补挤刻字外，又补原脱宋刻四叶文字。其处理方法为：于第九页末行"縻腹心也"句下空白处增小字夹注云："此下向有脱文，今补刻四叶。"其所补刻，自"永宁元年"以下共六十行一千一百九十四字。其叶数番号则改第九叶为"九之一"。所补为九之二、之三、之四、之五。以下乃为第十叶，故亦未移乱旧刻叶序。但因旧刻为每面九行，行二十字，此千一百九十四字不能恰满四叶，故"九之五"又空一面零三行无字。"太安元年"以下仍旧从第十叶起，剜补之文仍同前法挤排。

（5）第十卷补上中二子卷及赞如钱抄本，共有二十四叶（原何本只八叶），则完全不同何本矣。

（6）删去旧《西州后贤志》标目之西州二字。

（7）纠正何本《序志》标题，仍为《益梁宁三州先汉以来士女目录》。改次行"晋常璩著武休钱敬臣阅"为"常道将集"四字。空第三行。自第四行起复与何本行、叶从同，但多增补各人品题字，挤刻于行首。例如：第二条"林闾字公孺"上增"高尚逸民"四字，九字挤刻，孺字以下小字不动。第四扬雄条，多"德行"二字，与"给事黄门"六字挤刻，"侍郎"以下字不动。

（8）改正何本《序志后语》标题，仍为《序志》。

（9）改所有"撰曰"为"赞曰"。

（10）删除原附《江原常氏士女目录》一篇。

此书未著镌刻时间与剜补缘由和依据。兹就上列特点推之：因改"撰曰"为"赞曰"，是《函海》特点，所补各叶文，又皆《函海》所有，所删《江原常氏士女目录》，亦《函海》所未收；故可疑其剜改所据为《函海》。剜补时间，当在王谟镌行江西本不久，即乾、嘉交替之间（一七九六前后），盖欲以此诸优点压倒王谟本，亦坊间决胜之一着也。惟此刻亦有廖本所具而《函海》所无者二特点：一为《巴志》"殷人前徒倒戈"句增"前徒"二字，一为《三州士女目录》中所增品题各字，则又似廖本刊行以后即嘉庆末岁（一八二〇前后）始剜补者。卢校本固曾先据《函海》本而又别有所增订也。细考其所依据，乃卢文弨校本。

4.嘉庆甲戌（一八一四）廖寅南京刻本（以下省称廖本）。廖寅（一七五二—一八二五）字亮工，号复堂，四川邻水县人，乾隆己亥（一七七九）乡试举人，捐选河南叶县知县。因擒获白莲教首刘之协超升镇江知府，赏戴花翎；旋护常镇通海道，兼管扬州税关；转江西吉南赣宁道；未久复升两淮都转运使。皆当时所谓"肥缺"。既富盛岁赀，谬附风雅，借钞得孙星衍家藏宋本《华阳国志》，先后邀请元和顾广圻、江宁顾槐三为之校勘，雇名刻工刘文奎兄弟就所居题襟馆镌刻。甲戌年刻成。世称题襟馆本。

廖本胜于以前诸本之处，专在于校勘，其校勘态度之审慎，见解之精辟，表现于下列各点：（1）虽有宋本依据，仍复引据群书，多所订正。（2）校语简洁，夹注行间；订正虽多，未尝改窜原本，阅者循文及注，其义自通。（3）凡所订正，虽多用臆测，后经别本证实其正确，足见其识力。（4）校正地名错字皆发前人所未发。（5）首先指出旧刻汶山、越嶲两郡间脱简，并搜列旧籍所引此段脱简中文字五条，提出考订线索。凡此诸优胜处，皆出于顾千里手，以及顾槐三之参订斟酌，廖寅无所预也。其缺点在于未多征集异本参校，不惟蜀中刘、李诸刻及蒲州张刻为所未见，即比较完善之《函海》本已经行世三十余年，亦未取供参考，故着力虽多，取信不足，较之《函海》，互有短长。今从北京先后借得顾氏原稿核之，其手笔即批注于经何焯校录之元丰底本上，而二顾竟无所觉，真可怪也。

5. 清中叶校勘《华阳国志》诸家。乾隆时《武英殿聚珍版丛书》中，有《四库全书考证》一种。其卷三十八《华阳国志考证》十二条，署"臣章宗瀛恭校"，仅据何允中本改补《永乐大典》本十余字，陋无足述。其时江南多大藏书家与校雠家，如歙县鲍氏知不足斋、吴县惠氏红豆斋、黄氏百宋一廛、江都秦氏五笥仙馆、余挑卢氏抱经堂、海宁吴氏拜经楼、陈氏紫微山馆、归安丁氏小西山房等，皆盛名籍籍，殆与皇宬竞富。他如江都程晋芳、阳湖孙星衍、鄱阳胡克家、江宁严长明、钱塘汪宪等皆称数十万卷。或兼刻书，或擅校雠。其校雠皆以淹贯经史，兼通小学为基础，空前精辟，不同浅学者流，远非四库馆校阅诸臣所及。惜清廷未能延致，仅用章宗瀛十二条搪塞此书。

于时民间校本多未刊行。其于《华阳国志》有所贡献者，据所知有惠栋、卢文弨、顾广圻等诸大家，略述于次。

红豆斋惠氏者，其先惠恕字元龙，一名周惕，康熙辛未（一六九一）进士，官密云知县。其子士奇（一六七〇——一七四一），辛卯（一七一一）进士，官广东学政。父子皆好藏书。士奇子栋（一六八七——一七五八）字定宇，号松崖，不乐仕进，专力学艺，恒以校书自娱。家藏旧刻既多，互用勘正，俱成善本。故有得其藏书钤记及校注批剳者皆珍视之，称惠校本。惠氏不刻书，但以校本、复本与他藏书家掉易秘藏。其时宋明刻本《华阳国志》惟吴琯、何允中二本在江南流行。惠氏所藏独有李𡌴刻本，较吴、何本多数十叶，称为足本，历世珍秘，专以校订本与人掉易他书。其书有钱谷钤记，盖即谷抄本所据。惠栋死后，家落书散，此本入于同邑朱氏。乾隆戊戌（一七七八）又转入归安丁氏，即《函海》所据本也（参看《附录》《函海》诸跋文）。其中惠栋批注仅数处，一时士流，皆以其为红豆斋旧物而重之。

乾隆癸巳（一七七三）开四库馆，征求遗书，歙县鲍廷博（一七一八——一八〇三）献书最多，时称为江南第一藏书家。所藏《华阳国志》皆吴、何本，所刻《知不足斋丛书》亦未收录。故惠校足本出世，曾经哄动一时。实则其所取据为蜀刻刘、李本，故其增补文字，与刘、李本略同，出入不大。小酉山房主人丁杰（一七三八——一八〇七）于一七七八年购得朱文然所藏红豆斋足本，曾取蜀刻刘、李本校勘，有陈竹厂诸人襄其事。见《程瑶田跋》。一七八一年，乃由程晋芳（一七一八——一七八四）介让与李调元，为《函海》冠冕。李调元再取明刻各本细校镌行。

惠栋另有校补《华阳国志》足本，曾经抱经堂卢氏换得。抱经堂卢氏者，先有余姚富人卢存心，好藏书，乾隆丙辰（一七三六）举博学鸿词，未仕。其子文弨（一七一七——一七九五）字召弓，壬申（一七五二）进士，一七六八年弃官归养。潜心汉学，尤嗜校雠。所校经、史、诸子、小学书甚富，或刊行之，或总为《群书拾补》。有江阴诸生赵曦明者襄赞其事。所校《华阳国志》，使用版本已多。又为江南藏书家中最先得蒲州刻本者。

《山右丛书》载耿文光《万卷精华楼藏书记》卷四十又有"卢反校张本"一条云："乾隆二十五年丁丑二月，卢氏校张本。卷十缺上中二卷，但存下卷，今补足。先《总赞》，次《士女传》。《蜀中士女》为上卷。《巴郡士女》宋本已缺。《广汉犍为士女》为中卷。《汉中梓潼士女》为下卷。"

又录有按语一条云："常璩《三州士女目录·巴郡士女》范目以下共一十八人，当列《蜀郡》后为第二卷。今按本志赞传并阙，岂称全典哉？自宋吕大防、李㙍二刻已无闻矣。先民往则，宜垂竹素。强识之士，不重有感耶？"（原有双行小注云"此条在第十卷《蜀郡士女赞》后"）盖即购得卢校张本后题记也。

卢氏得张佳胤刻本于乾隆二十二年（一七五七），亦系脱卷十上中二子卷舆《大同志》四叶者，即吴琯所据之本，系明代江南所有唯一之张氏刻本，卢氏依惠氏校本补足，仍阙《巴郡士女赞传》。其第九卷末有题字云："按《魏书·崔鸿传》，云常璩所撰李雄父子据蜀时书，寻访不获，久思陈奏乞缘边求采云云。然则元魏时已阙此卷。抑不知璩本有录无书，不补可也。又按其子子元云：正光三年购访始得。是有此卷。"（参看附录耿文光题记）则考订亦殊未精。大抵卢氏长于经学，于史事未能深透故也。

卢氏晚居杭州新桥之抱经堂，所校书不似惠氏之秘护，而乐于流通。除自刊行外，常听友好转抄。上述杭州剜补之《汉魏丛书》本《华阳国志》，即据卢校本改补者也。

卢校《华阳国志》足本，于乾隆癸丑（一七九三）经海宁陈鳣（一七五二——一八一七）借抄。鳣尝携至苏州上津桥石泉古舍，于一八〇九年与黄丕烈校阅，有批注。此本后为山西耿氏万卷精华楼所得,亦见《耿文光题记》,称为"卢氏校张本"。陈鳣校语,细楷朱书,录于张本上端,自别于卢氏校语。鳣字仲鱼,嘉庆三年(一七九八)举人,好校雠。与嘉定钱大昕、大兴翁方纲、金坛段玉裁、苏州黄丕烈诸人友好,其经学之深与藏书之富,并为当时浙中首屈。黄丕烈字尧圃,苏州吴县人,乾隆戊申(一七八八)举人,博学嗜书,收藏宋版极多,名所藏书处曰"百宋一廛",自号"佞宋主人"。亦好校雠与镌刻。所刻古籍,务遵原本款式,不容妄改,为一代刻书程法。他与陈鳣订交于晚岁,以互出秘本勘校为乐。

耿文光初欲以所得"卢氏校张本"付刻,嗣觉其校犹未精而止。耿氏自记云:"见赞中一条,至名齐吴王止。张本旁注下有阙文。卢校云:名齐吴王耳,非阙文也。乍读之,疑王字实玉字之讹。名齐吴王,实不成句。因取《函海》本对勘之,果是吴玉。……卢校反逊《函海》之刻,遂置之。"(参看《先贤志》吴玉条校注)。于此,足见卢氏校勘之深度殊逊于《函海》。亦足见惠氏校本与卢氏校本相异之处。

阳湖孙星衍(一七五三——一八一八)字渊如,乾隆丁未(一七八七)进士,历官山东道员,至布政使。富于藏书,亦好校雠,所镌地理书颇多。其家藏有校录元丰吕刻残本《华阳国志》,有何焯、李调元、段玉裁校阅批字。未刊,让与廖寅,并劝其延元和顾广圻为之校勘刊行之。即题襟馆本所据底本也。

顾广圻(一七七〇——一八三九)字千里,号涧薲,元和县学生。师事同县经师江声(一七二一——一七九九),通经史、训诂、天算、舆地之学,目录学尤为专长,不求仕进,以校雠、著述为业。当时名宿孙星衍、张敦仁、黄丕烈、胡克家皆延请其校勘宋版经籍,考订文字,咸以精当见称。其为廖寅校《华阳国志》,在嘉庆庚午(一八一〇),即廖寅年届六十,两淮盐运使任内。顾氏时年四十余,矜负意气,颇与廖不惬洽,中途辞去。终其业者实为顾槐三。

顾氏手稿前四卷现藏北大图书馆,经川大拍照保存。其稿系就吴琯刻本上用朱墨标识,批注行间格外殆遍。亦杂有他人参校批语。顾氏大字行书。参订者字娟秀真书,其一处云"秋碧按",盖顾槐三手笔也。其下方栏外,每有墨渍掩字,未能全读。首卷《吕大防序》题作《华阳国志引》,顾眉批云:"《四川通志》作《后序》。"又批"抄本无此序",谓孙星衍所抄宋本也。序末"元丰戊申秋日吕大防微仲撰"句上,批云:"元丰无戊申。戊午,元年也。庚申,三年也。"初未肯定何年,刻本乃作戊午,盖刻时乃依《函海》本定之。即此一点,亦足见顾氏校书未尝注意版本,但以意为之。然甚精细与慎重。

顾氏校勘此书之方法:首在清理其郡县体系,撮取前四卷中各郡属县名称、数目、置废、度移等文记，整理为表。廖刻所附《补华阳国志三州郡县目录》，署称"邻水廖寅"者，实剽夺顾氏创作。顾氏原稿写在《目录》叶后空白处，字迹可辨。地理说明，全局在握，乃更从汉、魏群书中摘录引用《华阳国志》诸文若干条，汇写一处，以便核对（写在《目录》叶后，正文首叶前）。以下乃于正文行间格外，批注其纠误、存疑及考订文字。其准备工作，甚有法度。

正文首行标题《巴志》下，行书大字二行云："癸酉十月，重读一过，颇有点窜处，后之得此者□□之。涧蘋记。"（中二字照片不明）癸酉，嘉庆十八年（一八一三），即开雕前一年，盖顾初辞去时持去此稿，廖寅既决定付雕时乃索得之。由于顾氏受其薪给，故不得不付。廖寅并未遵其原稿刻行，而别取顾槐三之说，又并攘为己作焉。

顾槐三，字秋碧，江宁县人。幼著文名，不求仕进。所著有《补后汉书艺文志》十卷、《补五代史艺文志》一卷，俱收在《廿五史补编》。又有《然松阁赋钞》与《诗钞》。生卒年月无考。据蒋国榜跋，为乾嘉时人。盖与顾广圻先后受廖寅聘校此书者，最后定稿实出其手，廖序似亦彼所代撰。序中单称顾广圻者，自逊让，不敢与千里争名也。其序别创奇说，妄谓"华山在歧州之北，其南正值梁益，与太华不同"。足见其人浅薄无根柢，非可以赓续顾千里事业者也。

顾槐三改易广圻校语处与遵用处，可于此稿本明白指出。兹举《巴志》首段为例：廖刻本"历夏殷周"句下有小注云"当作历虞夏殷，脱虞字，衍周字"十二字，顾氏原稿并无此语。应是顾槐三意。细审常氏原意，固不当有虞字，顾广圻亦不至有此谬注（参看卷一校注）。又顾千里原稿，首段上方栏外有行书额批云："广圻按，自此至凡统郡一十一，县五十八是《总序》。十一郡者，蜀郡、巴郡、广汉郡、犍为郡、汉中郡、牂柯郡、西城、永昌、建宁、朱提也。"此批语四十八字，有朱笔洇勾，下批真书二小字云"不然"，盖秋碧批驳字。廖刻本亦即无此校注。又转下叶"分益州巴汉七郡置梁州"句额上，原稿有"广圻按，此谓巴一，巴东二，涪陵三，巴西四，宕渠五，汉中六，梓潼七也"。挨下"更割雍州之武都阴平荆州之新城上庸魏兴以属焉"句，原稿于新城侧注"十"，上庸侧注"十一"，魏兴侧注"十二"等共五字。又于其额上批"十二明甚"四大字。廖刻本于"凡统郡一十一"下有校注云："当作二。按巴汉七郡者，巴一……梓潼七也。所广益者：武都八，阴平九，新城十，上庸十一，魏兴十二，故梁州之统郡一十二也。"则是全采广圻原稿。又"洛书"句上，原稿额批"广圻按，当提行另起"亦被朱洇，旁有真书"不然"二字。廖刻本亦即以"洛书曰上连"，不提行另起。如此反映廖刻对顾广圻原校遵与不遵之处不一。可知顾槐三并非与顾广圻同时参订之人,亦非广圻友好;而是广圻辞去后,乃受廖寅延聘为其撰写校注之捉刀人,故得径以己意删抹千里原稿,自为校注也。世谓廖刻为"顾千里校本",殊不尽然。谓此稿本为"千里与秋碧商讨本"者亦谬。此稿本,盖由顾千里辞廖馆后,更于癸酉岁重阅修订,寄付廖寅,寅以付顾槐三作撰定校注参考。故槐三得径以意涂抹批驳,并无商酌语,直如宗师批阅试课者然。其稿本前四卷转入北大图书馆,后八卷,不知何故分散,现藏向觉明(达)家。说在《附录》。

以上所述,清乾隆、嘉庆年代曾经校勘《华阳国志》者,除《四库全书》馆诸人外,有惠栋、丁杰、陈竹厂、程瑶田、李调元、李鼎元、卢文弨、陈鱣、黄丕烈、孙星衍、顾广圻、顾槐三诸家,就中卢文弨、李调元与二顾着力最多,顾广圻识见卓绝,贡献最大。李调元广征异本,校其异同,保存逸刻旧文;卢文弨劈破秘藏善本陋习,使江南人士得见宋刻足本;顾槐三因缘时会,削顾千里校以就己意,然究以保存原校之处为多,非同掠美;皆其有功于常氏之处。

(八) 道咸以来之翻刻与校勘

嘉庆以前,刻书者志在流通,不尽在于牟利。故其校刻往往绝精,成本甚高,非富有者与有志学人莫能为之。海禁既开以后,商品流通畅便,购书者多,书业成为商业之一种,文士经营商业者往往开设书肆,翻印旧刻,目的专在牟利;多为妄言欺冒,以争市场;校雠之学,固摈而不用;即精雕艺人,亦鲜有人延致。出书愈多,善本愈少。此社会风习一大转变。其反映于《华阳国志》者亦殊明朗。道光乙酉(一八二五)李朝夔重刻《函海》,乃其叔父鼎元迫令为之,政府亦多方奖借,乃克卒业。其书较旧刻为佳。盖犹具乾嘉流风余绪。同治以后刻此书者,每况愈下,至于不堪,有如下列所举:

1. 同治甲子(一八六四)绵竹常氏刻益州佳史馆本(以下简称常本)。绵州照藜书屋主人常某,见题襟馆本为时所称,自记为常璩后裔,乃于绵州影刻廖本,铲去原刻"题襟馆藏"四字,改刻为"益州佳史馆"。此外一无所易。并"金陵刘文奎,弟文模、文楷镌"一行亦保存焉。其荒谬处尤在其首叶(旧云封面)有"嘉庆甲子重刊"一行。嘉庆甲子为嘉庆九年,尚早于廖刻十年。书贾剽盗无耻,竟至于此。由此破绽,大为士流所讥,其书竟不流行。或谓其书实系刻于光绪年代。或谓其书实系刻于同治甲子。同治甲子,上距李朝夔刻《函海》仅三十八年,旧时良刻工尚有留于绵州者，故其镌刻技艺，略可追踪题襟馆，无讹误笔画，但字较瘦，亦翻刻之较佳者。

2. 光绪丙子（一八七六）叙州卢氏红杏山房刻《汉魏丛书》本（以下省称卢本）。宜宾书贾红杏山房主人卢秉钧，于光绪二年江西本版片漫漶之际，出其旧藏较为清楚之《汉魏丛书》影刻。自撰《小引》次于《屠隆序》后，其文如土讼师牒词，鄙陋可笑。末有"无奈乾隆迄今又历一百余年……钧不揣冒昧爰将家藏善本出而逐一勘对补残校谬重付枣梨俾读者开卷了然"云云。至其所改，就《华阳国志》言，仅首卷《巴志》标题下有"马湖卢秉钧重校"七字（次行仍"晋常璩著万载袁廷鳌校"十字）。又改"撰曰"为"赞曰"，末行"《巴志》终"下，镌有"马湖卢秉钧较刊"（原文如此）七字。以下各卷，则俱于次行"晋常璩著"下镌"马湖卢秉钧校刊"七字。又仍用"撰曰"未改。正文中偶有与江西本相异之字，似由刻手误镌，非卢贾曾有校改也。

3. 光绪戊寅（一八七八）成都二酉山房翻刻题襟馆本（以下省称酉本）。篇叶行款与各卷文字均同廖本。仅无"金陵刘文奎弟文模文楷镌"一行。有"光绪戊寅仲秋月重刊于二酉山房"一行。疑廖氏子孙所为。四川省图书馆有此书，夹有唐百川校笺。

4. 光绪辛巳（一八八一）广汉钟登甲缩镌《函海》之《华阳国志》为单行本（以下省称钟本）。汉州征文斋书肆主人钟登甲，以《函海》卷帙太多，人不易购，亦独《华阳国志》一种为士林所爱，乃于光绪七年八月，改写缩镌为十六开本。行款并遵《函海》程式，但将夹注小字放大为每格二字（原每格四字），故各行起讫不同。首叶黄纸，题"华阳国志"四大字，华作业头。尤怪在每卷标题皆遵《函海》原款有"晋散骑常侍蜀郡常璩道将撰，宋丹棱李垔叔虡刊本，绵州李调元赞庵校定"三十字，而其所冠序文，自宋吕、李两篇外，乃有题襟馆本之廖寅原序。然其书镌刻颇佳，小巧便于携带，故流行甚广。余自北京隆福寺购回一部，原标"邻水廖寅刻本"，审乃钟本，盖由其有廖序而误传也。

5. 光绪壬午（一八八二）广汉乐道斋缩刻《函海》本。乐道斋主人未暇考。其书全部缩雕李朝夔重镌之《函海》为十六开本，仍四十函，书一百五十九种。刻工颇佳。其《华阳国志》，首叶黄纸真书"函海"二大字，上款"川西李雨村编"，下款"仿万卷楼原本"，底面"光绪壬午锓于乐道斋"十字则极丑劣。内容一如钟本。

6. 光绪庚寅（一八九〇）邻水李氏悔过斋补刻题襟馆本（以下称为陶本）。廖寅南京刻本版片，在太平天国年间展转迁流，为会稽陶氏购得。光绪庚寅，廖妻族有邻水李铁船者，从会稽陶浚宣处购回，补刻其蠹残、遗失与漫漶之部，并从《太平御览》引文增刻《张翕传》百零五字。其介购、增补、题识、督刻并出陶手，故省称之为陶本。原刻似在上海，镌板运回邻水。

陶浚宣书法甚佳，于此刻首叶篆题"华阳国志"四字（志下"心"多一画），叶底有"廖氏题襟馆原本，光绪庚寅十月，板归邻水李氏悔过斋。陶浚宣题记"二十七字（文载《附录》）。其书末陶氏跋文与所增《张翕传》，皆陶手书，精刻俨如墨迹。此外与题襟馆本无异。廖序叶末仍有"金陵刘文奎弟文模文楷镌"一行。

7. 光绪甲午（一八九四）湖南艺文书局刻《汉魏丛书》本（以下省称湘本）。十六开本。较王谟本多杨廷瑞《重镌〈汉魏丛书〉序》与长沙王先谦撰之《盐铁论序》（此书改曰《后序》），冠于全书。又删《陈兰森序》。其《华阳国志》，改用题襟馆本缩写，有吕、李两序而无廖序。书末又有王谟江西本原跋。张冠李戴，牛头马颈，殊可骇异。其荒谬处，刻工亦能知之，在《后贤志》二十八叶《谯登传》末行应空六格处镌"永人你不通也"六字，杨竟不觉，随书流行，甚可笑。

8. 宣统辛亥（一九一一）上海大通书局石印本与民初育文书局石印《汉魏丛书》本（以下省称石印本）。皆有光纸石印十六开本。有"辛亥孟秋精校重印"与"通州张謇重序，会稽陶浚宣书"等题识。为书九十六种（此王谟本多十种）。其《华阳国志》则全依王谟本，仅存吕大防一序与王谟跋语，无论未曾参考明刻及《西海》与廖本，即浙江补刻本亦未参订。通体简陋，与张謇序称"广集新旧之刻，特聘通儒，详加考究"语气完全不符，书商欺诳射利，至此为极。由于石印价廉，复在上海出售，销行极速，一年之内翻印达七次之多。宣统退位后复由上海育文书局承接翻印，印本完全与大通书局本同，只版权所属不同而已。

9. 一九一七年，上海隐修堂刻《龙溪精舍丛书》本（以下省称郑本）。广东潮阳人郑国勋字荛臣，游宦寓居上海，辑近出善本为《龙溪精舍丛书》，在沪用木板精刻，以民国七年二月齐燿琳序冠首。郑氏《自序》称"岁在强宇大荒长至日，潮阳郑国勋序于上海寓庐之隐修堂"。盖清室遗老嗜古者发宦囊为之。强宇大荒即丁巳。长至，夏至日。龙溪精舍，其潮州故寓名也。其《华阳国志》全遵题襟馆本，仅字画朴拙与偶有误字为异。特点在附有金山顾观光《校勘记》，及廖序前有《钦定四库全书提要》三页及《补华阳国志三州郡县目录》在正文前，为不同。书末有"广陵邱义卿绍周监刻，扬州周楚江刻"一行。

10. 上海中华书局校刊《四部备要》本。上海中华书局仿宋字排印《四部备要》，其《华阳国志》一种全据廖本。封底有"上海中华书局据顾校廖刻本校刊"及

"桐乡陆费逵总勘，杭县高时显、吴汝霖辑校，杭县丁辑之监造"三行。不称题襟馆本，而称顾校廖刻本，盖随俗传，以为校注全出顾千里。

此书校对甚佳，与原刻毫无讹谬。亦无他增饰。原线装本发行于一九一七年。其后复摄影缩印为平装本，今多存者。

11. 上海商务印书馆《四部丛刊》影印明钱谷抄本。

12. 上海商务印书馆影印明吴琯《古今逸史》本。

上两种皆取明本摄影印行，毫厘不失原貌。其内容前俱已经论述。影印不成其为新版本。兹但举其名，备检取参校耳。《四部丛刊》亦有缩印平装本。

13. 成都志古堂翻刻题襟馆本及顾观光《校勘记》（以后省称志古堂本）。成都志古堂书肆主人王祖佑于一九三七年影刻题襟馆本，并据《龙溪精舍丛书》附镌顾观光《校勘记》，又据陶本附刻"《华阳国志》佚文"一页，即《张翕传》百零五字。当时名士林山腴实主其事，期为此书之空前善本。刻工校对均佳。书末有"华阳王祖佑新培重刻，华阳陈迹践室初校，华阳林思进山腴覆校，成都邱光第仲翔覆校，岳池何青亭绍恩刻字"五行比排，独刻工一行特低二格。

此书当时并未峻工。新中国成立后，王祖佑将刻板捐献给人民政府，并由四川人民出版社印行，增刻封面一叶，有"四川人民出版社一九五七年就成都志古堂原版印行"二十二字者是也。

14. 清末叶校勘《华阳国志》诸家。道咸以来，刻书者专事翻板，其所谓校，皆专指校对旧本与新刻间有无不同，与乾嘉校雠、校勘之义不符。校雠即无市场，学人多弃而不顾。偶有兴趣所属，业余从事者，亦每每仅从搜采故籍辑录异文方面用功。其于《华阳国志》尚能注意版本异同者，则有山西耿文光、北京傅沅叔（名增湘，本江安人，寓居北京）。能征采异文者，则有会稽陶浚宣、成都唐百川。兼而能之者，则有金山顾观光。耿、傅、陶三家论著，上文已引。《附录》收其全文。以下补述顾观光与唐百川二家。

顾观光（一七九九——一八六二）字宾王，亦字尚之，江苏金山县（今属上海）人。好学博通，经史百家，天算舆地，无不涉猎。尤精数学，所著算术与历法书籍甚多，精辟每出西人之上。又好辑古人逸书，所辑凡数十种。同治元年卒，年六十四。《清史稿》有传。所撰《华阳国志校勘记》，旧载《武林山人遗书》中。一九一六年，郑国勋收入《龙溪精舍丛书》，附《华阳国志》后。一九一九年，成都存古书局据《武林丛书》，镌成单行本。一九三七年，成都志古堂又据存古书局本，镌附于《华阳国志》。《武林山人遗书》，存古堂本，龙溪精舍本皆每面十行，行二十二字。

志古堂本改依廖本《华阳国志》，作每面十行，行二十字。内容全同。

顾氏《校勘记》遵用题襟馆本，有时称"廖刻本"，有时径称"廖校""廖云"，盖未知其捉刀人有先后二顾也。又或称为"宋本"，盖以为所依系宋本，非曾真得宋本核对也。其校语大都肯定廖本校注，偶有不同见解。其斥何、王《汉魏丛书》本为"俗本"，与《函海》同；但又似未见《函海》本，故全未引及《函海》引校诸本异字。其多于二顾校语处在广引类书。如《北堂书钞》（顾省作《书钞》）、《艺文类聚》（顾省作《艺文》）、《初学记》及《太平御览》（顾省作《御览》）、《太平广记》（省作《广记》）等，皆记录卷数，便于核对。此外所引《史记》注、《两汉书》注、《三国志》与《裴注》《文选注》《水经注》《路史》等亦多。皆以原书标明引据《华阳国志》者为限。未曾引用《后汉书》《晋书》，亦未引及《寰宇记》及《舆地纪胜》等地理书，故所引《华阳国志》逸文亦未能尽。对廖本多于"俗本"之文，如《先贤志》前二子卷与《大同志》四叶脱文，及"俗本"多于廖本之文，如《先主传》中所衍《三国志》文，皆录存而不加校勘。于《巴郡士女》，则据类书补有关任文公父子、徐诵、谯隆、陈禅、张翕、郝伯都七人逸文。又补"诸书所引士女姓氏有不见《目录》者"四条，是其最大贡献，较陶浚宣之仅补张翕一条为博览矣。其功之勤实在嘉庆二顾之上，见解则多逊之。

唐百川，本名鸿学，后以字行。云南大关厅人，四川提督唐友耕第六子，捐班道员。曾任四川官印刷局局长。其父在时，营粹英堂书肆于成都，刻有（《汉魏六朝百三名家集》。百川继之，刻有《怡兰丛书》。又为布政使许涵度刻《三朝北盟会编》。颇治目录、板本、校雠诸艺。卒于一九四四年前后。晚年闲居，以校勘《华阳国志》自娱。用二酉山房刻本为底本，每得一条，书签贴于文上，或朱或墨，凡约三百条左右。大抵采辑《初学记》《太平御览》引文及《函海》与《汉魏丛书》本异字。随得随贴，未及竟业而死。其底本八册用木匣精装，现归四川省图书馆。原贴似用口津，今全脱落，颇有零乱。人以其贡献不大，未甚注意。本书校注每亦采之，凡称"唐笺"者是也。

上述元丰以来，属于《华阳国志》之刊本抄本，及校勘《华阳国志》之刻本稿本，举可知者凡约三十余种，遗漏者自必尚有，要其主要刻本承袭源流，与其异同增损之间，是非优劣之较，大体已得端绪。校补准备工作虽有未尽，亦粗胜于往昔诸人之率尔操觚矣。下附《华阳国志版本源流图》，借以结束上文。

年代	华阳国志版本源流图	事项	说明
300		晋咸康中	常璩四十岁，仕蜀。 撰成益、梁、宁三州地记与《蜀汉书》。 撰成《华阳国志》（在江左）。
400		义熙中	徐广《晋纪》采。
		宋完嘉中	范晔《后汉书》采。 裴注《三国志》引。
500		魏太和中 景明中 梁天监中 大清中	郦道元《水经注》采。 崔鸿《十六国春秋》采。 刘昭《续汉志注》引。 萧方等《三十国春秋》采。
600			
		隋大业中 唐贞观中	《北堂书钞》采。 《晋书》宋。 《艺文类聚》采。 《括地志》引。
700		上元中 景龙中	李贤注《后汉书》引，《文选注》引。 刘知几《史通》称引。
		开元中	《初学记》引。
800		元和中	李吉甫《郡县图志》采。
900			
1000		宋太平兴图	《太平御览》引。 《太平寰宇记》引。
1100	吕大防成都刻本	1078 南宋时	川峡各州图经引。 欧阳忞《舆地广记》采。 王象之《舆地纪胜》引。
1200		钞本	

（接下页）

前　言

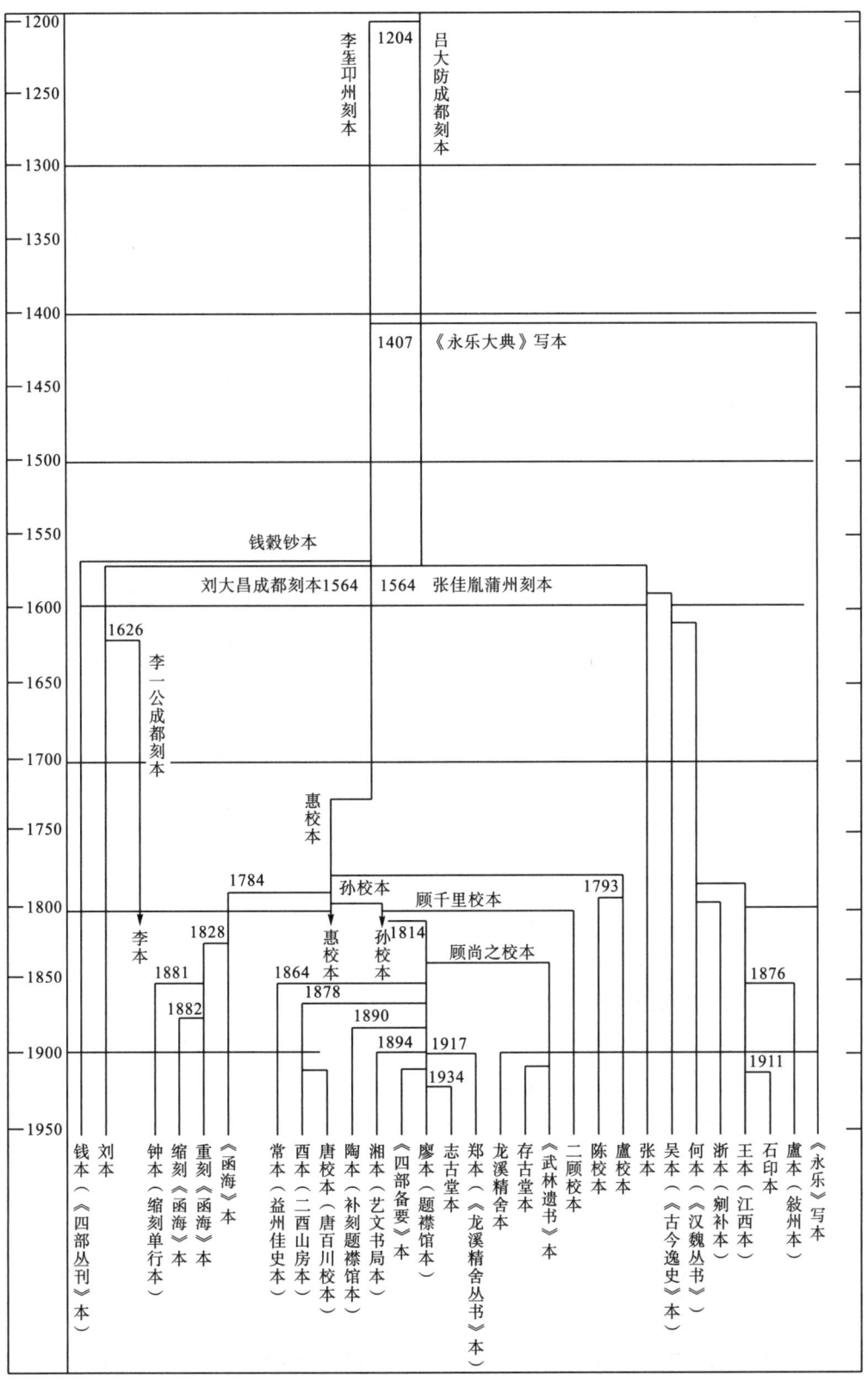

（九）旧刻遗存问题与此次整理目的

如上所述，《华阳国志》成书之初，本身已有阙漏未补、牴牾未正、重复未剔及规避忌讳嗫嚅其词未能率性畅达之处。更经七百年之传抄讹乱，始得镂板。镂板九百年来，虽经多次之校勘整理，渐复旧观，而纷歧、淆乱之处仍复滋生。直至近世，尚无可以称为完善之印本。阅者私其一种，则如在井窥天；此较诸刻，则如乱丝难理。诚为节省览者校核之劳，折衷之力，俾一目而诸本异同俱在，取舍可决，则汇校刊正之业，正有待于今日。此旧刻遗存问题有待解决者一也。

此书刻本盛于明清两代。其中，又以张佳胤、吴琯、何允中、王谟等一系相承之残阙本流行最广，深入人心。此较完足之刘、李、《函海》本反湮滞一隅，鲜为中原与江南人士所注意。硕学通儒如惠栋、卢文弨等虽已辑足宋本，并由《函海》与浙本、廖本镂刻行世，乃其后数十年坊间尚流行王谟之残阙本，虽如张季直、陶浚宣主持之石印本亦采用之。习非为是，良可叹息。世既安于残阙，人遂慵于辑补，真足本乃不可得。顾千里为廖寅校出《蜀志》三郡脱简，并已得辑补线索，究以非开时尚，莫为赓续。其他篇中短句片文，明有脱落，未加修葺，以致文气格塞、语意零断，不可卒读者尚多；搜讨补缀，不乏援据。而昔人谬托谨慎，谓无书证得原字，即当仍其旧刻。夫书传所重，在于行意。意所确指，固存乎文；设其文亡而意可知，则斟酌葺补以畅其意，自较"郭公""夏五"，文存而意废者差胜。况《史》、《汉》引据经籍，尚且多为别字异文以通其意；他书之引用《常志》，讵遂能全遵旧文？然则必待获得引用《常志》之文以补《常志》者，亦守株待兔、胶柱鼓瑟之计耳。此阙文未补，为旧刻遗存问题尚待解决者二也。

历史以地理为基础，地理资图本而明确。故"左图右史"以相参，则"扣槃扪烛"可不误。是实测地图者，治史最要之工具，亦即最客观之资料也。常璩此书，地理四篇最为时重，而历世未有图本；郡邑形势，托诸空言；古今地名，难为参核；故文字偶有脱误，界划遂不分明；州部屡见载言，境域莫可确指。顾千里校勘此书，先从清理郡县入手，列表既成，部位朗豁，惜尚无图，亦未考订古今地名。他本对于地理，更无涓埃贡献。夫《常志》本以地理取重，而为之刊行者乃不能考古证今、通其沿革、订其部位、使全局朗然于几席之士，以便读者，则何贵于有此镂行乎？此旧刻遗存问题尚待解决者三也。

常璩于千六百年前写成此书，而所用文字又复模拟更早时代之语言风格，且勿论引据文典已多为今世所不习,即其命意遣词,在当时出于习惯自然,在今日亦须解释而后明。至于隐讳未彰之义,有待阐明;增补删易之文,有待解说;古今地名之变,有待会通;群书相异之字,有待参订;欲使全文明快,通于今语,以便使用,则诠释挹注必所当有。而旧刻唯有校注,无诠注,未合今世需要,此又遗存问题之待解决者四也。

注文必溢于正文以外,有待阅者往复检寻,耗时恒多。是初治其书者所必资,而谙习浏览者所勿用。有时点断句读,其义自明,必有困惑而后检注,则节时省事,为便实多。《华阳国志》旧刻,惟江西本加镌圈点,然时有时无,有处亦多悖于文义,不惟无益,反滋诟病。其或通人校语,每有"属上属下"字样者,万不得一。斟酌文义,审其句读,为之标点,是今日阅者所必需,而曩昔校刊者所未能,此又有待于今日解决之问题五也。

凡此五端,包罗百项,使全解决,亦不过调理古今语言,通正常氏本旨。若其为历史时代所局限,观点立场之谬,抑扬褒贬之失,有待批判吸收,抉择扬弃,与夫突出重点,酌为补充,以收古为今用之效者,自属犹多。此则非笔者个人水平所能胜任,然亦不能遂无所努力。蓝缕筚路,启其一隅者亦颇有之。厘正纠绳,发展鸿拓,固有待于来者。本书任务,实偏重于前此五端,故定名为《华阳国志校补图注》。标点虽具,认为今世刊书所当然,故不以入书称。

以下略述此次进行校、补、图、注、标点之工作方法与其义例。

(十) 校勘述例

古书行世历久,抄刻纷庞,每有残乱讹夺。为之考核群籍,比对异同,正其是非,求其本旨,折衷文理,厘订章节,俾符原作面貌,是为校雠。自汉刘向开端,历世发展,至清而成专门之学。操此者务在博览强识,字斟句审;一字推敲之间,有如两造互控,老吏究诘,断案成谳,义无可翻。如或偏任小慧,出以师心,影响臆测,擅为改窜,则治丝愈棼,益误来者。此校雠所大忌,而昔人每多犯之。其在《华阳国志》,如宋吕大防、李垕,明张佳胤,清李调元、王谟、廖寅刻本皆不能免,他更无论矣。又有偏执一本,胶于先入,毁所不见,沿误自是,讼败而不肯服者;其在此书,则江西本、卢本、石印本尤为突出。又有明知文讹义乖,有待厘正,而以未得善本勘合为解,沿而不变,或仅注"疑阙"、"疑误"等字,不加解说,自诩谨慎,云"待来者";正如探路得阱,不为填塞而去,则一行何贵有此先遣者哉?乾嘉诸校雠家每有此失，而后人乃以为贤，是亦惑矣。校雠既无裨于实际，故刻书者亦每不采用。清代校此书者号称二十余家，其刊行者仅李调元、章宗瀛、顾广圻、顾槐三与顾观光五家。李调元参合板本，顾观光广征群籍，皆值称道。顾广圻虽参验不足，而所判断，往往有异本为之证实；又只注其意而不率易原字，俾览者自能抉择；盖不仅以识见服人，工作态度亦正可师也。

此次校勘《华阳国志》，于处理旧刻各本异字之方法，取法《函海》；审订原著文意，勘正讹夺，则取法于顾广圻；博采群籍，甄别文字，则取法于顾观光；期合三家之长，以成善本。限于学识，加以耄昏，才不副志，力不从心，存留遗憾必多。但有竭其骀躅而已。

此次校勘，以廖寅题襟馆本为底本，取其为最近刻行此较完善之本，且易购得也。其他各本与此本文字相异之处与裁定意见，均加简明校语，余如行款、抬头、空格等等之不同，间亦有所说明。其各本原有小注夹存者，则括以引用号，注其版本，嵌入新校语中或附于后。惟原注冗长属于诠释性质与其当批判辨论者，则用"详注"二字代之，别于各段分注栏叙录。期在校语不繁而宋、明、清三十余种刻本之异同备焉。

《校记》中所举板本，每种只有一字代替。其影刻他本者不录，写刻他本偶有异字者录之。所引凡十五种，其代字如下表：

元丰——清人何焯校录宋元丰刻本。

刘——明嘉靖成都刘大昌刻本。

张——明嘉靖蒲州张佳胤刻本。

钱——《四部丛刊》影印明钱叔宝抄本。

吴——商务印书馆影印明吴琯《古今逸史》本。

何——明万历何允中杭州刻《汉魏丛书》本。

李——《函海》引明天启成都李一公刻本。

函——清乾隆通州李调元刻《函海》本。道光绵州李重夔重镌本同。

王——清乾隆南昌王谟刻《汉魏丛书》本。

浙——清杭州剜补《广汉魏丛书》本。

廖——清嘉庆南京二顾校廖寅刻题襟馆本。益州佳史馆、二酉山房影刻本同。

卢——清光绪叙州卢秉钧刻《汉魏丛书》本。

钟——清光绪广汉钟登甲缩刻《函海》单行本。乐道斋缩刻《函海》本同。

湘——清光绪湖南艺文书局刻《汉魏丛书》本。

石——清宣统上海大通书局石印《汉魏丛书》本。民国育文书局石印本同。

校注中引用各家校勘文字，则每种用二字代替如下表：

惠校——吴县惠栋红豆斋批校稿（未见原稿）。

卢校——余姚卢文弨抱经批补稿本（未见原稿）。

《函海》——《函海》本李调元校语。

千里——元和顾广圻手校底本。

秋碧——同上顾广圻手稿文间顾槐三批注。

尚之——金山顾观光校勘记。

百川——成都唐鸿学校笺。

此次校勘，不尽依板本与前人校稿，每亦采用前人引据以外之书志引文（例如《寰宇记》、《舆地纪胜》及其他方志之文）。甚或无所引据，但用他书文字从侧面推测，从本书上下文理与历代抄刻致误之规律推断者。惟皆不动原刻文字，别以符号区别其所当增删移改之字，并于注释内说明其增删移改之理由，留待阅者评定之。例如：廖本《巴志》"园有芳蒻香茗给客橙蘽"句，刘、李本，钱抄本皆作蘽字，是宋本原是蘽字。张、吴、何、函、王、浙、钟本皆作葵，《函海》校注："原讹蘽。何本作葵。刘本亦作蘽。"是惠校所据宋本亦作蘽。张佳胤乃改葵字。吴、何本遵之，雨村又依何本改入《函海》为误。顾千里手稿此处无注。廖刻本原是蘽字。校注乃于橙字下云，"当衍"，蘽字下云，"当作蓉。蓉即橙字"，应是秋碧意，实不可通。六朝人惯用四字为读，上文皆然，何得此处独为三字？且常氏为文平朴，非好用古文奇字者。何至弃橙字不用，改写作蓉。又字书，蓉是草，非果蔬。《玉篇》作"金蓉草"，《正字通》作"苦苄"。释为橙字，亦无前例。蘽字不见经籍，盖扶留之别名，亦作荜茇，六朝时士流喜食槟榔，须拌扶留与蚌灰，故扶留迅速自日南移种于岭南滇桂和川东南之长江河谷，此文省称为蘽，与橙皆巴江特产以供客者。宋以后以荜茇与扶留别为二物，明人不知，误改作葵。葵即苋葵，是常蔬，非园艺物，未得与橙比提。故正文依廖本作"橙、蘽"字，并删《函海》、廖本两注，但存各本异字，更为校语云："蘽字是，即扶留，另详注释。"又如巴西郡"东接巴郡，南接，西接梓潼，北接凉、西域"。钱、刘、李、《函》与吴、何、王等本皆作"南接梓潼"，无"西接"二字。千里校稿，于吴本"梓潼"二字上下加朱泐，示有疑问。廖本独有"西接"二字，于"南接"下注云"有脱"，不定脱何字，此明是原作"南接广汉，西接梓潼"八字。唐宋人不知李成与晋之广汉郡不是治雒县之广汉郡，而是涪江下游即蜀之东广汉郡地，骇不敢遵，或有妄删者，宋刻亦不能定而阙之。后人遂误为"南接梓潼"。夫晋梓潼郡在广汉郡北，在巴西郡西北；广汉郡在巴郡西北，巴西郡西南；安得设想为常璩文是巴西郡"南接梓潼"乎？此处虽无他本依据，亦径补入"广汉"二字，合廖本"西接"二字，为补四字，均用补阙号别之。

盖校勘目的，在于寻绎原著之本来面目，固未可以一己偏私之见强加前人，妄改其字（如上恐之葵字、蓥字）；亦未可妄持谨慎，明知蠹夺，而亦听其阙误，无所用心。譬如发掘古物，得残品破件，必为之嵌镶补缀，求还原貌。苟有误缀，识者再为纠正。固未可袖手以待来者也。校勘文字一律夹于正文中。

本书校勘中作增、删、移、改的情况和所用符号如下：

一、增补文字，旁加"▲"，如巴西郡之"南接广汉，西接梓潼"。

二、衍文用小一号字排，并于其字、句之前后加圆括弧。如《巴志》言范目"封渡沔侯"，查秦汉无渡沔县，依廖本注语，"县"字当衍，故排作"封渡沔（县）侯"。

三、原刻误倒及旧抄讹乱、飞句别出之当乙正处，亦依文字增删例表示。如《南中志》叙诸葛亮"移南中劲卒青羌万余家于蜀，为五部，所当无前，军号飞"，钱抄与刘、李、《函海》本同，而"飞"下注有一"阙"字，张佳胤、吴琯、何允中本"前"字下作"号为飞军"四字，盖元丰本原自如此（张佳胤自言得元丰本）。审文义当遵。今此句排作"（军）号为飞军"，表示增一"为"字，移"军"字到句末。

四、校改文字，当改之字和所改之字亦分别加删、增处理。如《蜀志》"元光四年，置蜀四部都尉"，考此"四部"，当为"西部"字讹，理据充足，故作"置蜀（四）西部都尉"，其理由则在注中述之。至于古字、别体、俗体等，则酌情出校。

五、明清各本，每有遵用宋刻小字校语，或改作大字低格附于正文，或仍作小字夹于行间；又有各家自作校注，或入行间，或在书额者，本书一概存其原文于注释中，并作考正。

（十一）阙文辑补述例

《华阳国志》镌本，自来吕大防副本即多残缺。宋时已有李垕校语增补《李势志》，又"整顿"其汶山越嶲二郡间一段文字，均见原跋。是宋人辑补阙文先例也。然所补不仅短陋，亦去原作精神、面貌太远，甚至加重谬误；及今视之，非惟无功，且增混乱。

宋刻如此，明张佳胤所得，仍是元丰之残阙本，错简脱叶与全行漫灭之处颇多。

张氏亦曾进行补缀，但皆未测原作字数与旧本行页，以及常氏行文特点，而以私意所喜任情为之，泛溢臃肿，或至数十字数百字之多；甚且骈枝复出，文不相应。例如，张本《先主志》于赤壁战后，至"琦病死，先主领荆州牧，治公安，权进妹"以下，其所据本原脱一叶。今较以刘本实脱二百八十八字。张氏直用《三国志·先主纪》建安十二、十六、十九年三段原文补之，多至六百八十一字。并将此下《常志》原文，改从《三国志》文者多处，然后转归旧本。核其所补文，仅适用于《三国志》而不适用于常著之处颇多。如：建安十六年，张松说刘璋迎先主以讨张鲁及先主入益州取刘璋经过五百余字，《三国志》固在《先主纪》内；常著则先已载于《刘二牧志》，故于《先主志》仅用"十六年，益州牧刘璋遣法正迎，遂西入益州"十七字带过。而张氏竟仍依《先主纪》补出全文，致前后重复五百余字。此不当补而补也。又，《三国志》"权遣使云，欲共取蜀。或以为宜报听许……荆州主簿殷观进曰……"此上距"群下推先主为荆州牧"隔有五十余字，且杂叙他事，故于殷观，必称"荆州主簿"以明其职位。若《常志》，则述殷观语于直承上文"及得荆州，复有人众"句，故只称"主簿殷观"即可明其为荆州主簿矣。张氏于此仍用常文，而妄援《三国志》增"荆州"二字于主簿上，此不按行文规律而妄补也。又其后叙先主入成都，《三国志》文为："蜀中殷盛丰乐。先主置酒飨士卒。取蜀城中金银分赐将士，还其谷帛。"夫"取蜀城中"云者，谓入城后纵将士分掠抗命诸家也。用其金银以赏将士而"还其谷帛"，俾资生存耳。常璩改写为"蜀中丰富盛乐。置酒大会，飨食三军，取蜀城中民金银颁赐将士，还其谷帛"，符合当时实际，正是陈氏本旨。张氏乃亦改从《陈志》原文，而又将"还其谷帛"一句删去，实于陈寿本旨悖谬。如是妄改妄删以为补，正如剪锦衣以饰短褐，其妄已甚。后人无识如吴琯、何允中、王谟等，乃亦遵而用之。宜识者之斥其为"俗本"也。

清人辑补此书者，则如卢文弨据别本以补何允中本至两子卷与四整叶之多。然别本所无者亦即不补。似有贤于张佳胤处，而实未尽辑补旧籍之全力。当时尚有宋刻在世，使能博征善核，力求全貌，应尚可及。迁延至今，着手更难。虽然，今日为之，犹将胜于因陋就简，袖手不为。兹故因校勘之便，更竭绵力，辑补旧阙。蓝缕草创，谬误必多。姑且陈力竟志，以待来者衷削订正耳。

此次辑补常志之方法，坚持五点。(1)估计原著阙佚篇页，文字数量。借字数控制所补文字，不容失于太啬，亦不容失于泛溢。(2)力求常氏撰述精神，行文规律，用以审核辑得资料，慎重补缀；虽不能似，求能似之。(3)所辑数据，不限于故籍明白标定为引《常志》之文。凡可估为其文出自常著者皆采用之。即属明白标为引《华阳国志》者，亦不尽遵原字。盖知昔人著书多不言所引据，引书亦不尽遵用原文故也。(4)补文皆于校记中注"补"字。(5)补文嵌入正文，旁加小三角（▲）记号，以便检核。

以下略举数例以申述之。

如《蜀志》，宋版原阙汶山郡至越嶲郡约六页之多。旧刻《汶山郡序》，"宣帝地节元年，武都白马羌反，使者骆武平之。因"，因字以下，误接至越嶲郡之"拜越嶲太守，迎者如云"句。旧校诸家皆无所觉。顾千里整理《益州郡县目录》，至汶山郡，始发现原刻属县皆当属于越嶲。今其《益州郡县表》初稿，汶山郡下无县。而抄附有《水经注》一条，云"《水经注》三十六：沫水东北与青衣水合。引《华阳国记》曰：二水于汉嘉青衣县东合为一川，以下亦谓之青衣水。"又另录一条云："宋白茂州下注（按指《续通典》）引《华阳国志》云：宣帝地节三年，武都白马羌反，使骆武平定之。汶山吏民诣武自讼：一岁再度更赋至重，边人贫苦，无以供给，求省郡。遂省汶山郡，复置都尉。今自汶山吏民以下皆无之。盖又非宋白所见之本矣。"顾氏当时仅得"骆武平之"以下阙文之端绪如此。廖刻本中，因字下已有大段校注，列举《太平寰宇记》、《续汉郡国志》注、《汉书·货殖传》注、《水经注》等所引《华阳国志》属于汶山、汉嘉二郡之文，又据《晋书·地理志》考列其属县。盖亦顾氏续所辑得也。此注后又补有"汉嘉郡"、"越嶲郡"二目，但皆未补属县与志文。查《寰宇记》卷七十八引《华阳国志》此文，又较多于宋白。其文云：

宣帝地节三年，武都白马羌反，使骆武平定之。因慰劳汶山。吏及百姓（诣）武自讼："一岁再（役），更赋至重。边人贫苦，无以供给。求省（郡）。"郡建以来四十五年矣。武以状上。遂省汶山郡，复置都尉。（当作"北部都尉，合蜀郡"。下详其说。）

乐史、宋白皆引自《华阳国志》而文微异，恰便互勘，用以补足宋版大段阙文甚为现成。

以下则按常氏叙述郡县之规律，采用《续汉·郡国志》《晋书·地理志》《宋书·州郡志》与洪亮吉、谢钟英等所补辑之《三国疆域志》，排列汶山、汉嘉两郡属县。再征采各种史籍、地书、类书所载关于汶山、汉嘉、越嶲三郡之文字，为应补各郡县文准备。除廖刻已经摘出旧籍所引关于此三郡之《华阳国志》轶文外，又得群书中关于此三郡文字之可能出自《华阳国志》者八十余条，三千余字。再经反复审核，裁剪其未合常氏格局及不必要之部分，但存七十余条，二千三百余字。均各有注语说明，载在书中。兹摘举二三处以示一般。

《后汉书》卷一百十六《冉駹夷传》："至地节三年，夷人以立郡赋重。宣帝乃省并蜀郡，为北部都尉。"《宋书·州郡志·汶山郡》云："晋《太康地志》：汉孝武帝立。孝宣地节三年合蜀郡。"据此，知《寰宇记》所引《华阳国志》文虽较宋白为多，亦已经有所删节。前汉都尉无属县，省郡后，原辖县归并蜀郡，常氏必有明文。蜀郡旧有西部都尉治青衣，南部都尉治南广，则省汶山郡后所置都尉当为北部都尉。"北部"二字亦不可省。兹故依《后汉书》于"都尉"上补"北部"二字，依宋书所引《太康地志》补"合蜀郡"三字。不用《范书》"并蜀郡"三字者，于文谓"省并蜀郡，为北部都尉"则可，谓"复置北部都尉并蜀郡"则不可。既用乐史所引《华阳国志》文，则只可依《太康地志》文，不能用《范史》文也。

旧籍引文，不惟随意删节，亦多有不适当之窜改与增溢处。例如《后汉书·郡国志·蜀郡汶江道》，刘昭注："《华阳国志》曰，濊水駹水出焉。多冰寒，盛夏凝冻不释。孝安延光三年，复立之以为郡。"此虽引自常氏原书，而并未遵用原文，其颠乱、增删之迹有灼然可见者数点：(1)"濊水駹水出焉"之上，必有山名。汶江道治是今威州（汶川县威州镇），在岷江河谷低暖处，安得为濊、駹二水所出？考濊水即《汉志》之濊水，《水经注》作浿水，今为大小金川，其下游曰大渡河者是也；駹水即《汉志》之"江沱"，《水经注》之"汶江"，今为杂谷河，自威州入江者是也。其发源处在今马尔康县（马尔康市）东马塘附近之鹧鸪山。自鹧鸪山北连松潘县之羊膊岭，南连小金县东界之巴朗山，在晋通称汶山（《禹贡》曰岷山，《汉志》曰崏山）。《汉志·湔氐道》："《禹贡》崏山在西徼外。"又"汶江县"条："濊水出徼外，……江沱在西南，东入江。"皆言山与江源、濊源及江沱源在汶山郡徼外；《汉志》无《郡序》，故分系之于其所近各县也。常氏尊《汉志》，亦当以江源、濊源与駹源分载于《汉志》所当之县，而变通其文义以符晋人习称。其文当为"汶山在徼外，濊水、駹水出焉"。《汉志》之汶江县，后汉为汶江道，蜀汉改汶山县，晋因之。故知《常志》此文在汶山县。刘昭系于汶江道，是，截去前五字，则大谬矣。(2)"多冰寒，盛夏凝冻不释"九字，《常志》已载于《汶山郡序》，历今未轶。《后汉书·冉駹夷传》作："土气多寒，在盛夏冰犹不释，故夷人冬则避寒入蜀为佣"可证今刻本此九字正是《常志》叙述原语原位。刘昭乃移于"濊水駹水出焉"之下。既非《常志》原文位置，文义更属难通。夫常氏于《郡序》中为此语，固谓郡境冰寒山地多，低暖耕地少，故其文为"土地刚卤，不宜五谷，惟种麦。而多冰寒，盛夏凝冻不释。故夷人冬则……"云云，将雪山与耕地配布之实际情况，分别言之，符合实际。若刘昭所窜引，则似汶山全郡或汶江道全境皆"盛夏凝冻不释"，不复有可耕可牧之地矣。此窜移原文位置之谬也。（3）"延光三年复立之以为郡"句，乃叙述建置沿革之文，必当属于《郡序》，且必紧承地节三年"省郡为都尉"之后。不当单在分县文中提出。刘昭盖以当时郡治在汶江县，故摘《常志·郡序》文于此。"之以"二字亦非常氏原有。据此判断，刘昭所引"《华阳国志》曰"二十七字实从《华阳国志·汶山郡序》与其属县志文中摘出之三段。确为《常志》原文者仅二十五字。又复截头去脚，颠倒紊乱以系于汶江道下。旧籍引文虽足珍贵，若不细心加以分析，遂谓其为原文而遵用之，亦一大惑矣。夫辑补阙文工作，惟不难于搜集资料，尤难在鉴定资料之有识力。有识力而后有胆力。胆力过锐则难免于主观武断；故又需济以先自反复诘难，保其符合客观真实情况，具有与人辩论决胜之保证，然后可建立信心，敢于落笔。不如此则不可以从事于辑补也。

《常志》于各郡县，多称举其地方杰出人物。汉晋间，汶山、越巂等郡尚甚落后，固无足供常氏称道之人物。若汉嘉郡则不然。王谋、卫继、向举皆季汉名宦，著于《三国志》；樊敏、高颐，皆名二千石，著于各碑目、金石书，今其碑阙具在，文犹可验；张休与王谋同载《三州士女目录》；近年又发现王晖石棺，皆足称述。常氏去汉未远，必当录之。兹补汉嘉郡、县阙文，除从各旧籍搜讨关于此区建置沿革、风土特产、地方掌故等资料外，于汉嘉县补"郡建后，人文日起，王元泰州里无继，樊叔达号为吏师，向举一时表率，高颐、张休、王晖皆以俊彦称也"。于严道县补"刘氏时，卫继为车骑将军、大尚书"等字，以副常著本旨。

宋版阙文之下所接"拜越巂太守，迎者如云"句，正是《太平御览》卷六十引《华阳国志》叙张翕父子事文。按《后汉书》卷一百十六《邛都夷传记》张翕父子事，在顺桓以前，安帝元初之际。自元封开郡至是，已阅二百二十余年，中经王莽之世，邛谷王任贵据郡建国一段大事，旧校者"整理"之残文，亦正有之，而仅寥寥十三字，首尾不具。又将远在其后百年之张翕父子事叙在其前，而上连汶山郡之骆武。又复因原刻误湍为温，从而妄入蜀都赵温。至于张翕父子先后出守之间，西南夷大叛乱与杨竦平乱事，则全未著录。但以"自建武后数叛"一语径接至"章武三年"。谬乱殊甚，而曰"整理"，是真有待于今日为之拆破重行整理者也。惟自《御览》保存张翕父子事外，更无他书引载常氏越巂郡文者。乃取《后汉书》与《水经注》所记越巂郡事，补成章武以前五百零八字。对于宋椠原刻所有之字皆予保存，嵌载于此次整理文中。

此次辑补汶山、汉嘉、越巂三郡阙文，虽不能与常氏原作完全符合，要其大体段落、次第、内容、风格不致相差太远。文字分量，或仍失于稍多。然既属补缀，则所忌在啬，稍多应无伤也。

此一辑补，取材于《后汉书·西南夷传》特多。范晔之书，固多取材于《东观汉记》与各家《续汉记》，然于西南夷部则多来自常璩之书。常璩关于西南少数民族部分，亦有来自《东观汉记·外裔列传》处，但更多来自巴蜀先民之传说与自少数民族地区还蜀流民之谈述。故其所述边区情俗风土，较为真实生动，可以征信，为世所爱，远出于官撰之《外裔列传》以上。《范史·南蛮传》中"板楯蛮夷"一篇，《西南夷传》中"夜郎国"、"滇王"、"哀牢夷"三篇，内容及实质与《常志》完全相同；即文字亦沿用《常志》者什八九。其为来自《常志》甚明。其"邛都夷"、"莋都夷"、"冉駹夷"三篇，应不至别有他书依据。即如《常志》残存之《汶山郡序》一百五十九字，与《范史》"冉駹夷"篇相较，亦可证范氏采于《常志》，但稍变其文耳。如常云"有六夷、羌胡、羌虏、白兰、峒、九种之戎"。范作"其山有六夷、七羌、九氐"。常云"土地刚卤，不宜五谷，惟种麦"；范云"土地刚卤，不生谷粟麻菽，唯以麦为资"。常云"而多冰寒，盛夏凝冻不释，故夷人冬则避寒入蜀庸赁自食，夏则避暑反落，岁以为常"。范云"土气多寒，在盛夏冰犹不释，故夷人冬则避寒入蜀为佣，夏则违暑反其邑"。等等。其所不同，仅在范氏又有追加解释之句，并调移前后序次，又于建置沿革较《常志》为略而已。《常志·越巂郡》全脱两汉之部。然如旧校"整顿"删剔后所保存之三十七字中所曾言及邛谷王、张翕父子与夷人数叛三事，《范史》皆有长文叙述，足见其亦采自常氏也。《范史》后出于《常志》七十余年，时江左人尚多不晓蜀事，而范之列传收录西南人物特多且详。其皆采录《常志》为之明白可验。今补《常志》，固当以《范史》为主要线索也。

又如常璩《序志》固云"述《李特雄期寿势志》"（以下省称《李志》），而元丰旧刻，此篇（《李志》）叙事仅至咸康五年，即李寿夺位后第二年，李寿部分尚有五年未见一字，而李势部分全阙。宋刻本及抄本皆然。盖璩在江左改写其旧作为《华阳国志》时，为避忌讳，即未著录。但有私藏别本《蜀书》已经续写完成。其后为崔氏所得，别行于北方。故崔鸿撰《十六国春秋》与萧方等之《三十国春秋》皆具寿、势始末。唐贞观中撰《晋书》，宋司马光撰《通鉴》所依据者是。前述《魏书·崔鸿传》载其子子元表称鸿"正光三年购访始得"之"李雄《蜀书》"或即此本也。司马光《通鉴考异》称今存之《十六国春秋》为《十六国春秋钞》，足见其仅属崔鸿百卷本之节文。崔鸿原本文殊繁重，《晋书·载记》所录多是也。或谓"今世所传

《十六国春秋》，乃后人采《晋书》、《北史》、《册府元龟》、《太平御览》等书集成之"（见王谟《汉魏丛书跋》），不知《晋书》、《北史》、《册府》、《御览》等书所据仍直接依据常氏，或间接取自崔鸿、萧方等之书，非有他种文籍可据也。《通鉴》于桓温灭蜀以前，叙蜀事颇详，且多不依《晋书·帝纪》，而采《常志》之文；追灭蜀后，所纪蜀事遂少，往往仅录《晋书·本纪》文，更不能有所裒益。《晋书》亦惟永和三年以前载蜀事较多。故知《晋书》与《通鉴》虽博采群籍，于蜀事仍皆以常璩书为原始资料，但南北流行本有不同耳（北方流行《蜀汉书》，南方流行《华阳国志》，二本于李氏始末内容不同）。常璩改撰《序志》时所欲叙述之寿、势二志，虽避忌无文，固亦可补；其文即自《晋书》与《通鉴》取之可也（《册府元龟》可资参订）。

然《晋书·载记》与《通鉴》所记关于李寿、李势之文亦嫌太多，设全收录，则与此卷李雄、李期二纪文字分量不相厮称；故必当有所剪裁，始符常氏所拟改写成为此卷之格局。兹于李寿事即以附晋称藩与绝晋自强两种争议为中心，庶协常氏原稿旨趣。于李势事则略循旧补文字，增益《常志》体例所当具与李氏败亡情势所宜及者；厘正时次，兼及范贲始末，借明当时蜀人对李雄遗业之留恋，盖亦常氏著书之本旨也。其详细说明，在卷九之四、五两章。

此外小段补缀，或一行半行，甚或仅一字者，共达一百数十处。

如《后主纪》延熙九年，旧刻"但光好指擿利病。大长秋南阳许慈，普记阙性；光禄来敏，举措不慎，失势事者指；当世美名，不及特进"。普记下元丰本空三格乃为性字。李㙺本原注有阙字。明代诸本或空四格，连阙字为五格。刘本或空五格，连阙字为六格（钱本）。明其所阙为五字或六字。吴、何等丛书本不空，填入"载籍，掌典旧文"六字，并删去"性"字。盖张佳胤取《三国志·许慈传》文所改补。如此改补殊失常氏文旨。常氏此文，志当时诸臣之长短优劣。特指出孟光、许慈、来敏三人虽有当时美名而竟不得"特进"之原因，应偏在指出短处。若如张氏补文则无短可指，于全文即不可通。又平白删去"性"字，皆属鲁莽粗疏、未审文意之谬举，决无可采者也。查《三国志·许慈传》："与孟光、来敏等典掌旧文。值庶事草创，动多疑议。慈、潜（胡潜）更相克伐，谤讟忿争，形于声色。书籍有无，不相通借。时寻楚挞，以相震撼。其矜己妒彼，乃至于此。"兹取其意，改补作"普记旧文，矜妒成性"。与上下孟光、来敏，褒贬并寓之文旨符合，并保存性字不废。

又《先贤志·巴郡（合巴、巴东、巴西诸郡言之）士女总赞》与其原注之诸人小传，宋刻皆脱。惟《巴郡士女目录》尚存。顾千里校依原书"撰曰：二州人士自汉及魏二百四十八人而已"句，减除蜀、广汉、犍为、汉中、梓潼五子卷所赞之一百九十四人，判断巴郡子卷所阙《士女赞传》为士四十七人，女七人，共五十四人。此次校补，于《巴郡士女目录》之七十八人中，按常氏所赞他五郡士女标准，估定其人姓名与排列次序，搜集其行事资料与各书引文，觉亦可补。其各人小传佚文，经顾观光从《太平御览》等类书中辑得任文公父子、徐诵、谯隆、陈禅、郝伯都等六条。并用《后汉书》《北堂书钞》及《御览》别条引《华阳国志》文校订《御览》所引《张翕传》文。此次校补，又复从《舆地纪胜·渠州》卷辑得所引《华阳国志》元贺、庞雄、王平、赵姬、赵万妻五人小传，较前又多出一倍，皆《常志》原文也。其余诸史所载文志多可借补。惟赞语未曾辑得一字，又有数人行事全失，不可补。仅将各条辑获之文与各家关于此子卷之校语列出。至于史传关于巴郡人物之记载，则别于《目录》下各系之小注，治史者如须参考，可以随手检得之。故虽不补《巴郡士女赞传》，就本书之效用言，如已补矣。

（十二）绘图述例

左图右史，交互参证，为古今学人所公认之重要治学方法。凡史地诸书，能条理明晰，铺序秩然，可以反复勘合而不乱者，其撰定时大多先有图籍依据，胸罗全局形势，乃有可能，此马、班之史所以能包万象而无所牴牾也。常璩此书最出色处尤在地志。其必曾得当时完善地图相印证甚为明显。故其《序志》曰："汉晋方隆，官司星列，提封图簿，岁集司空，故人君学士，荫高堂，翳帷幕，足综物土。"极言地图与版籍之重要，与汉晋官司征采之郑重。又斥班氏"《地理志》颇言山水……辨物知方犹未详备"。足见其得力于图籍之处为多。缘璩在蜀久任史官，获见罗尚、李雄时之图簿与诸先辈地记，凭借丰赡，是其优于其他史家之处也。然其书无图。后之读者，徒据其文，或有传抄讹夺，遂惘然莫知所正。辗转牵讹，而益梦乱者亦颇有之。顾千里校勘之先，必厘订其郡县为表，以表印证当时简陋之地图，亦可明了于晋代地理轮廓，故其校语多有卓识隽义，为他人所莫及。

笔者幸生晚近，获读实测十万分一缩尺之四川全省地图与五十万分一缩尺之陕西省图，及其他较为近出具有县界之湖北、贵州、云南、陕西、甘肃等邻省地图，参印各种地书、方志、杂志论文与乎个人实地考察研究之记录，并在编制《四川历史沿革图说》过程中久经洗炼，于大西南地区之地理形势、建置沿革与历史发展过程略窥门径。借此基础以考订《常志》地理之部，今古对勘，若合符契。故用力较前人为省而鉴识乃或更真。此次校补，于地志四卷考订尤详；其他各卷史文有关地理形势之处，亦皆尽其绵力；期使历世悬而未定之地名落实入图，无复再有悬空含混，惝恍迷离之病。秉此信心，努力以赴。虽未能尽偿初志，亦已大体开朗明晰，为未来辟出较为宽广之途径矣。中间头绪万端，难以例举，具体表现，即在插图。详细说明，分载入注。阅者取图验志，参看注释，庶于晋代梁、益、宁三州地理形势无不了者。

今绘图十九幅，插附各卷前和适当篇页中，计有：

第一卷，《巴志》四幅：

（1）《巴志形势总图》。具有郡、县界线与郡、县治位置及《巴志》篇中重要地名。

（2）《巴族历史发展图》。具有巴国历史发展各阶段中之政治经济中心位置与其民族活动范围等线条，与国都位置。

（3）《江州三峡图》。具有每五十公尺同高线之地形图，标有南北府城，龟亭，新市里，涂山，汶江，巴江，后山，阳关，东突峡等古地名，附注今地名。

（4）《巴西宕渠两郡图》。

第二卷，《汉中志》插图四幅：

（1）《汉中志形势总图》。

（2）《汉、沔流变图》。表达汉、沔合流故道与现今东西汉水分流形势。并标出阳平、白马、金牛、五丁、定军、乐城诸故址。分三幅。

第三卷，《蜀志》插图七幅：

（1）《蜀志形势总图》。

（2）《李冰治水遗迹图》。

（3）《都江堰工程略图》。

（4）《沫水离堆图》。

（5）《秦汉成都市郊示意图》、《秦汉成都城址比较图》。表达秦汉时成都故城位置与大城，少城，十八郭，七桥，五津，万岁、千秋两池及郫、检二江之位置和形势。

（6）《李冰造七星桥位置图》。

第四卷，《南中志》插图四幅：

（1）《南中志形势总图》。大幅。包括南中七郡之郡、县治位置与境界。河流、道路，及其邻接地区。

（2）《诸葛亮南征路线图》。包括蜀汉时南中郡县位置、境界、道路与诸葛亮进军，回军及马忠等分道出军路线。

（3）《云南东北部湖渍盆地图》。

（4）《庄𫏋入滇路线图》。

以上各图，不仅徒为《常志》原文注脚，亦多有超越《常志》文外，更作阐发者。图与注相须为用。如：各图中古今地名沿革之考订，多有超越一般地书所曾考订之范围者，又多有订正旧籍谬误之处者，是皆羽翼《常志》而当表之以图者。图不自言，待注发之。其例殊多，详载各注文中，兹不更举。

（十三）注解与标点述例

常璩于一千七百年前写成此书，在今日欲使人人能读，通其旨趣，则必加以注释。举如僻字晦义，成语典实及相关之人名地名，皆须征引群书，方可诠释疏通。是此次作注任务之一。校勘、辑补工作中，每有疑难问题，或当推翻旧说之处，虽可定案，仍须有以阐明。皆未便夹叙入正文，宜别以注语剖析之。是此次作注任务之二。《常志》多引据《史》《汉》《三国》及其他古籍之处，而《水经注》《后汉书》《晋书》等又多引用《常志》。文义歧出相异，有当校订之处，往往溢出校补范围以外，故于考订本书文义所当及者，搜订征验，斟酌厘正，以省览者考核之劳，是此次作注任务之三。常璩限于时代，其未能提出之问题，在今日研究其书则必当提出者，诸如巴、蜀民族来源，大西南社会发展历史阶段划分，各少数民族分布地域与其生活特点，发展过程，以及关于西南古代社会的经济等其他问题，皆为研究本书必须涉及之重要问题。提出问题，加以讨论，以待来者审核，是此次作注任务之四。古地名之正确位置，物名之正确含义，每有争论千百年而不能得其定解者。此次作注，必须使其皆明确可征，地名并能入图。如蚕丛、丹犁、夜郎、苴兰、郁鄢、沈黎、枸酱、邛竹、灵关、丹穴之类，故博考精辨，甄采群言，理其纷歧，勒为定说，是此次作注任务之五。

凡此五端，动须长文。注语繁，则喧宾夺主，失于简则不足以完成全部任务而有苟且塞责之嫌。且阅者文学修养之程度不同，对注文之分量、深度要求亦即不同；研究部门不同，对其内容各方面之轻重、宽窄要求亦将不同；欲尽一人之力以满足多人之意，必不可能。此作注之所以为难也。然又不可无注。踌躇累年，兹临定稿，仍莫知适从。乃始仍原订初稿计划程序，除力从意足字省方面统一文格外，先将原书各卷文字划分为若干章（原书不分章节，通体连写，宋刻乃有提行空格，暗别章节）。每章作一按语，其任务在阐明全章旨趣，指出其要点特点及联系他章之关键。文内当系注处，嵌以注码，注文缮写在每章按语下。

此次诠注工作，主要在直接查验经史诸子百家原文，求其义理所当。中间颇有因检核经史而校出旧刻谬误及旧校疏忽之处。例如《巴志》1 章之校注，定"贯利"为常氏原文，驳斥旧刻"宝利""货利"等窜改字。如此之例犹多，不可胜举。又颇有一字一义久不得解，稽滞旬月，遍检群籍，始获典祖；或更因而发现旧书字误之事。兹举一例，借明工作未尝苟且。

第九卷（《李志》）"撰曰"，有"每惟殷人《丘墟》之叹，贾生《过秦》之论，亡国破家，其监（鉴）不远矣"句。诠释之初，必以"殷人《丘墟》之叹"便是用《史记·宋微子世家》"箕子朝周，过故殷虚，感宫室毁坏生禾黍……乃作《麦秀》之诗以歌咏之"故事。嗣以为不然。如系用此故事，则箕子《麦秀》之歌与"贾谊《过秦》之论"恰成对偶，何至作"殷人《丘墟》之叹"句？更进而寻求常氏未用"箕子《麦秀》之歌"以对"贾谊《过秦》之论"的原因，则又发觉《史记·宋微子世家》"其后箕子朝周"以下八十字乃后人所窜入，非马迁原文所固有。常璩所见之《史记》，不可能有此条，更足证常氏此文非用箕子故事，而当另寻其典所自出以为校注语。

《淮南衡山列传》记伍被谏淮南王语，有曰："臣闻微子过故国而悲，于是作《麦秀》之歌。是痛纣之不用王子比干也。"《史记》既存伍被之说，则固以为《麦秀歌》是微子所作矣。何得更于《微子世家》又有此箕子作歌之八十字？自褚先生以下至于裴骃《集解》，皆莫曾指出此歧出处。则其八十字为魏晋以后人所窜入可知。或者是后人取张晏之说（下详）注入《史记》行间为此八十字，遂被宋刻乱入正文耳。裴骃实未见有此歌，常璩固无由见之，又安得而引以入其书乎？

或谓：《汉书·伍被传》，全用《史记·淮南列传》，乃其文作"箕子"。颜师古注："张晏曰：箕子将朝周，过殷故都，见麦及禾黍，心悲，乃作歌曰：'麦秀之渐渐兮！黍苗之绳绳兮！彼狡童兮，不与我好兮！'狡童，谓纣也。"其言与《史记·世家》同。然则《世家》不讹，《淮南传》乃讹箕作微耶？此亦似是而非之说也。《世家》此八十字，全是箕子自悲不用，无吊王子比干之意，则非缘伍被之意可知。颜师古唐代人。所引张晏说，乃张晏别传之故事，非晏为汉书作校注之语。颜氏固云："汉书旧无注解。"则张晏非为《汉书》作注以证其文当作箕子也。且张晏亦未曾见《史记》世家有此八十字。如其已见，则歌词必径引史记，何至改"禾黍油油"为"黍苗之绳绳兮"乎？不惟张晏未见此八十字，即颜师古亦未见也；如其已见，则径引《史记》世家以证《汉书》此"箕子"二字,不甚直捷明快,而必曲引张晏之说乎?然则《汉书》引伍被说而文作"箕子"者,亦字讹耳。《史记》列传固未误,则引用其文者不当改其人名。当是后人妄依窜乱本《史记》世家以改《汉书》字,而颜师古又妄援张晏小说以注《汉书》讹字耳。

更强有力之证据,为孔颖达撰《诗正义》,所注郑玄《诗谱》,有句云:"《史记》称微子过殷墟而作雅声。"亦明是用《史记》伍被之说,未用《世家》说。则其所见之《史记》固无此箕子作歌之八十字。孔氏与颜氏同时。其所见之《史记》本当同。故知《史记·宋世家》无箕子作歌八十字,而《汉书》伍被说本作微子。以此定常璩非用箕子吊殷墟典,为确切不移矣。或问:《史记·宋世家》"其后箕子朝周"不可谓为微子之讹乎?曰:断不可能。今本《世家》文于此八十字下,乃续云,"武王崩,成王少,周公旦代行政当国"及"诛武庚,杀管蔡",封微子事。微子降周,入居镐京,诛武庚后始封就国。未封以前,何得有'朝周,过故殷虚',句?以此知其断不然。

以上,为笔者不用《史记·宋世家》箕子《麦秀歌》解说"殷人丘墟之叹"的理据。初由怀疑《史记》而细审其文,而参订他书,遂先发觉《宋世家》中此八十字为后人窜乱之文。窜乱时间,在唐与五代之世。宋刻遂成正文。同时发觉《汉书·伍被传》之"箕子",亦是讹字。从而肯定《常志》"殷人"句非用箕子故事,获得解决。虽然,"殷人丘墟之叹"究何所指,则未得也。于是尽个人之力遍检经史诸子,凡与咏叹故国破亡之文,皆细审之。阅月余时间,终于从刘向《新序》卷四中找到了答案,说在本书九卷六章之注[⑪]。

似此因考证一字一义而泛检群书,从而更正他书文字错误者亦多。例如《史记·西南夷传》:"南越食蒙蜀枸酱。蒙问所从来。曰'道西北牂柯'。牂柯江广数里,出番禺城下。"《汉书·西南夷传》用其文而改作"道西北牂柯江。江广数里,出番禺城下"。司马光《通鉴》依《汉书》文,清儒亦多盛称《汉书》所改为隽允。常璩此书则云:"曰'牂柯来'。"不重江字。兹细考审,定《史记》与《常志》不误,《汉书》妄改,大失原意。《通鉴》与清儒皆盲从附和。说在《南中志》1章之注[⑩]。如此之类,校订《史》《汉》《三国》《后汉志》《晋书》及各史注文,《水经注》《元和志》《寰宇记》等地理书之脱衍讹乱,多至数十百处,仅如《三国志》一种,于《公孙刘二牧志》得十一处,《先主》《后主》二志得二十八处,它如《巴志》《蜀志》《南中志》亦有。共四十余条。

然注文的主要任务,在于考地理,辨名物,订史实,正讹讹,析章节,诠晦义。

而于各地区经济文化之发展过程尤再三注意。中间亦多有批判《常志》谬误之处。各条注文,有长达数千字者,或特附专题(如《枸酱考略》《筇杖考略》《蜀布考略》及《蚕丛考》等),或就注详考(如巴国发展与巴东盐泉之关系,蜀国发展与蚕丝业之关系,李冰勋绩在于提倡成都平原种稻等属于探索地方历史发展规律性之长文,均散在各注释中)。对于各少数民族历史发展与地区产业发展之史料考订尤为详密。其为事理之必然而前人所未发者,亦各数十百条之多。注文分量盖已五十万字,每欲裁割而苦难下笔者,窃谓其深入细密,前后相关,多属创见确证,为后来人研讨旧籍节约时间,固当如此也。

标点助人了解文义,功用同于简明之注释。每见整理古籍印行各书中,仍有标点错误,盖古文含义多端,句读难定,非经细致咀嚼,推求义旨,即易流于误解误断。故标点之难,并不让于诠注。世或以标点为易事而轻率付人为之,其害能导人于沿误曲解,径赴迷途。是不可不慎也。

近见四川省图书馆所藏明刻《华阳国志》三本,有未署名者进行标点两次,人名用朱标,句读用蓝点,乃其误标误点之处十居五六。兹就首卷《巴志》举例二处,其第四页原标点有如此一段:

于是夷朐忍廖仲药何射虎秦精等乃作白竹弩、于高楼上射虎、中头三节。(原标廖仲药、何射虎、秦精为人名。)

如此短短二十九字间,即有甚大误解三点。(1)原标以廖仲药、何射虎、秦精为三人,盖用近代通常姓氏断之。按本书《大同志》言,"涪陵民药绅,杜阿应尚",则巴东固有药姓也。章怀太子注《后汉书·板楯夷传》"射杀白虎"句云"《华阳国志》曰:巴夷廖仲等射杀之也"。张澍《蜀典》卷十二《药氏》云,"按《华阳国志》:巴夷药何与廖仲秦精等作白竹弩射白虎者"。是皆以廖仲、药何与射虎秦精为三人。秦汉习俗,有复姓,罕复名。此等巴夷方慕汉习,初有姓氏,自不可设想其为三字姓名。此原标三人之谬也。(2)原文于秦精上特加"射虎"二字,表示廖、药皆非能射虎者,仅秦精为名猎手,以善射虎知名。廖与药则大姓,有财势,为一方领袖;或延秦精为之设计射虎,以博重赏;或由秦精思得杀虎之术,不能自致,往说大姓廖、药应募取赏,借以表现其劳动智慧。故秦精上特加射虎二字,不仅表达此一功勋之实际主人,且足体现当时巴夷社会大姓与劳动人民之政治地位,意义殊属重大。原标点者乃曲解为"何射虎",似元明小说绰号,悖于古义何太远耶!

（3）白竹，今云"白甲竹"，为竹中尤劲强者，缚之为巨弓，以机发之，则射能远及。故秦精教药、廖于高楼上设之以伺虎。得当发楼，遂能使箭贯虎，没其三节。秦时皆用竹箭，节短者尤劲。"三节"约当尺余，故虎遂死。"于高楼上"者，便于作机弩伺虎，非谓借楼避虎而手射之也。如是手弩，则达楼下已成弩末，安能中没入三节乎？原点"于高楼上射虎"为读，则所言当是手弩，是体物疏谬，反映于标点，非惟削弱文势，且能导人于误解之处也。兹于此二十九字作如下标点，故虽不加注语，而当时杀虎之情势事实，宛然自现于纸上。

于是，夷朐忍廖仲、药何、射虎案精等，乃作白竹弩于高楼上，射虎，中头三节。

初看前举标点者，未必遂能觉其有误。试以后一标点较之，其对文义体会之差距，难以道里计矣。标点之未可轻易为之，有如此也。

（十四）附录搜辑述例

常璩于蜀、巴、广、犍、汉、梓诸郡士女传赞以外，别辑《益梁宁三州士女目录》，合《序志》为一卷，是为本书辑载附录之始。其后张佳胤辑《江原常氏士女目录》，《函海》辑附历代关于常氏著述评述之文，廖刻本有《三州郡县目录》，陶浚宣辑张翕事为附录，《龙谿精舍》本附顾观光《校勘记》。志古堂本据廖本补《三州郡县目录》，又据陶本补《华阳国志》佚文张翕一条，仍据《武林山人遗书》附载顾氏《校勘记》，为附录之较多者，然实皆颇陋，不足尽羽翼常著之能事。兹从此书相关之各方面，搜辑下列各文记，附载卷末，俾览者秩然了解历代著述对于此书之看法与其所作贡献。除关于文字校勘方面已收录于校注外，其收入此附录者有下列各类：

（1）旧刊已具之附录。如《三州郡县目录》，《江原常氏士女目录》皆略附校注。其常氏自辑之《三州士女目录》，则作正文看待。

（2）旧刊各本之序文、凡例及跋文。自宋刻至近世刻本，凡属专序《华阳国志》者，并依时代先后录附。其属丛书总序，不专指《华阳国志》者不录，各本从同者于题下注明之。卷首即不更依成习冠以旧刻原序。

（3）记述常氏著述卷帙、板本及评论常著之文字。例如《晋书》载记、《十六国春秋钞》关于常璩身世之文，《隋书·经籍志》《旧唐书·经籍志》《新唐书·艺文志》《宋史·艺文志》等官书记录常璩著述之文;《郡斋读书志》《直斋书录解题》《通志·艺文略》《通考·经籍考》《玉海》《说郛》《国史经籍志》等私家撰述关于常著之文字(以上均见本书附录十二《函海华阳国志附录》);清《四库全书总目提要》、山西耿氏《万卷精华楼藏书记》、北京傅氏《藏园群书题记》等考订常著版本与其内容之文字(已收入前言与注释者不更录)。

(4)各赏鉴家、校勘家在旧本上之题字典批语之未采入校注者。例如红豆斋本上之丁小山、程瑶田等跋语,抱经堂本之程鱼门跋语,顾千里手稿中之部分文字等是。

总之,这次校注工作仅限于探索常氏原著之精神实质,寻求原文本旨,纠正传钞与刻板讹乱讹夺之部,通正其隐晦扞隔之义,并估定大西南地区社会发展之历史阶段,明确其阶级分化与阶级斗争之大体过程而阐述之。仅此要求,亦非绵力所能克致。主要目的,仍在于草创条理,以待海内硕学之修订补益,使成善本而已。

当前遗憾,主要在于政治理论水平过低,所有分析原著之观点,不能正确者必多。夫千六百年前之方志,就今日建设社会主义之现实要求言之,其所以仍不当废者,端在于研习一方古代社会发展过程所必取资而已。固必待有精通唯物史观之学者博检群籍,搜罗资料,精细抉择其有裨于今用者,纂述阐发之,汰除冗义,精简诠释,始得成为现代学人适用之书。非惟注语文不能多,即正本亦可酌予删弃,始符整理古籍之义,而于览者有益。若个人之识力卑弱,率尔操觚,固不足以胜其任也。凡兹所为,但能初步搜讨资料,以备未来雅识学人之整刷而已。

其他琐杂谬误之处,应亦甚多,均盼在取得海内学者指正后厘正。

任乃强
一九六一年初稿
一九六二年修订
一九八二年再校,微有删改。

任乃强全集·第四卷

巴志（卷一）

巴 志（卷一）

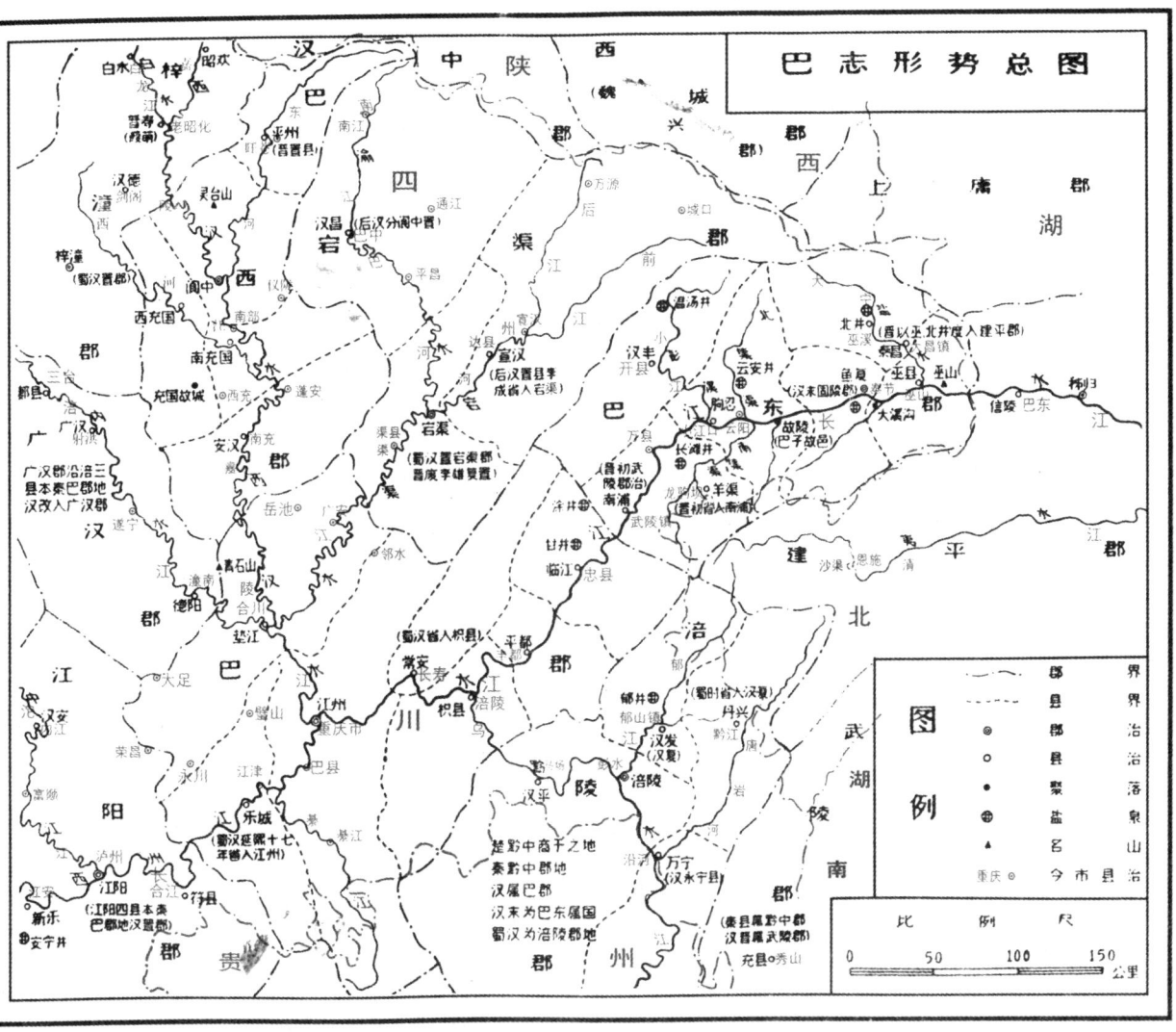

巴志形势总图

一

　　昔在唐尧，洪水滔天。鲧功无成，圣禹嗣兴，导江疏河，百川蠲脩；封殖天下，因古九囿以置九州①。仰禀参伐②，俯壤华阳，黑水、江、汉为梁州③。厥土青黎。厥田惟下上。厥赋惟下中。厥贡璆、铁、银、镂、砮、磬、熊、罴、狐、狸、织皮④。于是四隩刘、钱、《函》、张、吴、何、王等旧本皆作奥。《函海》注云："惠校改隩。"廖本作隩。既宅，九州攸宋、明刻本作逌。清代刻本作攸。古今字。同，六府孔脩，元丰本作脩。嘉泰本作修。庶土交正，厎刘、钱、《函》、廖本作厎。张、吴、何、王本作底。𠋣古慎字。元丰本如此。嘉泰本避孝宗讳缺一笔。惠栋校改𠋣。《函》、廖本同。财赋，咸贡中国。盖时雍之化，东被西渐矣⑤。
　　历夏、殷、周，廖本注："当作历虞夏殷。脱虞字，衍周字。"兹不取。九州牧伯率职。周文为伯，西有九国⑥。及武王克商，并徐合青，省梁合雍，而职方氏犹掌其地，辨其土壤，甄其【宝】贯利。旧各本俱作宝利。惠校改作贯利。兹按，《周礼·职方氏》："乃辨九州之国，使同贯利。"郑玄注："贯，事也。谓九谷六畜等财用之事。"常氏用《职方》文，则当是贯字。兹改正。迄于秦帝。旧各本皆作"起于秦帝"。惟廖本改起作迄，无说。兹查《说文》走部："起，能立也。""赹，直行也。"辵部："起，古文起。""迄，至也。"盖常氏谓职方之制，行至秦帝时。后人写讹为起。惠校改作迄，故廖本作迄也。句断。汉兴，高祖藉之成业。武帝开拓疆壤，乃改雍曰凉，革梁曰益。旧刻皆乃字上接高祖句。当是有脱。按《汉书·地理志》："武帝攘却胡越，开地斥境，南置交址，北置朔方之州。兼徐、梁、幽、并、夏、周之制，改雍曰凉，改梁曰益，凡十三部。"常氏实用其说，宛然原句，则其脱武帝一句明矣。《水经注》卷三十三，引《地理风俗记》曰："元朔二年，改梁曰益州。以新启犍为、牂柯、越巂、州之疆壤益广，故称益云。"兹据以补六字。故巴、汉、庸、蜀属益州。至魏咸熙元年平蜀，始分益【州】之旧皆作州。按"益州"既为州名，亦为州部属郡名。与巴、汉连称，甚碍文义。上益，亦不连州字。此益下州盖之字讹。巴、汉七郡置梁州。治汉中。以相国参军中山耿黼为刺史。元康六年，广【汉益】魏梁州，旧各本皆作"广汉益州"。廖本注云："当作广益梁州。"今按：所广者魏之梁州。原文当是"广魏梁州"。传钞者因魏改广汉为广魏，每见广魏字即改为广汉。展转遂并讹梁益字也。广与益为一义。廖本所注亦非。兹改二字。**更割雍州之武都、阴平，荆州之新城，上庸、魏兴以属焉。凡统郡【一十一】十二，县五十八。**旧本尽作"凡统郡一十一"。顾广圻校云："当云统郡一十二。巴郡、巴东郡、涪陵郡、巴西郡、宕渠郡、汉中郡、魏兴郡、上庸郡、新城郡、梓潼郡、武都郡、阴平郡。县五十八者，不数省。"廖本据以人注。汉晋人记数，十、百、千、万上，例不著"一"字。原文当作"郡十二"。县不数省者，谓如乐城、常安、宣汉，晋世已省并县，不在五十八县内。

案：以上《梁州总序》。常璩于李寿时撰成《蜀汉书》，依李雄时建置，以巴地五郡与建平郡为荆州，汉中、梓潼、武都、阴平，及东三郡为梁州。因其字数此《蜀志》（本为《益州志》）、《南中志》（本为《宁州志》）都少一半，故又合荆梁二州为《巴汉志》，三篇并曾单行。故《水经注》屡引《巴汉志》。降晋后，当遵晋制，乃就《巴汉志》文增《梁州总序》为《梁州志》。并改称《蜀汉书》为《华阳国记》（元丰本《序志》存此名称）。今本系崔鸿以后传写者参用南北先后本名称，抑系常氏最后订正本，难以判定，要此《梁州总序》一章为东晋时所加则可肯定，故其文与《巴志》原序每有重复。

全章分三小段：周以前，取材于《尚书》，参用《文纬》与《星经》；周、秦、汉世，取材《周礼·职方氏》与《汉书》；魏、晋，取材于谯周《巴记》及自所见闻。

【注释】

① 人皇九囿之说，出于纬书《河图》与《三五历纪》，见于司马贞《补三皇本纪》。纬书皆秦汉间夸妄之学者所伪造，不当信据。夫原始社会尚无文字时，人类记数至三者为多，至五而极，安可得至九数？最初之"有"字只作ㄓ，则人皇时安得有囿字？若谓人皇是黄帝以前人，则其人与其氏族之活动范围，不过百余里而止，安得曰"天下"？即《禹贡》与《职方》九州之说，亦只是周代史官所假想，人皇何世，而能分天下为九囿哉？

② 参星，在二十八宿为西方七宿之一，三星甚明。其旁有小星群曰伐。《三国志·蜀·秦宓传》："天帝布治房心，决政参伐。参伐则益州分野。"常氏取其说也。其说与《汉书》星野不同。

③《禹贡》："华阳黑水惟梁州。"华山在秦岭诸山中最秀美，历世尊为西岳，故《禹贡》作者用以代表秦岭山脉。"山南曰阳"。秦岭以南，即今陕南、甘肃、四川、云南、贵州与鄂西山岳地带，亦即李雄极盛时占有之疆域，故常氏用为书名。

④ "厥贡"以下十二字，为依《禹贡》文所举梁州十二种土产，实际是周代蜀巴地区行销中原之商品。关系到一方社会经济发展的历史情况，旧释每有谬误，兹更为新诠如次：

"璆"，《孔传》云"玉名"。《尔雅·释器》："黄金谓之璗，其美者谓之璆。"徐中舒云："古代的金，只是铜，锡合金青铜的专称。黄金原名为璗（音唐），后人改写作鎕。其美者乃是黄金，原名为璆（音求），后人改写作镠。"按：白石英，古人称为真玉，若黄金，原与白石英相抱合而产生者，原始人类亦目为"玉类"；因其质软，谓为"软玉"。（宋应星《天王开物》云："璞中玉软如棉絮。推出位时则已硬。入尘见风则愈硬。谓世间琢磨有软玉，则又非也。"昔人不知金玉伴生实况，信任胡贾传说，遂至谬误如此。）因其柔韧，不可以制石器，原始人类视之，实用价值远低于真玉。后人知其延展性绝高，可以锤使作鏊（槃）盏，乃别制璆字以别之。音虯，字亦作刔，见《玉篇》。凡从丩与翏字，皆具可以曲挠之义。又其稍后，中土乃发现铜，因其音向鏸然，乃造璗字，明其与黄金同属玉类。又后乃以金、铜及锡三品为一类，而别于玉，始有"金"字。故金字以玉为义，今为声也。以上皆东周以前之事。东周以后，矿业发展，始有"五金"之说，而儒者已莫知古人金玉混称之由，孔安国说璆为"玉类"，而不能直谓为黄金，或亦只就其字从玉言之耳。《尔雅》亦汉儒摘取说经师儒文义编撰之书，足见先秦儒生固曾称铜为璗、称金为璆者。

"铁"，今川边岩石中多有含菱形结晶之铁粒，即菱铁矿。破石剥取之，即成天然之铁器，可用于刻划、钻凿，夹缚于矢为鏃，投掷锐利如刀剑。原始使用铁器，疑是此物。迨入周世，人类已能造一千五百度以上高温时，镕铁工艺产生，始有冶铸铁器。川边地区之菱铁亦只供冶铸之用，即本书临邛县所云"蒜子铁"也。《禹贡》惟梁州有铁，说明蜀地产铁最早。其后中原磁铁矿采冶盛兴，蜀地转落其后。惟金、银、铜、铅转盛。以此知《禹贡》之铁，是菱铁矿。

"银"，中原古无银。战国末期始见银字。（见《荀子·成相篇》。《公羊春秋》亦有，在昭十一年，但《左傳》字作憖。）秦汉间人说五金，银为白金。汉武帝以银锡铸币，见《平准书》。其后废银币，径以生银作通货，则朱提银独负盛名。《汉书·食货志》云："朱提银重八两为一流，直一千五百八十。它银一流直千。"足见梁益产银最早且佳。《蜀王本纪》言：朱提女子为蜀王妃。故朱提（今云南昭通）虽在边荒，其交通中原则甚早。大抵西周年代已有中原之人逃亡至此发明冶银，远销巴蜀及于中原。至汉代中原工匠亦知冶炼铅银，而技术不及朱提，多含杂质，故其市值低于朱提银也（朱提又为银之代称）。

"镂"雕刻工具之称。石器时代，用硬度甚高之水晶、石英石等碎块磨制为之。铜器时代，用铜锡合金炼制之。铁器时代，用炼钢。古炼钢，皆先铸成形，再锤炼之，经百炼淬，即成镂具（铸剑亦然）。蜀地冶铁最早，宜炼成镂具亦最早。《蜀志》云："流支铁甚刚。"盖即谓此法也。

"砮"谓坚石磨制之石鏃。今四川出土文物多有之。周代虽已有铜鏃，然所值高，消费量大，故仍多参用石制之砮。梁州石鏃仍是流行的商品。

"磬"，页岩磨制为之乐器，今四川出土颇多，且有编磬。川东南多青石，川北、陕南多赤石，皆磬材。《蜀志·犍为郡序》云："绥和五年，又上宝磬十六。"可知古蜀人先用编磬领乐，其后乃用编钟。《诗·有瞽》云："依我磬声。"谓殷乐用编磬领导。《彤弓》云："钟鼓既设。"《鼓钟》云："鼓钟伐磬。"周乐用编钟领导也。磬为商品，周代未废，故曰："笙磬同音，以雅以南。"

"熊罴狐狸"，为川边森林与草原中至今犹盛产之野兽。熊色黑，体小于人。罴色棕黑，体大于牛，性尤凶猛，人不能敌，但可以机罟取之，故字从网。其掌皆珍味。胆入药。皮毛厚而不濡，宜为衣裘。肉同野猪。狐产于草原者皮尤美。狸，今云猞猁狲，皮毛柔暖耐磨、市值更高于狐；其形似猫而大，故猫有狸奴之称。四川盆地亦有狐与白面狸，其皮值低。

"织皮"谓连皮带毛之羊皮。羌、番民族善养毛用羊，无铁剪，故其古代售毛连皮。中原人善纺织而毛用羊少，故市此毛皮，剪其毛纺绩以制褐。故称此种毛皮为织皮。《禹贡》"雍州"云："织皮昆仑、析支、渠搜。"谓青藏高原之昆仑部落，黄河上游之赐支部落，与川甘边区之氐叟部落皆以织皮与中原人民市易也。

　　《禹贡》文长至一千一百九十三字。较夏代可靠史料三篇各多出千一百至九百余字。夏初不可能有此长文。禹时尚属原始公社，亦不能有此制度。然其记述西北地理方物，多与今世所在吻合。盖周穆王从游史官，就所见闻，寄其大一统理想之作也。或谓其为战国时作者，亦非，古文、今文《尚书》并有，则孔子以前已行于世，孔氏信为禹作，误收之入《夏书》耳。《周礼·职方氏》亦周代好事者为之。其不袭用《禹贡》，盖造作者居地不同，流行未至，故分歧也。二作者俱当富于地理实践。《禹贡》尤佳，不当斥为全无依据之作，知其为西周年代之地理书，重其资料可矣。

⑤自"黑水"至"成贡中国"，亦用《禹贡》，参取《尧典》与《益稷》篇文。改"中邦"为"中国"，周人谓中原为"中邦"，魏晋人谓中原为"中国"也。

⑥此云"九国"，指《牧誓》庸、蜀、羌、髳、微、卢、彭、濮，合巴国为九也。《泰誓》与《牧誓》俱首称"友邦冢君"。《史记·周本纪》谓："会盟津者八百诸侯，诸侯皆曰纣可伐矣。"则巴国于《牧誓》当在"友邦冢君"之列。庸、蜀等八部落，在当时尚未得成为国家，国君未至，亦无司徒、司马、司空与千、百夫长等名称者为统帅，只有原始部落形式之武士从征，故于呼末称之为"人"也。(《春秋》书法，国君不至者称人，是袭用此义)。九国在当时的地理位置，《孔传》《孔疏》及后儒考订诸说，咸有差谬。兹作新解如次：

　　"巴"是四川盆地内建成国家最早的民族，周初已有封爵。殷末，其国邑当尚在鱼复西近之故陵。"庸"为巴秦楚三国瓜分著于《春秋》。汉为上庸郡。详《汉中志》。"蜀"即蚕丛、蜀山氏之国，殷末尚未进入成都平原，亦未建成国家。"羌"为当时黄河上游，赐支、洮、湟间部落名称。"髳"为羌之派分部落，殷末住居今之阿坝州地方，后汉时已南移，被称为牦牛种，魏晋时为牦牛王。住今康定木雅乡。历世以牦牛尾毛与中原地区市易。"微"，在庸之北，今湖北堵水下游黄龙滩附近。微水与微阳县俱依以为名，说详上庸郡。"卢戎"亦见于《左传》。杜预定为荆州中庐县。然本书宕渠有卢城。疑其族分在荆梁间。彭国原在阆中，为巴所灭。本为彭道，后乃改名阆中，说详《巴西郡》。"濮"即《左传》之百濮。原散住于大巴山区，后皆臣服于巴，秦汉称之为板楯与賨民。其西徙者为"僰人"。(参看三章之注⑫)

二

《洛书》曰："人皇始出，继地皇之后，兄弟九人，分理九州，为九囿。人皇居中州，制八辅。"华阳之坏，梁岷之域，是其一囿；囿中之国，则巴蜀矣①。其分野：舆鬼、东井②。其君，上世未闻。五帝以来，黄帝、高阳之支庶，世为侯伯③。及禹治水命州，巴、蜀以属梁州。禹娶于涂山，辛、壬、癸、甲而去。生子启，呱呱啼，不及视。三过其门而不入室，务在救时。今江州涂山是也，帝禹之庙铭存焉④。禹会诸侯于会稽，执玉帛者万国，巴蜀往焉⑤。周武王伐纣，实得巴蜀之师，著乎《尚书》。巴师勇锐，歌舞以凌殷人，【前徒】殷人倒戈。旧各本不重殷人字，即无法句读。王本以"殷人倒戈"为句。则上句无宾词。廖本用《武成》文，补"前徒"二字。亦句无主语。必作"殷前徒"，乃可。兹重"殷人"二字。意乃足矣。故世称之曰，"武王伐纣，前歌后舞"也⑥。武王既克殷，以《函海》注云："或改封。"其宗姬【封】于巴，廖本姬下有封字。他各本无。按常氏原意，谓因有宗姬在巴，而予巴以子爵。非谓封宗姬于巴。于，在也。巴既助伐纣有功，则何能更封宗姬夺其君位哉？抑或是巴冒姬姓往，武王以为宗姬也。爵之以子。古者，远国虽大，爵不过子。故吴楚及巴皆曰子。此下，旧本或空格，或连。顾广圻校稿云"当提行另起"。

案：以上《巴志总序》之首章，记巴国古史。是《巴汉志》旧文。于巴国本源未详。

【注释】

①"九囿"与"华阳"，已前注。"梁、岷"，二山名。岷山详具《蜀志》。梁山，即剑门山。张载《剑阁铭》："岩岩梁山，……惟蜀之门，作固是镇。是曰剑阁，壁立千仞。"地属晋之梁州。故昔人以为梁州镇山。

②《汉书·地理志》论星野云："秦地，于天官，东井、舆鬼之分野也。"又云："自井十度至柳三度，谓之鹑首之次。"《周礼·职方氏》合雍梁为一州。班固此章，自言出于"颍川朱赣"。其说以"秦地……界自弘农故关以西，……南有巴、蜀、广汉、犍为、武都，……又西南有牂柯、越巂、益州，皆宜属焉"。实即合《禹贡》雍梁为一星野。其地相当于今陕、甘、宁、青、川、滇、黔七省区。其他魏、周、韩、赵、燕、齐、鲁、宋、卫、楚、吴、粤（越）凡十三区，皆就周末国界分占。小如周野，只河南郡之六县。其分野之谬已如此。又与秦宓之说蜀星野不同。则在后汉世已无定论可知矣。常氏乃于一篇之内兼用之，自不统一。此则又是上之两章非一次写成之验。

③《大戴礼·帝系姓》云："黄帝居轩辕之丘，娶于西陵氏之子，谓之嫘祖氏。产青阳及昌意。青阳降居泜水（《史记》作江水）。昌意降居若水。昌意娶于蜀山氏。蜀山氏之子，谓之昌仆氏，产颛顼。"又《五帝德》云："颛顼，黄帝之孙，昌意之子也，曰高阳。"司马迁采之，为《五帝本纪》。常璩又据以为此文，加"支庶，世为侯伯"字。夫黄帝时，不可能建成国家。其子女随其师兵所至，留姓于其他氏族则有可能，然安得能有"世为侯伯"之事哉？

④"江州涂山"，在重庆市南岸。相传老君洞岩间石穴，即涂山氏生启处。旧有"启呱呱而泣处"碑。《水经注》云："江水北岸有涂山，南有夏禹庙、涂君祠。庙铭存焉。常璩、仲雍并言禹娶于此。余按，群书咸言禹娶在寿春当涂，不于此也。"按《一统志》引唐苏鹗《演义》，与宋王楙《野客丛书》，并云涂山有四：一会稽，二渝州，三濠州，四当涂。会稽涂山见《越绝书》，其可信度不能高于《史记》。《史记》称"禹东巡狩，至于会稽而崩。"《汉书·地理志》亦只云会稽山有禹冢。是禹死于会稽。非其少壮娶妻之处也。濠州涂山，在安徽怀远县东南淮水岸。即《水经注》所云"群书咸言禹娶"处。《左传》哀七年，子服景伯曰："禹合诸侯于涂山，执玉帛者万国。"杜预注："涂山在寿春东北。"即此。是禹建成国家后会诸侯处，不能即是其少年娶处。禹生于西羌之石纽，在今成都西汶川县界，不可能远娶于淮水流域。至于当涂县之涂山，始见于《汉书》颜注，引应劭曰："禹所娶涂山侯国也。有禹虚。"劭所指自是寿春之涂山（见

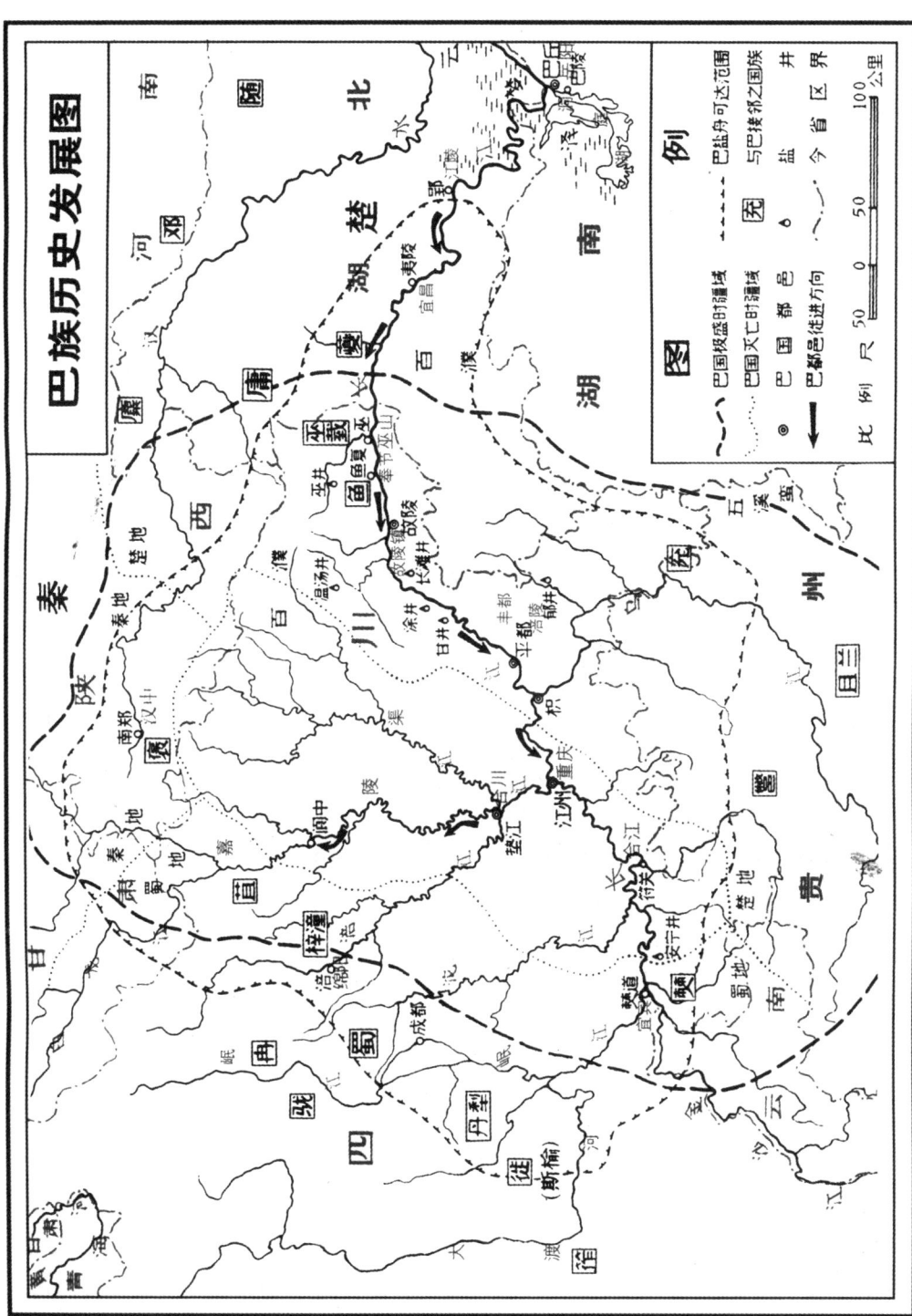

巴族历史发展图

《水经注》），非今江南之当涂县山，颜注亦误引也。惟江州涂山，与石纽同在梁州。州界通中原路，为"浮于潜（嘉陵江），逾于沔（汉水），入于渭，乱于河。"江州，正是江潜会处。则禹治水，三过此山为可能。郦道元未曾入蜀，亦未至寿春、会稽，故不能辨此也。

⑤此徒以"万国"当有巴蜀，推其参预。非有典籍明验。自巴、蜀历史言之，禹时尚未能有巴与蜀国。

⑥"前歌后舞"出《白虎通·礼乐篇》所引《尚书》文。谯周明悉《巴渝舞》典实，用以结合于《牧誓》，而常璩取之。参看五章之注⑦。

三

其地，东至鱼复，西至僰道，北接汉中，南极黔涪①。土植五谷。牲具六畜②。桑、蚕、麻、苎，旧刻本作纻。兹从钱写本作苎。鱼、盐、铜、铁、丹、漆、茶、蜜，灵龟、巨犀、山鸡、白雉、黄润、鲜粉，皆纳贡之③。其果实之珍者，树有荔支或本作芰。蔓有辛蒟④，园有芳蒻、香茗，给客橙、蔜⑤。旧本作蔜。《函海》作葵，注云："原讹蔜。何本作葵。刘、李本亦作蔜。"廖本未改字，而有注云："橙字当衍。蔜当作葐。葐即橙字。"今按：给客橙，三字读。蔜即萪荽。说详注⑤。其药物之异者，有巴戟天、椒⑥。竹木之瓌钱写作贵。者，有桃支、灵寿⑦。其名山有涂、籍、灵台、石书、刊山⑧。其民质直好义。土风敦厚，有先民之流⑨。原省韵字。故其诗曰："川崖钱写作厓。惟平，其稼多黍。旨酒嘉谷，可以养父。野惟阜丘，彼稷多有。嘉谷旨酒，可以养母。"其祭祀之诗曰："惟月孟春，獭祭彼崖。永言孝思，享祀孔嘉。彼黍既洁，彼牺刘、李、廖本作牺。他本作仪。惟泽。蒸命良辰，祖考来格。"其好古乐道之诗曰："日月明明，亦惟其名。谁能长生，不朽难获。"又曰："惟德实宝，富贵何常。我思古人，令问令望⑩。"而其失，在于重迟鲁钝。俗素朴，无造次辨丽之气⑪。其属有濮、賨、苴、共、奴、獽、夷、蜑之蛮⑫。

案：《巴志总序》第二章，述故巴国界至与其特产和民风。其述民风，时间性颇不明晰，大抵取材于谯周之《巴记》，通巴国地区，秦、汉、魏、晋时代言之。

【注释】

①鱼复、僰道，为巴与楚、蜀互争地，故曰至。汉中属秦，与巴国隔大巴山脉，互不相犯，故曰接。黔水，即乌江。涪水，即下文之"巴涪水"，今云赤水河。皆尽其源流所届，故曰极。二水所届，包今贵州全省矣。

②"五谷"，在上古，为各种粮食作物之泛称，犹后世云"百谷"也。《史记》言黄帝"治五气，艺五种"。

《集解》王肃曰"五行之气"。《周体》曰"谷宜五种",郑玄曰:"五种,黍、稷、菽、麦、稻也。"《索隐》:"五种即五谷也。"郑玄《周礼·疾医》注又以"麻、黍、稷、麦、豆"为五谷。《职方氏》注又以"黍、稷、菽、麦、稻"为豫州和并州五种。《汲冢周书》称麦、黍、稻、粟、菽为"五方之谷"。《管子·地员篇》则为黍、秋、麦、稻、菽。《吕氏春秋》与《礼记·月令》则为麻、菽、麦、黍、稷。其无定指如此。大抵《周书》所云"五方之谷",最得其义。麦,原产地在西羌。黍,原产地在北貉。稻,原产地在南越。菽(豆)原产地在东北。中原则最先育成粟谷。传说中黄帝研究五方之气候土宜,咸引种之,然后中原农产成一跃进。故有五谷(五种)之称。常氏于此,言巴国之地,山高谷深,具五带气候,五方之谷,无不能种。亦非确指为何五种也。

"六畜",《左传》"六畜不相为用"。杜注"牛、马、羊、犬、鸡、豕"。《周礼》"膳用六牲"。郑注"马、牛、羊、豕、犬、鸡"。在周秦汉世,人家驯养成功之牲畜,唯此六种。非有六方引种之义。

③此所举"纳贡"物十八种,皆谓巴王旧所征取于其属民之物品。巴王族以鱼盐业致富强,征服沿江及其商业所至诸民族部落。初不从事农牧工矿生产。王族生活所需,一切向其人民征取。此十八种纳贡品,是谯周《巴记》原所举列,足以代表巴国未亡以前巴地社会经济生活情况,故分别加以说明:

"蚕"与"桑"之纳贡,即非置郡县后之征发制度。置郡县后,只能征丝、絮,不至贡蚕、桑。巴王族徙都阆中后,巴西地区农业已甚发达,巴人亦从杜宇之教,栽桑养蚕。(《蜀志》云:"杜宇教民务农,一号杜主。……巴亦化其教而力农务。")巴王族亦习养蚕,但不自栽桑、育种。桑与蚕皆征于民间。

"麻"与"苎",谓大麻与苎麻之皮,是当时主要衣料。巴王族所在,自有"作房"供奴隶纺织。但不种麻,只征麻皮于民间。麻织粗布,苎织细布(即蜀布,一曰賨布。另详附录《蜀布、邛杖考》)。旧以苎、纻同音,每混苎作纻字。纻是大麻收籽后渍茎所取之麻,纤维已硬化,所织者为粗麻布,不中衣料,与苎布价值悬殊。不可混乱使用。《诗·陈风·东门之池》以沤麻、沤纻、沤菅为沤制细、粗纤维之三级。麻之细者为绖,粗者为纻,亦见《说文》,皆可为证。巴地古今皆以产苎知名,作纻字者讹矣。

"鱼"与"盐",巴族本以渔业与善于舟运兴起。因占有巴东盐泉,以盐与地方民族交换而致富强。成为大国后,即不再自为生产,但坐享鱼盐之贡。此亦巴族逐渐衰弱的一大原因。

"铜"与"铁",皆巴地诸背斜轴山地所盛产。华蓥山脉,古有"铜梁山"之称(《蜀都赋》"外负铜梁")。隋代置铜梁县,即因山名。冬笋坝巴王族墓中,发现铜兵器甚多,足知古代产铜之盛。近世则川东褶曲山脉中钢矿已空,惟铁产仍甚丰富。按此文,知在巴国时,矿工冶工皆属隶于巴族之賨族人民。可能有中原奴隶工匠逃入此区教导开采。诸部落降附巴族后,即以铜、铁作为贡品,供巴王族铸造之用也。铁器入地易锈化消灭,今于巴族墓穴中未能发现。按此文,巴王徙都阆中时,已是铁器时代矣。

"丹"与"漆",皆装饰器物及宫室用品。巴地丹穴,早著于《史记·货殖列传》。漆树内地诸山多有。割漆、用漆之法,中原地区最先创造。《禹贡》惟兖、豫二州贡漆。雍州有"漆、沮"水名,梁、荆、扬州不言漆。然漆之产于此三区者实多,制器亦绝精,但周人不征其贡耳。巴王族之以漆与丹同征,理之易解者也。

"茶"与"蜜"皆山林郁密地区之天然产品。饮茶能使人兴奋不疲。其树喜阴湿而排水便利之山地。故巴地从来自有之。古人未知烤焙法时,惟煮汁饮之,故曰"苦荼"。(《诗·邶风》:"谁谓荼苦,其甘如荠。")后知烤焙成为"香茗,音转为槚,字亦转而作茶。巴国时,尚无香茗,人民所采贡为苦茶也。蜜贡亦非家蜂所酿,只能是探取林中野蜂巢中之蜜汁。《蜀都赋》云:"蜜房郁毓被其阜。"言古时山阜未垦,蜜蜂营酿之多。巴东诸郡，唐宋世犹以茶、漆、蜜、蜡充贡。蜡即熔化蜂巢所炼。与蜜相伴而得。疑巴国时当同贡，志言未及耳。冶铸业需有蜡模，巴国兵器之制作需蜡。故疑志文漏蜡字。然亦可并入贡蜜之内。贡蜂巢，不脱蜜，以为蜜贡，则蜜蜡亦即同贡矣。

"灵龟"，谓龟壳为卜具，亦可作钗。另详《涪陵郡》。龟肉，亦具药效之食品。此或是贡全龟也。

"巨犀"，疑字当作兕，即水牛也。兕犀同音，故易混。《蜀志》李冰所作石兕，字亦讹为犀。犀为热带沼泽地区之兽，其角输入中土为珍药，其皮亦为制战衣珍品。内地实无其兽。今世考古发掘，虽多于侏罗纪地层中得犀，乃冰期前人类所猎兽，非新生代巴蜀所产也。水牛则《诗经》中已有言及，与虎并称（《诗》云："匪兕匪虎，率彼旷野。"），其角取供酒器，称为"兕觥"，《诗》亦屡见。是则上古时巴、楚、吴地所已有。巴国时似为狩猎对象。或已进行驯养工作。巴王族征为贡品，似为食肉用。

"山鸡"，即锦鸡。其羽毛尤美者作黄金色，一曰金鸡，古称黄凤。其他杂色者亦多，皆雉类。肉味美，羽亦供装饰用。"白雉"，今俗呼"马鸡"，产高山森林中。体大于山鸡，羽毛灰白色，尾羽黑色。脚与颊赤黄。喜群行，不畏人畜，易猎。巴东诸山应多。似由滥杀，今已少见。惟川西北边尚多。

"黄润"，谓生绢之尤细薄者。其精制品能卷一匹入竹筒中为商品。《蜀都赋》"黄润此筒"是也。"鲜粉"另详"江州县贡粉"条。

④"果实"一节，皆就巴王族私人园庭育成之异种举之。非当时农民栽培物，故亦不在常贡之列。巴贵族自有园艺奴隶培育之。巴亡，置郡县后，则为地主庄园产品。种类应多，此但举其尤珍者：

"荔支"，本热带果树。巴东河谷具亚热带气候，故亦能栽培。但必须有防霜冻设备，非平民所能种也。龙眼果（桂圆）与同类，而较耐寒。今世犹多有种之者。

"辛蒟"，即扶留藤。另详《南中志》附录《蜀枸酱考》。蒟音苟。

"芳蒻"，即蒟蒻。俗云"鬼芋"一曰"魔芋"。刘逵《蜀都赋》注："蒻，草也（谓草本植物）。其根名蒻头，大者如斗，其肌正白，可以灰汁煮则凝成，可以苦酒淹食之。蜀人珍焉。"今俗呼其煮凝品为"黑豆腐"，茞鸡鸭，绝美。古用苦酒淹以去其灰汁碱气。今则用清水漂之。其物惟蜀、巴园庭产之。盖周秦时州域劳动人民已创制。此蒻音矩。因其味美，常氏称为"芳蒻"，以对"香茗"。"香茗"，即施行烘焙之茶。由此文，知焙茶之法创始于巴地。

⑤"给客橙"，三字名。《上林赋》注引郭璞曰："蜀中有给客橙，似橘而非，若柚而芬香，冬夏华实相继。或如弹丸，或如拳（一本作拳指），通岁食之。一名卢橘。"今按，如弹丸者，今云金橘。如手指（拳）者，今云佛手柑。并如郭璞所说，半年中"花实相继"，但不可食，惟芳香悦目，供赏玩。只蜜汁久腌后可食，味亦不美。惟其如此，主人常摘以赠客，故曰给客橙也。由郭璞说，可知此物亦巴蜀中柑橘类异种。其原生植物为枳（枳壳树，今云药柑）。果似橘而奇酸且苦，不可入口。远古人民，用选种法与嫁接法反复培育之，乃得甜美之柑、橙、橘、柚，与香馥之金橘、佛手、香橼、柠檬。今巴地橙、柚、橘名产地甚多。金橘、佛手亦随地有，惟柠檬种自外来。

"蒟"音拨（bō），今云荜蒻者是也。本热带原产，早已输入中土，供药用，亦为辛味之首。当是与辛蒟（扶留）同时引种入巴地河谷。蒟与扶留同科，而尤不耐低温，在巴地种者不能结实，栽培难于扶留，似不久亦失其种。秦汉时固曾有之。常氏犹及见其物，故收入焉。（《西京杂记》记汉武帝时宫苑引种殊方异种甚多。多有失败死绝者。）我国自奴隶社会开始，引种异域珍品，责成园艺奴隶为专业。巴国盛时商业遍中外，引种异物甚多。荔支、姜、椒、扶留、芭蕉，皆非巴所固有，而以巴蜀出产为最早。芭蕉即香蕉引种而退化者。扶留栽培至元明时亦绝。其他失败绝种者尚多。史家所不言，扪索殊难得。惟此等文字可证一二而已，故详辨之。

⑥"药物"，巴地产品应多。此只举其尤异者两种。常璩时，《本草》出世未久，或尚非常氏所及见（吴普撰《本草》在三国时吴地）。此但言地方上习用以疗病之珍药而已。

"巴戟天"亦三字名。《本草经》列在"上品"。《唐本草》云："俗名三蔓草，经冬不枯。"《植物名实图考》所绘图，有归州、滁州两种。归州种叶似茶。而滁州种叶脉并行，有块根。显然不同科属。盖原产地在巴。因其为世所珍贵，滥采至于绝种，惟巴东归州尚有存者。归州亦将绝种，不敷国人求用，医家乃以滁州所产另种具同效者代之，亦冒巴戟天名。

"椒"，即今之花椒。今日甚易得，人不重视。秦汉时，则虽巴蜀亦珍视之。本亦热带植物，巴地引种最早。原只供药用。后为调味品，乃普遍种之。亦俱成功，惟质味俱退化矣。《政和本草》云："一名巴椒，一名唐蔎，生武都川谷及巴郡。"足证其最先引种成功之地在巴。

⑦"桃支"，杖用竹名。《蜀都赋》作"桃枝"。刘逵注："竹属也。出垫江县（今合川），……可以为杖。"顾恺之《竹谱》云："桃枝，皮赤。编之，滑劲。可以为席。"又有扶老竹，云"宜为杖"。今按："桃支"，棕竹之古称也。本棕榈科植物，热带原产。巴蜀有之，率矮小，丛生。远望似竹。节间短，包有棕皮如箨。叶在顶部，如棕榈。茎实心，宜为杖。云："皮赤"者，棕皮也。顾氏误为竹类。棕竹杖劲直不挠，故又名扶老。非别有扶老竹也。

"灵寿"，杖用木名。《汉书·孔光传》："赐太师灵寿杖。"颜注："孟康曰，扶老杖也。服虔曰：灵寿，木名。师古曰：木似竹，有枝节，长不过八九尺，围三四寸，自然有合杖制，不须削治也。"今按：《尔雅·释木》，"椐，樻"。郭璞注："肿节。可以为杖。"所言椐木，今云黄檀，俗呼"傲檀子"，内质黄色，维管束纽曲不直，甚坚。生山石薄土上，茎直而多捩疖。愈合性强。巧工入山，因其瘿节，更挠割挫抑之，使作麟、凤、龟、龙（四灵）之势。待其适为杖时取之，刻饰四灵形象如自然生成，称"灵寿杖"。世传"四灵"寿皆千岁，故曰灵寿杖也。《尔雅》樻，谓木之雕饰成杖者也。字与璀通，雕琢之义。陆玑《诗疏》云："椐樻，节中肿，似扶老。今灵寿是也。"后人遂以扶老竹，与灵寿杖相混搅，不别竹、木。甚至有以鼓锤竹为扶老竹，与桃支竹并亦以冒灵寿之称，大非。常氏分桃支、灵寿为竹与木两类，得之矣。（近世有人向剑阁山中选椐木，磨治为手杖售之，称为剑杖。即用治灵寿杖法。）

⑧"涂山"，见前。"籍山"，疑即今北碚之缙云山。江州北山，最为秀逸。切音亦近于籍。相传黄帝于此三合神丹，则其著名久矣。灵台山，在阆中县北。后详。"石书山"无考。灵台山之东有书岩，以岩石似书为名。传葛洪曾至，读其书。疑即此山。"刊山"亦无考。南部县东南三十里有禹迹山，传为禹治水所经（并见《一统志》）。疑古称刊山，取"随山刊木"之义。

巴地大山甚多，常氏独著此四山者，谯周《巴记》只记如此。周所涉历巴土不出江州、阆中与西充国界故也。

⑨"先民之流"，谓有中华先民流风余韵。故下文即举诗歌。按巴地在巴国时，内地商贾技工已有至者。秦灭巴置郡县后，内地来者始多。或以政事，或从兵役，主要仍为商贾、舟运，与工矿之民。由于商运之利甚厚，故内地封君、邑君与卸职官吏亦多有来者。或送留居于垫江（合川）以北之地，招集移民，从事农耕。或留居江州以东，垦地经营园艺，以佐商运之事。然所居悉在诸通航水道之两侧。其山地仍是賨、濮、板楯耕牧。其后内地移民陆续增多。渐向沿岸较远处推进内地农业生产方式与诗书文士之教。阅两汉

至三国时，土著乃皆与移民融合为一家。此篇所举歌诗三章皆开置郡县以后甚久乃得有之。与巴国统治时代无关。又皆是汉代川东北方山地区近江诸移民社会之诗，与土著民族无关。常氏用之与巴国时土贡，与两汉时地主庄园生产混为一篇。研究古代社会者宜分别之。

⑩此所举诗四篇，皆摹仿《周诗》格调。是中原文化已经深入此区之证。四诗亦有不同：首篇"川崖惟平"，"野惟阜丘"，皆反映出川东北山区地貌。应是阆中地区的民歌。农作物惟举黍稷，反映其为中原型之旱地农业，非如今世之已种稻麦百谷也。诗语质朴，未用儒家文典，当是民间作品，谯周微有加工，未失其真。次祭祀诗两章，则显然是拟《雅》之作。"彼牺惟泽"（肥泽之牲），非一般农户所能办也。其好古乐道二章，则当是中原人宦游于此，因留居为大地主者之后裔，或以工商业致巨富者之子孙，因不乐任宦，而以老庄思想自怡悦者之诗。此类人物，在两汉为最多。落下闳、任文公、谯支等其代表也。皆不出于巴东商业区，而出于巴西农业区。所言"土风敦厚"，亦就巴西区言之。若巴东褶曲山谷区，则非如此（参看但望《分巴疏》及注）。

⑪此所举巴人缺点，亦只就后汉年代巴西区一般文化人言之。"重迟"，谓行动不敏感。"鲁钝"，谓学艺不敏感。"造次辨丽"，谓交际灵活，谈论敏给。此皆乡村居民与一般城邑居民风致不同之处。只足以代表川东北山区住民，与其他交通不便之山区住民。若川东褶曲区，水运便利，工商业发达之河谷居民，则颇与此相反。后文《分巴疏》已分别言之。此两地区之代表人物如巴西之谯周，（西充国人）《三国志》谓其"体貌素朴，性推诚不饰，无造次辨论之才。然潜识内敏。""诵读典籍，欣然独笑，以忘寝食。""裴注"引《蜀记》曰："周初见（诸葛）亮，左右皆笑。既出，有司请推（问罪）笑者。亮曰：'孤尚不能忍，况左右乎。'"另如江州以东，临江严颜，为巴郡守，为张飞所擒，欲降之。颜应曰："我州但有断头将军，无有降将军也。"又嘲飞曰："斫头便斫头，何为怒耶？"其临危授命时应对之敏给闲雅如此。非不"造次辨丽"也。同县甘宁，"好游侠，招合轻薄少年，为之渠帅；群聚相随，挟持弓弩，负毦带铃……于长吏界中有所贼害，作其发负。至二十余年，止不攻劫。颇读诸子。"（并《三国志》文）其仕吴，与张昭辨难，使孙权心折。陈寿称其"虽粗猛好杀，然开爽有计略，轻财敬士"，"健儿亦乐为用命"。此岂有迟重、鲁钝之失，无造次辨丽之气者哉？故知谯周《巴记》所言，实以巴西地区为主，不全适用于江州以东。《常志》援之而未能详为区别也。

⑫"其属"，谓巴国所统制的少数民族。置郡县后，则为汉族以外之少数民族。

"濮"，见《牧誓》，亦即《左传》文十六年之"百濮"。其分布地甚广阔，凡今川东、北，鄂西、北，与湘、黔二省间最古之土著民族皆是。在春秋世，尚无建成国家形式之组织，但已有分合无常之部族组织，不相统一。故曰"百濮离居"。《蜀都赋》："左绵巴中，百濮所充。"是晋世犹保存有百濮部落在大巴山区。其西即绵雒地方。如古之彭国、苴国、郪国，与所谓賨王领地，似皆百濮之部落演变成也。其已开始向封建社会过渡者，则为賨、为苴、为郪、为龚。其仍停留于原始社会者，则常璩所称之濮也。（三巴太守之朴胡，疑即以濮音为姓。）

"賨"，本为夷赋名称。百濮中，已接受郡县统治，承纳口算，任赋役者，汉族官吏以赋名名之，曰賨人。其人最早聚居于阆中之东，最先接受范目招诱、从汉王定三秦，因立賨赋之制（口岁出钱四十）。后遂立为汉昌县，即今巴中县也。其后援之而进受封建赋役者益多，遍及于三巴地面，皆称曰賨。曹操用三賨王杜濩、朴胡、袁约为三巴太守，皆封賨邑侯是也。其巴东太守袁约，系朐忍人，所辖土民，本书称为"板楯"。是板楯亦賨也。后汉人称居巴西者为賨，居巴东者为板楯。其实皆"百濮"部落之同时进化者。

缘所住地区不同，则为之异称。其民俗语言、风俗固无区别，故亦通称为賨。巴东賨邑侯金印近世在故朐忍县地出土可资作证。

"苴"，即苴国旧民。原亦百濮之属，居于今广元县界，因当秦、蜀、巴、汉交通枢纽，发展较速。先秦世，已经形成国家形式之组织。先服于巴。后为蜀王所夺。蜀王封其弟为苴王以镇抚之。住葭萌。而苴仍与巴亲。秦遂因巴、蜀争苴，并灭其国。今广元保宁院，修铁路时发现巴王族船葬墓。足为苴先归附于巴之证。

"共"，应即龚之省写。龚为板楯七姓之一。盖亦百濮支别，为接受封建文化较早之氏族。东汉时，垫江大姓有龚扬，官巴郡太守，龚荣，郡文学掾。安汉有龚调，荆州刺史；蜀汉时龚禄，越嶲太守，弟嶐，镇军将军。并见《士女目录》。盖所居地在方山区嘉陵江南段，故发展较早。濮本无姓，随其氏族组成时因人名立姓，遂为支族名称。字则随音书之共与龚之异，犹濮与卜（《逸周书·王会》："卜人以丹沙。"即濮人。）僰之异也。

"奴"，应即《牧誓》之卢。下文宕渠"有賨城卢城"。卢城应即故卢国邑。春秋时卢戎曾与麇戎联合伐楚。后渐弱没，故邑在宕渠何地，已不可考。其人分散，魏晋时尚保存其习俗，被称为奴人。卢、奴字异，亦犹龚、共字异也。惟奴字义贱，而秦、汉、魏、晋三巴又无卢、奴姓闻人。疑此族人常被人掠卖，而被称为奴。然在魏晋世其族并未消灭。故常氏称之。郭璞谓给客橙，一名卢橘。《群芳谱》则称为"橘奴"，亦卢与奴字可通之证。《寰宇记》：合州、铜梁县有奴仑山。遂州小溪县有奴厥山。普州安居县有奴鸡山。乐至县有奴南山。利州有千乌奴，而陵井监（今仁寿县）有奴襄井。疑隋唐世，奴族散居诸地，因得保存此等土著地名。其人社会地位虽卑，而在生产上多所创造（由卢橘与奴襄井推知），故传说其居地如此。入宋以后，则完全与汉族融合矣。

"獽"，字亦作狼。本书《涪陵郡》"汉发县"："北有獽、蜑。"《寰宇记·简州》云："有獽人，言语与夏不同。嫁娶但鼓笛而已。遭丧，乃以竿悬布置其门庭，殡于别所，至其体骸燥，以木函盛，置于山穴中。《李膺记》云：此四郡獽也。"李膺，与常璩同时人，从桓温伐蜀，因留宦蜀中甚久，撰《益州记》，今佚。言"四郡獽"，足见其人分布之广，当有巴、涪陵，与广汉、犍为郡（李膺时，简州为牛鞞县，属犍为郡）。其函尸置山穴中之葬制，亦见于三峡及五溪地方。巴东巫峡，长百余里，中间川鄂交界处曰边邑溪。其东鄂界内有高崖石穴，中置棺，舟行者可以望见，俗称此段为棺材峡。在秭归县西。《水经注》称为"插灶"者是也。宋邵伯温《闻见后录》云"三峡中，石壁千万仞，飞鸟悬崖不可及之处，有洞穴，累棺椁，或大或小，历历可数。峡中人谓仙人棺椁云。洞穴在悬绝石壁，望其棺椁，皆完好如新。不知果何物为之。亦异矣。"湖南五溪地方，亦有如此棺葬崖穴。由是推之，獽族亦本百濮一支。初居巫、归与五溪地界。后乃西徙涪陵、牂柯，并曾深达巴蜀四郡。其成立氏族之时间甚早，并曾自己创制有文化制度。巴、蜀但曾有之，非其主要住地。窃疑云贵高原东部，秦汉间已经有具备国家组织之部族，如夜郎、且兰、头兰等国，在《西南夷传》称为南夷者，究竟属何种族，从来无人谈及。其地与涪陵、五溪密近。而即、兰、狼、獽字，古今同音。疑是同一夷语。今雷波，有马湖黄螂乡，本汉邰鄢县治，疑亦是一古国。《西昌县志》言河西区地名多有郎字（今章郎乡以产蜡虫著名），白蛮语：郎统治者之义也（原文待查，此系记忆）。西昌，汉之邛国，与夜郎为兄弟国。疑皆獽人所建国也。故其官长所居皆曰郎（兰、狼同）。夜郎国古名牂柯，其王姓竹，见《南中志》，而呼为"夜郎"者，盖国称与族称之别。夜在其本语为大之义。是耶否耶？由其灭国已两千年，《西南夷传》与本书外，更无其他记载可验。姑提此疑问而已。

"夷"，原为狩猎民族之泛称。其字，象人负弓矢也。本书称板楯为"白虎复夷"，《后汉书》称"板楯蛮夷"。审其夷字，皆少数民族之泛称，不得为民族专称。唯范史《巴郡南郡蛮传》言廪君"乘土船从夷水至盐阳"，"于是君乎夷城"之夷城"夷水"，为地名。即今鄂西之清江盆地（施南）。是夷为廪君族之称。廪君"巴氏子"，出于"赤穴"（即丹穴）。盖巴之别族，本居涪陵，以治丹砂为业。后据清江盆地，为夷。其后裔更东徙入荆襄，则被称为"巴郡南郡蛮"。其留居涪陵与巴地者，常氏于此作夷字专称。于涪陵郡称"蟾夷"。"廪君"居夷城，当在周世，故《世本》有之，《范史》取焉。"白虎复夷"之名，出于秦汉。其时并称板楯与賨皆曰夷，与此夷字含义不同（参看五章之注⑤）。

"蜑"字一作诞，《后汉书》注引《世本》云："廪君之先，故出巫诞也。"《寰宇记·峡州》"长阳县"引，又作"巫蜑"。《山海经》有"载民之国"，称为"巫载"。载、蜑、诞、蛋皆夷语异译。巴族本出于载，今沿海水居之"蛋民"，亦出于此。

四

周之仲世，虽奉王职，与秦、楚、邓为此。《春秋》鲁桓公九年，巴子使韩服告楚，请与邓为好。楚子使道朔将巴客聘邓。邓南鄙《左传》此下有"鄾人"字。攻而夺其币。巴子怒，伐邓，败之。其后巴师、楚师伐申。楚子惊巴师。鲁庄公十八年，巴伐楚，克之。《左传》作："巴人叛楚而伐那处。取之。"鲁文公十六年，巴与秦、楚共灭庸。鲁原脱。按上桓、庄、文例。当补。哀公十八年，巴人伐楚，败于鄾①。《左传》作："巴人伐楚，围鄾。……三月，楚公孙宁、吴由于蒍固，败巴师于鄾。"是后，楚主夏盟，秦擅西土，巴国分远，故于盟会希②。此下，张、吴、何、王本有与字。当衍。战国时，尝与楚婚③。"战国时"，有误。说在注③。及七国称王，巴亦称王④。此下旧本或空格、或连。兹提行。下提行处同。

周之季世，巴国有乱。将军【有】此下廖本多一有字。浙本挤刻增。他各本无。蔓子请师于楚，许以三城。楚王救巴。巴国既宁，楚使请城。蔓子曰："藉楚之灵，克弭祸难。诚许楚王城。将吾头往谢之。城不可得也。"乃自刎，以头授楚使。楚王叹曰："使吾得臣若巴蔓子，用城何为！"乃以上卿礼葬其头。巴国葬其身，亦以上卿礼⑤。

周显王时，【楚】巴国衰弱。旧各本皆作"楚国"。于文不应。且类王时楚国方强，衹巴已衰弱耳。秦惠文王与巴、蜀为好。蜀王弟苴侯私亲于巴。旧脱侯字。按下文，当有。廖本有注。兹径补。巴蜀世战争，此下刘本提行。钱、《函》、寥本空格。他各本连。审文意，不当断句。周慎王五年，蜀王伐苴。【侯】旧各本均衍侯字为句。审文，不当有。苴侯奔巴。巴为求救于秦。秦惠文王遣张仪、司马错救苴、巴。遂伐蜀，灭之⑥。仪贪巴、苴之富，刘、钱、《函》本作"巴道之富"。傅增湘校刘本，以道为佳字。兹不取，依元丰及张、廖本。因取巴，湘本依《路史》作"巴丸王"断句。兹仍旧刻作执王，句下属。执王刘本作玉。以归。置巴、蜀、及汉中郡。分其地为

四十一县[7]。旧各本，张、吴、何、王、浙本作"为二县"，刘、钱、《函》、廖本作"为一县"。廖本一下注云"当衍"。皆不成文。查《汉书·高帝纪》"王巴、蜀、汉中四十一县"。是秦置此三郡时，共有四十一县。《常志》据之。旧传钞者脱上二字也。兹补。顾观光《校勘记》作三十二县。其说云："宋本脱去'三十'二字。俗本改一为二。廖校遂欲删去此字。皆失考也。今依《路史·太昊纪》注补正。"查《路史》罗苹注，引《华阳国志》云："顺王五年，张仪、司马错伐蜀。因取巴地。分为三十二县。"（未尊原文。又误慎为顺。）又查《史记·高帝纪》"王巴蜀汉中"句下无县数。有《集注》引"徐广曰：三十二县"。广，刘宋人，应曾见《常志》，故所说与罗苹引数合。大抵，宋元丰本，依罗苹所见本，而脱"三十"字。嘉泰本改从《汉书》，作四十一县，亦复脱"四十"字。故张本只作"二县"，刘本只作"一县"。《汉书》作"四十一县"者，秦灭巴、蜀、苴，以其地置三十二县。汉中为秦旧郡，时存九县。高帝为汉王，王巴、蜀与汉中三郡，固应是四十一县。若仅言分巴、蜀地置县，乃当是三十二县。此文既系统蜀、巴、汉中三郡言之，则以四十一县为正。徐广、罗苹所据，亦误本也。**仪城江州**[8]。司马错自巴涪水，取楚商于地，为黔中郡[9]。

案：此章叙春秋、战国时巴国史事。春秋世有《左传》可据。战国世，虽有谯周《巴记》亦未能详。惟秦灭巴著于《史》《汉》。

【注释】

①《左传》仅因楚事而及巴，未能阐明巴国实际情况。即此数条，亦已可见春秋之世，巴国实力已大于楚。邓国故地，在今河南省南阳地区。其南鄙之鄾，当在今襄阳北界，与巴江州相去一千余里，中隔楚境六七百里。巴欲通好于邓，不过欲将商业通向中原。要楚王为之介绍。楚王遵即遣使导之以往。追鄾人劫杀其使臣，楚又与之联军伐邓，"斗廉衡陈其师于巴师之中，以战而北。邓人逐之，背巴师。而夹攻之。邓师大败，鄾人宵溃"（《左传》文）。由于楚得力，使巴远征获胜（公元前七一四）。那处，是权国旧都，楚之要邑。楚文王与巴人伐申，是巴师又一次远征（申国更在邓北）。巴人因怒楚王而伐那处。"取之。遂门于楚"。谓巴师已逼郢都都门也。"楚子御之，大败于津"。回郢都，守城者不敢开城。楚文王死于军中（前六七五）。足见巴师有压倒楚国之势。灭庸之役（前六一一），先是戎人、庸人、麇人、百濮、与鯈、鱼人乘"楚大饥"伐楚。楚势岌危。"七遇皆北"。由于庸人骄怠，巴与秦师助楚，"群蛮从楚子盟"，遂得灭庸而分有其地。群蛮素服于巴故也。败于鄾之役（前四七六），是巴再一次侵楚，远围鄾城。由楚吴联军，乃被击败。为巴远征军仅有之一次败还。故知整个春秋时代，巴皆强大于楚也。

②战国年代，巴国已由江州迁都向北，自垫江更进至阆中。与楚国关系如何，史无记载。《战国策》未有巴事。只有"楚得枳而国亡"一语。是战国末年，自枳以东，曾为楚得。即巴转弱于楚之验。至于参预中原会盟与否，则由于巴、蜀皆安于富乐，自尊大，不向周王朝贡，亦不参预诸侯会盟。春秋时已是如此，非自战国为秦、楚阻绝乃然。常氏云"故于盟会希"，亦谬语耳。

③此说亦谬。《左传》昭十三年（前五七七），楚"共王无冢嗣，有宠子五人，无适立焉。乃……与巴姬密埋璧于大室之庭，使五人斋而长入拜"。（约曰："当璧而拜者，神所立也。"）是共王正妃，即是巴王之女。又《路史·国名记》曰楚灵王妃，巴姬也。是春秋时巴与楚已世婚矣。何待战国时乃"尝与楚婚"哉？封

建社会，矜尚门阀。国君必与国君通婚。巴与楚国世婚，为必然，与秦、蜀通婚亦必然。只无史文资证耳。故曰《常志》此语，于史实为谬也。

④蜀、楚、吴、越及徐，皆早于春秋前即已称王。巴国介于其间，又不尊周天子，何能待七国称王而后自王？此亦常氏谬文。

⑤巴蔓子事，盛传至今。群书皆据《华阳国志》，不知常氏何据。由其文格，知其出于谯周《巴记》。云"周之季世"，不及年度，盖亦民间传说之言也。其事，当出于巴王已都阆中之后。江州以东地面，只留王族重臣镇之。蔓子所镇地近于楚。有叛乱时，为距巴都已远，故缘世婚，求助于楚。其许楚三城，仍当请之于巴王。巴王不许，故蔓子以头谢楚王也。今重庆市夫子池有巴蔓子墓碑，固是后人妄造。蔓子所治，不当是江州。江州有乱，巴王自能平之，不至求助于楚。《明一统志》谓巴蔓子墓在施州卫都亭山。全引《常志》文而窜乱其末云："楚王以上卿礼葬其头于荆门山之阳。巴国葬其身此。"都亭山，《清一统志》云"在（恩施）县西北二百里。杜佑《通典》定为夷水所出"。《明一统志》称其"崇冈深箐，映带左右，下多良田广圃"，则当是今利川县西七岳山麓之名胜处也。其地距万县最近。在秦以前为朐忍盐行区。疑巴蔓子所镇即是朐忍。其叛乱区即在施南。所许三城在施南区。故施南人传有其墓。惟其古为夷地，开化迟，故民间传说之可靠性反较巴地为多。

⑥灭蜀、巴事，参看《蜀志》第四章。

⑦《史记·秦本纪》，惠文君后元十三年（前三一二），"庶长章击楚于丹阳，虏其将屈丐，斩首八万。又攻楚汉中，取地六百里，置汉中郡。"（郡治西城，今安康县。）惠文后十三年，即周赧王三年。本书《汉中志》亦谓赧王二年置郡。是秦固有汉中郡矣。又《六国表》谓惠文王后九年，（前三一六）"击蜀灭之"（本书云周慎王五年，合），是秦置汉中郡在灭巴、蜀后四年也。然汉中郡之南郑，则是灭庸时已为秦有。故《秦本纪》躁公二年（前四四二）"南郑反"。又惠公"十三年（前三八七）伐蜀，取南郑"。是南郑入秦后，其人曾一度叛而附蜀。经蜀占有六十四年，秦乃复取得之。更阅七十一年然后灭蜀。又四年，复置汉中郡。汉中郡废时，南郑等九县同叛附蜀。东部属县亦为楚所有。秦伐蜀取回九县，由秦直领，未置郡。灭蜀四年后，乃复置汉中郡。其时巴、蜀地置三十二县，汉中郡只九县。合三郡为四十一县。

⑧秦巴郡初治阆中，因巴故都，兼领汉中九县。时自枳以下，为楚所取，只江州以上属秦，故必然如此部署。如此，则阆中适居中位。分置汉中郡后，阆中即嫌偏北，郡治当已南徙于垫江。兼顾巴西、东。由于自枳以下，巴东盐泉为楚所得，巴、蜀、汉中食盐须仰给于楚，势将为楚所制。故秦必全力争夺巴东盐泉。张仪于水运枢纽之江州筑城，以为伐楚后勤之备。江州城成，司马错即倾蜀全力以争盐泉，郡治亦必已徙入江州城矣。

⑨《蜀志》周赧王七年（前三〇八）即灭蜀后八年，司马错率巴、蜀众十万，大船万艘，米六百万斛，浮江伐楚。取商于之地为黔中郡。与此文合观，可得此役全局概况。"巴涪水"，今川黔间之赤水河。巴人由此入南中，巴国时设巴符关稽核商旅，灭巴后置符县于此水口者是也。符、涪同音，传者作字不同。司马错既倾全力浮江伐楚，不循江东下而转由巴涪水入取商于之地者，盖楚人亦倾全力以捍卫其盐泉，于州江（巴人对长江之别称）沿岸乘险扼守以拒之，舟师扼于明月、黄草、鸡鸣诸峡，不能至枳。故绕巴涪水，取道鳖邑（今遵义）东向黔中。结果仅夺得楚"商于之地"。商于地为楚盐商行盐所至之地，如：鳖与且兰、毋敛、平夷、朱提、僰道等民族部落之地（今贵州省地）。本非楚王政令所及，但以需盐故，与楚市易，受其经济控制。是否已取得涪陵之郁山盐泉，尚属问题。但蜀南之僰道、江阳已为秦有，则清井盐泉

(今属长宁县)已为秦占有,军事遂告结束矣。当时所置"黔中郡",与三十六郡之黔中郡地面相差甚大,只为开置黔中郡之嚆矢而已。

如此大役,似由于效果不大,为司马迁所忽。《本纪》《世家》与《六国表》皆不载。《秦本纪》昭襄王二十七年(前二八〇),"发陇西,因蜀,攻楚黔中,拔之"。与此条文类似,时间相差二十八年。不可混为一事。中间尚有若干曲折,兹并阐述之,借以说明秦楚争夺巴东盐泉实况:

《楚世家》怀王三十年,即周赧王十六年(前二九九),被欺入秦,"秦因留楚王,要以割巫、黔中之郡"。盖当时七国皆于夐远而必要控制之地区立郡置守尉以增捍卫之力。楚于秦置蜀、巴郡时,以所据枳以东之长江河谷盐泉区置巫郡,以江南之盐泉及行盐地区置黔中郡。合称"巫黔中",即盐泉区之代称也。时距司马错前次大举十九年。盖从巴、蜀屡攻巫黔中未得,竟行此骗术,困楚王于秦以要挟。怀王忿怒不许。盖知楚失此区,亦将以仰食秦盐而被秦所制也。于是被留,遂不得还,死于秦。楚人失国君,更立顷襄王以拒秦。秦竟不得巫黔中。秦楚绝三年。此三年中,秦取楚先后二十四城。然不能得巫黔中。乃与楚和亲,以图盐泉。至顷襄王十九年(前二八〇),仍不可得,乃复用军事威胁。"楚军败,割上庸、汉北予秦。"即《秦本纪》"发陇西,因蜀攻楚"之一次大举,再攻楚黔中郡。云"拔之"者,似此次已拔枳南之郁山盐泉,即楚黔中郡治;而巫郡仍未拔也。楚既割上庸与汉北地于秦,丧失巫郡之北方屏障。但仍能坚守枳以东之巫泉及朐忍、临江诸盐泉。秦不得诸泉,即不能并楚,乃以大将白起率军,越韩境,兼出汉中与商郾,"拔鄢、西陵"(《六国表》在顷襄王二十年),切断巫盐入楚水道。明年,遂"拔我郢,烧夷陵"。楚因巫盐道绝,失盐,军溃,顷襄王东走保陈。故苏代谓燕王曰,"楚得枳而国亡",谓犯秦所必争也。于是,巫郡孤绝。蜀守张若乃克取巫与江南地,为黔中郡。此时之黔中郡,即三十六郡之黔中郡境也。

但楚人不服,其明年,沿江十五邑民众潜结顷襄王于陈。乘秦师去后,合十万众,起逐秦之合长、守、尉,复为楚国。顷襄王还都郢,复有巫黔中故地。并遣庄𫏋于此时溯江规蜀。虽不成,卒通夜郎,而收滇地。吴详《附录·庄𫏋入滇考》。顷襄王三十六年卒,考烈王立,始渐丧失巴东盐泉,不能复与秦争。考烈王十年(前二五三),东徙巨阳。二十二年(前二四一),更东徙寿春,以就海盐。至王负刍初六年(前二二二)国亡。诸史文无及食盐者。然食盐对于此一长期战争之关系甚为明了。只徒读史文者不能知耳。

五

秦昭襄王时,白虎为害,自【秦】黔、旧各本皆作秦字。按,下言"四郡",则此字当指黔中郡。《后汉书》作秦,缘音讹也。后人不知秦有黔中郡,又援《范书》改讹耳。蜀、巴、汉患之。秦王乃重募国中:"有能煞古杀字。《函海》注云"应作杀"。虎者邑万家,金帛称之①。"于是夷朐忍李本作䏰。廖仲、药何、射虎秦精等乃作白竹弩于高楼上,射虎。中头三节。李本作箭。《太平广记》引作矢。白虎常从群虎,瞋恚,尽搏煞群虎,大响《太平广记》引作吼。古音义并通。而死②。秦王嘉之【白】曰:钱本作曰,据改。"虎历四郡,害千二百人。一朝患除，功莫大焉。"欲如约，旧本作要。《函海》注"当作约"。廖本作约。义同。【王】旧有王字，兹删。嫌其夷人。《太平御览》引作"以其夷，不欲封"。乃刻石为盟要：复夷人顷田不租，十妻不算；伤人者，论；《广记》引作"不论"。煞人雇《函海》注云："刘、吴、何、李本作顾。"死，当有纳字。伇钱《广记》引作"不死"。无"伇钱"字。盟曰："秦犯夷，输黄龙当作珑。一双。《广记》引作"黄金一两"。夷犯秦，输清酒一钟③。"夷人安之。汉兴，亦从高祖定乱，元丰与廖本作乱。嘉泰与明清各本作乱。当作乱。有功。高祖因复之，专以射【白】虎为事。旧各本虎上有白字。疑衍。户岁出賨钱口四十。故世号白虎复夷④。一曰板楯蛮。今所谓弜头虎子者也⑤。

汉高帝灭秦，为汉王，王巴、蜀。阆中人范目，有恩信方略，知帝必疑当作欲。定天下，说帝，为募发賨民，《太平御览》无说字。作"为帝募发賨民"。要与共定秦。秦地既定，封目为长安建章乡侯。帝将讨关东，賨民皆思归；帝嘉其功而难伤其意，遂听还巴。谓目曰："富贵不归故乡，如衣绣夜行耳。"徙封阆中慈乡侯。《蜀都赋注》引《风俗通》作"慈凫乡侯"。目固辞。乃封渡沔【县】侯。旧本侯上皆有县字。古无渡沔县。且目辞乡侯，则渡沔为名号侯也。县字衍。故世谓："三秦亡【秦】，范三侯"也。廖本改作"亡秦范三侯也"。范目功在率賨人助汉灭封于秦地之雍、塞、翟三国。非亡秦。此其乡人谓目灭三国亦三度封侯耳。三秦非秦。廖改非是。目复请除民罗、朴、昝、鄂、度、夕、龚七姓不供租赋⑥。《蜀都赋》注引《风俗通》作"并复除目所发賨之卢、朴、沓、鄂、度、夕、袭七姓不供租赋。"今按：目无权免除七姓租赋。当脱有请字。复与除，义有分别。阆中有渝水。賨民多居水左右，天性劲勇；初为汉前锋，陷阵，锐气喜舞。帝善之，曰："此武王伐纣之歌也。"乃令乐人习学之。今所谓《巴渝舞》也⑦。

天下既定，高帝乃分巴、蜀旧脱蜀字。依下文当补。置广汉郡。孝武帝又两割置犍为郡。故世曰"分巴割蜀，以成犍、广"也。

案：此章，述灭巴置郡县后，賨夷人民对秦汉政府的功绩，与秦汉王朝抚用賨人的民族政策。

【注释】

①"邑万家"，谓封为管理万户之邑君。"金帛称之"，谓若不愿得封邑，则酬金帛，与万户邑君之收入相当。《后汉书·南蛮西南夷列传》"板楯蛮夷"条作"赏邑万家，金百镒"。则如言赏奴户万家之外，更赐金百镒。失其义。

②此谓朐忍夷民廖仲与药何二人应募，邀同阆中猎人以善于射虎著名之秦精，扎白竹为大弩于高楼上，当白

虎来径。俟其来，以机发弩射之。射中虎头，陷入三节之深。谓毁虎脑也。虎恚怒无可泄，搏杀所从群虎而死。《后汉书》谓："时有巴郡阆中夷人，能作白竹之弩。乃登楼射杀白虎。"合观之，知秦精是阆中夷人，杀虎在朐忍界也。四川省图书馆藏本，有人点作"廖仲药、何射虎、秦精"者，大谬。《大同志》有涪陵郡人药仲、杜阿。是夷民有药姓也。"白竹"，今云白甲竹，体小而劲，缚扎之成大弩，弹性强。配合此弩，当以坚木取直为箭。坚木节间密，故能陷入三节。非谓竹矢能陷三节也。后人不识其制，妄改为"三箭""三矢"。夫射虎，当一发致命。一矢不死，虽不能扑楼上人，亦即逃逸。楼上固定之弩安能联中至三而后死之哉？至于"搏杀群虎"，则夸诞之辞耳。

③"顷田不租"，谓免从征者每户一顷田租。超过一顷之额乃赋。是其人已是土地私有制矣。"十妻不算"，反映其人是多妻制。每户只纳一人口赋。其余人口皆免算之意。"十妻"极言其多。非谓十一妻以上则当算。大抵，夷俗女奴隶皆得为妻。而汉法妇女与奴隶皆可不算口赋。故其盟要如此。"伤人者论"，谓依其情节轻重论罚。"雇死"，谓杀人当偿命者，出钱雇人代死。实不雇人代死，但尸家得其钱耳。近世西南各民族尚多保存此习。"倓钱"，《后汉书》注引何承天《纂文》曰："蛮夷赎罪货也。"字亦作賧，当是译夷语之音。以今民族习俗推之，其上当有"纳"字，纳论罪与雇死两项。谓可以倓钱雇死，亦可以赎伤人之罪。

上四条，不过尊重夷俗，待同齐民，略加惠于立功之賨户而已。素被歧视之夷民，得此已能满足。非即如何特惠于夷人也。夷人所惧，则在于汉族地主豪强逼处，恃势凌轹之。故请得秦政府允许，为之盟约，防遏夷汉纠纷中官吏之偏袒。其时称汉族为"秦人"，賨民为"夷人"。犯者，谓向人滋事。夷人先犯秦人，只输献酒一钟赔罪。秦人先犯夷人，则输与黄龙一双赔罪。"黄龙"非可得之物。若以黄蜥蜴当之，则夷人无用。邓少琴云，字当作珑。甚得其义。珑，刻龙之珏璧，秦汉时为祭祷之礼器。

④汉高帝自汉中还定三秦，得力于賨民七姓。追东讨项羽，平群雄，统一天下，始终赖丞相萧何自巴、蜀、汉中、陇西及三秦之地供给兵源。范目所邀共定三秦之七姓，即多有朐忍地区之白虎夷人，不尽出于阆中。故上节所有"夷"字，皆賨人之便称，非上章所举"濮、賨、苴、共、奴、獽、夷、蜑"之夷。"白虎复夷"之夷字亦然。故"又曰板楯蛮"。又曰"岁出賨钱"。以賨、夷、蛮混称，其实皆百濮之支分派出，别自为族者出。岁出賨钱者，即被称为賨。亦自称为賨。"賨钱"，户岁出口四十，谓妇女、奴隶不算，只算男口。户出此口算之外，不更承担徭役、贡赋。但责以射虎。如魏晋所谓"东羌猎将"（见《李特载记》）。

"白虎复夷"，就上文言，盖谓此种只纳賨钱，作猎将，不供他徭役之夷户，由其先祖在秦时有射杀白虎之功而复之。复者，免除徭役之义。秦世复之。汉初亦复之，但供兵役。初犹曰募，有自愿之义。旋即成为故事，渐变为征矣。就后文《但望疏》分析，则后汉时一切赋役与汉民同，负担又更酷焉。但存其被歧视之名称而已。制度固无一成不变者也。

《后汉书》言："廪君死，魂魄世为白虎。"可以设想，秦昭王时为害四郡之白虎，即廪君之魄所化。又可设想，廪君之裔，即鄂西施南盆地之古"夷族"（说在3章之注⑫夷字注）。自称其是白虎后裔者，或即以白虎为图腾。其人本巴王之支族，于巴国亡后，曾屡图复国，叛于黔中，侵扰巴、汉、蜀郡。卒为忠顺于秦之賨民合力击败，乃遁走入楚，为"巴郡南郡蛮"。巴人不能详传其故事，但喻以射杀白虎。若其如此，则"白虎复夷"与"白虎夷"恰为对立之两种民族。白虎复夷为板楯，为賨民。白虎夷，则巴族遗裔之称也。

今世发现冬笋坝与保宁院巴王族墓，铜兵器上刻有虎形。蜀故地近巴一面，亦多有虎纹铜兵器发见，似皆可定为巴王族曾有以白虎为图腾之事。廪君既为"巴氏之子",其"魂魄化为白虎",正可说明其亦是白虎图腾。本文旧刻固云:"高祖因复之,专以射白虎为事。"按上文,白虎为秦昭王时所特有。则汉高时何得云"专以射白虎为事"?非传抄中衍白字,即当谓为"专以制御自虎夷为住"之借喻。如此设想,亦与古代文字简陋之诸民族,好以譬喻表达先民史事之例符合。诚如此说,则"白"字非衍文,然究嫌穿凿,留待考订。

⑤"板楯蛮"之称,始于后汉。前汉则但称賨民而已。楯即盾之别字。捍御之器,上古用皮制。其后用木制,遂加木旁。《左传》定六年"献杨楯六十于简子"是也。盾形当微突。板楯则但以平板为之,是工艺犹甚落后之征。然其人犷勇,善战斗,汉代屡征用之,大得其力,故又有"弜头虎子"之称。"弜"字'《说文》:"弓有力也。"今其字作"犟",或作"勥"。巴地有以强为姓者,音亦作 jiàng。

⑥此节取《巴记》范目事,为上文补充也。目盖中原之人,秦时仕于阆中。此时为高帝陈募賨民之计。高祖因委以劝募事。目因募得賨民七姓子弟为兵,率之随高帝还定三秦。其家在安汉,故安汉大姓有范氏。所募应不仅是阆中人(秦时安汉县境属阆中,故目为阆中人)。

"七姓",实即当时賨民之七大支族。《风俗通》与《常志》字异者,兹辨订如下:

"卢"与"罗",古同音,可通假。賨人尚无文字,亦不能使用汉字。但已能汉语。自知其先号称卢戎,故以卢为姓。据语音,可作罗字。李雄母罗氏,即巴氏。当以罗字为正。

"朴",三国时賨王有朴胡。足知林字是形讹。盖亦缘其人自知古为百濮之一支,故以朴为姓。犹《逸周书·王会解》称濮为"卜人"。字不同,音则一也。

"昝",音展,如糌粑之糌。《晋书·载记》李寿母为昝氏,又有前将军昝坚,劝李势降。皆巴氏也。作沓者讹。《后汉书》作督,亦讹。

"鄂",《楚世家》熊渠以"中子红为鄂王",其国为"江上楚蛮之地"。江上蛮,谓沿江居住之蛮民,亦百濮之类也。《左传》文十六年(前六一一),"庸人率群蛮以叛楚"。当有江上蛮在内。以此推之,鄂国当在楚西,与庸国近。非武昌鄂城。《水经注》云:"《世本》称熊渠封其中子红为鄂王。《晋太康地记》以为东鄂矣。"言东鄂,必有西鄂。其地当在夷陵附近。疑其国为楚所并后,其民西徙入巴,后遂为鄂姓。参与三秦之役。

"度",昔duó。今广安、岳池尚有此姓,字作庹。南宋有庹洪,为淳祐进士(《蜀典》引《渠县志》)。

"夕",《大同志》李特"以略阳夕斌为参佐"。斌亦巴氏随賨王迁入略阳者之裔也。

"龚"即共人,已前详。作袭字者讹。

⑦"渝水",今云巴河。源出大巴山,经南江、巴中、平昌三县至三汇(今渠县治)合渠河。至合川入嘉陵。至重庆入大江。自平昌以上,在秦汉为阆中县地。后汉和帝时乃分置汉昌县。后隶宕渠郡。此云"阆中有渝水",谓秦汉间之阆中也。足见此节所传为前汉人说。所谓"渝水左右",实包括宕渠郡境。曹操所封三賨王之杜濩、朴胡二人,所居故地即汉昌之平梁城与宕渠之賨城,皆是渝水左右地。所谓"巴渝舞",即此区賨民从征三秦时所传出。汉高帝谓系武王伐纣之歌,盖曾见《大武乐》中有如此之舞也。

《晋书·乐志》述《巴渝舞》内容云:"舞曲有《矛渝本歌曲》《安弩渝本歌曲》《安台本歌曲》《行辞本歌曲》,总四篇。其辞既古,莫能晓其句度。(谓是渝人本语,非汉语,故不晓其意与节拍所在。)魏初,乃使军谋祭酒王粲,改创其辞(谓创译为汉语,配合其乐舞)。粲问巴渝帅李管、种玉歌曲意。试使歌,听之。以考校歌曲。而为之改为《矛渝新福歌曲》《弩渝新福歌曲》《安台新福歌曲》《行辞新福歌曲》

（谓皆改订其歌曲为汉语名称）。《行辞》以述魏德。黄初三年，又改《巴渝舞》曰《昭武舞》……及晋，又改《昭武舞，曰《宣武舞》。"此种乐舞，一直流行至唐代，皆为中土之人所喜爱。唐太宗采其舞法，制为《秦王破阵乐》。见《唐书·乐志》。《秦王破阵乐》，又流行于西域诸国及五天竺，见《大唐西域记》。其影响至于巴地以外者，可谓"上下数千年，纵横数万里"矣。

六

自时厥后，五教雍和，秀茂挺逸。英伟既多，而风谣旁作①。故朝廷有忠贞尽节之臣，乡党有主文歌咏之音。巴郡谯君黄，仕成哀之世，为谏议大夫。《函海》注云："当去议字。查考《后汉·百官志》光禄勋属，有光禄大夫、太中大夫、中散大夫、谏议大夫，与议郎等官。"谏议大夫注"："武帝元狩五年置谏大夫为光禄大夫，世祖中兴以为谏议大夫。"《函海》据此为说也。然本书目录作"太中大夫。"《后汉·独行传》作"中散大夫"。数进忠言。后违避王莽。又不仕公孙述。述怒，遣使赍药酒以惧之。君黄笑曰："吾不省药乎？"其子瑛，纳钱八百万，得免。国人作诗曰："肃肃清节士，执德寔固贞。违恶以授命，没世遗令声②。"巴郡陈纪山，为汉司隶校尉，严明正直。西虏献眩，王庭试之，分公卿以为嬉。《函海》以眩王断句。谓其人技绝高，号为眩王也。顾槐三校云"当作眩人"。亦是于王字断句。查《后汉书·陈禅传》作："永宁元年，西南夷掸国王献乐及幻人，能吐火，自支解，易牛马头。明年元会，作之于庭。安帝与群臣共观，大奇之。"《史记·大宛传》亦言"黎轩善眩人"。均不称彼人为眩王。汉庭自合称"王庭"。眩句断。纪山独不视。京师称之。巴人歌曰："筑室载直梁，国人以贞真。邪娱不扬目，枉行不动身。奸张、吴、何、王本作奸。刘、钱、《函》本作奸。下同。轨辟旧各本作僻。《函海》注云"应作辟"。避、辟字通。兹依廖本。乎远，理义协乎民③。"巴郡严王思，刘、李本严作庄。他各本作严。为扬《函海》本扬字多作杨。上扬同。州刺史，惠爱在民。每当迁官，吏民塞路攀辕，诏遂留之。居官十八年卒，百姓若丧考妣。义送者赍钱百万，欲以赠王思家。其子徐州刺史羽据《目录》补。不受。这吏义崇不忍持还，乃散以为食，食行客。巴郡太守汝南应季先善而美之，乃作诗曰："乘彼西汉，潭潭其渊。君子恺悌，作民二亲。没世遗爱，式镜后人④。"

汉安帝时，巴郡太守连失道。国人风之曰："明明上天，下土是观。帝选元后，求定民安。孰可不念，祸福由人。愿君奉诏，惟德日亲⑤。"永初中，广汉、汉中羌反，虐及巴郡。《太平御览》引《益部耆旧》记此事在中平五年。是误。有马妙祈妻义，王元愦妻姬，赵蔓君妻华《目录》蔓作云。夙丧夫，执共刘、李、《函》、钱作恭。姜之节，守一醮之礼，号曰"三贞"。遭乱兵迫匿，惧见拘辱，三人同时自沉于西汉水而没。死，当衍。有黄鸟鸣其亡处，徘徊焉。亡字，张、吴、何、王本作葬。国人伤之，乃作诗曰："关关黄鸟，爱集于树。窈窕淑女，是绣是黼。惟彼绣黼，其心匪石。嗟尔临川，邈不可获⑥！"永建中，泰山吴资元约为郡守，旧各本讹泰作秦，《函海》注"应作泰"。廖本作泰，是。屡获丰年。民歌之曰："习习晨风动，澍雨润乎苗。我后恤时务，我民以优饶。"及资迁去，民人思慕，又曰："望远忽不见。惆怅尝徘钱写作佅。张、吴、何、王本作佅。刘、李、《函》、廖、浙本作徘。徊。恩泽实难忘，悠悠心永怀⑦。"

孝桓帝时，河南李盛仲和为郡守，贪财重赋。国人刺之曰："狗吠何喧喧，有吏来在门。披衣出门应，府记欲得钱。语穷乞请期，吏怒反见尤。旋步顾家中，家中无可【为】与。旧本皆作与。思往从邻贷，邻此下，钱写衍步字。人已旧各本作以。疑是自字变。廖本作已。得《常志》原字。言匮。旧皆讹作遗。廖本作匱。盖顾校改之佳字也。上与"思往"文协。下与悴字韵协。钱钱何难得，令我独憔悴⑧！"汉末政衰，牧守自擅，民人思治，作诗曰："混混浊沼鱼，习习激清流。温温乱国民，业业仰前《函海》有作，并注云："刘、吴、何、李本作前。"实则他各本俱作前。脩⑨。"疑当作休。其德操、仁义、文学、政干，若洛下闳、任文公、冯鸿卿、庞宣孟、玄清代刻本避讳作元。文和、玄贺字，《东观记》作文宕。《舆地广记》作"文若"。赵温柔、龚升侯、《目录》作叔侯。李本亦作叔。他各本作升。隶书叔字典升易混，名调，则作升是。杨文义等，播名立事，言行表世者，不胜次载【者】当衍。也⑩。

案：此章夸述巴区汉代文化。所举风谣八篇，与八个代表人物，皆只代表住居巴地之汉族人与其作品，且多属后汉年代巴西地区之文献。江州以下地区则无所举著。足以说明开置郡县后四百年间，三巴地区文化发展不平衡之情形。

【注释】

①"五教"出《尚书·舜典》。按《左传》文十八年季孙行父解说，为"父义、母慈、兄友、弟恭、子孝"。汉儒从而称为"五常之教"。其实舜时各种上层建筑，皆加五字，以明其包括广泛。司徒所教，决非限于家庭伦常。舜之家庭，即不合于如此之伦常标准，安可以此教人哉？即常璩此文，亦非指"五常之教"。所指实为封建社会之一切礼俗道德也。

"风谣"，原指劳动人民对其所爱所憎人物、事情，发抒情感之咏叹。既非自上而下之教令，亦非自下而上之申诉，因为只代表部分人思想情感之吟哦，故曰"旁作"。

②谯君黄名玄，阆中人。《后汉书·独行传》有传。未言其任谏议大夫，但云"拜议郎""迁中散大夫"。药酒作"毒药"。盖谓砒酒也。子瑛"善说《易》，以授显宗，为北宫卫士令"（秩六百石）。能"纳钱八百万"，足知其家之富。父子皆以《易》学显，非巧宦者比。其富盖由于先世经营商业于賨夷间也。其诗盖其没世后，门弟子喧颂之辞，在公孙述败后，故曰"违恶授命"也。（玄已授药将饮，由子瑛叩头于太守获免。）

③陈禅字纪山，安汉县人。《后汉书》有传（在《列传》第四十一）。以威强作汉中太守。克平郡境羌乱。

"迁左冯翊。入拜谏议大夫",抗言"帝王之庭,不宜设夷狄之技"即在此时。顺帝时,迁司隶校尉,卒于官。此诗盖其生时乡人所颂。

④严王思名遵,阆中人。正史无传。《益部耆旧》有,今与《巴郡士女赞》篇俱佚。惟《太平御览》引《益部耆旧》传其扬州刺史轶事,与此诗。"义送",谓州人民推选代表送丧还阆中者。非愿送者本人,故称曰"义送"。犹义髻、义足、义父、义子之义。"义崇"则代表州政府送丧者姓名。《酷吏传》有义纵、义妁。盖其人适亦姓义也。应季先盖汝南应奉之族,和帝时为巴郡太守。"二亲",父母之谓。汉时称郡县守令与刺史,亲民之官为父母也。

⑤此诗质朴,犹具原始宗教气息,反映我国上古时期人民的思想感情。当是内地来此垦种农民之作。"日亲"疑是"日新"之讹。

⑥《吊三贞诗》,充满封建说教。说明其时(后汉中叶)巴西嘉陵江(西汉水)河谷重视妇女节操,已深深浸染封建文化。而汉族妇女尤深受其病。这也是巴地社会一次重大变化。"永初羌乱"谓永初二年(一〇八)先零羌与武都羌寇益州时。汉廷命尹就平乱。军无纪律,人民惶乱。阆中人民亦受其害(三女皆阆人,见《目录》),至于妇女匿避中犹惧不免而自沉也。

⑦"永建",顺帝年号(一二六—一三一)。吴资,字元约,泰山郡人,为巴郡太守。时巴郡治江州。儒家教化已经到达。但深究文学者不多,土民出仕,至吏掾而止。此诗两章,文彩不足而情感真挚。或当时掾史之作。

⑧此诗反映东汉末叶桓帝年间(一四七—一六七),巴郡乡僻地区农民经济生活情况,与但望《分巴疏》所陈,足相映证。表达人民憎恶贪官污吏之态度,至为深刻。当与巴郡黄巾革命有关系。"府记",谓郡守府掌簿书之吏。县吏催征,托言郡守饰辨,不征实物,只许折钱上纳。则县吏可因折价中饱而郡守亦得提携之便,陋规所由起也。农村货币缺乏。实物犹可措办,纳钱为难。故其诗连叹"钱钱"也。

⑨此当是中平元年(一八四)巴郡黄巾起义,杀太守赵部以后,巴地地主士绅怀想昔年幸福,责望于牧、守、令、长,寄愿于卷土重来之诗。文学风韵颇高,而语意含蓄,不敢直言当时动乱也。"牧守自擅",谓刘焉父子时。刘焉初亦倚仗黄巾。刘璋时乃与决裂。以此种历史背景与此诗合观,意味亦甚深长。

⑩八人,落下与任称名,皆前汉隐士。常氏于后六人皆称字,是魏晋人尊重乡贤惯例。落下闳事今存者,有《史记·历书》,作"巴落下闳运算转历,然后日辰之度与夏正同。乃改元、更官号、封泰山"云云。即与方士唐都等为武帝制《太初历》者。《汉书·律历志》记其事较详。盖方士之肥遁在巴者。任文公,《后汉书·方术传》传其前知,亦阆中人。此下六人,为冯绲、庞雄、玄贺,皆宕渠人。赵宏,阆中人。龚调,安汉人。杨仁,阆中人。由于本书《巴郡士女篇》早佚,惟《士女目录》存。《后汉书》惟存冯绲一传,玄贺附见《帝纪》,他四人行事已不可考。

七

孝安帝【元】永初三年,旧作元初。兹依《后汉书》改正。凉吴、何、王本讹作梁。**州羌入汉中,杀太守董炳,扰动巴中。中郎将尹就讨之,连年**依《后汉书·王堂传》补二字。**不克。益州诸郡皆起兵御之**①。**三府举广汉王堂为巴郡太守。**下省堂字。**拨乱致治,进贤**

达士。贡孝子严永，隐士黄错，名儒陈髦，俊士张璠，元丰本作璜。浙本改从。他各本及《目录》皆作璠。廖本注云："以后书订之，璠当作湍。"皆至大位。益州刺史张乔，表其尤异。徙右扶风。民为立祠②。

孝桓帝以并州刺史泰旧各本作秦。廖本作泰。山但望【字】伯阊为巴郡太守。旧各本望下有字字。按本书通例。不当有。憨钱写作勤。恤民隐。郡文学掾宕渠赵芬，掾张、吴、何、王本无此字。刘、李、钱、《函》、廖本有。浙本剜补。弘农冯尤，垫江龚荣、王祈、李温，临江严就、胡良、文恺，安汉陈禧，阆中黄闿，江州【毋】母《函海》作毋，注云"何李本作母"。刘本作毋。廖作毋。成、阳誉、乔就、张绍、牟存、平直等，诣望自讼曰③："郡境广远，千里给吏。兼将人从，冬往夏还。夏单冬复。惟逾时之役，怀怨旷之思。其【昏】忧明清旧本作忧。惠校改昏。《函海》注云"应作昏"。廖本与浙本改昏。按：忧，谓家人疾病，行役人不得闻见。昏谓婚事，当预定其期，无碍于行役。不当改。丧吉凶，不得相见。解缓补绽，下至薪菜之物，无不躬买于市。富者财得自供。贫者无以自久。刘、李本作支。是以清俭，夭柱不闻。加以水陆艰难，山有猛禽；旧本皆作禽。廖本作兽。《函海》亦注云"当作兽"。今按禽字古义通用于鸟与兽。无庸改。思迫期会，陨身江河，投死虎口。咨嗟之叹，历世所苦。天之应感，乃遭明府，欲为更新。童儿匹妇，欢喜相贺：'将去远就近，释危蒙安。'县无数十，人无远迩，恩加未生，泽及来世。巍巍之功，勒于金石。乞以文书付计掾史。人鬼同符，必获嘉报。芬等幸甚④。"望深纳之。郡户曹史枳顾广圻校稿云："枳是县。下脱史名。"今按：巴郡户曹掾姓史名枳耳。户曹，犹功曹、贼曹，掾字省。白望曰："芬等前后百余人，历政《函海》注云"应作证"。今按历政犹云历任太守时耳。讼诉，未蒙感悟。刘、李、钱、《函》、廖本作寤。他各本作悟。古音义通。明府运机当作玑。《尚书》"璇玑玉衡，以齐七政"。布政，稽当皇极。为民庶请命救患，德合天地，泽润河海。开辟以来，今遇慈父。经曰：'奕奕梁山，惟禹甸之。有倬其道，韩侯受命。'比隆等盛，于斯为美⑧。"

永兴二年，三月甲午，望上疏曰："谨按《巴郡图经》境界南北四千，东西五千，周万余里。属县十四。盐铁五官，各有丞史⑥。户四十六万四千七百八十。口百八十七万五千五百三十五⑦。远县去郡千二百至千五百里。乡亭去县，或三四百，或及千里⑧。土界遐远，令尉不能穷诘奸凶。时有贼发，督邮追案，十日乃到。贼已远逃，踪迹【灭】绝灭。廖本倒作灭绝。罪录逮捕，吴、何、王本脱录字。他本有。浙本剜补。疑当作录罪。证验文书，诘讯，即从春至冬，不能究讫。绳宪未加，或遇德令。是以贼盗公行，奸宄不绝⑨。郡掾龚荣等，旧各本省荣姓与职名。记述文，承上可省。此为录望原《疏》，则不可省。故补三字。及陇西太守冯含、上谷太守陈弘按《士女目录》，作上庸太守。说：往者，至有刼廖本作劫，阆中令杨殷、终津侯姜吴、何本讹作美。昊，伤尉苏鸿、彭亭侯孙鲁、雍亭侯陈已、殷侯乐普⑩。又有女服贼千有余人，布散千里，不即发觉，谋成乃诛⑪。其水陆覆害，煞《函海》注云"应作杀"。郡掾枳谢盛、【塞】寋元丰本作寋。他各本作塞。《函海》注云"塞疑寋"。威、张御，鱼复令尹寻，主簿胡直，若此非一⑫。给吏休谒，往还数千⑬。原省里字。闭囚须报，或有弹劾，动便历年。吏坐逾科，恐失冬节，侵疑先死。如当移传，不能何、王、浙本作不得。待报，辄自刑戮⑭。或长吏忿怒，冤枉弱民，欲赴诉郡官，每惮还往⑮。太守行桑农，不到四县。刺史行部，不到十县⑯。郡治江州，时有温风。遥县客吏，多有疾病。地势刚险，《水经注》作"侧险"。廖本注云"当作侧"。皆重屋累居，数有火害。又不相容，结舫水居五百余家。承三江之会，廖本注三字下云"当作二。见《水经注》"。今按三江，谓三大河谷。内水、外水与合流后之长江。舟人结帮，各从一水，不相参越。直至近世，犹是三帮。故其人习称"三江"。此不可缘地理概念说为二江也。夏水涨盛，坏散颠溺，死者无数⑰。而江州以东，滨江山险，其人半楚，精敏轻疾【姿态敦重】。垫江以西，土地平敞，姿态敦重【精敏轻疾】。旧各本误易二句。《汉书·地理志》论楚俗云"急疾有气势"。论吴俗云"轻死易发"。又曰"吴粤与楚接此，数相兼并，故民俗略同"。此楚人轻疾之验也。盖操舟之民，无不轻疾。经商之民，无不精敏。而农户儒士，态度无不敦重。上文论巴风俗，以"重迟、鲁钝，素朴无造次辨丽之气"为失。所指皆垫江以北之人也（参看3章注⑪）。故知《但望疏》原语，"精敏轻疾"承此人半楚言。"姿态敦重"承垫江以上言也。兹移正。上下殊俗，情性不同。敢欲分为二郡：一治临江。一治安汉⑱。各有桑麻丹漆，布帛鱼池。盐铁足相供给⑲。两近京师。荣等自欲义出财帛，造立府寺。不费县官，得百姓欢心⑳。何、李本作娱。孝武以来，亦分吴蜀诸郡㉑。圣德广被，民物滋繁。增置郡土，释民之劳，诚圣主之盛业也。臣吴、何本脱此字。浙本剜补。虽贪大郡以自优【假】暇，廖本作假，误。不忍小民颛颛蔽隔，谨具以闻㉒。"朝议未许。遂不分郡。分郡之议，始于是矣。【哉】旧各本有哉字。廖本无。《函海》注云："李本无哉字。各本有。或作汉。此下吴、何本连。"盖张佳胤改哉作汉下连顺桓句读也。李、廖本删之，是。

案：此章述巴郡贤太守王堂、但望事。详举分巴初议，涉及东汉中叶巴郡社会情形，甚可珍贵。

【注释】

①安帝时陇西羌乱爆发。永初元年（一〇七）六月，"断陇道大为寇掠"（《安帝纪》）。二年十一月，"先零羌滇零称天子于北地。遂寇三辅，东犯赵魏"。汉阳郡（后改天水郡）杜琦、王信叛，称安汉将军。结先零羌，两入汉中杀太守（永初二年与四年）。杜琦为汉募刺客所害（永初五年十二月）。王信为侍御史唐喜所破斩（永初六年六月）。时滇零死，子零昌嗣称天子。杜琦弟季贡走依之。导使南侵益州。元初元年（一一四）寇武都、汉中。二年三月唐喜以讨羌无功赐死。更遣"中郎将尹就将南阳兵，因发益州诸部屯兵"

击羌（《西羌传》）。四年，"夏，尹就以不能定益州，坐征抵罪。以益州刺史张乔领尹就军屯"（《西羌传》）。是年"九月，护羌校尉任尚，使客刺杀叛羌零昌"。十二月，任尚、马贤大破羌于富平上河。"陇右平"。（《安帝纪》）蜀中诸郡守皆率屯军在涪，守葭萌以御羌（《汉中志》）。杜季贡与其党吕叔都亦先后被刺死。张乔"招诱叛羌，稍稍降散"（《西羌传》）。

②王堂，《后汉书》与郭伋、杜诗、张堪、廉范同传（《列传》第二十一）。以守正见称。《传》云：尹就讨羌，"连年不克。三府举堂治剧（从谷城令），拜巴郡太守。堂驰兵赴贼，斩虏千余级。巴、庸清静。吏民生为立祠。"未言其进贤事。当是《益部耆旧》有之。

③但望为巴郡守，在王堂后四十年。中间有吴资见称已。贤太守之难得如此。

讼请分郡之十六掾，除冯尤外，皆郡中大姓之入仕于郡职者。汉制，凡理民事之官署，上自三府，下至郡县皆分曹办事。户曹，主民户、祠祀、蚕桑。法曹，主邮驿、科程。尉曹，主徒卒、转运。兵曹，主兵事。金曹，主货币、盐铁。仓曹，主仓谷。功曹，主功劳、选署。曹各有领其事者一人，称掾、史，因随其府地位高低而权、秩之大小不同。由主官邀请称辟。召用称选。加礼敦请称聘。不由朝廷指派。又有五官掾，主工巧。文学掾，主文教。皆或设或否。文学掾，在诸掾中权轻而清高，故十六掾中首列。龚荣后亦至文学掾，见《士女目录》。此辈本身即当时地方之大地主、大商绅，为避免例行之政府税征而仕郡职，虽识字能文而不深究儒家经书，但习刀笔而已。故其自讼文能曲尽事理，条畅动人，而欠典雅。所言又只给吏之役所苦。盖其家族邻里，当参与此种徭役，故能言之深刻如实也。称"自讼"者，《易·讼卦》象曰："天与水违行，讼。君子以作事谋始。"故凡有政事未洽人心，向上官吁请改作为讼。后世乃变为狱讼专用之字。狱讼，两家争执对要求断。有被迫使然之义。此自讼，谓主动建议，为本身利害谋也。

④"给吏"为封建时代边区郡县一种差徭制度之名称。凡政府人员因公行役，居民皆当供应其行旅食宿一切方便。各县划分乡亭，编制户口应时轮番供备。候于城邑。奉命即行，同于兵役。内地户口稠密，所在多有市场客馆。此种供给，大都改为折价，交纳钱帛，由吏员自辨，同于"过更"。负担虽巨，出钱即了，无他痛苦。边郡山区则必须实际供应。其痛苦乃如此文所言。

⑤但望认为可采，但尚犹疑。户曹史枳又作一次敦劝，望乃决心疏请分郡。史枳未著籍贯。由"历政讼诉"语，足知其为久仕于此之外郡人。亲见赵芬等屡次作分郡之请，为之同情。因分郡属户曹事，故加具意见，为其代请。此条文字，运用经典甚多。与上篇自讼迥然不同。其人决非上十六掾之此。顾校拟为枳县人失名，应必非矣。文中"历政讼诉"谓芬等每当新太守至即有一次申请。"运机布政"，典出《舜典》，谓观察天象，部署民政。"皇极"，典出《洪范》，用"皇建其有极，敛时五福，用敷锡厥庶民"之义。"稽当皇极"谓稽考此时适当皇极之运，谓福泽及民也。"经曰"四句，出《大雅·韩奕》，借"梁山"字以喻巴郡。

⑥上举赵芬、龚荣等讼，徒以给吏之苦为言。史枳之言，亦徒以士绅持讼已久宜许所请，偏就大姓要求为说。惟《但望疏》，分析应予分置郡县理由，最为全面。兹分段加以阐明：

"永兴二年"（一五四），桓帝即位之第八年也。时梁冀擅权，胡广为太尉，政尚因循。故《望疏》虽恳挚，讫未纳用。然已脍炙人口，为世称诵，故《常志》录其全文。

《巴郡图经》犹云《巴郡方志》。即郡府掌管之地图、户籍及其他舆行政有关之文书。亦称"图籍"。一作"图书"。《史记·萧相国世家》："何独先入，收秦丞相、御史律令图书藏之。……汉王所以具知天下阨塞，户口多少，强弱之处，民所疾苦者，以何具得秦图书也。"《汉书》传文同。《高帝纪》作："萧何尽收秦丞相府图籍文书。"又《地理志》云："帝王图籍相踵而可知。"谓自周代已有指南针与土圭测影之法，

巴　志（卷一）

各国皆有地图与版籍。秦汉更已精确相踵，每帝新立即必更新调整一次，上计京师，藏于史官，固得见之，据以撰成《地理志》也。此种图籍，随时有所修正，阅世既久，愈臻精确。至宋代雕板术兴，各州府多付镌刻，悉以"图经"为名，即援此旧称也（今世称为方志）。

"盐铁五官"，谓汉制，郡县综治民、刑、赋，役之外，更设有管理生产之专官，称为"五官"。全称为管理五行生产之官。（官为衙署之义，后世乃转为官员之义。）金官治铜铁矿冶，木官治山林果树，水官治水利渔罟，火官治陶铸烧炼，土官主土木缮造。初皆合为一署，故曰"五行之官"。郡有五官掾，县有五官丞，其下官属为史。盐官、铁官、橘官、锦官、工官之署，又系因各县特产，再从五官分出特设之专官。不必每县皆有。《汉志》各县对于此种特设之专官则记之，于五官则不记。小县亦或不设五官。若巴郡十四县，每县皆在三万户十万口左右，则无不有五官丞史矣。盐铁五官丞，秩位亚于县令。等于后世学署与县署之关系。后世以科举取士，尊重文学，故设学署与县署雁行。汉世重生产，故县有五官丞与令长雁行也。

疏特举此者，说明巴郡不仅地面广阔，亦且产业兴盛，人口众多。故有分置郡县之必要。

⑦《前汉书·地理志》巴郡十一县，户一五八，六四三，口七〇八，一四八。系平帝元始元年（恰是公历之元年）户簿。自秦置至此三百十四年矣。其户口数在全国百零三郡国中，仅次于京兆、冯翊、扶风、河东、河内、河南、东郡、陈留、颍川、汝南、南阳、济阴、沛郡、魏郡、清河、涿郡、渤海、泰山、琅邪、东海、临淮、会稽、蜀郡等二十三腹郡，而与太原、山阳、巨鹿、常山、平原、齐郡、广汉等腹郡相当，在各边郡中为最大矣（多数边郡只有二三万户）。在后汉中，巴郡户口增加尤为急剧。

《后汉书·郡国志》巴郡十四县，境域与前溪同，户三一〇，六九一，口一，〇八六，〇四九。系顺帝永和三年（一三八）簿籍。元始以来一百三十八年中，增户一五二，〇四八，增口三六七，九〇一。平均每年增户一，一〇二，增口二，七三八。即平均每年增户百分之〇点七，增口百分之〇点三八以上。

自永和三至永兴元，仅十五年，又增户一五四，〇八九，增口七八九，四八六。平均每年增户一〇，二七二，即百分之六点四四以上；增口七八九，四八六，即百分之六点九四以上。此可说明后汉时巴郡户口增长情形，初叶增长率犹小，中叶增长急剧。此种户口增长直至汉末。入三国后乃得惭减。

巴郡户口激增之原因，可以代表边郡逐步转进为腹地之过程。初因土民习俗语言均与内地不同，生产落后，地利未得开发，地不足以养民，故人口稀少。虽已开置郡县，斥为边郡，中原之人未肯迁住。追郡县开置，官吏、员役从职而至，觉其风土不恶，生活廉便，始陆续有就城邑附近住居落户、经营商贸者，皆获厚利，致富盛。于是逐世益增，次第向沿江水运便利之地垦拓成家，成为官府依恃之民户。其人亦恃官府保护，逐步向沿江稍远之山区开发产业。土著民族，受其带动，亦知采用进步方法进行生产，改变经济生活。由于长期政局安定，民族融洽，工商业一直发展不替，社会丰乐，人民富裕，又推动工商业发展。腹地狭乡人民，趋利而至，从而落籍者益多。文教、交通、医药、军甲等地方事务，无不自然随之发展，边郡即与腹郡一致矣。蜀郡与广汉、汉中多平原，宜农户，故进为腹地较早。巴郡尽山地，自然资源在林矿与商运，移民多不好之。其农耕地，属紫土丘陵之"方山"，移民初不习究，有待于另行摸索经营方法，故其进于腹地较蜀、汉三郡为迟。然当楚、蜀水运中枢，又饶盐铁丹漆，皆当世社会人民所重之商品，故利源不能终闭。工商业盛而人口激增，经济文化发展而民族融合矣。

户口增盛与"盐铁五官"之强大，有联带关系。社会发展至此，而仍以秦汉间初郡规模治理之，自属不合。是为此疏隐示分郡之第一理由。

⑧按本书所记：枳县在江州东四百里。临江在枳东四百里。朐忍在鱼复西二百九十里，朐忍临江间距离无

079

文,当亦是四百里。合计有千五百里左右。今重庆市至奉节,按《一统志》计算为八百七十里。足见汉魏一里,小于清代之一里。清里曾经丈量,汉里似出于估计,不精,图经所言,亦是概数。犹上云"千里拾吏",亦非确有千里。但只便于言语之概念而已。然此所言"远县去郡千二百里(指阆中),至千五百里"(指鱼复),则颇核实。所云乡亭去县"或及千里",亦非无据。以今地图按之,汉宕渠县治界,东抵大巴山,今城口县是其辖境,须经过万源,宣汉,达三县界始能至三汇。鸟径已六百里,加以山道纡回,合于汉里,则过千里矣。

⑨社会已经发展向前而郡县辖境仍甚寥阔,则奸宄不可弭止。是为有分郡必要之主要理由。全疏突出此点。"贼发",谓作奸犯科之事发生。"督邮",郡守派出办案之差官。县距郡远,案发报郡,郡遣督邮到县追究审办时,犯法人已远逃至他县。"罪录"谓查明踪迹,录其罪由,行文他县捕取。他县查明文书、审实当捕,亦未必即能捕得。连续行文追捕,是为逮捕(今世乃合二字为捕捉之义)。如此拖延年复一年,遇着大赦("德令")便不能行法加罪。汉季每三、五年改元,或国有喜庆即下诏大赦。奸盗贼杀罪恒在赦中。故人多不是犯法。作奸犯科之事层出,在如此辖境广阔郡县为甚。此下举其事例。

⑩冯含、陈宏,皆巴人之仕至太守者,不著郡、县籍贯者,盖已住居郡城之经营商业者也。与龚荣皆以官绅地位,与经商致富及仕宦致富者相往来,故能详知此辈被盗贼劫杀伤害之事。其事不详,所言"终津侯"、"彭亭侯"、"雍亭侯"、"殷侯"皆非巴郡人而为中原贵族之经营商业于巴郡者则可定。苏鸿称尉,可能是以捕盗被伤。此诸外郡贵族之被伤,当是被劫时微有抗拒所致。其被杀害者,必由贪暴为盗所恶故也。此辈皆只能是沿江黑船,自有其秘密组织。所伤害全是剥削致富者。掩护者多,未易捕也。

⑪"女服贼",谓如桑忡,修饰男子为妇女,诈混入巨家、贵族中进行奸盗者。竟有组织至千余人,播散千里之广。此所反映为互家贵族生活淫糜所引致。受害之家,惭讳不言,故久乃诛除。

⑫此言"水陆覆害"五人,又非因为劫财,而只属如《甘宁传》所云"发负"之类。谓轻侠之徒,结党游夺,"接待隆厚者乃与交欢。不尔,则放所将夺其资货。于长吏界中有所贼害",作为相报。然甘宁非生于此时。当宁出生前,巴地沿江已有如此会党组织,宁但曾作其首领耳。贫富悬殊,阶级压迫残酷而法网犹疏之社会,必然产生如此秘密组织也。

⑬"给吏",上已详。"休"谓轮值期满,当还家。"谒"谓输值初到。犹今云报到进谒之礼。赵芬等讼帖,当与史枳文同作附件在疏末。故只指出其"千里给吏"一语。

⑭"闭囚",谓令、尉拘获禁闭,拟罪处分,已经申详、尚未批回核准之囚犯。若有大姓豪门为之称冤上诉弹劾令尉,则往返诘辩,历久不能结案。若令尉员吏判刑"失人"(过重),是为"逾科",则员吏主者亦当坐罪。若拟成死罪,则须冬至决囚。因畏死囚上控,遂不待刑期致囚于死,报为病故。或囚犯自知不免,而先自杀("侵疑先死")。或因上级批准其上诉,行将提案而杀之,报为自杀("辄自刑戮")。谓郡县写远,司法诸弊。皆前已经发觉者。

⑮至于人民横被冤枉之家,虽有冤苦可诉,亦因道远力微,含忍自罢。

⑯州刺史以六条察吏。本当每岁行部(巡行州部属体察民隐)。由于州域辽阔,入巴郡后,所阅不过十县。太守巡行属县("行农桑")更不过四县而罢。因道远,时间不许。是以官民隔阂,政合不能顺应民心。成为虚应故事。

⑰此举郡治江州,亦非适当。"温风",谓瘴气。医家温、瘟字通用。"客吏"谓外州来此服官职者。"重屋累居"谓江州城筑于四围绝壁之上,而人民生活与江面水运关系密切。故多缘石壁架屋于城下,城内居者反

少。故多火灾。此种情况，古今皆然。过重庆者无不见之。

"水居五百家"，盖即今所谓"蜑户"也。蜑之为族，本以渔业与水运为事，不就农工，故皆水居。后受官府歧视，所在驱逐，尽迫入海。居于闽广。其实原居处地在云梦盆地与长江水中。故巴族亦被称为"巴蜑"也。其人既习水居，即无颠溺之事。巴江涛浪未足以危害之。坏舟沉溺者虽每岁常有，非蜑民也。此则但望失实之夸言矣。

⑱此乃举拟分为二郡理据。从垫江分界，与今地文科学划分为"川东褶曲区"与"川北方山区"之分划完全相同。安汉、临江，取其居两区最中。

⑲其时山区皆已垦辟为田畴，农产两区相当，故曰"各有"。盐铁则巴东丰富，巴西缺乏，但水道供给便近，故曰"足相供给"。

⑳"不费县官"，谓不由国家拨款营建府寺。周亚夫买"工官尚方甲楯"备殉葬。被人告其"盗买县官器"。《史记索隐》注云："县官，谓天子也。"引《周礼·夏官》，谓："王畿内县即国都也。王者官天下，故曰县官也。"今按：官字本义为臣吏所居公宅，非指人身。汉人援《周礼》称国都为县，国管府寺为官，故工官尚方器为"县官器"。即此疏之县官，亦指天子之府库，犹云"国帑"，非指天于。隋唐诐辞，乃以"县官"为天子之代称。

㉑此谓后汉顺帝分会稽立吴郡，为近时事。武帝分蜀、巴置犍为郡，为当地事。故曰"孝武以来"。

㉒最后例颂帝德，自明公忠。面面俱到，不愧佳文。虽朝政因循不许，而事理所向，其后三十八年，巴郡终于分而为三。

八

顺桓之世，板楯数反。考当作灵帝之世，列在下条之后。详注释。太守蜀郡赵温，恩信降服①。于是宕渠出九穗之禾，朐忍有连理之木。

光和二年，板楯复叛，攻害三蜀、汉中，州郡连年苦之。天子欲大出军。张、吴、何、王本倒作"出大军"。时征役疲弊。问益州计曹，考以方略②。刘、李、钱、《函》本作计略。益州计曹掾当从《范史》作"汉中上计"。程包《先贤志》作苞。《士女目录》同。《范史》同此作包。对曰："板楯七姓，以射【白】虎为业，立功先汉。《后汉书·南蛮西南夷列传》"板楯蛮夷"条引作"射杀白虎立功，先世复为义人"。《通鉴》系在光和五年七月。引作"自秦世立功，复其租赋"。皆不同于此文。按上文，射白虎在秦世。一次而绝，不得云"以射白虎为业"。当是传钞者衍白字。本为义民。复除徭役，但出賨钱，口岁四十。其人勇敢能战。昔羌数入汉中，郡县破坏，不绝若线。后得板楯，来房弥廖本注云"当作殄"。尽。《后汉书》引作"羌死败殆尽"，《通鉴》同。号为神兵③。羌人畏忌，传语种辈，勿复南行。后建【宁】和宋明旧本皆有小注云《后汉书》作"建和"。考当作和。兹径改。二年，刘本二年提行。谬。羌复入汉，牧守遑遑。赖板楯破之④。若微板楯，则蜀、汉之民为左衽矣。前车骑将军冯绲南征，虽授丹阳吴、何、王本讹作杨。

精兵，亦倚板楯⑤。近益州之乱，朱龟以并凉劲卒讨之，无功；太守李颙以板楯平之⑥。忠功如此，本无恶心。长吏乡亭，更赋至重；仆役过于奴婢，箠楚【降】隆旧本作隆。廖本改作降，失其义。隆，多也，犹胜。然疑是酷字钞讹。《后汉书》作"仆役箠楚，过于奴虏"。于囚虏⑦；至乃嫁妻卖子，或自刭割⑧。陈冤州郡，牧守不理。去阙庭遥远，不能自闻。含怨呼天，叩心穷谷⑨。愁于赋役，困于刑酷，邑域相聚，以致叛戾。非有深谋至计，僭号不轨。但选明能牧守，益其资谷，安便赏募，从其利隙，自然安集。不烦征伐也⑩。昔中郎将尹就伐羌，扰动益部。百姓谚云：'虏来尚可，尹将杀我！'就征还后，羌自破退⑪。如臣愚见权之，遣军不如任之少州郡。"天子从之，遣太守曹谦，宣诏降赦。一朝清戢。

案：此章，说明巴地封建政权已巩固后，賨民感受大民族主义之痛苦深重，迫于叛乱。赖汉中人程苞，身经板楯两度救援汉中之实事，了解其被迫叛乱之情，适因上计在洛，得陈谠言，克以避免民族战争灾难。对照凉州两度羌族大叛乱，与南中若干次民族大叛乱史事，显得程苞一对之历史价值，远远高于贾捐之《罢珠崖议》，与江充《徙戎论》矣。

【注释】

①"顺桓之世"，当公元一二六至一六八年间。时郡国屡有叛乱，边郡少数民族尤多。详具《后汉书》之顺、桓帝纪及《通鉴》。其"板楯数反"事，则帝纪與《赵温传》皆未著，当是别有所据。或是据《巴记》，或据《耆旧传》。考板楯军初救汉中，大破羌众，在安帝元初二年（一一五）。再拨汉中，破白马羌，安定益州，在桓帝建和二年（一四八）。为苞所及见。桓帝延熹五年（一六二），又助冯绲讨平武陵蛮乱。灵帝熹平五年（一七六），又助李颙讨平益州郡蛮乱。明、桓帝世至灵帝初，板楯皆甚忠顺，不至"数反"。蜀郡赵温，在献帝西迁（一九○）时为侍中。至长安，封江南亭侯。初平四年（一九三），代杨彪为司空。建安十三年（二○八）卒，年七十二。是其在顺帝末，未满十岁。至桓帝末，才逾三十岁。则其作巴郡太守，当在灵帝之世。盖继曹谦之后以恩信降服板楯。当在光和末叶，黄巾起义之前。魏晋人误作"顺桓之世"。常氏误据，遂即列于程苞对前也。当改作"灵帝之世"，移在本章之末。并删"光和二年，板楯"句之复字。然是常氏原误，故不移改。

②《范史·灵帝纪》光和二年（一七九）冬十月，"巴郡板楯蛮叛。遣御史中丞萧瑗督益州刺史讨之，不克"。五年（一八二）七月，"巴郡板楯蛮诣太守曹谦降"。《通鉴》程包对在五年七月。按汉制：岁暮上计。曹谦绥抚，亦当一时能定。程苞之对，当在光和三四年冬。光和五年正月"大赦天下"（《灵帝纪》）。疑苞对在光和四年。史家并于二及五年言之耳。

③事在元初二年。详《汉中志》。《通鉴》作"羌人号为神兵"。

④《桓帝纪》建和二年三月，"白马羌寇广汉属国，杀长吏。益州刺史率板楯蛮讨破之"。《西羌传》："桓帝建

和二年,白马羌寇广汉属国,杀长吏。是时西羌及湟中胡复畔为寇。益州刺史率板楯蛮讨破之。斩首招降二十万人。"白马羌为武都羌,与汉中、阴干羌同类。广汉属国治阴平。白马羌寇阴平,必亦入汉中。缘板楯至,未陷,故正史未及耳。

⑤冯绲于顺帝末年,持节督扬州诸军事。时扬州诸郡,以丹阳兵为最精。从绲平乱,及定陇西与辽东,智著功勋。延熹五年,绲率十余万人讨长沙、零陵、武陵蛮乱,平之。由此对,知其成功,亦得力于板楯。绲,宕渠人,盖组织板楯为亲军(部曲),故能连平剧乱也(参看"朐忍县扶徐"注)。

⑥李颙事详《南中志》。

⑦"更赋",包括"给吏"及其一切徭役言之。賨民(包括賨与板楯)本当免役,只纳口赋"賨钱"而止。但至后汉,已由募兵转为征兵,募役转为征役。与汉民同,而特遭到歧视。上文"千里给吏",徒言汉民所苦耳。汉民所苦险远,久不得归而已。在板楯不以此为苦,所苦在于遭到歧视,一切对待特苛虐。其与汉民共同应役,则一切困难皆归于夷民。官吏对汉民有未当意处,犹多宽假。对于夷民,则直视同奴隶囚房,辄加呵斥鞭扑,无复人理。徭役称"更"者,其法按籍编应役丁口轮番供役。役期既满则更换之。故曰"更"。当番上者,因事故疾病可以出钱雇替,则为"过更"。称更赋者,以别于军赋,田赋与口算(算赋)。汉代田赋、口赋皆轻。军役为賨、楯所乐为。其所苦特在更赋。后汉末叶,少数民族起事各郡皆有。大抵皆由徭役繁重,与歧视夷蛮,待遇苛虐所致。不只板楯如此。

⑧此十字,似谓更赋之弊。到灵帝时,似已许巴人出钱"过更"。此或因桓帝时缘但望《分郡疏》痛陈给吏之苦,已许巴人过更。吏役因而作弊,强迫弱民过更,而苟无限制地索过更钱。(余曩在西康亲见奸吏借差勒索差户,拒其应役而横索乌拉折价。)使夷民贫者卖妻鬻子,仍不能填贪吏壑声。至于自杀。则桓帝以前不许过更,其弊犹小。灵帝以后准许过更,其弊更大矣。

⑨冤忿莫伸,迫于近死,则夷民断无不作乱矣。此亦与郡县地面过于辽阔有关。与《但望疏》可相互说明。

⑩结论"愁于赋役,困于刑酷,相聚以叛",深得情实。故其对策正确易效。

程苞虽深知賨民所苦,代其申诉,获得良好结果。但所献策,仍袭安帝时对付叛羌的方法。所谓"明能牧守",盖谓如任尚、马贤、赵博之类,能剿杀招抚与募刺客、间谍破坏其内部组织之成法而已。故须"益其资谷",以便收买。安便其中动摇分子。其坚强勇悍者则以重赏募人刺杀之("安便赏募")。伺知其各头领间之嫌隙,使用机谋离间瓦解之("从其利隙")。"利隙",犹云"利孔"。《管子》:"利出于一孔者,其国无敌。出二孔者,其兵不诎。出三孔者,不可以举兵。出四孔者,其国必亡。"在此,则板楯诸部不可能同心一德,各趋所利,则其间孔隙多也。善于利用其间隙。则皆可使其自然就抚,安于田里,无须用兵征伐矣。

⑪尹就事前已详(7章注①)。

九

献帝初平【元】六年,旧本皆作"初平元年"。刘昭《郡国志》注引谯周《巴记》作"初平六年"。兹据改。初平元年刘焉初入蜀。五年,焉卒,子璋为牧,乃得分郡。初平五年改元兴平。浅人以为初平无六年,妄以为是元字讹而改之也。盖蜀乱道闭,颁朔不至,蜀人犹奉初平年号。六年,即兴平二年也。**征东中郎将**

安汉赵颖卷五作赵韪。《三国志》《后汉书》并同。然旧刻各本于此皆作颖。当时人有改名习，后史每并存之。本书多见。建议分巴为二郡①。颖欲得巴旧名，故白《函海》本小注云："惠校改曰，非是。刘本作曰。"益州牧刘璋，以垫江以上为巴郡，江南庞羲为太守，治安汉。此下有脱。脱江州以东郡名与治所。然亦可省。兹但补两字。璋更以江州至临江为永宁郡，朐忍至鱼复为固陵郡②，巴遂分矣。

建安六年，鱼复蹇胤宋本避太祖讳缺笔，明本均作徹。清各本又避讳作允。或亦缺笔。白璋，争巴名。璋乃改永宁为巴郡，以固陵为巴东，徙当作改。羲为巴西太守③。是为三巴。于是涪陵谢本白璋，求【以】分置丹兴、汉发二县，以涪陵为郡。旧本皆作"求以丹兴汉发二县为郡"。查两汉无此二县。谢本亦必不愿失涪陵为郡。应是旧有脱乱。兹补四字，移以字，以通其意。璋初以为巴东属国④。后遂为涪陵郡。此下，旧本连接《巴郡序》。兹断章。并补巴郡字另起。

案：《巴志总序》之卒章，叙实行分郡经过。但望只请分为二郡。赵颖仍遵三十五年前但望主张。结果为垫江以下，一时分置四郡。此亦说明巴东褶曲区虽在建安剧乱时期人口仍在急剧增长，地方日益开关，产业日益发达，并已由长江河谷深向黔江河谷推进，故能使原拟作为分置一郡之地，更又发展为四郡之多也。

【注释】

① "赵颖"，即赵韪，安汉县人。仕京师为太仓令。随刘焉入蜀，为州大吏。焉卒，率州吏上书，请以焉子璋嗣为州牧。得汉廷迁就。并拜韪征东中郎将，使率州军讨刘表。事具本书《二牧志》与《三国志》《后汉书》之《刘焉传》。韪率军进驻鱼复时，承《但望疏》请分巴为二郡也。韪又名颖者，汉魏间人，每因改变生活环境，改名易姓。李严因北伐改名"平"，其子丰又名农，杨戏又名义，马忠未仕名狐笃，王子在魏曰何平，皆蜀事与巴相关者。他如陆逊又名陆议、韦昭又名韦曜之类不胜举矣。

② 赵韪在二牧时，甚有权势。为东州人所忌。既率军至巴，实不欲与刘表交恶，驻鱼复不进。而循地方人请，依《但望疏》请分巴郡。以垫江以上付庞羲，称巴郡，治安汉。自拥江州以东，称巴东郡。刘璋欲裁抑之，改以垫江以下，江至涪陵与临江为永宁郡，治江州。朐忍、鱼复及巫为固陵郡、治故陵村。在三巴为最狭。赵韪以不得专一方，促在边小郡为恨，违反攻璋。而巴人不附，故败死也。

　　刘昭《郡国志》注引谯周《巴记》曰："初平六年，赵颖分巴为二郡，欲得巴旧名，故郡以垫江为治。安汉以下为永宁郡。建安六年，刘绰（璋）分巴，以永宁为巴东郡，以垫江为巴西郡。"其文一片谬乱，与地理形势、历史实际，无一合者。周，巴西人，谙习掌故，何能不知安汉在垫江以上，与固陵、永宁之别？至于刘璋之名亦谬。盖昭不明一方情实而所据又是传钞误本，不经意以摘录，遂至刺谬至此。《四库全书考证》，与近人《校勘记》皆未明确纠正。兹考谯周旧文，正是《常志》此章所记。故为详加疏释，以证刘注之误。

③ 庞羲，河南郡人，以汉议郎附刘焉入蜀，与赵韪相亲。璋为州牧，张鲁叛于汉中。三巴民多奉鲁。璋以羲

为和德中郎将进驻阆中讨鲁。故赵韪建议分巴，以义为巴郡太守，治安汉。建安五年（二〇〇）赵韪叛璋时，羲亦自疑欲叛。因程畿谏，厚陈谢于璋，得解。见《三国志·杨戏传》。建安六年赵韪败死。襄允讼失巴名。璋乃改巴郡为巴西郡，仍以羲为太守御张鲁，见《二牧志》。非以他职徙，但改郡名而已。

④巴郡旧有涪陵县，王莽改曰巴亭。后汉复旧。县境辽阔，包有乌江流域。东接巴东。此时矿业大兴，民户增盛，故谢本请分置二县合涪陵为郡。汉制：边远夷落地区，虽已置县，而内地移民犹少，赋税不足以养官者，但置属国都尉领县，不置太守。涪陵旧与巫、鱼复皆秦黔中郡地。汉时犹征其夷兵戌守鱼复之赤甲城。故刘璋以为巴东属国。然中原人避乱来居此僻地者日多，故未几时即已析置五县，为涪陵郡矣。

十

巴郡，旧属县十四。郡分后，属县七，户二万。旧各本分字误连上文。显有脱谬。兹分章，并补八字。去洛三千七百八十五里①。东接朐忍。西接【蒋】符县。旧各本皆作"蒋县"。廖本注"当作符"。兹改。南接涪陵。北接安汉、德阳②。巴子时虽都江州，或治垫江，或治平都。后治阆中③。其先王陵墓多在枳④。其畜牧在沮，今东突硖下畜沮是也⑤。又立市于龟亭北岸，今新市里是也⑥。其郡东枳，疑原作"东至枳"。有明月硖，广德屿，及鸡鸣硖。广德屿下，顾广圻校稿批《水经注》黄葛峡"六字。廖本注云："此有误也。以《水经注》订之，当作黄葛峡。故下文言巴亦有三硖。《续汉志》注引此作广德屿。当是传写之误。李㙆又依彼误改此耳。"今按：《水经注》明白定为黄葛、明月、鸡鸣三峡。以今地理考之，黄葛峡即东突峡，今云铜锣峡。明月峡外有离堆曰尖山子，即广德屿。鸡鸣峡在枳县界。应是旧本脱"鸡鸣峡"耳。兹补四字。故巴亦有三硖⑦。巴楚数相攻伐，故置扞关、阳关及沔关⑧。汉世，郡治江州巴水北，有甘、张、吴、何、王本作柑。古今字。橘官，今北府城是也。后乃【迁】还廖本作迁。南城⑨。

刘先主初以江夏费瑾《水经注》作观。《三国志》亦屡见费观。《三国志·杨戏传》字宾伯。当以观字为正。为太守，领江州都督。后都护李严更城大城，周回十六里。欲穿城后山，自汶江通水入巴江，使城为州。李本作洲。古今字。求以五郡旧作郡。顾广圻校，依《水经注》改作郡。廖本同。置巴州。丞相诸葛亮不许。亮将北征，召严汉中。故穿山不逮。然造苍龙、白虎门。别郡县仓皆有城⑩。严子丰廖本依《三国志》改丰。旧各本作农。下同。代为都督。丰解后，梓潼宋本与刘、李、钱、《函》本讹作潆。李辅为都督。延熙中，车骑将军邓芝刘、钱、《函》本作艾。《函海》注云："吴、何本作文。《邓艾碑》作义。李本作芝。"廖本同《三国志》作芝。为都督，治阳关。十七年，省平都、乐城、常安。

咸熙元年，但四县。以镇西参军陇西怡思和为太守，廖本怡上有小注云"当有脱"。盖疑其人名怡字思和，脱姓也。今按：怡自是姓，未见为脱。下文二部句无动词，乃员脱领字也。领二部守军⑪。

案：此《巴郡序》文，与上《巴志总序》，当别。旧刻误连上篇。兹依《常志》三州诸郡文例，别立为一章，补"巴郡"字。

【注释】

①《后汉郡国志》作"三千七百里"。凡言去洛道里，皆就郡治言。"属县七"者就初分郡时言。

②朐忍属巴东，符县属江阳，涪陵为郡。安汉属巴西，德阳属广汉。安汉、德阳二县并在郡北，分属嘉涪两水道，故并举之。

③巴之民族，原属云梦地区之渔民。其都邑曰巴丘，今湖南岳阳北城陵矶是也。约在夏代西入巫峡，依于巫䓓。其时巫䓓以盐产为各民族所需，商运广远。巴族善于操舟溯流，为之载盐远销深入长江上游诸小支流。从而发现巴东盐泉多处，次第煮盐增产。使巫䓓臻至强盛，巴族亦缘是强大，为附近各民族所尊重，由是立国。初立国在故陵。拥有羊渠、朐忍、监溪、涂溪盐泉，断上游市易之利。国势浸与巫䓓相敌。旋复抚有广大地域，成为强国，兼并巫䓓，与楚、蜀接境，时间约在殷代。既参牧野之师，国益强。因其国土不断向上游发展，故其国都亦次第向上游移进。大抵自故陵西徙后曾经于朐忍、临江停顿。营国邑于平都较久。再徙枳邑，然后又徙治江州甚久。春秋时，国之强大富乐，过于楚、蜀。王族皆已不事生产，乐于定居，乃向农业地区移近。由江州而垫江，再徙阆中而国亡矣。

④巴王国邑既屡迁，则其王族陵墓不能只在一地。云"多在枳"，足知其滞居于平都时间较长。平都去枳近，平原在江岸，位川东最大向斜谷的正中，故为其最初所营之国都。其鱼盐自枳入涪陵水，行销甚远，故其王陵多在枳。其在枳墓群，今尚未见发现。惟巴县冬笋坝发现巴王族船葬墓早（一九六三年）。其地盖亦曾称为枳（西枳），下详。昭化宝轮院随复发现船葬墓，形制与冬笋坝大同小异。应是巴王徙都阆中前后，曾经征服其地，而王族选葬于此。他处尚当有巴王族群葬墓，未发见耳。近年在巫山大溪沟发现之鱼骨墓，其地即巫䓓区，虽非船葬，而有大量鱼骨，亦足知其为渔业民族，且已拥有盐泉者之墓。盖鱼体易腐臭，不适殉葬。惟盐腌之则耐久。石器时代，不能凿独木大船为棺椁。但可多用腌鱼慰死者，故巫䓓无船葬。迨已建成富强国家，如春秋世之巴王，财力雄厚，乃能凿巨木为船，载棺与多种明器，作"地下宫殿"。巫䓓时尚不能也。

朐忍下游数十里之故陵镇，庾仲雍以为是楚墓（见《水经注》）。必不然。楚王墓多在夷陵。不可能更穿三峡在千里外之巴国地界作王墓。其称"故陵"者，应是巴王陵也。巴王族墓葬，恒选于两水会流之处。如巫䓓，在大溪沟曾口。故陵在巴乡溪曾口。枳，在黔江曾口。冬笋坝，在綦江会口。宝轮院，在清水与白龙江会口。两水会处多鱼，古今人民经验如此。此其巴族选取葬地之意欤？如有人循此规律以寻巴王墓群，必能多得。

⑤"东突峡"，今音讹为"铜锣峡"。在重庆市东。自朝天门，水程十里，陆程二十里。《水经注》谓"黄葛峡"，《寰宇记》谓"石洞峡"是也。"畜沮"，今广阳坝大洲（飞机场）是也。上距铜锣峡二十里。在大江中，方广十余里。最高处，出水已百余公尺。其出水面，当在数千年前。《尔雅》："水出其后，沮丘。"此坝有江水分枝绕出洲后，深合其义。此地养牛、羊、马、鸡群，不虞失去。又可坝截内河为大鱼池。巴子时或曾养畜、养鱼于此。故曰"畜沮"。晋世其地应已成为农田，但人民犹能传其名义也。

⑥"龟亭"，今巴县铜罐驿、猫儿峡下之"小南海"是也。为逼近大江北岸之一离堆石阜。冬季出水十余丈，

夏亦不能全没。上有寺，往时朝拜者众。舟人呼为"居亭子"。舟人讳龟音，呼乌龟为"乌居"也。宋王象之《舆地纪胜》谓之"龟亭山"。清王士祯《蜀道驿程记》曰"龟亭子"。其地距冬笋坝十余公里。正对綦溪（綦江河）河口之顺江场（江口）。僰、獠、夷、苗赴巴市者必出于此。晋世名"新市里"，则秦汉时尚非有城邑，只为巴王族墓群所在。有盐市与綦獠交易也。

⑦"明月硖"在广阳坝（畜沮）东二十里。《寰宇记》引李膺《益州记》云："广阳州东七里水南，有遮要三槌石。石东二里至明月峡。峡首南岸壁高四十丈。其壁有圆孔，形若满月，因以为名。"明月硖口为木洞。又下五十里为洛碛。今皆大市镇。又下六十里为长寿县城。又二十里为黄草峡，当长寿、涪陵界。出峡四十里为蔺市，在江南岸，属涪陵县。又六十里为涪陵县城，即秦汉时枳县。黄草峡，《水经注》曰"鸡鸣峡"。与黄葛（东突）、明月为巴郡三峡。今长寿县系巴县分置。则黄草峡（鸡鸣峡）亦当是古江州与枳县界。亦即魏晋时巴郡与涪陵分界，此言"巴亦有三硖"，不能失鸡鸣峡明矣。故补四字。庶还常旧。按，硖同峡。

常云"东枳"，盖谓今之木洞镇，在明月峡口外。所谓"广德屿"，应为水中洲岛，不当是峡名。今木洞之东，江中复有一丘，人称尖山子。其下为河原大洲，与广阳坝洲面积相当，但非平坦。其汊港之上口已断。江水犹自下口倒入十余里。人呼"苏家濠"。江盛涨时，亦能成岛。魏晋时，此丘应在江中。盖即所谓"广德屿"。畜沮、龟亭与此，皆江中洲岛，因述郡东三峡，连而及之。

⑧"扞关"，《史记·楚世家》："肃王四年，蜀伐楚，取兹方。于是楚为扞关以拒之。"蜀不能越巴境伐楚。其伐楚，当从汉中、上庸一路（在秦楚巴分庸地并蜀夺秦汉中后）。则楚所作之扞关，在汉水流域。又《张仪传》说："秦西有巴蜀，大船积粟，起于汶山，浮江以下，至楚三千余里。……下水而浮，一日行三百余里。里数虽多，然而不费牛马之力，不至十日而距扞关。"则扞关又当在长江楚西界上。（徐广说"在鱼复"。张守节谓"在硖州巴山县界"。）《后汉·郡国志》"鱼复县"云："扞水，有扞关。"《清一统志》遂指湖北之清水（夷水）为扞水，谓扞关在长阳县。大抵国境上筑关扞敌，皆可称为扞关，原不专指一地。张仪所言之扞关，当在巫山县之大溪口，即瞿唐峡东口。其时楚已据有巫山盐泉，设此关以备巴国争夺也。此处所云"扞关"，为巴人备楚而置，当在瞿唐峡西口，即白帝城。亦称"江关"。江与扞古音同也。"阳关"，邓芝为江州都督时所治，见下文。其故址今为江北县之唐家沱。在朝天门下三十里，当铜锣峡西口，有平地与江州连接，故芝驻此，以扞江州。大抵巴弱楚强后，巴先失巫，故置扞关于鱼复（江关）。迨楚已得枳，巴乃退扼铜锣、明月、鸡鸣三峡，而作阳关。"沔关"，无可考见。汉水，古称沔水。巴国备楚，从江道外，惟上庸一隅有逾大巴山下达沔水之路。巴、蜀、秦、楚俱曾互争汉中。疑巴在徙都阆中时，曾奄有苴地，乃因七盘关置守以卫阆中，扞御沔中（即汉中）之敌，故称为沔关耶？

⑨张仪作江州城，应即已为巴郡治。其城小，当在今重庆城内较低平处。其地便于水运，而不便于理赛民，故汉世郡府在江北嘴，邓芝且治唐家沱（阳关）。郡治必曾筑城。故称张仪故城为"南城"。其后商运既盛，税收重于田赋，府治乃还张仪旧城。至晋世，犹称江北城为"北府城"。"甘橘官"者，汉世凡地有技巧人、能生产珍贵之货处，皆设官署，由国家经营。川东河谷暖，宜柑、橘、柚，故江州至朐忍皆有甘橘官。（朐忍橘官载《汉志》。他县不载者，后汉所置也。）重庆三面皆盘石，惟江北一面红土腴厚宜农，故甘橘官在北府城。

⑩李严所筑江州城，较张仪城大。大抵已大如明清的重庆城。所作青龙门，即今朝天门，在城东北方，水程所始也。其白虎门，即今通远门，陆程所始。皆有崇丽楼观，故特称之。其所欲穿处，在七星冈。山脊狭

陡，《水经注》疏谓"欲凿处斧迹犹存"是也。劳民而无实益，故诸葛亮不许。严犹自为之，故亮调严赴汉中，其事乃罢。后卒以狂态败废。"不逮"，谓其子农虽继任，不敢续为之。"求以五郡为巴州。"谓欲以三巴与涪陵、江阳五郡置巴州牧。即巴国旧境全部。时蜀土只益州部，由亮开府治事。李严恃同受顾命，亦欲开府于巴也。"别郡、县、仓皆有城"，亦始于严。郡、县后详。仓，谓州郡储谷处。如蜀郡之五仓。

⑪咸熙元年（二六四），魏灭蜀之次年。虽魏帝年号，实权早已属晋王司马氏，故一般不加魏字。其明年，司马炎正晋帝位。"镇西参军"，谓钟会入蜀时之参军。会为镇西将军，伐蜀。入成都后，开府治事。以叛司马氏败。乱平，卫瓘领镇西府事。"怡思和"出领巴郡，当在咸熙二年。"二部守军"者，汉晋皆征兵于民。视郡大小、繁紧与缓急，定其征数。役有定期，期满番代。"二部""四部"，为平时编制常备军番留数量之称。巴大郡，郡城有守军二部，领于都督，蜀汉制也。晋废江州都督，后守军领于太守。

十一

江州县　　郡治①。涂山，有禹王祠及涂后《水经注》字作君。祠。北水有铭书，词李本作祠。云："汉初，犍为张君为太守，忽得仙道，从此升度。"钱、吴、何、《函》、王本作渡。刘、李、廖本作度。今民曰张府君祠②。县下有清水穴。巴人以此水为粉，则膏晖鲜芳；贡粉京师，因名粉水。故世谓"江少堕【休】林刘、李、钱、《函》本作休。张、吴、何、王、浙本作林。廖本亦作休而注云"当作林"。粉"也③。有荔支　元丰、《函海》本作支。他各本作枝。廖本作芰。园。至熟，二千石常设厨膳，命士大夫共会树下食之④。县北有稻田，出御米；《函海》作朱。注云"刘、吴、何、李本作米"。陂池出蒲蒻藺刘、李本作兰。他各本皆作藺。席⑤。其冠族有波、鈆、【毋】母、谢、然、懯、李本作盖。杨、白、上官、程、常，世有大官也⑥。

枳县　　郡东四百里，治涪陵水会⑦。土地确瘠。时多人士⑧。有章、常、连、黎、牟、阳，旧各本作杨。廖本作阳。郡冠首也。

临江县　　枳东四刘、李、吴、何、钱、《函》、王、浙本作西。元丰、张、廖本作四。百里。接朐忍⑨。顾广圻校稿据《水经注》卷三十三引，于接上补东字。然可省。有盐官，在监涂何本作除。二溪，一郡所仰。其豪门亦家有盐井⑩。【又】各本有又字。当衍。严、甘、文、杨、杜为大姓⑪。晋初，文立实作常伯，纳言左右。杨宗符廖本注云"当作有"。称武【隆】陵。旧各本皆作隆。廖本于此注云"当作陵。读以'杨宗有称武陵'六字为一句。《后贤志》及《目录》宗作崇"。今按：杨宗事在《大同志》。平吴前任武陵太守，有称。隆字应讹。符字未谬。不改。甘宁轻侠杀人，在吴为孙氏虎臣也。旧各刻本皆以人字与武隆字连。廖本于此注云："按，此有误也。考《三国志·甘传》云：'巴郡临江人也。'当是人上脱'甘宁县'三字。"今按：常氏先举临江五大姓，下乃以文立、杨宗、甘宁为之疏证。文、杨不赘县人字，何得独施于甘宁？查《甘宁传》，其人盖巴地大盗也。然为孙氏虎臣，著于陈寿

《赞话》。常氏标榜人物，偏重忠节孝义。故《巴郡士女》不收赵匙。而此疏证亦不举严颜。于甘宁、臧否兼及，而列之举末。所阙，盖贬宁语。兹用《裴注》引韦曜《吴书》，补五字。

  平都县　　蜀延熙时省⑫。大姓殷、吕、蔡氏。

  垫江县　　郡西北【中】内水旧本尽作中水。中水，今沱江。从来各书皆以涪江为内水。垫江在涪入嘉陵处。当是旧误作中。四百里⑬。有桑蚕牛马⑭。汉时，龚荣以俊才为荆州刺史。后有龚扬、赵敏，以元丰本有以字。廖本亦有。他本无。令德为巴郡太守⑮。淳于长宁钱写本无宁字。他各本有。雅有美貌⑯。《函海》作儿。古今字。黎、夏、杜，皆大姓也⑰。

  乐城县　　在西州江三百里⑱。延熙十七年省。此下，宋明各本皆连，不提行。廖本于各县名皆提行，下空二格。

  常安县⑲　　亦省。

案：以上分述蜀汉世之巴郡七县。亦即为上文晋时"但四县"句注出所省。

【注释】

①"江州"是巴国旧名。州，即古洲字。渔业民族，水处舟行，氏族聚会皆在洲渚上。故其既建国家，都邑必在江岸平渚，不重山城。惟此地当众水会合处，合为其民族的经济中心。故不能不定都于此。然地皆石山，无洲渚（今世已有中坝为飞机场，两千年前则不能有）。其最先就此立邑之地，必在冬笋坝、广阳坝或苏家濠等处。后乃渐移就水会中心点，亦必只在江北之唐家沱处，乃得称为"江州"。故传巴国故事者，少言山水陇亩，而特著龟亭、畜沮与广德屿之细小地名。邓芝为江州都督亦治阳关。汉太守文先驻北府城，后乃移治南城。疑江州之名，初只施于广德屿，渐移于畜沮及阳关。张仪筑城以前，巴王所治亦只在江北嘴，虽非洲渚，仍用江州之名。秦汉郡治徙入石城，亦仍称曰"江州"。则已失州之义，故李严欲以人工凿山，使水环城，以符江州之称也。地名之与实际不符者，其原委变易，大率如此。

②涂山在今重庆市南岸，绵亘甚远。东断于铜锣峡，西极于艵溪岸。山顶部平阔，是古涂山氏所居。今云"南岸区"。对磁极方位言，实为市区之东北岸。就长江整体言，为南岸也。前云"江州涂山是也，帝禹之庙铭存焉"，及此所言禹王祠及涂后祠，旧传在纯阳观、老君洞。据此文，则老君洞又当是张府君祠。云"北水"者，谓山背江之一面，即今市府对岸。北读如背。"得仙道"，飞升度化，显为晋世道教徒之妄说。当是张太守不乐吏务，常至禹庙修养，一旦亡去，民遂妄谓其升度作仙耳。

③清水穴，在今"后寺坡"下，俗呼"道门口"。即古江州县署，故云"县下"。市地本大盘石层重叠合成，故石罅出水甚清，无杂质。周秦汉晋世，妇女傅面之粉，皆以谷粒细研，水淘提匀后，曝干为之（铅粉、脂粉皆晚出）。水洁清，则濯粉佳，匀细，滑泽，光晖，无臭，著体芳艳。此水制粉佳胜。曾以充贡，故专粉水之称。"堕林"者，市区虽石山，其顶部原有森林。远从浮图关外，达于城内最高处之"打枪坝"。又下延至"后寺坡"清水穴处。张仪建城后，居民渐多，市肆上延，旧林残毁。而陡坡处仍断续保存。自清水穴上望，如山顶森林层层下堕，故曰"堕林"。粉水出此林下，故称"堕林粉"也。凡泉水，皆待林而旺，亦待林而清。

④荔支园，亦应是橘官所理。故太守（二千石）得取用之。荔支与柑橘，皆亚热带水果，栽培须技术，择土宜，故知其必属橘官。园当在江北，不能在"县下"。而系于县下者，橘官属县，县隶太守，故太守得使用之。此在法制为"陋规"，"监守自盗"。在封建士大夫视之，则太守"养老尊贤"，之盛事，而乐于传颂之。

⑤县北，即今江北县地。（当时江州县境实包有今巴、江北、长寿、壁山与綦江、南川之地。农业发展，则惟江北一面。）属向斜地层之部，为红黏土，宜作稻田与陂池。其陂池，当是巴王时已提倡。初为养鱼，农民则因其水利以种稻。巴亡后，农人渐任陂池澱淤，侵入稻田。水浅，养鱼量小，则种蒲蒻、蔺草，为手工业原料。"御米"谓优钟稻米，堪进御者。今云"香米"是也。说明此间种稻未久，稻农已经育成佳种。"蒲蒻"与蔺，皆水生纤维作物。扁者为蒲，宜编袋。圆者为蔺，宜织席。

⑥"冠族"，谓已服冠冕而弃稚髻之氏族。此所列江州十一姓，多是中原所无之稀姓，说明其牛颇多是少数民族。波姓，汉末有黄巾帅波才，在颍川一带；与朱儁战斗甚久。可以肯定是张修等巴郡黄巾派去的人。鈗姓，《蜀典》引《巴郡太守张纳碑》阴有文学史江州鈗迁。《尔雅·释地》"南至于濮鈗"，（四极）。可知鈗与濮同位，都是巴楚地区旧民族的称呼。母姓，《分巴议》发起人中有江州母成。《蜀典》云："蜀之母氏，系父母之母。而姓氏诸书作平音，读为毋，误矣。……晋有母稚，巴郡江州人。学贯四科。贡于朝。除涪陵令，汉平令，为夜郎太守，殊俗感其惠化。稚，一作雅。"谢姓，前见涪陵谢本。疑是内地商人定居于巴区者。然姓，《士女目录》有桂阳太守然温，江州人。盖姓，为中原旧姓。惟此作"憸"，疑亦土著民族。杨姓，《士女目录》有杨汰，巴郡人。《扬雄传》："杨侯逃于楚巫山，因家焉。楚汉之兴也，扬氏溯江上，处巴、江州，而扬季官至庐江太守。"雄自谓扬氏出于晋之杨侯。妄傅其姓出于帝胄。只可信其祖先原在巫山，更徙巴郡，又后徙蜀之郫而已。本是少数民族，故其字作扬也。《分巴议》有江州阳誉，一作杨誉。杨、扬、阳，旧刻本纷自歧异。大抵如扬雄所自述，原皆出于巫山（隋唐人小说《白猨传》犹谓巫山多杨姓），后徙巴及蜀，所在自别其字也。巫山地连巴山。巴氏即多姓杨。六朝时屡见。白姓，楚有白公胜。白为其封邑。疑亦百濮之邑名，后遂以为氏。上官，《元和姓纂》云："楚怀王子兰为上官邑大夫，因氏焉。秦灭楚，徙陇西之上邽。"疑亦有西徙入巴地者。程姓，《三国志》有程畿父子，阆中人。疑元亦巴郡人。常为作者本姓。是否蜀江原常氏亦如郫之扬氏，自巴迁徙入蜀，由于常氏《序志》删去，世系无从判断。要亦必有联系，故志文及之。由于人口不多，故叙列在末也。

⑦"涪陵水"，即巴境"南极黔涪"之涪水，今云乌江。上源出自贵州省西北威宁与毕节地区，古曰延水。经过多次伏流，阅遵义之乌江渡、思南，至沿河县入四川界。北流为龚滩河。过彭水县，至涪陵县城下入江。今涪陵为汉枳县。今彭水，汉为涪陵县。《汉·地理志》，牂牁郡鳖县注，误为入且兰县之沅水。此由于思南以上有数十里伏流，秦汉人遂误以为伏出为沅也。秦黔中郡境，包括此河全域及沅水上游地方。亦为《汉志》误以延水入沅之一原因。

⑧"确瘠"，土薄也。县境当大背斜层之石灰岩地带，故土瘠薄，乏农产。然当食盐入黔水道总会，又是丹漆、木材、矿药输出门户，故商业发达早，文化先进，与江州略同。

⑨"临江"，莽曰"监江"。本以制盐成邑。古盐字与临字监字常混用。如《汉·地理志》越巂郡姑复县"临池泽"，《续汉·郡国志》作"盐池泽"。此县在已与案，本曰盐江。汉作临江，非因其临江岸。凡巴之邑，无不临江。此邑虽亦在江岸，不得专临江之称也。巴国盐泉，皆去江岸远，惟此县二溪盐泉去江岸近而旺盛，巴人当发现甚早，兼以水旺面阔，利亚于巫泉，故早得"盐江"之称。"枳东四百里"，正是今忠县位

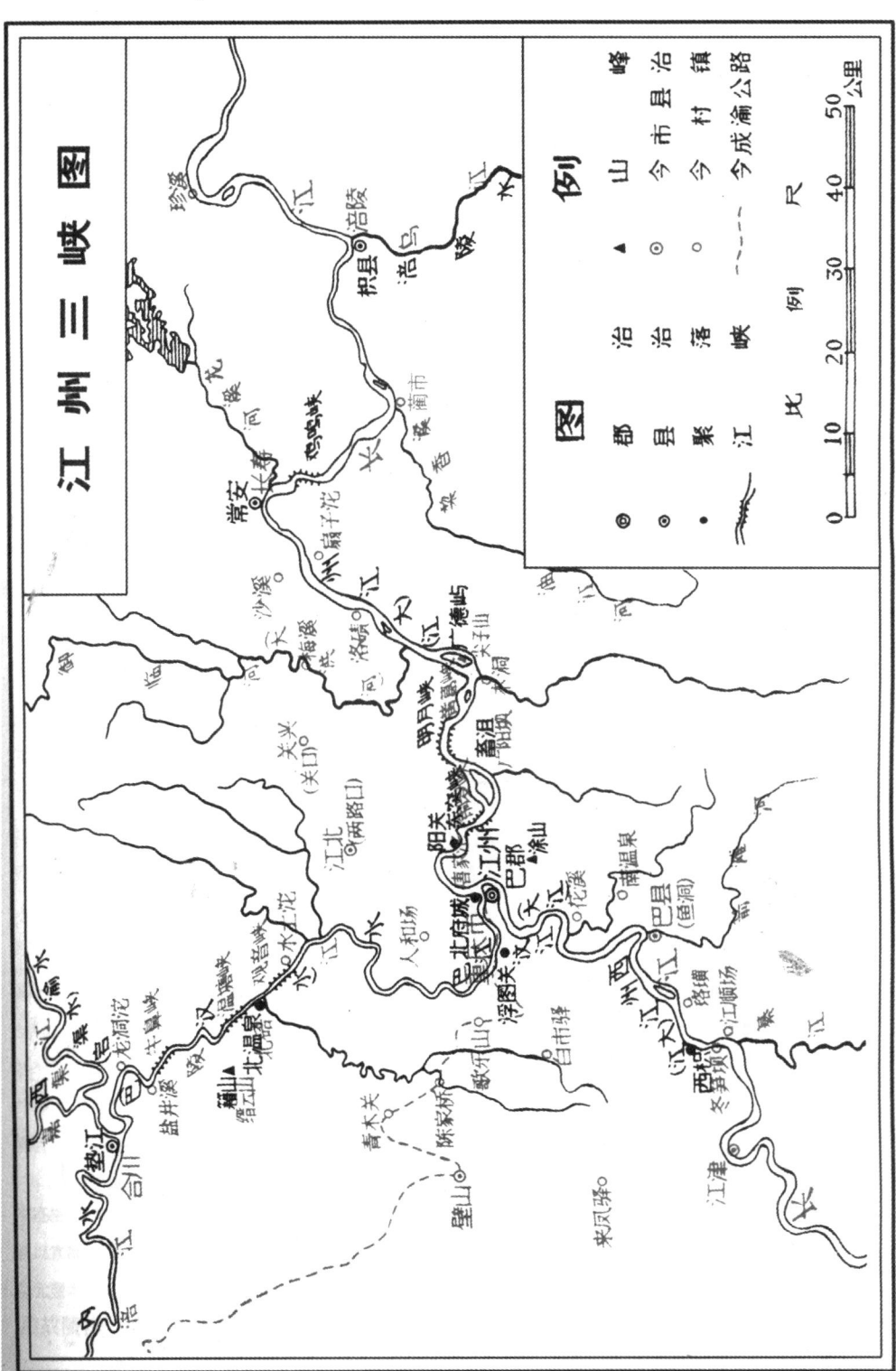

江州三峡图

置。特言"接朐忍"者,谓朐忍属巴东郡,地界邻接,亦产盐,而朐忍盐与临江盐皆上行,销巴、黔地区,故连及之。

⑩ 监溪,源出梁山南界,经黄金滩又二十里至漳井,为盐泉所聚。又十里入大江。江口在忠县城东十里。涂溪口,在忠东八十里,源出蟠龙山,经白庙场、汝溪场至涂井,又三十里入江。《水经注》云:"自县北入盐井溪(监溪),有盐井营户。沿溪注井水。"(此据辑《永乐大典》本,他本作"沿注溪水",或作"注盐井溪水"或作"溪水沿注江"。)盖谓居民掘坑为井,取溪水注入,蓄以熬盐。此间溪水,有泉自盐岩层涌出,含盐浓度高。过此,则泉水与溪水混而淡薄。故必及其初出,急挹取之,转蓄入坑(井),以待煎取。昔人不解其事,展转误解其文。此当正也。"盐官"谓官营盐场于此,征用民力,挹泉蓄井以煎盐。《水经注》所言"营户"是也。此云"其豪门亦家有盐井"者,谓豪势之族,就二溪旁作坑,挹盐泉涌水,畜以煎盐,与官争利。非谓遍地人家皆可凿地取盐。惟二溪中游地段下有盐层。则就此地段凿坑深入,亦可能得盐水。既达盐层而无水,则注水以取盐汁,亦为井法。由当时从事此业之人逐步发明之。四川之筒井取盐,系唐代发明。始现于川北之辽宁地区。见宋人《盐井图说》。时间去《常志》及《郦注》不远。可以设想:此监、涂井,由于豪门竞利,而其从事者创成凿井之法。事物发明,皆非偶然。如此等寥寥一语,固当为探讨四川盐井史者所留意也。

⑪ "大姓"与"冠姓"同义。严颜为巴西太守,见《张飞传》,常氏收入《士女目录》。此只举文立,杨宗,甘宁,不及严颜。贬其降也。于甘宁亦兼贬语,是谬讯"春秋之义"的陋习所致。杜姓人物无可举,疑賨王杜濩之族也。

⑫ "平都",《郡国志》刘昭注引《巴记》曰,"和帝分枳置"。《太平寰宇记》云:"永元三年(九〇),分枳县地置平都县。取界内平都山为名。蜀延熙中(十七年,见上文),省入临江。隋义宁三年(六一八)复置,改为鄬都焉。"平都山在城外,旧传为汉阴长生、王方平成仙处。本巴子旧都。《水经注》已传其为天师所治。唐杜光庭《洞天福地记》指为七十二幅地之一。有仙都观。后乃更讹为阴王都府。远近朝拜。至近世乃废。

⑬ 张澍《蜀典》云:"垫江,本作埶江。"引《说文》"埶,重衣也。从衣,执声。巴郡有埶江县"证。今按《汉志》"垫江":"孟康曰:音重叠之叠。"亦可知秦汉本作埶江。今合川县治东北,嘉陵江会渠河后,折向西流数十里;会涪水后,又复折南,转东十余里,乃更折南入小三峡,至重庆入江。谯周谓其水曲折成巴(象巴蛇张口之形)字,是埶江之义也。此犹盐江之讹为临江,閬乡之讹为阆乡,既已历世通用,便是约定俗成,不可改还。知其命名所由足矣。

⑭ 此五字,说明自此以北为农业生产区。自此以南无桑蚕牛马,惟多工矿、鱼盐,重在商业。是昔人已能划分巴地为农业区与工商业区。即今言"川北方山区"与"川东褶曲区"之别也。

⑮ 龚荣见《分巴疏》,时为郡掾。《目录》称"文学掾"。此云"荆州刺史",可互补。龚扬、赵敏,以本郡人作本郡太守。汉世如朱买臣为会稽太守,曾有前例。然不常见。故云"以令德",明其能服郡人,故为郡守。然亦惟汉末乱世有此耳。

⑯ 淳于长宁,不见《士女目录》。此称其"雅有美貌",谓世人重其仪表风度(读为"宁雅有美貌"者非)。《吴志·诸葛恪传》,裴注引虞喜《志林》,有"往闻长宁之甄文伟"句。《通鉴注》谓"长宁,蜀人也"。盖蜀汉时人,费祎之师友。淳于,中原旧姓。

⑰ 龚、赵、淳于,与黎、夏、杜,皆垫江大姓。已举其人,即不更举其姓。《目录》有日南太守黎景,垫江

人。夏、杜二姓无闻人。

⑱乐城废县址,《一统志》谓在长寿县西一百里之洛碛;徒缘字音推测,未考《常志》文义。常云"西州江"者,谓重庆以上之长江。舟人称长江为"州江",自江州以上称西州江。"三百里",应在今江津尤溪附近。今璧山、永州、江津,皆当是故乐城县地。本书《江阳郡》"符县":"东接巴蜀(郡)乐城。"足为证。

⑲常安县位置,无数据可推。"亦省",谓与乐城同时省。延熙十七年(二五四)省三县。平都省还临江,乐城省还江州,皆已定。常安当在江州与枳县间,辖境为今长寿、邻水两县地。故城在今洛碛附近。或即是伞长寿县治。若然,则本是分江州置,仍当省还江州。亦可能遂省入枳县,当再考。

十二

巴东郡,先主入益州,改为江关都尉①。建安二十一年,以朐忍、鱼复、此下钱写本有空格,明有脱字。《函海》本与顾广圻校稿并谓是汉丰字,按后文,当是。《函海》注谓"刘吴何李本无空位",盖误以宜都为县,成六数也。汉丰、羊渠、此下,张、吴、何、王本有小注云"按《晋志》,巴东郡有宕渠"。何焯过录元丰本泐之,是。宕渠在巴西郡。及宜都之巫、北井六县为固陵郡②。武陵康立为太守,治故陵溪会。何焯校元丰本,此下有五空格。当是原有"郡治固陵邑",或"治羊渠水会"五字,嘉泰本以治不在县阙之。太守治不在县,古曾有之。故补。又,《函海》本为字下注云:"似宜加汉丰二字。"原在鱼复字下,重刻时误写于此也。章武元年,朐忍徐【惠】虑、据钱本改。鱼复蹇机,以失巴名,上表自讼。先主听复为巴东。南郡辅匡宋、清并避庙讳缺笔。为太守。先主征吴,于夷道还,薨斯郡。以尚书令李严为都督,造设围戍。严还江州,征西将军汝南陈到为都督③。到卒官,以征北大将军南阳宗预为都督。④预还,内领军襄阳罗献为代。蜀平,献仍其任,拜凌江将军,领武陵太守。《三国志·吴书》《晋书》并作罗宪。又凌江,《晋书》作陵江。刘、张、吴、何、《函海》本作凌江。

泰始二年,当作延熙元年。按《吴书·孙休纪》"永安七年,进兵巴东"。即魏灭蜀年也。《晋书·罗宪传》"泰始初入朝",在败吴师后。《通鉴》不误。吴大将步阐、《吴书》作步协。当是阐受命,以弟代行。唐咨攻献,献保城。咨西侵至朐忍。故蜀尚书郎巴郡杨宗告急于洛,未还,献出击阐,大破之。阐、廖本无此字,他各本俱有。咨退,献迁监军、假节、安南将军,封西鄂侯。入朝,加锡御盖朝服⑤。吴武陵太守孙恢寇南浦,安蛮护军杨宗讨之,退走。献因表以宗为武陵太守,住南浦;诱恤武陵蛮夷,得三县初附民⑥。献卒,以犍为太守天水杨攸为监军。攸迁凉张、吴、何、王本作梁。州刺史,朝议以唐彬及宗为代。【晋】当衍。晋人在晋朝举晋年号,不当赘晋字。惟如是其在蜀撰《巴汉志》旧文,乃当有。武帝问散骑常侍文立曰:"彬、宗孰可用?"立对曰:"彬、宗俱立事绩,在西不可失者。然宗才诚佳,有酒嗜。彬亦其人,性在财欲。惟陛下裁之。"帝曰:"财欲可足。酒嗜难改。"遂用彬为监军。加广武将军⑦。

迄吴平【巴东】二字旧各本同有。是旧钞衍。后，省羊渠【置】入南浦。按上下文，晋初已有南浦县。何待平吴后置？考羊渠是蜀汉旧县，建兴八年曾经改名南浦，见沈约《宋书·州郡志》。本书言孙恢寇南浦，即此羊渠改名之南浦。经杨宗击退后，乃分为羊渠南浦二县，羊渠仍故治，南浦则徙治长江岸，为武陵太守宗所住，今云武陵镇是也。既平吴后，晋武陵太守移就吴武陵郡治，南浦还属巴东郡，故省羊渠入南浦。南浦县治亦北徙百五十里即今万县市处。故万县旧名南浦。今长滩井地区即晋羊渠县地，仍属万县。是定此"入南浦"一"入"字的明证。《水经注》曾称羊渠为"南浦故县"，又云"南浦侨县"，亦皆是"省羊渠"，其地必入南浦的旁证。【晋】当衍，同上。太康初，将巫、北井还建平⑧，但五县。顾广圻校稿改作"四县"。廖本未改而注云"当作四"。今按，巴郡列省县乐城、常安。则此亦当列羊渠为五县也。去洛二千五百里。东接建平。南接武陵⑨。西接钱写脱此二字。他各本有。巴郡。北接【房陵】上庸。旧各本皆作"房陵"。查《汉志》但有房陵县，属汉中郡。本书《汉中志》"汉末以为房陵郡。"同时仍有上庸郡。魏改房陵为新城郡。《晋志》新城郡统房陵等四县，与本书同。考其地皆在建平、上庸两郡之东，不与巴东郡境相接。此房陵字，应是"上庸"乃合。原书已误作"房陵"。其属有仿《巴郡总序》增。奴、獽、夷、蜑之蛮【民】⑩。

【注释】

①江关都尉，前汉已有。治鱼复。此云"改"者，承上文"以固陵为巴东"句，谓降郡为都尉领也。秦制，郡置守、丞、尉各一人。守治民，丞佐之，尉典兵，备盗贼。汉景帝中二年，更名守曰太守，尉为都尉。太守秩二千石，月受俸百二十斛。都尉秩二千石，月百斛。前汉腹郡有都尉，多不与太守同城。边郡每有农都尉、关都尉、属国都尉。后汉省各郡都尉及关都尉，并其职于太守。"唯边郡往往置都尉及属国都尉，稍有分县，治民此郡"（《后汉书·百官志》）。刘璋以涪陵、丹兴、汉发三县为巴东属国都尉，刘备以巴东为江关都尉，皆"有分县，治民此郡"之例也。

②郡治原在故陵，故称固陵郡。《水经注》："江水又径鱼复县之故陵。旧郡治故陵溪西二里故陵村。……又东为落牛滩，径故陵北。江侧有六大坟。庾仲雍曰，'楚都丹阳所葬'。亦犹枳之巴陵矣。"今按：故陵镇今犹旧名。其六坟，盖巴王族之墓。楚王墓不当在此。前已辨（在10章之注④）。

宜都郡，沈约《宋书·州郡志》云："魏武平荆州，分南郡枝江以西为临江郡。建安十五年，刘备改为宜都。"其郡治即今宜昌市，本秦夷陵县。吴曰西陵。《吴录》谓"蜀昭烈皇帝立宜都郡于西陵"是也。原辖有夷陵、巫、秭归、夷道、佷山等旧县。分郡时更析置有新县。北井在今巫山县大宁盐场。盖即此时分巫山置（详13章之注⑰）。刘备置固陵郡时，与巫同划入固陵郡。时蜀与吴争荆州，备欲以盐制荆，故以二县划入固陵。二县之东为长百余里之巫峡，俾吴人不易袭夺也。

③陈到字叔至，忠勇与赵云齐名。《三国·蜀志》无传。有小传附见《杨戏传》之《季汉辅臣赞注》。李严代至，在建兴四年（见《李严传》）。

④宗预，《三国·蜀志》有传。唐百川《校笺》，谓陈到卒官在延熙十年。《预传》"延熙十年为屯骑校尉"。追再使吴还，"迁役将军，督永安。就拜征西大将军。"非以征北大将军出督。"景曜元年，以疾征还成

都。"再使吴当在延熙十二年姜维出军雍州时，还乃督永安。应是《常志》与《唐笺》并未准。又本书《后主纪》景曜元年，"征北大将军宗预自永安征，拜镇南将军，领充州刺史。是征北不误。《陈志·预传》云"征西"，乃误。

⑤罗献降晋拒吴军事，载《吴书·孙休纪》，《晋书·罗宪传》与《通鉴》，字俱作宪。《通鉴》记述最尤当。兹录其文，附注《吴书》、《晋书》异丈，借以是正《常志》。

《通鉴》咸熙元年（二六四）二月："初，刘禅使巴东太守襄阳罗宪将兵二千人守永安。闻成都败，吏民惊扰。宪斩称成都乱者一人，百姓乃定。及得禅手敕，乃率所统临于都亭三日。吴闻蜀败，起兵西上。（《吴书》永安七年"二月，镇军【将军】陆抗，抚军【将军】步协，征西将军留平，建平太守盛曼，率众围蜀巴东守将罗宪。"《晋书》作"遣将军盛宪西上"。）外托救援，内欲袭宪。宪曰：'本朝倾覆。吴为唇齿，不恤我难，而背盟徼利，不义甚矣。且汉已亡，吴何得久。我宁能为吴降虏乎？'保城、缮甲；告誓将士，厉以节义，莫不愤激。吴人闻钟、邓胜，百城无主，有兼蜀之志；而巴东固守，兵不得过。乃使抚军步协，率众而西（《晋书》作"吴又使步协西征"）。宪力弱不能御，遣参军杨宗突围北出，告急于（魏）安东将军陈骞。又送文武印绶、任子诣晋公（《晋书》作"乃归顺"，在"及钟会邓艾死"句前）。协攻永安。宪与战，大破之。吴主怒，复遣镇军陆抗等率众三万人，增宪之围（《晋书》作"孙休怒，又遣陆抗助协"）。……宪被攻凡六月（《晋书》作"拒守经年"）。救援不到，城中疾病太半。或说宪弃城走。宪曰，'吾为城主（《晋书》作"夫为人主"），百姓所仰；危不能安，急而弃之，君子不为也。毕命于此矣'。陈骞言于晋王。遣荆州刺史胡烈将步骑二万，攻西陵，以救宪。（《晋书》不言陈骞，但云"会荆州刺史胡烈等救之"。）秋七月，吴师退。晋王使宪因仍旧任，加陵江将军，封万年亭侯。"（《晋书》云："加陵江将军、监巴东军事、使持节，领武陵太守。泰始初入朝。……六年卒，赠使持节、安南将军、武陵太守，追封西鄂侯。"）按魏晋、隋唐人重私讳。著书人恒有因私讳改易文字者。罗献、罗宪，陵江、凌江，盛曼、盛宪，未能决定孰为正字，故并仍之。

⑥汉武陵郡治沅陵，所辖为今湘西北与川、黔、鄂四省交错的少数民族，即所谓"五溪蛮"夷地。吴、蜀分荆州，郡属蜀。关羽败死，郡入于吴。刘备征吴，遣马良往招抚其人助蜀。备败还后，其人犹屡叛吴。吴亦屡征讨之。其太守恒挟重兵，每北上争蜀盐泉。此言"孙恢寇南浦"（谓羊渠故县），即其一例，羊渠以产盐故，孙皓时曾被吴占领。《沈志》引何承天说云"吴立"，盖谓吴军占领此盐场，晋军与南浦县民退守江岸，吴因旧名复立羊渠县也。其时或即是此次孙恢入侵时。罗宪为争盐泉，乃以杨宗率军讨之，既逐吴军，乃分南浦与羊渠为二县，合黔阳、龟阳为武陵郡，与吴武陵郡对抗。宗住江岸之南浦。辖地初仅沿江一县。赖宗能诱致三县夷蛮附晋，以四县为郡也。"三县初附民"，谓既陷于吴之羊渠县，复附于晋，为新附。又吴武陵郡之黔阳、龟阳二县民受杨宗招抚，为初附，合为三县。《沈志》"巴东龟阳县"云："晋未平吴时，峡中立武陵郡，有龟阳、黔阳县。咸宁元年并省。"所谓"峡中立武陵郡"，即治南浦之武陵郡。巴东郡在峡首，故此被称为峡中也。

⑦文立，本书《后贤志》及《晋书》有传。唐彬后预平吴之役，《晋书》有传。

⑧宜都郡，原领西陵（即夷陵）、夷道、佷山、秭归、巫、北井六县。刘备划巫、北井入巴东后，但四县。惟亦每有新增。刘备伐吴败还后，永安以东皆入于吴。吴宜都郡复得巫、北井二县。巫盐至关重要，故孙权击灭关羽后，曾分巫、秭归二县为固陵郡（见《潘璋传》）。寻省。孙休永安三年（二六〇），再分宜都西部置建平郡（《吴书·孙休纪》），领巫、秭归、信陵、兴山、沙渠、建始七县，治巫。（吴增仅《三国疆

域表》只牧前六县。不收北井。误。)二县本属建平,而云"还建平"者。盖灭吴前曾取得此二县以属巴东。吴建平太守退住秭归。平吴后,以二县仍属建平郡也。

⑨此武陵,指两溪及吴之武陵旧郡。治沅陵。辖境在羊渠、南浦二县之南。晋平吴省羊渠时,南浦之武陵郡亦罢,太守杨宗亦徙治沅陵矣。

⑩四种蛮民已详三章。巴东无濮、賨、苴、共也。

十三

鱼复县① 郡治。公孙述更名白帝。章武二年,改曰永安②。咸熙初复③。有橘官,盐泉④。又有泽水神,天旱,鸣鼓于旁即雨也⑤。巴楚相攻,故置江关,旧在赤甲城,后移在江南岸,对白帝城故基⑥。依《后汉书》注引《华阳国志》文补。

朐忍县⑦ 郡旧本无此字,廖本有。西二百九十里。水道有东阳、下瞿数滩⑧。山有大、小石城势⑨。张、吴、何本作并。故陵郡旧治,有巴乡名酒、灵寿木此下廖本注云:"当有橘圃二字。《水经注》引不误。"橘圃、盐井、顾广圻校稿删此二字。云,"《水经注》三三,无盐井字"。然汤溪盐井正属此县。灵龟、汤溪盐井,粒大者方寸。并据《水经注》补。咸熙元年,献灵龟于相府⑩。大姓扶、先、徐氏⑪。汉时有扶徐,功在荆州,著【石】名《楚【访】记》⑫。宋椠作"扶徐荆州,着石楚访"八字。有注云:"着石楚访四字未详。"明清各本因之。读者莫识其义。顾广圻校稿谓是"著名《楚记》"。廖本从以入注,俱未能详其说。兹考扶徐即《后汉书·度尚传》之抗徐。《楚记》为《荆州记》之别称。名、石二字形似易混。扶抗二字亦易混。此谓县人扶徐,立功于荆州,为楚人方志所称道耳。其属有弩头白虎复夷者也⑬。

汉丰县⑭ 建安二十一年置。在郡西北彭溪【源】原。旧各本作源。县距溪源数百里。皆行山谷,惟县治处为小平原。故敢作"原"。

南浦县 郡南三百里⑮。晋初置武陵郡,主夷。各本"置"接"主夷"字。张、吴、何、王本作"主夷郡"。今按:《宋书·州郡志》蜀汉时已有南浦县,非晋置。此云"晋初置武陵郡主夷",非县无汉民也。但郡守杨宗职在抚夷耳。

郡与楚接,人多劲勇,少文学,有将帅材。此郡字亦承"武陵郡"言。刘、廖本提行,钱、《函》本空格,张、吴、何、王、本重郡字,俱非。杨宗为武陵太守,初只寄居南浦。故称县为郡也。

羊渠县⑯ 汉末置。平吴后省入南浦。

巫,北井 还属建平郡⑰。

案:以上巴东郡属县,讹脱最多。旧写,校,刻者皆忽之。兹补七十八字,改一字,校正数处。

【注释】

①鱼复，秦旧县。故城在白帝山下瀼溪平原上，今云"下关城"是。《水经注》："江水又东，径鱼复县故城南，故鱼国也。《春秋·左传》文公十六年，庸与群蛮叛楚，庄王伐之，'七遇皆北。惟神、鯈、鱼人逐之'是也。"按：案汉谓免徭役为复。此鱼复，与越巂郡之姑复，及涪陵郡之汉复，皆以盐泉所在置县而名复。疑是因重盐工，免其徭戍，专事盐役，故名。

②鱼复故城，东南为白帝山临江，对滟滪堆。公孙述筑城其上，为江关都尉治。公孙述自号白帝，故曰白帝城。蜀汉先主征吴败还，驻此城，扼拒吴师，改名永安。后遂为巴东郡治。《水经注》："巴东郡治白帝山城，周回二百八十步。北缘马岭接赤甲山。其间平处，南北相去八十五丈，东西七十丈。又东傍东瀼溪，即以为隍。西南临大江，窥之眩目。惟马岭小差委迤，犹斩山为路，羊肠数转，然后得上。"此言白帝城险势如实。又云："江水又东径南乡峡东，径永安宫南，刘备终于此，诸葛亮受遗处也。其间平地可二十许里，江山迥阔，入峡所无。城周十余里，背山面江，颓墉四毁，荆棘成林。左右民居多垦其中。"此言鱼复故城也。前者盖取自晋初人庚仲雍《荆州记》，即《楚记》；后者盖取自齐梁时人盛弘之《荆州记》，或李膺《益州记》。皆走访亲见景象，适为《常志》注脚。

③此鱼复，谓太守复还鱼复旧城。蜀地已定，当就平地，便民事也。县名亦由永安还名鱼复。《寰宇记》云："晋太康中，复永安为鱼复。"谓在平吴后。时间微异。

④鱼复橘官已见《汉志》。今尚以产柚著名，世称"夔府柚子"。柑之小者为橘，大君为柚。补"盐泉"二字者，鱼复江南，峡口外有洲，人称盐碛，从古产盐。鱼族依之建国。江水夏秋没碛，惟冬春可煎。盐工候江落碛出时，于泉上搬去石碛为堆，乃得盐水。岁岁为之，泉位与碛堆不变。过舟者不知其故，妄传为诸葛亮布置之八阵图。其事当辨也。《寰宇记》引《荆州图副》云："永安宫南一里，渚下平碛土，周回四百十八丈。中有诸葛武侯八阵图。聚细石为之。各高五尺，广十围。历然棋布，纵横相当。中间相去九尺。正中开南北巷，悉广五尺。凡六十四聚。或为人所散乱，及为夏水所没，冬水退，复依然如故。"又"八阵图下东西三里，有一碛，东西一百步，南北广四十步，碛上有盐泉，井五口，以木为桶。昔常取盐。即时沙壅。冬出夏没。"续引盛弘之《荆州记》云："垒西聚石为八行。行八聚。聚间相去二丈许。谓之八阵图。因曰'八阵既成，自今行师，更不复败'。八阵及垒，皆图兵势，行藏之权，自后深识者所不能了。桓温伐蜀经之，以为常山蛇势。"世人妄传诸葛神奇如此。夫江水力能转运巨石，安得武侯阵图细石堆遂不可移乎？知碛下盐泉，足破其妄矣。

⑤《水经注》引作："常璩曰：'县有山泽水神。旱时鸣鼓请雨，则必应嘉泽。'《蜀都赋》所谓'应鸣鼓而兴雨也'。"《寰宇记》谓为"龙池"，在白盐山半。

⑥鱼复为"江关都尉治"，亦见《汉志》。《后汉书·公孙述传》。建武六年，九年，两度出军江关。章怀注亦两引《华阳国志》此二十五字。并谓"故基在今夔州鱼复县南"。赤岬城者，在白帝城东隔溪赤甲山上。《水经注》："江水又东，径赤岬城西。是公孙述所造。因山据势，周回七里一百四十步。东高二百丈，西北高千丈（按，皆谓距江面高）。南连基白帝。山甚高大，不生树木。其石悉赤。土人云：'如人祖胛，故谓之赤胛山。'《淮南子》曰'傍徨于山岬之旁'，注曰：'岬，山胁也。'"今按，夔人呼此山为"桃子山"，其最高处曰"火焰山"，俱状其色。相对南岸为白盐山，有白色巨崖在瞿唐峡南岸之西端，故杜诗曰："赤胛白盐相对开。"瞿唐峡，《水经注》曰"广溪峡"，并云："斯乃三峡之首也。其间三十里，颓岩倚木，厥

势殆交。……中有瞿唐、黄龛二滩，夏水回复，沿泝所忌。"瞿唐滩，在峡西口当头滟堆处（滟滪堆今已炸毁）。亦即南北两关之间，峡以滩名。宋人又称之为"黑石峡"。五代时前蜀万州刺史张武，请于此滩上作铁絙为梁，通两岸，绝江以备东师。谓之"锁峡"（见陆游《入蜀记》）。明太祖伐夏，明升将眢万寿亦如此锁峡以拒廖永忠。见《明史·永忠传》。故世称"瞿唐天下险"也。

⑦朐忍音义，张澍《蜀典》引列颇多。于音不出蠢闰与劬忍两读。于义则主段王裁说。段注《说文》引《十三洲志》谓："即丘引，今俗云曲蟺也。"今按，蚯蚓随处多有，不得为此县特称。此县特点，在溪水中涌起盐泉。查《汉志》县名，有齐郡临朐，东莱郡临朐，两县皆无朐水，而近海。东海郡有朐县，亦近海，产盐。东莱临朐"有海水祠"。东海朐县有"秦始皇立石海上以为东门阙"。凡汉县称临朐而王莽改称监者，皆产盐之地，无例外。则所谓朐者，齐语海水之义，亦即谓煎盐之水也。忍者，腾突而不外著之意。是谓溪中盐泉潜涌之状耳。盖齐人所命名也。朐忍故城本在云阳万户坝，即盐泉所在处。后乃徙至汤溪口外大江北岸，即今云阳县治。去故治（今日云安镇）四十余里。下云"郡西二百九十里"，即就万户坝故治言。今县距鱼复只二百四十余里（《寰宇记》云二百四十三里）。

⑧东阳滩，今舟人犹呼"东洋子"，在云阳县东六十里。《水经注》作"东阳滩"，云："江上有破石，故亦通谓之破石滩。苟延光没处也。"东洋子下游十余里，当故陵镇西北，复有滩曰"猫矶子"，江中有巨石如蹲虎，亦著名险滩，舟人恒与东洋子连称；《水经注》曰"落牛滩"。疑即此书之"下瞿滩"也。《水经注》在东阳滩前，已叙述"下瞿滩"，其文云："江水又东径瞿巫滩，即下瞿滩也。又谓之博望滩。左则汤溪水注之，……名曰汤口。"今云阳县东郭汤溪口外有滩，不甚险，即所谓"瞿巫"，或"博望滩"。郦氏盖因瞿字，误为"即下瞿滩"。实非常氏所言"下瞿"。下瞿，正对上瞿（瞿巫）为称。瞿者，鹰隼怒视貌。疑瞿巫亦因有巨石怒立，故称上瞿滩。因在云阳近郊，被人工凿去，故已非险滩。凡滩，皆出于坚硬岩层横江处，只从浅漕暴水过舟，暗礁、露石纵横其间，故为舟人所患。虽因江水刻削，古今夷险或有变化，其所在地位则不能变。故古地书所记，易与今日实况勘合。《郦注》杂取汉、魏、晋、齐人书以叙江水。其所推断每有未当者，亦易辨。

⑨汉东人呼山爪为势（例如通关势、兴势、急势）。盖濮人古语，故巴地亦有此称。此云"石城势"，《一统志》云："石城山，在云阳县东二里。"引《方舆胜览》云："在岷江（指大江）北岸，相去一里。"则所指为汤口东之向家营山也。又云："天城山在万县西五里，四面削立如堵，惟西北一径可登。一名天生城。相传汉昭烈曾于此驻兵。即《华阳国志》所云小石城山也。"天生城为一奇险之山爪，今已包入万县市内。在秦汉，其地属朐忍县。

⑩旧刻此段脱乱甚大。举县特产，已及灵寿木与灵龟，不能无橘官、盐与巴乡名酒。《水经注》：江水"又东为落牛滩，径故陵北，……江之左岸有巴乡村。村人善酿，故俗称'巴乡清'（酒名），郡出（审当作"之"）名酒。"故陵即固陵郡治，已详12章之注②。故陵溪，一曰巴乡溪，自龙驹坝南山中出，穿南乡峡入江。《郦注》续云："村（故陵村）侧有溪。溪中多灵寿木。中有鱼，其头似羊，丰肉少骨，美于余鱼。溪水伏流，径平顶山内（谓山峡），通南浦故县陂湖。其地平旷，有湖泽，中有菱芡鲫雁，不异外江。凡此等物，皆入峡所无。地密恶蛮，不可轻至。"《寰宇记》引盛弘之《荆州记》曰："南乡峡西八十里有巴乡村。盖善酿酒。故俗称巴乡酒也。村旁有溪，溪中多灵寿木。"又引《舆地志》曰，"永安宫西有南乡峡。峡西八十里有溪。溪中有灵寿木。"皆谓故陵西南巴乡村有名酒与灵寿木。

"橘圃、盐井"并见《汉志》（原云橘官、盐官），《水经注》于汤口、破石滩下，引常璩曰："水道有东阳、下瞿数滩，山有大小石城势，灵寿木及橘圃也。"不及盐井者，盐井另有专条。其注汤溪（即《汉志》之容母水）云："水源出县北六百余里上庸界（大巴山），南流历县。翼带盐井一百所，巴川资以自给。粒大者方寸，中央隆起，形如张伞，故因名之曰'伞于盐'。有不成（伞）者，形亦必方，异于常盐矣。"又引王隐《晋书·地道记》曰："入汤口四十三里，有石（当作泉，下同），煮以为盐。石大者如升，小者如拳，煮之，水竭盐成。"谓云阳镇之盐泉，质纯，结晶条件佳，得盐晶之正，如今世之海盐粒大，异于他井煎得之细盐也。

灵龟，即涪陵郡之"山有大龟"。故陵西溪，一名阳溪，即今龙驹坝之阳溪，与长滩井河并行，源出涪陵界。溪产大龟，故一名"龟溪"。《水经注》："江水又东，右得将龟溪口。《华阳记》曰：'朐忍县出灵龟，咸熙元年，献龟于相府'，言出自此溪也。"《三国志·魏书四·三少帝纪·陈留王奂》："二年，春二月甲辰，朐䏰县获灵龟，以献。归之于相国府。"时晋王司马炎为魏相国，专国政。常氏云"元年"，赴献时也。《魏书》言二年，献至时也（参看《涪陵郡》14章之注⑧）。

⑪扶氏，为汤溪盐泉附近之土著。汉世有扶嘉者，《蜀典》引《西京杂记》云："朐忍人也。初，嘉母于汤溪水侧遇龙，后生嘉，巧发奇中。高祖为汉王时，与嘉相遇。嘉劝定三秦。高祖以嘉志在扶翼，赐姓扶氏。为廷尉，食邑朐忍。"朐忍人传汤溪盐井是嘉所开，至今祀之。

先氏是中原旧姓。春秋时晋有先轸。汉时，江阳有孝女先络。疑是中原有先氏营盐业来朐忍落户。商营所至，有居江阳者也。朐忍徐氏，上文已有徐虑。萧梁时巴东徐世谱，领乡人事梁元帝于荆州，以讨侯景功，封鱼复县侯。江陵陷，东下依陈霸先。天嘉四年卒。弟世休，以功封枳县侯。《陈书》有传。

⑫扶徐，考即《后汉书·度尚传》之"抗徐"。《范史》字讹也。《传》云："时（延熹五至七年）抗徐与尚俱为名将，数有功。徐字伯徐，丹阳人。乡邦称其胆智。初试守宣城长，悉移深林远薮椎髻鸟语之人置于县下。由是境内无复盗贼。后为中郎将宗资别部司马，击太山贼公孙举等，破平之，斩首三千余级。封乌程东乡侯，五百户。迁太山都尉。寇盗望风奔亡。及在长沙（长沙太守），宿贼皆平。卒于官。桓帝下诏追增封徐五百户，并前千户。"按同卷《冯绲传》："时长沙蛮寇益阳，屯聚积久。至延熹五年，众转盛。……荆南皆没。于是拜绲为车骑将军，将兵十余万讨之。……军至长沙，贼闻，悉诣营道乞降。进击武陵蛮夷。……荆州平定。"是役度尚以荆州刺史率军从征。"出兵三年，群寇悉定。"（《尚传》）七年，荆州兵朱盖、桂阳胡兰等相结叛乱。尚复"与长沙太守抗徐等发诸郡兵并执讨击，大破之。"（《尚传》）是徐任长沙太守，适在绲班师后。盖绲留徐与尚各将本兵，以牧守办理善后。因克平七年之乱也。绲，宕渠人，自顺帝末，持节督扬州诸军事，屡立军功。历陇西、辽东太守，京兆尹，"所在立威刑。"（《绲传》）此次南征五溪，平之。上述程苞对云"车骑将军南征，虽授丹阳精兵，亦倚板楯"。盖绲之能所在有功者，实赖所率板楯武士。扶徐实以乡人从征。平扬州时，徐已有功，与度尚分领丹阳精兵。此时从征，官至长沙太守，更平朱盖、胡兰，为楚人所称颂。故曰："功在荆州，著名《楚记》。"《范史》不意朐忍能有其人，又知绲所领多丹阳兵，而徐是其旧部曲，遂误以徐为丹阳人，并讹扶为"抗"也。程苞云"亦赖板楯"，谓徐是板楯人也。

⑬"白虎复夷""弩头虎子"，已详第五章。杀白虎在此县。曹操所封三賨邑侯，其一亦在此县（清末农民耕地得"賨邑侯"金印在此县境）。

⑭汉丰故县治在今开县城南，清、彭二水会口之河原上。《寰宇记》，"汉丰县""蜀先主建安二十一年于今县南二里置"是也。《水经注》云："江水又东，彭水注之。水出巴渠郡獠中，东南流，径汉丰县东，清水注

之。水源出西北巴渠县东北巴岭南獠中,即巴渠水也。西南流至其县。又西入峡,檀井(当作"汤井")溪水出焉。又西出峡,至汉丰县东,而西注彭溪,谓之清水口。彭溪水又南,径朐忍县西六十里,南流注于江,谓之彭溪口。"此文与今地理全合。所谓彭溪,源出宣汉、开县界间之八庙场地界。八庙场,后魏置巴渠郡。时山中皆獠民。故曰"源出獠中"。清水,今曰温汤井河,在东,亦出犷山中,南流过巴渠县(故址在今谭家坝),有温汤井。温泉水可煮盐,具硫磺气,盐味恶,从来或煮或闭,仅夷獠人食之。此处南北各约十里内,岸山逼促,旧称温汤峡。刘宋置巴渠县于此。隋改万世县,入元乃废。汉代于峡外置县曰汉丰,盖亦由有此盐泉也。自此井至开县五十余里。二水会,南经养鹿、渠马、高阳、黄石诸场镇,至双江镇入江。舟人称彭溪为小江,亦有舟运之利。养鹿镇附近亦是峡江,古汉丰与朐忍,今开县与云阳,均分界于此。

⑮南浦县如在武陵镇,则距鱼复当倍于朐忍与鱼复之道里,即六百里。如在长滩井,则三百里亦合。如在今万县市,则当为四、五百里。晋世省羊渠后,南浦亦已徙治。故当为"五百里"。然徙县应在郡治四,唯长滩井得云郡南。或是用旧档称三百里。故亦不改其字。

⑯羊渠县治,在今万县江南八十里龙驹坝。所辖长滩井,亦巴东盐泉之一也。其地位于大江与七曜山脉两并行线间,西距武陵镇百五十里,东距云阳县百四十里,有两大溪流并行,俱穿重峡东北流至云阳东南故陵村附近入江。其西一溪,《水经注》谓之南集渠,又曰阳溪。一曰羊渠,别条又曰"阳元河"。今云"长滩井河"是也。注云:"江水又东,会南北集渠。南水出涪陵县界,谓之阳溪。北流径巴东郡之南浦侨县西。溪硖侧盐井三口,相去各数十步。以木为桶,径五尺(谓以桶缩盐泉水,使不与溪水混)。脩煮不绝。溪水北流注于江,谓之南集渠口,亦曰于阳溪口。"别条云:"江水又东,右合阳元水。水出阳口县(口当作井,谓盐井)西南高阳山东。东北径其县南。东北流,丙水注之。……又东北流注于江,谓之阳元口。"二者实为一溪,由得自不同时之两种数据而并存之。阳井县,盖羊渠县废后,复置改名。故城在今龙驹坝。在故陵溪与南集渠间,为一高原平坝。长滩井地势狭促,不适置县,故县治定于此。郦氏所云,"南浦故县","南浦侨县",与"阳元县",及羊渠县治,俱当在此。羊渠人相传:盐井为"羊龙于此舐地不去,启人作井。故曰羊渠。"蜀改羊渠曰南浦。已而复分为羊渠、南浦二县。晋初省羊渠入南浦,仍为一县。其后蜀乱,南浦人流奔于此,曾置侨县。后魏得蜀地,以朐忍、羊渠、汉丰故地与南浦县为安乡郡,隋改曰南州。治南浦。时则南浦已徙在今万县市矣。羊渠故地,至今仍属万县。《沈志》谓"羊渠县,吴立"者,谓吴于蜀亡后,孙愭自武陵来争此盐泉,复立蜀时省并于南浦之羊泉县。未知汉末已有此县矣。

⑰巫、北井二县,本楚巫郡。秦灭楚,并巫于黔中郡。汉废黔中郡,以巫以上沿江南北地县邑属巴郡,五溪诸县邑为武陵郡。后汉以巫属南郡。汉末,刘备分南郡西部六县置宜都郡,治夷陵。同时分巫之北境为北井县,与巫还属巴东。备征吴,败还白帝,巫、北井二县为吴所夺,还属宜都。孙休又分宜都西部为建平郡,治巫,后徙秭归,辖巫、北井、秭归、巴东、兴山、沙渠等县。晋平吴,建平郡如故。李雄时,遣李寿、费黑、任邵取巴东,夺建平郡。于是李雄以三巴故地置荆州,以李恭为刺史(并见本书卷九)。桓温平蜀,巴地还属梁州,建平郡还属荆州。常氏先撰《蜀汉书》,本有荆州,及建平郡。与梁、益、宁共四州为四篇。后降晋,乃更名为巴、汉中、蜀、南中四篇。并从《巴志》剔去建平郡,以协晋制。然其《巴东郡序》,仍述及此二县。则按常例,志其属县时,存、省俱当收列。故更补八字,如例。并注二县如次:

巫县。古巫载之国(《山海经》)。楚置郡。秦为县,属黔中郡(《寰宇记》)。汉废黔中郡,以巫以上沿江县邑隶巴郡,五溪县邑属武陵郡。县治巫溪口。巫溪,今云大宁河。古曰盐溪(《水经注》)。源出上庸界大巴山，迭穿石峡重阈，曲折南入于江。间亦有小平阔处成邑聚。上游山间有盐泉，从古为一方人民所仰。巫载之兴盛，秦楚所争夺，由此盐泉也。故城原在县北之大昌。分置北井后，徙治大江岸，在"立建平郡"时（据《寰宇记》）。巫峡在县东，长百六十里。巫山十二峰分在巫峡南北岸。北岸神女峰最峭，有神女祠。楚宋玉《高唐赋》所谓天帝之季女，封于巫山之阳，"旦为朝云。暮为行雨，朝朝暮暮，阳台之下"者也。神女，喻盐神也。楚襄王失巫郡，梦寐欲复得之。故玉为此赋以祝愿。其明年，襄王自陈倾全力夺回巫郡，如此赋也。隋代改县名巫山。巫山之东有丹山近秭归，古曾出丹。故秭归亦曰丹阳。《水经注》引郭景纯云"丹山，在丹阳，属巴。丹山西即巫山者也。"载溪一曰黛溪，今云"大溪沟"，在县西九十里。当瞿唐峡口。《水经注》为"乌飞溪"，云："水出天门郡溇中县（今利川县）界，北流，径建平郡沙渠县南。又北流径巫县南。西北历山道三百七十里，注于江。"北魏沙渠县，今大溪上游之大庙坝是也。大溪口，《春秋左传》所谓鯈人之国也。近年发现新石器时代古墓，殉葬以鱼，鱼骨存者甚多。

北井县。汉末分巫北境置。治盐泉处，今云大宁场是也。《水经注》云："水南有盐井。井在（巫）县北，故县名北井。"巴地盐泉，皆涌现于溪河底部，恒混淡水，发见与取煎不易。惟此泉自宝源山崖间出，从古迄今，恒盛无减。《寰宇记》"大宁监"云："前镇，煎盐之所也。在（大昌）县西六十九里。溪南山岭峭壁之中，有盐泉涌出。土人以竹引泉，置锼煮盐。皇朝（宋）开宝六年置监。"《乾隆一统志》云："在大宁县北宝源山下。相传有袁氏（猿）逐白鹿于此，得盐泉，故名（白鹿盐井）。有盐井二眼，设锅一百一。"昔楚与巴、秦争此盐泉，战争数十年。三国时，吴人与蜀争此盐泉，既得而后罢兵。其后每值丧乱，据荆湖者莫不争之。自蜀开筒井，其盐供应西南有余；此泉相形见绌，地位不似唐、宋以前；然由于附近山区开发，山民需盐故，此泉兴盛不减，使二巫在川、陕、楚、湘间，成为一特殊之经济中心，交通与文化皆甚先进。一九四二年，旧中国地理研究所组派"大巴山地理考察队"勘察此区。其《简报》云："矿产中最重要者，当推巫溪县大宁厂之盐。产自三叠纪右灰岩中，成一泉水。每年产约二十万石，销川东、陕南、鄂西（包括长江南北）各地。因此，遂使大宁厂成一万四千余人口之市镇，为四方商旅荟萃之地，《大宁志》所谓'一泉之利，四方趋之'，盖写实也。不独此也，因盐厂煮盐需要燃料，使其附近之煤矿得以开发。因煤与盐运输之需要，使大宁河得以航行，若干'盐大路'得以开辟，对于大巴山之交通影响极大。自历史言之，则大宁厂唐时已置盐官，为天下'十监'之一。其后历代皆置官于此。"今按，此巫溪小河谷间，汉末已有巫、北井二县。魏、晋、南北朝时，巴蜀曾绝人烟，或长期虚耗，惟此建平一郡与其附近山区，人口最密，新置郡县最多。使夔州成为川楚巨镇，周、隋、唐、宋置总管府。唐来世，此一溪之地有巫山、大昌二县与太宁一监。虽在今日，此溪仍为巴东人口最密与文化先进区也。

十四

涪陵郡，巴之南鄙。从枳南入，【析】折《寰宇记》引作泝。廖本作析。他本多作折。丹涪水，刘昭《后汉书郡国志注》引涪下有陵字。本与楚商于之地接。秦将司马错【由之】取楚商于地为黔中郡也①。丹涪水与巴涪水异，参看3章之注①。汉刘、李、钱、《函》、浙本有。张、吴、何、王本无。【后】兴《寰宇记》引作"汉兴"。考当从。恒有都尉何、王、浙本作郡尉。他各本作都尉。守之②。旧属县五。去洛五千一百七十里。东接巴东。南接武陵。西接牂柯。张、吴、何、王、浙本作牂牁。《汉志》牂柯。北接巴郡。土地山险、水滩。人多戆勇，廖本无多字。他各本有。据补。多獽蜑之民。县邑阿党，斗讼必死③。【无蚕桑】少文学。无蚕桑。此三字，旧本在"少文学"上。兹倒在下。惟出茶、丹、漆、蜜、蜡宋本与刘本作蠟。汉时，赤甲军常取其民。蜀丞相亮亦发其劲卒三千人为连弩士，遂移家汉中④。延熙十三年，大姓徐巨反。车骑将军邓芝讨平之⑤。《三国志·邓芝传》作延熙十一年。见玄清刻各本避讳作元。猨缘其山，《三国志》注引无其字。《北堂书钞》引同。宋、明、清写、刻本，并有。于文当有。芝性好弩，手自射猨，中之。猨子拔其箭，《裴注》引此句无子字。《水经注》卷三十三作"自拔矢"。《裴注》又引别本作"芝见猨抱子在树上，引弩射之，中猨母。其子为拔箭"。《艺文类聚》、《太平御览》引并同。卷木叶塞其创。其字，《裴注》引前种有，后种无。《类聚》《御览》引亦无。芝叹曰："嘻！吾伤《裴注》引作违。物之性，其将死矣。"《裴注》引另本作"芝乃叹息。投弩水中，自知当死。"《类聚》《御览》引同，无后四字。乃移其豪徐、蔺、谢、范五千家于蜀，为猎射官。分羸弱配督将韩、蒋等，名为助郡军；遂世掌部曲，为大姓⑥。蒋字下，元丰本空三格。嘉泰空二格（据钱本），刘、《函》本空一格。似原有姓氏漫灭。然不可补。只补一等字。晋初，移弩士于冯翊莲勺。其人性质直，虽徙他所，风俗不变。故迄今【有】在蜀、汉、关中、涪陵，有，当作在。下贯至"犹存"为句。今改。其当作及。为军在南方当作南中。者犹存⑦。山有大龟，其甲可卜；其缘可作义，古钗字。《书钞》《类聚》《御览》引并作钗。下同。世号灵义。⑧

案：以上《涪陵郡序》。

【注释】

①丹涪水，今彭水县之郁江（郁山河）也。发源于湖北、利川县，经黔江县、彭水县入乌江（黔江）。黔江县有古丹穴，周秦世产丹甚旺。其丹循此水，转乌江至枳，运销全华，《货殖传》言"巴蜀寡妇清，其先得丹穴"者是也。涪与浮通，谓水之激急多泡沫。巴蜀水称涪者多。蜀有涪江、沫水。巴有巴涪水、丹涪水。并是此义。郁山有盐泉，亦在此水侧。"折丹涪水"者，谓由乌江转溯丹涪水，至郁山盐泉，是蜀汉涪陵郡治。其盐营销于荆南、五溪（汉武陵郡）与乌江中上游，皆故楚之商于地（参看4章之注⑨）。司马错灭蜀、巴后，与楚争巴东盐泉，曾先取楚商于地为黔中郡，常氏意：当时秦黔中郡治，即蜀汉涪陵郡治，其道由枳入也。然前已明言错初伐楚置黔中郡，系自巴涪水入。实未得枳。错军不能从枳折入丹涪水。但能自鳖邑（今遵义）横取郁山盐泉耳。常氏未曾至涪陵，但据文献推断，不能无误。"由之"二字与前文牴牾。当删。

②《寰宇记》引此文作"汉兴，恒为都尉理。"上文亦已言汉末为属国都尉，则旧刻"汉后"二字非也。后汉巴郡都尉治此，江关都尉治白帝城。

③此谓其人于宗族、乡亭及邑聚间,团结甚固。无论词讼、斗殴,一人兴事,其族党邻里,各以死力助之。此为氏族社会进入奴隶社会时期常有事象。

④"赤甲军",谓戍守赤甲(胛)城之民兵。郡未分时,多取自涪陵。郡分后,涪陵去巴东远,又不相属,仍旧征其民兵戍之。谢本求分郡,刘璋虽以为属国都尉,仍征其民兵戍于江关,利其戆勇也。涪陵民戍赤胛,可径由羊渠出故陵,不绕由枳。七八日至,番代不难。诸葛亮北伐驻汉中,亦征用此郡兵,则不番代,而举家徙焉。

⑤凡言"大姓",皆有氏族集团,同生死、共患难的意味。在民族杂居地区,非如此,即难于生存。上言"阿党,斗讼必死",正谓此也。徐巨,当是大姓首领之有才能者,因憎兵役苛烦而反。全郡大姓俱曾响应。故蜀汉以重兵镇压之。《三国志·邓芝传》云:"(延熙)十一年,涪陵国人杀都尉反叛。芝率军征讨。即枭其渠帅,百姓安堵。十四年卒。"涪陵称"国"者,明当时商为属国都尉。《巴志总序》(第九章)谓"后遂为涪陵郡",明此役后乃升涪陵为郡也。徐巨盖反于延熙十一年。邓芝出征平叛,在十三年。故两书所记年度不同。事则可以互参。

⑥此言徐、蔺、谢、范五千家,显然皆从叛归罪之降民。徐氏,上已见徐巨。徐巨为此役叛首,必已与其他叛首枭首矣。谢氏,上已见谢本,氏族当与徐氏同盛,此次从叛失败后,首领已诛;余众降服,不当诛,为虑其复叛,故徙之。范氏,后有范长生。亦是此次叛服中被徙入蜀者。其后聚涪陵人千余家保青城,见《大同志》,太安二年(三〇三)。永兴元年(三〇四),李雄迎入成都,尊为天地太师,封西山侯。见《李雄志》。李雄玉衡八年(三一八)卒。见《李雄载记》。上距延熙十三年(二五〇)六十八年。而范长生死时年九十余,则徙时已二十余岁,可以为射猎官矣。如此,丁壮则徙于蜀。其羸瘠、老弱,则分配于"督将韩、蒋"诸姓为奴隶。称"助郡军",则已改属国为郡矣。羸弱不可为军。此助郡军云者,盖韩、蒋(尚有二三姓原阙)等小族人未从叛,且助讨击,有功,故得拔为郡督将,世掌部曲,更为"大姓"。称"助郡军",实即大姓部曲之别称,非谓所分之三姓羸弱。羸弱滋生长育,亦为受分主人之部曲也。

"部曲"含义,历世亦有变化。《汉·百官志》,谓凡"领军,皆有部曲"。谓如近世所称之"亲兵",各自选用其忠勇者组成之。不受别将调用。依军级,各有定额。至汉末,边郡多有世官,世掌其部曲,数额则无限制。浸至腹地郡县豪强亦赂假武秩,自拥部曲,实同奴军。本书郪县有"高马家世掌部曲"即其例也。若边郡社会,在进入封建社会之初,力能制一邑、一乡者,乡邑人家皆当为其服兵役,亦以"部曲"为称;南中甚多,如《南中志》"高定元部曲杀雍闿"。及所谓"四姓五子"与"夷汉部曲"亦皆是奴隶性质之军队也。

⑦此段达涪陵人扩散所在,皆自保持其风俗习惯,自言是涪陵人,故易识别。在蜀者,邓芝所徙,范长生之属是也。在汉中者,诸葛亮所选连弩士,三千家是也。在关中者,晋徙连弩士于莲勺是也。莲勺,冯翊属县。晋冯翊郡治为今陕西省大荔县。莲勺为今蒲城县地。除留居涪陵者外,又有随诸葛亮马忠等南征留成者,皆保存其旧俗不变。

⑧《礼记·礼运篇》,"麟凤龟龙,谓之四灵。"龟为常见物,而亦列四灵者,谓其能卜。是灵龟,亦龟之通称耳。秦汉以后,卜主用蓍,不用龟。蜀人犹有能龟卜者,则用此郡之大龟。义,叉的古字。《说文》"叉"字云:"手指相错也。"《段注》云:"谯周《异物志》曰:'涪陵多大龟,其甲可以卜,其缘中叉。似玳瑁,俗名曰'灵叉'。'刘逵注《蜀都赋》,常璩述《华阳国志》,郭璞注《尔雅》,皆用此语。缘中叉,谓缘可为钗也。"参看13章之注⑩。

十五

涪陵县① 郡治。 宋本涪字不提行，只于叉字下空一格。张、吴、何、王本遂于空格补一出字连下。大谬。

丹兴县旧本脱县字。廖本有。 蜀时省。山出名丹②。

汉平县③ 延熙十三年置。

万宁县④ 孝灵帝时置，旧本脱置字。廖本有。本名永宁。

汉发《晋志》作汉复。县 有盐井⑤。【诸】县北有獽、蜑，又有蟾夷也⑥。十一字，旧本皆上连。廖本提行。皆衍诸字。

汉葭县⑦ 省入涪陵。
▲▲▲ ▲▲▲▲

案：涪陵郡属县，常氏得资料少，文最省略。

【注释】

①涪陵，秦旧县也。原辖地广，包括此全郡，原治伏牛山盐泉。王莽改曰"巴亭"，废县为亭也。后汉复徙治丹涪水会，今彭水县是也。黔水，发源于贵州省西北乌蒙山中，至思南界，伏流数十里重出。至沿河县，即已可以行船。《汉志》谓之延水。历龚滩至涪陵县下，故又称涪陵水。又北三百里入大江。今云乌江。自龚滩以下，有木梭、上新、鹿角、石蛇诸滩，最险。以丹盐蜜蜡等商运需要故，自秦汉已通舟运。

②丹兴，建安六年，刘璋从谢本议置。今黔江县地是也。山有丹穴，周秦时，巴寡妇清据之数世，富可敌国。汉末，丹渐空，故为祝愿之名曰"丹兴"。旋以不复获利而罢也。《寰宇记》引张孟阳云："丹兴、汉葭二县并出丹砂。"孟阳，张载字。晋初入蜀。所言蜀汉时事也。又引《晋太康地记》云："省丹兴县，郡移理汉复。"则是晋平吴后省。常云"蜀时省"，微误。

③凑平县故治，旧说者都缘《水经注》文，向今涪陵县东北求之，不知《水经注》涪陵为今彭水县也。考其城在今武隆县之白马场。东距涪陵百余里，西距枳二百余里。延熙十三年，邓艾平定涪陵民变，此间大姓首先迎降、助军，因置此县也。

④万宁县，故治在今贵州沿河县。《寰宇记》云"在郡南，水道九百里"是也。又述其建置沿革云："（刘）璋乃分涪陵立永宁，兼丹兴、汉葭，合四县置属国都尉，理涪陵。蜀先主改为涪陵郡。改永宁曰'万宁'。又增立汉复县。后主又立汉平县。"谓永宁是刘璋立，与丹兴、汉发同时。查：沿河县为乌江水运终点（更上数十里江水为地下伏流，不通舟楫）。郁山盐运，及枳与溪峒商品聚散于此，早于秦汉时已为内地商人集居之地。距汉涪陵县远，灵帝时置县，可能。"谢本分理丹兴汉发二县以为郡"，是常璩所及见之案卷文，不及涪陵与永宁，由其已是县也。非谓只丹兴、汉发即以为郡。此灵帝时置之确据。乐史之书因旧资料省并其文，致混于刘璋时耳。

⑤汉发县，《函海》注云："惠作'葭'。"谓惠栋校作葭也。《寰宇记》述郡沿革，亦作《汉葭》（见上条）。《晋书·地理志》汉发作"汉复"，为郡治。又别有汉葭县。《寰宇记》引《太康地志》与《晋志》同，而误汉发为汉葭。考汉发县在今彭水县郁山镇，由本书"有盐井"三字可定。发与复，古同音。《晋书》作汉复，是正字。谓汉许其人从事煮盐者，免其徭役。犹鱼复之复。本书作汉发者，用其音为字。汉魏时文，重在字音，固多同音通假也。

郁山（伏牛山下）盐泉，本为涪陵故县治所在。县徙至丹涪水会后，地仍属之。然县辖地宽，至汉末，内地商估工匠增盛，故既分置万宁，刘璋又分置丹兴、汉葭二县为属国。刘备更分置汉复县。邓芝平徐巨，更增置汉平县。是当时涪陵郡有六县矣。《太康地记》云"省丹兴县，郡移理汉复"者，谓郡治自涪陵徙还盐泉（汉复），嫌丹兴县小而丹空，并之于汉复以广首县。于是郡只五县，汉葭固未曾省。故《晋志》汉复、汉葭并存。

⑥獽、蜑，已前详。蟾夷，他无所见。疑即《贵州通志》所谓"冉家蛮"。冉家生活特点为：（一）具有传统的冶炼丹砂技术。（二）政治上、经济上一贯依怙汉民，从未自建独立部落。（三）能渔、善猎，质直慧勇，不易与他族融合，亦鲜与他族战斗，故在黔江流域保存甚久。（四）信巫鬼。以十月为岁首，多保存周秦时社会遗俗。此民族分布地域，俱是古今出产朱砂地区。其人最早在郁山之北，大江之南与蜑、獽杂居。其后以冉为姓。隋、唐间有冉仁才者，以讨贼功为泾州刺史，封巫山公。终于永州刺史。墓在南浦之万辅山，有龙朔间（六六一—六六三）所镌碑铭（见《酉阳州志》）。此今石砫与黔江县之冉氏也。唐武德四年（六二一），从婺川招慰使（土司）冉安昌请，立婺州（见《寰宇记》）。此居黔东北之冉氏也。宋绍兴初（一一三一），冉守忠以平乱功授西阳司。遂立西阳州。冉氏世为土官、直至清雍正改流。事具《冉氏族谱》，此四川西秀区之冉氏也。丹，蟾，冉，音近，冉、丹形近。疑是殷、周间善于炼汞之工巧奴隶逃居南中制丹者，与当地夷蛮通婚，子孙世以丹业自立，汉族人以其夷俗，呼作蟾夷，后遂以冉为姓也。廖本以"诸县"以下十字提行者，以为是综上五县言之。宋、明及清初本皆连写在"盐井"句下，足知古本只是指汉发县北境言。"诸"字，乃传抄者妄衍。獽与蜑不入武陵郡溪洞，惟汉复以北，江水与夷水流域有之。"又有蟾夷"云者，蟾夷倚丹为业，秦汉时县北多丹穴，故其人聚居者多。丹空后，子孙留居者亦众。其逐丹者南向西阳（汉、晋属武陵郡）。其丹自辰州输出，故丹砂一曰辰砂。殆西阳丹空，其人遂西至婺川、思南等处。其丹自沿河输出，至今未衰。《炎徼纪闻》云："今酉阳乌罗部落之长，多冉姓者，一曰冉家蛮。诟之曰'南客子'。其俗散处于沿河、佑溪、婺川之间，跋扈不语。尚武而善猎。得兽，必祭而后啖之。地有（丹）沙坑，……碎者，取以烧汞。为朱，谓之新红。民间贸易用之，比钱楮。"他书记"冉家蛮"者，皆必并言采水银烧丹事。可知冉与丹，及县北蟾夷与丹兴之关系。

⑦《晋书·地志》，汉发与汉葭二县并存，可知从来言汉葭即汉发者皆谬。常氏上文言"旧属县五"。此举五县，又谓"丹兴，蜀时省。"则入晋即只四县，不得云旧属五县矣。故依《晋志》补汉葭为五县。又补"省入涪陵"四字者，按地理形势，汉涪陵县境，为今彭水、黔江与贵州之沿河三县地。所重在于乌江水运与郁山（伏牛山）盐泉。乌江航运终点在沿河（汉永宁）县。入江之水，自东来者，丹涪水为大（今云郁江）。源出鄂西利川县界，流经黔江县北（汉丹兴县），郁山镇南（汉复县），至彭水（魏晋涪陵县治）入乌江。以盐丹运道故，通舟楫亦早。其次为唐崖河，发源于鄂西恩施县界，西南流至龚滩入江。历为蛮夷溪峒土官辖区。其地土人市易皆就龚滩。唐世为"洪杜县"。疑汉末已为汉葭县矣。自西来支流，洋水（今云芙蓉江）为大。源出黔北大娄山。流经正安、道真二县（皆唐宋真州之地），至武隆白马场入江。蜀

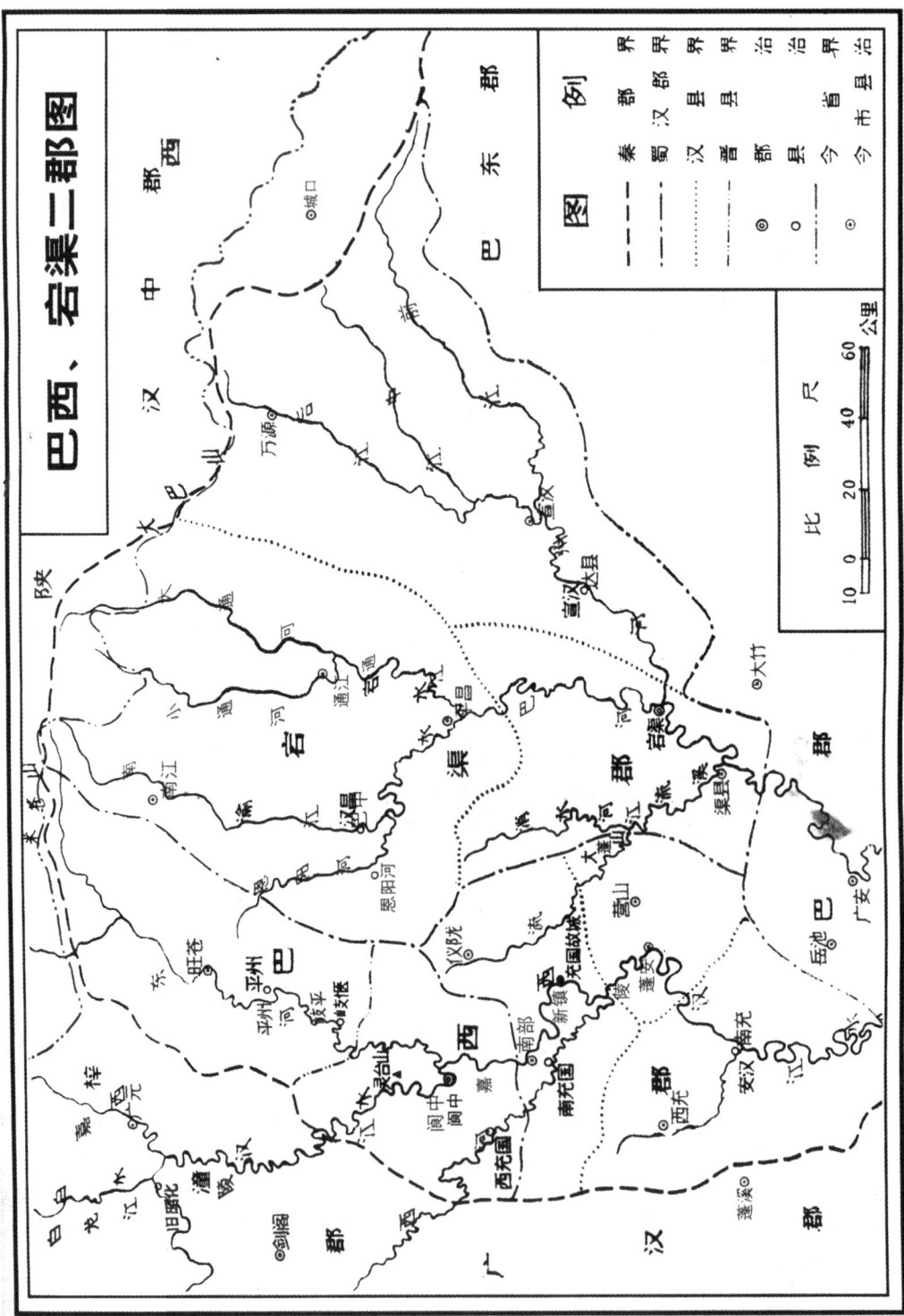

巴西、宕渠二郡图

汉置汉平县。乌江自此穿武隆峡入平地，至枳（今之涪陵县治）入大江。唐崖河以南，为石灰岩构成之大山脉，横亘于鄂西与黔东之间，为一大分水岭。其南别属酉水流域，东南流，为入沅五溪之一。今酉阳、秀山二县地，在汉为酉阳与充县。并属武陵郡。今虽属川，在隋唐前，与涪陵无交涉。秦汉涪陵县本治郁山盐泉。丹涪水通航后，徙治乌、郁江会。以其为全县水运中枢地故也。刘先主分其东境为汉复县，治盐泉侧旧涪陵城。后主时丹兴省入汉复（汉发）。由郁江上游地丹空而盐泉未衰故也。唐崖河流域原属丹兴与汉葭二县地。丹兴并入汉复后，其下游汉葭属地距涪陵亦窵远，有龚滩之阻。此时必仍于龚滩置汉葭县，以理丹兴南境唐崖河下游之地；与涪陵、汉复、万宁、及汉平仍为五县也。李雄时，涪陵郡治丹涪水会之涪陵县。嫌故涪陵分出四县后，本境过狭，不称其为郡治，故复省汉葭还涪陵。《常志》缘是失之。入晋后，仍置汉葭县，故《晋志》复见也。龚滩为乌江水运最险处。舟运过此者，皆属"歪尾船"。昔船度此滩，虽善于运舵者，尾亦触礁。故乌江水运限于此滩。此间舟人创为偏尾船以适之，乃得通航达贵州境。故世称龚滩为"川盐入黔要隘。"此滩上至沿河，下至县治，各百余里，又当唐崖河会口，故知其置县当早。所谓汉葭故治，非此莫属。

十六

巴西郡，属县七。去洛二千八百一十五里。东接巴郡。南接此下旧各本俱连"梓潼"字。脱"西接"，廖本注云"当有脱"。盖脱"广汉"二字。汉广汉郡辖地包涪江全流。在巴西之西南。广汉。▲▲西接旧本并脱此二字，廖本有。梓潼。北接【凉】张、吴、何、王本作梁。他各本作凉。并是汉字讹。又脱中字。汉中、西城。▲▲土地山原多平，有牛马桑蚕。其元丰与廖本有其字。他各本无。人，自先汉以来，傀伟俶傥，冠冕三巴。及郡分后，叔布、《函海》注："周舒，子群，孙巨。"荣始、《函海》注："谯𥳑，子周。"周群父子、程公弘等，或学兼三才，或精李本作清。秀奇逸。其次，马盛衡《函海》注勋。承伯，《函》注参。才藻清李本作精。妙；龚德绪兄弟，《函海》注"禄、瞰"。英气哗然；黄公衡《函》注权。应权通变；马德信、《函》注忠。王子均、《函》注平。勾孝兴、《函》注扶。张伯岐《函》注嶷。建功立事；刘二主之世，称美荆楚。若乃先汉以来，范三侯、▲▲▲旧本无，按《巴总序》当有范目。冯车骑、《函》注绲。【范】马镇南，▲《函海》不注。与他各本俱作"范镇南"。查《士女目录》巴西无范姓官镇南将军者。惟马忠有是衔。范姓惟范目是名将。应是旧写脱乱。皆植斯乡，故曰"巴有将，蜀有相"也。及晋，谯侯《函》注周。脩文于前，陈君《函》注寿。焕刘、李、《函》本作涣。炳于后，并迁双固，倬群颖世。甄在传记，缙绅之徒，不胜次载焉。

案：《巴西郡序》，盛夸其人物。盖巴地惟此区农业发展较速，多大地主封建文化推行为早，故多文学之士。賨民进化亦较板楯为速。王平、勾扶，皆不识字至大将。其识字者如陈禅、冯绲、黄权、马忠、龚禄、张嶷，则皆将材之尤倬异者也。其名贯官秩，并著于《后汉书》《三国志》各传与本书《士女目录》。不更为注释。周群、马忠，皆重复言之，（叔布即周群父。马镇南即马忠，字德信。）又脱落下闳、范目与任文公等，失"先汉以来"之义。但文字可喜，非史笔矣。

十七

阆中县　　郡治①。有彭池大泽②。名山灵台，见文纬书谶。廖本注云"当作《孔子内谶。见《演汉志注》"③。大姓有三狐、五马，蒲、赵、任、黄、严也④。

【南】西充国县　　故充国，和帝时置⑤。有盐井⑥。大姓侯、谯氏⑦。汉末分置南充国时改名。两汉有充国县，无西充国。《后汉志》谓充国"永元二年置"，和帝即位之第三年也。又谓南充国"初平四年置"，汉末献帝年号也。《三国志》，谯周"巴西西充国人"。周生于建安六年，上距初平只六年。是其时已有西充国，而《后汉志》无之者，足知其是充国分后改名。谯周、陈寿皆生于巴西，所传应不误。二县惟西充国有盐井。谯亦西充国大姓。常氏崇用《汉志》与谯、陈之书，不当误属于南充国。而自宋椠至于廖刻，皆误此为"南充国县"，莫能订正。又脱西充国，而以平州足成七县之数。兹考订厘补，庶复常氏之真。

南充国县　　汉末置。大姓张氏⑧。

安汉县⑨　　号出人士。大姓陈、范、阎、赵⑩。

平州县　　太康元年置。用《宋书·州郡志》文补。删其"以野人归化"五字。

其二县为郡。旧本皆与平州县三字连。廖本提行。二县，谓宕渠与汉昌为宕渠郡也。

案：巴西郡属县。原有文字并少，遗存问题则甚多。

【注释】

①阆中县，今仍旧名。巴王故都也。汉以来，历为一方重镇。旧城原在今城东北蟠龙山尾清真寺附近，故曰"高城"。《通典》"阆中城名曰高城，前临阆水，却据连岗"是也。阆水，即嘉陵江，所经皆紫土软页岩地，侵削力强，河床下陷速度大，河身屡变。巴子时，江水盘绕蟠龙山尾，故曰"阆中"。其后江身逐渐向锦屏山方向移进，构成舌状台地于高城下。至唐贞观十一年（六三七），改筑新城于台地东部。咸亨元年（六七〇），又徙向西。载初元年（六八九），再徙就下。均见《舆地纪胜》。至明洪武四年（一三七一），始作砖城，即今县治，去高城已五里余矣。凡嘉陵沿江城邑，大都如此随河床下陷，城市亦向下渐移，以就舟楫。

②《汉书·地理志》阆中县，本注云："彭道将池，在南。彭道鱼池，在西南。"《寰宇记》引《四夷述》云："州东（有）南池，东西二里，南北约五里。州城西南十里有郭池，周约五十亩。"二池与《汉志》注相符。是此所谓彭池大泽，即《汉志》彭道将池，《四夷述》之南池也。其地当在今梁家坝大洲内，于巴、

秦故城为东南方。盖古河道遗迹，汉时为大泽，今则为良田矣。《汉志》所谓"彭道鱼池"，即《寰宇记》所谓"郭池"，遗址今已无考，疑已堙为陆，或为江水所夺，在今河床内。《一统志》云："旧志：'自汉以来堰大斗、小斗水溉田，里人赖之。'唐时堰坏，渐成平陆。"大小斗，当是缘江岸为斗门引水溉田处。数遭江涨，漫沙入渠，坏斗门。堙为平陆。二池皆由是灭也。"彭道"者，秦汉称夷区新开道路之县邑曰"道"（说详《蜀志》僰道注）。彭为《尚书·牧誓》八国之一。疑是巴人灭彭而有其地。秦灭巴后，开凿山道于此附近，初称此县为彭道，后乃改曰阆中。《汉志》注连称二池以彭道，存其朔也。"将池"者，犹云"最大池"或"主池"，是彭地所固有。巴族以渔业兴，其人所至多作鱼池（已具说在江州条注）。彭地多鱼池，故巴王乐居之。《牧誓》之彭，古今说者莫能确指为何地。由此"彭道""彭池"字，似可以落实。

③灵台山，在今阆中与苍溪县界上。系一庞大之"方山"（粗砂岩与紫软页岩间互叠裂所成之阶梯状山）。为舆马官道所经，未见有何奇峭，而从来好事者恒侈言之。《寰宇记》于阆中县云："仙穴山，在县东北十里。《周地图》云，灵山峰多杂树，昔蜀王鳖灵帝登此，因名灵山。山东南隅有五女捣练石。山顶有池，常清。有洞穴悬绝，微有一小径通，名灵山（洞）。天宝六年，敕改为仙穴山。"其"苍溪县"又云："灵台山，一名天柱山，在县东南三十五里。高四百丈。上方百里，有鱼池，宜五谷，无恶毒，可度灾（原讹作穴）。《周地图》云，汉末，张道陵在此学道。使弟子王长、赵升投身绝壑以取仙桃。长等七试已讫，九丹遂成，随陵白日升天。"（按此说出于葛洪《神仙传》）《明统志》更夸言："山峰峻峭插天。有峰曰麻姑、芙蓉、平仙、峻仙；洞曰玉丹、玉鱼；岩曰松根、蟠桃。有九转亭，丹灶尚存。其东又有书岩，乃葛稚川读书之所。"皆缘《神仙传》妄傅。

刘昭《续汉志》注云："名山灵台，见《孔子内谶》。"今按：孔丘知界，不能达阆中。其书为两汉间妄人伪造无疑。然汉魏人以为"文纬"。文谓"诗书六艺之文"，纬，言与经交织以成文。迷信谶纬愚儒，尊之比于《六经》。常氏信纬，故亦为此言也。

④"三狐、五马"，谓狐姓有三支，马姓有五支，虽共一姓，而各自为大族，如异姓。其可知者，如：马忠"少养外家，姓狐名笃"（《三国志·马忠传》）。是一狐。巴西令狐衷，为南广太守，见《南中志》，又是一狐。其一狐未详。五马当亦如此。或云五是一姓，本书犍为郡有五方、五梁。然巴西未闻姓五者。对"三狐"言，五当为数。在氏族社会，每一著名人物之子孙，恒即别为一支。支族子孙复有名人崛起者，其子孙又复自别为支。"五马"之所自来，宜即如此。其余五大姓人物，可知者：有赵珒、赵毅、赵宏（见《士女目录》），任文孙、任文公（见《后汉书》），黄权、黄崇（见《三国志》），严遵、严羽（见前文），并巴西人也。惟蒲姓无见。然蒲与苻，古姓通。前秦苻坚，本即姓蒲，见《晋书·载记》。本书《大同志》有"巴氐苻成"。凡史称巴氐者，皆曹操降张鲁后所徙三巴氐人"万余家，散居陇右诸郡，及三辅、弘农"者之子孙（见《李特载记》），苻秦亦其一家。未迁徙者固为蒲姓也。

⑤《汉书·地理志》："讫于孝平，凡郡国一百三，县邑千三百一十四，道三十二，侯国二百四十一。"所载"赵国"以下，称国者十三，皆宗亲封地或豫订为封国，不置太守而置内史以治之者。比于郡，故郡国连称。侯国，则以备封异姓功臣之地，比于县。班氏但注"侯国"字，无称国者。其千三百十四县名中，称国者，只"充国"一县，乃非侯国。盖旧黔中郡有充县。此加国字以示别。后分南、西充国，遂成三字县名。（国字，古只作囗，仓廪之义。后通于域，又转为国家之义。疑充国初命名时其字作充囗。）

由于南北朝时郡县建置混乱，沿革难理。加以本书巴西属县之传钞刺谬。后之谈沿革者，惘然迷惑，不敢究论。兹既据两汉与晋宋志订正《常志》本文，并考订西、南两充国与两充县之建置沿革如下：

前汉充国县，故城，当在今南部新政坝附近嘉陵江岸（唐新政县）。旧无此说，而敢作如此判断者，《前汉志，巴郡十七县，有注可定者十六县》，皆在江河水运节点上。此县虽无注可订，应亦不能例外。盖前汉时巴郡惟沿水运县有汉民，可置郡县。水运不到处，皆为賨民氏族部落，各有小酋长领之，政治上隶属于县而已，租赋徭役甚轻，民不足以养官，故不可能置县也。阆中与安汉间，水道七百里，皆紫土邱陵宜农地区，又于中原最近，开化较其他巴地为早。汉民留居垦种及工商者多，固宜最先增置一县。新政距阆中与安汉各三百余里。地形开阔，多古迹，故知其必为前汉充国县。武陵郡先有充县（今秀山县）。此县可能先名西充。后改称"充国"。《通典》"充国"云："后汉初省入阆中。"盖光武时省。和帝时复置。前汉县名惟此县称国，而又不在"侯国百四十一"之内。则可知名"充国"为祝愿语以别于充县也。疑前汉充国县，是元、成时置。光武时因民赋不足养官而省。至和帝时，汉民定耕者益多，宝民慕化者益深，乃复置县。其时县治已移在今南部县城处。知其然者，嘉陵江自此处折向东南流，至蓬安周口（今县治），乃复折向西南，至安汉（南充），再南向。往时賨民未驯，阆中、安汉交通皆恃水路。迨賨民惭已汉化，近于融合，则往来商旅，嫌水道纡远者，皆自此处就陆，从三角弦上直往直来。故县治必就繁紧，自旧治移徙至此。其后沿江汉民开拓益广，故复分充国置南充国。故城当在周口附近（今蓬安县治）。《后汉书·郡国志》注云，"初平四年，复分为南充国县"者是也。汉末，改"充国"为"西充国"。对南充国言在西也。《谯周传》云，"巴西西充国人"。周卒于晋泰始六年（二七〇），年七十一。则当生于建安五年（二〇〇）。上距初平四年（一九三）只六年，已为西充国县。《晋志》《宋志》巴西郡又皆有西充国与南充国，无充国县。故知是分置南充国时，已改充国为西充国，与南充国字相应也。《张嶷传》云："巴郡南充国人。"是三国时，南充国已与西充国并存，如《晋志》矣。

太安（三〇二—三〇三）以后，陇西巴氏流离还蜀者组成农民革命军，逐晋益州刺史罗尚至巴东。尚宫巴得晋荆州兵援，与李雄互争巴西十余年。民不附罗尚者，纷自宕渠、安汉等县向西北山区移徙。西充国县治似已西徙。其县境一时人满。但多流离转徙者，定居不久又复他去，以求更安全处。嘉陵江沿岸，由于交通较便，兵燹频仍，反转成为空无烟户地区。西充国县曾徙治今南部县之定水寺、大桥镇等处。最后远徙至晋安坝、木兰寺等处。南充国县亦曾向东移徙入山，若今营山、仪陇地界。安汉县亦徙入今西充县境。凡今盐亭、蓬溪诸县，俱曾成为流民趋向地。然流民终亦饥困自毙。李雄得全蜀后，人烟极稀。雄曾省并郡县，劳俫安辑，次第恢复耕种，亦赖有此诸山区犹有遗民也。桓温灭蜀后，全蜀仍为南北互争之地。加以地方军变、民变，阆南北朝至隋唐统一，全蜀纷乱；记载断绝，建置变革，无可资订。总其大概，则距江较远之山田地区，在剧乱时，置县多于沿江地区。例如唐代，嘉陵江两侧山区，已有晋城县（旧木兰寺之西充国）、西水县（今定水寺）、新井县（今大桥镇）及普安、永归、普成、临津、黄安、武连、剑门（皆旧阆中江西侧山区）、永泰、安居、蓬溪、崇龛（皆旧安汉江水西侧山地）、西充（皆旧安汉县山地）等，汉初非沿江县。嘉陵江水东侧山区，又有始安、賨城、新明、安固、咸安、大寅、仪陇、伏虞、相如（皆旧安汉江水东侧山区）、苍溪、奉国、歧坪、嘉川、裔山、通平（皆旧阆中地界江水东侧山区）等县。山地之垦辟，皆此时期避难农民所开发也。其时之南充、西充二县辖地，已与汉晋时之南充国、西充国辖地完全无关，但名称相袭而已。

⑥此"盐井"与朐忍、汉发等县所云盐井不同。川东界内所谓盐井，全是盐泉涌出，但就泉加木井隔开淡水，汲以煮盐。充国盐井，则系依李冰遗法，掘深坑，下达盐泉，汲水煮盐（宋以来改为竹筒井）。今南部县西界大桥镇附近，自蜀汉已师其法，唐置新井县也。

⑦《后汉·郡国志》云："充国（县），永元二年分阆中置，"刘昭注："初平四年，复分为南充国县。"南充国故境，为今蓬安与营山、仪陇三县地，已详注⑤。

　　《三国志·张嶷传》："巴（西）郡南充国人也。"官越嶲太守，甚著绩称。其长子瑛，西乡侯。次于护雄，袭爵关内侯。孙奕，晋梁州刺史。见裴注引《蜀世谱》。则其为南充国大姓可知。

⑧安汉县故城，在今南充市北五里店黄土冈上。明代徙筑河原上新城。今新旧城址俱包入市区内矣。

⑨《寰宇记》果州人物云："纪信，安汉人，诳楚脱汉高祖，为项羽所杀。"查纪信事，《史记》《汉书》《通鉴》并载，皆未言为何处人，未知乐史所据。然惟其《史》《汉》无传，《通鉴》与诸注史家皆不能举其县郡，即可知其非中原人也。县名安汉，明是汉世分阆中县置，以纪賨民之立功者。谓纪信为安汉人，应可信。此亦足见县境賨民接受封建文化较早。其人物之见于本书者，则有陈禅、陈澄、龚调、赵晏、张翕、张璊（均见《士女目录》）、陈禧、赵颖（均见《分巴议》），皆明著安汉人。此云"大姓陈、范、阎、赵"。则凡史传但称"巴西人"之可定为此县人者，自陈禅父子《后汉书》有传外，尚可得数人。范目，史称"阆中人"，在汉高祖未统一前，安汉固是阆中县地，常氏举阆中大姓无范氏，而安汉有之，则范目之族固当在分置安汉县界内，而非阆中附近人，又可知矣。阎氏，《三国志·张鲁传》有"功曹巴西阎圃"，降魏后，圃与鲁五子皆封列侯。赵氏，有"巴郡赵瓯"，"巴西赵祚"，均见《刘二牧志》，瓯虽以叛璋覆亡，其族固未衰也。除上所举外，加以晋世之陈寿、陈符、陈莅、陈阶（并见《后贤志》），尚有遁世被遗者。盖县在巴西地区，进入农业社会甚早且速，故其毓成之封建人物较多也。一九七三年，南充中和公社发见汉賨王崖墓，就其石刻人物田宅形象与殉葬物推之，是西汉时受募讨胡房立功受赏之一賨王。盖亦高帝时从龙七姓之子孙也。

⑩平州，为《晋书·地理志》巴西九县之一。《宋书·州郡志》云："晋武帝太康元年，以野民归化立。"今苍溪县东北，近旺苍县界之东河岸，有地名平州。应即此县故治。其下游歧惬，与苍溪亦同为巴西九县之名。晋初置县不能如此之密。《宋志》亦俱无之。疑二县是唐修《晋书》误入。若平州，则分阆中东河中上游地置。李雄时在，刘宋亦在也。

　　《史记·高祖功臣侯表》有平州侯昭涉掉尾。《汉书·功臣表》同有，不注郡县。元狩五年国除。《建元以来侯者表》又有平州侯唊。《汉书》同，注梁父县。则其前平州侯非梁父之平州乡。而为巴西阆中之一州矣（参看《汉中志》1章之注⑪）。

十八

宕渠郡，【延熙中】蜀先主置。以广汉王士为太守①。郡建九年省。延熙中复置。寻又省旧剔脱误。兹依《隋志》与《寰宇记》改补。永兴元年，李雄复置。今遂为郡②。长老言："宕渠盖为故賨国。今有賨城、卢城③。"秦始皇时，有长人二十五丈见宕渠。秦史胡母敬曰："是后五百年外，《十六国春秋》引无外字。《太平御览》引有。必有异人为大人者。"及雄之王，祖世出自宕渠，有识者皆以为应之④。先汉以来，士女贤贞。县民、车骑将军冯绲、大司农玄贺、大鸿胪庞雄、桂阳太守李温《函海》注云："《目录》

作然。"等，皆建功立事，有补于世。绳、温各葬所在。廖本注云"当作任"。常以三月，二子之灵还乡里，水暴涨。郡县吏民，莫不于水上祭之⑤。其列女节义在《先贤志》。《巴郡先贤》，宋椠已阙。今无可考。

  宕渠县⑥　　郡治。有铁官⑦。石蜜，山图所采也⑧。

  汉昌县⑨　　和帝时置。大姓勾氏。

  宣汉县⑩　　今省⑪。

案：宕渠郡与其属县，在巴地郡县中为最轻。然为李雄祖先兴起地。常璩旧撰《蜀汉书》不能不谀颂之，称其符命。迨降晋，徙居江左，仍未删剔。但改用晋年号，称李雄名而已。

【注释】

①王士，字义强，广汉郪人。从刘备取成都。"后举孝廉，为符节长。迁牙门将。出为宕渠太守。徙在犍为。会丞相亮南征，转为益州太守。将南行，为蛮夷所害。"（《三国志·杨戏传·辅臣赞注》）是王士死于南征役中，不得于延熙中为宕渠太守。《寰宇记》卷百三十八云："汉建安二十三年，蜀先主分巴都（当作巴西）置宕渠县（当作郡）。寻省。后主延熙中又置。寻又省。晋惠帝（时）又置。"与《隋志》合。盖皆用常氏文，故能详致如此。今本缘宋椠谬乱。当正。

②"今遂为郡"。谓自惠帝永兴元年，李雄复置宕渠郡后，旋置旋废之局结束。入晋以后未废。

③賨城，今广安县有賨城山，在渠县、营山界上，为一山城，传古賨王城也。考魏武帝取汉中，抚用三賨王杜濩、朴胡、袁约为三巴太守。见《三国志》。其巴西太守朴胡，驻平梁城，在今巴中县西二十五里平梁山上。巴东太守杜濩，驻天子城，在今云阳、开县界上。其巴郡太守袁约，即驻此山。皆就其所在抚绥賨民，实不至本郡城也。卢城，未详。卢奴字通。参看3章之注⑫。

④此徒托为长老之说以欺世耳。秦时宕渠尚无汉民。何得传此胡母敬说？《十六国春秋》亦载，故知其为《蜀汉书》已有之符命。

⑤冯绲，《后汉书》卷六十八有传。玄贺，附见卷七十一《第五伦传》。庞雄，附见卷六十八《法雄传》。李温惟见本书《士女目录》。(分巴议)有垫江李温，疑即《目录》之桂阳太守。本宕渠人，跨垫江籍。《目录》又有"度辽将军、桂阳太守然温"。《函海》于此"李温"下注云"《目录》作然。盖谓此处李温是然温之讹亦误。《水经注》引此文作"冯李"。《巴郡先贤赞注》，自来椠阙之。《益部耆旧》亦久佚。二温事迹无可考订。

⑥宕渠，汉旧县。宕，《说文》"洞屋"。渠，羌氏语水与江河之义。盖巴氏谓山崖为dang，汉人造宕字以适之。故"宕渠"，系用土人语为县名，亦如苏示、郁鄢之类也。其县旧境包括今巴河（《汉志》潜水）、渠河（《汉志》徐曹水）流域全部。其故治为今渠县之三汇，即巴、渠二水会流处。李雄、罗尚争巴西时，县治西徙入山七十里，乃为今渠县旧城（西魏置流江县）。其三汇故城，称"车骑城"。《寰宇记》云："今即流江县东北七十里宕渠故城是也。其城后汉车骑将军冯绲增修，俗名车骑城。东晋末，为蛮獠所侵，因而荒废"是也（现渠县已徙还三汇）。

⑦《前汉志》未言宕渠有铁。《后汉志》云"有铁"。本书云"有铁官"。合观之，可知自有汉民入县后，铁业发展甚速。县东南境之华蓥山脉，露出侏罗纪地层之煤铁矿甚多。巴氏（賨民）初不知取，待汉人而后开发。迄今犹未衰减。

⑧此云"石蜜"，为山岩间黑蜂所酿之蜜。《本草》称云"石蜜"（后世谓冰糖为石蜜是宋元以后语）。《政和证类本草，上品云："石蜜，味甘平，……一名石饴，生武都山谷，河源山谷，及诸山石中，色白如膏者良。"引陶隐居云："石蜜即崖蜜也。高山岩石间作之，色青赤，味小酸，食之心烦。其蜂黑色，似虻。"又引陈藏器云："寻常蜜，亦有木中作者（木蜜），亦有土中作者（土蜜）。北方地燥，多在土中。南方地湿，多在木中。……崖蜜别是一蜂，如陶所说，出南方岩岭间，生悬崖上。蜂大如虻。房著岩窟，以长竿刺令蜜出，承取之。多者至三四石。味碱，色绿，入药用胜于凡蜜。……今云石蜜，正是岩蜜也。"又引张司空（指张华《博物志》）云："远方山郡幽僻处出蜜。所著绝岩石壁，非攀缘所及。惟于山顶篮举，自垂挂下，遂得采取。蜂去，余蜡著石，有鸟如雀，群飞来啄之殆尽。至春蜂归，如旧。人亦占护其处。"是木蜜、土蜜皆蜜蜂所酿，昔人造巢招之，借取蜜。石蜜，则是另一种黑蜂所酿，其巢只在崖间石上，故有是称。"山图"，相传汉陇西郡人，善采药。成仙去。故陶弘景（隐居）云："木蜜添杂最多，不可为药用。道家九饵莫不须之。仙方亦单炼服之，致长生不老也。"今按：蜂类所酿皆蜜也。所取花不同，性味微异而已。方技家特重石蜜，未必即有科学意义。惟所记古人探求蜜与蜡之方法，值治史者留意。

⑨汉昌故城，即今巴中县治。其辖境，包括今巴中、南江、通江、平昌四县全境。《后汉·郡国志》云："永元中置。"与常氏合。汉末，三巴賨民奉太平道，尊事张鲁。曹操取汉中，鲁"奔南山入巴中"，即就平梁城依"朴胡"（并《三国志·张鲁传》）。后魏于此置巴州，民国年间废州为县。改名巴中，因《鲁传》文也。巴河水运，此为终点。

⑩宣汉县，刘昭《郡国志》注引《巴汉记》曰："和帝分宕渠之东置。"盖永元时，与汉昌同时分宕渠置。

⑪常云"今省"，未详何时省。《晋志》已无宣汉。可疑为太康初省。然或当更早。本书上文"其二县为郡"，则蜀置宕渠郡时已省矣。考汉灵帝中平元年，天下黄巾起。巴郡，则张脩攻没城邑，陷宕渠郡，史有明文。其后郡境与汉中合，为张鲁地。曹操取汉中，置三巴太守，无宕渠太守。缘其县已并入汉中郡也。刘备命张飞进军宕渠，张郃驻军瓦口以御之。瓦口，今渠县北之大蓬山。张飞破走张郃，始复置宕渠郡，则其时已省宣汉矣。纵使其时仍是三县。至延熙置郡时，必已省也。宣汉故城，《寰宇记》与清《一统志》并云是今达县。谓在后魏为石城县。隋开皇十八年改县曰通川。宋为通州通川县。元改曰达州。明洪武九年省通川县入州。今按：魏石城县治，在今达县西北十五里之石城山。《寰宇记》所云"四面悬崖。惟西有一路上山顶"者是也。每值离乱，恒徙州治于此。承平，乃徙就江岸县城。其地去三汇只百除里（汉昌去三汇四百除里），故易以省也。

十九

右巴国，凡张、吴、何、王本无此字，他各本有。分为五郡，二十三县。二十三县者，按上文，巴郡七县，具三省。巴东五县。涪陵五县，省一县。巴西五县。宕渠三县，省一县。应共为二十七县。不数省，则当为二十二。而云二十三县者，脱西充国故也。此十二字，张、吴、何、王、浙本，直承宣汉县行，但空格。

撰曰①：元丰、《函海》与浙剜改本作赞曰。他篇仍皆作"撰"。巴国，远世则黄【炎】帝《巴志总序》言"黄帝、高阳之支庶世为侯伯"。无炎帝支封之意。且炎帝在黄帝前，使常氏本意为炎、黄，亦不当倒炎在下。其炎为帝字之讹甚明。之支封；在周则宗姬之戚亲；故于春秋，班侔秦楚，示甸卫也。若蔓子之忠烈，范目之果毅；风淳俗厚，世挺名将；斯乃江汉之含灵，山岳之精爽乎？观其俗，刘、钱本空格，注一小阙字。《函海》夹注云："原阙。惠校李本改俗字。"张、吴、何、王本皆不室，径填为俗字。廖本无俗字，注云"旧校云阙"。足以知其敦壹矣。昔沙麓崩，卜偃言："其后当有圣女兴。"元城郭廖本注云："当作建。见《汉书》。"公谓王翁孺属当其时。故有政君②。李雄，宕渠之【斯】厮廖、湘本作斯。伍③，略阳之黔首耳。起自流隶，君获廖本注云"当作获君。误倒。"兹不取。士民；其长人之魄，良有以也？也读如耶。疑似语。

案：《巴志》结语一条，论赞一章，为全篇总结。特用重笔煊染李雄承巴国之余烈，有长人之瑞应，当王蜀土。以自明其忠事非谬也。

【注释】

①自汉以来，史官撰述，每篇之末，皆有总结语，表达其编撰旨趣。《史记》称"太史公曰"。《汉书》作"赞曰"。范晔作"论曰"。陈寿作"评曰"。常璩作"撰曰"，用《礼记·祭统》"论撰其先祖之美"为义。"《说文》"撰，专教也。"《段注》，"专壹而教之也"。字又与僎通。《论语》"异乎三子者之撰"郑玄注："撰，读曰僎。僎之言善也。"有撰陈善言之义。

②《春秋》僖十四年书"秋八月辛卯，沙麓崩。《左传》："沙麓崩。晋卜偃曰：'期年将有大咎，几亡国。'"《汉书·元后传》，托为元城建公，反其说，以为元后当其祥。常璩借以夸张李雄符命。皆汉儒迷信谶纬之陋习也。《元后传》云："（王）贺字翁孺。为武帝绣衣御史。……与东平陵终氏为怨。乃徙魏郡元城委粟里，为三老，魏郡人德之。元城建公曰：'昔春秋沙麓崩，晋史卜之，曰："阴为阳雄，土火相乘，故有沙麓崩。后六百四十五年，宜有圣女兴。"其齐田乎（指王氏出自齐田氏）？今王翁孺徙，正直其地，日月当之。元城郭东有五鹿之墟，即沙鹿地也。后八十年，当有贵女兴天下'云。翁孺生禁，……本始三年生女政君，即元后也。"常氏改建为郭，或是旧说建公姓郭氏。

③厮、斯，音义通。"厮养"，谓析薪炊食之役，"厮徒"，谓持斧斤从军役之人。《史记》苏秦说魏襄王，"奋击二十万，厮徒十万"是也。"厮伍"，犹厮徒矣。李雄咸和九年（三三四）卒，年六十一。上距建安二十一年（二一六）曹操徙巴氏入陇时，已百余年，是雄生于蜀，非"宕渠厮伍"。亦非"略阳黔首"。文人率意，夸诞失实，非文法也。"长人之魄"，为说尤谬。

附 说盐

食盐（氯化钠），为化学盐类的一种。人类自来就很重视食盐的消费。由于食盐

的产地不普遍,它在原始社会里,能起推动社会组成,和发展前进的作用。这表现在下面几个方面:

1. 产盐的地区,或食盐供应方便的地区,便是人类乐于聚居的地区。相反,取得食盐不便的地区,必然是人口稀少,甚至无人居住的地区。

2. 人类最早的商品交换,虽以农、牧生产品、猎获品与手工艺品的数量为多,但具有商场控制的主要力量还是食盐。可以说,食盐是最早推动商业发展的商品。因为粮食、皮革日用必需品随地自有,食盐消费数量虽小却不尽是自己地区能取给的,而又是日常生活所必需的。所以食盐过剩的地方,其他生活用品纵很贫乏,也会有人自己给搬运来供应,以换取食盐。商业便是这样开始的。

3. 人类文化,总是从产盐地方首先发展起来,并随着食盐的生产和运销,扩展其文化领域。文化领域扩展的速度,殆与其地理条件和社会条件是否有利于食盐运销的程度成正比例。起码,在十七世纪以前,整个世界历史,都不能摆脱这三条基本规律。十八世纪以后,情形不同了,人们大都已经不感觉到食盐的贵重了。其实也只是由于交通便利,商品流通方便而无须注意到它。若还围城十年,断其盐源,而不断其水源粮源,其城也会不攻自下的。除非他自己发明了食盐的代用品,或新的制盐方法(欧洲就曾发生过这样的事例)。

我国的历史,可以举出这样的事例也不少。只缘过去的史学家从未注意到它,一般人也就无缘感觉到它。以下举几个一说便明的例:

例一:我国文化,孕育于中原地区。一般已见到的重要因素是:黄土(卢斯)地面,适合于农业社会的文化发展。但,黄土分布地面很宽,又都是一样平坦腴沃的,而文化发展的时间却很不一致。河东解池地区,大河绕于前,群山阻于后,山谷盘错,沮洳泻卤,甚不利于农业文化的发展,而乃偏偏最先成为孕育中华文化的核心地区。尧都平阳,舜都蒲阪,禹都安邑,都是围绕解池立国。由解池这个核心向四方推进,又才有河南的伊洛文化,河内的殷墟文化,渭水平原的周秦文化,和汾水盆地的晋文化发展起来。《左传》成六年:"晋人谋去故绛。诸大夫皆曰:'必居郇瑕氏之地、沃饶而近盐。国利君乐,不可失也。'"这个盐字,便是指的解池的食盐之利(许氏《说文》详)。说他能使国强君乐。后来晋侯以问韩献子。韩献子力排众议,主张徙邑于新田。他的理由是:"郇瑕氏土薄水浅,其恶易觏。易觏则民愁。民愁则垫隘,于是乎有沉溺重膇之疾(谓民趋商业之利,则侈靡偷惰,使国家削弱)。不如新田,土厚水深,居之不疾。"这乃是农本主义的理论。也是中华文化随食盐之利发展到一定程度时,要转而提倡农本,这一时代思潮的反映。他还说:"夫山泽林盐，国之宝也。国饶则民骄佚。近宝，公室乃贫，不可谓乐。"这就把盐的商品含义，表达得非常清楚了。晋侯听从了他，徙邑新田，使晋国继续强盛。但并不是放弃了解池盐利，而是进一步加强了用食盐控制列国的条件。所以晋能独霸中原几百年之久。三家分晋后，解池为魏所有。赵国，因那时沿海盐田与河套盐池已经出世，能食盐自给。秦、燕、齐、楚皆已自拥盐源，故能够保持强大。惟独韩国分地无盐，政治、经济不能摆脱外国的操纵。故虽地丰乐，人慧巧，兵甲犀利，文化优越，一切高过了其他六国，而不能免于渐次削弱，最先灭亡。这乃是我国前代史论家所未设想到的一条立国理论，是社会发展规律所当依据的不易之理。离开这条理论，就无法说明韩最先亡的道理了。魏国失去西河，解池入秦后，亦即一蹶不振，浸至于亡，与韩相差不远，其理正同。

例二，是为更鲜明的一个例。那就是川鄂接界的巫溪河流域，是与湖北神农架极其相似的一个山险水恶、农牧都有困难的贫瘠地区。只缘大宁的宝源山，有两眼盐泉涌出咸水来，经原始社会的猎人发现了。（相传是追神鹿至此。鹿舐土不去，被杀。因而发觉其水能晒盐。）进入煮盐运销之后，这个偏僻荒凉的山区，曾经发展成为长江中上游的文化中心（巴楚文化的核心）。即《山海经》说的"载民之国"，又叫"巫载"，又叫"巫山"。（今人称巴峡南北岸山为"巫山十二峰"，以北岸神女峰为主峰。乃是唐宋人因宋玉《高唐》《神女》两赋附会成的。其实宋玉所赋的"神女"，是指的巫盐。巫溪沿岸诸山，才是巫山。）《大荒南经》说："有载民之国，为人黄色。帝舜生无淫，降载处。是谓巫载。巫载民盼姓，食谷。不绩不经，服也。不稼不穑，食也。（郭璞注："谓自然有布帛、谷物。"）爰有歌舞之鸟。鸾鸟自歌，凤鸟自舞。爰有百兽，相群爰处。百谷所聚。"此书描写极乐世界，都用鸾凤自歌舞来形容，如"丹穴之山""轩辕之国"与"嬴民封豕"皆然。此言载民不耕不织，衣食之资自然丰足，岂非因为他拥有食盐，各地农牧人，都应其所需求，运其土产前来兑盐，遂成"百谷所聚"之富国乎？

其《大荒西经》还说：成汤伐夏桀，斩其卫士耕。"耕既立，无首。走厥咎，乃降于巫山。"文把他叫作"夏耕之尸"。分析这章神话所表达的史事。应是夏桀这个大奴隶主，纠集为他耕种的奴隶群，抵抗成汤。这批奴隶的首领，被成汤杀了。奴隶们逃到巫山，投效于载国。所以说他无首，而称为"夏耕之尸"。等于说：夏桀的耕种奴隶们早已知道巫载这个地方也产盐，不只解池才有。还可能他们原是耕的三苗地区的土地。每当解盐接济不到，也兑过巫载的盐。所以当夏桀命令他们抵御成汤，兵败国亡之后，他们便直跑来投附巫载了。

同篇还说："大荒之中，有山名曰丰沮玉门。日月所入。有灵山，巫咸、巫即、巫朌、巫彭、巫姑、巫真、巫礼、巫抵、巫谢、巫罗，十巫从此升降。百药咸在。"丰沮，显然指的盐泉。玉巫两字，篆书常易相混。玉门有可能原是指的巫山河峡。灵山，也可能就是巫山字变。由于盐泉之利，聚人既多，农牧发展不利，猎业大兴，山中百药也被发现了。所以方士（巫）来采药者亦多。巫咸之名，见于《尚书》，为殷商宰相。巫彭即世传为殷太史的彭祖。"咸彭"联称，又屡见于《楚辞》，都可证是实有其人。这可说明：整个殷代，这里仍是一个独立而文化程度很高的小国。巫朌的朌，郭璞注："吾颁。"颁与巴音近，可能就是巴族的一个祖先。巴族，原是定居于洞庭彭蠡间，巴丘、巴水部位的渔业民，称为"巴诞"（《后汉书》注）。大概是因为有穷后羿所灭。一部分诞民东流，而为今世的蜑族。一部分人西流，依附巫载，为他行盐经商，从而被称为巫诞了。这与巫颁游巫或许有些关系。巴人善于架独木舟，溯水而上，销盐至溪河上游部分。整个四川盆地，都有他行盐的脚迹。后遂建成了巴国。其盐循江下行，供给荆楚人民，又促进了楚国的文化发展。近世考古学家就地下发掘材料证明，巴楚两国文化有其共同特点。这恰是先有巫载文化，再衍为巴楚文化这一历史发展过程的明证。

巴东这个地层骈褶带，还有颇多的盐泉涌出。例如奉节南岸的盐碛坝，云阳西北的万军坝，开县东的温汤井，万县东南的长汤井，忠县的㳒溪和涂溪二井，彭水的郁山盐泉，与长宁县的安宁盐井。除郁山盐泉与大宁盐泉同样是从山地涌出，能很早就被原始人类发现利用，克以形成一个原始文化区外，其他七处盐泉都是从河水底下涌出的，不易为原始人类发现和利用。唯独习于行水的巴人能首先发现它，并在巫载文化的基础上设法圈隔咸淡水，汲以煮盐，从而扩大了行盐的效果，建成了巴国，并且强大到合并巫载，压倒楚、蜀的大国。只因巴族成为富强的大奴隶主后，偷惰腐化，习气衰老，才被新兴的秦楚所分割了。

秦灭巴蜀时，楚国亦已夺取巴国东部地盘至枳（今涪陵县）。几于完全占领了巴东南骈褶地区的所有盐泉。在秦楚对立之下，楚人扼制向秦地行盐。仅才这样对立了八年（前三一六至三〇八，秦国的巴、蜀、汉中三郡人民克服不了缺乏食盐的痛苦，迫使秦不得不大举十万远征军浮船伐楚。直到夺得安宁盐泉与郁山盐泉，建立黔中郡（《六国表》与《楚世家》有明文）后，初步解决了盐荒问题，才得安静二十余年。但在二十余年中，楚国又因大江水运之便从枳夺取了郁山盐泉，使秦人再感盐荒的压力，于是秦国开展了再一次争夺巴东盐泉的大举。从公元前二七九年（秦昭王三十六年，楚顷襄王二十年），一面命白起绕由东方的韩国地界，突袭楚的国都，拔鄢郢，烧夷陵，截断楚国援救巫黔中的道路。一面助蜀守张若再次大发兵，浮江取楚巫黔中。这次两路大举相配合，克以全部占有巴东盐泉地区（《楚世家》与《六国表》亦有明文）。反使楚国断了食盐来源。于是顷襄王率其众奔陈，去仰给淮海食盐。是故苏代说，"楚得枳而国亡"（在《燕策》），谓枳为巴东盐泉枢纽之地，当秦人所必争，争之不得，则不能不出于灭楚也。

秦国这次先灭楚社稷，以其地为南郡。大概因为巫黔中的楚人拼死抵抗，第二年（楚顷襄王二十二年）张若才取得了枳与巫山，再一次复立黔中郡。但是，楚人不能甘心丧失了巫黔盐源，促成了上下一心的新团结，如大盗庄蹻，也率其众拥楚仇秦。只不过一年时间，顷襄王二十三年，因"秦江旁人民反秦"（《六国表》），"乃收东地兵，得十余万，复取秦所拔我江旁十五邑以为郡，距秦。"（《楚世家》）这说明，顷襄王亡失鄢、郢、巫、黔只一年，又复国于郢，仍自据有巴东盐泉。起码也复占有巫山盐泉，建立巫郡，楚人不再闹盐荒了。宋玉的《高唐》《神女》两赋，便作于此时。那是歌颂巫盐入楚的诗赋。把食盐比为神女，犹廪君故事（在《后汉书》）说的"盐水女神"是一样，并非真有一个神女来自荐枕席（另有分析文字从略）。大约在考烈王之世，楚仍失去了巫黔中，迫于东徙巨阳（考烈王十二年），秦乃第三次占有巫黔中，仍为黔中郡，并为秦始皇三十六郡之一。

在顷襄王夺回巫黔中后，秦国正全力对付东方，无力从巴蜀出兵夺取巴东盐泉的一段时间，大约有四十多年（前三〇〇—前二五七）。秦国的蜀郡太守李冰，为了食盐自给，才创造性地想出坑井取盐的办法。这种创举的科学论据，古无传者。用今天的地质学识推，是可以充分说明的。那就是四川盆地原就是几千万年前海底沉积的地层，土壤里原就含有盐分。表层经几千万年雨水及江河的洗涤，丧失了盐分，下层土内必然还保存着，人工挖个深坑，汲取含盐较多的水煎煮，即能得盐。李冰是个具有科学头脑的人，他只需看见盐泉是从地下冒出的，从溪河深陷处冒出的更多，他就相信地层下部有盐，挖深坑就可能遇着盐泉。依他设想做去，果然在广郡县的龙泉山脉部分取得食盐了。后来陆续在总冈山脉北侧（蒲江盐井）、火井槽山谷（火井）和龙门山脉南侧（什邡盐井）等处取得了同样的效果。并且坑愈深的盐愈多。著名的陵井（今仁寿县）、牛鞞井（简阳县）、富世井（富顺县），有发展到三十多丈深的，产盐量也与巴东盐井相当，蜀地食盐从而可以自给。再发展到唐末宋初发明了竹筒井，汲取百丈以下的盐层溶水，蜀地产盐量遂远远超过巴东各盐泉，于是湖湘、黔沅、陕南、甘南行盐之利，皆为井盐所夺。巴东泉盐退至全国产盐的末位，巫载文化与巴楚文化亦即成为博物馆里的陈列品了。

任何事物，都各自有其发生、发展、壮盛、衰老与息灭之时。食盐在人类社会发展各阶段里的重要性，不能例外。当其在人类初生阶段，尚未知有食盐这一物品时，只能从兽肉、鱼介、草木等食品中取得盐分。但食盐一经发现，便成为人类生活不可一日离开的商品。产盐之地，便会成为最繁荣、最富裕和文化程度最高的核心地位。在原始社会阶段，这是衡量社会程度的重要条件。离开这个条件去研究原始社会，那就会如盲人扪象一样，无法认识原始社会的真面目。也只如沿海步行考察，没有舟楫帮助，之不可能认识海洋的真貌是一样徒劳无功的。

然而，食盐是遇水就溶化的。积年水气也能使它解化消失，研究上古人类生活的历史学者，不可能从人类遗址中发现盐的作用。因而直至今天，从事地下发掘的考古学者，除在封建社会遗址中发觉有盐字殉葬品外，没有在原始社会遗址中找到盐来。从而轻易地抹煞了这一重要因素。这乃是考古学史上最大的遗憾！

使我开始注意这一问题的启发者，是近年在巫山县大溪沟考古发掘中，发现旧、新石器时代的墓葬里，每有大量的鱼骨。我想：鱼是易屈之物，鲜鱼死去两三天便会发臭腐烂，非用盐腌制，不可用于殉葬。大量鱼骨，等于葬时大量使用了食盐。解放前，许多边远地区，盐价高得难于想象。例如宝兴县尧碛区杨文成同志谈："解放前，三斗粮兑一斤盐。"（现在一斗粮兑十几斤盐）。我又曾见汉中子午谷地区，几乎人人都长有喉瘿。据说："唯食四川井盐可治，但无力购得。"可知用大量食盐腌鱼殉葬，是只有巫䧅之民才能做到的。大溪沟在瞿唐峡口，东循江一百里至巫山峡口。巫溪在此合江。我与四川博物馆王家佑同志商讨，认为大溪沟是"䧅溪沟"音变。从至之音，皆具岱音。此地是与巫溪盐泉区同在一个峡江内的自然区。正是巫䧅文化的核心地区。他们是食盐有余的。所以稍有地位的人，都能用大量的盐腌鱼殉葬。

瞿唐峡直长三十里，在巫䧅上游。巫峡直长百余里，在巫䧅下游。两座绝峡封锁着巫䧅地区。其北是大巴山，其南七岳，帮助了封锁。只缘下水行盐较易，故两湖盆地自夏代的巴族，到周代的荆楚，都只能吃巫盐。行船，非巫䧅人的长技，故他必须使用善于行水的巴族为之行盐。巴族亦借行盐之便，笼络四川盆地的农牧民族，从而建成巴国。巴国日强，逐步吞并了巫䧅，专有巴东盐泉之利，在春秋初年楚国也是听命于巴的。但其时沿海盐业渐兴，东楚的人不吃巫盐。所以楚襄王与考烈王在丧失巫黔中后，都向东楚奔迁。但巴、蜀、汉中与南郡的人却不能不食巴盐。所以秦楚都拼命争夺这一产盐地区。这是巴东泉盐的壮盛时代。它与河东解池是一样，从发生到壮盛，大约经过了一万年的时间。由于四周多种新兴产盐区的发展竞争,使盛极一时的解池和巴东盐利,显得日就衰老了。解池受到了海盐,内陆池盐如河套的花马池,宁夏的吉兰泰盐池,西海的茶卡盐池和冀北的多伦等池盐的竞争,丧失了统治地位。巴东泉盐,则大大受到了蜀地井盐的影响,退到从属地位来。但他们还不至于消灭。因为至少还有一部分人需要他。

若还到了社会进化到交通便利、运费接近于零时,可以肯定他们都会要消灭。因为成本愈显得太大了,应该让位给不费大力就扫起来的海盐,和西北高原中盐湖遗迹的岩盐。纵使他们存在,也只能作为化学工厂的原料,而不是以食盐作为商品出售。这也是经济规律决定了的。

盐这个字,就文字发展的历史说来,是最晚出的。可能是周代才有,殷商年代都还没有。

那么,周代以前已经有食盐了么?有,又怎样称呼,怎样写法呢?我还不能解答这一问题,只可能提出几条研究线索。

第一个,考虑到卤字。这个字,殷墟甲骨已经有了。我请教过川大伍仕谦先生,他说:"像∷盛⌀中。⌀,盛器也。∷,盐屑也。"我相信此解正确。因为原始人类是只有皮袋盛屑物。不过仍怀疑最古盐字作※,不作∷。因为米粟的米,作正十字加∷,表示分享农业劳动成果的谷物。故把得盐之劳动成果分享,作斜十加屑物。二字的产生约略同在很原始的年代,群体分享劳动成果的年代,初有文字创造的年代。用个交×刀划,来表示平分。或许盐字还要早些,米字还会晚点。因为原始的人画个斜×此作正十容易些。而且它的发音就是×。因为食盐最早成为商品的地区在青藏高原(另详《羌族源流探索》,已发表在《民族问题》期刊)。至今羌番人民还把它叫"擦"。(青海的茶卡盐池,即《汉书地理志》陇西临羌县的"西海盐池"今作茶卡字,就是擦的译音。)《说文》解释卤字说:"西方咸地也。从西省。像盐形。安定有卤县。东方谓之斥,西方谓之卤。"这样把卤字专用为斥卤一义,是文字音义变化了几千年以后的看法。因为已通行盐字,便把卤的本义失掉了。反让引申借用之义夺去了原来含义。"从西省"的说法,不见就是的解。西字,小篆作卥,象鸟归巢,日落时。字亦作卤,作⌀与⌀相似,汉儒遂有如此猜测。试想:初造字时,鸟巢与盐袋相似,亦有可能。亦可说西字就是盐袋商品的象形字,因中原食盐,最先就是从西方青藏高原输入的,解池煮盐的发明时间,大有可能在羌盐输销之后。因为祖传最古的伏羲氏,就有可能是古羌族行盐入中原定居的部落。并且直至汉代,陇西地区都还是吃的"西海盐池"的羌盐(并下详)。中华古史,吸收有羌族文化的因素很多,解池晒盐的方法,有可能受羌族取盐方法的启迪(即是说,咸水蒸发后可以得盐的经验）。那么上古造字时以盐包商品代表西方，也是可能的。

第二，可以考虑到宓字。《易系辞》的包羲氏，《帝王世纪》与汉代金石文刻多作宓羲氏。或伏羲氏。一作虑羲氏。还有说从他开始养牺牲以充庖厨，而作庖牺氏的。我考，《易系》是最先提出这个人物的书，其余都是晚出。庖牺一说，更晚，无取。只宓字与包字义近。可以设想：他是因贩运羌盐入中原的民族部落。包，是指的从西海盐池包装盐层运华的盐包（借用怀孕的包字）。宓，是从他购得开包后兑出的盐屑，归来盖藏自享的含义。从必，不是借音而是※形之省变。故其本音为伏，不是必声。虑字，又是改借虍字代伏音，而以※存宓之义。决不能是必字的音义。《说文》指出：必字，小篆作※，"分极也。从八、弋。弋亦声。"是说的原始社会集体猎获物进行分配已获完毕义。因其大小数量不同，难于平分，处理分配甚难。但已有共订标准，分配得妥善无争了，有必之义，如毕之声以成字。这种分配，与盐粟等屑物的分配有根本不同，造字时亦先后不同，因而必字是最后出的，不可与※相乱。只缘隶变时形近而混，音亦非古耳。宓字，是伏羲氏的本字，是盐入私人持有之义。羲是颂赞之音，不能说为牺牲。

第三，考虑到一个咸字。古原只作咸。从戈，与人、口。示盐之味具刺激性。加心，为感觉之咸。加水，则味减，故为减退之减。箴、针皆取盐味刺激之义为字。故可设想：咸字即古用以表示食盐之字。《尚书·洪范》五行，"水曰润下。润下作咸"的咸字，才是表示水虽润土但若溶盐入土，则成泻卤，反能妨害生产之义。后世乃转为斥卤之义（盐咸土）。咸味为人人同嗜，盐溶于水，集体易得平享，故又引伸为普遍之义。星名有咸。《汉书·天文志》："咸汉，星出西北。"这亦具有远古的华夏食盐来自西北之义。与宓羲氏含义相通。卦名有咸，"亨利贞。取女吉"。挟有盐者人乐依就之，故亨利贞，取女吉也。凡此皆可说明咸字在我国文化史上，产生很早，皆依食盐为义。即必有一个地区曾呼食盐为"咸"。

第四，可以肯定临字是古代食盐的代称。《汉书·地理志》"金城郡临羌县"，"莽曰盐羌"，即是前代习称食盐为临之证。由于西海盐池（今都兰县的茶卡池），是稠浓的盐水，羌人汲入皮袋，驮行几天，水分失去，便自成盐了。其旁纵横三十余里的地壳，全是岩盐，挖出打碎，便成商品盐。古代羌人用牛皮包装，驮到陇西地区来兑换内地农产和工艺品，从黄河岸的临羌县城进口（今为兴海县处），故秦汉置县其地，取名临羌。王莽时汉人已不呼盐为临了，故改称盐羌，存古名之义。这个临字，显然不是面临之义。因为金城、武威、张掖、酒泉、陇西、阴平等郡几十县无不临接西羌，不当许此一县独有临羌之名。唯因羌盐运入内地必由此处，才把他叫作临羌（盐羌）。《汉志》地名具临字的，还有很多，也都具食盐之义。例如："越嶲郡姑复县"云"临池泽，在南"。《后汉志》注引《地道记》云："盐池泽，在南。"明是临盐二字可以通用之证。巴郡临江县，是因监涂二溪盐利特大而有名的，决不能是因县城临江而得名的。当时巴蜀与荆湘的郡县，没一个不是置于江岸上。何得只此县有临江之称呢？此外之例还多，无须琐琐列举了。

临字最原始的写法作🝢，像人目注视三口锅，察其火候。窃谓是人类最先煮盐时所造字。其先或只作🝢。发展为注视三锅，是煎盐术已有进步时的新字了。因为初创煎盐泉盐池与海水为盐时，只有一锅。其后利用余热，才有二锅、三锅与尾锅。头锅热量大，蒸发快，成盐早。二锅、三锅次之。当头锅成盐时，二锅只是浓汁，三锅更是水淡，尾锅无论设置多少，只能借火尾热力，微微蒸发一部分水，待头二锅成盐后移入煎盐。近世煎盐之法如此，也只是承用的古法。临字与盐的关系，当如此解。面临、临近的临，只是引申之义。盐字既行，临字本义反无人知了。

第五当考虑到监字。这是缘临字产生的。窃认为是皿盛临（盐）之省文，表示盐已煎成了。入皿，以人守之。甲文作🝢，金文作🝢，都可认为是临与皿的合体字。省去三锅而代以一点。点，表示盐。故监、临两字同义，人类语复化以后，恒连为一词使用。《汉书·地理志》里记有王莽所改产盐诸县的地名，用监字代替临字的特多。例如上举巴郡的临江，"莽曰监江"。蜀郡临邛，是因有火井盐泉而著名的，"莽曰监邛"。西河郡临水县，在吉兰泰池附近，"莽曰监水"。朔方郡临河县，有河套盐池之利，"莽曰监河"。他如郁林郡临尘县，"莽曰监尘"。颍川郡临颍县，"莽曰监颍"。齐郡临朐县，"莽曰监朐"。东莱郡临朐县同。或为产盐之县，或为当时盐商集中之地。总之与盐有关。可以说临与监是当时习用的同义语和古今字。改临作监，是为了当时习便。正如改彤为铜，改鐡为鐵，改𪓐为僖，改衜为道一样。字改而含义不变。不过因为盆盎盛冰或盛水，可以反映人的面貌，后来人把照形的铜镜，也写作鉴，是使用了监字的音义。那是因为盐字通行以后，人们便把监字只作为鉴字解释，以至于失去盐的含义了。据上举王莽改地名诸字推，其时的监字，并无镜形之义。并有可能不作鉴音，而是读如临音，或盐音。可以设想：盐字，是为与鉴义区别而制造的。有个时期，监字就是盐字。

第六个是鹽字。《左传》成六年，"晋人谋去故绛。诸大夫皆曰：'必居郇瑕氏之地，沃饶而近鹽。'……"这明明指解池盐利为鹽。孔颖达《正义》谓："唯此地之盐独名为鹽。余盐不名鹽。"但《诗·小雅》中《四牡》《杕杜》《北山》等篇，都有许多"王事靡鹽"的语句，也都是西周王臣叹息王室危难之诗。作于秦陇西北地区，表示为盐晶溶解之义。则当西周年代，秦陇皆呼盐为盬。至唐代，则已称各地所产之食盐皆为盐，只河东地区人民尚保守其盬字旧称，孔颖达乃有此解也。食鹽过浓则味苦，是汉儒解释盬字的音义（见《说文》）。但这恐不是的解。可能是沽（兑换）估（商业）的音义。还有可能只是临字的形变和声变。因为临字的古文，有作的（见《康熙字典》），伍先生写成篆文给我看，作。像三个人各掌一个盐锅，另一人高梃注视之形。这与临字造形取义完全一样。只三圆锅改为古字；加三个人，表示一个老师，带三个徒弟做煎盐工作，其音已变为古了。这也是煎盐工业发展到较高阶段时才有的，西周至春秋时人已经把它简化作盬了。

第七，才考虑到盐这个字的。它首见于《周礼·天官》的“盐人，掌盐之政令”。《易经》有临卦无盐字。都可说殷代还无盐字，只有临字。由临发展演变为监。由监衍变为盬。由盬再变为盐。秦汉以后中原人直用盐字至今。

第八，还当考虑到一些表示食盐名称的别字。如鹾，最早见于《小戴礼》“盐曰咸鹾”。其实就是羌蕃语称盐为擦的译音字。这说明羌盐在秦、汉间还是行销入中原的，并且受到内地人的尊重，用为祭品。阅唐宋迄清，内地人还把盐商称为“鹾贾”。

《广雅》又有鹺字，鹼字，鹺字，皆云“盐也”。鹺为鹾的别字，可定。鹼、鹺不知又是何地人的称呼。这还是六朝时人的语言。到了唐宋，造出盐的同义字更多。《广韵》有龄、鹺、鹼、鹽、鹺、鹾等字。鹺又或作鹺，作鹺。要皆录存各地语言所造字，不可尽考。由这些地区语言的分歧变化，来看各地古今语言的历史变化，则食盐字音义之变动不居，可以不待繁琐考证了。

第九，还得分析这个龄字。《广韵》《集韵》皆有，“音灵”。与《汉志》临邛、临羌、临江、临池、泽之临同音义。可以说是直至唐宋仍还有许多民族或地区语言呼盐作临。由于临字在当时一般人不知为盐，设想不到古之临字，便只好别造一个龄字来使用了。上举《山海经》说巫咸等十巫所升的“灵山”，即上古产盐的巫山。由此龄字音灵联想，亦可以说呼盐为龄是巫载地区人民保持下来的。巫载人就呼盐为龄（灵），故《山海经》把巫山叫作“灵山”。秦汉人把盐江叫作临江，表示因其地近巫载，保存临字最久。王莽再改它作监江，是一般人已不知临就是盐，只有读书好古的王莽还知此义之证。

再联想到蜀王“以褒斜为前门，灵关为后户”的灵关，为甚么要叫灵关？可能是临邛火井槽的盐（那是蜀国最古的食盐给源，产量不大），是从灵关（在今芦山与宝兴界上）运致的，与临邛之临同是一义。又当蜀地盐不足给时，亦有邛民运盐入蜀。邛滇之人呼盐为零（有"临池泽"地名作证）。故司马相如有"镂零山"之文。即是因为今之小相岭，为古时邛盐入销于蜀地之路。这些临、灵、零字音，保存到唐宋，便被截字代替了。

第十，汉益州郡有连然县，"有盐官"。其地即滇池西之安宁盐井，历来为滇东、黔西诸部民食所仰。"连然"是何取义，不可得解，应只是译用民族本语。有可能即是"盐泉"之义。临、灵、零、龄、廉、连同部，音近。最初译人任取一字，译定后遂多分歧耳。

又如《前汉·西南夷传》与《华阳国志》并谓昭帝始元元年，"益州廉头、姑缯等二十四县民反"。姑缯，为羌族居入云南高原者的古称。旧曾被称为"昆明"。今世作"古宗"字。《地理志》越嶲郡姑复县，"临池泽在南"。其地应在今盐源与渡口市之间。与青蛉、连然皆产盐之县，分在金沙江南北。县名姑复者，盖亦如鱼复，因土民服煎盐之务，免除其他徭役之义。"廉头"二字，则既非郡县地名，又非民族名称。而乃冒于姑缯之上，称"益州廉头"。益州与越嶲两郡盐利，皆昆明夷人所开。此廉头字，可以联想即制盐的头人，他们是连然县承办制盐的工人，因不胜剥削与歧视，发动反抗，于是越嶲郡盐工（姑缯）亦响应同叛。素来仰食其盐的二十四县人民也一同反叛了。即是说：这是一次反抗盐税过重的斗争。由益州郡连然县盐工头目倡议，各地盐工同时响应（包括越嶲郡的姑复、青蛉等县）和仰盒子两郡给盐的人民，牵涉到牂柯郡的钩町、漏卧、夜郎等部，祸乱达数年之久。人畜伤亡至数十万，才得平息。还当注意的，这次大乱并非民族部落的国王、邑君倡导，而只是盐工。正因为食盐供求是当时南中人民生活中的第一大事，所以才会有这样大的叛乱局面。

连然、廉头与临池泽三字联系起来看，最能说明都是一个盐字的别译。虽夜郎语或昆明语久已灭迹，无法取证，亦是可以决定下来的。这乃是历史地理学的考订方法。用此方法，可以在文字资料业已穷尽后，解决民族古史里一些无法解决的问题。

任乃强全集·第四卷

汉中志（卷二）

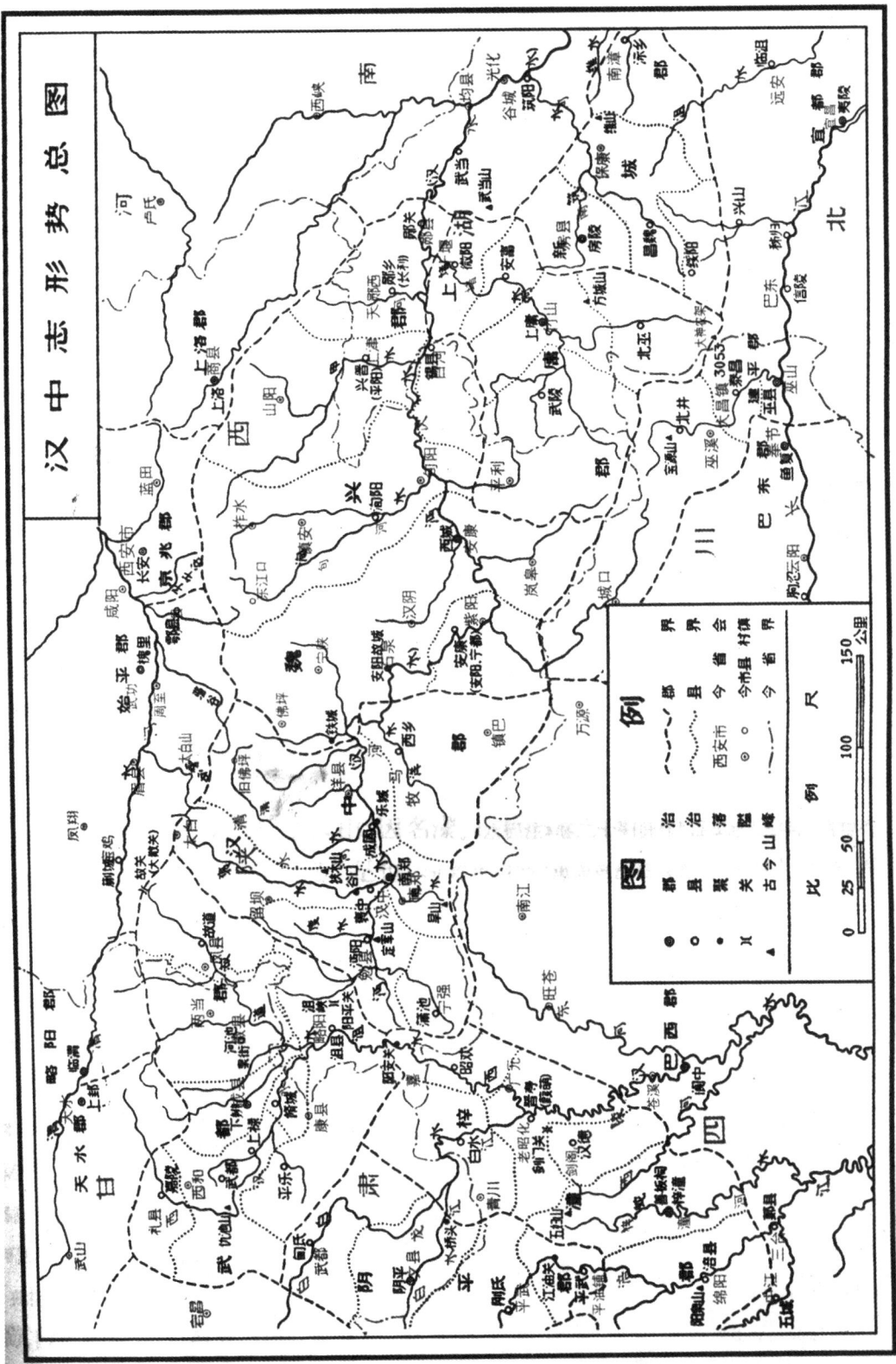

汉中志形势总图

一

汉中郡①，本【附】旧本并衍此字，兹删。庸国地。周匡王二年，巴、秦、楚灭庸，其地分属秦、巴②。旧本此页脱乱，不成文理。盖元丰本所据首叶烂脱，残字零乱，吕刻黏接失考所致。兹依《左传》补灭庸事。又残存属字下补秦巴二字。说详注。六国时，楚强盛，略有其地。后为蜀。蜀字元丰本接在首句"庸国"下。考当在此。嘉泰本以下，皆作"后为秦"。非也。恒成争地③。此上十七字，宋刻误接在"略侔三蜀"句下。夫秦惠文王灭蜀巴后乃置汉中郡。岂能以六国时楚得汉中叙列置郡之后？云"恒成争地"者，谓秦、巴、楚、蜀互争汉中，历三百年而后秦终定之以为郡也。旧刻为脱简误接甚明。兹移正。并群注释。周赧王【二】三年旧各本皆作二年。按《秦本纪》《六国表》，皆当作三。当是旧刻脱一画耳。秦惠文王置郡。因水名也。

汉有二源：东源出武都氐道漾山，因名漾。《水经注》卷二十引此作"为漾水"三字。古时引文不必全遵原字也。《禹贡》"流漾为汉"是也。《水经注》引作"导漾东流为汉是也"。西源出陇西西县旧本脱此二字。《水经注》引，赵本、官本、王氏合校本并有。朱本亦脱。当有。嶓冢山，会白水，经葭萌，入汉。始源曰沔，《水经注》引至此止。经作沂。故曰"汉沔④。"常氏此上四十九字，几于无句不谬。又非如上文脱乱可比。按之《水经注》引，则是常氏原误也。另于注释辨订之。在《诗》曰："滔滔江汉，南国之纪⑤。"其应上【照】昭廖本作照于天。又曰："惟天有汉⑥。"其分野，与巴、蜀同占⑦。其地东接南郡。南接【广汉】于巴。旧本四至被传钞误改者甚多。如此"南接广汉"，以本书校，广汉郡不言接汉中，而《巴志》云"北接汉中"。实际亦是巴西郡北接汉中，广汉郡只葭萌驿道一线通联汉中而已。兹仿《蜀志》"南接于越"文，作"接于巴"。庶还常氏原语。西接【陇西、阴平】武都。陇西、阴平二郡，从未与汉中接。就秦世言，无阴平郡。就汉初言，汉中西界为广汉西部都尉治。就武帝以后言，则已置武都郡矣。本书武都东接下脱文，是脱汉中二字可定。故推常氏此文为"四接武都"亦可定。北接秦川⑧。此指渭水平原，即所谓"三辅"郡县。与上"汉沔"皆用《隆中对》文。厥壤沃美。赋贡所出，略侔三蜀。【六国时楚强盛，略有其地。后为秦。恒成争地。】

128

十七字，旧刻全皆误缀在此。时叙谬乱，义无可通。夫秦灭巴蜀而后置此郡，时楚削弱已濒于亡。则谁更与秦争此地乎（参看注）？其为秦惠文王置郡前脱简误缀甚明。兹上移。并改秦为蜀字。

汉高帝既克秦，获子婴，当王关中。旧本脱此四字，于文法，文意皆有未合。应是写本首页蠹蚀。兹用《史记》文补。**项羽封高帝为汉王。王巴、蜀、汉中四【三】十一县**。旧脱汉中二字，又作"三十一县"。兹依《汉书·高帝纪》文改补。常氏所据正是《汉书》。后人因《巴志》有"三十二县"文误改之也。**帝不悦。丞相萧何谋曰："虽王汉【中】之恶**，《汉书》汉下有中字。廖本据补。旧各本无。常氏夺之也。于文义称"王汉"实胜"王汉中"。**不犹愈于死乎**？《汉书》下文云："汉王曰：'何为乃死也？'何曰：'今众弗如，百战百败，不死何为。'"《周书》曰"天予不取，反受其咎"。下接"语曰天汉"。常氏删之。**且语曰'天汉'，其称甚美。夫能屈**《汉书》作诎。**于一人之下，则**《汉书》作而**伸**《汉书》作信。亦读如伸。古二字通。**于万乘之上者，汤、武是也。愿大王王汉中，抚**《汉书》作养。**其民以致贤人。收用巴蜀，还定三秦，天下可图也。"帝从之。都南郑**⑨。**及【项籍弑义帝】高帝东伐**，汉高东伐，在羽弑义帝前。且上文称羽此乃称籍。明是后人赘入五字。于文亦当删。**萧何【常】**当衍。**居守汉中，足食足兵。既定三秦，萧何镇关中。资其众，卒平天下。高帝九年，以田叔为汉中守。治西城**⑩。**属县十二**。元丰本作十弍。它各本作十一。廖本作十二。今按《前汉志》汉中郡十二县，治西城。后分西城、锡、安阳、旬阳、长利为西城郡。上庸、武凌二县为上庸郡，房陵县地立房陵郡汉中郡只四旧县。蜀汉时置西乡县。晋置蒲池县。合成为本书汉中六县。元丰本作"十二县"，是《班志》旧文。郡治西城，亦班氏旧文也。又考《班志》十二县中，武陵、上庸、长利三县，皆汉代新置，故后列。秦代汉中郡只九县。迨灭巴、蜀，新置三十二县，合汉中九县为四十一县。与《高帝纪》合。**【去洛一千九十一里】**。旧衍此句。上下文皆田叔事。其时洛阳非国都，何得插叙去洛道里？若如《前汉志》郡治西城，则西城"去洛千七百里"明著于魏兴郡，何得于此又云"千九十一里"。若如《后汉志》郡治南郑，则在"洛阳西千九百里"亦有明文。再如本书所记上庸、房陵去洛道里，皆在千六百里以上。则不能更有汉中属县近至千一百里以内者可知。然则所指郡治究何在乎？此必后之浅人嫌此郡属县数下独无去洛道里，妄以其时图籍所传横窜之人。遂致腰断常文，而与魏兴郡复出立异。故删除之。**叔既馈以军饷，又致名材，立宫室。帝嘉之。【后为鲁相】**。此四字亦后人旁注被写入正文。非常文固有。田叔事多，无关汉中者例不当收。汉中守转鲁相非优迁，亦与"帝嘉之"之义无所补，又碍下文气势。**然以帝业所兴，不封藩王**⑪。此承上文"立宫室"言之。谓南郑城内虽立宫室，不建藩封。非谓蜀巴汉无封国也。

案：李雄以巴国故地立荆州，而以汉中、梓潼、武都、阴平为梁州。晋平蜀，以巴地并入梁州，还太康之旧。常璩原撰《蜀汉书》，以荆、梁二州文少，合称《巴汉志》为一篇，俾与《蜀志》《南中志》字量相当。先已行于北方，崔鸿所据，《郦注》所引皆是也。后归江左，遵晋制，因削《汉志总序》，以《郡序》径接《巴志》，加梁州首尾，为《梁州志》。似因衰龄慵放，姑以塞责，不欲多费笔墨以适时人也。所删《汉志总序》，大抵为山川、土产、民俗与古史之部。仍移大部史料入《郡序》中。故汉中一郡序文，竟与《巴志总序》字量相当也。

　　此为其第一章，叙汉高开国事，删约《总序》古史与地理之部，著其前。复因首叶敝败，残字脱乱。元丰开雕时，黏接调理，谬误尤多。嘉泰以来因之。历世传刻皆失于校订。兹审残字，求文理，验于《史》《汉》与《常志》本身，略为补订。更以注详其考正依据，补充其可知者，以存常氏之意，救宋椠之失也。

【注释】

①释郡名。今世地理学家称陕西南部地方为"汉中盆地"。其核心地区为一狭长平原，东西长约三百里，南北狭数里至数十里。横贯之水，古称沔水。故此平原，一称"沔中"。在西周世为褒国地。故又云"褒中"。平原之东，群山横亘，谿谷盘错，有黄金、子午之险。沔水穿此山谷地区，行七百余里，奔腾而入云梦盆地。楚人喻为自天河（银汉）来，称为汉水，而谓此山谷地区为"汉中"。战国时，秦楚强盛，争夺此地区。楚于西城（今安康县，为沔东山谷区之中心，即《汉书·高帝纪》之"蚀中"。）置汉中郡以御秦。常氏云"因水名"是也。秦之于沔中，城南郑以御楚与蜀、巴。常氏云"恒成争地"是也。追秦惠文王灭蜀、苴与巴，以为二郡。又夺楚汉中地，合沔中为郡，仍治西城。故仍旧称汉中郡也。后汉徙治南郑，从而汉中之名转入沔中。于是历世皆以南郑为汉中首邑，沔中之名渐废，蚀中之名亦废，汉中成此区专称矣。

②褒国与庸国。秦岭，《诗经》称为"南山"。屡见于二《雅》。其南江汉之间诸民族部落，称为"南国"。以生产落后，经济相需故，服从周室最早。巴与蜀，褒与庸，及微、卢、彭、濮之人，皆参与伐纣之师。其时，巴与褒皆托同姓与婚姻关系，国君亲赴，《牧誓》列在"友邦冢君"，不同于"庸、蜀之人"也。《小雅》"南有嘉鱼"，"南山有台"，皆周王燕劳南国使臣之诗。"嘉鱼"即谓褒之丙穴鱼也。"台"即夫须，亦即氐人所育成之"圆根"，后世称为芜菁者是。皆南国特产也。《大雅》"瞻彼旱麓"，为周王祀旱山，会南国诸侯之诗。旱山者，米仓山之北峰，世传灵异，有祭坛在其麓（后详），为南国镇山。故周王会诸侯于此。《诗》纪其事曰："清酒既载，骍牡既备。以享以祀，以介景福。"又勉诸侯兴教作人曰："瑟彼柞棫，民所燎矣。恺悌君子，神所劳矣。"又勉诸侯事周曰："莫莫葛藟，施于条枚。恺悌君子，求福不回。"《小雅》："沔彼流水。"诗题（乐章之名）径作《沔水》，亦明沔中与周室文化之关系。《周南·汉广》之诗曰，"汉有游女，不可求思！汉之广矣，不可泳思。"则江汉间之民间诗歌，早在周初已经流行歧地，译为周都之语而歌以南乐者也。（凡《周南》诸篇，皆周公旦采译南国乐歌仍以南乐歌之者，说在《周诗新诠》。）

　　褒国姒姓，雄于此区，实主旱山之祀，为南国领袖。其与周王婚姻，自太姒至于褒姒，可云世婚。幽王宠褒姒，黜申后，废太子宜臼，以褒姒为后，其子伯服为太子。宜臼奔申。申侯结鄫与犬戎攻周。杀幽王及伯服于郦山下。申侯立宜臼为天子，是为平王。晋、卫、齐、鲁及秦人迎平王都洛邑。委宗周（关中）地于犬戎。宗周旧臣虢石父，结犬戎与褒人立王子余臣于携，是为携王。（事具《竹书纪年》，亦见《左传》王子朝《告诸侯檄》。）至平王二十一年，晋文侯灭携，杀余臣。时秦亦积世力战，逐犬戎，得宗周故地。褒人势孤，遂为庸国所灭。故常氏曰"本庸国地"，谓庸在东周初已得其地矣。

庸国兴于房、竹山中，与巴、楚、申、麋为邻，为殷周世强暴之山居民族，文化较其他山民为高。百濮、微、麋、蘷、儵、鱼诸戎皆与相结，受其役属。其灭褒也，盖亦由秦与申国结之。事成，以形便而得其地。巴、蜀或亦曾与其役。限于巴山、剑门，初未占有其地。详情无史文可稽，以理度之如此。入春秋后，楚国强大，为庸近患。《春秋》鲁文公十六年，（前六一一）庸君乘楚大饥，结百濮与诸戎分途侵楚。楚国危殆，"申息之北门不启"。"楚人谋徙于高阪"以避之。楚庄王出师御敌，"七遇皆北"。庸人骄怠，而楚联秦、巴袭其后。庸御秦、巴，"唯裨、儵、鱼人逐楚师"。楚得不亡。时巴擅盐泉之利，庸与百濮、诸戎咸仰给焉。故巴助楚而"百濮各还其邑"，"群蛮从楚子盟"，反而攻庸，庸国以亡（并引《左传》文公十六年文）。

巴、秦、楚分割庸地，巴以功望特高，得地最多。大抵自房、竹迤西北，至于黄金、子午、祥川、旱麓，沔水以南，大巴山区与沔东山谷群蛮、百濮之地，皆附于巴。沔水以北大平原区，为秦所有。故曰汉中之地"分属秦巴"。楚国则得方城以南之地而已。《春秋传》曰：楚"使庐戢黎侵庸，及庸方城。"楚军所至，固当得之。过此则不能矣。

知巴得庸之国邑房、竹者，《春秋》哀十八年（前四七六），"巴人伐楚，围鄾"，鄾本邓国附庸，在邓"南鄙"（见桓九年《左传》）。其地在今襄阳之北。楚灭邓，故有鄾邑。其时巴国都在垫江（今合川），故溯渠水，逾巴山，至房、竹，直指鄾邑，甚近便。设巴未得房、竹，则亦不能越楚境数百里以至鄾地。时距分庸一百三十五年，庸地仍为巴有。其证之确如此。惟此役为楚吴联军所败。是否已失房、竹之地，史无可征。此后入于战国，楚益强而巴益弱，汉中竟为楚地，则房、竹必亦入楚矣。

③汉、沔成楚、秦、蜀、巴互争之地其史事之可考见者如下：

《史记·六国表》，周定王十八年（前四五一），秦"左庶长城南郑"，此可说明：时沔中平原在秦管中。然外来争夺者众，故筑此城以备之。时距灭庸一百五十七年。中间争夺情事无考。

又定王二十八年（前四四一），即秦躁公二年，"南郑反"（《本纪》同）。是城南郑十年，沔中已不属秦。其人叛归何国。无可考。以理度之，当叛归巴。时巴已都阆中，必争汉沔以固北门。汉沔最缺者惟盐（直至新中国成立前仍为饿盐最深、全国喉瘿最多之地）。而巴最饶于盐，水运直至阳平与沮，供应全沔最便。以盐诱其人叛秦归巴，势易成也。蜀与楚，则但可以武力侵占此区，无如此经济条件，即不可能使其民自叛。

又周安王十五年（前三八七）即秦惠公十三年，《表》云："蜀取我南郑。"足见在南郑反后五十四年中，秦曾夺回南郑，但又为蜀国夺去。此可设想为巴国虽诱得其人叛秦来附，而武力不足以守之。故秦复占有南郑。然人心不附，徒仗武力亦不能守。巴虽武力不足，可以结蜀以挫秦。虽不结蜀，蜀亦必因南郑民叛而往取之。此后，汉沔遂为蜀有。

同年，《秦本纪》云："伐蜀，取南郑。"文与《表》正相反。旧未有说。兹推断不出两点：一，在蜀得南郑之当年，秦即以军伐蜀，取还南郑。然卒复为蜀取去。《纪》志其胜，不志其失。《表》则志其结果为蜀。另一推测：《纪》之伐字，为"我"字形讹。又被传写误倒在蜀字上。致五字相同而讹义相反。总之，此年蜀得南郑之地。

又，《表》周安王二十五年（前三七七）即秦献公八年、楚肃王四年，楚栏云："蜀伐我，取兹方。"蜀与楚间，隔有巴国。非蜀得汉中，即不可能与楚境相接，安能伐楚。"兹方"，旧说为今松滋县，此必无

侏罗纪末期的汉沔流向
—— 汉沔流变图之一

侏罗纪末期的汉沔流向

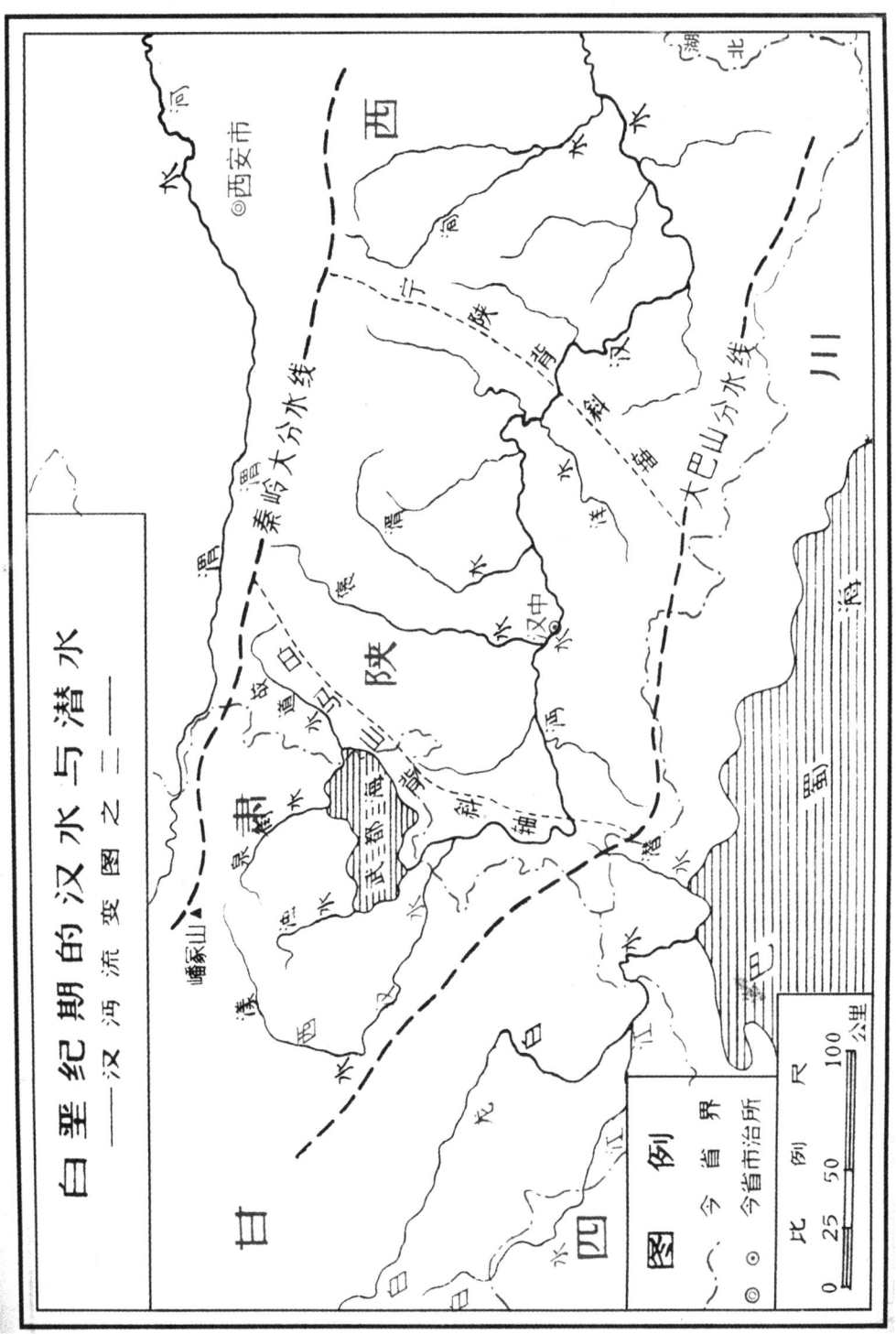

白垩纪期的汉水与潜水

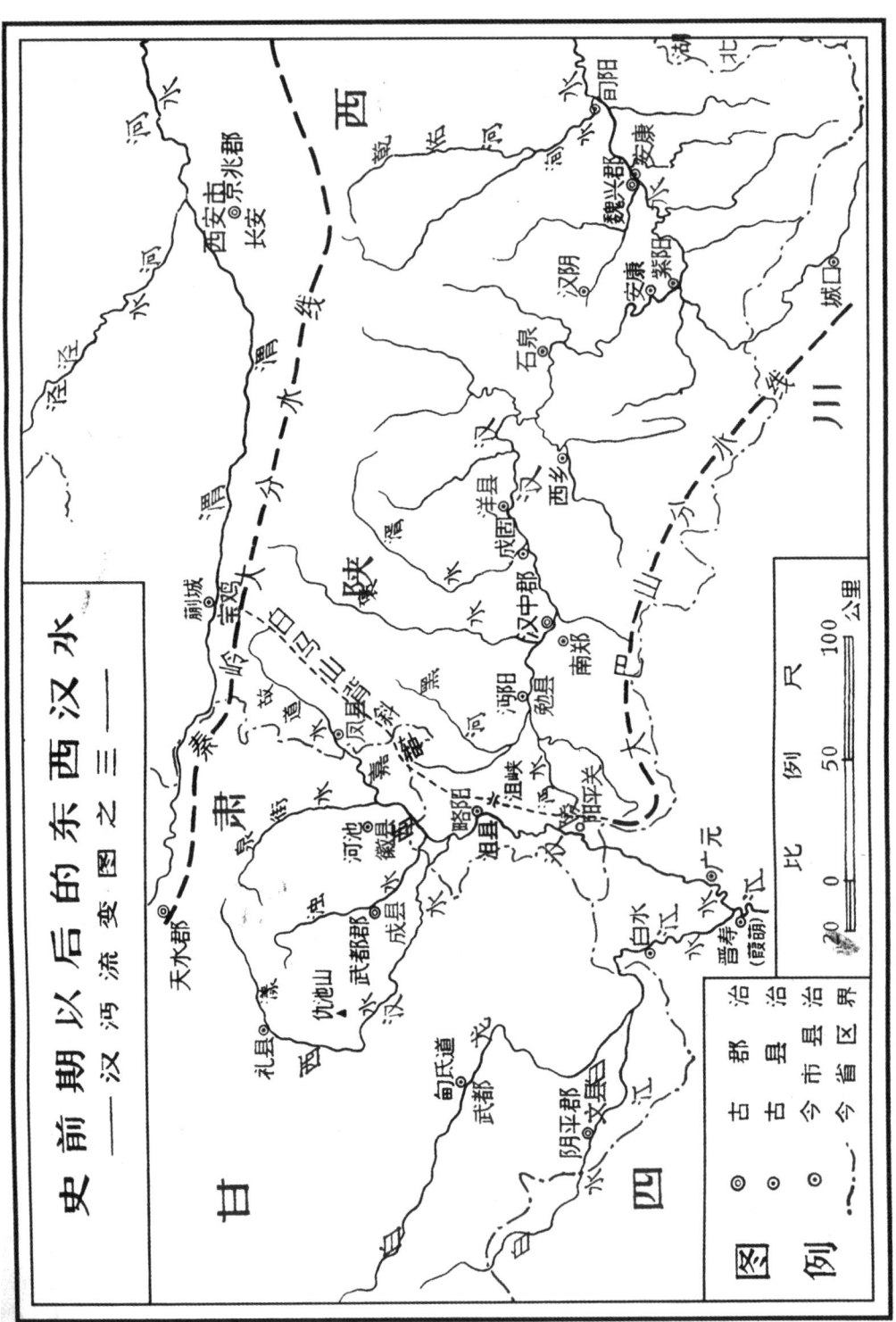

史前期以后的东西汉水

之理也。其时，楚已有房、竹、郧西之地，置汉中郡，则所谓兹方者，盖即《张仪传》所谓"商于之地"，谓楚郡县以外之民族地区，但为楚商人往来，发挥其经济势力之地。兹字古文象两缫成纽定之丝把，悬以招市者，故引伸为"此"字之义，实是商业标识之义。与"商于之地"含义正合。大抵凡今黄金、子午、柞水、商洛、与宁陕、西乡诸县，楚所未置县尹之地，皆楚之"兹方"。蜀取楚兹方，时距南郑叛秦二十二年。足见此二十二年中，沔中皆为蜀有，并更向楚境侵入。时则秦已退出秦岭以外，蜀无后顾之虞，故敢东进也。本书《蜀志》，谓蜀王杜宇当七国称王时，"以褒斜为前门"。又云"周显王之世，蜀有褒汉之地"。然则此后直至周慎王五年（前三一六）秦惠文王灭蜀七十二年中，褒汉之地皆为蜀有。形势稳定，故蜀王划汉中与葭萌地为苴国，建宗藩焉。

秦灭蜀、苴与巴后四年，即周赧王三年（前三一二），秦惠文王后元十三年，楚怀王十七年，《秦本纪》云："庶长章击楚于丹阳，房其将屈丐。又攻楚汉中，取地六百里。"于是始以沔中、汉中为一郡，仍"汉中"旧名。结束四国互争之局。上距瓜分庸地凡三百年。此常氏"恒成争地"之义也。

④我国古地理书籍，混淆东西两汉水源流，自《禹贡》至《禹贡锥指》，说汉、沔者数百家，争持聚讼阅数千年，文籍充栋，莫能结之。今世地理、水道，纤毫毕明。深入地史，数百万年河山变化之迹，亦不能隐。前世纷纭，孰非孰正，不待辨而自剖矣。常氏此篇，于汉沔二水，名实俱谬。盖李雄屡弃汉中，无正确图籍可据，但依旧文，参以传说所致。兹用现实地理知见，订正其谬及致误由，为《东、西汉水辨》。分述如下：

东西汉水辨：　　汉字，在西周以前只作天上银河专称。《周诗》曰，"倬彼云汉"，"维天有汉"，皆此义也。沔水冲万山奔腾入楚。楚人以为自天上来，借用汉字以名之。漾水出武都，亦奔腾冲万山入苴，苴人亦借汉字以名之。若其沿岸土著语音，则逐段不同；就上源部分言之，为沔、为漾。

沔水，自今陕南东流入楚，至汉口入江，古有汉水，沧浪之水，夏水等段落特称。故汉口古代又有"沔口""夏口"之名。是为东汉水。《周南·汉广》所咏是也。漾水自今甘南南流入川，至重庆入江，古有嘉陵水、武都水、羌水、阆水、巴水、渝水等异名。今世曰嘉陵江。汉魏时通称西汉水。本书《巴志》应季先之诗曰"乘彼西汉"。又三贞"自沉于西汉水而没"是也。桑钦《水经》志二水源流，悉与今合。他书鲜有能全合者，地理实践深浅之程度不同故也。

汉、沔通津辨　陕南与甘南为秦岭山脉与大巴山脉之间一大向斜槽。当此两大山脉形成后，槽中之水，俱当东流，成一巨川，姑名之为"古汉水"（就古地中海此部上升成陆时言之）。但经若干万年后，又有斜断此大向斜槽之造山力徐徐升起，阻碍此一巨川东进。其中，纵亘于陕南、甘南间之白马山背斜部渐渐升起，而其西侧渐渐下降，遂将原来一系之巨川，断为两部水系：白马背斜线以东之水归于沔，为东汉水，入于云梦盆地；背斜以西之水统归于漾，为西汉水，入于四川盆地。其时间约在侏罗纪末期、白垩纪初期。

此纵断陕南、甘南大向斜槽之白马山脉，系自秦岭大散关附近，向南徐徐上升。发展甚为缓慢。其上升速度，与河水侵削河床速度约略平衡。沔东诸山亦然。故"古汉水"仍能向东流出。并逐年刻削其上升之部，使成峡谷。阅若干万年后，侵削度渐小于上升速度，峡中水流断绝。西部水溢流向南，为川陕界上大巴山脉余势所阻，仍折向东北，复入于沔。是为"古汉水"第一次改道。时间当在侏罗纪世代，去今约五百万年。

今沔水平原西端，北侧沮水河谷开阔，河原平抵白马开下。入"沮峡"，西出接官亭，循"西沮"之河岸，二十公里至略阳，道路均甚平坦。略阳，古沮县。汉虞诩为武都守，转汉中粟至下辨（今成县），蜀汉诸葛亮屡出祁山，作木牛，车运汉中粟济军，皆从此道。峡水虽绝，人犹稳其分流之水为东西沮。西沮虽甚短促，沮县必依以为名者，地理自然与沮、沔连如一区，缘有此河床旧峡故也。沮峡南北，白马山高峻，扼险作关，即古阳平关、白马塞。张卫与汉中民兵据此以抗曹操之师者也（后详）。

沔中平原西端，沮口上下，为沔水正流。自沮口偏南西进，阅宽川铺，大安驿，至戴家坝，四十余公里即至水源。自源以下，河谷宽浅平阔，故号宽川，显然为古代大河遗迹。自戴家坝逾低浅之分水线，亦是循一短小河谷下达阳平关（此为"水阳平"，本蜀汉时阳安关，后世夺阳平之名）。此小河谷，两岸高处有沙砾层，证古河迹。盖即西汉改道入沔旧迹也。

大约四川盆地由侏罗海转为白垩海时，白马山背斜线南延上升，遏绝漾、沔。漾水与其所汇支流，别流入四川海。后白垩海向巫山泄水成陆，是为四川盆地。漾水陆续南流，是为今之嘉陵江，亦即古之西汉水也。

《禹贡》"流漾为汉"辨　　《禹贡》，西周时史官寄托其理想之书也。所记水道，明于西、北而昧于东、南。于梁、益与荆、扬地区所据资料较少，叙次远不如雍、冀、豫之明确。然秦汉以前之地理书，无出其右者。自经孔子选入《尚书》，儒生奉为经典，莫敢违之。虽有明知其为不然者，亦强为会通以实之。我国数千年言地理者之大病即在于此。是不可不察也。

《禹贡》云："嶓冢导漾，东流为汉。又东为沧浪之水。过三澨。至于大别。南入于江。"所言汉水二十六字，可议者甚多。如嶓冢山，《汉志》在陇西郡西县。《后汉志》汉阳郡西县云："故属陇西，有嶓冢山、西汉水。"则漾水即西汉水，自有人类，即已为嘉陵江源矣。远在地质年代虽曾经"东流为汉"，《禹贡》何能如此言之？当是先有人言古时水道遗迹如此，作《禹贡》者采之，以为其时至禹，约两千年，足以为古矣，遂径言之。不曾涉想到百万年前也。又上古人地名，率只一字。译夷言每有两字。若"沧浪之水"四字地名，决不能有。盖南人古歌有"沧浪之水"濯缨濯足语，流传广遍，见称于孔子（《楚辞》亦著之），故收著之。原实泛指流水，非水名也。"三澨"亦不成地名专称。"大别"山在荆豫界，非汉水所流近，而曰过之。皆足见其谬采旧闻，杂拾逗凑。与《水经》相去径庭。而言地理者必分寸遵之，讵非惑手！

《班志》误于《禹贡》　　班固《汉书·地理志》，全依秦汉地图、版籍铺叙。其地图皆经郡县实践绘制，山水委宛，殆无不可验于今世。惟每有窜入《禹贡》之处，成为蛇足。如"陇西郡西县"云，"《禹贡》嶓冢山，西汉所出，南入广汉（会）白水，东南，至江州入江。过郡四，行二千七百六十里"。与实际全合。四郡，陇西、武都、广汉、巴郡也。惟"广汉"下脱"会"字（广汉之葭萌会白水），可用广汉甸氐道文校出（甸氐道云"白水出徼外，东至葭萌入汉。"即今之白龙江）。又《武都郡》"沮县"云："沮水出东狼谷。南至沙羡南，入江。过郡五，行四千里。荆州川。"荆州郡县不著汉水，每著其支流云"入沔"。时荆州人谓东汉水为沔也。《武都郡》沮县乃著之。故加注云"荆州川"，言其大段在荆州也。无论其称沮、称沔，要皆指东汉水。故过五郡，长达四千里。东狼谷者，即沮东白马关之"沮峡"，在沮县界内（自沮口以上皆属沮县）。五郡者，武都、汉中、南阳、南郡、江夏也。（沙羡，今汉阳，时属江夏郡。南阳之筑阳、武当，皆汉水沿岸县。沮县属武都郡。）然"武都郡武都县"又云："东汉水，受氐道水，一名沔，过江夏谓之夏水，入江。"不言道里，亦不言"荆州川"，而所指明为东汉水。则谬乱甚矣。所言武都即西县南仇池山下洛谷集之武都故县。（仇池山本名武都山，有天池泽。县因山为名。）所言"东汉水"，正是陇西西县之西汉水。一水而两著之，讹用东字，一谬也。所云"氐道水"，当是大散关下之故道水，为西汉水上游最大之支流，今人称为嘉陵江之东源者也。古时褒斜栈道未通，秦川与汉川间往来，皆由宝鸡出散关，循此水出沮县，路较平缓而微纡。栈道通后，行旅取捷出褒斜，故称此旧路为故道（散关亦曰故关）。置故道县（今凤县）。故其水曰故道水。误故道为氐道，二谬也。无论故道、氐道，总当是武都郡水，无不入西汉水。当自江州入江，与沔水及东汉水无通津，而云"一名沔"，又"为夏水。"混东西汉水为一江。与沮水文重叠。三谬也。其"陇西郡氐道县"又云："《禹贡》养水所出至武都为汉。"亦无过郡与行里，明非郡县图籍所著，而为班氏对《禹贡》所作傅会。氐道在武都西北。隔有上邦与西县及渭水河谷，不可能有氐道水或养水流入武都。四谬也。既云"《禹贡》养水"，则即"蟠冢导漾"之漾水。与西县文重叠而别为两地。五谬也。言"为汉"，亦即《禹贡》原语。《禹贡》所言为沔水下游之东汉水。此言至"武都为汉"，不言入沔（班氏固以东汉水为沔）则又当指西汉水。两水混淆，古今重叠，以就《禹贡》，而失《禹贡》之义。六谬也。此皆画蛇添足之失。后人不察，以为《班志》言地最精，而字字遵之。则所导致之谬，又将大于《禹贡》为必然矣。

桑钦《水经》，调整《班志》文字，只取陇西西县与武都沮县两条，弃其氐道县与武都县之谬说。又更补充二水所经郡县，符合地理真实。可救班氏之弊。其言曰：

漾水，出陇西氐道县蟠冢山。东至武都沮县为汉水。又东南至广汉白水县西（当作东）。又东南至葭萌县东北，与羌水合（羌水入白水，纳通称）。又东南过巴郡阆中县。又东南过江州县东，东南入于江。

沔水，出武都沮县东狼谷中。东过南郑县南。又东过成固县南。又东过魏兴安阳县南。……又东过西城县南，……又南至江夏沙羡县北，南入于江。

此则郡县图籍之全文为班氏所删节者也。惟以西县作"氐道县"不合，或是传钞者用班氏文误改之。

《常志》之误　　《常志》于此一节，完全脱离实际。盖一误于《禹贡》，再误于《班志》，三误于道路传言。兹因其文以订正如下：

云"汉有二源"，误故道水为自沮县入汉，为汉之东源。又误蟠冢所出水为汉之西源，自葭萌逆流入汉。以为二水皆会于沔，故称"二源"。实则皆西汉水之二源也。云"东源出武都氐道县"者，所据传言本为"故道"；常据《班志》谬文，改作氐道也。云"漾山"者，又因《班志》氐道县"《禹贡》养水所出"文而假造山名以别于西县蟠冢之水。是分割《禹贡》"蟠冢导漾"一句为二山二水以适《班志》之谬也。云"《禹贡》流漾为汉"者，其意为故道自沮县穿白马山之沮峡入沔。以道路传言之行旅途径为水道宜然也。云"西源出蟠冢山"者，常氏于武都水原委无所知，姑用《班志》西县文，而改"西汉"为西源也。云"会白水"者，由于不知"西汉"亦是经过沮县南流，徒为割开《班志》西县"《禹贡》蟠冢"与氐道"《禹贡》养水"作为两源；亦由武都水道非当时商旅所循径，而其支流平洛河为自徽成盆地通白水武街之大道，遂妄以为武都西汉循之南入白水（白龙江），未经沮县。又是以行旅途径为水道所宜然之大谬也。云"经葭萌入汉"者，从来蜀人漕粟入汉中，皆自葭萌挽舟，至阳平关（古阳安关），搬载入沔，只车运数十里，劳费省易。自汉中漕转入蜀亦是如此。常氏未知其水流逆、顺，又以为舟运如此，水道宜然。固不知葭萌海拔才四百余公尺，沔水海拔五百余公尺。水不可以逆流如此。云"始源曰沔"者，亦用《班志》武都县"氐道水一名沔"之谬丈。云"故曰汉沔"者，诸葛亮《隆中对》曰："荆州北据汉沔。"谓汉中兼二水。常氏借引之也。

常氏于地理言论矜慎，唯独于此集谬误之大成。而后之言东西汉者，恒谓其"以蜀人言蜀地"为必可信。是以不可不辨。

《水经注》所引诸家　　郦道元撰《水经注》，亦是明于西、北而昧于东、南。其梁、荆、扬、广、交部分，搜讨故籍甚备。依于《水经》本文分条割缀，体会有误之处不少。其卷二十注汉水首句，即遇诸书牴牾无法会通之难。亦由于足迹未入汉中，惟恃书本参订，故易困惑。然主文在依《水经》，先已明分东、西汉为二水，条理不混。只于《禹贡》导漾为汉之说，犹不敢弃。宛转牵附，既定为东、西汉水，出东、西嶓冢之说，又创为"潜流通津"之论，则由《常志》误之矣。

其注首引《常志》。文虽微异，义无不同。不更论（引至"始源曰沔"句止）。郦氏意颇肯定常说，未加议论。

其次段云："按沔水出东狼谷，径沮县入汉。"未言所据何书。大抵是当时最有势力之说，郦氏初已信之。盖因《班志》沮县言："沮水出东狼谷。"以沮沔在沮谷之东，而沮县在谷之西，遂误解源出之出为流出之出，以为沮沔是向西流出此谷，至沮县入汉水。故随复引《汉中记》曰："嶓冢以东，水皆东流。嶓冢以西，水皆西流。即其地势源流所归。故俗以嶓冢为分水岭。"而判之曰："即此推，沔水无西入之理。"

《汉中记》撰人未著。常氏《东三郡小结》已引其书，应不出于祝龟、谯周、庾仲雍三家。常璩未取此书。其《先贤志》赞祝龟曰"元灵斐斐"。谓其"通博荡达，能属文"，"以著述终"。又于《序志》贬之曰："元灵性滑稽，用州牧刘焉谈调之末，与蜀士燕胥，聊著翰墨，当时以为极欢，后人有以为惑。"故鲜取之。然龟长于汉中，所言山水，得自实践。故敢于创为东、西两嶓冢山以适东、西两汉水之说，则亦卓识也。所言"嶓冢山"，实指白马山背斜轴之一分水线。不遵《班志》西县嶓冢之说，亦具胆识，"狂者进取"，其是人之谓欤？夫"嶓冢"字义，为浅圆无奇峰巉崖之山汇，西县漾源之山如此，大安沔源之山亦如此，《禹贡》嶓冢，岂得唯西县专之哉？常氏不用，故成自谬。郦氏据之，遂成千年不易之论，亦卓识也。

郦注再引刘澄之云："有水从阿阳县南至梓潼汉寿，入大穴，暗通冈山。"并云："郭景纯亦言，是矣。"又自为之断云："冈山穴小，本不容水。水成大泽，而流与汉合。"郦氏之意，盖以此为《常志》西源"经葭萌入汉"作解。则如"从阱救人"，亦自陷于荒谬之渊矣。此所言冈山即今神宣驿南之"龙洞背"，在川陕界七盘山之南，有水穿山复出，称为龙洞，深广十余丈。官道经其上正见出口与入口。中通一小水曰龙溪，即《禹贡》"浮于潜，逾于沔"之潜水也。出口外为朝天驿。水随驿道入嘉陵江处为朝天关。从来秦蜀驿路所经，故其水虽小而声名则大。中原诸水，潜流复出，未有如此之显著者也（贵州与川东南诸石灰岩山区，潜流极多，人旧鲜知者，故此小水独获潜水之名）。阿阳，为北魏天水郡属县名。则刘澄之为北魏人也。当是其人曾入蜀，见此潜流，而为善长言之如此。因被收入注，以为《常志》汉沔通津谬说作证。刘澄之本无识人耳。舆马暂过，初不辨上下流向，妄以常氏之说误郦。《郦注》既行，又复误后人一千余年，犹不能舍"潜流或一"之说焉。

郦氏再次又举庾仲雍曰："汉水自武遂川以南入蔓葛谷，越野牛径，至关城合西汉水。故诸言汉者多言西汉水，至葭萌入汉。"以证《常志》"经葭萌入汉"句为不误。其他地名今无考，由末句与《常志》同，知所云武遂是汉武都县（今西和县）。关城在武都郡和梓潼郡交界处之西汉水边。所谓西汉水，即今之白水（白龙江）。所谓野牛径，即平乐水、望子关横通西汉与白水两河谷间之大道。庾仲雍南朝人，所记荆、梁地理文字甚多。其书已佚，唯《水经注》多引之。然其足迹未入武都。若此条，恐亦只录自传闻，以傅会《常志》耳。

郦氏于此，又列举班固《地理志》，司马彪、袁山松《郡国志》及阚骃《十三州志》、许慎《说文》，吕忱《字林》及《山海经》《穆天子传》以鉴定常氏此文,而为之结论曰:"虽津流派别,枝渠势悬,原始要终,潜流或一,故俱受汉漾之名,纳方土之称。是其(以)有汉川、汉阳、广汉、汉寿之号,或因其始,或据其终,纵异名互见,犹为汉漾矣。川共目殊,或亦在斯。"其说《常志》,费力如此,究不能得正确判断,仍以不了了之。甚矣哉,地理之难说也!

《水经注》以后诸家　　由于《水经注》未能了结《禹贡》《班志》《常志》转相牵误的汉沔通津问题。阅隋、唐、宋、元、明、清千余年来言地理者,关于汉、沔、沮、漾纠缠问题,各有"望洋兴叹",无以加于郦氏之感,遂未更有所前进。大都已知东、西汉水为二巨川而已,未有显斥潜流相通之说者也。虽若《寰宇记》之博征,《一统志》之详备,《方舆纪要》之精审,《禹贡锥指》之专深,亦皆惑于此,或避而不辨,或辨于依违之间,模棱而不结,或仍结于枝津潜通。杨守敬在近世地学家中,称绝精矣,亦重浮潜逾沔关系而不能断,地理实践不足故也。

旧北平地质调查所,派黄汲清、谭锡畴等考察秦岭巴山间地质,撰成报告,附有《测制地质图》,精印发行。黄氏在滇去世。谭氏一九三〇年再入川,指图示余曰:"《禹贡》'流漾为汉',不为无因。"余曾录存其图,以考订《班志》下至胡渭之文,觉如快刀乱麻,一决而理。

⑤出《诗·小雅·四月篇》。为王子朝之徒流亡入楚后,向东周执政乞还之诗。

⑥出《小雅·大东篇》。为舟人苦于漕役者发愤吁天之诗。其汉,指银河。

⑦此依《汉书·地理志》星野之说。战国时方士之谬说也。

⑧古称渭水平原为秦川。《隆中对》"率益州之众以出秦川"是也。

⑨"都南郑"三字,《高帝纪》在"四十一县"句下,谓项羽指定如此。常氏移于此处,表是高帝自选定之,当非。范增为羽谋曰:"汉中亦秦地也。"南郑城为秦所筑,故用以表秦地。时汉中郡治西城,而南郑居沔水平原正中,故高帝亦乐居之。其时,国都不占郡治,三秦与其他同时封国皆然,极少例外。

⑩田叔,《史记》卷百零四、《汉书》卷三十七并有传。其拜汉中守,在高帝九年十二月。萧何于汉二年定三秦后,即以丞相镇关中。田叔前汉中守为谁无考。前汉汉中郡至元始时仍治西城。故知田叔所治仍为西城,非南郑。惟其天下已定,帝都已徙,而犹营治南郑宫室以待藩封,更可知其非郡治也。

⑪"帝业所兴,不封藩王",亦谓南郑虽建宫室不建藩封耳。后世遂谓汉王故国(包括蜀、巴、汉中)不封诸侯,则非矣。《汉书·高惠高后文功臣表》有汁防肃侯雍齿。《史记》作汁邡。如淳曰:"县属广汉。"亦曾为王莽封国。又有"平州共侯昭涉掉尾"。平州,巴西郡地也。全祖望《汉书地理志稽疑》云:"汉人不以巴、蜀分封,而昭涉掉尾(为平州侯),疑是巴人,故建国焉。本表其玄孙尚为涪不更。是可证也。"(参看《巴西郡》"平州县"注)非汉制巴、蜀、汉中无封国也。

二

自叔之后,_{此句原连1章末句,误。兹提作此章首句。}世脩文教,有俶傥之士,异人并挺:邓公抗言于孝景之朝,以明忠枉之情①。张骞特以蒙险远,为孝武帝_{帝字当衍}。开缘边之地,宾沙越之国,致大宛之马,入南海之象,而车渠、玛瑙、珊瑚、琳_{《函海》作}

林。碧、罽宝、明珠、玳瑁、虎魄、刘本作虎䱛。张、吴、何、王本作琥珀。浙本剜改作魄、水晶、刘、李、钱、《函》本作水精。琉璃、火浣之布、蒲桃之酒、筇竹、蒟酱，殊方奇玩，盈于市朝。振扬威灵，被于幽裔。遂登九列，杖节、绣衣，剖符博望②。谷口子真，秉箕颍之操，湛然岳立，不营不求，德声钱写作望。迈流③。杨王孙应至人之概④。自建武以后，群儒脩业。开按图纬，汉之宰相，当出坤乡。于是司徒李公，屡登七政。太傅子坚，弈世论道⑤。其珪璋、瑚琏之器，则陈伯台、此下廖本注云"当有脱"。李季子、陈申伯廖本注云："当脱陈字。"之徒，文秀玮刘、钱、《函》本作暐。他本作玮。晔⑥。其州牧、郡守，冠盖相继，于西州为盛。盖济济焉⑦。

案：此章夸颂两汉郡人。盖取自祝龟《汉中耆旧传》。龟文夸诞滑稽，每失史实。

【注释】

①邓公事，附见《晁错传》（《史记》卷一百一，《汉书》卷四十九）与本书《先贤志》。《汉书》作"邓先"。成固人，抗言诛错之非。建元中官九卿。子章，修黄老言，亦显名于公卿间。

②张骞，成固人。《汉书》卷六十一有传。《史记》在《大宛传》。武帝建元中应募，逾匈奴使大月氏。阅十二年，得还。遂通大宛、大夏、康居、月氏诸国。又建言从身毒通西域。虽卒未通，西南商道由之大启。再建议通乌孙以制匈奴。以博望侯再使西域。所将副使数十人，分遣赴葱岭内外诸国。诸国皆遣人与使俱来。对前汉开边事业功最多，诚民族一伟人也。"开缘边之地"，谓因通西域遂开河西四郡（张掖、武威、酒泉、敦煌），因通身毒，又西南夷，置越巂、沈黎、汶山、益州、牂柯五郡。"宾沙越之国"，谓属沙漠地区之西域诸国皆来朝贡。"致大宛之马"，即所谓天马，张骞初携之归，武帝更求于大宛，至于派军远征大宛以得之。皆骞当预其功矣。若"入南海之象"，则与骞无关，徒为行文绮丽之饰词也。此下所举珍物十四种，多为中原地区所无，由西域商贾转致者。"车渠"，海蚌壳琢成之。"珊瑚"，海中植物形态之腔肠动物骨骼，形色多种，赤朱砂色者最为世人所珍。"明珠"，合浦县海贝产之，非因张骞招致贾胡输入。"玳瑁"，一种海龟之甲，色彩明美。"琳碧"，即翡翠石。"罽宝"，为罽宾国工匠所琢成一种天然具黑斑图案纹之石珠，其石砂粗，色彩不艳，所重在琢工善巧，能使黑纹成相当整齐之图案，犹解大理石者能得山水人物之画面，石以工贵也，今藏族人民尚珍视此物。"玛瑙"，蛋白石与石英等层层傅集于岩穴中所形成。"琥珀"，相传松脂吸结矿质所成。色蜡黄者为多，具电磁性，能拾芥，古人奇之。性脆易琢。"水晶"，石英之结晶体，清泠透明。昔人妄谓雪山坚冰所化，故或作"水精字"。此诸种矿物，得之难，雕琢成纹理形象尤难。汉武帝时，王侯贵家与富商嗜之，遂成珍贵商品。以前中原无其物，亦无其字。汉世乃因胡贾言称，录音为字，故字形每无定也。"琉璃"，《汉书·西域传》作"流离"。《罽宾国传》云："其民巧，雕文刻镂，治宫室，织罽，刺文绣，好治食。有金、银、铜、锡以为器。……出封牛、水牛、象、大狗、沐猴、孔爵、珠玑、珊瑚、虎魄、璧流离。"注云："孟康曰：'流离青色如玉。'师古曰：《魏略》云，大秦国出赤、白、黑、黄、青、绿、缥、绀、红、紫十种流离。孟言青色，不博通也。此盖自然之物，彩泽光润，逾于众玉。其色不恒。今俗所用，皆销治石汁，加以众药，灌而为之，尤虚脆不贞，实非真物。"

今按：颜师古所言"虚脆不贞"者，盖玻璃也。《魏略》所言，亦是有色玻璃，销冶石英石，加各种染色矿石为之。六朝以来，内地亦能仿制。石英玻璃以外，又有胶质制成之不碎琉璃。未知创自何时，《古诗》"移我瑠璃榻，出置前窗下"，盖汉魏时已能自制不碎琉璃。其法"煎化羊角为之"，（见《天工开物》）。透明，能为宫灯，瓶袋。不能染色。西域输入者为玻璃，更透明，多种色。虽易碎，人尤重之。玻璃盛用，琉璃渐废。清末尤见其工。海禁开，玻璃盛至，胶质琉璃遂绝。此所言"琉璃"皆玻璃制品也，古人自制琉璃瓦与陶器，亦有诸种色，黄色用钴，绿色用铜，赤色用铁，其陶，六朝乃有，汉世无之。盖亦仿西域玻璃为勤。似由于得白石英难，仿制玻璃甚晚。无论矿质之玻璃，角质之琉璃，皆由西域商品所启导。"火浣布"，即石棉所编布。葛洪《西京杂记》与张华《博物志》并著之。亦汉武以来中原始有。"蒲萄"与"苜蓿"是张骞自西域输入其种。蒲桃即葡萄，其实捏碎贮之，自然成酒。窖藏愈久愈佳。原是中亚沙漠田特产。详《大宛传》。汉以来，内地亦知自制矣。"筇竹"，实即热带所产之"省藤"。棕榈科植物也。实心而疏节，琢去毛皮，质色光润。外形似竹，顾恺之收入《竹谱》，实非竹类。盈握者作杖最佳。古自邛国输入，营销国内，被称为邛杖。张骞在大夏国见此物，以为自蜀中经身毒来。因说武帝发求求身毒道。遂开西南郡县。其实大夏与身毒之邛杖，亦热带海国之商品也。"蒟酱"，本自蜀地输销于岭外之食物，非自外输入者（说详《南中志》）。此所云"蒟酱"，是魏晋人加于扶留藤之别称。六朝人盛行用扶留与蚶灰嚼食槟榔之嗜好，由长江流域浸渐遍于全国。扶留本语为gou，逐被呼为蒟酱。是晋以来人语。非唐蒙在番禺所食之"蜀蒟酱"。更与张骞无关。

　　张骞初使西域，拜大中大夫。还后，以校尉从卫青击匈奴，知水草处，军得不乏。元朔六年，封博望侯。后二年，以出军后期，当斩，赎为庶人。再使西域还，拜大行人，列于九卿。未更封。

③郑子真，见扬雄《法言·问神篇》，《汉书·王贡两龚传》序，及本书《汉中士女赞》。褒中人也，居褒谷南口石门附近，故称"谷口子真"。箕山，颍水，传为古高士巢父、许由所居。

④杨王孙，《汉书》卷六十七有传云："学黄老之术，家业千金，厚自奉养生，无所不致。"及将死，乃令其子裸葬之，"以身亲土"。道家称"至人"，犹儒家称"圣人"也。

⑤建武，东汉光武皇帝年号（二五—五七）。"图纬"，即谶纬，皆汉儒妖妄之言。"坤乡"，谓中原之西南方。以八卦配四方四隅，亦《纬书》之说。然谁谓图纬有"汉宰相当出于梁益"，未详，本书以李郃、李固父子当之，《后汉书》并有传（卷一百十二与九十三）。

　　李郃，字孟节，元初四年（一一七）为司空，延光末（一二五）复为司徒，逾年免。"七政"，用《舜典》"璿玑玉衡以齐七政"之义，谓宰相当察天文以理民事。汉制，太尉、司徒、司空为三公，分掌兵、民、财政，即宰相也。

　　李固，字子坚，郃子。冲帝即位（一四四），为太尉。桓帝立，免官。岁余，下狱死（一四八）。三公"论道经邦"，《尚书·周官》文。郃、固父子三公，故云"奕世"。

⑥"珪璋"，贵族执以朝觐天于之礼器，喻人品之端正高贵。"瑚琏"，祭祀盛黍稷之礼器，喻人品之清洁、素雅。陈伯台，成固人，巴郡太守。李季子，名历，固从弟，官奉车都尉。并见《士女目录》。

　　陈申伯，名术，《三国志·蜀》十二附《李撰传》，云"历三郡太守"。《士女目录》云"撰《益部耆旧传》者"。

⑦"州牧、郡守"参看《士女目录》。"济济"，谓得士之盛，出《诗·大雅》之《文王篇》与《朴棫篇》。

三

莽时，公孙述据蜀，跨有汉中。当秦陇之径，每罹于元丰、刘、李、钱、《函》、廖本有于字。浙本剜补。他本无。其害①。安帝永初二年，阴平武都羌反，入元丰本作于汉中，煞张、吴、何、王本作杀。他本作煞。太守董炳，没略吏民②。四年，羌复来。太守郑廑《后汉书·安帝纪》作勤。出屯褒中，欲与羌战。主簿段崇陈谏，旧各本皆讹作禅。廖本改作谏。是。以为："但可坚守。来虏乘胜，其锋不可当。"廑不从。战，败绩。崇与门下史张、吴、何、王本改作吏。非。王宗、原展、及崇子勃、兄子伯生，力战捍廑，并命③。功曹程信素居守，驰来赴难，冒寇殡殓廑④。虏遂大刘、张、吴本作太。盛。天子乃拜巴郡陈禅为汉中太守。虏素惮禅，更来盘结。禅知攻守未可卒【下】平，旧各本作下。兹改作平。而年荒民困，乃矫诏赦之，大小咸服。既，诛其乱首。天子善之，徙禅左冯翊太守⑤。程信怨耻，乃结故吏、冠盖子弟严鞫、李容、姜济、陈巴、吴、何、王本作已。他各本作巴。曹廉、勾矩、刘旌等二十五人，誓志报羌；各募壮士，豫结同死以待寇。太守邓成，命信为五官掾，鞫等门下官属⑥。元【和】初廖本注云"当作初"。查《西羌传》正作元初。二年《阴平郡》作五年。羌复来。巴郡板楯捄之。张、吴、何本作救。信等将其士卒，力奋讨。大破之。信被八创，二十五人战死。自是后，羌不敢南向。五年，天子下诏，褒叹信、崇等，赐其家谷各千斛，宗、展、鞫等家谷各五百斛。列画东观。每新太守到，必先存问其家。以羌畏服陈禅，拜禅子澄刘本作登。汉中太守。

案：此章述后汉世郡境兵燹。于羌乱事突出郡吏段崇、程信等忠勇事迹。

【注释】

①新莽时，延岑据汉中，后归附公孙述，述以女妻之，汉中遂为述有。时隗嚣据陇西，关中初为赤眉据地，后属光武。汉中为诸方五争之地，故多兵燹。详《公孙述志》。

②《后汉书·安帝纪》永初元年（一〇七）六月，"先零种羌叛，断陇道，大为寇掠"。二年十一月，"先零羌滇零称天子于北地，遂寇三辅。东犯赵、魏。南入益州，杀汉中太守董炳"。"没略吏民"，谓没收官吏财物，劫掠人民从军。

③汉制，州、郡设主簿，理文书版籍，录门下众事。大都辟用地方名士任之。"门下"，谓官署下，"门下史"，为其属员，分司文书者。"陈谏"，谓陈说利害，谏阻廑。"并命"谓同死，取"见危授命"之义。

④功曹，主选署功劳。在郡国为掾，在县为史。"冒寇殡殓"，谓夺还廑尸，于围城中殓之。羌俗，杀敌即弃之。其羌战死者，乃收而焚之。故程信得廑尸还。

⑤《后汉书·陈禅传》云："夷贼素闻其声，即时降服。"言之太易。本书略具委曲。兹略为说明，以阐历史实际。汉中本羌氏与汉民杂居之郡。其西界之武都、阴平，则羌多于汉。自陇西羌叛，滇零称天子，武都、阴平羌皆附之，并导羌军寇掠益州。尹就讨之，数年不能定。则汉中羌民平时受官绅蹂躏者，亦必相结而起，导外羌军来夺郡。内外勾结，故锋不可当。郑廑败死，羌势炽盛。程信等但能守城而已。外羌攻城不下，饱掠而去。陈禅素以威强著称，受命来守，本郡羌民，畏其惨杀，故益自团结，更联外援以抗。所谓"更来盘结"，谓外羌再来，与本郡羌合，据境不去也。陈禅自度无力克之，乃于初到时即矫诏赦本郡羌民从乱之罪，瓦解其内外勾结之势。自己伪作赉诏行赦。与民更始，以欺本郡羌民。本郡羌民耕居已久，恋其室家，信为实然，故其技获售。外羌既去，乃以次捕诛叛乱首恶，以慑余羌。禅因是功，迁官三辅，其子亦得为汉中太守。

⑥郡中羌叛，汉民遭没略者必多，咸欲陈禅痛歼之，而禅乃颁赦诏。故程信等怨而耻之，亦结受害之家，图报仇。所结二十五人，号为"故吏、冠盖子弟"者，谓其父祖曾为大吏致富，子弟亦衣冠张盖，享其先人余荫也。其家在羌乱时必遭没略，故程信得说动之。此辈纨绔，非能事者，但多赀，能募壮士为死党。邓成继陈禅为太守，因而倚重之。五官掾，主工巧，治兵械者也。此辈平时是否报复本郡羌民，史无可征。审其结党动机，则可必其有。报复不已，羌民痛恨，亦必再结外羌。故永初四年（一一〇），郑廑死，陈禅来。元初二年（一一五），陈禅去。不久，外羌复来。此役非赖板楯，郡不能免。虽得板楯，二十五人犹皆死于战争。程后亦被八创。此非外羌能战，亦只由郡中羌民之集怨而甘心之也（羌俗战争重在房掠，不重杀人）。

四

汉末，沛国张陵，学道于蜀鹤鸣山，造作道书，自称太清玄元，以惑百姓①。陵死，子衡传其业②。衡死，子鲁传其业。鲁字公祺，以鬼道见信于益州牧刘焉③。鲁母有少容，往来焉家④。初平中，以鲁为督义司马，住张、吴、何本作往。汉中，断谷道⑤。鲁既至，行宽惠，以鬼道教。立义舍，置义米、义肉其中；行者取之，量腹而已，不得过。廖本删一过字。以多为句。他各本有。当断句。过多，云鬼病之⑥。其市肆贾张、吴、何、王本作价。古今字。平，亦然⑦。犯法者，三原而后行刑⑧。学道【未】永刘、李本作永。信者，谓之鬼卒。后乃为祭酒⑨。巴、汉夷民当倒作民、夷。谓汉民与賨、夷、羌、氐人。多便之。其供，【道】通旧各本作通。廖本政作道。无取。限出五斗米。故世谓之"米道"⑩。扶风苏固为汉中太守。鲁遣其党张脩攻固⑪。成张、吴、何、王本作城。固人陈调，素游侠，学兵法，固以为门下掾，说固守捍御寇之术。固不能用。寇至，逾墙走，投南郑赵嵩。嵩将携取也。俱逃。贼盛。固遣嵩求隐避处。嵩未还，固又令【铃】钤旧各本作铃。兹改。下侦贼。贼得钤下，钱写本此字作铃，足知宋本作钤下，真书钤易写作铃。各本上铃字俱讹。钤下，谓家仆亲随者。遂得煞张本作杀，通俗。他各本作煞，义同。固⑫。嵩痛愤，杖张、吴、何、王本作仗。他各本作杖。剑直入，死之。旧脱此二字。就事理言，如此必死。就文理言，下文陈调战死，有亦字。嵩为苏固死。故补二字。调亦聚其宾客百余人攻脩，战死。旧各本此下连"鲁遂有汉中"句，大谬。张鲁之有汉中，不因此二人之死。上文已言"鲁既至，行宽惠"矣。此不过带述郡中封建人物，表扬忠义。至"战死"结束。下文叙鲁叛刘焉。当另起矣。

鲁【遂】既有汉中，旧作"遂有汉中"，系旧钞本误连上文成句所妄改。当另起，作既有。数害汉使。焉上书言"米贼断道⑬。"此下，旧本空格。《函海》注云"李本无空位"。至刘焉子璋为牧时，鲁益骄恣。璋怒，廖本无"璋怒"，二字。他各本有。又皆于其下空格，示分段、断句。兹不空，亦不断句。以协文理。建安五年杀鲁母、弟。鲁【说】率旧各本作率，廖本不知三夷王附属于鲁也。巴夷王依《三国志·魏武纪》文补王字。杜濩、朴胡、袁约等叛，为仇敌⑭。鲁时使使汉朝，亦慢【骄】憍。廖本改作骄。帝室以乱，不能征，就拜【镇民】中郎将、汉宁太守。旧各本无镇民二字，廖本有。系依《三国志·鲁传》文补入，非常文所固有。"镇民"成何语？纵补，亦当依《范史》作"镇夷"。不置长吏，皆以祭酒【为】治民⑮。旧本皆有为字。廖本删民字。兹删为字，存民字。璋数遣庞羲、李思疑是异字讹。李异与庞乐等叛杀赵韪，降璋，见裴注。等讨之，不能克，而巴夷日叛；乃以羲为巴西太守御鲁⑯。依《二牧志》文补。又遣杨怀、高沛守关头⑰。请刘先主讨鲁。先主此下，元丰本与浙本有讨鲁二字。刘、李本并脱上"先主讨鲁"四字。兹依钱、《函》、廖与张、吴本。更袭取璋⑱。此下旧张、吴、何本连。钱、《函》、廖本空格。兹提行另起。并补年上"建安"字。

建安二十年，魏武帝西征鲁。鲁走巴中⑲。先主将迎之。而鲁功曹巴西阎圃吴、何、王本讹作团。说鲁北降，归魏武，赞以大事。宜附托杜濩、朴胡委质。依《三国志·张鲁传》补六字。说详注。不然，西结刘备以归之。鲁勃然曰："宁为曹公作奴，不为刘备上客。"遂委质魏武。武帝拜鲁镇南将军，封襄平侯。又封其五子，皆列侯⑳。时先主东【下】取江【安】州，汉无江安地名。兹依《张飞传》《赵云传》改江州。巴、汉当作巴人。稽服㉑。魏武以巴夷王杜濩、朴胡、袁《通鉴》卷六十七作任。约为三巴太守。留征西将军夏侯渊、及张郃、原脱衔。当时郃是将军，见《郃传》。益州刺史赵颙等守汉中。迁其民于关陇㉒。

案：此章述张鲁据汉中始末。取材仅限于陈寿《三国志》。未能阐明鲁教与黄巾之关系。陈寿安汉人，去汉中近，又亲近谯周，得其所说当时史事为多，然其述张鲁事，行文多所歪曲，有当详辨者。

【注释】

①陵，即道教所奉祖师张道陵，正史无传，晋葛洪《神仙传》有之，云："沛国人也。本太学书生，博通《五经》。晚乃叹曰：'此无益于年命。'遂学长生之道。得黄帝九鼎丹法，欲合之，用药皆糜费钱帛。陵家素贫。欲治生，营田牧畜非己所长，乃不就。闻蜀人多淳厚，易可教化，且多名山，乃与弟子入蜀，住鹤鸣山（《后汉书·张鲁传》云"顺帝时客于蜀，学道鹤鸣山中"）。著作《道书》二十四篇。乃精思炼志，忽有天人下……授陵以新出正一明威之道。陵受之，能治病。于是百姓翕然奉事之，以为师。弟子户至数万。即立祭酒，分领其户，有如官长。并立条制，使诸弟子随事输出米绢、器物、纸笔、樵薪、什物等，领人修复道路，不修复者皆使疾病。县（音悬）有应治桥道。于是百姓斩草除溷，无所不为，皆出其意。而愚者不知是陵所造，【将】（以）为此文（按谓所悬示之文）从天上下也。陵又欲以廉耻治人，不喜施刑罚。乃立条制，使有疾病者皆疏记生身以来所犯之罪。乃手书投水中，与神明共盟约，不得复犯。法当以身死为约。于是百姓计念，邂逅疾病，辄当首过，一则得愈，二使羞惭，不敢重犯，且长天地而改。从此之后，所违犯者，皆改为善矣。陵乃多得财物，以市其药合丹。丹成，服半剂，不愿即升天也；乃能分形作数十人。……其治病事，皆采取《玄素》（按谓《玄女素书》）。但改易其大较，转其首尾，而大途犹同归也。行气服食，故用仙法，亦无以易。"葛洪，西、东晋间江南句容人。时间去陵未远，居地则相去万里，而知其事详实如此者，洪素慕道，谘访于其道徒甚多故也。陵之教，实为汉末黄巾之本源。黄巾组织遍十三州，如冀兖张角、青州昌霸、豫州波才、雍州王国、宋建、益州张脩、马相、幽州张纯等均是。他若马腾、韩遂、张燕、张牛角、韩暹、杨奉等，亦依民众以武力据地自擅，实皆黄巾之遗也。荆州则有所谓"宗贼"，漫入扬州。扬州则为于吉布道之区。扬州汉民富乐厌乱，未有叛者。惟山越奉之，叛乱数十年。其后孙恩、卢循，亦黄巾之遗也。其教徒或称"太平道"，或称"五斗米道"，或称"魔法"，或作其他称。其实皆张陵所传之道教。故汉中张鲁为十三州道徒所共奉之"天师"。《三国志》《后汉书》与本书，虽俱略言其教制，而被视同恢诡奇闻。葛洪《神仙传》所记亦只以神仙服食炼气，欺人自欺，微及其导化人民与组识人民之方法而已。张陵是太学生，不得志于时，退求长生之道。原非有领导农民革命之志。追其习炼丹而入蜀，为买药而求富，欲追卓氏程郑之迹，求富于临邛地区，救饥而耕，与边鄙农民相习，积以岁月，因通医药，擅技能，渐受农民信仰，为一方蚩蚩者师。此事理之自然，非有神授仙术也。鹤鸣山，在今大邑西界，大山之麓，当川西大冲积平原尽头，两溪河合流处，即林牧与农田接界处。汉时，为临邛县边隅。农民重医而尊儒，既远官府，转亲于陵，亦是自然之理。于是陵渐成为一隅所依怙之师长，同于"素王"。汉之官府令尉，不觉其有"争民"之损，以为善行而听之。其教远大昌盛，浸至于世传三代，遍十三州。固非陵初愿所及。一隅农民悦之，一州农民皆悦之，一国农民皆悦之，则其道虽欲自晦亦不可得矣。其结果必然促成封建社会的农民革命。至张鲁世，天下黄巾大起。汉朝虽能勉强平定之，终不免于亡国。张鲁本无革命之志，故初亦令其巴汉教徒帮助刘焉，志在借政府力推行其教，使能成为代替儒教之国家宗教。后与刘璋交恶，乃乘天下方乱，建立农民自治之国，数遣使汉朝。然曹操兵至即降，封府库以待之。故不得称为农民革命政权也。张鲁事迹及其与黄巾革命的关系值得细致分析考订，此不赘。

又杜光庭《洞天福地记》，依托葛洪所传张陵"分形作数十人"行化各地之说，造出八十一"玄化"，皆暗示为张天师分身行化之地。其中绝大部分皆在今四川省与其邻近地方。就此，略可窥见张陵生平活动的范围。葛洪谓其在阆中灵台山"飞升"，可能他即死于此山崖下，故后世道家夸颂此山灵异。（后世有人在鹤鸣山刻石,说张道陵"为蝮蛇所吞",不足信。)

②张衡的布道处,已经自蜀巴移至汉中。大概关陇羌汉人民已多信奉其道。《水经注·沔水》:"又东径白马戍南,沔水入焉。……沔水又南径张鲁治东。水西、山上有张天师堂。于今民事之。"《寰宇记》卷一百三十三《兴元府》西县引《郡国县道记》云:"西,本名白马城,因山以名县。又曰沔口城。"又:"白马山。《汉水记》云:'西县有白马山。'又《张衡家传》云:'衡于沔口升仙时乘白马。后人遥望山上往往有白马,因以为(山)名。'亦神仙十化之一也。"(《洞天福地记》八十一玄化有"沔口化"。)

③按刘焉拜益州牧时,蜀、巴已为黄巾马相与张脩所据。焉住荆州界不得入境。州中大姓贾青龙等结青羌攻破马相,收复成都,乃使人迎焉。焉得入蜀,实畏龙逼,不敢入成都,但居绵竹。其得自荆州穿巴境张修据地入绵竹者,盖先已奉张鲁之道,借张鲁以制张脩,故得从容入蜀也。其时焉所畏者为贾龙,故驻绵竹(今德阳),倚鲁与脩。"以鲁为督义司马,脩为别部司马。"鲁兴脩亦俱受之,为其出力。焉"抚纳离叛,务行宽惠"。并徇民意,"杀州中豪强王咸、李权等十余人。"于是"犍为太守任岐及贾龙,由此反攻焉",而焉亦能"击杀歧、龙"(引《三国志·二牧传》)。"督义司马"谓督率义民之军政官。明刘焉实得奉道民军之力。由刘焉自己承认其为教徒,故教徒能拥护之也。张鲁以教主承受州牧官属司马头衔,亦由其本无政治高位之欲望,但欲借州牧信道以巩固其教主之地位而已。

马相与张脩同是黄巾,由《后汉书·灵帝纪》《刘焉传》与《通鉴》可知。但马相入成都便称天子。张鲁则虽已兼巴汉,仍只称"大祭酒",与马相异趋。故地主军攻马相,张脩不救,反从张鲁助刘焉。马相据成蜀五年(详《二牧志》),贾龙能以五百兵起与相抗,并能终讨平之者,蜀中大姓如樊敏、王咸等咸应贾龙,青羌(氐僾)之奉道者(此辈与鹤鸣山近,奉道早)亦恶马相叛教自帝,起而助之。张鲁亦不救。其后青羌转而助刘焉。贾龙、王咸等亦遂败死。此皆与鲁之向背有关(参看《二牧志》)。

④鲁母,即《神仙传》之"华阳夫人"也。传文空虚,但明为张衡妻。"有少容"者,谓其有道能驻颜,《神仙传·序》所谓"女几七十以增容"是也。当是刘焉家妇女奉天师道。迎此妇,焉从而师事之。故常往来焉家。非以色进之义。

⑤刘焉目的在于乘乱割据,故先奉道以曲顺张鲁,既得蜀土,则恶汉廷之干涉蜀事,又不能不安置张鲁。汉中太守苏固之死,实由刘焉恶其忠于汉廷,说使张脩取之。张脩又死,乃请张鲁往镇汉中。利用制度不同,"数杀汉使",使汉廷使节不能入蜀。故云"断谷道"。既以安置张鲁,又可扬言"米贼断道"以欺汉廷。张鲁亦利其如此,得据汉中。

⑥"鬼道""米道""五斗米道""天师道",皆道外人所加之名。其自称为"太清玄元道",亦自省称为"太平道"。《三国志》裴松之注引刘艾《典略》曰:"熹平中,妖贼大起。三辅有骆曜。光和中,东方有张角,汉中有张脩。骆曜教民缅匿法。(按:即缅述隐恶以求神,明悔必改之法。)角为太平道,脩为五斗米道。太平道者,即持九节杖为符咒,教病人叩头思过,因以符水饮之。得病或日浅而愈者,则云此人信道。其或不愈,则云不信道。脩法略与角同,加施静室,使病者处其中思过。又使人为奸令祭酒。祭酒主以《老子》五千文,使都习。号〔为〕奸令。为鬼吏,主为病者请祷。请祷之法,书病人姓名,说服罪之意。作三通,其一上之天,著山上,其一埋之地,其一沉之水,谓之三官手书。使病者家出米五斗,以为常,故号曰五斗米师。实无益于治病,但为淫妄。然小人昏愚,竞共事之。后角被诛,脩亦亡。及鲁在汉中,因其民信行脩业,遂增饰之。教使作义舍,以米肉置其中,以止行人。又教使自隐有小过者,当治道百步,则罪除。又依《月令》,春夏禁杀。又禁酒。流移寄在其地者,不敢不奉。"

李贤《后汉书》注引《典略》此文，有小异。兹举其异文（文同者省）："汉中有张脩，为太平道。张角为五斗米道。"与裴引恰相易。"静室"作"净室"，当讹。静在无人搅扰可也，非必净也。"姓名"作"姓字"，义通。"及鲁在汉中"句，在上有"自"字。亦可省。"以米肉置其中"，少肉字，较佳（米可久而肉不可久）。"当脩道百步"，脩字作"循"。魏晋时书，二字每互讹。当以脩为正。又"大起"下无"三辅有骆曜"至"缅匿法"二十五字。惟"自至汉中"之一自字，足以证明汉中原只张脩，鲁是脩死后至。且足说明鲁、脩为一家人的关系。《后汉书》谓"鲁杀脩"，谬。

张角与张鲁祖孙间之关系。旧史家咸认为鲁与张角无关。兹判张角只是陵之徒孙。不过失败速，从者罪重。莫能详传其事以资勘合。只从官书得其邻爪耳。《后汉书·皇甫嵩传》："张角自称大贤良师，奉事黄老道，畜养弟子。跪拜首过。符水咒说以疗病。……遣弟子八人使于四方，以善道化天下。"所云跪拜首过，符水疗病，俱与葛洪所传张陵，刘艾所传张脩与鲁治民方法相同。葛洪所传，陵七试赵升，称陵曰"神师"、曰"圣师"、曰"师"。刘艾传张脩云，"师持九节杖"。而张衡在汉中住处称"天师堂"。张鲁称"师君"。是此教徒称各级教首为师矣。张角之称"大贤良师"，盖以别于最上级之"师君"或"天师"，亦示不同于祭酒以上一般持九节杖之教首。要之皆称师也。《三国志·张鲁传》："教以诚信不欺诈，有病者自首其过，大都与黄巾相似。"又《后汉书·杨赐传》云："先是，黄巾帅张角等执左道，称大贤（良师）以诳耀百姓，天下襁负归之。（杨）赐时在司徒，召掾刘陶告曰：'……且欲切敕刺史二千石，简别流人，各护归本郡，以孤弱其党，然后诛其渠帅，可不劳而定。'……遂上书言之。会去位，事留中。"又《皇甫嵩传》亦云"畜养弟子"。设无义舍、义米，则将何以养之？是虽不言张角治区亦有义舍义米，其实际必亦有矣。

"义舍"，谓安顿外来流民之住所。"义米"，谓供给外来流民之食粮。皆须经道友介绍，师长许可，乃得享之耳。本书云"行者取之"，他书亦云"同之亭传"，谓如置于道上亭驿，任人取用者，必不然也。各祭酒属区，自应有治病所入之公积米，刘艾记云"教使置义舍义米"，是劝导祭酒与信徒量力设置之义。愿者为之，亦必非强制规定。又曰"以止行人"，实指安插入道之户，非泛泛行人。是故虽魏晋人传米道事，由于思想意识不同，行文体会亦不一。且即同一篇文，由于简略，读者体会又不一。非细心熟究，不易得其真实。

⑦此谓管理市场价格，亦是用鬼祟威慑，以防射利者。此教所流行地，以僻远落后之山区、边区为主，亦由其人信鬼神笃故也。

⑧谓于法当死者，许其乞神，用悔过"三官书"原之。不改，再犯，犹可原之，至三原犹犯，乃杀之。他罪当笞者亦然。即所谓以"善道教"，"务为宽惠"。限于"三原"，则亦必有刑罚制度。

⑨"永信"犹言不变。"鬼卒"，谓已得道者，与初入道志犹未坚者不同。古以鬼神并称。谓精灵之在天者为神，在地者为鬼，谓先祖亦曰鬼，初无嗤鄙之义。六朝以来，鬼字含义乃变。"祭酒"，秦汉间为群体主祭者之称。张陵借以为教习《老氏五千言》，与悔祷治病者之称。后遂为低级教首。再高者称大祭酒，再高者称师。师又有多级，最高者称"师君"或"天师"。皆后来教徒大发展后，随缘创造。故张角称"大贤良师"。

⑩斜，魏晋人定斗字音之通俗字。古读斗音不作 dǒu，而近于斛（hú）与科（kē），故科、斛字皆从斗。汉制，十升为斗，十斗为斛，始变 dǒu 音。故魏晋人造为斜以便于读。其后举国音定，乃复去豆旁作斗字。汉之一斗仅略多于今之一升。五斗，约为今一亩平常产量六分之一。故贫民不难入道。入道时纳五斗米。

治病一次，亦纳五斗米，意谓首过后，如再入道也。其他献纳，如义米，似亦限于一次五斗，不许或多或少，故曰"通限五斗米"。此种制度，随道徒发展，竟使农民普遍习惯于以五斗为单位。故魏晋以后全国俱以五斗为斛。

⑪关于张脩史事，各书记述，分歧错乱，使人愈考愈觉迷惘。兹举数条，以资分析：

《后汉书·灵帝纪》：中平元年"秋七月，巴郡妖巫张脩反，寇郡县。"（李贤注引刘艾《汉纪》曰："时巴郡巫人张脩，疗病愈者，雇以五斗米，号为五斗米师。"）

又中平五年六月，"益州黄巾马相攻杀刺史郤俭，自称天子。又寇巴郡，杀郡守赵部。"（又《刘焉传》作：相"遣兵破巴郡，杀太守赵部。"）

本书《二牧志》："中平元年，凉州黄巾逆贼马相、赵祗等聚众绵竹，……杀刺史郤俭。并下蜀郡、犍为，旬月之间，破坏三郡。相自称天于，众以万数。又别破巴郡，杀太守赵【瑾】部。"

《三国志·张鲁传》："刘焉以鲁为督义司马，与别部司马张脩，将兵击汉中太守苏固。鲁遂袭脩，杀之，夺其众。"（《裴注》："张鲁当是张衡。非《典略》之失，即传写之误。"）

《通鉴考异》中平元年云："范书《灵帝纪》有此张脩。陈寿《魏书·张鲁传》有刘焉司马张脩。刘艾《典略》有汉中张脩。裴松之以为张脩应是张衡。……按《鲁传》云：'祖父陵，父衡，皆为五斗米道。衡死，鲁复行之。刘焉司马张脩与鲁同击汉中。鲁袭杀脩。'（则）非其父也。今此据范书。"

今案，中平元年（一八四）实为光和七年，即黄巾张角发难之年。二月发难，十二月败死。汉廷乃改元志尘。可知马相与张脩皆黄巾"三十六方"之一，应角同时起兵者。张脩破巴郡，杀赵部，在七月。其时荆州刘表犹能传致巴地汉官之驿报于京师，故汉廷史官得如时书之。马相同时亦杀郤俭，据有蜀、犍、广汉三郡，称天子。州从事贾龙起兵讨之。五年而平。时刘焉不得入蜀，驻荆州界上。巴汉道绝。贾龙既灭马相，遣人迎刘焉，具述五年中事。汉廷史官乃得从刘焉奏报著录之。述者既非翔实，又值李傕、郭汜之乱，记事不审，以五年事并于一年。不知相亦起自中平元年也。《通鉴》误从《后汉书·灵帝纪》作中平五年，惟本书定于元年为正，所据为蜀人记录故也。张脩与马相皆黄巾。脩在巴，相在蜀，为两个化区（方），同时发难，各破郡县。马相不当"又寇巴郡"。且三巴夷王皆奉道，张脩无内外患。马相则自称天子，即与贾龙等战争，浸弱至亡，亦不可能有余力远攻巴郡。本书《二牧志》固云，相所据为广汉、蜀、犍为三郡。未当有巴。云"别破巴郡"者，亦明非相本军。杀赵部者是张脩。《灵帝纪》以相称天子，脩未称天子，遂误为马相之属军。而《通鉴》误从《灵帝纪》也。至于《裴注》误揣，《考异》已驳之。而所据以驳之者，为张鲁杀张脩。夫张鲁之道，重杀人。对道侣三原而后刑。岂得有袭脩夺军之事？盖当时诸史官，不知米道内容，而以封建攘夺情致揣测之妄语。《考异》虽已反复考核之，未能得诸书歧乱之理，固不可得史事之真实也。五斗米道与太平道皆张陵道之异称，其治病术同巫师。故脩被称为"妖巫"。旧史以其与张角远绝，遂不知其亦是黄巾。更未能涉想其同奉张陵之道。故当时记事者昏乱歧互，后之体会者迷惘不能会通。

⑫张脩攻杀苏固之时间，《通鉴》定在初平二年（一九一）。亦未合。初平二年，董卓方拥汉帝在长安，势甚强大。刘焉何敢于此时攻杀汉廷所置太守苏固？且初平四年，刘焉子范在长安，与马腾结谋袭夺长安，刘焉实与其谋，则何为须断北道以自闭绝。其断北道，当在刘范败死后。是知刘范败死，乃命鲁遣张脩杀固以断北道，则当为兴平元年（一九四），即初平五年春。刘焉寻亦死矣。

汉中本张鲁父子之根据地。刘艾《典略》谓"熹平中（一七二——一七八）妖贼四起"，汉中已有张脩则中平元年（一八四）攻破巴郡之张脩，已实际拥有汉中教徒十二年，乃来夺取巴郡。夺巴郡后又十年，（一九四）乃杀苏固。其前之不杀太守者，张陵之教，本以农民为基础，根据地在农村，初不与守合相犯。脩能恪遵之。故马相称天子时，张脩虽破巴郡、杀太守，亦不据其城，反与张鲁结刘焉为道侣，并助之，使得益州。苏固未曾镇压其道，则亦不杀固，赵部与其道为敌，乃攻杀之。此时天下大乱，汉帝已自长安迁还洛阳，零落不能自救饥寒。刘焉方图割据蜀地，而程信等与固有阴谋，故脩乃因随刘焉使命杀固，遂据汉中也。此时苏固既无民众支持，又无外援可资。张脩宣布其死，即无逃匿之处。至于相从之钤下一人，但得脱其羁绊，即亦投奔脩军，告以所在。忠事固者，仅仅程、赵二人。足见郡民多已奉道。

程调、赵嵩，自必是不奉衡、鲁之道者。其所说"御寇之术"，传者未详。要必是勾结豪强诱诛教首，保境自擅之计。苏固若不愿听，何得"以为门下掾"而倚仗之。只是署内外更无他可倚仗者，当民众扑入时，不能不逾墙逃走。而求一可隐蔽处，亦不可得矣。《常志》曲传二人死事，以"表彰忠义"。遂使当时社会情势，朗然宣露。

⑬ "米贼断道"亦只是搪塞荆州刘表及其他责焉不朝贡者之语。既已断道，则"上书"何以能达。既能上书，则何得诿于断道？此理之易晓，不足以欺童稚，而可以遂欺朝廷乎？赵韪等请以刘璋继益州牧，即曾得朝命许可。盖其时未与鲁交恶，故能许其通使汉廷。惟自璋与鲁为仇后，乃得上书云"米贼断道"。后世乃误为焉上书语也。

⑭ 杜濩、朴胡、袁约，是信奉米道之三夷王，中平元年即从张脩攻破江州城，杀太守赵部。杜濩名最大，所居在垫江界，今广安与渠县界间之"賨王城"是也（杜为垫江大姓，已前见）。朴胡所居在阆中界，今巴中县之平梁城是也。朴胡名虽次于杜濩，居地与汉中最近。故其后张鲁奔就之。且使胡先试降于操，得许封号后，乃送鲁出。范目所率以助汉王定三秦之七姓，即有朴氏。阆中大姓无朴氏（《常志》于汉昌大姓著勾氏，无朴氏），朴胡之族已随曹操徙入关陇，晋世汉昌无朴姓也。袁约所居，疑在朐忍县界，故近年农民于开县耕地中得"汉賨邑侯"金印（曹操所颁给三賨王印）。

⑮ 张鲁数遣使至汉朝廷，只能是以"教主"承认"人主"的性质，故汉臣子嫌其骄慢。汉廷不能讨，亦不承认其为国教。乃改汉中与鲁所统治地区为汉宁郡，以鲁为太守，并许其以祭酒治民，不依汉制置长吏。张鲁亦未行用太守符印，只汉史记其有此安排而已。（即刘焉所假之督义司马，与张脩之别部司马，二人亦必不使用，但作为一种赠送之称号而已。）

⑯ 《三国志·二牧传》作："璋累遣庞羲等攻鲁。所破鲁部曲多在巴西，故以羲为巴西太守，领兵御鲁。"《范书·刘焉传》作："遣其将庞羲等攻鲁，数为所破。鲁部曲多在巴土，故以羲为巴郡太守。鲁因袭取之，遂雄于巴、汉。"本书《二牧志》云："遣和德中郎将庞羲讨鲁。不克。巴人日叛，乃以羲为巴郡太守，屯阆中，御鲁。"

综合此三种资料分析，当是贾龙败死后，"东州人"得志。其人自中原来，憎恶黄巾与米道，故使璋杀鲁母、弟。庞羲，河南郡人，刘范败死后，将范家属送致成都。以此得为巴西太守。虽亦东州人，原与赵韪同仕京师，相得。时韪为征东中郎将讨刘表于巴东。韪，安汉人，亲族多奉米道。刘焉之能抚用二张者，韪盖与有力焉。及兹璋与鲁交恶，韪颇不以为然，故叛而攻璋，败死。庞羲初亦为璋所疑，究以东州人获解。似曾使与李异等督三巴涪陵兵讨鲁，因数为道众所败，故转为巴西太守，取守势。巴人本皆为鲁用，但未显然背璋。兹既屡用兵相攻，显然叛璋就鲁者日众。故璋不更进攻，移羲驻阆中，以自捍御。目的在使嘉陵江以西长江以南之民不更背叛，维持水运关税而已。此言"鲁部曲"，指三巴地区賨夷之为鲁出死力者,皆宕渠与巴西郡人(皆旧巴西郡)。其地与广汉境接,最能威胁成都。故璋以羲驻阆中,杨怀、高沛驻关头以备之。

⑰自汉末至梁魏间,陇、蜀接壤地区军事频繁,每于郡县城以外,更置关戍。其属将领所驻之兵防重地,皆筑城屯粮,称为"关城",一曰"开头"。如阳平、白马、白水、阳安、黄金、兴势、剑阁、马阁与阴平桥头皆是。此"开头",所指为白龙江岸之白水关与嘉陵江岸之阳平关,二处皆所以备张鲁者。阳平关直拒汉中,白水关坊备武都叛羌之助汉中入侵也(参看11章之注⑱)。

⑱刘璋请刘备引军入蜀,助讨张鲁,遂为所袭,事具《先主志》。

⑲曹操自征张鲁,志在遂取蜀地,所将部众甚盛,遭汉中民军拒阻于秦岭诸谷道,乃自陈仓绕进。又遭武都氐民抗拒,勉强行至沮县之阳平关。久攻不能克,粮尽望绝,不得已旋军。偶因汉中张卫营垒夜惊,军乱自溃,乃得至汉中。其事,操与魏史皆不讳言。兹列举其资料如次:

《三国志·魏武纪》:建安二十年(二一五)"三月,公西征张鲁,至陈仓,将自武都入氐。氐人塞道,先遣张郃、朱灵等攻破之。夏四月,公自陈仓以出散关,互河池。氐王窦茂众万余人,恃险不服。五月,公攻屠之。"(此言氐王与其人信鲁道笃,不畏死以捍卫汉中也。)"秋七月,公至阳平。张鲁使弟卫与将杨昂等据阳平关,横山筑城十余里,攻之不能拔,乃引军还。贼见大军退,其守备懈(音懈)散。公乃密遣解𩦸、高祚等乘险夜袭,大破之,斩其将杨任。进攻卫,卫等夜遁。鲁溃,奔巴中。"(此说明汉中民军抵抗之坚强。只由守将无能,营制不谨而溃。)

又《张鲁传》云:"建安二十年,太祖乃自散关出武都征之,至阳平关。鲁欲举汉中降。其弟卫不肯,率众数万人拒关坚守。太祖攻破之,遂入蜀(汉中)。"《裴注》:"《魏名臣奏》载董昭表曰:'武皇帝承凉州从事及武都降人之辞,说张鲁易攻,阳平城下南北山相远,不可守也,信以为然。及往临履,不如所闻,乃叹曰:"他人商度,少如人意。"攻阳平山上诸屯,既不时拔,士卒伤夷者多。武皇帝意沮,便欲拔军截山而还。遣故大将军夏侯惇、将军许褚呼山上兵还。会前军未还(未当是来字讹),夜迷惑,误入贼营,贼便退散。侍中辛毗、刘晔等在兵后,语惇、褚,言官兵已据得贼要屯,贼已散走。(二将)犹不信之。惇前自见,乃还白武皇帝,进兵定之。幸而克获。此近事,吏士所知。'又杨暨表曰:'武皇帝始征张鲁,以十万之众,身亲临履,指授方略,因就民麦以为军粮。张卫之守,盖不足言。地险守易,虽有精兵虎将,势不能施。对兵三日(当作三月,谓五至七月),欲抽军还,言:"作军三十年,一朝持与人,如何!"(此录操语。如何犹云奈何。)此计已定。天祚大魏,鲁守自坏,因以定之。'《世语》曰:'鲁遣五官掾降,弟卫横山筑阳平城以拒,王师不得进。鲁走巴中。军粮尽,太祖将还。西曹掾东郡郭谌曰:"不可。鲁已降,留使(谓操遣使在汉中)既未反。卫虽不同,偏携可攻(谓偏将携贰于鲁者,无妨攻之)。县军深入,以进必克,退必不免。"太祖疑之。夜有野麋数千突坏卫营,军大惊。夜,高祚等误与卫众遇,祚等多鸣鼓角会众。卫惧,以为大军见掩,遂降。'

据此,足知张鲁实闻军入武都,即遣使降。表示其承认汉朝廷统治,又不欲汉军入据其教区,故遣弟卫率民军固守阳平。迨闻操军攻急,遂欲竟降。因阎圃说以先赴巴中依杜濩、朴胡,率之同降,功乃多。故自先入巴中,仍留弟卫捍阳平以待机变。实由民众必欲拒守,故拥卫坚拒曹军。操虽已屠武都,汉中人亦不畏,凭险坚守三月之久,迫操退军。操已退,乃因守军懈乱,得有机会还得汉中,亦只缘鲁决心在降,乃获得之而已。

⑳阎圃,安汉县人,盖继张脩为鲁之大祭酒,有识略者也。因张鲁执意欲降,故说以先依杜濩、朴胡,率与

同降,"功必多",且以观变。实意在:设张卫虽败,尚可结刘备拒大巴山以御曹军。鲁竟必降操者,由曾数遣使汉廷皆获优报,以为教主地位不变。而以刘备袭取刘璋,局势未定;且惩于刘焉父子之事而不就之也。"宁为曹公奴"语,亦只是其使者之饰辞。鲁虽怯懦,自当以久受徒众奉事,不至于竟有此话。

㉑此谓刘备、诸葛亮已攻下涪城,降刘璋。张飞、赵云已自巴郡江州分道占据沿江诸县,三巴人民咸已稽首归服。故阎圃有结附之意。只张鲁为操所诱,决降于操也。

㉒张鲁本意在于保存其祖遗的教主地位于封建王朝。但曹操志在统一,固不仍如建安初年,许其宗教与治民制度存在。结果是得鲁来降之后,将所有教徒家口,不分夷汉,强迫徙入关陇,分编户籍,以解散之。此种特殊之政教合一制度,由是消灭。惟张鲁与其五子及阎圃等皆得封侯以为羁縻,俱得寿终,亦云幸矣!

五

二十四年春,先主进军攻汉中。至定军,渊、郃、颙来战,大为先主所破。将军黄忠斩渊、颙首。魏武帝复西征先主。先主曰:"孟德虽来,无能为也。我必有汉川矣。"乃敛众拒险,终不交锋。魏武积月不能拔,果引军还。原脱一行,依《陈志·先主纪》与《魏武纪》补二十字,还足一行之数。先主遂为汉中王。将还成都,当得重将以镇汉中。众皆以必张飞。张飞心亦自许。先主乃以牙门延本传下有"将军"字。义阳魏延为镇远将军、汉中太守。先主大会群臣,问延曰:"今委卿以汉中。卿居之若何?"延本传作"欲云可"。对曰:"若曹操举天下而来,请为大王拒之。若偏将十万而来,请为大王吞之。"众壮其言。初,魏武之留渊、合也,以鸡肋示外。外人莫察。惟主簿杨脩知之,故曰:"夫鸡肋,弃之如可惜,食之无所得,以比汉中也。"裴注引《九州春秋》,为建安二十四年,将弃汉中时事。此以为征张鲁年事,当是常氏误笔。是后,处蜀、魏界,固险重守。自丞相亮、大司马琬、大将军祎,皆镇汉中。蜀大将军姜维即不镇汉中。按常氏行文规律,补三字。

案:述蜀汉据有汉中事。与上四章反复说明汉中地位之重要。盖常撰《巴汉志》于李雄时,有讽李雄勿弃汉中之意。文皆出自《三国志》。

六

蜀平,梁州治沔阳①。太康中,【晋】武帝【子】孙依《晋书·武十三王传》改。汉王迪受封,更曰汉国②。旧各本皆下连"郡"字。兹断句。李雄时郡但六县③。《晋志》"汉国领八县"。李雄得汉中,失黄金、兴道,乃为六县。

南郑县④　　郡治。周贞王十【六】八年，原作十六年。《史记·六国表》秦：左庶长城南郑"在"定王十八年"。凡复谥可单用一字，皆谓贞定王也。秦厉公《六国表》作厉共公。《秦本纪》作厉公。城之。有池水，从旱山来入沔⑤。大姓李、郑，元丰本作郑。他旧本皆作程。《函海》注云"应作郑"。廖本径改作郑。赵氏⑥。钱、《函》二本氏作公。《函海》注云："刘、吴、何、李本并不作氏。"

沔阳县　　州治。有铁官⑦。【又】有度水。水有二源：一曰清检，二曰浊检，并有鱼穴。清水出鳝，李本作鳝。浊水出鲋，常以二月八月钱写本讹作日。取⑧。蜀丞相诸葛亮葬定军山⑨。

褒中县　　孝昭帝元凤六年置⑩。本都尉治也。山名扶木⑪。何本误作水。有唐公房祠也⑫。

成固县⑬各旧本皆作城固。下同。《函海》注云："前，后《汉》《晋书》并作成。"廖本作成。蜀时，以沔阳为汉城，成固为乐城⑭。张、吴、何、王、浙本下连"蒲池县"。他本下二县提行或空格。

蒲池县⑮

西乡县⑯

案：记晋平蜀后汉中事与诸县文最略，且多误。盖李雄弃汉中，失其版籍。仅据传闻故也。兹略为考订。

【注释】

①魏景元四年（二六三）平蜀，咸熙元年（二六四）乃定。其明年，晋受禅，改元泰始。实则自景元元年（二六〇）已是晋王司马氏专政，故平蜀后皆为晋事。

　　本书《巴志》已言："咸熙元年平蜀，始分益州巴、汉七郡置梁州。治汉中。"此又云"治沔阳"。自不统一者，汉中郡为蜀与江左及北朝互争地，州治屡变不居，传者各从所知，著者先后取据不同也。《寰宇记》卷一三三，引王隐《晋书》云："魏末克蜀，分广汉、巴、涪陵以北七郡为梁州，理汉中之沔阳县，今州西八十四里沔阳故城是也。历晋太康中，州又移理汉中郡，领郡八。后李特据蜀，汉中又陷焉。桓玄子平蜀，梁州刺史复理汉中郡。谯纵时，又失汉中，刺史寄理魏兴郡，今金州也。谯纵灭，复理汉中之苞中县。今褒城县也。东晋末，又移理城固。"（凡云"今"句，盖乐史所加。）大抵泰康时治南郑。《沈志》与《晋志》依之。初平蜀置州时，州治在沔阳县。

②《晋书·武十三王传》："始平哀王裕……无子，以淮南王允子迪为嗣。太康十年（二八九），改封汉王。为赵王伦所害。"是迪为武帝炎之孙。淮南王允以元康九年（二九八）入朝，讨赵王伦不克死，时年二十九。则迪封汉王时只在襁褓中，其未就国可知。既为赵王伦所害，则国除还为汉中郡又可知。晋制：国以内史理民。郡则有太守。王不就国，则内史与太守无异。

③《晋书·地理志》汉中郡八县。其黄金、兴道二县，皆就蜀之关成改置，即黄金谷与兴势城，皆在今陕西洋县东界、石泉西界之间。李雄克汉中，徙其民入蜀，梁州刺史驻晋寿（今广元），惟汉中平原农民恋土，

不能尽徙，故犹存六县，只弃黄金、兴道二县而已。

④南郑之名甚古，屡见于《秦本纪》，盖周世旧名也。《水经注》引《耆旧传》云："南郑之号，始于郑桓公。桓公死于犬戎，其民南奔，故以南郑为称。"此说难信。郑桓公死难前，已寄孥贿于虢郐，营新郑。其时南郑为申与犬戎辖区，与周、郑为敌国。则其民何能不东走新郑而趋敌境？周王畿有郑，有西郑，《汉书》注："臣瓒曰：周自穆王以下所都。"窃谓：郑之为字，奠邑也。《说文》："奠，置祭也。……礼有奠祭。"段玉裁注："荐馔酌奠而已，无迎尸以下之事。"盖最原始之祭法，随地置祭品酌酒而已。周王畿有郑在华阴，是原祭华山之处。又有西郑，是祭祁山之处。后因以为邑。南国染周俗最早者为褒。褒有奠祭旱山之所，周人称曰南郑。《诗·大雅·旱麓》："瞻彼旱麓，榛楛济济，岂弟君子，干禄岂弟。""清酒既载，骍牡既备，以享以祀，以介景福。"故知其时褒人祀旱山，有南郑也。

⑤池水，今云新集渠。源出旱山，著于《汉志》。入平原后，支派分洒，流灌南郑、褒城两县，为汉中水利之首。其流至褒城县境入汉者曰廉水，见《水经注》。其至南郑入汉者曰让水，《寰宇记》引《梁州记》范柏年对宋明帝"臣汉中惟有文川、武乡、廉泉、让水足以表名"是也。

旱山，为南国从古著名之神山，即米仓山之北峰，汉中平原可以望见。《水经注》云："（池）水出旱山，山下有祠，列石十二，不辨其由。盖社主之流。百姓四时祈祷焉。"《寰宇记》南郑县引《周地图记》云："山上有云则雨。故谚云：'牛头戴，旱山晦，家中干谷莫相贷。'旁有石牛十二头。一云五头。盖秦惠王所造以绐蜀者。山下有石池，水多莼菜。"又褒城县云："牛头山，山形如牛头，高百仞。云覆如笠即雨。故彼人一号为戴笠山。"盖旱山有旁峰在褒城界，即民谣所云"牛头戴"也。

⑥李氏奕世宰辅，已见《郡序》。程氏则有南郡太守程基，计曹史程苞，功曹程信。赵氏则有犍为太守赵宜，广汉太守赵瑶、尚书赵琰与州主簿赵嵩。并在本书。

⑦汉沔阳县境包括黄沙河以西整个汉沔平原，即今勉县与宁强县地。其北、西、南三面有广阔之侏罗纪地层，富有煤、铁。故自汉以来，常置铁官。诸葛亮北伐，恒驻此。晋为梁州治。

⑧"度水"，今曰旧州河。《水经注》云："出阳平北山。水有二源，一曰清检，出佳鳣。一曰浊检，出好鲋。常以二月八月取之，美珍常味。度水南径阳平县故城东。又南径沔阳县故城东，西南流注于汉水。"孙星衍校云："水在今沔县东二十五里，俗谓之旧州河。"今按度水口，为后魏所徙之沔阳县治，元曰沔州，故明清人呼为旧州河。后魏时，分沔阳置阳平、嶓冢等县。嶓冢县治浕口，阳平县在嶓冢北，白马塞附近，辖度水上游地。

《郦注》引常氏清检、浊检文，不言"鱼穴"。但谓水中出佳鳣、好鲋。而于褒水云："又东南得丙水口，水上承丙穴。穴出嘉鱼，常以三月出，十月入地。穴口广五六尺，去平地七八尺，有泉悬注；鱼自穴下透入水。穴口向丙，故曰丙穴。下注褒水。"《常志》未言丙穴。盖郦氏疑《常志》误而改之。实则皆是鱼穴，各依山行者所见记之。《寰宇记》褒城县云："丙水源出县西北牛头山。《舆地志》云，'按河南及巴陵、昆阳并有丙穴出嘉鱼'。即此类也。"

今按凡石灰岩地层，每多伏穴潜流，或数十百里，纡曲潜出，使人难辨源委。上游河或湖中有鱼者，则下口往往随水出鱼。其鱼流出有时：上游水浅不及穴口，则鱼不能入穴；漫过穴口时，则鱼虽入穴，顿感光与空气不足，易于泳还；惟水适漫穴口，存有半穴空气时，鱼游最远，遂不得还，随水自下口流出。故鱼盛出时恒在春、秋季节。曾见宝兴县鱼泉，鱼随水出时，皆惛然如失知觉，经入浅草滩昏眠久之，乃复活泼。由失阳光与空气久也。鱼泉，四川云阳、梁平、开县皆有之，湘黔间尤多，固不必丙水穴丙穴也。

《宋书》："杨世安守鱼孔隘，后知大安军。"此鱼孔隘即旧州河上游之鱼穴，魏属阳平县，宋隶大安军也。鱥，《尔雅·释鱼》："鮇，大鱥。"郭璞注："鱥，似鲇而大，白色。"鲋即鲫鱼。皆硬鳞鱼也。（鱥，软鳞鱼，前鳍能伤人，俗呼黄刺骨。非丙穴鱼。）

⑨定军山在汉水南，是南山突出之一山爪，往来行人皆可望见。《水经注》："沔水又东径沔阳县故城南。城，旧言汉祖在汉中，萧何所筑也。……南对定军山。曹公南征汉中，张鲁降，乃命夏侯渊等守之。刘备自阳平关南渡沔水，遂斩渊首，保有汉中。诸葛亮之死也，遗令葬于其山，因即地势，不起坟垄。（《亮传》云："因山为坟，敛以时服，不须器物。"）惟深松茂柏，攒蔚川阜，莫知墓茔所在。山东名高平，是亮宿营处，有亮庙。亮薨，百姓野祭。步兵校尉习隆、中书郎向充共表云'……宜近其墓，立之沔阳。断其私祀，以崇正礼。'始听立祀。斯庙盖所启置也。钟士季征蜀，枉驾设祠。茔东即八阵图也。遗基略在，崩褫难识。"今按：诸葛亮治术平易，不尚奇诡。而世人谬以神仙视之。本是薄葬于山穴，郦氏惊为"莫知所在。又言"八阵图"。皆当时人谬说之盛之验。

⑩《史记·留侯世家》："良送至褒中。"则秦已置褒中县矣，此云"元凤六年置"，当是汉初省，昭帝复置。

褒中故城，即周褒国都城，位褒谷口外平原上。曾屡徙。《水经注》谓城在褒水口东，今则远在石门之南。要不离平原中褒水左右。去南郑仅三十余里，故易省并。地当谷口，极为冲要，故亦常复置。土城立平原上，又临兵冲，故易坏易徙。每因徙而更名，故东晋作苞中，刘宋作苞县（见《宋书·州郡志》），隋开皇初作褒内、仁寿初改褒城。唐城在兴元府西三十三里（均见《元和志》）。宋城在府西北四十五里（见《九域志》），"唐褒城在县东一十里。宋嘉祐中徙治山河堰北。今移堰南。"（《清一统志》）

⑪"山名扶木"之"名"，解同《邓通传》"不名一钱"之"名"，即"有"。褒谷两侧群山，皆坚顽之石灰岩，土薄而瘠，所产树木，质坚宜杖。扶木，即扶老木。犹扶老竹之称扶竹也。

⑫唐公房，相传为王莽时成固县人，得异人术，合丹于云台山，成，举家服之，同鸡犬升天。有壻远出未还。房遗言县北有智乡，地最吉。壻就居之，是为壻乡。"百姓为之立庙于其处也，刊石立碑"（《水经注》）。其水即湑水，至成固入汉。其上源通于傥骆者是也。《隶释》有"仙人唐公房碑"，作"聱乡"，谓"使其聱乡春夏无蚊蜢，秋冬解繁霜，厉虫系遏。去其螟蜮。百谷收入，天下莫知。"

今按：湑水在汉中诸支流中，最为纡回。中游平曲不当要道。今小河口，即壻乡也。汉魏南北朝时，汉中兵燹频仍。农民苦之，思得安居如桃花源者。实有人避居此处，得须世若千年，途有人造此谣诼，好事者造碑以实之。其地本属成固县，而《志》云褒中者，疑壻乡西侧逼近褒谷大山，其祠在山上，属褒中界。

⑬成固县城亦屡徙。汉故城在今县南，临汉水。后曰"小成固"，《水经注》："汉水又东径小成固南。州治大成固，移县北。故曰小成固。"《寰宇记》云："有南北二城相对。按《四夷县道记》云：'成固，今县东六里故北城是。'以有南城，故谓此为北城。《周地图记》云，'后魏宣武帝正始中，城固县移居壻乡川'，即今理。"是周隋时成固县城已与汉水相离，北徙至湑水侧之通关势附近。即所谓"大成固"。唐又徙至汉水附近。《元和志》"城固县西至府七十二里"，"通关山在县西北九里"，"汉水南去县二里"是也。至宋崇宁二年，再东徙至今县位置。《一统志》引《汉中府旧志》云"旧县城在今县西四十八里"是也。

汉成固县境，包有今洋县地，东尽黄金、兴势。汉中冲积平原东部全所奄有。平原东境为兴势坂。《水经注》云："（小成固）城北百二十里，有兴势坂。诸葛亮出洛（骆）谷，戍兴势，置烽火楼处。……自白马迄此，则平川夹势（谓山爪），水丰壤沃，利方三蜀矣。"（言汉中平原之富此于三蜀。）

⑭汉沔阳、成固城皆在汉水北。汉城、乐城皆在汉水南岸。虽分在二县境内，城亦相近，非即同城。常氏误

矣。《水经注》三十二:"沔水即黄水也,东北流,径成固南城北,城在山上,或言韩信始立,或言张良创筑。……城周七里。衿涧带谷,绝壁百寻。北(背)谷口造城,东门傍山。寻涧五里有余,盘道登陟,方得城治。城北旧有桁(谓浮梁),北渡涔水。水北有赵军城。(其)城北又有桁渡沔,取(趣)北城。(北)城即大城固,县治也。"今按,此所谓南城即乐城。险固不可攻。建兴七年,诸葛亮所筑也。姜维时,监军王含以五千人守乐城。护军蒋斌以五千人守汉城。钟会大军攻乐城久不能下,乃留护军荀恺统万人围汉城,前将军李辅统万人围乐城,自率大军径从阳安关口入蜀(参看《后主志》)。蜀降,二城乃下也。

蜀汉之汉城,在定军山下,魏灭蜀,不欲称汉城,改称西乐城。《水经注》:"沔水又东,径西乐城北。城在山上,周三十里,甚险固。城侧有谷,谓之容裘谷,道通益州。……水左有故城,凭山即险,四面阻绝。昔先主遣黄忠据之,以拒曹公。"盖当时夏侯渊占定军山,刘备使黄忠从谷上据故城,而自击张郃于东围。渊轻敌,自率轻军护南围(二围皆山下戍守处),遂为忠所袭破(参看《魏书·渊传》)。诸葛亮北伐,因谷为池以筑新城,名汉城,并自驻其处,故又称"诸葛城"。

⑮杨守敬《西晋地理图·汉中郡》下注云:"郡有蒲池县,无考。"今以地理形势推断,晋蒲池县当在今宁强县界。盖蜀汉时分沔阳立,随李雄弃汉中废,故仅见于《晋志》。本书能举其名,不能言其地理沿革也。今宁强县,本后魏三泉县地。《寰宇记》卷百三十三云:"本汉葭萌县地。后魏正始中分置三泉县,以界内三泉山为名。唐天宝元年,自今县西南一百二十里故县,移理于嘉陵江东一里关城仓陌沙水西置。"所谓三泉故城,在利州(今广元)"东北一百五十里"(同书),即今宁强之黄坝驿。所谓"关城仓"即今之阳平关。为嘉陵江舟运终点,故置仓城。所谓"陌沙水",即今之宁羌河也。蜀汉常驻大军于汉沔,兵员粮食皆仰于蜀地。此路运输频繁,宜有一县,以理民运。虽因乱废,唐宋之三泉实因之而立(宋三泉县,不属于州而直隶于朝廷)。

⑯汉西乡县今仍存。所辖为西乡河全局。河出大巴山,东北流穿县境入汉。《水经注》称为"洋水",又曰"祥川",又曰"城阳水"。谓西乡为平阳城。引《汉中记》曰:"本西乡县治也。自成固南入三百八十里。距南郑四百八十里。洋川者,汉戚夫人之所生处也。高祖得而宠之。夫人思慕本乡,追求洋川米,帝为驿致长安,蠲复其乡,更名曰县。故又目其地为祥川。用表夫人载诞之休祥也。城即定远矣。汉顺帝永光七年,封班超以汉中郡南郑县之西乡为定远侯,即此也。"(据孙星衍校本)。今按戚夫人为定陶人,不生于汉中。汉中不封王侯,何得为班超食邑。洋、祥古同音,非因夫人改字。其说或取于祝龟之《汉中耆旧传》,龟滑稽无史识。常氏所非。不当取。

七

魏兴郡,本汉中西城县。哀平之世,县民锡_{李、钱、《函》本作锡}光,字长冲,为交州刺史。徙交阯_{张、吴、何、王、浙本作趾}。太守。王莽篡位,【据】拒_{依旧本作拒}郡不附。莽方有事海内,未以为意。寻值所在兵起,遂自守。_{张、吴本起、遂二字倒}。更始即位,_{旧本作祚。《函海》注云:"应作位。"廖本改作位}。正其本官。世祖嘉其忠节,征拜为大将军朝侯祭酒,封盐水侯①。后汉中数寇乱,县土独存。汉季世别为郡②。建安二十四年，刘先主命宜都太守孟达从【姊】秭依旧本作秭。归北伐房陵、上庸③。自汉中，又遣副军中郎将刘封钱写本脱封字。乘沔水会达上庸。以申耽弟仪为建信将军、西城太守。达、耽降魏。黄初二年，魏文帝旧本但文帝二字，非例。兹仿下文补。转仪为魏兴太守，封鄐乡侯。住洵口。依《刘封传》补三字。蜀平，【遂】还治西城④。旧失"洵口"句，故讹还为遂。兹补正。说在注。属县六。户万。去洛一千七百里。元丰本有里字，李本、廖本亦有，刘本有小里字与小字挤刻，钱、张、吴、《函》本无。土地险隘。其人半楚。风俗略与荆州、沔中【郡】同⑤。

  西城县⑥　　郡治。元康元年，封越骑校尉蜀郡何攀为公国也⑦。

  锡钱、《函》作钖。他本作锡。县⑧　　有锡穴⑨。依《后汉志》补。

  安康县⑩　　本安阳县，太康中改。说在注。

  兴晋县⑪　　晋置。当云魏置平阳县，晋改名。

  鄐刘、李、钱作员。下同。乡县　　本名长利县⑫。县有鄐关【乡】⑬。廖本注云："当作鄐关。见《汉书·地理志》。"

  洵阳县⑭　　北山洵水所出。依《汉书》补"北山"字。

案：魏兴郡与其属县。略依晋《太康地志》而微有不同。盖王如败后，东三郡曾附李雄，而雄不能有。常氏见其版籍，据以入志也。

【注释】

①锡光事，《后汉书》附《循吏·任延传》，作"王莽末，闭郡拒守"。"朝侯祭酒"是大将军官属，大朝会时为列侯领首，司进退之仪，不常设。光武初以吴汉为大将军，旋进大司马，更以杜茂为大将军。征锡光还，当在茂时。

②两汉汉中郡属县，惟南郑、褒中、沔阳、成固四县在汉沔平原。余县皆在平原东部之山区。争汉中者皆重在平原，故其东部山区诸县较宁静，人户浸多，地渐垦辟，以至于发展成为新郡。《寰宇记》卷百四十一《金州》引《三国志》云："建安二十年，分汉中之安阳西城（此下当有"以东"二字）为西城郡。后地入蜀，蜀以申仪为西城太守。后申仪降魏，魏文帝使复守之，因改为魏兴郡。移理洵口。晋太康二年，移理锡县，今丰利界东魏兴故城是也。三年，又改理平阳县，今废黄土县东平阳故城是也。至元康中，又移理锡县。今均州鄐（原讹郑）乡县也。其封何曾（依本志，当作攀）为西城侯，亦此地也。永嘉后，复移理西城故城。宋末，分魏兴之永康县置安康郡。齐不改。梁于魏兴郡置北梁州，寻改为南梁州。"今按此所引《三国志》，指周、齐、陈三国，是第六世纪书。叙此郡沿革，翔实可信。颇用《常志》之说，而有所参审。可互参订。

③孟达事详具《三国志·刘封传》与《魏明帝纪》及裴注所引《魏略》《三辅决录》等篇。申耽、申仪事同

见。达扶风人,仕刘璋。与法正同时降于刘备。建安二十四年(二一九),北攻房陵,斩太守蒯祺。与刘封会攻上庸。降申耽。关羽败,不肯救。又忿刘封侵夺,建安二十五年降魏。魏合西城、房陵、上庸为新城郡,以达为太守。遣军助之袭刘封。建安二十六年(二二一)申仪以西城叛封,封破走。达后叛魏,欲还蜀,为司马懿所袭,败死。申耽,上庸土豪,汉末中原大乱,耽聚众数千自保,附于张鲁。鲁败,遣使诣汉中降曹操。操使领上庸太守。后降刘备。备使仍领上庸,更以其弟仪为西城太守。孟达袭刘封,耽、仪并降魏。魏方以上庸、房陵为新城郡,改仪为魏兴太守,屯洵口。领汉中遗民。徙耽居南阳。孟达败死,仪被执入洛。时魏皇初二年,蜀章武元年(二二一)也。

④"蜀平,还治西城",谓魏改新城郡,徙魏兴太守屯洵口,灭蜀后,太守还治西城。旧刻还字作遂,字讹也。洵口,又称"东魏兴",在西城东百里。今为旬阳县。

⑤郡境本古庸国地,庸亡,分入楚。秦惠文王十三年,"攻楚汉中,取地六百里"(《秦本纪》),即此郡地也。地属楚久,故其民"半楚"。三国时郡属荆州。然沔中人民徙住者亦多,风俗与土著揉合。沔中,沔、褒、郑、成四县之别称,今云汉中平原。

⑥汉西城故县,故址在今陕西省安康县汉水北西城山下,当谷口路。后魏置金州,移治汉水南岸(据《寰宇记》)。明万历十一年,大水,城坏,又移回汉水北,当故城南三里许。改城名兴安。明、清为兴安府治。清康熙四十五年城又圮,改筑新城于旧城南三里赵台山下,即今之安康县治。汉水自黄金谷以下互于郧关之间,纡回近千里,惟此部有小河原,故历为江东重镇。沙原筑城,基不坚实,故屋圮屡徙。

⑦何攀,《晋书》有传。本书《后贤志》载其策文,有"今以魏兴之西城为攀封国"句。

⑧《汉书·地理志》"汉中郡钖县"下云:"莽曰钖治。"应劭注,"音阳"。师古曰,"即春秋所谓钖穴"。按《左传》文十一年:"潘崇复伐麇,至于钖穴。"杜预注:"钖音羊。或作锡,星历反。"是晋时《左传》注已有作"锡穴"者。但汉石经作钖,唐、宋人遵不敢改。宋刻《汉书》用应劭与颜注,从讹耳。按《诗·韩奕》:"钩膺镂钖。"郑笺:"眉上曰钖,刻金饰之。今当卢也。"许慎《说文》:"钖,马头饰也。"《礼·郊特牲》"朱干设钖",俱当说为悬系之铜制装饰物。至若地名"钖穴",则当解为取锡矿后遗存之空穴,或仍在采锡之矿穴,如《货殖传》所云丹穴之义也。春秋时,麇人尚在原始社会阶段,可能已知采锡,不可能已经有制钖之工艺,则安能有"钖穴"之地名乎?《后汉·郡国志》汉中郡作钖县,并云:"有锡。春秋时曰锡穴。"《晋志》《宋志》亦皆作钖县。足知今本《汉·地理志》与《左传》钖字,皆锡之讹文矣。

汉钖县故城在今陕西白河县(临湖北界)。《水经注》于"甲水(今云夹河)入汉"下云:"汉水又东为龙渊……又东径魏兴郡之钖县故城北,为白石滩。县,故《春秋》之钖穴地也。故属汉中,王莽之钖治"是也。汉魏以来隶书,每讹易、易二字。今本《水经注》字亦作锡,是抄刻沿讹。

⑨古钖穴,疑即《水经注》承上文所言之"钖义山"。其文云:"县有钖义山,方圆百里形如城。四面有门。上有石坛,长数十丈。世传列仙所居。今有道士被发饵术,恒数十人。山高谷深,多生薇蘅草。其草有风不偃,无风独摇。"其山即《寰宇记》所言之"心山"也,《记》云:"汉宣帝时,北平阳厥为汉中守,经此山,有栖遁意,遂不之郡。学道感瑞,见金羊,因易为姓。今县界有羊氏,即厥之族也。山下多殊草,有风不偃,无风独摇。上有石坛。"(卷百四十一,"洵阳县"。又卷百四十三《均州》引《福地志》作"天心山"。文略同。)比核两文,俱是一山。"钖义",盖莽改"钖治"(字讹钖治)之别字。"心山"则钖山之别音也。春秋世其钖已空,仅存矿穴,故曰钖穴。汉宣帝时阳厥隐居此山,居其穴,世传仙去。后人呼作阳厥山,或羊山,其字随音讹作"钖"也。

⑩安康县在两汉为安阳县。《寰宇记·金州》"汉阴县"云:"本汉安阳县,属汉中郡。有安阳故城在今县西二十四里。即今敖口东十里汉江之北故城是也。晋太康元年更名安康县。《太康地记》及《太康志》、臧荣绪《晋书·地理志》并属魏兴郡。宇文周始从旧县移于今所。唐至德二年改安康为汉阴。"

按所言形势,唐宋汉阴城在今陕西石泉县东南之池河。汉安阳故城在今石泉县东十里,去池河二十四里,为汉水折南处。入楚者,自此逾山入西城谷道行也。敖口,即今石泉县治。《水经注》"洋水入汉"下云:"汉水又东历敖头。旧立仓储之所。傍山通道,水陆险凑。魏兴安康郡治。有戍,统领流杂。"敖,厫字古通用。今石泉县为汉东水陆通道总汇,故古置仓官储粮,称为敖头。为汉水粮运节点,故汉已置县也。石泉县,梁武帝立,旧治在今紫阳县界之王水口。唐大历六年并入汉阴。山郡屡乱,徙治改名,混淆错乱。清世石泉县,非隋唐石泉也。

⑪兴晋县治,杨守敬《晋地理图》定在甲水中游之上津镇(今属湖北郧西县)。当是。上津河,言称甲水。《水经注》:"汉水又东,左得育溪。兴晋、旬阳二县分界于是谷。"此谷今亦为陕西旬阳与湖北郧西县界,亦即省界也。又续云:"汉水又东,合甲水口。水出秦岭山,东南流……甲水又东南径魏兴郡之兴晋县南。晋武帝太康中立。"《宋书·州郡志》云:"兴晋令,魏立曰平阳。晋武帝太康元年更名。"应是置魏兴郡时立,本曰平阳县。晋初改名兴晋。常氏以其名晋,测为"晋置"耳。

⑫汉长利县故城,即今郧西县治。《水经注》谓汉水受甲水后,又过锡县故城北,"又东径长利谷南。入谷有长利故城,(汉)旧县也。"长利谷,即今之郧西河,一曰"天河"之河谷也。《宋·州郡志·魏兴郡》"锡县"云:"前汉长利县属汉中。后汉省。晋武帝太康四年复立,属魏兴。五年改长利为锡。"又"勋乡县"云"本锡县,两汉旧县,属汉中。后属魏兴。魏、晋世为郡,后省。武帝太康五年,改为勋乡。"盖汉长利县本在今勋西,而锡县主在白河。晋改锡为郧乡,而以长利为锡。其郧乡县即亦徙治长利之郧关(今湖北郧县地)。郧关,以税关名。郧乡,为乡亭名。县境包举二地,故徙治而仍其称也。其县境内诸山饶矿产,故县名长利。后魏立丰郡(见《元和志》)。又有锡县。唐宋有丰利县。皆足知此部山区之一时繁盛,为有丰厚之矿产。其最先采冶者,则为锡也。

⑬长利河谷虽富于矿产,而皆山地,乏于粮食。故汉世长利县包有郧开,郧关,汉水入平原处,舟运之一重要节点。附近土腴多谷,足以济矿民也。旧本作"郧乡"者,城为关,地为乡。

⑭洵阳县,《汉志》作旬阳云:"北山,旬水所出,南入沔。"《续陕西通志稿》谓其"遗址在今两关上之水田坪",当是。不能是今旬口之旬阳县。《水经注》言:"旬水又东径旬阳县,与柞水合。……又东南径旬阳县南,……东南注汉,谓之旬口。"杨守敬《晋地理图》定旬阳于旬口。误也。《汉志》之"北山",指旬水源之秦岭。后世以旬阳县北之悬书岩为北山,亦与《汉志》不合。悬书岩在旬水中游,是故县邑北之山非旬水所出。

八

上庸郡,故庸国,楚与巴秦所共灭者也①。秦时属蜀②。元丰本作属县。后属汉中③。汉末为上庸郡④。建安二十四年,孟达、刘封征上庸。上庸太守申耽《三国志》作耽。稽服,遣子弟及宗族诣成都。先主拜耽征北将军,封郧乡侯,仍当作"领"。郡如故⑤。黄初中，降魏。文帝拜就怀集将军，徙居南阳。钱写本此下有一"帝"字。省上庸，并新城。孟达诛后，复为郡⑥。属县五。户七千。去洛一千七百里。

  上庸县⑦ 郡治。

  北巫县⑧ 安乐乡，刘、李本作乡。他各本皆作"县"，并作郡属县款式，提行或空格。成六县。当非。咸熙元年为公国，封刘后主也⑨。廖本此下注云："按当有误也。上文言属县五，而今有六县。或不数公国耳。但考《晋书·地理志》幽州燕国有'安乐国相。蜀主刘禅封此县公'。明不得属上庸。此之云然，所未详矣。"廖刻不考板本，未见刘本与《函海》注，自迷惘。

  武陵县⑩

  安富县⑪

  微阳县⑫

案：上庸郡与其属县。常璩来得其地理与民物情俗。兹略考订、补充。

【注释】

①《左传》文十六年事，已详《巴志》4 章之注①。

②蜀于周安王十五年取秦南郑。其后十年，蜀伐楚，"取兹方"。谓取沔东地，已近上庸不远矣。又后六十一年，秦伐蜀灭之（并详本卷1章之注③）。故蜀之占领兹方在公元前三八七至三一六，大约半个世纪以上。《吕氏春秋》言"晋文公西伐巴蜀"，又言"吴阖闾选多力者五百人，利趾者三千，东征至于庳庐，西伐至于巴蜀"。似春秋世蜀国略地亦曾至此。否则晋文与吴军虽能越人之国远征，亦不可能深达蜀境。此或文士信口之言，史无实证。

③秦定天下，置三十六郡。汉中郡九县为西城、旬阳、南郑、褒中、房陵、安阳、成固、沔阳、锡县，无上庸。知其然者，《汉志》例以旧县先列，武陵、上庸、长利三县列最后，故知是汉新置也。未置县前，其地当属房陵。秦罪人多流放房陵。秦灭赵，徙其王族于房陵。嫪毐、吕不韦舍人轻罪者亦皆徙家房陵，其时房陵为汉中郡人口最稀之一县，辖地广而贫瘠故也。

④建安二十年，曹操取汉中，张鲁降。时申耽据上庸，遣使至汉中降。操因其据地为上庸郡，以耽为太守（即今堵水流域之地）。又于锡县置都尉，领西城郡诸县。《三国志》卷四十裴注引《魏略》云："申仪兄名耽，字义举。初在西平（当是西城字讹）上庸间，聚众数千家，后与张鲁通，又遣使诣曹公，曹公加其号为将军，因使领上庸都尉。"似曹操虽分西城置上庸郡，二郡皆只置都尉，不置太守。

⑤建安二十四年（二一九），刘备取汉中，申耽降。《三国志·刘封传》云："命达从秭归北攻房陵，房陵太守蒯祺为达兵所害。达将进攻上庸，先主阴恐达难独任，乃遣封乘沔水下，统达军，与达会上庸。上庸太守申耽举众降，遣妻子及宗族诣成都。先主加耽征北将军，领上庸太守，员（郧）乡侯如故。以耽弟仪为建信将军、西城太守。"

⑥建安二十五年，孟达与刘封忿争不和，率所领降魏。时魏文帝丕方受禅，改元黄初，以达为散骑常侍、建武将军，封平阳亭侯。合房陵、上庸、西城三郡为新城郡，以达为太守。便与征南将军夏侯尚、右将军徐

晃，击刘封于上庸。申仪以西城降魏，封败还成都。魏复以锡县都尉为魏兴郡，以仪为太守。仅合上庸、房陵为新城郡。至魏明帝太和二年（二二八），孟达叛平，乃复为上庸郡。领五县也。

⑦汉上庸县故城，在今湖北竹山县东南方城山下。其后屡迁，要不离竹水左右。《元和志》云："后魏改置竹山县。"

方城山，《元和志》云："在（竹）县东南三十里。顶上平坦，四面险固。山南有城，周十余里。"（《括地志》，作"长十余里"。）按《左传》僖四年，楚屈完对齐桓公："君若以力，楚国方城以为城，汉水以为池，虽众无所用之。"《秦本纪》昭王八年："使将军芈戎攻楚，取新市。齐使章子，魏使公孙喜、韩使暴鸢共攻楚方城，取唐眜。"皆即此方城山也。

⑧《三国志·魏明帝纪》太和二年："分新城之上庸，武陵，巫县为上庸郡。"本书与《晋志》《宋志》《齐志》皆作"北巫县"。应是魏原立巫县于上庸郡，以招巫之流民，晋统一后遂为县，改名北巫也。

北巫故城，杨守敬《晋地理图》定在竹山县西南之渚水上游，未确指令地名。按渚水上游有洪坪河，发源于巫县北界。有地名洪坪堡，《一统志》云："在竹山县南九十里，歧路四通。明弘治中建堡。"又洪坪北二十里有地曰"白河口"，距今竹山城约百里。古北巫县治疑不出此二地。其县仅六朝时存，隋以后即不复见。足知因其山地可垦，六朝乱离，避地之民居之，一时为赋税较多之区，从而设县。世道平，则弃去者多，地复荒旷也。

⑨此常璩采祝龟之妄说也。刘禅举国降，晋武帝待之甚厚，其封国在幽州，《晋志》甚明。何能在房庸山邑前世流放罪人之处？且此郡五县，《晋志》《宋志》《齐志》并见，绝无安乐之县，晋之公国，必以县封，何能以属乡之名加于公国？其为龟之妄说、与西乡为戚夫人家同也。

⑩《寰宇记》卷百四十三《房州》"竹山县"云："废上庸县，在（房）州西二百五十里，本汉上庸县。古上庸城，在县东四十里，武陵故城是也。后汉省，曹魏更立，属新城郡。明帝改属上庸郡。"（叙建置沿革至隋开皇三年，未言所据何书，疑是《周地图记》，即武则天时之图经也。）据此，则汉武陵县故城在今竹山县内，与今县治相去只四十里。萧齐政名武阳，梁改新丰，又改武陵，后魏改名京川，又改名孔阳，唐以来皆并入竹山县。杨守敬《晋地理图》定于今竹谿县东，则当是指今之水坪。

⑪安富县，《晋志》《宋志》并有，他地理书无所见。杨守敬图定在竹山县东北陡河（堵水）东侧。相当于今化口、桃坪、岳州关之间。就地理形势言，宜在桃坪附近。

⑫微阳县，《杨图》定于上庸（竹山）东北，锡县（白河）之南，堵水岸。应即指今之黄龙镇。黄龙镇位虎尾河会口之东北，为堵河水运之节点。虎尾河即古之微水。微与尾同音，古亦义通。盖即《牧誓》之微国，水因以为名。

九

新城郡，本汉中房陵县也。秦始皇徙吕不韦舍人万家于房陵，以其隩地也。汉时宗族、大臣有罪，亦多徙此县①。汉末，以为房陵郡。建安二十四年，孟达征房陵，煞钱，《函》本作煞，他本作杀。太守蒯祺②，进平三郡。与刘封不和，封夺达鼓吹。

关羽围樊城，求助于封、达。封、达以新据山郡，未可扰动为辞。羽为吴所破杀。达既忿封，又惧先主见责，遂拜书先主告叛，降魏。魏文帝善达姿才容观，以为散骑常侍、建武将军，使袭刘封。封败走，达据房陵。文帝合三郡为新城郡，以达为太守。【后】蜀丞相诸葛亮将北伐，招达为外援，故贻书曰："嗟乎，孟子度！迩者，刘封侵凌足下，以伤先帝待士之望。慨然永叹，每存足下吴、何、王本皆误作"天下"。平素之志，岂虚托名载策者哉③！"都护李严亦与书曰："吾与孔明，并受遗诏，思得良伴④。"吴王孙权亦招之。达遂背魏，通吴、蜀。表请马、弩于文帝，抚军司马宣王以为不可许。帝曰："吾为天下主，义不先负人。当使吴、蜀知吾心。"乃多与之，过其所求。明帝太和初，达叛魏归蜀。时宣王屯宛，知其情，乃以书喻之曰："将军昔弃刘备，托身国家。国家委将军以疆场音邑。钱、《函》本从易。他各本作场，从易。之任，任将军以廖本删此以字。图蜀之事，可谓心贯白日。蜀人愚智莫不切齿于将军。诸葛亮欲相破，惟苦刘、钱本作恐。无路耳。模之所言，宋椠旧注云"郭模，亮遣诈降泄孟达谋者"。非小事也，亮岂轻之而令宣露，此殆易知耳。"达【乃】以书与亮曰："宛去洛八百，去此千二百里，闻吾举事，当表上天子。比相反复，一月闲也；则吾城已固，诸军刘本误作"将军"。足辨。【则】李本无。吾所在深险，司马公必不自来。诸将来，吾无患矣。"及兵到，达又告亮曰："吾起事八日，而兵至城下，何其神速也！"亮以其数反复，亦不救。遂为宣王所诛灭⑤。宣王分为三郡。新城属县四，户二万。去洛一千六百里。

房陵县⑥　　郡治。旧各本无此二字。廖本有。有维山，维水所出，东入【泸】沔。此下，宋椠已有小注云："泸字疑误。当作汉。"张、吴、何、王本又有加注云："又按《巴汉志》新城郡有维水所出，亦云入泸。"盖张佳胤所注。廖本于旧校下云"今按当依《汉书·地理志》。作'东至中庐入沔'。又《水经·沔水篇》云，'又东过中庐县东，维水自房陵县维山东流注之。'亦其明证。旧校非也。"今按：常氏亦用《汉志》为文。非有他据。则依《汉志》正为入沔可也。固不当取"中庐"字。筑水，北入沔⑦。依《汉志》补。

沶乡县⑧刘李本作沴乡。钱、《函》本作泳乡。他各本作沶。

昌魏县⑨

绥阳县⑩刘、李、钱、《函》本作"绥阳"。张、吴、何、王、浙本作"缓阳"。廖本作"绥阳"。兹依《晋志》《宋志》《齐志》定。

案：房陵郡为东三郡之最接近于襄樊平原者，属谷城南河之上中游地区。虽仍山地，山不甚高，河谷较为宽敞，故置县独早。顾对蜀言，则最偏远。常氏所得资料尤少，但依《三国志》与晋人记载,以孟达事填实之。对其属县无所论述,亦如上庸。

【注释】

①"隘地"谓贫瘠险塞,经济文化并皆落后之地。《说文》:"隘,陋也。"《论语》:"子欲居九夷。或曰陋,如之何。"故文士谓少数民族居住之落后地区为"隘地"。秦汉房陵县,包有今之房、竹山、竹谿三县地区。在周为庸国。秦汉号为"半楚",六朝时为"巴郡南郡蛮"屡叛乱地。足知中原人居留此地者少。故曰"隘地"。秦灭赵,徙其王族于此。后徙嫪、韦轻罪舍人之家。均见《史记》。徙罪人,即流刑之义也。

②《刘封传》:"房陵太守蒯祺为达兵所害。"谓非刘备意,亦非战斗中死,但为乱兵所杀。蒯祺何如人,他无所见。按《魏略》,知申耽在上庸,即是聚众自擅于一县之地,遣使降曹操于汉中,操因假以太守。疑蒯祺亦是聚众自擅,与申耽同降操作太守者,又同降于孟达,实未抵抗。只以触怒达之将士被杀。

③亮与达书全文载陈寿所辑《诸葛氏集》第十六篇(见《三国志》),此仅其节句。"每存"之"存",作存想、存念解。"岂虚托名载册"谓必图以实际行动立功勋。

④李严与达书,出《陈志·李严传》。

⑤以上述孟达覆败事,杂取《魏略》《晋纪》《三辅决录》《汉晋春秋》等书为之。其称司马懿为宣王者,陈寿、干宝、鱼豢、习凿齿等皆晋人故也。

《晋书·宣帝纪》:"上庸城三面阻水,达于城外为木栅以自固。帝渡水破其栅,直造城下,八面攻之。旬有六日,达甥邓贤,将李辅等开门出降。斩达,传首京师。"是新城郡治不在房陵而在上庸,故为达所守也。常氏此文当系在上庸郡。其系于房陵亦误也。

⑥房陵故城,即今湖北省房县治。县西南有房山。《元和志》云:"在县西南四十三里(《寰宇记》作"县西南四十里)。其山西南,有石室似房,因以为名。"又《房州》云:"古麋国之地,《左传》(文十一年)曰:'楚子伐麋,成大心败麋师于防渚。'阚骃以为房陵即春秋之防渚,州之得名自此也。"《寰宇记》并谓"初为防字。后汉改为房"。今按,房与防,音义本通。但《汉志》已作房陵。非后汉改也。

⑦《汉志》房陵县云:"淮山,淮水所出,东至中庐入沔。又有筑水东至筑阳,亦入沔。东山,沮水所出,东至郢入江,行七百里。"今按《汉志》淮山淮水,字皆当作维。《后汉·郡国志》、《水经注》《汉中记》与本书并作维。维水,即今南漳、宜城两县间之"蛮河"。源出于保康县之康郎山,即维山也。保康东界连山三十六峰,俗称三十六榜,康狼为其一榜。列峰相维,故曰"维山"也。本曰"夷水"。《水经注》云:"桓温父名彝,改曰蛮水。"今云清源河。至武安堰西,与南漳河会。南漳河,即《水经注》之沶水。沶口以下乃称蛮河。流经"蛮城"又三十里至宜城入沔。《水经注》以为,"《春秋》莫敖自罗败退,及鄢,乱次以济其水",即此河也。此带平衍,农田资其灌溉。楚故都鄢邑即在其所。故《汉志》首称之。

《汉志》所云筑水,即今谷城县之"南河"。《水经注》云:"出梁州新城郡魏昌县界(当作昌魏县)。……东南流径筑阳县。"筑阳即今谷城县也。此乃房陵县之主流,《常志》未录,而举维水,维水在魏晋应是沶乡县内之河,汉房陵县当包有之。晋房陵县或仍有其上游之一段,不得为主要河。故当补"筑水"等五字。

《汉志》沮水,即安远河。今犹有沮水之称。亦当不在晋房陵县界内。

⑧《晋志》新城郡有沶乡县。《宋志》《齐志》皆作"祁乡"。《宋志》云:"祁乡令,《何志》魏立。晋《太康

地志》作涊，音祁。"示字，古音原同于神祇之祇。越嶲郡苏祇县，一作苏示。《周礼·大宗伯》"掌天神、人鬼、地示"即地祇之别写也。涊乡县治，当在涊水上游，为今南漳县地。《杨守敬图》，定在今南漳县治西。然则是今黄潭洲或长坪处也。

⑨昌魏，《晋志》《宋志》《齐志》俱有。《宋志》云"魏立"。《水经注》倒作魏昌。其筑水云："出梁州新城郡魏昌县界，县以黄初中分房陵立。"杨图定在今房县南漳河与大黄沟之间。疑即今苦水河入筑水处之簸箕街（博济街）处。自此以下，保康县西境之筑水流域，皆晋昌魏县地也。

⑩绥阳县，《晋志》《宋志》《齐志》俱有。《宋志》云："绥阳令，魏立，后改为秭归，晋武帝太康二年复为绥阳。"今按：曹魏时，秭归县属吴建平郡，与房陵隔大山（大神农架与康狼山十三榜接成大分水岭）。魏改绥阳为秭归者，盖亦如北魏称巫县，因二县民流至，即用其县名以招续来者。为其后侨县之嚆矢。即此，亦可知绥阳故治在秭归县北不远。杨图定在今兴山县西北香溪西源上。疑即是"小当阳"处。兴山，在汉为当阳县，属南郡。在秭归县北，辖地东包长坂，西竟香溪上游，南与秭归以建阳峡为界。凡地名对称大小者，皆缘旧曾同名，出于县治转徙者为多。故疑小当旧曾为县治。或却为"绥阳"转讹。《一统志》卷二七三："南阳河，在兴山县西北，发源于当阳村（即小当阳），东流，会深渡河，绕（兴山）县城，南流入香溪。"今云"香溪"，魏晋或作绥溪。由其西源在晋世有绥阳县，足知其水名绥矣。

刘、李、钱、《函》四本，曾用李垩嘉泰刻本，其字作"缓阳"者，盖亦有所据。《旧唐书·地理志》房州有受阳县。武德元年置，七年废。《一统志》谓其故城"在保康县西南一百五十里，接房县界，今名受阳坪。"方位道里，俱与小当阳无大出入。盖隋唐人传此县为绥阳字，曾复立县。由传钞本书者字作缓阳，即宋椠所据本。然是讹字，究当依《晋志》《宋志》作"绥阳"。

十

右三郡，汉中所分也。在汉【中】中字各本无。之东，故蜀汉谓之"东三郡"①。蜀时为魏，属荆州。晋元康六年，始还梁州②。山水艰阻，有黄金、子午，马【聪】骏李本与《函海》本作骏。他各本作聪。顾祖禹引《元和志》亦作骏。今本《元和志》《寰宇记》并作骡。益足▲知旧本聪字是音讹。建鼓之阻③。又有作道，九君抟土作人处④。而其记及，《汉中记》不载⑤。又不为李雄所据。璩识其大梗概，未能详其小委曲也。

案：士九十一字，为东三郡作一小结，为梁、益、宁三州其他各郡所无。此而特有者，似由其入晋后，有人诘问何为收入楚地？故既删削《巴志》之建平郡，又加此文于东三郡后，以明此是晋梁州地，非荆州，当收入也。（若建平郡，则晋属荆州，故削之。）故言称"李雄"，而重言"元康六年还梁州"，又补述晋人所称险阻也。

【注释】

①此"蜀、汉"谓蜀人与汉中人。三郡在其极东，深达荆州，故特称东三郡。下"蜀时"字，乃指蜀汉时。

②三国时，蜀、魏、吴皆分有荆州。蜀先主伐吴败还，其荆州地转入于吴。魏则于曹操南征降刘琮时，立荆州于襄阳。《水经注》："建安十三年（二〇八）魏武平荆州，分南郡立襄阳郡，荆州刺史治"是也。关羽夺襄阳（二一九），魏荆州徙治南阳之宛，司马懿为荆州刺史治宛是也。东三郡当关羽败没时仍为蜀守，旋为魏得，故属魏之荆州，与吴属之荆州南北并立。晋武帝平吴（二六五）后，合南北荆州为一。其时已置梁州，此三郡仍属荆州。至惠帝元康六年（二九六），关中为齐万年所据，流民大入汉川与此三郡，乃以此三郡并入梁州，以便管理。李雄据蜀，弃汉中。此三郡在王如之乱时，流民更东入荆州。侨州侨郡纷起，荆、梁之界亦淆乱矣。

③黄金谷，在今陕西洋县东八十五里，汉水北岸。有黄金水，自秦岭山中佛坪故县（旧佛坪县治，在太白山南，属渭水上游，为傥骆道中权）南来。北连傥骆道，东扼子午道，故为汉东锁钥。晋时置黄金县于谷口，今云金水镇是也。《水经注》："汉水又东径小大黄金南。山有黄金峭，水北对黄金谷。有黄金戍，傍山依峭，险折七里。氐（羌）掠汉中，（晋人）阻此为戍，与铁城相对。一城在山上，容百余人。一城在山下，可置百许人。言其险峻，故以金铁制名矣。"又谓："《汉中记》曰：'自西城涉黄金峭、寒泉岭、阳都坂，峻崿百重，绝壁万寻。既造其峰，谓已逾嵩岱。复瞻前岭，又倍过之。'言陜羊肠，超烟云之际，顾看向途，杳然有不测之险。'山丰野牛野羊，腾岩越岭，驰走若飞。触袭树木，十围皆倒。'山殚足阻，地穷坎势矣。"今按：汉中之核心为南郑。其与长安交通之路，秦以前皆西出沮峡（阳平白马），依故道水，逾大散关，至宝鸡入渭水平原。秦、楚、蜀、巴争汉中时，新开取捷山道。自褒中入连云栈，溯褒水源（今太白县），逾秦岭，循斜谷至郿县，为褒斜道，一曰北栈道。其后，又自洋县之傥水谷入山，层层缘岭，经华阳镇、旧佛坪，逾秦岭，由厚畛子循骆谷下至周至（盩厔），为傥骆道。又后自黄金戍而东，入长安河（子午河）过宁陕县，由火地塘逾山入旬阳坝、东江口（并属旬水河上游），乃逾秦岭，循子午河直至长安，为子午道。南北皆有子午河与子午镇。王莽所开也（见《王莽传》）。是为南郑入关中之三道。其自西城入长安者，惟东沿汉中至襄阳，转南阳入洛阳，再入关中，为最平易。然最纡远。亦有三捷道赴长安。东自旬阳溯乾佑河经镇安、柞水逾秦岭，至蓝田关入，为东路。北阅汉阴、石泉、宁陕，依子午谷直抵长安，为中路。西自黄金戍入谷，经佛坪（本袁家庄）出骆谷，为西路（西路与中路今皆已筑成公路）。《郦注》所引《汉中记》，云"自西城涉黄金峭"，则是东三郡人赴陇西者语。

蜀汉备魏之险要，首称黄金、兴势。东晋备北敌之险要，首称黄金、子午。《常志》于此始补言黄金、子午，故知其为入东晋后补记矣。

黄金、子午，喻道之险。马骢、建鼓，言山之高。建鼓、马骢相连，为大巴山脉入楚界之最高处，海拔皆三千公尺左右，上庸、房陵皆可望见。俗称"大神农架"。其尾结于荆山，尽于武当，为鄂西一大分水线。《元和志》"房陵县"云："建彭山，在县南百一十三里。与马鬣山连接。二山并高峻，冬夏积雪。"《寰宇记》"房陵县"云："建鼓山，袁山松《（宜都）记》云'登句将山，见马鬣、建鼓，嶷然半天'。《华阳国志》言此即山水之艰，'有马鬣、建鼓之险'。"今按，马骢谓自大神农架至康郎山，山峰骈列同偏如马鬣也。

④"作道九君抟土为人"，古籍未见此神话。当是楚中民间有此传说。今蜀人之先世从湖广来者，亦传有

"伏羲姊妹捏土成人"之说。不知所自始。

⑤如前西乡县所引《水经注》引《汉中记》文,谓汉高帝戚夫人生于此乡,诞妄似祝龟之说。然本书言龟撰《汉中耆旧》未言有《汉中记》。祝龟后,有巴西谯周撰有《巴记》《蜀记》《南中记》,其居与汉中接,疑亦当有《汉中记》,即常璩所称之《汉中记》也。周自必采用祝龟之言。又其后庾仲雍亦有《汉中记》,多为《郦注》所采。未知常氏见之否。按所记黄金道文,应是庾之文也。

常氏此云"其记",似《汉中记》外尚有专记东三郡之书。抑或是《楚记》或《荆州记》。《楚记》疑亦谯周所撰。《荆州记》庾仲雍,盛弘之并有。东三郡原是楚地,《禹贡》为荆州,两书并当载此三郡,亦皆未有"作道九君"故事,故常璩如此言之耶(扶徐著名《楚记》,说在《巴志》)?

十一

梓【橦】潼廖本作橦。下同。郡,本广汉属县也①。建安十八年,刘先主自葭萌南攻州牧刘璋,留中郎将南郡霍峻守葭萌城。张鲁遣将杨帛诱峻,求共城守。峻曰:"小人头可得,城不可得也。"帛退。刘璋将向存、扶禁由巴阆水攻峻。岁余,不能克。峻众才八百人。存众万计,更为峻所破败,退走。成都既定,先主嘉峻功,此下,刘本提行,钱、《函》、廖本空格。句犹未结,兹连写。二十二张、吴、何、王本作"二十三"。应讹。年,分广汉置梓潼郡,以峻为太守②。属县六。廖本注云"当作五"。户万。去洛二千八百三十八里。东接巴西。南接广汉。西接阴平。北接汉中。土地出金、银、丹、漆、药、蜜也。世有隽刘、钱、本作俊彦,人侔于巴蜀。

梓【橙】潼县③ 郡治。有五妇山,故蜀五丁士所拽蚺崩山处也④。有善板祠,一曰恶子。民岁上雷杼钱写作杵。十枚。元丰本作枝。钱写作牧。岁尽,不复见,云雷取去⑤。四姓,文、景、雍、邓者也⑥。此下钱写本有单行小字云"一本作梓"。刘李本同有,字作"泽"。应是李𡺞注。钱写误。《函海》注云:"梓潼,一本作梓,刘李本作泽。廖本注:"旧校云,一本作梓橦。按当作潼。"张、吴、何、王、浙本无注。

涪县 去成都三百五十里。水通于巴。刘、李本此下衍蜀字。【于】为,钱、《函》、廖本作于。刘、张、吴、何、王本作为。蜀【为】廖本此下有为字。东北之要。蜀时,大将军镇之⑦。有【岩】宕田、【本】平稻田⑧。廖本作"岩田本稻田"大谬,据钱本等改。孱水,出孱山。其源【出】有据钱本等改。金、银矿;洗取,火融合之,为金银⑨。阳泉,出石丹,大司马蒋琬葬此⑩。大姓杨、杜、李。人士多见《耆旧传》也⑪。元丰本、廖本有传字。他各本无。当有。也字当衍。

晋寿县 本葭萌城。刘氏更曰汉寿⑫。水通于巴西,又入汉川⑬。有金银矿,民今此下钱写本有一空位。如有阙字。他各本连。岁岁取洗原倒作"洗取"。之⑭。蜀亦大将军镇之。漆、药、蜜所出也⑮。大将军费祎葬【此】北山。旧各本皆作"此山"。兹改正。大姓葬此者多⑯。

白水县⑰　　有关尉，故州牧刘钱、廖、刘本有刘字。他各本无。璋将杨怀、高沛守也⑱。

昭欢县⑲旧各本作广汉县。查本书《蜀志》自有广汉郡与广汉县。本郡序亦云"分广汉置"与"南接广汉"。则不得自有广汉县明矣。廖本径行删去作五县，亦不合。今考《晋志》、《宋志》晋寿郡皆有邵欢县。沈云"疑是蜀立，曰昭欢，晋改也。"兹依吴增仅《三国郡县表》改为昭欢县。（说详注⑲。）

汉德县⑳旧各本皆作"德阳县"。顾广圻校稿云，"必汉德一县误分"。廖本径改作"汉德县"。并注云："旧作'广汉县，德阳县'。今删正。汉德县，沈约以为'疑刘氏所立'。广汉郡之广汉县、德阳县，自在《蜀志》中，不得属梓潼也。"查《晋书·地理志》明言"刘备据蜀，又分广汉之葭萌、涪城、梓潼、白水四县，改葭萌曰'汉寿'，又立汉德县，以为梓潼郡"。则此为汉德县明矣。　　有剑阁道三十里，至险㉑。有阁尉㉒，领桑下兵民也。廖本此下注云，"当有误"。今按：非有误。阁尉所领只桑下兵民也。又，张、吴、何、王本，各县文皆连缮，惟县名上空格。独此"德阳县"与"有剑阁"间有空位，盖作为一县名也。顾广圻校稿云："依《晋志》，有剑阁县，桓温所置。此不得有。"廖本所注"有误"、似即指此。

案：梓潼郡与其属县，旧刻遗留问题特多。盖亦缘常氏所得实地调查之资料少，言之未免惝恍，须待阐释之处多矣。

【注释】

①《汉书·地理志》广汉郡十三县，首梓潼，次什方、涪、雒、绵竹、广汉、葭萌、郪、新都，皆秦旧县。又次甸氐道、白水、刚氐道、阴平道。其中五县在成都平原。涪、郪、广汉、梓潼四县属涪江平流部分，有沿河平原与浅丘陵农耕地。葭萌、白水二县，则属于西汉水上游山谷地区，但以扼交通要道见重，风俗、产业均与汉中及巴西相似。三道，则属陇南氐羌民族地区，皆汉武帝时新开。地理既颇复杂，郡守驻地亦屡变。大抵最初驻梓潼，后汉徙治涪，汉末，曾治雒。魏晋间，亦曾治广汉与葭萌。刘备分广汉置梓潼郡，太守初治梓潼，后亦徙治葭萌。皆由地形分散，无所为重心故也。

②此节全据《三国志·霍峻传》，微变其文，可互参。《水经注·梓潼水》云："故广汉郡，公孙述改为梓潼郡。刘备嘉霍峻守葭萌之功，又分广汉以北郡为梓潼郡。"谓公孙述改此郡名未知何据。

③梓潼县城，古今位置未变。有梓潼河，源出江油之马阁坝，经梓潼、盐亭二县至射洪县入涪江。《汉志》谓之"驰水"（虵水），应劭曰"潼水"。后世逐谓涪江为梓水，以为郡县并因二水为名。兹考为不然。"梓潼"盖蜀人土语，为一民族部落名称，亦如苴、郪、丹犂之类。秦因其国为县，作字无定。故历世地理书作梓、涬、子不一，作橦、潼、同亦不一。"王莽曰子同"《汉志》，足知其为录音字。涬水潼水，皆缘音字为字所附会也。其水不大，无舟楫之利，亦无大平原腴土。沿流皆红土丘陵，与郪王之国同。虽当剑阁大道，亦非重要节点，无奇险关隘，而从来著名，至成郡名郡治。故虽无文献依据，亦可推断如此。

④五妇山，《蜀志》云"五妇冢"。《汉志》云，"五妇山，驰水所出，南入涪，行五百五十里"。足知五妇故事制造甚早，别详《蜀志》3章之注⑬。其山，在今马阁坝附近。"驰水"，当作"虵水"。虵今蛇字，也字古文作它，即蛇之义，隶变作"也"，故虵、蛇为一字异书。其水宛曲流行于紫土丘陵间，酷似蛇行，故称《蛇水》。《汉志》虽作驰，仍当读如它（tā）。虵喻其行状，驰喻其疾速，要之取蛇之义。盖梓潼人传说山蛇出走而成此水也。

⑤善板祠，即今梓潼县北十八里七曲山之文昌帝君庙。今俗传其神名张亚子，晋越嶲郡人，为司禄命之神。科举时代，儒士皆尊奉之。为蜀地若干迷信中心之一。按常氏说，盖上古蜀人相传之雷神，其庙不始于晋世。疑梓潼，即蜀人古语雷电之义。或周秦时此间民族以雷电自喻，后世因之有此雷神之庙也。恶与亚古同音。故造文昌说者，讳恶为亚。文昌神像，一般塑为绿袍乌纱文雅相，亦有塑作青脸红髯凶恶相者，谓为文昌之"法身"，盖犹存"恶子"遗义。（造文昌说者，亦言其为母报仇，杀人亡命，来于此。）

雷杼者，俗传雷神碾人之武器，两端尖滑如织具之杼，一云雷公石斧。盖原始人类之石器遗存于今者。昔人见其工致而不识其用，以为雷杼也。《旧唐书·高宗纪》云，荆楚刺史崔佽，献定国宝玉十三枚。其十二曰："雷公石斧，长四寸，阔二寸，无孔。细致如青玉。"宋沈括《梦溪笔谈》："世人有得雷斧、雷楔者，云雷神所坠。多于雷震之下得之。"此云雷杼，故知其为雷神也。"民岁上十枚"者，其仿制品。岁岁献之，樵牧信手抛失，故"岁尽不复见"尔。（青玉即碧石，蜀地多有，仿制石器不难。）

雷神祠而曰"善板"者，板，籍也。谓奉祀者著善籍，雷神所护。故俗祠之。后人遂因善籍转为司禄命之神也。

⑥"四姓"与大姓微有区别。封建政权初建，西南郡县官皆倚氏族领袖人物推行政令。称为"大姓"。大姓有由原始社会的氏族组识发展成者，如上篇之巴夷七姓是也。有由仕宦至大官，得其族戚依附，从而组织成地方势力之宗族集团者，如安汉之范氏、陈氏，汉昌句氏，朐忍扶氏是也。大姓亦有兴灭与盛衰。其首领或泄沓无能，不为官府所倚任。封建政权既稳定后，官府每乐于利用小姓首领之有才能者，任以乡、亭征调之事，比于曩之大姓首领。每县例分东、西、南、北四里，任用如此者四人，称为"四姓"。四姓固以大姓人物为多，而不必皆为大姓。县境或宽广有五六乡，或狭窄只二三乡，其亲近官府，世掌一方实权之族姓，亦皆称为"四姓"。此魏晋蜀地之俗称，亦本书之通例也。追封建政权成熟，官吏不须假手于氏族首领以推行政务时，大姓、四姓之称亦俱消灭。唐宋以来，姓氏、谱谍之风虽存在，官府所重只在于个体之绅耆，不重姓氏之集体矣。

按《士女目录》梓潼县人有文姓四，李、景各二，杨、寇各一人。雍、邓无见。而此四姓惟"文、景、雍、邓"，足知大姓与四姓之所为不同矣。

⑦秦汉涪县故城，即今之绵阳县治。涪江至此形成一大冲积平原，农田之美，比于成都。东阻涪水，西阻鹿头关，为成都东北一奥区。陆路逾涪水，经梓潼、剑阁，入陕，为从古蜀通中原之大道。沿涪水，舟运通于三巴荆楚。往时自江岭入蜀者，必自巴郡转涪（内水），至此，陆行向成都。故曰"蜀东、北之要"。蜀汉时，丞相诸葛亮长驻汉中，大将军蒋琬常驻此城，皆以便于图魏也。

⑧宕田，谓紫土丘陵中之农田。平稻田，谓冲积平原上之水稻田。宕田有水者能种水稻，一般只种旱粮，生产逊于平稻田而费力多。然地面广阔，足以容纳多量农民。涪地具此两种田，言其农业发展已经深入山地矣。其称云"宕田"者。賨人谓崖间石穴为宕。故其郡县称宕渠。宕渠诸山皆作重叠台阶状，能层层建成梯田。賨人在此基础上发展成为巴西之特殊耕作方式，以利用山原之紫土（软页岩风化之红色黏土），提

高土地生产力。蜀地农民惟善利用水力,经营冲积平原;初不能利用山地,悉以委为森林。惟广汉郡与巴西接,地质相同,人口既密后,亦学賨民利用山地。故称此种山田为"宕田"也。魏晋间,成都平原土人初知宕田,而异之,故于此与平稻田比提也。

⑨《汉志》涪县"有潺亭"。谓县西北有亭长辖区,在潺水旁,以富庶著称,故特举之。汉之乡与亭,有如宋明之场与镇。后人乃于鹿头山大道侧造亭,指为潺亭古迹,是大谬矣。汉潺亭辖区,即今安县地。平原与涪城平原略衔接。潺水,即今安昌河。潺山,即安县西北界之大山,富有金矿。故所流出之潺水产金。后周置金山县,唐、宋为龙安县,元为安州,明清迄今为安县。在汉世则涪县地也。《水经注·涪水》涪县下云:"县有潺水,出潺山。水源有金银矿。洗取,火合之以成金银。潺水历潺亭而下注涪水。"《元和志·绵州》"龙安县"云:"金山在县东五十步。每夏雨奔注,崩颓之所,则金粟散出,大者如棋子。"此以潺水之岸丘为金山也。《寰宇记》"龙安县"云:"本汉涪县地。后周为金山县。唐武德元年改为龙安县,因界内龙安山为名。"所云龙安山,即潺山也。今按周、隋、唐时潺亭地区金矿最旺,一时人户密接,增置为三县(龙安、益昌、神泉)皆由六朝乱离时避世者多来于此,矿冶业大兴,亦足以养其民人故也。入宋矿衰,县亦渐并。《寰宇记》已不言产金矣。

凡产金之山,岩石风化崩解,金块金屑随水流积沉于平流处之河砂中。人掘砂冲洗,土砂流去,金重沉留。故曰洗取。川西北诸山竟康藏高原,凡有白石英处,无不产金。金屑即包在白石英中。故凡漂有白石英砾之河沙中,亦无不可以淘金。近世如漳腊,如二楷,如色耳巴,如洼里,如理塘,金粒大者每重数两。细如麸粉者,人不屑取矣。潺水之淘金,徒以近蜀,人得早发见耳。潺,弱不胜物之义也。金重,水不能运,故称潺(潺同)水。由其命名,已示产金之义也。后世凡可淘金之河道,亦皆称为潺水。故地书用《常志》此文而称潺水、金山者不一。《寰宇记·绵州》"巴西县"引《益州记》云:"金山在涪县东五十步。东临润水,光照映川。"又引《李膺记》云:"金山,长七八里,每夏淹雨,有崩处,即金粟散出。"又魏城县引《郡国志》云:"魏城县有甚冈,东枕水。每夏,洪水朝触,金粟散出。"此皆指绵阳东河之水为潺水也。《寰宇记·绵州》"罗江县",又谓罗江水为"潺水"。并言"有潺亭庙,有碑磨灭,潺亭之字存。"皆谬缘《汉志》傅会,无足取矣。

⑩蒋琬墓在涪县,钟会入蜀时,曾询其子降将蒋斌,往来书札,载《三国志·蒋琬传》。世传其墓在绵阳西北八里之西山观外山阿里许。清咸丰时,盐茶道广东全州人蒋琦淳,自称琬裔,为之修建一新(见《绵阳县志》)。绵阳西山,即阳泉山也。"石丹"今曰土红,为氧化铁构成之纯净红土。旧曾压制方块为商品,供朱漆木器垩底之用(中江西山亦曰阳泉山)。

⑪涪县人《先贤志》有赞者,李姓有李余、李仁、李撰、李福四人;杜姓有杜微、杜慈(女)二人;杨姓只列女敬杨一人。他如尹默、张寿、王晏,皆以贤称,载入陈寿《耆旧传》。此则未著,盖有阙文。

⑫汉葭萌县地,本周秦时苴国。秦灭巴蜀,置葭萌县。蜀汉改名汉寿。因关羽曾封"汉寿亭侯",其县在中原,此借其名以纪羽功也。入晋,又改名晋寿。

葭萌故城,当在今广元县宝轮院附近(原为昭化县地,近年并入广元县)。周秦时,秦蜀往来,不经剑门,而是自此循清水河谷出马阁坝至涪城,即今宝成铁路所经线。故葭萌为扼江要地。其后剑门桥阁成,秦蜀往来取剑阁道为捷。嘉陵江渡移至桔柏津,县城亦南徙至旧昭化城附近以扼津口。盖蜀汉时徙也,徙城时即已改名汉寿,故《费祎传》已称"汉寿"。

⑬汉寿故城(今云老昭化),当嘉陵江与白龙江会口。舟运畅通于江州(今重庆市),连于荆楚。其上游,溯

航可达略阳（故沮县）之阳平关。自彼平行入汉中平原，通于关洛。支流溯白龙江，舟运可至甘肃之碧口。故汉寿为川、陕、甘三省古今交通枢纽地。蜀汉时为进规秦川，退固巴蜀之要地。大将军费祎所驻也。

⑭此言县境之嘉陵江沙洲可淘金。非谓山中有金银矿。白龙江源出于康藏高原东侧，其地多有金矿。故其水中泥沙夹带金块金屑。上游水急，搬运力强，金屑不易沉淀。自碧口以下，渐平缓，金屑易与砂石沉积。县城附近水势甚平，故沉积金沙特多。冬季水落洲出，即可淘取金屑。夏水没洲，即不可淘。洲中金屑虽冬日淘尽，经夏涨后，又复新淀。故曰"岁岁取洗"。若山中金银矿，则终岁开炼，与沙金不同。此所言者为沙金，银字当衍。

⑮此言县境辽阔，富于山林，为漆、药、蜜三品所产之地。非指某山某乡有此特产。梓潼郡"土地出金、银、丹、漆、药、蜜"，见上文。金、银，各县多有。漆、药、蜜，则惟此县盛产也。

⑯《函海》本有李调元注云："上当有'某山'字。或在'漆、药、蜜所出'之上。"意谓原文是"×山，漆、药、蜜所出也。大将军费祎葬此山"。就旧镌本皆作"葬此山"字言，固当如此设想。然考"此山"乃"北山"字讹。就故昭化县地理言，自县西入山，赴剑阁道，称为"西山"；沿江向北，赴保宁院道，称为"北山"。古今无异。费祎死于汉寿（详《后主志》）。其墓，在北山曲回坝。石人石马犹存。《昭化县志》指为"秦公子通墓"，非也。翁仲、石马是汉末流行之葬制，非秦制。公子通封于蜀，叛秦，为其相陈壮所杀。若封邑在成都，则其葬地不当在此。设秦人归其丧，亦当墓在关中，不能葬在中途之葭萌。然通之封邑亦可能在此（说在《蜀志》5章之注①）。但墓不可能有石马。蜀侯恽葬成都北郭，今其墓已发现（羊子山战国墓），无石人马，通与恽同时同位，何能葬制有异耶？故知曲回坝石马坪墓乃费祎墓也。《昭化县志》，又载其处有"鲍三娘墓"，其说无根据。适足证明本书"大姓葬此者多"一语。曲回坝，隔清水河与宝轮院相对。近年修建宝成铁路，发见战国时巴王葬式之船葬墓群，则汉寿北山之为大姓墓葬集中处，自战国时已然矣。《同治昭化县志》指费祎墓为西门外社稷坛之过街楼下大坟，必误。

⑰白水县故城，即今广元县西北之白水坝。在白龙江西岸。汉故县也。白龙江，古称白水。《水经注》："羌水，出羌中参狼谷。彼俗谓之天池白水矣。……又东南流，至桥头合白水。东南去白水县故城九十里。又东南至广魏白水县，与汉水合。"郦氏时改称广汉郡为广魏。所言桥头即《姜维传》之"阴平桥头"，距后魏白水县故城，水道只九十里。后魏白水县城，又在今白水坝北之三磊坝。故郦氏所云白水坝为"广汉白水县"。

⑱"杨怀、高沛，璋之名将，各仗强兵，据守关头"，语出《三国志·庞统传》。所云"关头"，分指阳平关与白水关二地，故言各仗强兵据守。本皆以备张鲁。璋拨归刘备调遣。而数"有笺谏璋，使发遣备还荆州"。故庞统策劝备取成都，中策先除二将。备从之，杀怀、沛而并其军。常氏于《汉中志总序》与此及《二牧志》言二将所守，俱混为白水关一地，是误。他书亦莫不沿以从误。当辨（参看4章之注⑰）。

⑲《晋书·地理志》"梁州"："（晋）孝武分梓潼北界立晋寿郡，统晋寿、白水、邵欢、兴安四县。"《宋书·州郡志》："晋寿太守，《晋地记》云，孝武太元十五年，梁州刺史周琼表立……领县四……邵欢令《永初郡国》、何、徐并有，不注置立。疑是蜀立曰昭欢，晋改也。"洪亮吉《补三国疆域志》，梓潼郡五县为梓潼、涪、汉寿、白水、昭欢。

　　杨守敬之"考证"曰："《洪志》，郡属有昭欢县。《晋志》作邵欢。今考《沈志》邵陵郡之昭阳县，建安郡之昭武县，晋武帝皆改曰邵。盖因避昭字而改。沈曰'蜀立'，得之。"

蜀立昭欢县，治今何地，各书不道。李兆洛《地理韵篇》云："地缺，当在今保宁府北境。"今按：《晋志》晋寿郡四县皆在今昭化县以东北。白水为今白水街，兴安为今广元县。就地理形势推断，则昭欢当更在今广元东北朝天驿，沙河场至阳平关一带。当时蜀与汉中主要通道，系沿嘉陵江至阳平关登陆。阳平关以北，为汉中、武都两郡地。白水关为白水县，阳平关亦可能即为昭欢县。置县当在建兴五年丞相亮进驻汉中时，此路转运繁，增县以济其事也。称昭欢，盖取昭烈皇帝所喜之义。亮之北伐，固云"以奉先帝之遗意"也。

⑳《晋志·梁州总序》，谓刘备"改葭萌曰汉寿，又立汉德县，以为梓潼郡"。又云："（晋）孝武分梓潼北界立晋寿郡。统晋寿、白水、邵欢、兴安四县。"乃其梓潼郡仍领县八，为梓潼、涪城、武连、黄安、汉德、晋寿、剑阁、白水，如郡未分。且武连、黄安、汉德、剑阁皆只可能是今剑阁一县之地，当时置县又何能如此之密？既皆未详其沿革，说其地望，后世考订者，亦莫能确判其各为何所。盖六朝时，郡县名称屡更。治所屡徙，流民侨居，皆置郡、县，冒其旧称。又复经过土断，转为实县。传者新旧混举，不详年月，先后混淆。沈约《宋书》虽已搜罗繁富，加以考订，亦不能悉得定案。唐人撰《晋书》，固不可能尽其委曲，通为一是也。

兹就前人所言，核以地理形势，从而鉴别资料，为之论断，则蜀汉诚已置汉德县矣。故治即今之剑阁县城，去剑门关三十余里。其剑阁县，则本蜀置关尉，至桓温平蜀，始置县。武连、黄安，亦皆后世所置。约略与剑阁同时。皆非西晋与李雄时所有，故《常志》不曾言之，今略考如次。

武连县。《寰宇记》云："汉为梓潼县地。宋置武都郡于此，并置下辨县。又改下辨为武功县。后魏废帝二年改名武连县。"是武连虽为周、隋、唐、宋旧县，蜀汉与晋则未有，《晋志》误收也。其故城为今剑阁县之武连驿。

黄安县。《隋志》"黄安县"："旧曰华阳，西魏改焉。"《寰宇记·剑州》普成县云："废华阳县城在县南四十里。《益州记》云，宋大明年置，隶南安郡，后魏元帝废。"齐《永元志》，亦有华阳县名，属南安郡，寄治汉德县。入西魏，乃为实县，改名黄安。故城在今剑阁县南之双河场。《寰宇记》引《周地图》云："梁置梁安县。属南梁州。（周）武帝天和（五六六—五七一）中，改为黄安县。"并云："唐末改为普成县。"是黄安亦非《晋志》所当有矣。

㉑剑阁道者，汉德县北有大砾岩，绵亘二百余里。中间裂为两峡，峭壁直如刀劈，溪水随之北出，入于清水河。北望两山对立如剑，故曰大小剑门，相去约三十里。旧不可通行人，于是仿褒斜法，凿峡壁，横插木为梁，上架阁道，称为桥阁，一曰栈道。于是褒谷为北栈道，此为南栈道。北栈道秦世所开。南栈道传为诸葛亮所建。此阁道成，秦蜀通路，乃改取桔柏津（老昭化城外），穿剑门，与马鸣阁旧道会于涪城矣。（大剑山阁道开较早，今废。小剑门更捷也。）

杨守敬《三国郡县表考证》云："《晋志》有剑阁县。《常志》无之。《方舆纪要》引《舆地记》云：'蜀先主以霍峻为梓潼太守，始置剑阁县。'《通鉴》胡注：'蜀分广汉置梓潼郡，剑阁属焉。'窃疑剑阁县如为蜀立，《常志》岂得不载？《沈志》云：'汉寿，晋改曰晋寿。'《舆地广记》云：'桓温平蜀，分晋寿置剑阁县，'殆为近实。"今按：欧阳忞之说，亦难为定论。《元和志》卷三十三云："圣历二年（六九九）分普安（即黄安县）、永归、（齐梁之白水县，见《隋志》，故城在今剑阁县东南之三岔河）阴平（故县城在今马阁坝）三县置剑门县。"《寰宇记》卷八十四同，永归作临汉。然则唐武则天时始有剑阁县。旧时诸说，皆误以阁尉为县治也。

㉒阁尉，与关尉微别。关尉皆领见兵捍卫地方。阁尉只领民兵保卫阁道。"桑下民兵"，谓不脱产远戍之民兵。盖取《诗·小雅》"惟桑与梓，必恭敬止'与《孟子》"五亩之宅，树之以桑"之意，谓居家耕种，兼应阁尉征遣之民军。梵典谓"浮屠不三宿桑下"，亦谓"不居留家门逾三宿"也。阁道防火甚严，且须随时修补。木材、人力，宜取近便。故蜀汉免除阁下民户他种徭役，专护阁道，称为"桑下民兵"。或乃疑"有误"，误也。

十二

武都郡，本广汉西部都尉治也①。元鼎六年，别为郡。属县九。户五万余。今户万②。去洛一千八百七十八里。东接廖本注云，"当有脱"。汉中。顾广圻校批云："脱南至。"南接梓潼。西接天水。北接始平。李本讹作阴平。土地险阻钱本等作崄岨。有麻田氐傁③，多羌戎之民④。其人半秦，多勇鸷。出名马，牛、羊、漆、蜜⑤。廖本此下有注云："《水经注·漾水篇》引常璩云'郡居河池，一名仇池。池方百顷'，疑此有脱文。"今按：是范晔引常氏语变其文。非本语。有瞿堆百顷险势⑥，氐傁常依之为叛。汉世数征之。分徙其羌，远至酒泉、敦煌⑦。其攻战垒、戍处所亦多⑧。建安二十【四】二年，依《三国志·魏武帝纪》当作二十二年。《通鉴》同。先主遣将军雷同、吴兰平之。为魏将曹洪所破杀⑨。魏益州刺史、天水杨阜治此郡。阜以滨蜀境，移其氐傁于汧、雍及天水、略阳⑩。建兴七年，丞相诸葛亮遣护军陈戒《三国志》作式。伐之，遂平武都、阴平二郡。还属益州⑪。魏将夏侯渊、张郃、徐晃征伐，常由此郡⑫；而蜀丞相亮及魏延、姜维等多从此出秦川⑬；遂荒无留民。旧各本作"晋民"。是缘下文"晋民"讹。此汉世，不得云"晋民"。兹从廖本，作"留民"。其氐傁、杨濮属魏，魏遥置其郡。此下廖本注云："当重有郡字。"兹补作下二字。惟地属蜀⑭。蜀平，属雍州，此下各本有空位，示分节。兹连。太康六年还梁州。元康六（八）年，氐傁齐万年反。旧本脱年号，承上为太康八年，大误。兹依《晋》与《通鉴》改正。郡罹其寇，晋民流徙入蜀及梁州⑮。

永嘉初，天水氐傁杨茂搜率种人为寇；保据其郡，贡献长安。愍帝以胡寇方盛，欲怀来戎翟，拜茂搜骠骑将军、此下旧各本皆空格。断"左贤王"字连刘曜，大谬。兹据《宋书·氐胡传》正。左贤王⑯。刘曜破长安，丞相平昌公上陇，据天水⑰。茂搜数馈献。旧各本脱献字，作馈平昌公断句。兹用《晋书》补。平昌公拜茂搜长子难敌征南将军，少子坚头龙骧将军。种众彊刘、李、钱、《函》本均误为疆。《函海》有注云"刘、李本亦误疆"。未改。兹依廖本。盛。东破梁州⑱。南连李雄。威服羌戎。此下旧各本衍时字。句连。兹删正。【时】平昌公为刘曜所破，陈安作贼。于时，并氐傁如一国⑲。此下，旧各本连。刘、钱、《函》本于"数岁"下空格。

兹正。茂搜死，敌、坚代为主[20]。数岁，刘曜自攻武都。敌、坚南奔雄，至晋寿，遣子为质。又厚赂雄兄晋寿守将稚。曜不获敌、坚，引还[21]。旧各本此下径连"武都"字。廖本子"引还"上注云"当重有敌、坚字"。兹另补三字。敌、坚还武都。恃险骄慢，攻走雄阴平太守罗演。演，稚舅也。稚忿恚，白兄含与雄，求征之。雄使含、稚将宋明旧本作含将稚。数千人攻之。时敌妻死，葬于阴平。含、稚径张、吴、何、王本误作征。至下辨，入武街城。以深入无继，尽为氐傁所破煞[22]。《函海》云："李本作杀。"敌、坚死，子【盘】磐廖本作盘。毅复代为王。此下，张、吴、何、王本有小注云："按下辨县名有赤亭。"他本无。又，刘本此下提行，张、吴、何、王、廖本连。咸康四年，敌、钱写本此下有坚字。从弟此下钱、函本有一空位。示宋椠原阙一字。初，煞磐、一作杀盘。音义同。毅兄弟，代为主，迄今[23]。自茂搜父子之结据也，通晋李本作贡。家，及李雄、刘曜、石勒、石虎、张骏，皆称臣奉贡，受其官号；所向用其官及其年号。

案：武都为前汉旧郡。永初以后，历经兵燹，文物摧毁，人民亡散，至三国时，几成荒地。六朝时氐杨氏建国于仇池，地方暂获宁定。隋唐为成州，领二、三县，户口数千而已。后复没于吐蕃。下迄明清，始渐恢复繁盛。常氏以杨氏尝附李雄，著之而地不能详。但于氐杨之艰难缔造述记翔实。亦可贵也。

【注释】

①《汉志》广汉郡有"北部都尉"，治阴平道。后为广汉属国，升阴平郡。此"广汉西部都尉"句有可疑。武都在广汉正北，非"西部"。初疑常氏此话误也。然《后汉书·西南夷传》云："白马氐者，武帝元鼎六年开。分广汉西部，合以为武都。"与本书合。虽然，仍可疑《范史》误从《常志》。再查《史记》《汉书》，并云武帝以"广汉西白马为武都郡"。此西字，亦与武都对广汉之方位不合。就文理言，径云广汉之白马氏可也，不当赘西字。细审，盖宋镌本均脱西部之部字耳。正可用《常志》与《范书》校订也。盖白马氏原分布于此地区。开郡前，有都尉驻白马关领之。白马开，即沮县峡口白马山下之关城。（见《汉中志》4章之注②）故称此部氐民为白马氏。其地在汉中西，故曰"西部都尉"。置广汉郡后，以其地属西汉水上游，改其都尉属广汉郡，故曰"广汉西部白马氏"。未几已进为郡，故诸地理书未及详也。未置广汉郡前，汉中有西部都尉，蜀郡有北部都尉。置广汉郡后，两都尉辖地并割隶之。故刘昭广汉属国注云："故北部都尉，属蜀郡。"此亦足明汉世都尉辖地度移情形。否则无以解释阴平为广汉北部，而东北之武都反为广汉西部之说矣。

②《前汉志》：武都郡九县，"户五万一千三百七十六（举成数则为五万）。口二十三万五千五百六十"。《后汉志》七县，"户二万一百二。口八万一千七百二十八"。本书属县九，与《班志》全同。而连于"户万"。谓为前汉，则少四万余户，谓为晋世，则不当与汉世郡混为一体。应是常氏原有古今户数对比，借与下文慨叹之语印证。历世传写夺之耳。故补五字。

③"麻田氐傁"有多种解说：一说"有麻田"当断句，引《后汉书·西南夷传》作"土地险阻，有麻田，出名马、牛、羊、漆、蜜"为证。"氐傁"与下文"羌戎之民"为句。其可疑在《范史》引《常志》皆窜改原文就己意，与此有，多二字文义不合。一说麻、田；氐、傁四字俱系民族名称，但无证验。一说此四字是一种民族称号。此说最可取。审本篇文，凡八言"氐傁"，皆连称不分。阴平郡云，"人民刚勇，多氐傁，有黑、白水羌、紫羌、胡虏"，亦氐傁连合为一词。又亦以"多"与"有"分别。则氐傁为白马氐之别称可定。其省称则为叟（傁同），《刘焉传》与《董卓传》并言"叟兵"者是也。其人属于氐类，故常文作"氐傁"，以别于其他诸氐。《史记·西南夷列传》："自嶲以东北，君长以什数，徙、莋都最大；自莋以东北，君长以什数，冉、駹最大；其俗或土著，或移徙，在蜀之西。自冉、駹以东北，君长以什数，白马最大：皆氐类也。"（《汉书》同）。故本书之称白马氐为"氐傁"，犹《西南夷列传》与《张骞传》之称"氐筰"，与阴平羌之称"黑水羌""白水羌""紫羌"，巴东夷之称"白虎复夷"，皆中原人为细别同一民族分支，所加之区别称谓。氐傁即叟，又因其居地依近白马山，而称为"白马氐"，非其自称也。据《魏略》言，则其人"自称为盍稚"。"麻田"字，又为再加于其中一支善于经营农业者之称呼。犹《巴志》云"射虎秦精"，与"白虎复夷"也。羌、氐民族衣尚麻布，从古迄今皆然。故其人农业之首务在于种麻（食品则重在乳肉，不重在谷类）。此支氐傁特善于种麻，故为人称之如此。按种麻（指大麻）须平沃土，不宜于山地。武都郡界内，惟"徽成盆地"土最平腴，为汉下辨县所在。杨茂搜据仇池后，历世以仇池与下辨分为两个统治中心。疑所谓"麻田氐傁"即下辨与其附近所居氐傁之特称也（参看《三国志·魏书·西戎传》裴注引鱼豢《魏略》文）。

④"麻田氐傁"言"有"，谓此地区所特有也。"羌戎之民"言"多"，谓一般居民皆羌戎也（他郡言有言多者同）。"羌"，如"陇西诸羌"与阴平"黑、白水羌、紫羌"之类，为自析支（赐支）地区流来，保存羌俗，偏重牧业，与氐类不同而愿接受汉官统治之人民。"戎"，本为西方民族之总称（见汉儒所撰之《王制》与《尔雅》），但在汉魏晋世，一般专用于陇西地区之胡人。此郡所言戎民，盖指《范书·西羌传》之"卢水胡"，《灵帝纪》之"休屠各胡"，本书《阴平郡》之"胡虏"，《大同志》之"黄石、北地、卢水胡"之类，为羌族之汉化较早者（非自东北来之胡人）。故此合称为"羌戎之民"，以别于生羌也。

⑤《南史》卷七十九《夷貊下·武兴》，专纪仇池杨氏据武都郡史事。所言土地特产，社会风俗，与本书相为表里而较详，足相补。兹摘附："其国东连秦岭，西接宕昌。其大姓有苻氏、姜氏、梁氏（《梁书》卷五十四文同，无梁氏，）言语与中国同。著乌皂突骑帽，长身小袖袍，小口裤，皮靴。地植九谷。婚姻备六礼。知书疏，种桑麻。出纨、绢、布（《梁书》作精布），漆、蜡、椒等。山出铜铁。"所言为仇池杨氏之俗，盖氐傁之尤进入封建社会者，与汉民已不甚相远矣。

⑥瞿堆百顷，即仇池山，在今甘肃礼县与西和县南，属祁山西南一大山爪（势）。西汉水环流于其北、西、南三面。洛谷水削其东侧，皆崖岸壁立。上有土田池水，耕土百顷。最南端曰"瞿堆"。《水经注》卷二十述其险状云："汉水又东南径瞿堆西，又屈径瞿堆南。绝壁峭峙，孤险云高。望之形若覆唾壶。高二十余里，羊肠盘道三十六回。《开山图》谓之'仇夷'所谓'积石嵯峨、嶔岑隐阿'者也。上有平田百顷。煮土成盐。因以百顷为号。山上丰水泉。所谓'清泉涌沸、润气上流'者也。"

《后汉书》李贤注引辛氏《三秦记》曰："仇池县界（《一统志》引作仇池山）本名仇维。山上有池，故曰仇池。山在仓、洛二谷之间，常为水所冲激，故下石而上土，形似覆壶。"又引《仇池记》曰："仇池百顷，周回九千四十步，天形四方，壁立千仞。……凡二十一道，可攀缘而上。东西二门盘道，下至上凡有七里。上则冈阜低昂,泉流交灌。"(《南齐书·氐杨氏传》文略同)。所谓"仓谷"即礼县以下西汉水河谷。所谓洛谷,即西和县以南之洛水河谷。所谓瞿堆,今俗呼为"坪头"。即百顷山之南端尽头,为全山最险固处。全山坪长百余丈,足住数万人家。杨氏据此二百余年,与东晋、南北朝相终始,由依此险也。唐宋以前,传其险势如此。元明以来,鲜论述者。盖林败池竭,人难留耕,而武器日新,险势亦不足恃故也。

⑦杨氏未据仇池以前,历世羌氐恃险叛乱,事见于正史者甚多。《汉书·武帝纪》元封三年(前一〇八),"武都氐人反。分徙酒泉郡"。又《昭帝纪》元凤元年(前七八),"武都氐人反,遣执金吾马适建、龙頟侯韩增,大鸿胪(田)广明将三辅太常徒,皆免刑击之"(《后汉书·白马氐传》云"讨破之")。《后汉书·白马氏传》,"王莽篡乱,氐人亦叛"。《后汉书·西羌传》言安帝世羌乱,"十余年间,兵连师老,不暂宁息。军旅之费、转(运)委输,用二百四十余亿,府帑空竭,延及内郡。边民死者不可胜数"(未特提武都,武都应在叛中)。至顺帝永和元年(一三六)前后,"武都塞上白马羌攻破屯官,反叛连年"。此次羌乱,"十余年间,费用八十余亿"。此后,桓帝建和二年(一四八),"白马羌寇广汉属国,杀长吏"。灵帝中平元年(一八四),"北地降羌先零种因黄巾大乱,乃与汉中义从胡北宫伯玉等反,寇陇右"。此次武都羌亦在叛中。旋复随韩遂、张鲁反抗汉朝廷。见《董卓传》与《魏武帝纪》。大抵其人皆奉张陵之教,乐其制度。故武都氐王窦茂,能与其党以死力抵抗曹操大军。杨氏能据武都至二百除年之久者,不仅仇池地险使然;其时去张鲁、宋建之败未远,窃疑杨氏亦能行其制度,故氐民肯为之死以御外寇,数遭大敌而不灭也。汉武帝徙武都氐于酒泉,史有明文。徙于敦煌,别无明文。然,河西四郡本匈奴地。而后汉与魏世河西羌乱数十年。则汉世徙羌入河西四郡者,应不只武帝一次,亦不只酒泉一县可知。

⑧此所言攻战垒戍,又非为羌乱说。主要在于蜀、魏争夺陇右,双方所敷设之围守、城戍。《后主志》详著。

⑨《三国志·魏武帝纪》:建安二十二年(二一七),"刘备遣张飞、马超、吴兰等屯下辨。遣曹洪拒之。"二十三年,"曹洪破吴兰,斩其将任夔等。三月,张飞、马超走汉中。阴平氐强端斩吴兰。传其首。"又《曹休传》:"刘备遣将吴兰屯下辨,太祖遣曹洪征之。……备遣张飞屯固山(疑即故道之山),欲断军后。众议狐疑。休曰:'贼实断道者,当伏兵潜行,今乃先张声势,此其不能也。宜及其未集,促击兰。兰破,则飞自走矣。'洪从之。进兵击兰,大破之。飞果走。"其时刘备尚未得汉中。故军败也。

⑩《三国志·魏·杨阜传》:"太祖征汉中,以阜为益州刺史,还,拜金城太守。未发,转武都太守。郡滨蜀汉,阜请依龚遂故事,安之而已。会刘备遣张飞、马超等从沮道趣下辨。而氐雷定等七部万余落反,应之。太祖遣都护曹洪等御超等。超等退还。……及刘备取汉中以逼下辨,太祖以武都孤远,欲移之。恐吏民恋土。阜威信素著,前后徙民、氐(汉民与氐人)使居京兆、扶风、天水界者万余户。徙郡小槐里,百姓襁负而随之。"时则刘备已得汉中,则武都不可能为魏守也。("汧、雍"二县名,在魏世属始平郡。京兆、扶风、天水皆汉旧郡也。小槐里、京兆郡地名,在今西安市区。)武都盆地,与汉中盆地平道相通,并在秦岭山脉之南。只如汉中之一副盆地。故未得汉中,则雷同、吴兰不能占有武都。既得汉中,则杨阜虽强勇多智、深得民心,亦不能不撤退。

⑪陈戒,《三国志·后主传》《诸葛亮传》及《徐晃传》并作式。《通鉴》同《常志》作戒,云:"亮遣其将陈戒攻武都、阴平二郡。魏雍州刺史郭淮引兵救之。亮自出至建威。淮退。"《亮传》文也。应是《陈志》本亦作戒,后镌讹建威,围戍名,在祁山。

⑫《三国志·夏侯渊传》,建安二十一年(二一六)平宋建,"还击武都氐羌下辨,收氐谷十余万斛"。是役,有张郃从,见《郃传》。其后曹操讨张鲁,自散关入武都,遣郃督步卒五千于前开路。建兴九年(二三

174

一),诸葛亮复出祁山,粮尽退军,郃自略阳(郡在陇西)追亮至青锋(武都郡地)中伏死。《魏志·徐晃传》:"从征张鲁。别遣晃讨攻棷(山名)、仇夷(仇池)诸山氐,皆降之。迁平寇将军,解将军张顺围,击贼陈福等三十余屯,皆破之。太祖还邺,留晃与夏侯渊拒刘备于阳平。备遣陈式等十余营绝马鸣阁道。晃别征破之。"(陈福等三十余屯,盖武都民军助张鲁,于氐王窦茂败死后,犹聚众围攻操所派郡守张顺者。晃攻仇池诸山还,击破之也。)马鸣阁今云马阁坝。盖备遣雷同、吴兰争武都时,遣陈戒屯马阁为之声援。又遣张飞、马超等出固山拒曹洪。雷、吴败死,晃又破马鸣阁,飞、超亦退走也。

⑬诸葛亮北伐,世谓六出祁山,其前五次皆是由武都过军,惟末次是从褒斜直取扶风(渭水平原)。姜维九次出军取陇右,或自岷江河谷径出洮岷,或自武都、阴平向天水、略踢。天水、略踢、始平、扶风,皆渭水中游河谷与下游平原地带秦国故地,故曰"秦川"。《魏延传》建兴"八年(二三〇)使延西人羌中,魏后将军费瑶、雍州刺史郭淮,与延战于阳豀。延大破淮等"。此常氏言魏延出秦川所据也。蜀与魏争凉州数十年,合后汉以来羌乱,武都皆当兵冲。故至于土荒民散。

⑭"杨濮"谓杨茂搜祖先之族落。本出于巴东巫山地区。巴东巫山地区,杨姓为大族。见扬雄《自传》(《汉书》全用之)。唐人小说《白猿传》,谓巴巫诸杨为猿裔,虽谐谈,亦足见该地区杨氏之盛。巫山本古"百濮"之地,足知杨氏为百濮之一支。曹操徙巴汉人民之附张鲁者于关、陇,有此族在,故称"杨濮"。后据仇池,领武都氐傁,建国传世。故此云"氐傁、杨濮属魏"。蜀仅"得其地,不得其民"。(周群语。见《三国·蜀志·群传》。)

⑮齐万年事,《通鉴》考订最详(卷八十二)。元康四年(二九四)"夏五月,匈奴郝散反,攻上党,杀长吏。秋八月,郝散率众降,冯翊都尉杀之。"六年"夏,郝散弟度元,与冯翊、北地马兰羌、卢水胡俱反。杀北地太守张损,败冯翊太守欧阳建。……八月,解系为郝度元所败,秦雍氐、羌悉反,立氐帅齐万年为帝。"七年(二九七)"七月秦雍二州大旱、疾疫,米斛万钱"。八年,"关中荐饥(仍饥为荐),略阳、天水六郡民流移就谷,入汉川者数万家。"元康九年(二九九),"春正月,孟观大破氐众于中亭(扶风美阳县地),获齐万年。"

⑯《宋书·氐胡传》杨茂搜作"戊搜"。述其家史云:"略阳清水氐杨氏,秦汉以来世居陇右为豪族。汉献帝建安中,有杨腾者为部落大帅。腾子驹,勇健多计略,始徙仇池。仇池地方百顷,因以百顷为号……驹后有名千万者,魏拜为百顷氐王。千万子孙(《通鉴》删子字)名飞龙、渐强盛。晋武假征西将军,还居略阳。无子,养外甥令狐氏子为子,名戊搜(《南齐书》作"茂㥯")。晋惠帝元康六年,避齐万年之乱,率部落四千家还保百顷。"(《梁书》《齐书》与《魏书》略同)。此说甚可疑。氐杨氏人物之人史既自建安中之杨腾始,则其上文"秦汉以来世居陇右为豪族"语难信。果使如此,则《常志》不当有"杨濮"之称。又杨腾子驹,徙居仇池,即不可能是清水县世居之豪族。建安末,武都方乱,人民外流,至于荒旷,仇池近祁山,正是兵冲,杨驹何能舍其世居之清水而反就此爇区?以历史形势推之,当是建安中杨腾与巴氐同徙入陇。杨驹逃居于仇池。垦山结坞,阻险自固。杨飞龙实附郝散,齐万年,助军还略阳清水。至万年败死,乃率其族类还保仇池。既复贡献于晋,讳其先代逃叛事,说其如此。史官从而信言之。经沈约作传后,史遂不敢易耳。"贡献长安"谓洛阳破,怀帝已被掳,愍帝即位于长安,称建兴元年时(三一三)。时长安"户不盈百,公车只四乘"。至四年(三一六)降于刘曜。

⑰丞相平昌公,即《晋书》卷三十六之南阳王保,南阳王模之世子也。永嘉五年(三一一),刘曜入长安,模被害。时保镇上邽。贾疋、鞠允等共攻长安,逐刘曜,拥立秦王邺,是为愍帝。贾疋死,裴苞为张轨所

⑱杨难敌袭汉中，败张光，在晋愍帝建兴元年。事在本书卷九《李雄志》。

⑲"陈安作贼"，谓其降刘曜。其事详《晋书·南阳王模传》。安原是模帐下都尉。模表以世子保为西中郎将，东羌校尉，镇上邽。秦州刺史裴苞拒保。模使安率众攻苞，苞奔安定。保入上邽，宠遇安甚厚。保将张春等疾之，尝使人刺安。由是结怨，相攻。春挟保处上邽。安攻上邽，非叛保也。刘曜再入长安，掳愍帝。保欲称帝，先称晋王。后为张春、杨次所杀。陈安亦败，降刘曜，请讨春、次。曜以安为大将军。将兵击走春，执杨次，斩于保柩前。刘曜攻仇池还，安叛曜，还上邽，拔汧城。陇上诸羌皆附之。有众十余万。自称大都督、假黄钺、大将军、雍凉秦梁四州刺史、凉王。大宁元年（三二三），刘曜平陇右，安败死。

《刘曜载记》言："安善于抚接，吉凶夷险与众同之。及其死，陇上歌之曰：'陇上壮士有陈安，躯干虽小腹中宽，爱养将士同心肝。驄骢父马铁瑕鞍，七尺大刀奋如湍，丈八蛇矛左右盘，十荡十决无当前。战始三交失蛇矛，弃我驄骢窜岩幽，为我（无）外援而悬头。西流之水东流河，一去不还奈子何！'其人能得陇上人心如此。此云'作贼'，谓降刘曜。

⑳"敌、坚"谓茂搜子难敌与坚头。《宋书·氐胡传》："建兴五年（三一八），戊（茂）搜卒，难敌袭位，与坚头分部曲：难敌号左贤王，屯下辨。坚头号右贤王，屯河池。"今按敌、坚分治，和好仍同一家。此非封建制度。但史家以封建制度拟之耳。盖其所行，近于张鲁。但史无明文证之。

㉑《通鉴》系刘曜自攻武都于晋元帝永昌元年（三二二），云："赵主曜自将击杨难敌，难敌逆战不胜，退保仇池。仇池诸氐羌及故晋王保将杨韬、陇西太守梁勋，皆降于曜。曜迁陇西万余户于长安，进攻仇池。会军中大疫，曜亦得疾，将引兵还，恐难敌蹑其后，乃遣光国中郎将王犷说难敌，谕以祸福。难敌遣使称藩。……秦州刺史陈安求朝于曜。曜辞以疾。安怒，以为曜已卒，大掠而归。"系敌、坚降李雄于大宁元年（三二三），云："杨难敌闻陈安死，大惧。与弟坚头南奔汉中（当作汉寿）。赵镇西将军刘厚追击之，大获而还。赵主曜以大鸿胪田崧为镇南大将军、益州刺史，镇仇池。难敌送任请降于成。"今按刘曜于杨氏称藩后，以疾先归，其军未撤，以讨陈安。追难敌闻安败死，乃与坚头等奔晋寿请降于李雄。虽事属两年，实为一役。追敌、坚已走，曜军乃还。杨氏兄弟得李雄助，克还仇池，逐田崧等，仍据有武都也。

㉒李雄既助杨氏还仇池，取武都郡，委任太守罗演。杨氏兄弟与氐傻又攻杀演。李含李稚来讨，难敌弟兄皆不在，而氐傻已自起扑灭含稚。

㉓《宋书·氐胡传》："成帝咸和九年（三三四），难敌卒，子毅立，自号使持节龙骧将军、左贤王下辨公。以坚头子槃为使持节、冠军将军、右贤王、河池公。咸康元年（三三五）遣使称藩于晋。以毅为征南、槃征东将军。三年，毅族兄初袭杀毅，并有其众，自立为仇池公，臣于石虎。后遣使称藩于穆帝。"此云"迄今"，谓穆帝永和三年，桓温灭蜀时也。

十三

下辨县　　郡治①。一曰武街②。何、王本此行上连郡序。

武都县③　　【东】汉水所出④。"东汉水"系常氏沿《前汉志》误文。《水经注》只称汉水或漾水。有天池泽⑤。张、吴、何、王本作"天地泽",并注云"一本作天池泽。"刘、李、钱、《函》,廖本作池,无注。《后汉·郡国志》注引《华阳国志》作"大池泽"。《三秦记》云"百顷池"是也。

上禄县⑥ 旧各本脱县字,与"故道县"连。廖本另行,并补县字。当从。

故道县⑦

河池县⑧ 泉街 此下,各旧本衍县字。《函海》注云:"《汉志》注无县字。"谓颜师古引《华阳国志》文也。廖本删去并注云"旧衍县字。兹删正。" 水,入沮,合汉也。钱写本以此上三县为一行。

沮县 河池水《函海》注云:"《汉志》作沮水。《后汉志》作沔水。"廖本亦有注,意同。所出东狼谷也⑨。

平乐县⑩

脩城县⑪ 元丰本作脩武县。张、吴、何、王、浙本同。嘉泰本作脩成县。廖本同。刘、钱、《函》本作脩城县。《函海》注云:"《汉志》作循城。"今按,隶书脩、循二字常互讹。

嘉陵县⑫《汉志》下辨、嘉陵、循城三县皆作道。

案:以上武都郡属九县,皆同《前汉志》。鲜有注文,又颇讹误。查《后汉志》,武都郡已无平乐、嘉陵、循城三县。有羌道(前汉属陇西郡)为七县。《晋志》亦无上禄、平乐、嘉陵。魏晋时,郡境人口极稀,何能仍是前汉旧县。应是常璩未见其版籍,谬用《汉志》九县搪塞,略从郡人口中得一二语著于县下而已。

【注释】

①下辨,前汉为道。王莽改扬德。后汉为县,为武都郡治。故城在今甘肃成县西南抛沙镇。有小川河,在《水经注》为浊水,"浊水又东,径武街城南,故下辨县治也。……又东,宏休水注之。水出北溪,南径武街城东而南流入于浊水"。宏休水,今云黑谷河是也;今成县治在此河西岸,即后汉以来之下辨城也。

甘肃南部自成县小门镇迤东北,历徽县,互两当县东,为黄土沉积之一狭长盆地。有诸小水自祁山(秦岭山脉之西部)骈出,纵贯割破之,入于故道水(嘉陵江东源之别称)。是为徽成盆地,为甘南农产之核心地带。秦汉开祁山道,下辨最当冲要,故自后汉迄今,俱为甘南重地。唐宋之成州是也。

②"武街"即今成县旧称。魏晋南北朝时,最兴盛,屡见于《水经注》及当时史地文籍,亦或省称为街,非马稷败军之街亭。亦非甸氏道之"武阶"。

③武都县,前汉郡治,后曰武都道。故城在今甘肃西和县南之洛谷集,即仇池百顷山东洛谷水上游高平处,倚仇池山险之居民点,白马氏聚居中心区也。仇池山旧名武都山,缘为郡名。

④《前汉志》武都县下云:"东汉水受氐道水,一名沔。过江夏,谓之夏水,入江。"所言盖误以嘉陵江西源之武都河为汉沔之上源,此《汉志》一误也。又以西汉水为东汉水,二误也。前者误于《禹贡》"嶓冢导漾东流为汉"之文,以为漾是汉沔之源。或《汉地图》即已绘误(如延水亦误为入沅。已前于涪陵郡辨之)。《水经》与《郦注》并已订正。《水经》以汉水与沔水分别,自武都郡南经巴西至江州入大江者为汉

水，即今称嘉陵江者是也。其自汉中东过西城、襄樊至夏口入大江者为沔水，今称汉水者是也。其武都河，即嘉陵江之西源，《水经》援《禹贡》称为漾水。今称西汉水者是也。（《郦注》尚未加"西"字，但云"漾水至关城入汉"。宋、齐、梁以来，通称沔为汉水，乃有嘉陵江为西汉水之新称。）若嘉陵江之东源，即自徽成盆地地区汇流之水，在《水经注》曰故道水。其源在散关山下，唐以来乃以为嘉陵江。（岑参诗"借问嘉陵江水湄，百川东去尔西之。"谓故道水也。）《汉志》"东汉水"之东字，疑是宋镌时误据衍字本增，后世传抄《常志》者亦依《汉志》误本衍之。

⑤武都山名仇池，谓其上原有二大池也。凡山上多森林者，山顶部必有大池，一般称为"天池"，其例不可胜举。迨焚垦渐尽，林木渐荒，则乏根叶涵濡雨水，池亦为之渐涸。魏晋世，此山区住民万家，林木当被摧败，故天池渐涸为泽。此《常志》天池泽之实义。唐来以后，林尽水竭，住民渐稀，记其地者不复见池，其山亦不为世所称矣。

⑥上禄，两汉有。《晋太康志》无。《宋书·氐胡传》言仇池为苻坚所破，徙其民，空百顷。"太元八年（三八二），苻坚败于淮南，关中扰乱。（杨）定尽力奉坚。坚死，乃将家奔陇右，徙治历城。城在西县界，去仇池百二十里。置仓储于百顷。招合夷、晋，得千余家。自号龙骧将军、平羌校尉、仇池公，称藩于晋孝武帝，孝武帝即以其自号假之。求割天水之西县，武都之上禄为仇池郡。见许"。此述仇池在刘曜之后，再度为苻坚所摧毁，及杨定复兴之经过。于时重见上禄县名。则是晋初省并，苻秦又复置之也。故城在今成县西南之常家营。《水经注》："汉水又东，合洛谷水……又东合洛溪水。水北发洛谷，南径威武戍南，又西南与龙门水合。……又东南径上禄县故城西。修源浚导，径引北溪，总两川，单流纳汉。"是也。

⑦故道，汉旧县，晋存。故城在今陕西凤县西，故道水西岸，双石铺附近。故道水，即今宝成铁路所循之嘉陵江东源也。《水经注》："浊水又东南，两当水注之。水出陈仓县之大散岭，西南流入故道川，谓之故道水。西南径故道城东，魏征仇池，筑以置戍。与马鞍山水合。"是也。褒斜阁道未通以前，秦川赴汉中者，由大散关下，循此水至沮县，转阳平关，入汉沔平原。褒斜既通，此道渐废，故曰故道。然建安二十年，曹操取汉中，建兴六年冬诸葛亮攻陈仓，俱仍取此道。虽较迂远，究较桥阁宽缓，宜行大军故也。

⑧河池，汉旧县，晋存。故城在今甘肃徽县东十五里。《汉志》河池县："泉街水，南至沮入汉。行五百二十里。莽曰乐平亭。"谓王莽废其县为亭也。《后汉·郡国志》注引《地道记》曰："有泉街水。"《水经注》："浊水又东南，与河池水合。水出河池北谷，南径河池戍东，西南入浊水。"是也。

⑨沮，汉旧县。晋存。故城即今陕西嘉陵江右岸之略阳县。《汉志》云："沮水出东狼谷。南至沙县南入江。过郡五，行四千里。荆州川。"此谓西汉水入沔，至汉口入江也。五郡，武都、汉中、南阳、南郡、江夏也。今沔水上游仍有地名沮口，其水出于沮县之峡口，有路循另一小河曰西沮，平通于沮县。二水分流，同是远古时之一河道遗迹。自有人类，其水已绝。下流为嘉陵江（西汉水）所夺故也。汉魏世人犹传其古时通为一河，故皆曰"沮水"也。

常氏不遵《汉志》称沮水，而称之为河池水者，盖用当时武都人语，以自东狼谷入河池水之小支流为沮水。东狼谷即沮口峡。自峡东西出水皆曰沮。"水随所入而纳通称"，为汉魏人著书之通例。故嘉陵江东源，《汉志》曰沮水，《常志》曰河池水，《水经注》曰浊水，唐来曰嘉陵水。本流支流，水不自定，由人定之也。

⑩《前汉志》武都郡有平乐道，《后汉志》无。晋、宋、齐、梁并无。《水经注》有平乐水与平乐戍。《魏书·地形志》、脩武郡有平洛县，太和四平（四八〇）置。疑皆因汉故县为名。故城当在今康县之平洛镇。为

今成县至武都公路所经。《水经注》:"汉水又东南径浊水城南,又东南会平乐(一本作洛)水。水出武街(当是"武阶"字讹,今武都县之古称)东北四十五里。更驰南溪导源(谓分流为南溪),东北流,山侧有甘泉涌波,飞清下注。平乐水又径甘泉戍南,又东径平乐戍南。又东入汉,谓之会口。"所谓"会口",今为大川镇。所谓"浊水城",令为小川镇。所谓"甘泉戍",当在今望子关。所谓平乐戍,为今之平洛镇,应可无疑。古今地名;形势,全可勘合,非他书凌空之文可比矣。

⑪脩城县,即《汉志》循城道。《汉书补注》引王念孙云,循当作脩。《魏书·地形志》《隋书·地理志》《水经·漾水注》,并作脩城。周寿昌《汉书注校补》云:"《汉志》各本俱作循成。钱氏坫径改作脩城,固非。即《魏书》《隋书》《水经注》作脩城亦非也。脩、循双声,城成音同,汉时多通用。观本书《诸侯王表》中山王脩,《传》作循;《功臣表》深泽侯赵脩,《史记》作循;《功臣表》,湘成侯监居翁,《传》作湘城;东成侯居股,《传》作城;博成侯张章褚,《表》作城;《汉北海相景君碑阴题名》循行作脩行,可证。"今按古书传写千年,乃有刻本,传写者缘音而讹与缘形而讹者,虽屡校,犹难尽正。隶、草形似而义不可通者尤多。本是别字白字,说者称为"通假"。若竟通循为脩,通城为成,则亦惑也。凡汉县称道者,皆缘其境内有新开险道,足资扼控。此县应以脩成为义,循与城皆字讹耳。若隔世后县地名,则成定名新字,约定俗成,即不可以字讹论,亦不可为通假说矣。

汉脩成道故城,当在今成县南镡家河镇附近。上条引《水经注》"平洛水会口"下云:"东南径脩城道南,与脩水合。水总二源,东北合汉。汉水又东南于盘头郡南,与浊水合。"《郦注》称嘉陵江东源为浊水。是脩水为西汉水与嘉陵江会口以上左岸之最后一大支流,今康县自大堡子流向镡家河镇之水是也。杨守敬《北魏地形图》定槃头郡在西汉水与垩阳河(浊水)会口之北,即据《郦注》。顾当时地图未精,而此部地形知者甚少,固不可能尽得诸县确址也。

⑫《汉志》"嘉陵道",后汉、晋、宋、齐、魏诸志并无。故城莫能言者。今按唐以来地理书皆称西汉水为嘉陵江。《一统志》谓其上源为陕西之嘉陵谷。谈者恒谓是在散关故道附近。于道字含义合。然汉已有故道县。不可能更有嘉陵道。查《水经注》叙漾水(西汉水)上源,经塞峡、祁山、南岈、北岈、武植戍、平夷戍、兰仓城(并在今礼县北部)后云:"汉水又南入嘉陵道而为嘉陵水。世俗名之为阶陵水者,非也。"此下乃叙北谷水,武街水,仓谷水而至瞿堆(皆在今礼县南)。是嘉陵道当在今礼县地位。嘉陵谷即礼县之河谷,非陕西地。嘉陵水之名,汉魏已有,为西汉水之西源,非故道散关下之东源也。

十四

阴平郡,本广汉北部都尉治。依武都郡文例当有治字。永平后,羌虏数反,遂置为郡①。《太平御览》引作"遂立为郡以遏之"。属县四。户万。去洛二千三百四十四里。东接【汉中】武都。南接梓潼。西接【陇西】汶山。北接【酒泉】陇西②。旧本四至不合,尤在酒泉去武者殆千里,中隔张掖、武威、金城、陇西四郡。武都为最密迩而脱之。汶山为武都同时开郡,亦脱之。汉中间隔一郡而接之。兹改正。土地山险。人民刚勇。多氐傁。有黑、白水羌,紫羌,胡虏③。风俗、所出,与武都略同④。

汉安帝永初二年，羌反，烧郡城。郡人退住白水⑤。会汉阳诸羌反，溢入汉，煞太守⑥。汉阳杜琦，自称将军，叛乱。广汉郡屯葭萌。汉使御史大夫唐喜讨琦，进讨羌。经年不下。诏赐死。更遣中郎将尹就讨羌，亦无功。诸郡太守皆屯涪⑦。元初五年，巴郡板楯军救汉中。汉中《函海》注云："李本二字不重出。"大破羌。羌乃退。郡复治。置助郡都尉⑧。

刘先主之入汉中也，争二郡不得。建兴七年，诸葛亮始命陈戒平之。魏亦遥置其郡，属雍州。自景谷有步道，径江油旧各本皆作由。廖本改作油。左儋行出涪。邓艾从之伐蜀⑨。元康六年，还属梁州。永嘉末，太守王鉴粗暴，郡民毛深、左腾等逐出之，相率降李雄。晋民尽出蜀，氐羌为杨茂搜所占有⑩。

阴平县⑪　　郡治。汉曰阴平道也⑫。有白水出徼外，入羌水。依《水经注》补正此九字。

甸氐县⑬　　有【白】羌水出徼外，入汉⑭。依《水经注》与《汉书》颜注改白水为羌水。

平武县⑮钱、《函》，本作武平县。　　有关尉⑯。【自景谷有步道，径江油左儋出涪，邓艾伐蜀道也】刘主时置义守。【号关尉】以上二十八字有昔人批注语，被传钞成正文。宋明以来各本皆有。与上文重叠者十九字。谬解者四字，并当删。惟六字是常氏原有，当存。

刚氐县⑰　　涪水所出。有金银矿。

案：阴平郡与其属县，地理特点与武都同，而更近于蜀。就蜀地外围言，其地位重于武都。故其人民，恒得与蜀地视同一体，历史变化，相与关戚。常璩所知亦较多。然对中原更僻远，国史所著则甚少矣。

【注释】

①"永平"，后汉明帝年号（五八—七五），于时全国最安静，无羌乱。明帝崩，章帝立，改元建初。建初二年（七七）羌迷吾反。章和元年，张纡诱杀迷吾，众羌皆叛。至和帝永元元年（八八）暂平。置郡当在此时。永元四年（九二），羌迷唐复叛，十余年陇西未宁。至安帝永初元年（一〇七），羌遂大叛。蔓延及河东、汉中与巴蜀。朝议欲弃凉州。虽用武力屡屠杀，兼募刺客杀其首领，终不能定。用兵数十年，至冲帝永嘉（一四五），朝廷与诸羌俱惫，始渐招降暂息。桓帝延熹四年（一六一），东羌反，寇三辅。又复以段颎、皇甫规等名将率大军进行镇压。单只段颎一军，"凡百八十战，斩三万八千余级"，灵帝建宁二年（一六九），才将"东羌"殄灭。西部羌氐仍是叛乱未止。于时有骆曜、王国等人，用宗教形式组织羌、胡、氐、汉人民，潜伏农村，汉朝官吏麻痹自欺，史官无叛乱记载。实际则关陇全面反叛基础已奠定矣。中平元年（一八四），北宫伯玉及边章、韩遂等与黄巾俱起，关陇、巴蜀全面陷没。汉朝随之覆亡。延熹以后，中原多事，史官所记陇蜀事，皆只寥寥残文，未能表达陇蜀社会真实。阴平郡是否永元初设置，文献无

征。常氏虽知其由于羌乱而立，亦不能具其年月，但总括为"永平后"三字，明永平时未有羌乱而已。由下文"永初二年羌反，烧郡城"句，知安帝时已有阴平郡。

②常氏说阴平郡四至谬乱，是由其未知当时郡境地理位置，只用耳闻之说。陇西本在阴平西北，遂说为西。汉中虽非接境，但时人重汉中而忽武都，遂言东接汉中。非镌误也。其谓北接酒泉者，盖三国时陇西羌乱，经常牵涉酒泉羌人（参看《魏书》张既、徐邈、夏侯渊、郭淮等传），故误为郡境北接酒泉。或许常氏原为"西接酒泉羌落。北接陇西"。传写者以酒泉在北最远而更易之。又脱羌落字。要当订正者也。

③"氐傁"，已详武都郡注。"黑、白水羌"，随所聚居河谷为称。黑水、白水，皆白龙江上源支流，《水经注》卷二十"白水，西北出于临洮县西南西倾山，水色白浊。东南流与黑水合"是也。此两种羌，皆赐支川（今俄洛）生羌内移犹未久者。白水羌，其后为邓至羌落。《北史》卷九十六"邓至者，白水羌也。世为羌豪，因地名号"可证。其黑水羌，疑即后之宕昌羌也。"紫羌"，他书无所见，疑即"赀房"，盖杂胡之与羌氏融合者。《南齐书》卷五十九："房名奴婢为赀。一谓之赀房。"赀、紫同音，晋人写作紫羌耳。本书《大同志》汶山郡有"紫利羌"，疑即"赀房"之别称。"胡房"，指匈奴种与杂胡，如"黄石、北地、卢水胡"（《大同志》与《后汉·西南夷传》），"湟中义从胡"（《后汉书·郑太传》与《西羌传》），"凉州休屠胡"）《三国·郭淮传》）之类。晋时呼北方民族为房。赀房、胡房，皆民族称谓之复语，犹云"氐傁"与"氐种"也。

④"风俗"，谓衣着与习俗。"所出"，谓其土地所产，人民生计所资。

⑤此事不见他书。查《后汉书·安帝纪》永初二年十二月，"广汉塞外参狼羌降，分广汉北部为属国都尉"，是此前阴平郡已废为广汉北部都尉，至此年，又改北部都尉为属国都尉，领县如太守也。则此所谓"烧郡城"，非广汉郡城，谓烧北部都尉治，本是故阴平郡治，缘故称曰郡也。"郡人退住白水"之郡人，谓阴平郡之汉民。参狼羌反，既烧郡城，则当时北部都尉所管各县必皆已为羌所据。氐羌与之同反，虽其所怨在官吏，但汉民畏惧，故退居白水县。阴平循江至白水县甚易，故其人退居于此。至是年十二月参狼叛羌降，乃随都尉还本县也。永初二年，是关陇地区羌胡大动乱的一年，益、梁两州羌氏必然响应，故广汉北部与武都羌同叛，祸延益州，广汉与汉中均当其冲。"参狼羌"，武都参狼谷（《水经注》称"沧浪水"）住居之熟羌也，先受抚降，从而广汉北部与武都皆得暂定。故升北部都尉为属国，以捍御关中陇右叛羌也（时羌滇零已称天子，朝廷议弃凉州）。

⑥汉阳郡，即前汉之天水郡。永平十七年改名。其羌人于永初二年叛应滇零，侵入武都、汉中，杀汉中太守董炳。四年，又入汉中，杀太守郑廑。并见《汉中郡序》。

⑦杜琦、唐喜、尹就事，《后汉·西羌传》并曾叙及，惟皆详于陇事，未及其在蜀部分，参合本书，乃得见其全面。《西羌传》云："汉阳人杜琦及弟季贡、同郡王信等，与羌通谋，聚众入上邽城。琦自称安汉将军。于是诏购募得琦首者封列侯、赐钱百万；羌胡斩琦者，赐金百斤，银二百斤。汉阳太守赵博，遣刺客杜习刺杀琦。封习讨奸侯，赐钱百万。而杜季贡、王信等将其众据樗泉营，侍御史唐喜领诸郡兵讨破之。斩王信等六百余级。没入妻子五百余人，收金、银、彩帛一亿已上（《安帝纪》在永初六年九月）。杜季贡亡从滇零。"

本书言"广汉郡屯葭萌"者，谓武都、汉中羌氏与部分汉民皆已叛汉，响应杜琦，益州诸郡皆全力备御，广汉郡军民则屯戍葭萌县捍御白水、阳平，以防其南入巴蜀也。唐喜军破樗泉营，所斩不过六百级，而得收金、帛一亿以上之多者，非杜琦、王信等所能自有，盖诛灭豪室、大户，所聚之珍宝于此大本营。

此所反映为琦、信等所反者为汉官与豪强剥削之家,故羌汉俱拥护之也。

《西羌传》续云:"六年(一一二),……滇零死,子零昌代立,年尚幼少,同种狼莫为其计策,以杜季贡为将军,别居丁奚城。……元初元年(一一四),……零昌遣兵寇雍城。又号多,与当煎、勒姐(并羌种支名)大豪共胁诸种,分兵钞掠武都、汉中,巴郡板楯蛮将兵救之。……号多退走,还断陇道。……二年,……零昌种众复分寇益州。遣中郎将尹就将南阳兵,因发益部诸郡屯兵击零昌党吕叔都等。"

本书云"诸郡太守皆屯涪",谓羌乱已入益州。且自涪城以东梓潼、葭萌、白水等县皆已失陷。故益州诸郡太守皆率其屯兵聚守涪城以捍卫成都平原。《巴郡总序》谓"永(元)初中,广汉、汉中羌反,虐及巴郡",即此役也。明其时广汉属国与武都汉中羌皆已响应零昌,深入巴蜀矣。零昌所遣之统帅名吕叔都,盖汉人,杜季贡之党也。

《西羌传》又续云:"至秋,蜀人陈省、罗横应募,刺杀叔都,皆封侯赐钱。……四年(一一七)春,(任)尚遣当阗种羌榆鬼等五人,刺杀杜季贡。封榆鬼为破羌侯。其夏。尹就以不能定益州坐征抵罪。以益州刺史张乔领尹就军屯。招诱叛羌。稍稍降散。"吕叔都是杜季贡之党,受羌酋零昌命来夺益州。叔都与季贡虽相继被刺死,其众并未因而溃散,更有人领导继续战斗,图据益州。故尹就不能定,徵还抵罪,而以张乔代之。乔改剿为抚,"招诱叛羌",又积以年月,始渐降散。

综合分析上文:羌乱是因当时封建政府残酷压迫羌民所致,并不仇视汉族劳动人民,实质是农民起义,故有不少汉族农民参加。

⑧板楯救援汉中,在元初二年。汉朝褒奖程信等在元初五年,已见《汉中郡序》第二章。此言"元初五年"是就阴平郡恢复郡治言之,追叙其原因在于汉中羌退,非其年汉中羌始退也。汉中羌退,蜀中之羌必亦退走。此并与虞诩为武都太守添灶以疑羌从而讨破武都羌之事有关(详在《后汉书•诩传》)。武都羌定,则汉中与蜀中羌不能不退,乃复置阴平郡矣。阴平都尉辖境,原是广汉郡界之羌族住区。兹虽叛羌退走,地方恢复,仍不能不加强武备,镇御羌氏。故郡城于郡守外,又置都尉,率军同驻,不理民事但助镇压叛民,安辑地方,故曰助郡都尉。此亦足见其时羌乱并未平定。

⑨"景谷",关名,即今青川县通往甘肃碧口之河谷。蜀汉时自阴平入蜀者,一般自阴平桥头循白龙江下白水、葭萌,转陆从剑阁至涪城,道平易而甚迂远。其捷径为由桥头南逾摩天岭大山口,入景谷,至涪江岸之旧州,循江岸出江油,至涪城。刘先主时,曾于险崖绝壁阁架桥阁,通道取捷,即所谓左儋道。谓行者惟许用左肩,乃不至触犯危崖也。其后桥阁败坏不修,路断。蜀未设备,故邓艾从之入蜀。《邓艾传》:"自阴平道,行无人之地七百余里。凿山通道,造作桥阁。山高谷深,至为艰险。又粮运将匮,频于危殆。艾以毡自裹,推转而下。将士皆攀木缘崖,鱼贯而进。"

⑩此事《元和志》《寰宇记》并载,云:"晋永嘉之末(三一三),太守王监以郡降李雄,郡人因是悉流移入蜀汉。其氐羌并属杨茂搜。"(两书谓文出顾野王《舆地记》)。当是删省常氏此文而失其义也。王鉴是洛阳晋廷任命之太守。为郡民毛深、左腾等所逐,必北还请兵。郡民畏祸,故凡汉民皆随毛、左南走,降于李雄。氐羌非毛、左党,故留。而晋室方乱,不能为王鉴出兵。适杨茂搜率族至,遂得抚用氐羌,占有阴平一郡,兼得武都地也。

⑪汉阴平道城,在今甘肃文县,由《水经注》白水可定:"白水西北出于临洮县西南西倾山。……又东南径邓至城南。……又东南入阴平(郡)得东维水。……又东南径阴平道故城南,王莽更名摧虏矣,即广汉之北部(都尉治)也。……又东径阴平大城北,盖其渠帅自故城徙居也。……又东径偃城北。又东北径桥

头。……与羌水合。自下,羌水又得其通称矣。"《水经注》所谓羌水,即今之白龙江。其所云白水,即今发源于松潘县东北境诸山之南平河(古邓至城今为南坪县治),入甘肃文县境,东南至碧口西数十里入白龙江。古今地理形势全合。

白水河谷,惟文县附近地形最开展,多耕地。故历世置县未废。在前汉称道者,汉武帝开置武都郡,欲由之径通于蜀。因氐羌旧径开路,达于白龙江流域,置邮,曰甸氐道。近人所谓阶州,《水经注》云"武街"(武阶)者是也。再由武街开路通于白水河谷,置邮,是为阴平道。唐宋曰曲水县,明清曰文县是也。又自阴平开路逾大山入于涪江之谷,置邮,曰刚氐道。今四川平武县是也。再由刚氐道循涪水出江由关,至涪。寻以此三道皆为县,属广汉郡,为北部都尉管地。后汉永初三年,为广汉属国,旋置阴平郡,治阴平,去道字。以其位郡最中也。凡汉县称道者,初皆为通邮。故严道亦称"严邮"。

⑫齐召南《汉志·考证》曰:"按《百官公卿表》,邑有蛮夷曰道,(按:"邑"字当属上句,合为国、邑。五字上承县,非承邑。)《志》中县邑之以道名者得二十九。南郡一,夷道也。零陵二,营道、泠道也。广汉三,甸氐,刚氐,阴平道也。蜀郡二,严道、湔氐道也。犍为一,僰道也。越嶲一。灵关道也。武都五,故道、平乐、嘉陵、循成、下辨道也。陇西四,狄道、氐道、羌道、予道也。天水四,戎邑、绵诸、略阳、獂道也。安定一,月氏道也。北地三,除道、略畔、义渠道也。上郡一,雕阴道也。长沙国一,连道也。尚缺其三,以《后汉·郡国志》证之,则蜀郡之汶江道、绵虒道,武都之武都道,恰与三十二之数合。此《汉志》于汶江、绵虒、武都三县不言道,盖亦阙文耳。"今按:齐氏举两汉县名之称道者;得其数矣,未得其义也。夫汉县之有蛮夷者过半,则何得独此三十二道哉?《百官表》所云,非班固本语,只班昭或其后校注者谬以称道之县皆有蛮夷而注入之,遂缮成正文。后人不察,皆误从之,竟沿为定说,皆由不明地理,徒据书本之失也。《前汉志》二十六道皆秦世开通邮驿名称,汉因以为县者。今此二十六县,秦所开山道皆有文献可资按验。前汉绵虒(今茂县)、汶江(今汶川),不称道者,皆武帝时开,当时系自郫县关口山道径至绵虒,联系岷江上游三县,非开龙溪、娘子岭路故也。后汉乃别开新路,加道字也。前汉武都不称道者,郡治皆不称道。正如阴平,后汉为郡治,即亦不称道也。

⑬前汉甸氐道,南北朝时称为"武街"(武阶),地在羌水(今云白龙江)流域。即隋唐之阶州武都郡。明清为阶州,今为甘肃武都县。颜注:"李奇曰:'甸音膝。'师古曰,音食证反。"按《经典释文》,于《诗·小雅·信南山》"维禹甸之",郑玄读"绳证反"。是汉、魏南北朝世,甸读音近于阵,盖从田声之古音也。义则仍是垦田与甸服之义。李奇特以媵字音之者,盖取奴房之义(媵之本义为奴隶),恐非也。徐中舒先生曰:"甸氐,平畴种田之氐。刚氐,山居行猎之氐也。"从生计为说,颇符实际。然似莫如以近于京畿为甸之义说之。此区在秦汉西南夷中,去长安最近,故曰甸氐,明其向化较深也。刚氐又在其西南甚远,因西方金刚之义为称。皆汉族所加之称,非其本话。亦非因地为称(与"湔氐"命名不同)。

⑭《前汉·地理志》陇西郡羌道县云:"羌水出塞外,南至阴平入白水。过郡三,行六百里。"颜师古注引《水经》曰:"羌水,出羌中参(狼)谷。"《水经注》卷三十二:"羌水,出羌中参狼谷。彼俗谓之天池白水矣。《地理志》曰'出陇西羌道'。……又东南径武街城西南。又东南径葭芦城西,……又径葭芦城南。……又东南流,至桥头,合白水。东南去白水县故城九十里。又东南至广魏(即广汉郡)白水县,与汉水合。又东南过巴郡阆中县,……入于江。"所谓"葭芦城",在今武都东之临江镇。"桥头",即"阴平桥头",在今碧口西。当白水会口下,白龙江上之一大桥也。"白水故城"即今碧口。"汉水",谓嘉陵江,《水经》曰汉水也。羌水导源于"天池",世称白龙池,在临洮县宕昌寨。故古谓"天池白水",今云"白

龙江"。与阴平之白水区别。古今地理名称沿革，皆可勘合。然则在阴平县者为"白水"，在甸氏道者为羌水。《水经》与《郦注》所据之汉地图皆是如此。而今本《汉书·地理志》甸氏道云："白水出徼外，东至葭萌入汉。过郡一，行九百五十里。"其为羌水之误甚明矣。羌道云羌水"过郡三"者，陇西发源，甸氏、白水、葭萌属广汉郡，阆中以下属巴郡。云"行六百里"者，盖行下脱千字。甸氏道下之白水，"过郡一行九百里"者，谓自西倾导源至入汉，只过广汉一郡，行九百里，则应是阴平道文。传写误入甸氏道。常氏所见《汉志》应与桑钦、郦道元所见同，不当从宋镌误本。而元丰以来《常志》刻本，以白水系甸氏道下者，亦缘传写者依误本《汉书》移之，非《常志》之旧也。夫今本《史》《汉》，讹讹亦颇多矣，前人校勘未能尽得，转而遗误后人者不少。此其一例耳。《水经注》于西北诸水，多得地理实践者资料，故能正确也。

⑮ 两汉无平武县。洪亮吉《十六国疆域志》云："考蜀汉阴平郡有广武。《沈志》云，'蜀立。太康元年改曰平武'。按《晋·武帝纪》咸平四年，'阴平、广武地震'，'甲子又震'。是太康以前尚名广武，《沈志》之言，信也。《元和志》皆称'阴平郡平武县。'《晋志》作'平广'，殊误。"

蜀汉广武及晋平武县故城，在今江油县北之平由铺（《江油县志》）。

⑯ "有关尉"者盖即江由关，其城即今平武县旧州是也。《邓艾传》："先登至江由，蜀守将马邈降。"《钟会传》："邓艾追姜维到阴平，简选精锐，欲从汉德【阳】入江由、左儋道诣绵竹，趣成都。……会遣将军田章等从剑阁西径出江由。未至百里，章先破蜀伏兵三校。艾使章先登。遂长驱而前。"是江由关守将之降，为田章军自剑阁出马鸣阁，据有江由县，出左儋道关城之后。马邈遂不守而降艾。艾乃得与田章合力长驱直入也。世冤邓艾之死，矜其行险之劳，憎钟会之奸，遂以灭蜀全功归之一艾，掩田章之功，皆失之于歪曲。旧本误入昔人注语二十八字，中云："刘主时置义守，号关尉。"亦非。其关尉，盖后汉元初中羌乱侵入蜀中时已置，上文云"诸郡太守皆屯涪"，江由关在刘先主未置广武县前，地本属于涪县，故蜀地诸郡太守之屯涪，即重在扼守此关也。时当已有关尉矣。蜀先主于未取得汉中前，已遣雷铜、吴兰在先入武都，又以张飞、马超屯固山（12章之注⑨）。则其取道必自阴平三道。于时江由关当与白水关同重，因而分涪置广武县（顾名思义，是进占武都时置）。其时江由关尉已置可知，不待后主时也。云"刘主时置义守"者，谓自建兴以来，魏人只求保有雍凉，无力图蜀，故后主裁去此关尉领军，但以广武民兵守之，称为义守。因其非正规军，故易被魏军摧破。非置义守乃称为关尉也（常氏称刘主者皆指后主）。此二十八字中，只此六字是常氏原文，直承上关尉字，叹后主信巫言，废守备也。

⑰ 汉刚氏道，为今四川平武与青川县地，为两千余年来金属矿产始终兴旺之地区。最先取矿者盖氐民也。《前汉志》云："涪水，出徼外，南至垫江入汉（嘉陵江）。过郡二（广汉与巴郡），行千六十九里。"本书云："涪水所出。有金、银矿。"俱得其实。缘近蜀，常氏知之较悉故也。

自永嘉乱后，县境叛羌未平，晋人退入江由关内。虽存平武县，只辖关南平地。关外委不置吏。故图籍无存，各代地理莫能详其沿革，刚氏旧城位置遂无可考。大抵是今平武县东之古城镇。《寰宇记》卷八十四龙州云："至梁，有杨李二姓各自称藩于梁（《明统志》云杨杰、李龙迁也）。至后魏武帝得其地，置江油郡。西魏废帝二年定蜀，于此立龙州。"下历唐宋，龙州州治皆在今江油县境，或涪峡内之旧州，今平武县境无建置。元代始招抚土酋为宣慰司（出《龙安府旧志》，《元史》不见）。明洪武二十二年，改军民千户所。嘉靖四十五年改置龙安土府。万历十九年，始置平武县（据《一统志》）。清代置龙安府乃改流官。古地理书每以江油、平武，龙州、龙安混为一地，莫能定刚氏县所在也。

十五

右梁州①。

谀曰：汉沔彪炳，灵光上照。在天鉴为云汉。于地画为梁州。而皇刘应之，洪祚悠长。萧公之云，不亦宜乎②。

案：右《梁州赞》一章。益州、宁州（南中）皆有赞，此独简短。盖以其为李氏与晋所争地。蜀臣降晋，难于措词也。

【注释】

①《常志》梁州，所辖郡县与晋不同，足知其非依晋制。又与两汉不同。则又非依《汉志》立说。若谓其依蜀汉，则蜀汉无梁州，且武都郡属县亦不可能全同前汉。若谓其是李雄、李寿时建制，则李雄已置荆州，且武都郡仅曾遥附，未置官吏，当时属县，亦不可能与前汉同也。然则究何所据耶？经全面分析，知其是李雄时建置之制。李氏兵力所未到之暂附地区，如武都，则用《汉志》补列其县也。李氏曾以巴地置荆州，故以《巴志》表其荆州郡县，而又不能不遵晋制并于梁州。晋梁州治汉中，领八郡四十四县，为汉中郡八县，梓潼郡八县，广汉郡三县，新都郡四县，涪陵郡五县，巴郡四县，巴西郡九县，巴东郡三县。巫、北井二县隶建平郡，与东三郡皆属荆州，武都、阴平二郡属秦州。两汉与蜀汉，则全属于益州。以是，知常氏所记为李成世建置，而不明白言之者。降晋后，已合巴汉为一州，不敢违晋制。乃加梁州首尾以适晋制故也（参看附录）。

②"萧公"，谓萧何。其言已在《汉中郡序》。

附 常志梁州郡县与两汉志及晋志对照表

(县名前的数码表示该县在原书中的叙次)

《前汉·地理志》	《后汉·郡国志》	《华阳国志》	《晋书·地理志》
益州 汉中郡	益州 汉中郡	梁州 汉中郡	梁州 汉中郡
3 南郑县	1 南郑县	1 南郑县	1 南郑县
8 沔阳	5 沔阳	2 沔阳	4 沔阳
4 褒中	4 褒中	3 褒中	3 褒中
7 成固	2 成固	4 成固	5 成固
		5 蒲池	2 蒲池
		6 西乡	6 西乡
			7 黄乡
			8 兴道
		梁州 魏兴郡	荆州 魏兴郡
1 西城	3 西城	1 西城县	3 西城县
9 锡	7 锡	2 锡	4 锡
6 安阳	6 安阳	3 安康	2 安康
		4 兴晋	1 兴晋
12 长利		5 郧乡	5 长利
2 旬阳		6 洵阳	6 洵阳
		梁州 上庸郡	荆州 上庸郡
11 上庸	8 上庸	1 上庸县	1 上庸县
10 武陵		2 北巫	3 北巫
		3 武陵	4 武陵
		4 安富	2 安富
		5 微阳	6 微阳
			5 上廉
		梁州 新城郡	荆州 新城郡
5 房陵	9 房陵	1 房陵县	1 房陵
		2 沵乡	4 沵乡
		3 昌魏	3 昌魏
		4 绥阳	2 绥阳

续表 1

《前汉·地理志》	《后汉·郡国志》	《华阳国志》	《晋书·地理志》
益州 广汉郡	益州 广汉郡	梁州 梓潼县	梁州 梓潼县
1 梓潼县	6 梓潼县	1 梓潼县	1 梓潼县
3 涪	5 涪	2 涪	2 涪城
7 葭明	8 葭明	3 晋寿	6 晋寿
11 白水	7 白水	4 白水	8 白水
		5 昭欢	
		6 汉德	5 汉德
			3 武连
			4 黄安
			7 剑阁
			梁州 广汉郡
6 广汉	10 广汉		1 广汉县
8 郪	11 德阳		2 德阳
	9 郪		3 五城
			梁州 新都县
4 雒	1 雒		1 雒县
2 汁方	4 什邡		2 什方
5 绵竹	3 绵竹		3 绵竹
9 新都	新都		4 新都
	益州 广汉属国	益州 阴平郡	秦州 阴平郡
13 阴平道	1 阴平道	1 阴平县	1 阴平县
10 甸氐道	2 甸氐道	2 甸氐	
		3 平武	2 平广
12 刚氐道	3 刚氐道	4 刚氐	—
益州 武都郡	凉州 武都县	梁州 武都郡	秦州 武都郡
9 下辨道	1 下辨道	1 下辨道	1 下辨道
1 武都	2 武都道	2 武都	4 武都
2 上禄	3 上禄	3 上禄	—
3 故道	4 故道	4 故道	5 故道
4 河池	5 河池	5 河池	2 河池
6 沮	6 沮	6 沮	3 沮
5 平乐道		7 平乐	—
8 循成道		8 脩城	—
7 嘉陵道		9 嘉陵道	—

续表2

《前汉·地理志》	《后汉·郡国志》	《华阳国志》	《晋书·地理志》
	7羌道《前汉》属陇西郡		
益州巴郡	益州巴郡	梁州巴郡	梁州巴郡
1江州县	1江州县	1江州县	1江州县
3枳	7枳	2枳	4枳
2临江	6临江	3临江	3临江
	11平都	4平都	—
5垫江	9垫江	5垫江	2垫江
		6乐城	—
		7常安	—
		梁州巴东郡	梁州巴东郡
9鱼复	5鱼复	1鱼腹县	1鱼腹县
6朐忍	3朐忍	2朐忍	2朐䏰
		3汉丰	—
		4南浦	3南浦
		5羊渠	—
		梁州涪陵郡	梁州涪陵郡
11涪陵	8涪陵	1涪陵县	2涪陵县
		2丹兴	—
		3汉平	3汉平
		4万宁	5万宁
		5汉发	1汉复
		6汉葭	4汉葭
		梁州巴西郡	梁州巴西郡
4阆中	4阆中	1阆中县	1阆中县
10充国	12充国	2西充国	2西充国
		3南充国	5南充国
7安汉	10安汉	4安汉	8安汉
		5平州	9平州
			3苍溪
			4岐惬

续表 3

《前汉·地理志》	《后汉·郡国志》	《华阳国志》	《晋书·地理志》
8 宕渠	2 宕渠 14 汉昌 13 宣汉	梁州 巴西郡 1 阆中县 2 西充国 3 南充国	7 宕渠 6 汉昌 —
荆州 南郡 17 巫县 14 夷道 13 秭归		4 安汉 5 平州 （巫） （北井） 梁州 宕渠郡 1 宕渠 2 汉昌 3 宣汉	荆州 建平郡 1 巫县 2 北进 3 秦昌 4 信陵 5 兴山 6 建始 7 秭归 8 沙渠

[注] 晋梁州统汉中、梓潼、广汉、新都、涪陵、巴郡、巴西、巴东八郡。州治汉中。系太康元年建置。太康六年，并新都入广汉。惠帝时又分巴西立宕渠郡。又以新城、魏兴、上庸自荆州度入梁州。合为十一郡。李雄时全有梁州。

任乃强全集·第四卷

蜀志（卷三）

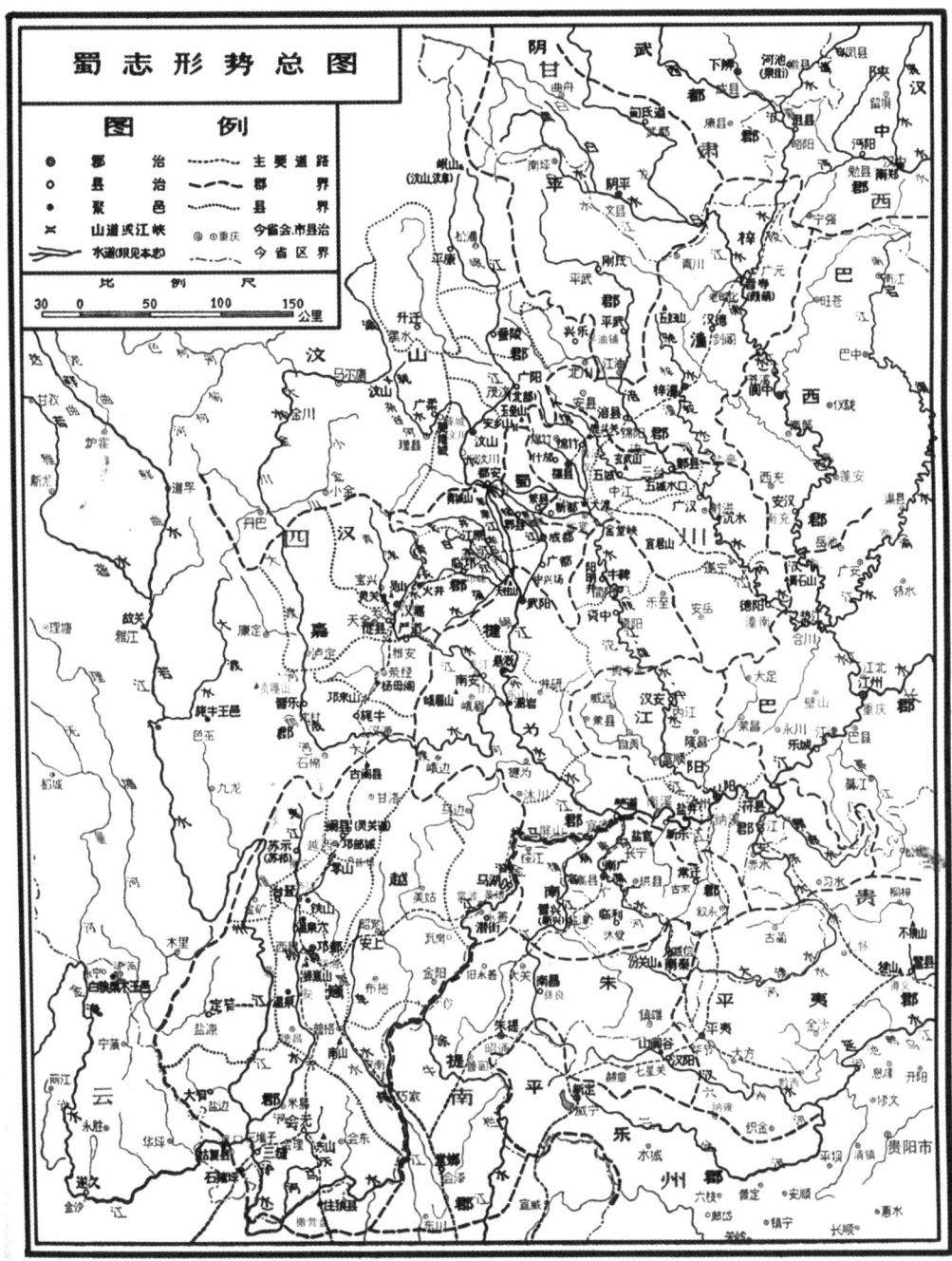

蜀志形势总图

一

蜀之为国，肇于人皇，与巴同囿①。至黄帝，为其子昌意娶蜀山氏之女，生子高阳，是为帝喾。封其支庶于蜀，世为侯伯②。历廖本注："当脱唐虞二字。"无取。夏、商、周。武王伐纣，蜀与焉③。其地东接于巴，南接于越④，北与秦分，西奄峨。《太平御览》卷四十引作岷字。嶓⑤。地称天府⑥，原曰华阳⑦。故其精灵，则井【络】狼旧皆作"井络"。《蜀典》引《括地象》云："嶓冢之精，上为狼星。岷山之精，上为井络。"常氏于此，以井、狼与江、汉对应，其非单言井络甚明。垂耀，江、汉遵流。《河图括地象》曰："岷山之精，上为井络，帝以会昌，神以建福⑧。"旧本作"岷山之下为井络"，合下为十五字。廖本依《水经注》引补精字，改下字，合下为十六字，得之。《夏书》曰："岷山导江，东别为沱。"泉源深盛，为四渎之首，而分为九江⑨。其宝，则有璧玉、金、银、珠、碧、铜、铁、铅、锡、赭、垩、锦、绣、罽、牦、犀、象、毡、毦，旧误作眊，从目。廖本从耳，正。丹、黄、空青【桑、漆、麻、纻】之饶⑩，滇、獠、賨、僰，僮仆六百之富⑪。

其卦值坤，故多班张、吴、何、王本作斑，钱、《函》、廖本作班。彩文章⑫。其辰值未，故尚滋味⑬。德在少昊，故好辛香⑭。星应舆鬼，故君子精敏，小人鬼黠⑮。与秦同分，故多悍勇⑯。在《诗》，文王之化，被乎江汉之域，秦豳同咏，故有夏声也⑰。顾观光校云："《长短经》注引作'秦豳同诗，秦蜀同分'。"其山林泽渔，园囿瓜果，百谷蕃庑，借张衡《南都赋》文补此四字，为"代熟"主话。"代热"本是用其赋"四时代熟"文也。四节宋刻元丰本作时。张、吴、何、王本同。嘉泰本作节。刘、李、钱、《函》、廖本同。代熟。桑、漆、麻、纻靡不有焉⑱。此句旧刻亦脱主语。审上文"其宝"，皆记工、矿、商品之难得者，惟"桑、漆、麻、苎"是农产品，当在山林、田圃产物之列。应是常氏原文在此。后人传钞，艳羡其文气势，犹嫌二十余种为少，妄移此四字以助之。以其亦得为商品也。兹删移还原。

案：李雄时，以"三蜀"与其西南三边郡为益州。"三巴"与其分置之郡为荆州，汉中、梓潼与其近郡为梁州。而南中诸郡为宁州。故常璩《蜀汉书》分四篇志其地理。益州为其国都所在，故所造《州部总序》特为详赡精练，而列于卷三者，原是首篇；入晋后为尊梁州，改在其下也。

　　此为《蜀志总序》之首章，极力夸述地理特点。更析为五节。先言历史悠久，地位卓越。中举物资之富，人物之盛。最后结于农产之饶，明蜀所由兴在于农田水利，以启杜宇、鳖令、李冰、文翁诸人功绩所从来也。

【注释】

①"人皇九囿"说，已具《巴志》2章之注①。

②此非原始社会所能有。已详《巴志》注。

③此据《尚书·牧誓》。可信。

④《春秋》定公五年，"于越入吴"，谓越王允裳乘吴王伐楚在郢，乘虚入姑苏也。是勾践之国本号"于越"，史家省称为越也。然蜀国不可能与接境。此"于"字，当与上文"于巴"同解。此越字所指，盖为"百越"，统南方民族所居之地言之。司马迁《始皇本纪》引贾谊文，"南取百越之地以为桂林、象郡。百越之君，俛首系颈，委命下吏"是也。秦汉时，中原人称在岭南者为"南越"、"骆越"，在福建者为"闽越"，在浙西者为"东瓯"，在浙东者为"越国"，《史记》皆有列传。其自平原进入山区者，称为"山越"，屡见于《三国志》亦称"扬越"（《南越王尉佗列传》），谓古扬州之越族也。

　　此越字，在周、秦间，读音与奥同，故《汉书》尽改写作粤（奥之变体）。粤，又与瓯音近，瓯越、东瓯，皆奥音，越族自称之本语也。《史记·南越列传》：尉佗"以兵威边，财物赂遗闽越、西瓯（即瓯越，对东瓯为称）、骆，役属焉。"以闽、瓯、骆并称是也。周末蜀国灭亡，有蜀王子安阳王者，率军南走，征服瓯、骆，建国仍号为蜀（另详4章之注⑥）。盖蜀国南界，固曾与瓯越、骆越与南越、滇越相接，故蜀王子虽国灭于北而复兴于南也。此常氏言蜀境"南接于越"之义也。

　　秦灭蜀，寻即转争巴盐。其于"南中"地区，虽亦通道置吏，仅及邛、筰、僰、鳖而止。故楚庄蹻仍自王滇，夜郎仍自立国，而蜀王子更兴于瓯、骆地区，阅五十年乃为尉佗所并。常氏云蜀王"以南中为苑囿"。盖谓蜀之国境曾经包有南中，与诸越相衔接也。

　　秦、汉人所谓"百越"，不只上举瓯、骆、南越、闽越、东瓯、吴越、山越诸部，实又包举南中诸越部落，如夜郎、同师、句町、卧漏、劳深、靡莫、嶲、昆明、哀牢与滇越等言之。诸越部落，大多与蜀王有商品交易关系和藩属关系，故曰"以为苑囿"也。

　　骆与僚、劳、牢、老，古音相近，盖骆越活动于湄公河流域，留于瓯越西方者为寮；西入云南高原者被称为劳或牢；东入湘黔之间者被称为"老"或"犵老"；北入于四川盆地者被称为僚；最西者称之为"滇越"。邛人之国亦被称为"越嶲"。《汉书》字作"粤嶲"，则应劭说为取"越嶲水以彰休盛"之义亦非。《史记正义》释"滇越"云："昆、郎等州，省滇国也。其西有滇越、越嶲，则通号越，细分而有嶲、滇等名也。"是唐世人犹知南中对越族之称谓如此。《大越史记》，称其最早建国之鸿庞氏"国号文郎"。传国二千六百二十一年。至周赧王五十七年乃亡。《后汉书·交址传》云:"安帝永初元年,九真徼外夜郎蛮夷举土内属,开境千八百四十里。"是夜郎亦曾被作为越族之别称也。同传又有"建武十二年,九真徼外蛮里张游,率种人慕化内属,封为归汉里君",里,即俚人,居于两广湘黔间者颇多,唐宋以来史籍、方志频见,盖亦百越之属也。同书又屡见乌浒,"灵帝建宁三年,郁林太守谷永以恩信招降乌浒人十余万内属","光和元年,交址、合浦乌浒蛮反叛"。则乌浒亦"百越"之一种也。大抵凡黑肤、短发(断发)文身、涅齿、裸、跣之民族,周、秦、汉人皆以"越"称之,故云"百越"。是故古人所谓"越"者,亦有广狭二义,就广义言,则百越也。就狭义言,则周秦间人用以专指越王句践之国。汉魏以来,则用以专指瓯骆之国。本书云"南接于越"者是也。

⑤峨,哦眉山。汉以前史地书志无称。本书"南安县"始著。嶓,嶓冢山,始著于《禹贡》,汉水源也(秦汉以来之西汉水),在武都郡西北。

⑥"天府",谓天帝之府库,无所不有。最初见于《战国策》,苏秦说秦惠王曰:"大王之国,西有巴、蜀、汉中之利,北有胡貉、代马之用,南有巫山黔中之限,东有崤、函之固,田肥美,民殷富,战车万乘,奋击百万,沃野千里,蓄积饶多,地势形便。此所谓天府,天下之雄国也。"《史记》采之入《苏秦传》。然其说出于秦并巴、蜀之前,故或疑是后人伪造。所言"沃野千里",亦是指渭水平原,非谓蜀地。其以天府专用于蜀地者,始于诸葛亮《隆中对》,所谓"益州险塞,沃野千里,天府之土"是也。

⑦此原,指高山平原与河谷平原,包括整个四川盆地与汉中盆地内可耕之土。在华山之南,《禹贡》称为"华阳",常氏用为书名者也。刘宋时,于汉中方华阳郡,理流徙之蜀民,领华阳、兴宋、宕渠、嘉昌四县,为侨郡县称"华阳"之始。南齐存。又后侨民有南迁居南安郡界(今剑阁县地)者,更立华阳侨县。今剑阁双龙场,其故址也。西魏改名黄安,唐末改名普成。元废。川西平原之华阳县,初名蜀县,唐贞观十七年,分成都立。乾元初,改名华阳。为用大西南区域地名加于西川一县之始,非有沿革相因之义。

⑧井星,二十八宿之一,《星经》云:"朱雀七宿之首,号为天井。"《史记·天官书》,"东井为水事"。井络者,谓井上汲绠。汉代方士,好以人事喻星象。纬书《河图括地象》设为岷山为天上井络之说,以神化江源。意谓天井水随络汲取,注于下地,以润梁、荆、扬州,为民建福利,帝运能会昌期也。此疑出于蜀人如洛下闳、唐都等所造,经扬雄、谯周、秦宓、左思等为之煊染,后之言蜀地理者无不用之。扬雄《蜀都赋》:"蜀都之地,禹治其江。渟皋弥望,郁乎青葱,沃野千里。上稽乾度,则井络储精。下按地纪,则川宫奠位。"陈寿《秦宓传》曰:"蜀有汶阜之山,江出其腹,帝以会昌,神以建福。"谓出《蜀王本纪》,则是扬雄用《括地象》文也。谯周与常璩皆遵用之。左思《蜀都赋》:"远则岷山之精,上为井络,天帝运期而会昌建福。"自《水经注》以下引《括地象》以颂蜀土者不胜枚举。

⑨《禹贡》言江水"过九江,至于东陵"。九江是地名明矣。孔安国传:"江分为九道。在荆州。"又荆州九江孔殷传云:"江水于此州界分为九道。"意谓江过云梦大泽,多岔港,尚符实际。常璩遂谓分为九江溉田,则失之凿矣。

⑩"璧玉",谓大块白石英可制为璧者,蜀西北江水本支流上游高原上随地有之。"金",凡产白石英之地,与自此流出江河冲积台地,土砂中咸有之。金沙江、岷江、涪江、白龙江诸水沿岸,岁岁淘取不绝。"银",以朱提为最著名。蜀王杜宇时,朱提与蜀交往已密(见《蜀王本纪》)。其地秦时即已置县,矿冶业发展甚早。"珠",大蚌壳内窜入有砂者,分泌钙、钡、矽质,包围成珠。旧时,一般取于合浦海中。江湖淡水中大蚌亦能产之,是谓"江珠"。《山海经》:"鸟鼠同穴之山⋯⋯滥水(今之白龙江)出于其西,西流注于

汉水。多鳌魮之鱼，其状如覆铫……是生珠玉。"郭璞注"珠母，蚌类"是也。扬雄、左思两《蜀都赋》皆言"江珠"。自合浦珠大行，江珠遂无人重。解放后，淡水养珠业始再出现。"碧"，氧化铜渗入石质所成。石质细润者为绿宝石，古称碧玉，次者为碧石，皆伴铜矿生。会无产碧，见《汉志》及本书《越嶲郡》。"铜"，堂狼、会无两县产最丰、质最美，从古未衰。与朱提皆由矿业发达，在边徼中置县最早。本书言邓通铜山，皆蜀地也。"铁"，蜀西南边区多产之。《汉志》临邛、南安、武阳皆有铁官。本书述临邛"流支铁"，台登"笮石"。近世发现攀枝花大铁山，渡口市由是兴，皆蜀地也。"铅"，产地旧在大渡河谷诸山。清代尤屡开采，与银矿伴生。锡产地在涪江上游。响水山者最良，称为"响锡"。清末未衰。"响水"在今青川县涪江岸，清《一统志》不载。"赭、垩"皆黏土之极纯极细者。赭石为绘画良品。垩之纯白者称粉丹，用于去垢，皆蜀地商品。"锦"，染色丝织成文彩者。"绣"，色丝刺加于帛上者。汉以前，贵人所衣文绣，皆绘画成。惟蜀锦是织成。《前汉志》成都有工官，无锦官。本书有锦官城，未详始于何时。《先主志》言："先主克蜀……赐诸葛亮、法正、关羽、张飞金五百斤，银千斤，钱五千万，锦万匹。其余各有差。"合他将士计赐锦当在十万匹以上。此或非市场所购，疑为锦官所储。其金银，盖亦工官所储，故得大量散赐也。然则锦官盖后汉中叶置也。其时民间作坊已盛，故能因其工巧，为锦官也。"罽"，毛织品之有文彩者。《汉书·高帝纪》八年诏："贾人毋得衣锦、绣、绮、縠、絺、纻、罽，操兵、乘骑马。"颜师古注："罽，织毛，若今之毾㲪及氍毹之类也。"氍毹，今云毡㲪，俗呼栽绒毯。《异物志》："大秦国以茧丝织成氍毹，以群兽五色毛杂之，为鸟兽、人物、草木、云气，千奇万变，惟意所作。"谓以丝为经纬，而编五色毛于其间也。颜注罽字音"居例反"。后人皆读如 jì。窃谓此字从罒、厂、剡，三字皆无 jì 声。《说文》："罽，鱼网也，从网，䎡声。䎡，籀文锐。"又："剡，锐利也，从刀，炎声。"段玉裁释"从厂剡"，云："从剡，厂声。罽，罽字从此。"古今字音屡变，或汉人读如锐，唐人读如技，清地方音如厂；皆未必是胡商本音也。《诗·大田》："以我覃耜。"张衡《东京赋》作"剡耜"，是《毛诗》作覃，《三家诗》作剡。《易系》："剡木为矢。"皆读 tán 音。今世从炎声字如谈、痰、剡、郯皆 tán 音，菼、毯字皆 tǎn 音。则罽字溯声源，当为炎声，读覃、毯。从网者，织罽当有经纬，其疏似网也。从厂者，编于室，不似网之织于野也。从刀者，凡编氍毹，皆以毛系于经线，以纬压固之。编一列成，乃割齐其毛，全匹成，更用长剪修整之，故从刀也。然则其字固当读如毯，今云"栽绒毯"，音义并洽矣。毯字，不见于《说文》。宋代韵书始有之，字亦作綐。《正韵》云："他感切。毛席也。"正足知其为栽绒地毯。其物汉武帝时已自西域输入内地，而《说文》有罽字，无毯字，则罽即后世之毯字。许声、颜注、段说并非矣。

"牦"，羌地旄牛，毛长，从古输入，供刀、矛、旌、旗装饰。"犀、象"皆热带动物。犀角、象牙，中土所重。皮坚韧，为甲。上古并由商贾自蜀道输入。秦以后番禺道畅通。三国以后，海道乃通，而蜀道转寂。此所言，魏晋以前时也。近年四川盆地内频数发见古犀象化石，皆人类初生时代之遗迹，未可用以解释此文。"毡"，用牛羊乱毛揉撼黏合而成之垫具。"毦"，字从毛，耳声。音同弭。《说文》："羽毛饰也。"《诗·有声》："崇牙树羽。"《陈风》："值其鹭羽。"皆殷、周人尚羽饰之证。《后汉书·单超传》："金、银、罽、毦，施于犬马。"章怀注"毦，以羽毛为饰"是也。马、牦尾毛洪结蝇拂者亦曰毦，裴注《诸葛亮传》引《魏略》："备性好结毦，时适有人以髦牛尾与备者，备因手自结之。""丹"，谓朱砂。"黄"，谓石黄。"空青"，铜矿之结核者，研细则为石绿。皆绘事珍品，优点在永不变色。空青又入药。《政和本草》云："空青，生益州山谷及越嶲山有铜处。铜精熏则生圣青。其腹中空。三月中旬采，亦无时。陶隐居（即陶弘景）云：'越嶲属益州。今出铜官（指会理）者，色最鲜深；出始兴者，弗如。益州

（此指昆明）诸郡无复有，恐久不采之故也。凉州西平郡有空青山，亦甚多。今空青但圆实如铁珠，无空腹者。皆凿土石中取之。又以合丹，成则化铅为金矣（按：炼朱砂为黄金之法如此）。诸石药中惟此最贵。医方乃稀用之，而多充画色，殊为可惜。'"空青中有含水者，尤名贵；旧传其能愈盲目。实只缘其含铜毒能杀菌，非有它能。今眼药水同有此效，所在廉便。人不复知空青为何物矣。

⑪此言秦汉世蜀地奴隶贩卖之盛。《汉书·地理志》："巴、蜀、广汉，……南贾滇、僰僮。西近邛莋马、旄牛。"足见当时蜀中商贾以奴隶、旄牛、莋马为主要商品。僮谓奴隶。当时的主要市场在滇国僰侯的都邑。莋马，今云"西昌马"，躯干较蒙古马、西宁马为小，而善走山地，巴、蜀、汉中人乐购之。当时的主要市场在邛都（越巂郡治）。旄牛即羌地特产之牦牛，不能生活于内地，而皮、肉、毛并为内地所重。当时主要市场在莋都（沈黎郡治），内地商贾恒生购并于此剥制其毛皮销于内地。此班固为文之意也。

《常志》此文，"滇獠賨僰"四字所表为当时掠卖奴隶之族籍。滇，即益州郡治滇池之省称。此处所买奴隶，包括劳深、靡牧、巂、昆明、哀牢、姑缯、同师、夜郎、乌浒诸民族，皆不谙内地语言风俗，须奴隶商购入施行调教后乃可售供使用者，统称之为"滇僮"。獠，今字作僚，为秦汉时已大量入住于贵州高原之民族。賨即巴国土著。僰即僰国土著，与賨同出于"百濮"，因西徙时早，而形成为新族落也。獠、賨、僰颇习汉语汉俗，奴隶商购入即可转售。故称之曰"僰僮"，以别于"滇僮"。汉世奴隶商之分类如此。入魏晋世，蜀人皆乐购僰僮，賨与獠、僰之沦为奴隶者特多。賨焚最易使用，僚则逊之，滇僮为最下，故《常志》更作区类为"滇、獠、賨、僰"。

奴隶商购入后，恒先分别其年貌、性能，施行调伏训练，教以语言、艺事，俾其适合各种奴隶主选购，以获高价；或留供自己使用，使得展其才艺而后售之。《史记》《汉书》之《货殖列传》中之刁间、姓伟、罗裒等，实即此种奴隶商人。故曰，"黠奴人之所患，惟刁间收取"，"裒贾京师，随身数十百万"。读者每以为是挟多金，误矣。其时游侠惟剽者多，平民不可能以数十百万金随身，盖其随身者皆已调伏之奴隶（固亦挟有商品以行），至京则卖之，共值数十百万金，非专言訾货也。裒"为平陵石氏持钱"能使其"訾次如苴"者，亦非身自经营之，盖亦如刁之"能使豪奴自饶而尽其力"以"往来于巴蜀"故也。临邛卓氏、程郑之使用奴隶亦正如此。故奴隶愈多，产业愈发展，商道愈远达，则家人享受"田池射猎之乐"，愈可"比于人君"。调教成各种艺能之奴隶愈多，则其享用愈侈也。是故，秦汉之世，内地虽已进入封建社会，而王侯贵族，地主豪势之家仍有大量奴隶，用于享乐、生产、商营和战斗（魏晋间所谓"家部曲"实即奴军）。由于徼外多已进入奴隶社会，公开奴隶买卖，而内地复有此辈奴隶商人为其调教适用之奴隶故也。

此处"僮、仆、六百"四字所表达者为奴隶市价之等级。调教慧黠有才艺、能受主人嬖爱者，为上等，当时称之为"僮"（《汉书》作童、《说文》亦作童），谓其可爱如童幼儿也。此级奴隶，大都善歌舞、射猎、工技。《汉书·张安世传》"僮七百人，皆有手技"是也。其驯顺谨厚、堪任使者为"仆"，大都为年龄已大，历世已深者。其在奴隶中之地位与市场之价格，一般较低于僮。此周代已然之奴隶等级也。《左传》昭七年芈尹无宇言，"人有十等"，仆列隶僚下，为第九等。《诗·卷耳》为贵族宠奴送嫁作，而云"我仆痡矣"。周秦汉文，恒臣仆连称。臣者，古之奴字，仆又在奴下也。"六百"二字，旧无解者。按此文，当为奴隶市场第三级之代称。凡购奴隶，皆有文契以规定其日常劳动事项，以订价格。王褒《僮约》，即其明例。一般必不如其苛细，要亦必保证其所可能之量（规格），验之不及者，可斥还也。此"六百"字，疑是当时谓一般粗笨劳动奴隶之售价，或是保证全年生产之价值。知其然者：汉世例称郡守为

"二千石",用于诏书。石奋与其四子皆二千石,遂被称为"万石君"。禄食最低之例,则称"斗食"。明载官书,著于正史。此以数字代表人身之例也。本书《汶山郡》称羌氏冬入内地受雇佣者为"作五百石子"(或云,"作氏百石子"),亦是以数字代表人身。足见汉魏蜀俗,习惯如此。近世民间,犹见此俗存者:京师旧俗,技艺工日酬四百钱,老技工每乘工紧时以学徒充数,实酬二百五(师工得百五)。于是人皆讥呼一切滥竽工匠与浅薄艺人为"二百五"。家乡川北只用制钱时代,农家雇用零工,日酬三十二文。于是人皆呼售雇零工者为"三十二"。又俗称疟疾痁战为"做零工",于是又称病疟者为"做三十二"。其后通行铜元银元,工价日变,而民间犹用三十二为其代称。皆余所经见。则魏晋人之称低级奴隶为"六百",可理解矣。(一说六百即楼薄种奴隶,参看《汶山郡》"六夷"注。)

⑫《易》坤卦,"西南得朋,东北丧朋"正义曰:"坤位在西南。"魏晋人创"指南罗经",以八卦配八方如此。又《坤卦·象》曰:"黄裳元吉,文在中也。上六,龙战于野,其血玄黄。"常璩"斑彩、文章"之说依此,与上文锦绣、丹、黄、空青相应。

⑬古称十二地支为十二辰,配合十二月,十二方,十二神,十二味,……以至十二星野,详著《吕氏春秋》与汉儒《月令》。《淮南·时则训》、《史记·天官书》、许慎《说文》并遵之。《说文》:"未,味也。六月有滋味也。"

⑭《月令》,"三秋之月同"云:"其帝少皞,其神蓐收……其味辛,其臭腥。"常璩据以说蜀人嗜辛香之味。"辛香"谓姜、椒、扶留之属也。

⑮"舆鬼",即鬼宿四星,已见《巴志》注。扬雄《方言》:"虔,儇慧也……自关而东,赵魏之间谓之黠,或谓之鬼。"常璩取为鬼宿之应。"精敏",亦儇慧之义也。

⑯巴蜀与秦同分,与秦俗悍勇,皆班固《地理志》说。

⑰《诗·周南·召南》二十五篇皆民间之作。汉儒因周召字,妄谓"文王之道,被于南国"(《毛诗·广汉篇序》),常氏用之。其实是周初多购用南国奴隶,因而介入南国诗歌。《豳风》七篇,皆周公旦时辑录之诗。《秦风》十篇,皆春秋初年产生,与《豳诗》相去时间约五百年,虽同属关中之诗,不得云"同咏"。"夏声",初见《左传》襄二十九年,季札观乐赞秦风语。然其文疑是后人窜入。可靠之解释,当如《吕览·古乐篇》,谓周秦承夏后氏之乐,为西方之音,以别于殷商也。常氏此用《左传》季札之说。

⑱此叙蜀地农业,不及百谷与桑麻。显系前人夺乱。

二

有周之世,限以秦巴,虽奉王职,不得与春秋盟会,君长莫同书轨①。

周失纪纲,蜀先称王。有蜀侯蚕丛,其目纵,始称王②。死,作石棺、石椁。刘、李、张、吴、何、王本作椁。国人从之。故俗以石棺椁为纵目人冢也③。吴、何、王本无也字。浙本挤补。次按当作后。王曰柏灌。次王曰鱼凫。鱼凫廖本无此二字。王田于湔山,忽得仙道。蜀人思之,为立祠于湔④。据《御览》引《蜀王本纪》文补。

后有王曰杜宇,教民务农。一号杜主⑤。时朱提有梁氏女利,游江源。宇悦之,纳以为妃⑥。移治郫邑。或治瞿上⑦。【七】巴国称王，杜宇称帝。七国称王，在周显王世，距灭蜀只数十年，杜宇死已四百余年矣。七字，应是巴之讹。形近，时间亦合。号曰望帝，更名蒲卑。元丰本作郫。他各本作卑。自以功德高诸王⑧。此句释称帝，当断。乃指杜宇时。以褒斜为前门⑨，熊耳、灵关为后户⑩，玉垒、峨眉为城郭⑪，江、潜、绵、洛为池泽⑫；以于文当衍。各本有，宋姚宽《西溪丛语》卷下引无。汶山为畜牧，南中为园苑⑬。会有水灾，钱写本作火灾。其相开明，决玉垒山以除水害。帝遂委以政事，法尧舜禅授之义，【遂】旧本皆有，当衍。《西溪丛语》卷下引无。禅位于开朗。帝升西山隐焉。时适二月，子鹃鸟鸣。故蜀人悲子鹃鸟鸣也⑭。《西溪丛话》引此句作："蜀人悲之，故闻子鹃之鸣，即曰望帝也。"较长。巴亦化其教而力农务。迄今巴蜀民农，时先祀杜主君⑮。廖本此下注云"当作若"，意谓当连下"开明"读。又重"开明"字。无取。

案：以上，序蚕丛开国至禅位开明氏，大抵取材于《蜀王本纪》（一称《蜀本纪》或《蜀纪》）。本书《序志》，省称《本纪》，谓自司马相如至任熙八家"各集传记以作《本纪》"，可知其书系经多人相继增修所成，大抵扬雄、谯周二人所辑者较多。今有扬雄《蜀王本纪》辑本，残阙已甚，又多异文，不足以验其是否原书本语。常璩既克见八家之书，取材又颇谨慎，应为现存最可靠之纂辑文字。然其观点与见地尚有当辨订者。

【注释】

①蜀国本是羌氏民族在岷江上游河谷所建成之部落。逾九顶山口，循湔水入成都平原，以农业兴，自成大国，在当时有其独特的文化，仅以经济交流与岐周发生关系。参与牧野之师，《牧誓》但称曰人，明非君长自至，但有其人而已。其君素自高贵，不愿远出盟会，以自厕于诸侯，固不得云"同书轨"也。《中庸》："今天下车同轨、书同文、行同伦，虽有其位，苟无其德，不敢作礼乐焉。"昔人传为春秋末年孔伋所作，实系汉儒伪撰以颂扬统一之局。常氏借以说明古蜀国自有其文字与制度。

②此说蚕丛称王在周失纪纲时，时间性与历史真实性皆谬。一般言周失纪纲，皆指平王东迁以后。纵上推，亦不过幽、厉世。蜀王蚕丛之时间，除常氏外，传者皆不谓在周世。《蜀都赋》注引《蜀王本纪》："从开明上到蚕丛，积三万四千岁。"《太平御览》引云："从开明以上至蚕丛，凡四千岁。"李白《蜀遭难》云："蚕丛及鱼凫，开国何茫然。尔来四万八千岁。"以今推之，蚕丛氏原在今茂县之叠溪，尚未进入成都平原，当时不可能脱离原始社会，也不可能建成蜀地之王国（详附录《蚕丛考》）。自蚕丛至鱼凫居湔，约一千年。再至杜宇乃得为周世王国。若然，则蚕丛在夏、殷世矣。至于谓"始称王"，亦是误解。任何民族，在未有文字以前，皆能以口授相传，诵其先祖世代。凡我国先秦书籍所传古史世代皆属此类。《蜀王本纪》为汉代人所记蜀人传说，只得如此三四著名之酋长，非能列举其世系。《御览》卷八八八，谓蚕丛、柏灌、鱼凫，"此三代各数百岁"。此亦犹古代相传，伏义、神农各数百岁，皆就其氏族旺盛年代言之。非一人能

活数百岁。任何民族皆有施用于酋长之特称。若皇、帝、王、单于、赞普、凯撒与萨尔之类，古籍中知其本语则译其音，不知本语，则用当时语称以王、侯、君、长之字。《史记·楚世家》载熊通称王说，是楚已受华夏文化，实用侯王字。巴之称王，亦是如此。蚕丛世，无有王侯概念，则安得云"蜀侯"，"先称王"与"周失纪纲"哉？查近年发现巴蜀古铜剑、器物，多刻有 ⊗ 或 ⊕ 字，乃蜀国表示首领之字。文字尚且不同，则安得谓其凿然与周并称王乎？扬雄之称以"蜀王"，亦如今人之称英王、荷兰王、丹麦王，译拟之字而已，未可以七国称王比矣。

③石棺椁，今川西边地多有发现。见于冕宁者最早。石皆居重难动，无文刻，盖石器时代莋王墓也。见于理县者，显为铜器时代氐族之墓丛。蚕丛之邑，汉为蚕陵县（《后汉志》作"八陵县"）。盖汉代已发见其墓群，故称以"蚕丛"也。泸定沈村有白马王墓，砖砌大隧穴，其内亦系石棺。芦山县发现建安年上计史王晖墓，亦是大石棺，有铭刻。则汉世蜀人不能为崖墓者，亦作石棺矣。川边地区多丛林大木，而时人偏好石棺者，盖出于民俗之偏嗜，其理尚当详究。常氏谓蚕丛墓制如此，是否正确，亦待详考。

近世人种学者，检验氐族体格，眼角多向上斜。马长寿先生以为即旧传"纵目人"之验。凡上所举石棺，皆出现于氐区。则谓石棺椁为纵目人冢，即氐人冢，谓此是蚕丛遗俗，则蚕丛为氐族古代之名酋矣。

④柏灌事迹无闻，传者悉仅以与蚕丛、鱼凫并称。"鱼凫田于湔山"，则已进入成都平原矣。湔水，今彭县北海窝子河是也，出"开口"注于沱江（郫河），古称"湔水"。《前汉·地理志》，蜀郡、绵虒县云："玉垒山，湔水所出，东南至江阳（今泸县）入江。"绵虒，旧茂县（一九五八年改置为今茂汶羌族自治县）。玉垒，今云九顶山，在县东南。湔水出其南麓。玉垒海拔五千公尺，但湔源近处山有浅岭低至一千公尺以下者。往时龙溪山道未通，绵虒与成都平原交通皆取道于湔水山谷。下行一日可达绵雒，上行二日可达绵虒，路缓斜，无险阻。海窝子，古称瞿上，有农村，场市。渐上入森林。最上为草地。浅岭稍下不远，已达绵虒。秦以前，岷江上游与成都平原之通道如此。故蜀人称绵虒地区之氐为"湔氐"。都江龙溪至汶川山道，系秦末所开。汉代始于都江堰附近置湔氐道。《汉志》序在绵虒、旄牛、徙县后者，徙县以上为秦旧县，湔氐道非秦旧县故也。古湔氐民族地区，西抵龙溪。故自龙溪逾娘子岭所开之新道称湔氐道。行政上相当于县一级，湔氐道设置后，内地移居岷江河谷者骤多，乃得续置汶江、广柔、蚕陵三县。故《汉志》更叙在蜀郡十五县之末，不得同于绵虒也。由于汉在都江置县云"湔氐道"，后遂改称湔道。又后遂混称都江堰为"湔堰"。本书所言湔山，亦谓湔县之山。《蜀王本记》所言"立祠于湔"，盖任熙文。湔县，蜀后主时置，惟谯周与任熙得言之也。

或曰，鱼凫，鸟名也。色黑，善捕鱼，渔家养之，今俗呼"鱼老鸹"，杜甫《夔州》诗所云"家家养乌鬼"者是也。王族以此为名，可疑为渔业民族之王。实则不然。夫蜀人既已迁徙入成都平原，则亦当已知渔业，见鱼凫。人取鸟名，杜宇即是，不必即是民族标志。或因此王进入湔区后，嗜渔猎，故为此称。亦如蚕丛，由其聚族养蚕，因以为称。此部族，自岷江河谷逾土门入山南之草原至瞿上，逗留甚久。即所谓柏灌氏时数百年也。至鱼凫时，当已下入成都平原。渔猎垦牧于湔水湔山之间。至杜宇乃进入农业社会。

⑤杜，古与土同音。解放前四川各县城乡皆有土主庙。人莫知其何神也。大都为农民所敬奉。由巫师传其为保护农牧之神。盖即杜宇。

杜宇，鸟名也。食林木上虫类，羽色与林木混，人不易辨。春暖，发情则鸣，一曰布谷。适当割麦抽禾时，鸣声近之。从来以为农候之鸟。此王教民务农，故有此称。后人乃倒言之，谓此王死魂化为此鸟。蜀族，至此王乃强大，由其能开垦成都平原，至富庶也。其执政时间，大约在春秋之世，或西周之末。

⑥《史记·三代世表》索隐引《蜀王本纪》云："朱提有男子杜宇，从天而下，自称望帝。"《太平御览》卷八百八十八引《蜀王本纪》云："后有一男子名曰杜宇，从天堕止（"止"下可能有脱）。朱提有一女子名利，从江源地井中出，为杜宇妻。自立为蜀王，号曰望帝。治汶山下邑郫。"《水经注》卷三十三引来敏《本蜀论》曰："望帝者，杜宇也，从天下。女子朱利自江源出，为宇妻。遂王于蜀，号曰望帝。"与《常志》合勘，知八家《本纪》文虽不同，杜宇之强盛由得朱提之名利者为内助则一。盖先民传说如此。或且有蜀族文物，记录有朱提、江源、女子利与杜宇字，故汉儒传志能一致如此，以神化之。实只是先民之寓言影射。意谓杜宇本非成都平原所生，为"天降"。能开辟朱提银矿，资其利而富强。"女子"喻其可爱。云从"江源地井中出"者，固喻其源流之盛，有如天井；亦由当时栈道未开，蜀与中原交通，主由瞿上循湔至绵虒。再溯江源以出陇右。江源为草地牧区，亦蜀族所由来处。意谓杜宇以银与中原市易，大兴汶山牧业，与朱提矿业，成都农业，三者结合发展，故能骤致富强也。下文"以汶山为畜牧"，明蜀虽以农业兴，其本基仍在畜牧也（氐族原出于羌，羌氐并重牧业）。

⑦蜀王所治郫邑，在今彭县西北二十余里，属九陇黄土丘陵部分。在唐为九陇县治，《元和志》："九陇县，本汉繁县地，旧曰小郫。"盖杜宇时，成都平原尚属大泽，卑湿不宜营邑。营邑必在较高之黄土丘陵地带（广都、新都、成都三邑之原址亦正如此，后详），故郫本在九陇。汉时成都平原已全为陆土田畴，乃徙郫县治沱江之南（今郫县治），称旧邑为"小郫"。又后调整县境，沱江以北入繁县。《隋书·地理志·蜀郡》：旧曰晋寿，梁置东益州。后周州废，置九龙郡，并改曰九陇。唐宋乃因九陇、蒙阳立彭州（明为彭县），故九陇、小郫今属彭县也。

"瞿上"，今彭县北，海窝子之"关口"是也。湔水两侧，山爪本相抱合，构成一山间盆地，曾潴成湖海，后穿泄成陆，故俗云海窝子。泄水之缺口，成短峡，左右岸逼近，相对望，如阙，《元和志》谓之天彭门（一称天彭阙），自阙下瞰成都平原，有如鹰隼翔视，故古称海窝子为"瞿上"。

由此文，可知杜宇虽已都郫，犹不忘瞿上，盖原自瞿上来。故又传其自天而下。此皆蜀族来自江源之明验也。

⑧巴缘楚国称王而亦称王，说在《巴志》之4章。蜀缘巴国称王而称帝。是蜀亦已进入华夏文化领域矣。帝字，原指天帝（俗云玉皇大帝），为夏殷元首所自喻之称。蜀王用之以自大，故有天降之传说也。

"蒲卑"当是蜀语译字。其时蜀族之语言文字，似已渐向中原靠近，转变。故史事渐得明确。蒲卑与郫邑，似皆有徙就下湿，发展禾稼义。今世所得巴蜀古铜器每有 ▦ 字图案，窃疑即蒲卑，或苗之原字也（《蜀都赋》注作"蒲泽"）。

⑨"褒、斜"，二谷名，为自汉中褒城通陕西鄠县之要道。有凿绝壁、植木架桥阁以度行旅之道四十里，世称北栈道。秦时所开也。汉中平原，周代为褒国（从武都、故开通于宝鸡，为周代褒国往来旧道）。为南国最早进入农业社会者。褒国姒姓，与周婚匹，幽王后"褒姒"当即褒人。褒灭于庸。楚与秦、巴灭庸，褒旧地入秦。秦躁公时，南郑反，蜀王取汉中（前四四二），此云"以褒斜为前门"，谓杜宇已得汉中之地也。然则杜宇为公元前五世纪人矣。《秦本纪》言，惠公十三年（前三八七），"伐蜀，取南郑。"《常志》言："周显王之世（前三六八—三二一）蜀有褒汉之地。"又云："周显王二十二年，蜀侯使朝秦。"则是秦曾再取汉中之地，蜀亦再争之。时则已是开明氏，非杜宇时矣。

⑩熊耳山，见于《禹贡》。在华山与外方、桐柏之间，非蜀国地。此所云蜀国"后户"，应在与前门相反方向，即蜀之西南方。《元和志》谓熊耳山在"平羌县东北十一里"，盖指今青神县汉阳峡之岸山。《水经注》谓：南安县西"有熊耳峡，连山竞险，接岭争高"，财惟今洪雅西界竹箐关之青衣江峡足以当之。即此所云熊耳也。常氏以之与灵关连称，二地相去不远。

灵关，亦峡名，在今芦山、宝兴界上，系一砾岩层之大裂口。长数里，两岸壁立，中为通道。出峡为灵关镇（今宝兴县治），在汉代为青衣夷王国邑。下逮唐、宋、明、清，此峡皆为汉民与土著间天然界限。与熊耳峡分属青衣水上下游地区之要道，故蜀王时以二峡为"后户"也。越嶲郡有零关道，乃汉武帝时司马相如所开。《两汉志》今本讹作（"灵关道"。后世言地理者，每以与此灵开相混乱。彼零关是邛国北界，时蜀未得以为后户也。（参看《越嶲郡》"零关道"注）

⑪玉垒山，即九顶山，在茂县南、汶川县东，四时积雪飞云，杜甫诗"玉垒浮云贯古今"是也。峨眉山，今为成昆铁路侧过之名山，道家所谓"虚灵太妙洞天"也。与玉垒皆高于平地三千余公尺，具寒温热三带气候与其生物。其内皆蜀国繁荣富庶之地，故喻之为城郭。

⑫岷江，下合金沙江东流出三峡入海，得江之专称。潜者，广元东北神宣驿有龙洞十余里，有水流出，入嘉陵江，古称潜水。故嘉陵江纳其通称。《禹贡》"沱潜既导"，"浮于潜，逾于沔"，皆指此水。广元，汉葭萌县地，在周秦世与汉中皆属蜀，故常氏举之。绵水，《汉志》"绵竹县"云："紫岩山，绵水所出，东至新都北入雒。"然此水有枝津东流至涪县（今绵阳）入于涪水，故绵水亦得纳绵水通称。但以涪城当要津名大，绵名遂为涪名所掩。《常志》此云"绵"，实指涪水（后文"绵雒"同）。若《汉志》之绵水，明言是雒水支流，不得为蜀国大河。洛，即雒水。《汉志》"雒县"云，"章山，雒水所出，南至新都谷入湔"。所指为今广汉县城外河也。"新都谷"，今云金堂峡，在汉为新都县地。雒水与绵竹河（德阳河）合流后，至赵家渡（今金堂县）入此峡。出峡为简阳县。更经资中、内江至泸县入江。是为沱江。《汉志》云"入湔"者，班固称沱江为湔水（见上引"绵虒县"文）。常氏此所云"洛"，亦指沱江。皆所谓"水随决入而纳通称"也。江、沱、涪、潜，为蜀国四大河，湔水雒水与入雒之绵水，皆沱江支流。故知此所云"绵"，是指涪水。"池"，谓有养殖鱼蒲之利。"泽"，谓有浸溉田畴之功。

⑬此"汶山"指江源地区，今云"松潘草原"。松潘城北羊膊岭，江水所出也（参看注⑥）。"南中"后有专篇。"园"，谓专其收取之利。"苑"，谓享其猎获之乐。皆以喻南中诸部族并臣属于蜀，蜀专其林、矿、工、商之利也。

⑭开明，即鳖灵。《水经注》卷三十三，引来敏《本蜀论》曰："荆人鳖令死，其尸随水上。荆人求之，不得。令至汶山下复生。起见望帝。望帝者，杜宇也。……望帝立以为相。时巫山（壅）峡而蜀水不流。帝使令凿巫峡通水，蜀得陆处。望帝自以德不若，遂以国禅，号曰'开明'"（原脱壅字）。《太平御览》卷八百八十八，载《蜀王本纪》云："荆有一人名鳖灵，其尸亡去。荆人求之不得。鳖灵尸至蜀，复生。蜀王以为相。时玉山出水，若尧之洪水。望帝不能治水，使鳖灵决玉山，民得陆处。鳖灵治水去后，望帝与其妻通。帝自以薄德，不如鳖灵，委国援鳖灵而去，如尧之禅舜。"又引《十三州志》曰："荆地有一死者名鳖冷，其尸亡至汶山，却更生，见望帝。帝以为相。时巫山壅江，蜀地洪水。望帝使鳖冷凿巫山治水。有功。望帝自以德薄，乃委国禅鳖冷，号曰开明。遂自亡去，化为子规。"（冷，当作泠，音同灵）。《后汉书》卷五十九，张衡《思玄赋》："鳖令殪而尸亡兮，取蜀禅而引世。"章怀注云："鳖令，蜀王名也。令音灵。……扬雄《蜀王本纪》曰：'荆人鳖令死，其尸流亡，随江水上至成都（《文选》注引作"至郫"），见

蜀王杜宇。杜宇立以为相。杜宇号望帝，自以德不如鳖令，以其国禅之，号开明帝。"《太平寰宇记》卷七十二《益州序》云："按《世本》《山海经》、扬雄《蜀王本纪》、来敏《本蜀论》《华阳国志》《十三州志》诸言蜀事者，虽不悉同，参伍其说，皆言蜀之先肇于人皇之际……后有王曰杜宇。……时有荆人鳖泠死，其尸随水上，荆人求之不得。鳖泠至汶山下，忽复生。见望帝。帝立以为相。时巫山壅江，蜀地洪水。望帝使鳖泠凿巫山，蜀得陆处……遂自亡去，化为子鹃鸟。故蜀人闻子鹃鸣，曰'是我望帝也'。鳖泠，或为鳖灵。子鹃为子隽。或云'杜宇死，子规鸣'。……"（罗泌《路史》引《风俗通》亦记此事）。

综上诸说，知各家皆出于扬雄之书，而颇变其文字，体会亦各不同。扬雄生长于郫，去周世亦不甚远，所得于故老之传说，足资依据。以今言之，则所谓"荆人鳖令"者，盖楚国鳖邑之县令。《汉志·牂柯郡》十七县，鳖县叙列第三，明是楚、秦黔中郡之旧县也。班氏自注云，"不狼山，鳖水所出，东入延"（今本讹沅），则今贵州遵义是也。雄本文实作鳖令，今古音同"灵"。传述者以其神异，写作灵耳。唐宋人谓妻与人淫者为鳖，传达者又改其字作鼃灵也。云尸化者，鳖令犯罪当死，乃伪称投水而潜走投蜀。故楚人求其尸不得，而谓在蜀复生也。鳖邑距巴，较鳖尤近，乃不投巴而远投于蜀者，疑其人生于楚而仕于巴，为鳖邑令（鳖邑，先属于巴，后属于楚，详《南中志》注）。巴与蜀世相攻伐，而其人私通于蜀，罪当死，因投水潜亡就蜀。蜀王因以为相也。言除水害者，成都平原本为四川白垩纪内海之最后遗迹。由龙泉山脉横阻江、湔、雒、绵诸水，蓄积为内湖。大约在地质史新生代开始，浸蚀山脉，成两缺口。西端由于江水浩大，使今新津天社山与牧马山之间成大缺口，以泄外江之水。而华阳牧马山与龙泉山间之缺口，与金堂之龙泉山与云顶山间之缺口（即金堂峡）犹未畅通，故成都平原东部内江地区，每当江、湔、雒、绵水大至时，即成水灾。鳖令"荆人"，即云梦大泽地区生长之人，习知作堤扞水与凿沟泄水之法，能率蜀人治水，得使内江地区免于水害，农业生产臻于巩固。云"巫山壅水"者，来敏以下之讹文。巫山在巴国之东，蜀王何能使人凿通之？扬雄书本作："玉山出水，若尧之洪水。"所指为玉垒山（九顶山），谓四时积雪凝结如玉也。江、湔、雒、绵诸水皆自九顶山来。暖年，九山雪融，则成都大水。由于水之浸削力骤强大，沉积作用与破坏作用皆足以改变地文。于是原来龙泉山脉东西二缺口，刻削亦深，洪水泄而原陆出。鳖令从而治理之，为之堤防沟洫，以决滞水而已，非谓其能凿山决水也。"尧舜示禅让"者，原始公社，有才德者受人拥戴，原首领让位于他，即为"禅让"。奴隶社会之统治者，皆死力自固其既得之地位，安得有所谓尧舜。开明氏鳖令，身与蜀人同劳，以成"陆处"之功。受蜀人爱戴。时则杜宇已渐衰老，遂禅让于鳖令而自入西山森林。"西山"，岷江西岸诸山之统称。羌氏民族所居，杜宇先世亦出于此。今既让位，故往依其本族耶？杜宇少壮时，固是名王，提倡耕、牧、工、商。蜀人原甚尊敬之，故自入西山后，蜀人传其化为催耕之鸟。仍于农时祀之。

⑮此言巴国进入农业社会后（即定都于垫江及阆中时），农民亦奉杜主为农神。即所谓"土主"也。蜀、巴农业技术，皆与周文化的发展有关。周文化即自渭水平原发育成功，以农业为本，辅翼以矿冶、行商。杜宇的成就，显然与之相似。其时巴族亦已强大，但其经济基础在于矿冶行商，不在农业。巴族虽不注意农耕，其所征服之人民，或皆私向蜀民习其农事，随之尊奉杜主。结果巴王族或亦因其基础而重农业，遂自垫江向阆中徙其国都。但巴蜀农业尚停滞于周初奴隶主小私有阶段，而秦已进为耕战合一之封建社会，故巴蜀轻易为秦所并灭也。

三

开明位号曰丛帝①。廖本注土文"君当作若",注此句云"当重有开明二字"。谓当以"先祀杜主若开明"断句,开明位号句另起。顾观光校云:"位即立字。廖校非。"兹从钱、《函》本。并提行另起。丛帝生卢帝。卢帝攻秦,至雍②。生保子帝。旧本此下有空格。而上文"卢帝"二字重。亦未空。兹仍例不空,并补"保子"二字。保子帝攻青衣,雄张廖本注"当作长"。按常氏意谓国威扩张。獠、僰③。九世有开明帝,《后汉书·注》引作"开明尚"。始立宗庙。以酒曰醴,乐曰荆。人尚赤。帝称王④。时蜀有五丁力士,能移山,举万钧。每王薨,辄立大石,长三丈,重千钧,为墓志。今石笋一作笮,下同。是也。号曰笋里⑤。此四字是插注句。下文仍承时字。未有谥列,但以五色为主。故其庙称青赤【黑】黄白黑帝也⑥。钱、廖本黑字在中。《函海》脱黄字,黑在白前。兹依《月令》改正。开明王自梦廓移,元丰本王自二字黑疤。嘉泰本著字。旧各本皆作廓移。廖本改作郭移。乃徙治成都⑦。

周显王之世,蜀王有褒汉之地⑧。因猎谷中,与秦惠王遇。惠王以金一笥遗蜀王。王报珍玩之物,物化为土。惠王怒。群臣贺曰:"天承我矣!王将得蜀土地。"惠王喜。乃作石牛五头,朝泻金其后,曰"牛便金"。有养卒百人。蜀人当作王。悦之,使使请石牛,惠王许之。乃当作蜀。遣五丁迎石牛。既不便金,怒遣还之。乃嘲秦人曰:"东方牧犊儿。"秦人笑之,曰:"吾虽牧犊,当得蜀元丰本作屡。也⑨。"

武都有一丈夫,化为女子,美而艳,盖山精也。蜀王纳为妃。不习水土,欲去。王必留之,乃为《东平》之歌以乐之。无几,物故。蜀王哀之。《西溪丛语》卷上引作"王哀念之"。乃遣五丁之武都担土,为妃作冢,盖地数亩,高七丈。《西溪丛语》卷上引此下尚有"其石今俗名为石笋"一句。上有石镜。今成都北角武擔钱写本此字作檐。《函海》擔字皆作檐。是也⑩。后,王悲悼,更作《臾邪歌》《陇元丰与廖本作陇。钱、《函》、张、吴、何、王本作龙。《函海》注云"应作陇"。归之曲》。其亲埋作冢者,皆立方石以志其墓。成都县内有一方折石,围可六尺,长三丈许。去城北六十里曰毗桥,亦有一折石,亦此字衍。如之。长老传言:五旧本脱此字,廖本有。丁士担土担也⑪。公孙述时,武担石折。故治中从事任文公叹曰:"噫!西方智士死。吾其应之。"岁中卒⑫。

周显王二当作三。十二年,蜀侯使朝秦。秦惠王数以美张、吴、何本作姜。女进,蜀王感之,故朝焉。惠王知蜀王好色,许嫁五女于蜀。蜀遣五丁迎之。还到梓潼,见一大蛇刘、钱、《函》本作虵。入穴中。一人揽张、吴、何、王本作览。其尾,掣之,不禁。至五人相助，大呼拽元丰本作黑疤。嘉泰以下本作拽，同拽。蛇。山崩，同据《御览》卷五五八引文补。时压杀五人及秦五女，并将从；而山分为五岭。直当作值。谓当蛇穴处。顶上有平石。蜀王痛伤，乃登之。因命曰五妇冢山。川廖本注云"当作穿。属下读。"顾观光引《太平广记》作于。平石上为望妇堠。作思妻台。今其山，或名五丁冢。

案：以上述开明王朝史事，已由荒远恍惚的传说进入时间性与地域性皆已相当准确的阶段。自仍不免有传说傅会之处。

【注释】

①上章以开明为鳖令之名。此章言"开明位号丛帝"。均未用"鳖令"字，足知鳖令非其人名，开明乃其名。下文，其九世孙又有"开明帝"，足知开明子孙称"开明氏"。得帝位者，有位号则称其位号，失位号者，则但称开明帝。其人似有无名姓之氏族习惯，抑或修撰者全失其名欤？抑或因其文字不可识，但只得传说语言如此也？开明为其氏族之名号，则必然矣。

　　查"开明"二字，又见于《山海经》，为镇守昆仑之神兽。《海内西经》："昆仑之墟……面有九门，门有开明兽守之。"开明兽，身大类虎而九首，皆人面，东向立昆仑上。"郭璞注："天兽也。"又为铭曰："开明为兽，禀资干精，瞪视昆仑，威振百灵。"我对于《山海经》此种传达的推断，是秦时方士求方，远入西域者，看见婆罗门教徒所供之图画，归而据以为文（书中此类材料甚多，凡言持蛇之神皆是）。婆罗门教与原始的佛教，远在周代，已经流行于西域与中南半岛。前人已有论证。在秦汉世时已由民间浸渐传入于我大西南地区。近于南充、中和、梅垭场天宫山，发见汉宾王墓。其石壁浮雕，有印度式灵塔与飞天夜叉，即其明证。马王堆铜器，亦有双翼羽人，亦为秦汉工匠已经采用梵书飞人之证。（我国秦汉只有飞龙、飞虎造像，乘云驾雾传说，无翼人飞行之证件。）疑鳖令氏族以开明兽为图腾，自丛帝开始。是用昆仑神兽之义，以示威灵也。

②丛、卢、保子，是蜀人流传开明氏开国三代名王的位号。"攻秦至雍"，足见当时蜀国已占有汉中，并曾过秦岭山脉，达渭水平原之宝鸡。

③"青衣"，《汉志》县名。叙在《蜀郡》十五县第六，盖秦旧县也。其地为今芦山、宝兴、泸定与金川县。所居土著衣尚青黑，与岷江上游羌氏易别。旧称青羌（《樊敏碑》）或青氐（《魏略》）。他书恒称"青衣羌"。其人今尚保存于尧碛、鱼通地方，仍自用其语言习俗，但皆兼通汉语，习与汉民融洽。此民族在上古时，似曾分布至天全、雅安、荥经、洪雅、名山、夹江地界，青衣江由之得名。周秦之丹犁国，即其支族所建。秦灭丹犁，并青衣羌地为青衣县，而保存其邑君。青衣邑君居灵关峡外，其后世为土司，即穆坪土司，在明代甚强大。清代柔顺，与康定明正、鱼通两大土司号为一家。至一九二八年乃改流为宝兴县。《汉志》所云"蒙山谿大度水"，即今之青衣江也。此云保子帝"攻青衣"，明杜宇、鳖泠时尚未征服青羌。族系不同，不相役属。至此帝始攻之，亦只服之而已。故虽秦汉置县，仍存其邑君。

　　獠，越族之别支，周、秦世已入居贵州高原，已详1章之注④。晋世大量入居蜀地。参看《李势志》。僰，百濮之西徙者，曾建僰侯国，附于蜀。今宜宾专区与贵州西北地区、云南东北地区皆是其境。秦服僰侯，置僰道县。汉置犍为郡，治道。南广、汉阳、邰䣖、朱提、堂狼五县隶之，皆僰侯故地也。夜郎国究系僰族或僚族建，尚待考定，要不能出此二族。大抵保子帝时征服之民族，殆已接近越境。

④《后汉·张衡传》注引扬雄《蜀王本纪》谓"号开明帝，下至五代有开明尚，始去帝号，复称王。"似此帝，为鳖令下第五代，名尚也。本书云"九世"，但称开明帝，不云尚。尚与帝字易混。唐人所见不能更确于晋常璩。故不改。云"始立宗庙"，"去帝号复称王"，显然已接受中原文化，采用周王制度所致。然非臣属于周，但承认周为先进大国。重王之称，亦如楚、巴之称王也。今巴蜀出土古铜器中，所谓"花蒂文"者译义当为王字。又更有王字者，此帝以后，参用汉文也。谓"酒曰醴"，亦是改从汉语。我国古称祭祀用酒为醴。故醴礼两字音同义通。《释名》："醴，礼也。"《内则》宰醴，郑玄注："醴当为礼。"《说文》醴："酒一宿孰也。"凡酿酒，初味甜，渐至芬烈。故醴又为甜酒之通称。古无蒸馏法，但挹糟汁饮，经酾滤者为清酒。未酾滤者为醴。今氐羌人酒亦不滤，不蒸，只连糟贮酿器中，以藋管插入吸而饮之，曰"潼"，俗呼"咋酒"。蜀人古代酿法当同。语作何音，不可知，要不当与中原同。至此帝，乃用汉语称之为醴也。谓乐曰荆，似非用古汉语。中原古无称乐曲为荆者。但春秋以前称楚国为荆，称楚与巴、楚人乐为"南"，一曰"任"。凡音乐歌舞，随时代与地区变化甚大。在周末世，蜀与楚之音乐应已不同。此帝改称蜀乐为荆，盖亦如先秦称楚、巴之乐为南，名其所自来也。盖开明氏本出自"荆人"，虽阅九世，仍嗜荆楚之乐。蜀、楚之间，虽隔巴国，然蜀曾取楚"兹方"，则北道固曾相接。此蜀王时，楚夺巴地至枳，置巫、黔中郡，则南道又复相接。即必输入楚乐，故称乐为荆也。"人尚赤"，亦缘荆楚在南方，五色属赤。是习用五行哲学之验。

总而言之，蜀王大改制度，取法于周。是蜀地文化接近中土之一突变。其先固必有若干渐变，乃能成为如此大改革。

⑤"五丁力士"，丁与个字古文无区别，犹云五大力士也。可能是此蜀王有忠勇奴隶，编为五军。王墓"立大石长三丈"，断为"石笋"是秦汉时人所见。时人不能知其何以能此，遂造为五力士所致之说。其实，古人远在数千年前，即已创为滚转巨木移运重石之法，从而发明车轮。远在青铜器时代初期，劳动人民已能楔截岩石。族属众盛者，每集合人力凿成巨石，运致于众所瞩目之地，作为权威之标识，借以慑伏他小部族。考古学者所谓"大石文化"是也。此蜀王时，已属战国之世，蜀地已经进入铁器时代，有五大军之力士，取运如此千钧重石置王墓上，所费较汉世墓葬之作石阙，羊、马、翁仲、碑刻接近。此又蜀王时，尚无雕刻工艺之证。然其重葬礼，作墓表，亦系摹拟中土制度之验。只墓表犹自循旧俗立石，而特硕大耳。"笋里"，蜀王族墓群所在，墓各一石笋，丛立如林。故称为"笋里"。其地在今广汉新都间之弥牟镇，俗谓是诸葛亮演兵之"八阵图"（详具《寰宇记》卷七十二，新都县。今已毁过半）。其时蜀王都邑似已徙在新都。故其墓群在此（《寰宇记》又言新都丽元山石镜，今亦灭）。

⑥"谥法"，相传周公旦创。秦皇废之。汉儒复推行。"谥列"，谓忠庙之制，正中为大庙，左列为昭庙，右列为穆庙，皆用王谥，依世次叙列之。是谓"谥列"。蜀王虽慕行周制，而未有名谥，故但用五方之色表诸帝庙次，即以鳖令为白帝，虽荆人，王于西土也。卢帝为黑帝。卢为黑色别称。保于为青帝，春回，万物萌兴，故为保子帝也。其次为赤帝，南方之色，时人所尚也。其后再五世复为赤帝，适为鳖令之九世，即此蜀王。故令其人"尚赤"，死亦即为赤帝。更阅三世为第十二世，蜀亡矣。

⑦此"开明王"，即为上文之"开明帝"（开明尚），改称王后，乃徙治成都。本书《广汉郡》云："蜀以成都、广都、新都为三都。"谓皆蜀王都邑也。前世，杜宇居郫，鳖令夺国，盖已徙治新都。故其先王墓在

弥牟镇与丽元山。此帝改称王后，湔、毗、雒、绵已无水害，乃因"梦廓移"，越毗河（沱江）而南营邑于成都与广都，以便于疆理湔南田畴。或是先有此愿而成梦；或是托言梦其当移邑以推动其臣民。（如殷高宗托言"梦得"以任傅说，及盘庚为三篇文教以督其民迁徙，皆是古时驭民故技。）要必先居成都，次乃得营广都。

⑧《史记·六国表》，周显王三十二年，为秦惠文君元年（前三三七），则此蜀王已非上文之开明王，而为最末之蜀王矣。

⑨珍玩化土，尚可言使臣窃易之。若石牛便金，则非惟蜀人不至如此之愚而信之；即秦人，亦不至如此之愚而作之。雕刻石牛五头，所费不赀。牛不便金，则一二日便可觉察，秦蜀相隔千里，运牛经年，而可以便金欺耶？此盖蜀人悯王之贪愚，委五军力士于开路之事，故造此说以寄嘲谑之意也。

《艺文类聚》卷九十四，引《蜀王本纪》云："秦惠王欲伐蜀，乃刻五石牛，置金其后。……牛下有养卒。以为此天牛也，能便金。蜀王以为然。即发卒千人，使五丁力士拖牛成道。致三枚于成都。秦道得通，石牛力也。后遣丞相张仪等随石牛道伐蜀。"由"致三枚于成都"句，足知此故事乃因李冰所作之"石犀"傅会以成。其编造当在秦楚之际。

又《太平御览》卷八百八十八引《蜀王本纪》，于秦王与蜀王会后，云："秦王恐亡（忘）相见处，乃刻五石牛，置金其后。蜀王以为金便，令五丁拖牛成道，致三枚于成都。秦道乃得通。"此盖八家《本纪》异文。合而观之，则扬雄原语，谓秦作石牛，在褒谷两王会晤处国界间。又因李冰所作石牛在成都（后详），而谓蜀王运取秦石牛三于成都。非有遣使请牛事。历世增益傅会，乃如常文，则荒唐益甚矣。

⑩此武都，旧说为武都郡山。武都郡，汉武帝元六年所置也，惠文王时无此郡县名。则此说之为汉世人所编造可知。《北堂书钞》卷一百零六引《蜀王本纪》云："武都有人，将其妻女适蜀。不安水土，欲归。蜀王心爱其女，留之。乃作《东平》之歌以乐之。"《初学记》卷五引云："武都丈夫化为女子，颜色美好，盖山之精也。蜀王娶以为妻，无几物故，于成都郭中葬之。（表）以石镜一枚，径二丈，高五尺。"《后汉书·方术传·注》引略同。《太平御览》引，前发同《北堂书钞》，"留之"下云："乃作伊鸣之声六曲以乐之。或曰：'前是武都丈夫化为女子……物故，蜀王发卒于武都担土，于成都郭中葬之。盖地数亩，高七丈，号曰武担。以石作镜一枚表其墓。'"则扬雄所传已有两说。常璩所取为或曰一说也。

《寰宇记》卷七十二"华阳县"云：武担山，在府西北一百二十步。一名武都山。《蜀记》云：'武都山精化为女子，美而艳，蜀王纳以为妃。不习水土欲去，王必留之，作《东平》之歌以悦之。无几物故，蜀王乃遣五丁于武都山担土为冢。'盖地数亩，高七丈。上有一石，厚五寸，径五尺，莹澈，号曰石镜。……"与本书同而多石镜形制。审此，则所谓石镜者，盖石英钟乳之傅于砂岩裂隙所成。蜀王截作圆镜，谯周犹及见之。常璩已未及见矣。

武都山，本仇池山之古称，已详《汉中志》13章。蜀人不可能取土于此。五丁虽大力，亦不可能以石为担。《三国志》，刘备"即帝位于成都武担之南"，所指为今之凤皇山。今成都城西北之"武担山"土堆，是唐宋开西北城外河所积土，后人妄传为蜀王妃冢。又指绵竹县北山伏虎坪为武都山。伏虎坪因刘宋时武都流民在此垦种，因置武都侨郡，而后得武都之名，扬雄、谯周诸人安得预知此山之称武都哉？江油县北亦有武都山，同是后人伪托。

⑪此所云"方折石"，历世保存。民国初年发现于城西，俗称"支机石"，曾植于支机石公园内。解放后园废，移植于青羊宫之文化公园，现存。审其石质，是上侏罗纪微含铜质之硬砂岩。川西山地多可凿得之。

方长过于巨人，无铭刻（近有人镌支机石三大字），有凹穴未穿。盖蜀王族墓群上之石表。常云"其亲埋作冢者皆立方石"。明其所立方石尚多，皆有如此巨重。应是开明氏徙治成都后之新墓群，本在凤皇山地区。汉世曾运一枚入成都，其一枚弃在毗桥，形制同。人误为五丁担折弃也。毗桥去新都近，所移弃者，疑是丽元山冢石。

世人妄传，张骞泛天河，得织女支机石，嘱寄严君平。君平识之，石遂暴长为今状。则又不同于武丁担说。人遂莫能知其为石笋。又有妄指张仪城西门遗石为石笋者，另详5章。

⑫任文公，《后汉书》卷七十二有传。公孙述时人。相传武丁担折于其时，盖石笋原埋半于土中，地上部分因岁久而折。即今支机石也。

四

蜀王别封弟葭萌于汉中，号此处顾观光依《史记正义》及《御览》卷一百六十七引补曰字。苴侯。命其邑曰葭萌焉①。苴侯与巴王为好。巴与蜀仇，元丰与廖本作仇。他各本作仇。故蜀王怒，伐苴。【侯】旧各本有侯字，为句。当衍。《史记正义》引此文无侯字。苴侯奔巴。巴为依《巴志》补。按《张仪传》："苴蜀相攻，各来告急。"则求救于秦者非巴，惟苴侯。当于奔巴用读点。然与《巴志》牴牾，非常瑽意。疑传钞者夺。求救于秦。秦惠王方欲谋楚，按《张仪传》当作谋韩。此云谋楚，盖常氏用谯周《古文考》文。与按《国策》《史记》与本书文意，均当补与字。群臣议曰："夫蜀，西僻之国，戎狄为邻，不如伐楚。"司马错、中尉田真黄曰："蜀有桀纣之乱。其国富饶，得其布帛金银，足给军用。水通于楚。有巴之劲卒，巴上疑脱蜀字。浮大舶船《函海》作舡。以东向楚，楚地可得。得蜀则得楚。楚亡，则天下并矣。"惠王曰："善②！"

周慎王五年秋，秦大夫张仪，司马错、都尉墨等从石牛道伐蜀③。蜀王自于葭萌拒之，败绩。王遁走至武阳，为秦军所害④。其【相】傅相廖本倒作相傅。及太子退至逢当作逢，音彭。传写讹从丰。乡，死于白鹿山⑤。开明氏遂亡⑥。凡王蜀十二世⑦。冬十月，蜀平。司马错等因取苴与巴焉。钱写本无此十四字。张本脱马字。廖本无焉字。

案：此章叙蜀国灭亡事，用谯周《蜀纪》说，颇与《史记》不同。亦俱未知安阳王别建蜀国事。

【注释】

①苴字，有多种音，分入鱼、语、虞、麻、马韵。一般读同疽，音 jū。《史记·集解》引徐广说："谯周曰：'益州天苴，读为苞黎之苞。音与巴相近。'以为今之巴郡。"《索隐》亦云："苴音巴。"今按本书言："封于汉中，号苴侯。"则因汉中本褒国，用褒之音。褒、苞同音。此谯周之意，常氏所取也。周之褒国，原

封域固当是沔水平原（东汉水上游大河原，今云汉中平原），是否扩展至西汉水上游地区（武都至葭萌部分），无明文可征。若蜀王所建苴侯之国，按《常志》此文，则包括沔水平原与西汉水上游。故封于汉中而邑于葭萌。其命名为苴，实用褒之旧名。周人作褒，蜀人作苴也。

葭萌，故昭化县治（今云老昭化）。当西汉水与白水会处，去沔水平原三百余里。初封之王，不营邑沔、褒而营邑于此者，人情不乐就远，取其控制沔中较蜀便近而已。始营此邑者为葭萌，故遂以人名为邑名也。此苴侯始封之时间，当在周安王十五年（前三八七），故安王二十五年（前三七七）蜀由此区伐楚，取兹方（说详《汉中志》1章之注①）。递至灭亡（前三一六），传国已七十一年矣。七十年中，苴与蜀王已阅世代，亲谊渐疏，乃可能有转亲于巴之事。其时巴国已定都于阆中，与葭萌水道畅通，近在三百里以内，苴侯国家经济，殆已密切关联于巴。其渐转亲于巴，亦事理自然。葭萌北保宁院之船葬墓群，似可说明巴国先曾占有此地，或是巴国先于周定王二十八年（前四四一），南郑反秦时（另详《汉中志》），巴已取得褒国旧地，或是苴侯已附于巴。故蜀王伐苴，无异于从北道伐巴。因而苴侯奔巴。巴时已衰弱，未足抗蜀，故与苴侯同请援于秦也。

②《战国策》卷三，《史记》卷七十，皆记张仪与司马错争论伐韩与伐蜀利害事。无"谋楚"语。谯周撰《古史考》与《史记》立异。常璩多采其说，故与《史记》不同。此文谓苴侯封于汉中，已可由徐广注文知是从谯周说。易"谋韩"为"谋楚"之系从周说无疑。《古史考》已佚，无从取证而已。按《秦本纪》与《楚世家》，楚怀王初年，国强盛。秦灭蜀之前二年，即楚为从约长，率六国军以击秦之年（楚怀王十一年），此后秦亟谋楚，为其强也。谋韩，为其近也。谋韩亦即所以谋楚。故马迁与谯周虽俱取材于《国策》，而各体会不同。《古史考》实有胜处，宜常氏取之。

③周秦世，多有起于平民之人而无姓者。故秦代官文书官吏例只称名。此章之"大夫张仪、司马错、都尉墨"，与上文之"中尉田真黄"，惟张与田可定为姓，知其出生于旧族。若错与墨，皆只具名。司马与都尉皆官名，非其姓氏也。

《史记正义》引作"从子午道伐蜀"，当是张守节据误本。宋刻"从石牛道"，与上文相应。石牛道，谓自汉入蜀之西道。其路线，自汉中入阳平关，循水道至葭萌，自葭萌溯清水河谷，逾马鸣阁（今马角坝）至江油（今彰明），历涪、雒，至成都。与今宝成铁路线同。马鸣阁，秦汉梓潼县地。五妇冢山在其侧，为梓潼水源。梓潼水蜿蜒似蛇行，《汉志》称为"蚰水"。故蜀人有五丁拽蛇（同蚰）之说也。

④蜀王遁走，谓微服轻行，欲入南中图再起。甫行至武阳（今彭山），遂为秦兵追及，被杀也。然有王子，克脱入南中，再起兵，是为安阳王（后详）。

⑤逢乡，旧籍无考。"白鹿山"，《元和志》"九陇县"云："在县西北六十一里。"《寰宇记》"九陇县"云："在县北五十里。"九陇，今彭县也。唐武后垂拱二年置彭州，"取古天彭阙为名"（《寰宇记》）。彭与"逢蒙学射于羿"（孟子）之逢，古同音相通。则今彭县之"海窝子"，即蜀史之"逢乡"也。其东有白鹿山，与白鹿场正足相应。其水口称"天彭门"（"天彭阙"同）。与彭州、彭县，皆"逢乡"字变也。

蜀王轻装舟行，欲赴南中。其太子、傅相及族属恋土，不能从；则北奔逢乡，图乘险御秦，且向绵虒退却。未料秦军骠疾，追破之。被杀。

⑥秦伐蜀时，西南形势：江州以上今渝、合、川北、内、泸地区为巴国；枳以下，巴东地区已属楚；秦岭以北属秦；其余地方皆属蜀。蜀国本部为成都平原。其东有鄤国，东北为苴国，俱蜀藩封，而似曾附于巴者。蜀西南有丹犁国，又南有僰侯国，则皆蜀之藩国，忠事于蜀者。僰之南，有夜郎、且兰等国，蜀之西

有青衣与笮国。又其南有邛国、滇国、同师、哀牢、昆明、句町、卧漏、乌浒等部族。皆似役属于蜀，此于外藩。又其南乃为南越、瓯越、骆越、滇越之属。

秦灭蜀、巴、苴，追杀蜀王于武阳。仍有一王子，得入南中，敛聚军士图恢复，因僰、邛、丹犁俱已附秦，不可能复国，乃南入瓯、骆；取其地，建国子交址，仍称蜀国。后为南越王尉陀所并。兹辑附其史料如下：

《水经注》卷三十七引《交州外域记》曰："交趾昔未有郡县之时，土地有雒田。其田从潮水上下。民垦食其田，因名为雒民。设雒王、雒侯，主诸郡县。县多为（有）雒将。雒将铜印、青绶。后，蜀王子将兵三万来讨雒王雒侯，服诸雒将。蜀王子因称为安阳王。后南越王尉佗举众攻安阳王。安阳王有神人名皋通，下辅佐，为安阳王治神弩一张，一发杀三百人。南越王知不可战，却军住武宁县。按晋《太康记》，县属交址。越遣太子名始，降服安阳王，称臣事之。安阳王不知（皋）通神人，遇之无道。通便去，语王曰：'能持此弩王天下。不能持此弩者亡天下。'通去。安阳王有女名曰媚珠，见始端正，珠与始交通。始问珠，令取父弩视之。始见弩，便盗以锯截弩。托便逃归，报南越王。南越进兵攻之。安阳王发弩，弩折，遂败。安阳王下船，径出于海。今平道县后王宫城，见有故处。"

《史记》卷一一三《南越王尉佗列传》："以兵威边，财物赂遗闽越、西瓯、骆，役属焉。""索隐"："姚氏案《广州记》云：'交址有骆田，仰潮水上下。人食其田，名为骆人。有骆王、骆侯诸县自名为骆将，铜印青绶，即今之令长也，后蜀王子将兵讨骆侯，自称为安阳王，治封溪县。后南越王尉佗攻破安阳王。令二使典主交趾、九真二郡人。'寻此骆即瓯骆也。"（封谿县，马援平交址增置，属交址郡。）

⑦周慎王五年，为公元前三一六年，蜀亡。以平均三十年为一世逆推。则十二世当有三百五十年左右。是开明氏夺国在公元前六六六年左右，即周惠王与齐桓公、楚成王之世。前蜀王杜宇，则春秋初年人也。

五

周赧王元年，秦惠王封子通国为蜀侯，以陈壮《史记·张仪传》作陈庄。《六国表》作壮。"索隐"引常文亦作庄。为相。置巴、蜀原无蜀字。按《巴志》文当有。郡，以张若为蜀【国】旧本皆有国字。当衍。守①。戎伯尚强，乃移秦民万家实之②。三年，分巴、蜀置汉中郡③。六年，陈壮反，杀蜀侯通国。《秦纪》在赧王四年。秦遣庶长甘茂、张仪、司马错复伐蜀。诛陈壮④。《秦本纪》在赧王五年。七年，封公子恽《史记》作辉。为蜀侯。司马错率巴、蜀众十万，大舶船张本作舡。万艘，米六百万斛，浮江伐楚，取商于李本作淤。之地，为黔中郡⑤。

赧王五年，上已叙至赧王七年，此乃回述五年，明是分章另起矣。当补王名。【惠王二十七年】此六字，是传写者用下文旁注，宋椠误入正文。当删。廖本此下有长注云："按，此有误也。考《史记》，赧王二年，公子繇通封蜀。四年，蜀相杀蜀侯。五年，诛蜀相。秦惠王立十三年，明年更元。又十二年。凡二十五年而为赧之二年。是赧三年当惠二十六年也。赧四年，当惠二十七年也。是年惠王卒。赧五年当秦武王元年也。必经宋人改窜遂不可通耳。"今按：廖注谓《常志》与《史记》每差谬一年耳。秦汉世历法未精，各家推算方法不同，纪用年度每异。谯周、常璩之书与《史记》所纪年度固恒差异一年。《通鉴》于始皇元年，始具干支，确定年度之标识。始皇元年以前各书纪年度皆纷歧不一，与干支不合，难定孰是故也。**仪与若城成都，周回十二里，高七丈。郫城，周回七里，高六丈。临邛城，周回六里，高五丈**⑥。**造作下仓，上皆有屋**⑦。而当作门。置观楼，刘本倒作楼观。**射兰**⑧。当作阑。张、吴、何、王本作"射圃"。**成都县本治赤里街**⑨。若徙置少城。内城营广府舍，置盐铁市官并长、丞。**修整里阓，市张列肆，与咸阳同制**⑩。其筑城取土，去城十里，因以养鱼，今万岁池《水经注》卷三十三作万顷池。廖本云"当作倾"。**是也**⑪。惠王二十七年也。刘本此句作双行夹注，无也字。此下元丰本空四格，刘本提行，钱、《函》、廖本空格，他本连。当连。**城北又有龙坝池**，元丰、张、吴、何、王本作坝。嘉泰、刘、钱、《函》本作坝。《水经注》作堤。廖本作坝，注云"当作堤"。**城东有千秋池，城西有柳池，西北有天井池，津流径通，冬夏不竭**。此四字以上至"城北"，文与《水经注》卷三十三全同。而本书少"西北"至"径通"十字。应是宋刻已脱。兹补。**其园囿因之**⑫。平阳山亦有池泽，蜀【之】王渔廖本作鱼畋之地也⑬。

赧王十四年，蜀侯恽祭山川，献馈于秦【孝文】昭襄王，当是昭襄王。赧王十四年，秦昭襄王之六年。又五十年乃卒。子孝文王立，赧王已死矣。恽后母害其宠，加毒以进王。王将尝之。后母曰："馈从二千里来，当试之。"王与近臣，近臣即毙。【文】王大怒，遣司马错赐恽剑，使自裁。恽惧，夫妇自杀。秦诛其臣郎中令婴等二十七人。蜀人葬恽郭外⑭。十五年，王封其子绾为蜀侯。十七年，闻恽无罪冤吴、何、王本此下有枉字。死，使使迎丧入葬【之】郭内。旧本并有之字，于文当衍。初则炎旱三月，后又霖雨七月，车溺不得行。丧车至城北门，忽陷入地中。此下当有"因葬焉"字。蜀人因名北门曰咸阳门。为蜀侯恽立祠⑮。其神有灵，能兴云致雨。水旱祷之。三十年，疑蜀侯绾反，王复诛之。但置蜀守⑯。张若因取笮刘、李、钱、《函》本作筰。他各本作笮。及【其】楚江南地【也】焉⑰。其字无因。考《秦本纪》昭王三十年："蜀守若伐取巫郡及江南，为黔中郡。"谓取楚地也。是其乃楚字讹（参看《巴志》4章）。焉字廖本作也。

案：此章述秦取蜀后建置，为既封蜀国，又置蜀郡。后人拘于汉制，每以守相同城为迷惑。不知秦灭蜀时，七国皆已各有郡、县。秦之蜀侯，领蜀、巴、汉中三郡四十一县，为秦王负监察守合之责；非如汉之藩国，但有一郡；亦非如六国之君之独立；仅似汉武以后之刺史而已。

【注释】

①旧刻《常志》此句，皆脱蜀字，衍国字。使校勘时大为困惑。初校再校迄今，曾有三次不同推断。（一）

初以为既封蜀侯，置相，即非置郡。故上只言"置巴郡"，不言蜀郡。下云"张若为蜀国守"，不云蜀守。后复云"但置蜀守"。又《史记·秦本纪》，昭襄王三十年言"蜀守若"。其前，则《六国表》昭襄六年，称公子恽为"蜀守辉"。遂拟为诛绾以前，蜀只称国，置相。"置巴郡"以下十字为衍文，当删。然《巴志》固已言"置巴、蜀及汉中郡"。且此下屡言张若城成都，徙县治，固当是蜀郡守职权内事，是此设想为非矣。（二）于是又拟为封蜀侯，于其下设相与守，分掌军、民事。于此诂文则吻合矣。然不能说明下文"陈壮反，杀蜀侯"时，张若何在？设其为"蜀国守"，则不从乱，必讨贼。何得秦"再伐蜀诛陈壮"而张若得超然事外，无所牵涉乎？是此设想亦非矣。（三）再查《张仪列传》，"起兵伐蜀。十月，取之。遂定蜀，贬蜀王更号为侯，而使陈庄相蜀"。因疑秦虽征服蜀国，害其王于武阳，杀其太子与傅相，仍因"戎伯尚强"，欲利用蜀王地位为钤束，故仍封蜀子为蜀侯，置相以监护之。所居为广都或新都。而蜀郡太守则居成都。守相不同城，事权亦不相制。故张若不预陈壮之乱。疑所谓"子通国"，盖蜀王之子，故《秦本纪》作"公子通"，《六国表》又作"公子繇通"，本书则云通国。史无定字者，非秦公子耶？又《秦本纪》言惠王后元十四年（前三一一）："丹犁臣蜀。相壮杀蜀侯来降。"是年，惠王卒，子武王立。明年，乃"诛蜀相壮"，"伐义渠、丹犁"。设蜀侯为秦公子，则何得云"陈壮杀蜀侯来降"。此必蜀侯叛秦，相壮乃杀之，归国于秦，故曰"来降"。陈壮既杀蜀侯，又复自擅，思据蜀土，故秦再伐蜀，诛陈壮。乃更以子恽为蜀侯。遂废蜀相，但置"郎中令"等官属而已。此说可能性甚大。秦"县义渠"，亦不废其君（《秦本纪》惠文君十一年）。又如上章蜀王遁走至武阳。不曰擒斩，诛杀，而曰"害"。追其太子傅相于白鹿山，不曰追斩，而曰"死"。又蜀王子尚能立国南中，至于王于瓯骆。皆是"戎伯尚强"，非秦所能全面控制，不能不存蜀宗庙如周封武庚、微子故事。陈壮之降而复叛以至诛死，亦犹钟会与郭崇韬，贪在蜀之险固富饶，欲因故国谋割据。所恃在"丹犁臣蜀"，足制蜀守张若。故张若请秦军再伐蜀，诛陈壮而讨丹犁也。疑只在本书云"子通国"。《秦本纪》亦云惠王九年灭蜀。十一年"公子通封于蜀"，俱明谓秦公子，非蜀王子。

上三种推测皆有难通处。惟灭蜀后守相并置则可定。然则蜀侯何为而设？又何为屡以反叛诛而不废其国耶？盖当时郡县制度初创，如何治理，尚在摸索。属地广远，求制度能与相适应，不能免于纷更。《左传》"上大夫受县，下大夫受郡"。是周制县大于郡也。《秦本纪》厉共公二十一年，"初县频阳"。频阳汉仍为县，属冯翊，则其县小，亦尚无郡也。惠文君十二年"并诸小乡聚为大县"，则所谓大县，已相当于郡矣。又其十二年，"县义渠"。义渠为当时西戎大国，地广千里。虽置县未废其君，故曰："义渠君为臣。"后元之十年云："伐取义渠二十五城。"则所置义渠县境大于郡也。秦之置郡，在灭蜀巴后。蜀、巴、汉中三郡共辖四十一县。汉中郡只九县。是为以郡统县之始。郡既险远，难遥制，故分地区为侯国，置相，以监之。秦用商鞅之法，集权中央，群公子非有军功不得贵显。惠文王以前，无封公子为侯国之例。故疑所封之"子通国"，可能是蜀王子。惟无论其是秦公子或蜀王子，其权皆只重在蜀相，不重在蜀侯。其职在于监察三郡四十一县，与汉文景世之王侯国君不同。荀悦《汉纪》卷五，惠帝六年，述秦汉官制云："诸侯王，高帝初置之。金印、紫绶，治其监官。掌监郡县，秩比六百石。后为刺史。"汉高帝时官制，全部因袭秦旧。则秦之宗藩，亦只监郡县而已。

然则，蜀之守相同置，可得解矣。问题转入守相是否同城？窃谓当时蜀侯与其相壮，必不与张若同住成都。故陈壮之乱，张若无所牵涉。一也。志述张仪与若建设成都市，盛称"广府舍"及诸官舍、市肆、楼观，不及蜀侯宫府。二也。汉制益州刺史治雒，亦不与蜀守同城。三也。蜀侯所监为蜀、汉中与巴三郡，则按形势，以治涪或葭萌，为最适中。若为秦公子，则葭萌尤近秦川，联系便。人情恋故士，所治在葭萌可能性较大（《昭化县志》谓北山有"秦公子通墓"）。若为蜀王子，即必在新都或郫，皆沱江北，蜀之旧都。均不是成都。四也。（后文迎蜀侯恽丧，"入葬之郭内"亦系"至城北门"而葬。皆非封在成都之证。）

②战国时，各国皆轻易迁徙其民。秦为尤甚。动辄徙民数万家于远地。盖其时农民实为农奴，产轻而役重，转徙无所长。此次所徙秦民万家，亦非皆徙成都。疑其大部在葭萌附近。故其后嘉陵与涪水沿岸多中原人，巴西之文化提高甚早，为葭萌秦人多故耶？

③参看《巴志》4章。

④赧王六年（前三〇九），秦武王之二年也。《秦本纪》惠文王后元十四年（前三一一），"丹犂臣蜀。相壮杀蜀侯来降"。是年，"惠王卒，子武王立"。武王元年，"诛蜀相壮"，"伐义渠、丹犂"。

分析此文，明为蜀侯勾结丹犂，抚用其人，借以制张若，图据蜀土。相壮与张若谋杀蜀侯，仍以其国还秦。秦亦仍以相壮监三郡，或即封蜀侯。壮得自擅，亦似钟会，思乘丧据蜀。所恃为丹犂之众。又可能联结郪王、夔侯、賨酋与义渠诸国以叛秦。其势颇炽，故秦再以甘茂、张仪、司马错大举伐蜀，诛陈壮。丹犂与郪王之灭，似在此时。"仪城江州"亦当是此时。

⑤说详《巴志》4章。

⑥秦之成都城，在今城北郭下。今城，明代修筑，号"九里三分"，谓纵横各达此度。秦城"周回十二里"，则纵横径三里，仅当今城面积九分之一而已。然在周秦间，已为大城，可比咸阳矣。

秦筑之郫城，盖即唐人所称之"小郫"，在沱江（毗河）之北，蜀王故邑。非今郫县。其时"二江"未开，沃野未启。今郫县只如成都近郊，非二张筑城处。惟旧郫为蜀王旧都，宜筑城。周回仅七里，在当时已为大城矣。

秦临邛城，为蜀与西南邛、莋、夜郎市易中枢。奴隶商之最大市场。故先筑城。周回六里，径一里半而已。在当时亦非小城。

⑦"下仓"，谓各县皆仓。古谓国都以外之邑曰"下邑"。下邑之仓则曰"下仓"。秦时，各县不尽有城。惟县邑所在皆有仓，以储民赋之谷。仓皆绕垣墙似城，故曰"仓城"（见《公孙述传》）。此谓自成都、郫、临邛三县有城者，固皆有仓在城内；其他县邑无城者，亦皆先有仓城。秦地乏雨，仓囷多露立。蜀中多雨，故仓上皆"有屋"，谓椽盖也。

⑧此谓各城门上亦皆作屋。特称"观楼"，今云城楼是也。楼以望敌，兼驻守卫者，设有炮机、弩具，以制御寇贼。射阑，以屏蔽射者。

⑨赤里街，《寰宇记》引《蜀都记》云："成都之南街名赤里。"今按：此非秦时"赤里街"也。秦赤里街当在秦城之北，如今昭觉寺与磨床厂间赤土埂，或平阳山附近红土浅丘间，故名赤里。蜀王世，成都平原之冲积土部分犹沮湿，故营邑皆在赤土浅丘上，郫、新都、广都、成都皆然。平阳山今为凤凰山与狮子山间之浅丘黄土冈，就农地言为瘠土，然遗存古迹多。在成都平原中心最高平。疑是蜀王故邑所在。秦初蜀郡治，当去此不远。至张仪张若筑蜀郡城于其南之冲积土上，徙其官府市肆。故称旧邑为"赤里街"也。

⑩秦成都城，有大城与少城。少城，《寰宇记》引李膺《益州记》云："与犬城俱筑，惟西南北三壁，东即大城之西墉。"今考"大城"，张仪在灭蜀初所筑，"少城"，张若在作蜀守后所筑，非秦惠王二十七年同时筑也。《张仪传》："武王自为太子时不悦张仪。及即位，群臣多谗张仪……惧诛……张仪相魏一岁，卒于

魏。"《秦本纪》武王二年，"张仪死于魏"（《六国表》作武王元年），武王二年即周赧王六年（前三〇九）。是仪甫讨诛陈壮，即返咸阳，未更入蜀。其筑成都城，在灭蜀之初，非周赧王五年。又少城如亦同时作，即不至与大城隔为二城。又王羲之帖，向周益州询张仪城楼遗址，即大城西北之宣明门。故知大城为张仪所筑，即所谓龟城也。张仪所筑大城，门可考者：北曰咸阳门，南曰江桥门；西墉与少城间二门，南曰阳城门，北曰宣明门；东墉相当二门失名。城盖微狭长，六门如龟之有首、尾、四脚，故有"龟城"之称。后人因傅会为仪依神龟行迹筑之之说。《寰宇记》引《周地图记》云："仪筑城，城屡坏不能立。忽有大龟周行旋走，巫言依龟行处筑之。城乃得立。"《周地图》隋人所作，汉魏六朝时无此说也。

本书记少城内有成都县署。郡府舍与盐官、铁官、市官、长、丞廨署皆在内城（大城）。少城唯民居，而以南业繁盛见称。晋张载《登成都白菟楼诗》："郁郁少城中，岌岌百族居。街术纷绮错，高甍夹长衢。"左思《蜀都赋》云："亚以少城，接于其西，市廛所会，万商之渊。列隧百重，罗市巨千。赇货山积，纤丽星繁。"盖张仪初筑大城，仅以捍卫官寺。商贾集市于西墉之外。民户缘之繁兴。张若乃迁成都县府而筑少城以卫商户。其时间当在陈壮乱后，非与仪筑大城同时。常氏文混合言之也。

⑪万岁池，《寰宇记》云："在府北八里。昔张仪筑都城，于此取土，因成池。"《方舆纪要》卷六十七云"万岁池在府北十里。张仪筑城，取土于此，因以成池，广袤数十里（亩字讹）。唐天宝中，刺史章仇兼琼筑堤，积水溉田。岁久淀淤。宋绍兴中，置制使王刚中复疏之。"与《唐书·地理志》及《宋史·王刚中传》合。《唐志》作"成都县北十八里"。《清统志》已不能详其处，但云"在成都县北"。今按：昭觉寺北有白莲池，广数十顷，当狮子山侧黄土丘陵之阿，今其附近皆平田，盖即古万岁池。其地土质赤黄细黏，宜筑城。因掘土地凹，遂以为池也。原广数十亩，故《水经注》曰"万顷池"。

⑫龙坝池，《水经注》作"龙堤池"。堤与坝同义，捍水之土埂也。考其地，即今城西北之"九里堤"。《成都府志》云："其地洼下。诸葛武侯筑堤九里以防冲啮。"近人于堤下掘得《蜀丞相亮护堤谕碑》，确是汉刻。证明其地原为池泽。有堤捍水，故曰"龙坝"也。

千秋池，今东门外沙河铺外大观堰是也。黄土邱间大池，旧多有巨室园庭绕其宅，风景略似西湖。今犹饶灌溉养鱼之利。《方舆纪要》云："在华阳县治东（十）五里，相传亦张仪所凿。谚曰：'东千秋，北万岁'，谓此。"

柳池，旧籍无考。按成都附近地势，当在今城西罗家碾、道士堰。今其地特卑下，稻田每有水患。旧有青羊宫道士作高堤障浣花溪水引灌，于此开水门，成互瀑以冲水碾。盖本柳池，涸为洼地稻田也。

天井池，无考，疑是今城西北之"洞子口"。此等池旁，皆旧家园囿所依，因成名胜。积久涸废，犹存市街志其遗迹。

⑬平阳山，即今城北将军碑与天回镇间之大黄土冈陵。一般倒称"阳平山"。今其上有金鱼池、鸭子池及小池泽颇多。与万岁、千秋池皆在不渗水之黄土地带，故不易湮废。若龙坝、柳池、天井，则皆庄冲积土上，易涸为农田也。

⑭《秦本纪》昭襄王六年（前三〇一），"蜀侯辉反，司马错定蜀"。在周，为赧王十四年。盖即本书之"蜀侯恽"。恽与辉形近，古亦同音，易混。上文志其封蜀在赧王七年，则秦武王之三年也（前三〇八）。武王在位四年死，无子，异母弟昭襄王立。其母楚女，号宣太后。蜀侯恽以在远，未得立，遂有据蜀之意，《史记》称"反"，有可能。惟其势未能成，不若陈壮远甚。故司马错轻易三定蜀地。本书与《史记》异，亦当是从谯周说，仿骊姬害申生故事为之。然其说殊为难通。夫秦蜀栈道千里，安可以献馈于王。应是蜀人

怜其反迹未著，造此说耳。秦王使司马错赐剑，则或然也。

《昭化县志》谓北山石马坝有蜀侯辉墓（已详《汉中志》11章之注⑯）。可为当时蜀侯都邑在葭萌之一证。

⑮此蜀侯绾，亦当是昭襄王之异母弟。或且是恽之同母兄弟，所居已在成都。故怜恽之死而欲迎其丧入，葬于成都郭内。今成都北郭外羊子山战国墓发掘遗址，盖即恽改葬墓也。志云"闻恽无罪者"，蜀侯绾闻于蜀人也。非秦王使迎丧也。"使迎丧入葬郭内"，谓自其原所在处迎葬于成都郭内，非谓迎入咸阳。设其是迎向咸阳，则当北行。不能止葬于"羊子山"。羊子山战国墓，虽土砖墓基与砌椁，而以高贵之铜器殉葬，非贵族王侯不可能有。结合《常志》传说，可能即为恽墓也。"丧车至城北门忽陷入地中"，汉魏人之妄言耳。羊子山正是秦成都城之北门外。本无山，由此墓葬成坟冢。其土砖砌墓基整齐有法，非仓卒霖雨所为。其战国墓上，累积有汉、魏、隋、唐至宋、明、清近代墓，因以成山。此必汉以来人传其祠神灵，从而依傍以葬。晋世犹称"其神有灵"，从而积累成山。今惠陵与关张衣冠冢在南门郊外，王建墓在西郊外，皆土冢为陵，无人傅葬，而此战国墓傅葬者累二千余年，岂非以传"其神有灵"故耶？

⑯绾如何反，别无可考。即如公子恽以反罪诛，而迎葬其丧，明是不满于昭襄王。其欲据蜀叛秦，可理解矣。其时蜀守政权已固，天下行就统一，故遂但置蜀守也。

⑰张若取楚江南地在昭襄王三十年。已详《巴志》4章。其"取笮"之笮字，可能是巫字之讹。然蜀西南固有笮国，颇强大，与邛国齐名。故史恒邛笮并称。其族分布甚广，故又与氏并称。《司马相如传》固云："邛、笮、冉、駹……秦时尝通，为郡县。"则此张若取笮为可能。其时间，当在昭襄王二十七年（前二八〇）秦大发陇西巴、蜀兵攻楚黔中前后。

六

周灭后，秦孝文王以李冰为蜀守①。秦灭周移九鼎，在昭襄王五十二年（前二五五）。又四年，王卒，孝文王即位。《秦本纪》谓其："十月己亥即位，三日辛丑卒。"秦以十月为岁首，故史表有孝文王一年。然据《史记》《索隐》孝文王即位时已五十三岁。则昭襄王晚年，孝文王实际已主秦政。以此推之，冰为蜀守在公元前二五六——二五〇年间。冰能知天文、地理，谓汶山为天彭门；乃至湔氐宋刻与刘、张、钱、吴、何、《函》、王、浙本皆作"湔及"。《函海》注云"当作氐"。廖本径改作氐，是。湔氐道治今灌县白沙。县，当作道。见两山对如阙，因号天彭阙；仿佛若见神。遂从水上立祀李本作祠。三所。钱写本重所字。祭用三牲，珪璧沈濆。汉兴，数使使者祭之②。

冰乃壅江作堋。穿郫江、【检】捡钱、《函》二本作捡。他各本作检。江，别支流，双过郡下，以行舟【舡】船③。宋、明各刻本作舡。钱写本作船。廖作舡。《函海》亦作舡，注云"应作船"。岷山多梓、柏、大竹，颓随水流，坐致《函海》作敢。并注云"刘、吴、何、李本作致"。材李本作林。木，功省用饶④。又溉灌三郡，开稻田。于是蜀沃野千里，号为陆海。旱则引水浸润，雨则杜塞水门，故记曰："水旱从人，不知【饥】馑廖本作饥。按，饥当作馑，兹

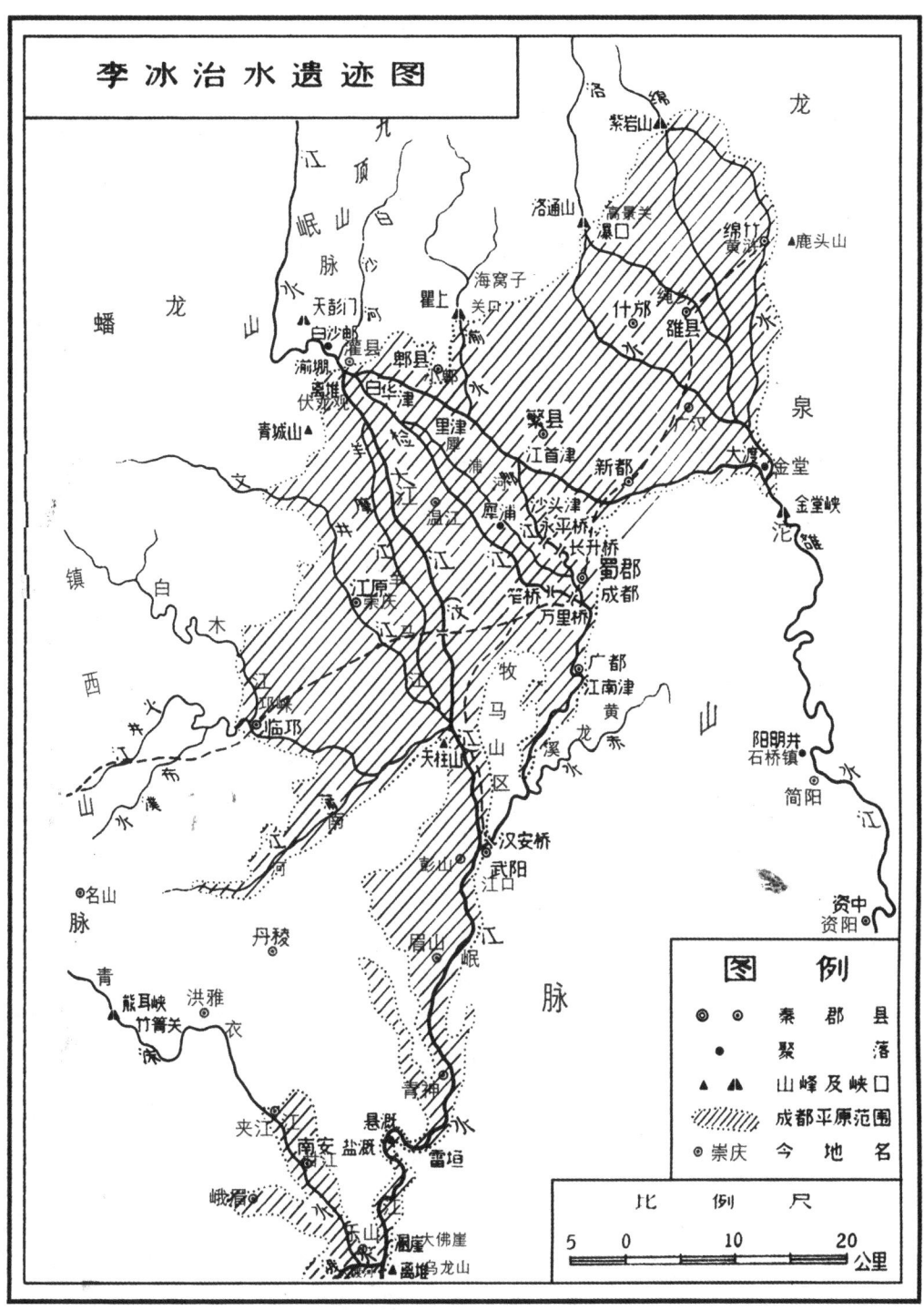

李冰治水遗迹图

改正。馑。""时无荒年，天下谓之天府"也⑤。皆引谯周《蜀记》文。外作石犀当作兕。下同。五头以厌水精⑥。穿石犀【溪】渠旧刻皆作溪。蜀语、山谷水为溪，平原人工河为渠。溪、渠音近易混，传写者缘音讹。兹径改。于【江】南江⑦，旧刻皆倒作"江南。"李冰穿二江于成都，郫江在北，捡江在南。又穿捡江为石犀渠，即今犀浦河，故曰穿"于南江"。命曰犀牛里。"命"，当作"今"。谓里因置石犀得名。是李冰开石犀渠之证。犀牛里唐置犀浦县也。后转【置犀】为耕牛此从钱、刘、《函》、浙四本。他各本作"后转置犀牛"字。二头，一在府市市桥门，《函海》删一市字。今所谓石牛门是也。一钱、《函》本作二。《函海》并有注云"刘、吴、何、李本并作一"。在渊中⑧。谓在石犀渊中。乃自湔堰上分穿羊、摩江灌江西⑨。于玉女房下白沙、邮宋明清旧刻作"自涉邮。"《函海》注云："自涉，《水经注》作白沙。"廖本径改。作三石人，立【三】水中。旧本皆衍三字。顾广圻校稿删，批"《水经注》无此字。"与江神要：水竭疑本作渴，水乏也。不至《北堂书钞》引作见。足，盛不没肩⑩。时青衣有沫水，出蒙山下，伏行地中，会江南安⑪；触山胁溷崖；水脉同脉。漂疾，破害舟船，历清代避讳作厤。代患之。冰发卒凿平溷崖，元丰本作岩。下同。通正水道⑫。或曰：冰凿崖时，水神怒，《函海》"水神"下有颙字。顾广圻校稿同。神名。冰乃操刀入水中，与神斗。迄张、吴、何、王、浙本作至。今蒙福⑬。僰道有故蜀王兵【兰】阑，廖本作兰。亦元丰本无此字。有神，作大滩江中。其崖崭峻，不可凿；乃积薪烧之。故其处悬崖有赤白五色⑭。冰又【通】作笮通廖本有注云"当作道"。【文】汶廖本改从《水经注》作"文"。井江，径临邛。句断。径犹云通往。与与字上省汶井江三字。蒙溪【分】水、白木江刘李本作白水江。会，至武阳天社山下合江⑮。此段与《水经注》文大同小异。此而细审，知同取材于汉魏某书，均自以意改其文。故《志》"汶井"，《注》作"文井"。《志》"蒙溪"，《注》作"蒙溪。"后文《志》"布濮"《注》作"布仆"。《志》"朱邑、小亭"。《注》作"朱亭"。《志》云"白木江"（布濮水）会天社山下，《注》则谓布仆水入文井江后"又东径江原县"。甚至谓"其一水南径越嶲邛都县西，东南至云南之青蛉县入濮。"地文舛谬以极。常璩生长于江原，应习详此诸水源流形势，以衡旧说，得其真实。而后之写刻者，乃妄以《水经注》文改窜之。然初犹仅衍、夺一二字。积久益谬，遂至不通。至于廖刻，尚欲全用《郦注》改易，曾不考察山水形势。兹依覆勘所及改订，俾复常文之旧。此其渠皆可行舟用《河渠书》《沟洫志》文补此七字，以明当氏本旨。又导洛通山洛水，【或】出瀑口，《水经注》卷三十三："常璩云：李冰导洛通山阺，流发瀑口径什邡县。"知"或"字当衍，或"发"字讹。经什邡、【郫】雒，别江会新都大渡⑯。又有绵水，出紫岩山，经绵竹入洛⑰。东当作合流过资中，会江江阳。绵、洛二水合沱江（毗河）南流经资中，至江阳入江。故东当作合，并重江字。皆溉灌稻田，膏润稼穑。是以蜀【川】旧本皆有此川字。应是唐宋人缘习俗衍。人称郫、繁曰膏腴，绵、洛为浸沃也⑱。又识齐音济，古剂字。谓盐水。《水经注》引作察。非。水脉，穿广都盐井，诸陂池⑲。蜀于是盛有养生之饶焉。

案：此章述李冰开发蜀郡经济诸伟绩。《史》《汉》传李冰事，寥寥数语。至汉末，民间传说已多，由于崇拜李冰视同神灵；扬雄、谯周诸书，当已收集整理；然其文久轶。常璩纂辑旧闻，为最详矣。其所剔除《风俗通》与《蜀记》诸怪妄已多。唐宋以后，关于李冰，传说益滥，兹略作分析订正如下。

【注释】

①李冰最早见于《史记·河渠书》："蜀守冰凿离碓（晋灼曰：古堆字）辟沫水之害。穿二江成都之中。"而总其功用云："此渠皆可行舟，有余则用溉浸，百姓飨其利。"司马迁曾入蜀，亦周行天下，各渠皆所亲见。于蜀特称"蜀守冰"，知之最确也。《汉书·沟洫志》全依《史记》文，而著其姓曰"蜀守李冰。"盖扬雄以来蜀人传其故事者始多，皆言姓李。莫能言其为何处人。《道藏·洞天福地记》谓其墓在"阳平化。"阳平化在汉州西山，雒水上游，秦以前，为绵虒氏族分布地（蜀王最先建国地区）。至秦世，皆已接受中原文化。李冰很可能是此间居住之氏族人。唐宋以来地书杂史，皆谓李冰子二郎，佐冰治水，号为"川主。"其神塑像皆三目。一目纵，在额上，与"蚕丛其目纵"，其冢为"纵目人冢"之说（在2章之注③）契合。益足知其人本属氏族蚕丛种（即蜀族），非自秦、楚或中原来者。

关于李冰墓，四川省博物馆王嘉佑同志补充云：

由彭县关口出发，至海窝子（新兴场）十里，再至太平寺五里。太平寺即古之阳平化，寺前左望白鹿顶。太平寺又名蜀王祠，祠右侧大坟包叫"娘娘坟"或"王妃墓"。自太平寺瓦窑上山，经涌华寺，下山插上公路前行八里至草坝（下坡）。草坝即古湔（音煎）氏村，河中产玉而又名玉村。过河坝，至通济场五里。

由什邡县北门出发，经兴隆场十二里，灵杰场又二十里，至永兴场又二十里，共五十二里。永兴场一名李家碾，永兴一材传为"雒水古城"，乡人指三圣寺为雒水城大堂（县衙）。由此（街子场）前行十里即高景关（章洛山）。永兴五里山下即公墓治（李冰葬衣冠处），道教二十四治之一，当地亦名湔氏村。

按年度推算，张若于秦昭襄王三十年犹以蜀守伐楚取巫及江南地。后二十一年（前二五六），周亡。周灭后，冰为蜀郡守，则可能是接替张若。或许其人先以才智为张若所信任，积功。受若推荐，得为蜀守。秦自惠文王灭蜀，任张若为蜀守，至昭襄王三十年（前三一六—前二七七），凡四十年，未易蜀守，史有明文。则李冰之为蜀守，亦甚长久，故能建成许多业绩。估计至始皇统一时（前二二一）或犹在任也。

李冰之才能，著于此志者，有二大端：一为已能掌握自然规律，善于利用当时当地之自然条件，改造自然环境，使其发展社会经济，造福于蜀人。二为能顺应群众心理，利用神权，团结人民，发挥其改造自然之威力。

我国自然科学之研究，在东周迄秦统一，即所谓"先秦"年代，已有一大飞跃。无论天文地理、工巧农牧、矿冶医药、建筑纺织以及艺术等等，皆有精度已高之发明创造。治此诸术者，恒被称为"方士"。《汉书·艺文志》所载"方技三十六家"，"数术百九十家"，"兵书五十三家"，皆方士术之为统治者所重视者。其为儒生所排斥而泯灭不传者尚多。世仅以为与秦皇、汉武说神仙者为方士，亦昧矣。方士之术发展于春秋世，极盛在战国时。秦统一后，始偏重于神仙不死之说。统治者但传其妖妄而抹煞其科学技巧。李冰盖先秦方士之优于人事实践者，然史虽传李冰事，亦多饰为神话，莫能阐明其科学意义。

都江堰工程略图

②此节,言冰欲兴都江堰水利,先托为神祀,以自取重于人民。"汶山"泛指岷江上游之山。"天彭门"者,李冰所给之名称,言天水之门也。彭字,《说文》云"鼓声也。从鼓省,从彡。"盖原为形容大水之字。《周诗》屡有"彭彭"状鼓声与车马奔驰之声。单用,则人、地、国、族外无他义。古蜀语彭,盖与"澎湃"之字同义。李冰自称"知天文、地理",谓汶山为"天井络",江水为天水激流之门。因自言见江神,能祠祀以得神力,建福利于人(会昌、建福,详1章之注⑧)。既先为此说,又自赴其地,选定立祠地点。

"湔氐道"者,秦始开今灌县龙溪、娘子岭通汶川之路。置邮驿,设县。县治原在今灌县附近。开通新道,故曰道。汉初仍称"湔氐道县"。其后省作"湔县"。蜀《后主纪》,"至湔,登观阪观汶水之流"是也。又其后改名都安县。文士仍存"湔氐"之名。蜀国时,成都与绵虒往来皆从瞿上(海窝子)。秦始沿江水开此新路。开路大约在张若时。李冰宜预其功,故云"乃至湔氐"选定祠址于天彭阙下江水上。其地,盖在龙溪外之白沙。就文字言:连垣壁者为门。门外相对兀立者为阙。故李冰所说之"天彭门",是泛指岷江上游地区。其所说之"天彭阙",则专指白沙外之岷江峡口。(营坪铺至白沙之峡)后人或混为玉女房(龙溪峡),或混为离堆石(宝瓶口),或指为瞿上(海窝子关口)不值深考。要其所指建神祠处,与兴建都江堰水利有关也。其祀,为江渎神庙之始。故汉世,"数遣使者祭之"(唐宋以来乃建江渎庙于成都郭内,其神铜像今保存于人民公园)。祀一江神而並祀"三所"者,道家以天、地、水府为"三官"(说详《汉中志》4章,冰所创也。"珪壁沈渍",谓以圭壁沉于江波溃涌之处。

③"壅江作堋",谓作堤壅江,提高水位,以便兴工。其作堋处,当在今盐井溪外"大中坝"尾部。内外江马槎自此开架(参看附图)。由有此堋,使堋上水缓,沉淀积沙。长期壅垫,提高水位。今犹为"大中坝"及附山沙坝。每年岁修,于白沙外大中坝上端加固石笼,以防冲毁搬移。使内外江水量相当固定。大中坝沙洲出水后,乃移旧堋至白沙外大洲上方,则是后世变通之法,非冰旧制也。冰旧制当是用竹笼砾石自盐井溪向南岸叠堤(堋),开两口为内外江,更以纵横两马槎堤,控制内江水量。水大至,则斫外江马槎泄水。水乏,则封外江,酌斫内马槎以益内江之水。以斫马槎多少为放水多少准则。两列马槎,皆东接于飞沙堰之金刚堤。此堤为分内外江定形别流的开始。外江非冰所重。所重只在内江。内江自竹索桥下入伏龙观之宝瓶口,流灌郫、繁及成都平原东部地区。为李冰及身完成之功。

伏龙观之宝瓶口,上侏罗纪砾岩之裂缝也。天然自生,非人力所凿。冰以前,江水已从此口分流,东向经成都北,是为沱江。《禹贡》所谓"东别为沱"也。大约鳖令时,曾于伏龙观之离堆石为堤坝以别内外江水,使成都北区减少水患。李冰,乃自离堆石叠竹笼堤,上延至索桥之金刚堤端,与两列马槎接,使内江上延二里余定型,以接联湔堋大堰之水量控纵。此李冰创制之意也。

其固堤之法,只用蜀地盛产之竹篾,编为长笼,用岷江逐年搬运之石砾盛于其中,叠累为堤。集微小之重量为硕大不可移动之重量,激水湍流不能动之。工甚简易捷速,固于金铸石甃,此其创造之妙一也。后汉时,黄河堤决成灾,积年莫能治,蜀人王延世持此法塞之,三十六日而定。延世封侯,汉帝为之改元河平。李冰之功泽下延,如是之远也。

马槎之法,用树木缚为三脚叉,放入江中,上挂石砾篮,使三脚鼎立于河床。编组成列。水虽激,不能动移。于其水来一面先缚檐梁,再铺签子、花栏、篾巴、竹席以阻水,水不能越流。物之廉便,工之简易,效果之好,皆前所未有。水内竹篾之用,不能逾年。则每岁为之,所费亦甚微。以如此简陋物资,控制岷江滔天之水,使之婉转随人意,以兴千里陆海之利,可谓巧于征服自然,为三千年前人类之极智矣。

郫江,即今之毗河。李冰所导者,自宝瓶口外,循古沱江水,至今郫县北三道堰处,分流向南,过成都少城市桥，江桥下，东南至合江亭与捡江合。今之柏条河（油子河）是也。捡江，今云走马河，亦自宝瓶口外，分水东南流，至成都东南，与郫江合。两江皆可行舟。"别支流双过郡下"，谓分捡江为石犀渠，与分郫江为城北濠渠之类，皆过郡城下也。

④此"岷山"，亦谓岷江上游诸山。与"汶山"同，汉魏世两字通用。梓、柏，统言木类。大竹，统言各种竹类。颓，委顿下坠也。谓人伐取，颓落江水，随流漂致，不须搬运，故曰"坐致"。

⑤此言溉灌之利。"三郡"，谓蜀郡之三都、郫、繁诸县，广汉郡之雒、绵、什邡诸县，与犍为郡之武阳县。"记曰"八字，引谯周《蜀记》成言。"陆海"，亦是《蜀记》语，谓农田生产之饶，比于海产珍奇之值也。"天府"，已详1章之注⑥。

⑥石犀厌水之说当辨。《尔雅》《说文》皆有"犀"字，不言能厌水精。葛洪《抱朴子》引郑君言："但习闭气至千息久，久则能居水中一日许。得真通天犀角三寸以上者，刻为鱼，衔之入水，水常为开方三寸，可得气息水中。"洪又云："通天犀〔角〕赤理如綖，自本彻末。以角盛米，着地，群鸡不敢啄而辄惊，故南人名为骇鸡犀。"《埤雅》引《异物志》云："犀之通天者，恶影，常饮浊水。佳雾厚露之夜不濡。其角白星彻端。世云：犀望星而入角，可以破水、骇鸡。"蜀地古无犀牛。胡越商人从热带地区，转售犀角（入药）犀皮（作甲）来我国。口传其形状与生态，往往夸大其事，遂有"破水，骇鸡"，"露夜不濡"之说。皆始于三国海道甫通时，汉以前无此说也。"常志"采以傅会李冰石午。

今蜀中各县当水处，每有作石牛以厌水者，其牛曾作水牛形。旧江渎庙，亦有仿李冰遗制之铜牛一头（现亦保存于公园内），亦是水牛形。本书下文亦云"转为耕牛二头。"然则常璩所亲见之李冰石牛，是耕牛，非犀牛也。

李冰所作石牛，既是"耕牛"，作水牛形矣，何以昔人又传其为犀？考水牛亦我国南方原产之巨形兽类；最先种稻之我国南方民族，已驯扰之成水田之耕牛。殷周之际，中原人民已见其物，称之为兕。骇其形体之大，比于虎类。《九经》中每见其字。《诗》曰："匪兕匪虎，率彼旷野。"其双角巨大而空，古人雕以盛酒，称为"兕觥"，见于《南诗》。志其形体者，始于《尔雅》，仅"兕似牛"三字。谓其形体似中国北方之黄牛也（古牛字只谓黄牛）。兕字造形为双巨角，明是古人初见水牛时制。其音近犀（在蜀且同音）。缘是秦汉蜀人呼之"石兕"，魏晋人转误为犀，遂以误会李冰造作之意为厌水也。犀非牛类，而蜀人恒呼"犀牛"，正缘与兕混也。

中原牛耕，惟用黄牛。吴楚稻作，皆用水牛。李冰"穿二江于成都"，别支流"溉灌三郡，开稻田"，大力提倡种稻（谷物中稻之产量最高），从而提倡引种水牛，师法吴楚稻农。故刻此石牛五头，分置二江灌溉地区，宣传物宜，以为劝导。当时呼之为兕。后被妄传为作犀厌水也。

⑦石犀渠，今云犀浦河，为今郫县、崇宁、灌县、温江、与成都县区农田之主要干渠。李冰时只为郫、成二县地。所经皆成都平原中心最肥美地带。故李冰所作石牛五头，原皆分置于此渠沿线新开稻田地区。称曰"犀牛里"（兕牛里）。秦汉云里，表示县辖之一方地区。此兕牛里，所表为当时郫县南界新开稻田地带。其里正住地为犀浦。唐垂拱二年置犀浦县。《元和志》云："昔蜀守李冰造五石犀、沉之于水，以厌怪。因取其事以为名。"则唐时已不见石牛，又误用下文"在渊中"句，以为冰悉沉之于渊也。其犀字，并随《常志》讹。

⑧此又常璩亲见市桥门（即石牛门）有石牛一头作耕牛状，而故老相传其是从犀牛垦移来之李冰之石犀，故其为说如此。"一在渊中"，蜀郡首章所云"石牛门外石桥下石犀所潜渊"是也。故老谓自犀里移来者为二

头，而存可见者只一头，市桥下渊又名石犀渊，故以为是"石犀所潜渊"，皆常氏意测语。惟所见是耕牛，则可定矣。

⑨以上皆述李冰经营内江水利事。此乃述其外江水利。"羊摩江"，今云羊马河。为自外江分水灌灌县西、崇庆、新津之一大干渠。此带地方，皆在外江之西。外江从来被认为是江水之正流，故蜀人称此带为"江西"也。

⑩"玉女房"，《寰宇记》卷七十三"导江县"，引李膺《益州记》云："其房凿山为穴，深数十丈，中有廊庑堂室，屈曲似若神功，非人力矣。"按此，则其地当在白沙附近。疑是汉代崖墓，晋人作此称呼。"白沙邮"，今仍名白沙，为龙溪水口。秦开湔氐道，通绵虒，置邮传于此也。

三石人，今已发现其二，倒卧在金刚堤下河床沙土中。最大者为李冰像，铭刻清楚。乃公元一六八年（后汉灵帝初）所造。其小者持臿，无铭刻，应是象征从冰治水者。原为左右各一具，今仅得其一耳。世或拟为即是冰子二郎，必不然。汉魏世无冰子二郎之说。其像亦与传说之二郎神不类。其刻字云："建宁元年，闰月戊申朔二十五日，都水掾尹龙、长陈壹造三神石人，珎水万世焉。"凡三十字，各方四公分，隶书，镌于李冰立像带下。（珎当读加镇，厌水之义。）建宁，灵帝之初元也。似此则《常志》言三石人为冰所作者，亦误也。大抵湔堰虽岁修。从事之人未对石人作迫近之观察。故虽实物具在，竟谓三石人为冰所作，以要神之水则。由此，可知：云石犀厌冰者，亦必妄测也。

云"与江神要"者，正可说明魏晋时人所见江水，经李冰创堰控制后，水虽盛涨，亦"不没肩"；虽大乏，亦"不至足。"人徒见其然而不知其所以然，但有直觉为李冰之功，遂说为李冰要神如此。

⑪"青衣"，县名，前汉属蜀郡，后汉为汉嘉郡治。治城在今四川芦山县；辖境为今芦山、天全、宝兴三县。境内有青衣羌。其夷邑，在宝兴县。自蜀王保子帝时征服。蜀亡转附于秦。虽历世皆为郡县，均不废其邑君。至元、明、清代，则为穆坪土司。民国八年始改流为宝兴县也。

"沫水"，《水经》云："青衣水出青衣县西蒙山。东与沫水合也。至犍为南安县入于江。"此所言今青衣池也。又"沫水，出广柔徼外，东南过旄牛县北，又东至越巂灵道县。出蒙山南，（蒙山有误。当作峨山），东北与青衣水合，东入于江。"此所言沫水，谓今大渡河也。由于班固《地理志》称青衣江为"大渡水"，沫水为"渽水。"郦道元《水经注》又以今天全铜头峡之岸山为蒙山（引书混乱）。后世地志展转攀诬，一片淆惑。《芦山县志》以芦山河为沫水。其县东乡称"沫东乡。"《雅安县志》以县东北上里、中里、下里之小溪为青衣水，而称青衣江干流为沫水，以别于渽水。宋人以来地书，以都江之伏龙观为离堆。又或以雅安飞仙关为离堆。或以名山龟都石为离堆。误说多端，皆缘不能定沫水位置，错援《郦注》之文，肆为傅会。遂莫能定李冰凿崖之所在。此当辩矣。

《水经》所言沫水，与今大渡河源委全合。盖据地理实践者之言。其云"出广柔徼外"者，汉广柔县为今之理县，其西徼在鹧鸪山与夹金山，其"徼外"正是今壤塘与金川县地，为大渡河上源地区也。"过旄牛县北"者，今汉源、泸定，大渡河曲以上至康定县境，皆汉沈黎郡地。其后郡省，为旄牛一县。县治初在泸定之沈村（原郡治，遗迹犹多可见），后徙至今石棉，故云"县北"也。又后就近孔道，乃徙治今之汉源，则水在其南。后人不知旄牛县治迁徙者，遂执"县北"字，误为是青衣江。"又东至越巂灵道县"者，今越西县为《汉志》越巂郡之灵关道县，其县境抵此河岸者数百里，阅二千年皆然（近年始划大树堡区北属汉源县）。不知此者，误以为越巂郡治邛都，为今西昌。灵关道为小相岭，在越巂县南，不为此河所流经，遂更缘《郦注》以青衣县之"灵官庙"（今宝兴县治灵关镇之俗称）为沫水所经之"灵道县"矣。云"出蒙山南"者，《禹贡》梁州"蔡蒙旅平"，谓峨眉为蔡山，瓦屋为蒙山也。两山为四川盆地西南最高之山，故特著之。大渡河，正过瓦屋山下之金口，至沙湾乃入平地，与青衣江会，至乐山（汉南安县）入岷江。后世以青衣江为沫，乃缘傅《水经》与《郦注》谬文，于青衣水域求蒙山，以合《班志》青衣县之"蒙山豀。"从而指雅安周公山为蔡山，蒙顶茶之蒙顶为蒙山。沿习至今，莫知峨眉、瓦屋之为《禹贡》蔡、蒙矣。

指青衣江为沫水，自《常志》始，而《水经注》傅益之。在古代言地理水道者，原有"随决入而纳通称"（《郦注》语）之例。故嘉陵江可称为渝水、羌水、白水、涪水与西汉水。青衣水本与沫水合，乃入岷江。魏晋人取近流，冒青衣江为沫水，可以理解。《常志》与《郦注》遂并移蒙山于青衣县，则制造此区地名谬乱之源泉也。《班志》青衣县云"蒙山豀，大渡水东南至南安入滅"者，盖以荥经河为蒙山豀，其所入之天全河为大渡水。荥经河发源于西瓦山，是古蒙山，故曰蒙山豀。此水与天全河会口处，为秦汉至隋唐间蜀郡与邛筰往来要道。水激无桥，但为舟渡。舟渡亦艰，故有大渡之名，从而称为大渡水。其水稍下至飞仙关，与芦山河合。《常志》所言"沫水出蒙山下"指穆坪河。穆坪河自灵关镇入砾岩裂隙四十里，出铜头场乃得阳光，故《常志》以为"伏行地中。"其实与石灰岩穴之伏流不同，但在铜头与灵官镇间行绝峡中耳。此砾岩绝峡之岸山，《常志》以为"蒙山"。后人乃以雅安、名山县界间之蒙为"蒙山"，而称此砾岩大山为"灵山"也。山水不能自名，随人更呼。异世而名异。唯能因地文实际以考古今流变者，得辩订之。若竟胶执一书，则亦"刻舟求剑"也。《水经注·沫水》章谓："沫水出岷山西，东流过汉嘉郡，南流，冲一高山。山上合下开，水径其间。山即蒙山也。"此其所指，明明是灵关镇至铜头场间之砾岩大峡，与《常志》伏行说合。而非取材于《常志》。疑是常氏后更有人履勘其地，采用常氏言，为另一书，如李膺《益州记》之类，《郦注》取之，故可互勘合也。此水出铜头场后，与芦山河合，南流至飞仙关合大渡水。以下，至今称为青衣江（唐代称平羌江，一曰羌江），与滅合流入岷江。

⑫"涐崖"，今乐山县岷江东岸之"大佛崖"是也。大渡河水对之冲来，激洄腾突，为舟行害。故李冰凿崖开峡，斜对沫水，以杀来水怒势，即引其水过离堆（乌尤寺）峡，出篦子街，灌牛华溪、五通桥一带平原。开稻田，使与成都二江同利，为溉灌与行舟之干渠。今牛华溪五通桥平畴水利，始于此也。《史》《汉》以"凿离堆避沫水之害"与"穿二江成都"为二事而连言之，谓其皆改造自然之大役。后之读者，乃并为一事体会之，以为灌县之伏龙观，砾岩离堆之宝瓶口为冰所开凿。夫砾岩坚硬，虽在今日，尚未易凿，况二千余年前耶？四川盆地以内山爪，因河流侵割而成离堆者，约近百所。在嘉陵江沿岸者即有三十余处（据解放前地理研究所考查报告）。在长江沿线者如《巴志》所言之"龟亭""广德屿""滟滪堆""黄华城"与"石堡寨"之类，亦多至数十处。青衣江之草坝龟都寺，飞仙关之二郎庙，两处已经前人指为离堆。并与乌尤山、伏龙观及南部县之离堆室。称为'蜀有五离堆'（《四川通志》）。如此之类，通全省言之，去百所不甚远矣。率皆以砂岩或石灰岩易受水流侵割，自然生成。若灌县之宝瓶口，则为砾岩在造山运动中自然裂成；与江油之窦圌山，汉嘉之灵关峡，青城之轩皇台同，岂可以人功开凿拟之哉？

如上所述四川近百所离堆中，其显然为人工凿成者只乐山乌尤寺一处。乌尤寺离堆，原与大佛崖连成一片，由其岩石之密度、纹理、颜色、地形察之，无可否定。赤砂岩与砾岩性质相反，质软而韧，虽可震裂，裂罅亦犬牙相错，契留微隙，断无裂开成峡江者。人类在青铜器时代，已能以锤、钻截割砂岩为巨石，如本书所记之石镜、五丁檐，及近世发见诸氏人石墓，与汉代诸崖墓，皆可证明秦李冰时已充分具备开凿如此砂岩为石峡，以"通正水道"之能力。其所以能为此功者，盖先见都江宝瓶口之天然裂口过水，最能控制内江水量，优于作坝制水。故冰因乌尤与凌云两山间之细腰，凿为人功之离堆，以过水也。今斧凿痕虽已风化无迹，其峡为人工凿开，非由地裂及江水侵蚀而成则显然可辨（插附《沫水离堆示意图》）。

⑬此人工石峡之外口，有市邑，名"笮子街"，亦是李冰凿此石峡之一证。笮字本作䨲，水神名也。《水经注》卷三十六云："昔沫水自蒙山至南安西（胁字音讹）湔崖，水脉漂疾，破害舟船，历代为患。蜀郡太守李冰，发卒凿平溷崖。河神䨲怒。冰乃操刀入水，与神斗。遂平溷崖，通正水路。开处即冰所穿也。"《文选》张卫《西京赋》"巨灵䨲屃"注云："巨灵，河神也。二华本一山，河神用力，手劈足踏，分山为二，以通河流。"是后汉世已有水神䨲屃之说。《水经注》卷三十三又引《风俗通》曰："秦昭王使李冰为蜀守，开成都两江，溉田万顷，江神岁取童女二人为妇。冰以其女与神为婚，径至神祠劝神酒。酒杯恒淡淡。冰厉声以责之，因忽不见。良久，有两牛斗于江岸旁。有间，冰还，流汗谓官属曰：'吾斗大，亟当相助也。南向腰中正白者，我绶也。'主簿刺杀北面者，江神遂死。蜀人慕其气决，凡健壮者因名冰儿也。"则应劭时已传冰能与水神斗。与《常志》及《郦注》引据之说相为表里。要皆汉魏间人传冰事者之神话。谓水神名䨲，为冰所杀，故能"凿子湔崖，通正水道。"开渠成，故称此渠首之邑为"䨲死里"，转讹为"笮子街"也。

此峡渠水在冰时与灌县内江之宝瓶口同功，可供行舟、灌溉。其本质不同处，在于一是砾岩天成之裂隙，深不见底，故数千年无湮塞之变。乌尤巅峡，由人工开凿，石底一成，不可岁岁凿深。大江之水，则侵蚀力强，能岁岁刻削河床，使之下降。故自冰后若干年，江水逐渐难于入峡。大约在明清世，此渠已湮，县人更从乌尤离堆之下游作堋，引江水溉牛华溪、五通桥一带平田。笮子街水道遂废。今竟成为陆地石峡。然去江水面尚只数尺，秦汉时其渠当能畅行舟楫也。

离堆字，《史记》作碓，《汉书》作𡺞。《颜注》亦引晋灼释为"古堆字。"杨守敬《水经注疏》谓𡺞字依钱大昭说作崔，即崖字。定离堆即湔崖。张澍《蜀典》，赵熙《离𡺞考》，皆以乌尤为《史》《汉》之离堆。凡此种种，皆足证湔崖即李冰所凿之离堆。本文则尤重在于地质、水文之辨订，固无取于神话也。

《风俗通》"凡壮健者，因名冰儿"之说，为唐宋以来李二郎神话导源。冰字古篆作仌，隶书作二。或是李冰本有李二之号。加以"誓水三石人"，其左右二石人较小，后人因指为"冰儿。"故截至隋唐，尚无冰子二郎神之说，宋元以来，乃有川主二郎神话产生。其产生也，亦只缘赵昱斩蛟之说而起。柳宗元《龙城录》云：

赵昱，字仲明，与兄冕俱隐青城山，从事道士李珏。隋末，炀帝知其贤，征召……至京师……乞为蜀太守。帝从之，拜嘉州【太守】。时犍为潭中有老蛟，为害日久。截没舟船，蜀江人患之。昱莅政五月，有小吏告之。会使人往青城山置药，渡江溺死。没舟船七百艘。'昱大怒，率甲士千人，及舟属男一万人，夹江岸鼓吹，声振天地；昱乃持刀没水。有顷，江水尽赤，岸石半崩，吼声如雷；昱左手执蛟首，右手持刀，奋波而出。州人顶戴，事为神明。隋末大乱，潜归隐去。不知所终。时嘉陵（当作江）涨溢，水势汹然。蜀人思昱。顷之，见昱青雾中，骑白马，从数猎者，见于波面，扬鞭而过。州人争呼之。太祖文皇帝赐封神勇太将军，庙食灌（江）口。……昱斩蛟时，年二十六。珏传仙去，亦封佑应保慈先生。

此故事与《风俗通》所传李冰战江神事，如虫蜕之变。云"求为蜀太守"，而得"嘉州"，明嘉州（乐山）与"蜀守冰"有联系。云"青城山"与"庙食灌口"，明赵昱与二郎神之关系。谓昱字"仲明"，有"兄冕"，俱"事李珏"，明三石人与此神话之关系。珏字从双玉，盖亦明润如冰之造意也。其神话递变之迹，居然可以寻究。盖因嘉州人传李冰事，结合灌口有三石人与李冰祠庙所编造。化李冰与二郎神为二人之始也。今青城后山名"赵公山"，传即赵昱弟兄所住。传者谓其学于青城，庙在灌口，而斩蛟在嘉州。故可知是《常志》"操刀入水中与神斗"之蜕变矣。

⑭ 此所谓"蜀王兵阑"，今曰"赤崖山"，在宜宾县西北岷江右岸。《一统志》引《旧志》云："亦名朝阳崖，在县西北二十里。"《方舆纪要》卷七十一《叙州府》云："仙侣山在府治西北。……其北曰翠屏山。……又西北曰赤崖山。崖岸壁立，下瞰大江，色若绮霞。"是也。

《后汉·郡国志》僰道县注引《华阳国志》，讹"蜀王兵阑"为"玉岳兰。"王先谦《合校水经注》云："案：兵阑，天子之门禁也。《汉书·汲黯传》：'上尝坐武帐，黯前奏事'。孟康曰：'今御武帐，置兵阑五兵于帐中也'。《史记·索隐》曰：'天子门有兵阑，曰司马门也'。庾子山作《吴明彻墓志》曰：'长沙楚铁，更入兵阑'。正使此事。阑、栏、兰三字通用。"据此，则兵阑者，喻为禁地。谓此崖为蜀王地界之不容侵入者，如宫门之置兵阑，犯之当死。非蜀王实有刀枪架在此崖也。大抵巴蜀互争僰道时，蜀王扼此险，未容巴、楚侵入，故有此称。

烧石使热而骤沃以水，利用其膨胀率之骤变，以摧破崖石，为古人摧毁巨石障碍之一种方法。《后汉书·虞诩传》："自沮至下辩，数十里中，皆烧石剪木，开漕船道。"注引《续汉书》作："乃使人烧石，以水灌之。石皆坼裂。因镌去石，遂无沉溺之患。"用此理也。

《水经注》"江水过僰道县"云："县有蜀王兵兰，其神作大滩江中，崖峻阻险，不可穿凿，李冰乃积薪烧之。故其处悬岩犹有五色焉。赤白照水，玄黄（一作犹有玄黄赤白五色焉）。鱼从僰来，至此而止。言畏崖屿，不更上也。"其所据为《地理风俗记》，乃应劭所撰。《常志》盖亦用应劭之说，而异其文。删鱼畏崖色等语也。今其地仍为岷江险滩，有道士观漩流作害。

⑮ "汶井江"，《水经注》作文井江，即今崇庆县之西河，源在金川、穆坪界上大山之东，经怀远镇（分州）至元通场会于外江支渠之沙沟河。南至新津，与蒲江河合而入江。"白木江"（白水江）即邛崃县之南河。上源为芦山、雅安界上之火井槽。其西北有与火井槽水并行之一支流，即《常志》所云之蒙溪。二水合流后，为布濮水。从火井槽至正西山（芦山县界山），为古布濮民族住区，故曰布濮水（后文"临邛县"详），流经邛崃城南桥下，故称邛州南河也。布仆水与文井江，为邛崃，大邑、崇庆、新津四县平原中原始的两大干流，在新津与蒲江（一曰新津南河）会合后入岷江。历代开凿支渠，交错其间，用于灌溉，未曾改变主流。

《水经注》于布僰水，误分为二支，一支会天社山下，一支经邛国滇国入海；是为其述西南水道最谬误处。往时传写《华阳国志》者，恒引《水经注》回改。遂有人妄于蒙溪下加一分字。至失地理之真。宋刻沿谬，必须删去。

云"又作笮通文井江"者，言成都与临邛间，昔时陆道，径由江原。须横渡检江，外江，羊摩江与文井江四大渡，耽延未便。至冰乃作竹索为桥，架诸江上，使行旅径过，无待渡之烦。古称竹索渡桥为笮。字亦作笮，作莋，作簇。成都南外有地名"簇桥"，即李冰最早建成之检江笮桥（久已转为石桥，今并石桥亦蔽于马路下矣）。其外江笮桥，当在今温江、崇庆界间之插耳崖。羊摩江笮桥，在金马堤。文井江笮桥，在今大邑界。其道径达临邛，不似今日之绕渡新津也。

笮桥惟便于步行，不能度车运。故诸县物资之运成都者，则必用舟运至新津（常云"天社山下"，时未置县也）转陆。故常氏因通笮桥，并及诸水，明李冰时之人物转徙道路如此也。天社山，即今新津之宝子山。

⑯ "洛水"，即雒水，今云石亭江。张华《博物志》："旧洛阳字作水边各。(汉)火行也，忌水，故去水而加佳。魏于行次为土，……故复(去)佳，加水。"此水发源处，在今什邡县极北茂县界上。《汉志》广汉郡雒县云："章山，雒水所出，南至新都谷入绵水"(此依宋板。殿板作"入湔")。"新都谷"即今之金堂峡。金堂县，宋分新都东境置，其地在汉属新都。雒绵合后，寻即于赵家渡入于沱江(沱江先纳湔水，故亦纳湔之通称)。

"洛通山"，今什邡县北之高景关。地形颇似彭县海窝子之关口。左有狮子山，右为大包顶，夹洛水如双阙。只后山乏平畴邑落不同。其水奔泻如瀑，故曰"瀑口"。《方舆胜览》谓章山即洛通山，亦误也。章山，志其发源处。洛通山为瀑口，今之狮子山也。

古雒县城在石亭江畔之"绳乡"，雒水缘以定名。其后县城屡徙。唐为汉州治。元省县入州。今为广汉县。其城在什邡河畔。世遂以什邡河为雒水，鲜能知汉雒县故治与石亭江为雒水者也。

⑰ 绵水，今云德阳河。发源于故茂州土门附近之观音梁子，曰深沟。从大山老林奔流向南，至绵竹县汉王场入平地。入平之初，冲破紫岩山关口，地形亦微似高景关。入平后，分两干渠：一至绳乡南入雒，今云绵竹河。一经黄浒、德阳至赵家渡("新都大渡")北入雒，同会于金堂峡口("新都谷")。"黄浒"，古绵竹县治也。

⑱ 都江水利，分内江、外江两系。外江为江水正流，秦时已分出羊摩江(羊马河)。更收聚文井江(分州河)、布濮水(邛州河)、南河(蒲江河)，至天社山(宝子山)下会合，出成都平原。内江自开明氏前已从宝瓶口裂穴分出，为《禹贡》之沱江(毗河)。东行会湔水，雒水，绵水，于金堂峡口("新都大渡")会合，穿峡出成都平原，经资中至江阳(今泸县)入江。李冰既治都江大堰(湔堋)，为控制内江水量，乃于宝瓶口外穿南北二江，双过蜀郡下。合流为府河(今名)。会他支渠，出成都平原，至犍为之武阳(今彭山县)会合。穿眉山平原，经南安、僰道至江阳与沱合流。

常氏叙述此三组水利之出于李冰者，先都江大堰与郡下二江(属内江南侧)，次外江水利与交通建设，又次为内江北侧湔、洛、绵三部分水利。李冰未暇着力于湔，特重绵、雒。其导绵、洛，皆作分渠，所灌为秦之什邡、雒、绵竹三县稻田。此叙其水至江阳入江，结束水道原委。湔江水利，常氏归功文翁。其所引灌为郫、繁两县。故于此以"郫、繁"与"绵、雒"对称。当时成都平原灌溉水利区分如此。历唐、宋、明、清迄今，陆续开凿新渠，干支纷庞，通联远及，各灌区间，已经混成一片，跨入眉山青神，远及夹江、峨眉、绵阳、三台、安县、中江。今则已穿龙泉溉灌简阳。无非李冰创其规，后世广其利也。

近世都江水利局所直接管理者，凡十四县，稻田五百二十余万亩(一九三八年四川水利局《都江堰水利述要》的统计)。新中国成立后又复有所发展。而控制水量方法仍不能不恪遵李冰之旧。冰之功利，可云伟矣。

⑲ "齐水脉"，谓地下盐水所在也。秦汉世，医方家谓药物配方为齐(剂)，烧炼家谓铅、汞方药为齐，煮盐者谓卤水为齐，并屡见于方技之书，读音同剂，初不从刀。后世与整齐字异音，乃从医方刀圭之意加刀。音济则无变也。《周礼·食医》："掌和王之六食、六饮、六膳、百羞、百酱、八珍之齐。"则厨羞作料，盐、梅、姜、醋之物亦为剂也。

四川盆地，数百万年前为大海，地下蕴有盐岩，地表土中亦多含氯化钠(食盐)，不过因地表被雨水洗涤，溶流以去。其地层之微凹部分，亦皆积有盐水。至于透过深层岩盐后涌出之水泉，则为盐泉，大都涌现于巴国地区，地层褶曲度大，罅裂复杂地方，巴国援之为利而致强大。蜀国地区无此盐泉、李冰前，蜀人食盐仰给于巴。秦灭巴时，巴东盐泉为楚所据，张若等争之，久乃克有。当尚未得巴东盐泉时，李冰创为盐井之法，图盐自给。其最先开创之盐井在广都，故曰："穿广都盐井。"

秦广都县境，包括今双流与仁寿县广大地面。自仁寿县治以北，至籍田铺、秦皇寺、贵平寺一带，地层上部积有盐水。李冰识之，故最先掘井于此。其最旺一井，后世称为"陵井。"自汉迄唐、屡经深凿，至达数十丈。唐末乃废竭。连言"诸陂池"者，李冰所创盐井，固非如今世之筒井，亦非如成都市内饮用水井之法。冰只凿地为陂池，得地下卤水煮之。其汲水，用木架桔橰。或只用人负桶循盘道或梯道下陂汲取之。今博物馆保存有刻画汉砖，证明其法如此。卤水既竭，则废为陂池以养鱼，种菱芡。广都龙泉山脉以南，自冰多穿盐陂，其后惟陵井存，他皆废为陂池。产业缘之而兴。其后遂发展为陵井、贵平、始建、籍县，成为蜀中新兴之富庶地区，自广都盐井始也。《元和志》谓陵井为张道陵所开，先无如此言者，徒因陵字，未足取。秦广都县平原无盐井，惟此邱陵地带有之，是陵井之义欤？陵井最大时，纵横三十丈，深八十余丈用大牛皮囊架桔橰引水（见《通志》）。

今简阳，《汉志》为牛鞞县，以牛鞞盐井得名。其井汉世已有。常氏不言李冰开，要亦承冰遗法为之。（李冰时只能有浅坑之井。陵井、牛鞞皆深坑之井。）

七

汉祖自汉中出三秦伐楚，萧何发蜀、汉米万船，南，旧各本作西，廖本改作南。给助军粮，收其精锐，以补伤疾①。虽王有巴蜀，南中不宾也②。高祖六年，始分置广汉郡。高后六年，城僰道，开青衣③。

孝文帝末年，以庐江文翁为蜀守。翁穿湔江口，溉灌郫繁田千七百顷④。是时，世平道治，民物阜康；承秦之后，学校陵夷，俗好文刻。廖注云，"当作剌。"翁乃立学，选吏子弟就学。遣隽士张叔等十八人东诣博士，受七经，还以教授。刘本脱教字，存空格。李本脱，不空。学徒鳞萃，蜀学比于齐鲁。巴、汉亦立文学。孝景帝嘉之，令天下郡、国皆立文学。因翁倡其教，蜀为之始也⑤。孝武帝皆征入叔等为博士。叔明天文灾张、吴、本作灾。同。异，始作《春秋章句》。官至侍中，扬州刺史⑥。此下，钱写本四空格。刘本提行。张本"章句"与下八字提为一行。而注云"十字当接'春秋'下书。"盖所据元丰本提行，李氏嘉泰本已改正。

元光四年，置蜀【四】西部都尉。旧各本告作"四部都尉。"查《班志》各郡多有都尉治，蜀郡无，广汉郡有阴平道为北部都尉治。刘昭《郡国志》广汉属国注。"故北部都尉，属蜀郡。"蜀郡愿国："故蜀西部都尉。"犍为属国："故郡南部都尉。"（谓前汉犍为郡之阳都尉。）是蜀郡原有北、西、南、部都尉，无所谓"四部都尉"也。其北部都尉后属广汉郡，南部都尉后属犍为郡。皆当于分郡时割。则武帝元光四年安得置四部都尉？其西部都尉，治汉嘉，"故青衣。"青衣"高后六年"开。则武帝因开邛莋，乃置西部都尉于青衣。非元光四年置四部都尉明矣。兹改正。元鼎二年，立成都十八郭。廖本注云："当作门，见《蜀都赋》及刘渊林注。"于是郡县多城观矣⑦。

　　建元六年，旧各本俱脱建元字。查《班志·犍为郡》云"建元六年开。"则此云"六年"是建元六年也。上文叙蜀郡建设，已至元鼎二年。此下叙分郡建置，为另一分节，故自建元另起。旧传钞者误连写之，碍建元字，妄删，作为元鼎之六年，大谬。兹补正。**分蜀**、广汉置犍为郡。《巴志》已云："高帝分巴、蜀置广汉郡。武帝又两割置犍为郡。"谓牛鞞、资中初属广汉、后与蜀郡之武阳、南安、僰道为犍为郡也。故补蜀字。**元封元年，分犍为置牂柯郡**。张、吴、何、王、浙本作牂牁，李本作牂柯。廖本注云，"按《地理志》，元鼎六年开。"今按《武帝纪》，"定西南夷，以为武都、牂柯、越嶲、沈黎、文山郡"在元鼎六年。其明年十月改称元封元年。开地置郡，首尾逾年，史家合并言之，非错谬也。**二年，分牂柯置益州郡**⑧。此下，廖本又注，"按《地理志》元封二年开。"既非有异，不当注。【**六年**】**以广汉西部白马为武都郡，蜀南部邛为越嶲郡，北部冉、駹为汶山郡，西部【邛】筰为沈黎郡**⑨**，合置二十余县**⑩。此段旧刻谬乱特甚。兹按《史记》《汉书》《西南夷传》与两《汉志》订正常氏原语，说详本注。删六年者，武帝开此诸郡在元鼎六年开始，经用兵，置县，升报，定案，于元封二年全部完成。常氏赓置益州郡叙入，皆承上文元封二年事讫为言，与《西南夷传》称元鼎六年开置此诸郡县为一事，只所举始事，讫事之年度异耳。旧传钞者妄依《西南夷传》窜入"元鼎六年"字。再转钞者，又以元鼎在元封前，删元封字，以适二年之文。下文诸脱字、衍文，率因传写讹乱。宋刻昧于地理，忽于校勘，混于年度、从其谬文。清代校勘诸家，率皆迷惑不解。顾广圻最先提出疑问于校稿中，廖刻缘之注"越嶲郡"下曰："按《地理志》，元鼎六年开。考《汉书·西南夷传》武帝建元六年，置犍为郡。又二十四年为元鼎六年，置牂柯郡及越嶲郡、沈黎郡、文山郡、武都郡。又二年为元封二年，置益州郡。《地理志》同。以订此文，先后舛驳特甚，必经宋人改窜，遂不可通耳。"又注"广汉西部"下云"当有脱"。注"汶山郡"下云"当有西部二字"。皆不能得常氏本旨。顾观光改"西部邛筰"句为"西部筰都"，而不能于"蜀南部"下补邛都字，广汉西下补"白马为武都郡"字。亦由昧于地理实际，不敢肯定史文。然已得其意矣。其"校勘记"云："原脱西部二字。筰都误邛筰。按《汉书·西南夷传》……然则越嶲治邛都，沈黎治筰都，不得连言邛、筰也。今改正。又上文广汉西部，下脱'白马为武都郡'六字。'蜀南部'部误郡。又脱邛都二字。冉駹，駹误庞（谓张、吴、何、李本），并当依《汉书》改补。"此可取者。**天汉四年，罢沈黎**⑪，**置两部都尉：一治旄牛，主外羌**；廖本注云"当有徼字。"无取。**一治青衣，主汉民**。

　　孝宣帝地节三年，罢汶山郡⑫，**置北部都尉。时又穿临邛蒲江盐井二十所**⑬**，增置盐铁官**⑭。

案：以上列述西汉年代蜀郡大事，适足反映公元前两世纪时蜀地社会发展之实际情况。承秦兴水利之后，蜀、巴农业生产突飞猛进，工商业亦缘之勃兴。汉高祖得巴蜀人力、物力支持，克以北定三秦，东灭项楚，完成统一之局。文翁因其富庶，大兴文教，于是平原地区之蜀人，率先进入封建社会。沿江水利地区继之。边远郡县与山区人民亦蒙影响,由奴隶社会次第向封建社会过渡。至武帝时,遂得开地千里,增置六郡,深入南中。皆三蜀、巴汉物资封赡,经济基础已臻稳固之所致也。至武帝晚年,蜀民颇感疲困。新启疆宇之薄弱环节,颇以官吏剥削为怨,动乱频数,郡县每复废弃(如沈黎、汶山两郡)。其边腹经济联系已密,文化浸润较深之部,则日益发展前进。如牂柯、益州诸郡,已多有封建文士产生,至魏晋时,更增置至七郡以上,足知其进步之速矣。宣帝时蜀中"增置盐铁官",足见腹县工商业仍在陆续前进。下章赓述文化之高,与前各章,因果相承,多少符合历史发展规律,此《常志》卓越处也。旧刻谬乱,衍脱不一,既于校注勘订,仍略征引旧文,阐明其必然。

【注释】

①《汉中志》言汉高祖还定三秦,萧何"居守汉中,足食足兵。既定三秦,萧何镇关中。资其众卒平定天下"。是据《萧何传》。此言"发蜀、汉米万船",亦是据《萧何传》鄂秋语:"上与楚相距五岁,失军亡众……与楚相守荥阳数年,军无见粮,萧何转漕关中,给食不乏。"然蜀郡与汉中米,皆不可能运至关中,转漕以给荥阳。然则此船字误耶? 不惟未误,又适足以补《萧何传》所未尽。盖荥阳、成皋间拉锯战数年中,萧何供给之人力,可由栈道入秦川,以舟运补给。若粮食,则三秦所给者殊有限。其仰给于蜀、巴、汉中者,则必先舟运入楚,再由楚自南阳车挽入洛。楚汉战争时,汉必先得黥布、彭越据有楚地者,即在于卫此漕运,否则项羽不能被阻于荥阳电。此为马迁、班固所未注意,鄂秋所不及知。惟蜀人能知其然。故谯周、常璩独能传此"万船"之文也。"伐楚"军事在蜀、汉东,廖本改旧刻西字,不改作东而改作"南"者,盖元丰本字原作南,李㟫疑南非向,误改作西,由不知水道必先转南故也。

②史言汉王但王巴蜀,不及南中。而此赘入"南中不宾"句者,所以说明当蜀王与秦世,及楚汉相争时,对南中诸酋皆不暇抚用,迨至汉武乃复开之。是华阳地区社会发展不平衡之一大关键。

③蜀王与张若皆已开青衣。此又云"开青衣",明其民族不易接受封建制度。名虽臣服,每每乘隙畔离。盖羌氏民族原较中原夏、商、周族古老。后虽停滞、落后,民族特性顽强,故开郡县后屡叛。故沈黎、汶山两郡早废。后土司统治之时间特久。僰族自蜀至秦、汉相承与中土文化交流,融合日深,吕后六年已城僰道。遂发展为牂柯、南广诸郡也。

④"湔江",即从彭县海窝子关口流出之水,原系直入沱江。经文翁自关口下引渠分洒,故曰"穿湔江口",所灌不只繁县田(今新繁县地,秦、汉为繁县)。郫县正当关口下,必在分灌之内。故秦汉蜀人谓"郫繁曰膏腴"也。其横截之干渠,今云清白江,与沱水(毗河)并行。今世清白江西段,亦自灌县之内江分出,绕蒲村、九陇,横受湔、雒之分渠,盖后世所凿。文翁时似未上通灌口。古世但称此干渠为湔水也。

⑤文翁兴学事,《汉书·循吏传》已详。其道在于因民之富乐求得贵显,即以贵显诱导之。《常志》所言不出《汉书》。而旧刻作"孝景帝嘉之,令天下郡国皆立文学",则与《汉书》立异。《汉书》云:"至武帝时,乃令天下郡国皆立学校官。"景帝不任儒术。即武帝初,亦尚未立郡国学官,仅京师有太学与五经博士,王国或自立学官而已。元朔四年,丞相公孙弘议:"为博士官置弟子五十人,……郡县道邑有好文学、敬

长上、肃政教、顺乡里、出入不悖所闻者，令县长、丞上所属二千石，二千石谨察可者，令与计偕，诣太常，得受业如弟子。"明当时郡国亦尚无学官也。《儒林传》言"公孙弘为学官"者，亦谓弘先议于京师太常置博士弟子员，谓其住所为学官。迨元光五年，往视西南夷道，知文翁事，还，乃推行其制于天下。故曰"天下郡国皆立学校官，自文翁始。"安得景帝时已"令天下郡国皆立文学哉！（汉世语言，"文学"即儒学，"学官"即学校。公房为"官"。）

⑥张叔事，本书卷十《蜀郡士女》有赞与传。

⑦元鼎二年（前——五），武帝即位之二十六年也。城门外更作护垣为郭。刘熙《释名》："郭，廓也，廓落在城外也。"亦称为郛。《左传》隐五年："伐宋，入其郛。"《说文》："郛，郭也。"

张仪筑成都城，周十二里，微纵长，南北各一门，东西各二门，似龟，故曰龟城。城内全是官府，张若作少城住商民，南北亦各一门，合内城使全面微横长。晋世，二张城已全毁，只宣明门界内外城间犹保存，见王羲之帖。盖汉世已廓建为每方各三门。即内、外城皆南北横增二门，东西各纵增一门。中间相通亦三门。城周当有十八里，相当于今城九分之四。合少城，面积约为今城九分之六至九分之八矣。"十八郭"者，大城北、东、南各三门；少城北、西、南各三门。皆通郊外，有郭。中间共通三门在市内，无郭。故云十八郭，谓汉城已廓大有十八门出郊，皆有郛郭也。

"城观"，谓城门皆有观楼（城楼）。于是郡县亦多仿为之。

《方舆纪要》卷六十七曰"《周地图记》云：'汉元鼎二年，武帝立九门。'少城亦九门，故有十八郭门之称。后汉初讨公孙述，臧宫军咸门，又入小雒郭门。咸门，北面东头门也。其北面西头门曰朔门，或以为即小雒门。皆秦时旧门，汉列于十八门者也。其东有阳城门。左思《蜀都赋》云：'结阳城之延阁，飞观榭乎云中。'又西有宣明门。《益州记》云'宣明楼即故张仪楼，重冈（当是阁字讹）复道，跨（连）阳城门'是也。南曰江桥门，大江水所经也。稍西曰市桥门。汉旧州市，在市桥南。桥下即石犀所潜渊，亦曰石牛门也。其北曰咸阳门，谓道出咸阳。或曰：'阳城诸门，蜀汉时所更名也。

《寰宇记》引《益州记》则云："少城有九门，南面三门，最东曰阳城门。次西曰宣明门。蜀（此指李冰时期）时张仪楼，即宣明门楼也。重阁复道……。"

今按：汉成都十八门，晋世已不全知，大抵冲繁者不过数门，冷僻者即无传也。顾祖禹足不出户，文籍考订颇精，仍不能不因书本讹脱，有所沿误。乐史所引，方位字殆全谬。宣明门必是大、少二城共通之门，在城市中，故有重阁复道，延及阳城门。十八郭观楼，何能如此？咸门固应是咸阳门，在汉应是大城北门正中，与正南江桥门对。朔门应是少城北门正中，与正南石牛门对。小雒门，应与咸门近，不当是朔门，则顾氏说所当参订者也（附《秦、汉成都二城比较示意图》）。

⑧元鼎六年（前———）武帝平南越，其所遣五路军，水行者四路皆入番禺。惟"越驰义侯遗别将巴蜀罪人，发夜郎兵，下牂柯江"者未达，"闻南越破，……驰义侯遗兵未及下，上便令征西南夷，平之。遂定越地，以为南海、苍梧、郁林、合浦、交址、九真、日南、珠厓、儋耳郡。定西南夷，以为武都、牂柯、越巂、沈黎、文山郡。"此《汉书·武帝纪》文也。如此大役，岂能一年完成。帝纪只能省并其事，系于发动之一年。其实则阅时三年，郡县建置乃定。故《地理志》越巂、牂柯、武都三郡皆曰："元鼎六年开。"益州郡，"元封二年开"（沈黎、汶山因废并，无文）。明开西南夷置郡县一役，首尾三年乃竟（前———一—一〇九）。

⑨《史记·西南夷传》："以邛都为越巂郡，莋都为沈黎郡，冉、駹为汶山郡，广汉西白马为武都郡。"（《汉

书"字有异,文同。)凡《史》《汉》言部,惟"刺史部"与"部都尉"之省称。武都郡不言广汉西部。刘昭《郡国志》注谓广汉属国为"故北部都尉,属蜀郡。"足见广汉郡尉,本蜀郡北部都尉。分置广汉郡后,乃改为广汉郡西部都尉。《常志》作"西部"者,史实也。《史》《汉》只作西者,夺"部"字也。武都郡在广汉北,不在西。且循上文,则言"白马氐为武都郡"足矣,无庸赘"广汉西"字。惟以广汉西部都尉为郡,乃不能不及"广汉"字。此可以《常志》校正《史》《汉》之一字也。旧钞及刻本,乃存"西部"而夺其下六字,地理不明故也。

蜀郡本有南部都尉,治僰道之汉阳。分置犍为郡后,改为犍为都尉,见《汉志》。于是蜀郡更置南部都尉于邛都,故常氏云"蜀南部为越嶲郡。"沈黎初亦是蜀郡南部。元光四年(前一三一)置西部都尉,只以邛都为"蜀南部"。越嶲郡境只邛国,故云"南部邛为越嶲郡。"

承上"蜀"言,"北部冉、駹为汶山郡"者,蜀故北部都尉既已度入广汉,又更于岷江上游置北部都尉主冉駹夷,因置为郡也。"北部冉駹"与"南部邛","西部笮"为对语。可就本身文互校正。

武帝元光四年(前一三一)置西部都尉,所主为青衣与笮都夷。阅二十年而笮都为沈黎郡,故承上蜀字曰"西部笮为沈黎郡。"《史》《汉》但言邛都、笮都,就郡治言,亦表示因其国族旧域。《常志》并举各都尉与所主国族,文例不同。后人不能会通,以致谬乱讹脱,故特详为订正。或问:诚如此说,则蜀自有南、北、西三都尉矣。上云"元光四年置四部都尉",讵不可乎? 曰:不可。汉世,郡都尉皆设于边裔不安定地区,故《班志》郡国一百三十,置都尉者不到二十。蜀郡东接广汉、犍为,皆于川西平原内划界。距郡治远不逾百里,固不可能有东都尉与郡都尉。徒北、西、南三都尉而已,不得为"四都尉"。且北、南两部都尉,均应于分郡时设置。惟西部都尉是武帝元光四年置耳。

⑩《汉书·地理志》越嶲郡十五县,武都郡九县,不计汶山、沈黎,已二十四县矣。颜注引《茂陵书》,沈黎郡有二十一县。再查蜀郡十五县中,第九县绵虒,必系并汶山郡地,只缘是秦汉旧县而前列耳。次旄牛、徙,皆当是沈黎郡地。又次湔氐道、汶江、广柔、蚕陵,均应是汶山郡故县并入。然则蜀郡只九县,汶山郡有五县,可定矣。又越嶲郡十五县,如第五县定笮,第六、七县笮秦、大笮,俱以笮为称,可能是沈黎故县并入。姑复、青蛉,皆在盐池(临池泽)南北,属定笮西界白狼种地,与旄牛夷民族习近,亦当是故沈黎郡地,徒因沈黎郡置十三年(前一一○—前九七)而废,故县有并入越嶲者,造无新旧县之别,故与邛都旧县叙次乱耳。然则越嶲郡初置时,本亦不过邛都,遂久,零官,台登,会无等五县。其三绛、苏示、阐卑水、灊街五县亦当是开郡后陆续分置。他五县当场沈黎。则合越嶲、沈黎、汶山、武都四郡初县,亦不过二十余县,《常志》无误。颜师古引《茂陵书》乃误新开"二十四县"为沈黎一郡之县也。

⑪《后汉书·笮都夷传》:"元鼎六年,以为沈黎郡。天汉四年并蜀,为西部,置两都尉,一居旄牛,主徼外夷,一居青衣,主汉人。"无论所据为东观史志,抑是《常志》,要可互勘合,相发明。其时已置汶山与越嶲郡,废蜀郡南、北两都尉,惟西部都尉存,沈黎郡罢,属夷自应主于西部都尉。又因分在邛徕大山脉内外,故西部都尉有二员,居旄牛者,主徼外夷。其夷本旄牛羌之本支群落,固可称为"外羌",亦可称为"徼外夷。"居青衣者,主青衣羌,即邛徕大山脉内,青衣江流域之氐族人民,已接受汉文化,与汉族杂居,亦可称为汉民矣;至后汉时,即已为汉嘉郡也。

⑫宣帝罢汶山郡事,后详。《本纪》地节三年十二月云:"省汶山郡,并蜀。"本北部都尉,改郡。罢郡,仍置都尉。

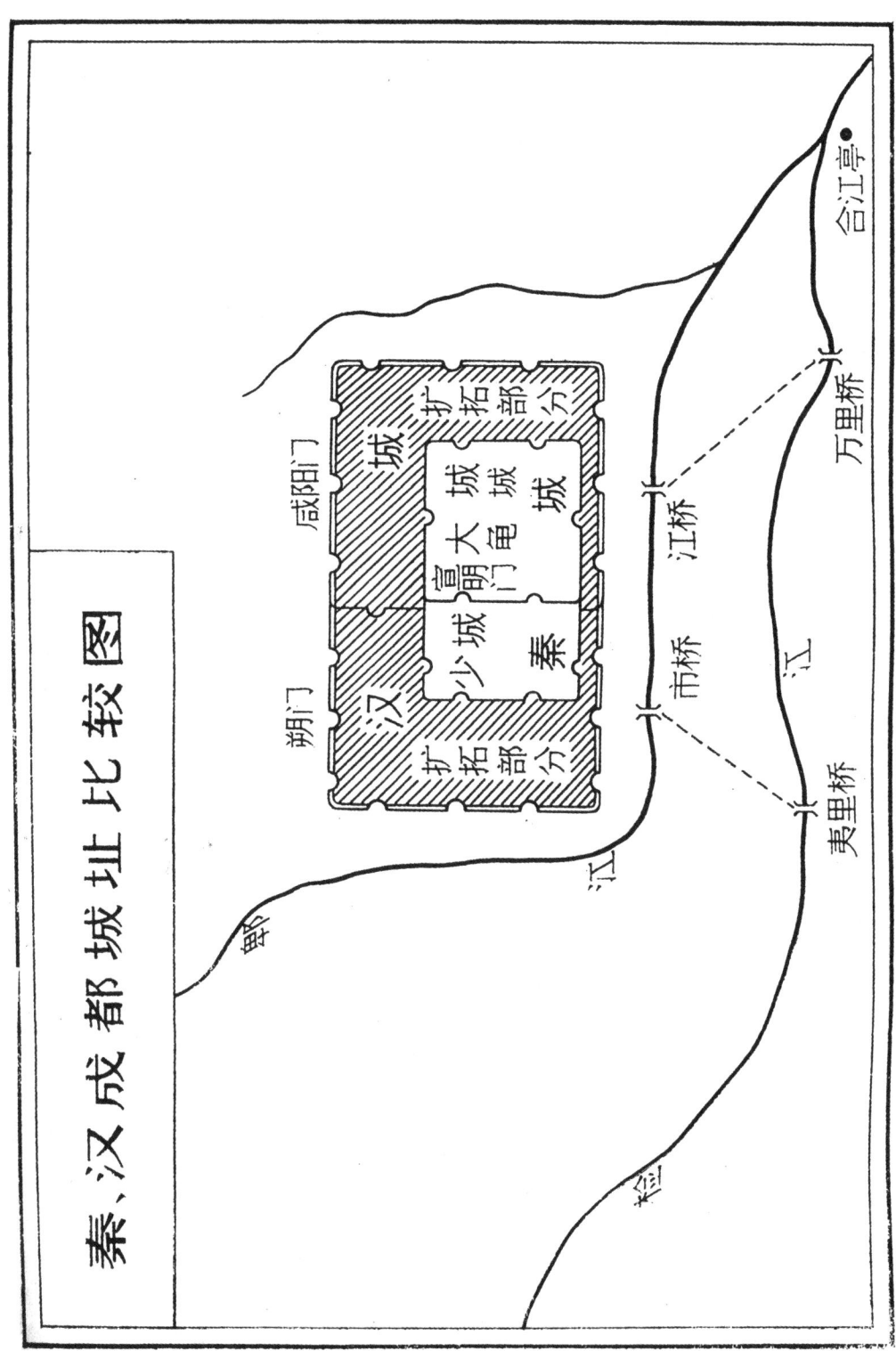

秦、汉成都城址比较图

⑬临邛县自秦世已有盐井，故《班志》云："有铁官、盐官。其盐井在火井槽，铁矿在孤石山。"并见后文。宣帝时，盖曾增开盐井至其东界之蒲江。

"蒲江"本水名，即今之新津南河。源出名山界上之总冈山，全流为一凹陷之狭长盆地，故地下储有盐水。地本山僻，以产盐故兴盛，西魏置"临溪县"。临、监、盐字古恒混用（说在《巴志》）。临溪，犹盐溪也。隋又增置蒲江县。临溪井，为李冰式陂井，北宋时废，蒲江筒井代兴。临溪县废，并入焉，近世蒲江盐井犹存。宣帝时所穿临邛盐井二十所，合火井与蒲江两地区言之也。

⑭此云"增置盐铁官"，系统全国言之，非单言蜀或临邛。《两汉志》各县注有盐铁官及矿产，试比列之，《前志》无而《后志》有者，多可认为宣帝时增。例如：《郡国志》越嶲郡"台注出铁"，"会无出铁"，益州郡"滇池出铁"，"俞元装山出铜"，"双柏出银"，巴郡"宕渠有铁"，"涪陵出丹"，牂柯郡"谈指出丹"，"夜郎出雄黄、雌黄"，皆《前志》所不言。又永昌郡虽后汉置，其"不韦出铁"，"博南南界出金"，亦必先有汉民前往开发，因而置县。疑其开采，皆始于汉宣帝时。

《汉书·食货志》言："建元以来用少，县官往往即多铜山而铸钱。民益盗铸，不可胜数。"使（孔）仪、（东郭）咸阳乘传举行天下盐铁。"郡县之置盐铁官，自此始。其时矿冶大兴，称金者，已有黄金（即真金）、白金（铜银镍之合金，今云白铜）、赤金（精铜）三品，他金属有银、铅，连（铅之未炼者）、锡、汞等。山海之利，于以大兴。班固虽深讥武帝及桑弘羊等，若就发展社会经济实效言之，当时实为一大跃进。工商技艺随之发皇，其势奔腾自进，不待扶掖。宣帝承之，不能自已。《本纪》言：地节三年，"赐广陵王黄金千斤，诸侯王五十人黄金各百斤。列侯在国者八十七人黄金各二十斤。"合计一次所赐已七千七百四十斤，其后尚多次以黄金赏赐。其时民间矿冶之盛，国家储备之富，工商技巧之高，皆可从而推知。班固《宣纪》赞语，称其："政事、文学、法理之士，咸精其能。至于技巧工匠、器械，自元成间，鲜能及之。"盖亲见其然也。非仅增置盐铁官而已。

八

蜀自汉兴，至乎张、吴本作于。何、王、浙本作於。哀平，皇德隆熙，牧守仁明。宣德立教，风雅英伟之士，命世挺生，感于帝思①。于是玺书交驰于斜谷之南，玉帛践刘、李本作戋戋二字。乎梁、益之乡。而西秀彦盛②，或龙飞紫闼，允陟璇玑③，或盘桓利居，经纶皓素④。故司马相如耀文上京⑤，杨刘李本作扬。他各本作杨。子云齐圣广渊⑥，严刘李本作庄。君平经德秉哲⑦，王子渊此上十字钱本写脱。才高名廖本作明。儁，刘、《函》本作儒。李仲元湛然岳立，林翁廖本作公孺张、吴、何、王、浙本作儒。训诂《函》、廖本作诂。玄元丰本作立。钱、《函》本作互。明刻本作玄、清刻本作元。远⑧，何君公谟明弼谐⑨，王延世著勋河平⑩。其次，杨壮、《司马相如传》作庄。何显、得元丰本作德。意之徒，恂恂焉⑪。斯盖华岷之灵标，江汉之精华也。元丰本作者。故益州刺史王襄悦之，命王褒作《中和颂》，令胄子作《鹿鸣》声歌之，以上孝宣帝。帝曰："此盛德之事，朕何以堪之。"即拜

234

为郎⑫。降及建武以后,爰迄灵献,文化弥纯,道德弥臻⑬,赵志伯三迁台衡,子柔兄弟相继元辅⑭,司空张公宣融皇极⑮,太常仲经为天下材英⑯,广陵太守张文纪,号天下整理⑰,武陵太守杜伯持,能决天下所疑⑱,王稚子震名华夏⑲,常茂尼流芳京尹⑳。其次,张俊、秦宓,英辩廖本作辩。博通㉑,董扶、杨厚,字当作序。究知天文㉒,任定祖训徒,同风洙泗㉓。其孝悌则有,姜诗感物寤灵,禽坚精动殊俗,隗通《先贤志》云:"隗相字叔通。"石横中流,吴顺赤乌来巢㉔。其忠贞,则王皓陨身不倾,朱遵绊马必死,王累悬颈州门,张任守节故主㉕。其淑媛,则有元常、纪常、程珙元丰及廖本作珙,他各本作瑛。及吴几张、吴、何、浙本作几。《函海》注"应作'几'。"先络,郫之二姚,殷氏两字当作贞。女,赵公夫人㉖。自时厥后,龙宗有鳞,凤集有翼,搢绅邵右之畴,此肩而进,世载其美。是以四方述作有志者,莫不仰其高风,范其遗则,擅名八区,为世师表矣。其忠臣孝子,烈士贞女,不胜咏述。虽鲁之咏洙泗,齐之礼稷下,未足尚也。故"汉征八士,蜀有四焉㉗"。

案:此章夸述蜀中人物,文格拟于汉赋,纂组典实,尽致极妍。究所称述,对于蜀中封建文化之发展,亦与历史实际符合,非徒藻丽取宠,以文胜质者此也。综其所举人物反映于社会发展方面者,有四方面:(1)代表中原文化之经、史、诸子,渐已成为蜀人通习之书,且多有较中原学人钻研深透之文学巨儒,为全国人所宗仰。(2)已多有仕宦京师,位至宰相、三公,及州郡刺史太守,著绩称者。(3)封建道德,广泛灌注人心。忠孝节义士女,所在多有。上下称扬,蔚为风气。(4)仍多绩学高名之士,肥遁不仕,以素王自娱,不谐于俗者,其所反应,则为富乐傲世,襟怀褊狭所使然也。常璩即为如此封建文化已入成熟阶段中长育之人物,具有如此四方面的赋性与本能,故所描绘各色人物,格外亲切而深刻。其于前汉,极力搜辑,至于狗监、族豪,亦不过十余人;足见其文化发展面犹局限于成都一隅。迨入后汉,则已济济众盛。魏晋之际,益觉不胜次载;为避"时人",则惟笼统言之而已。不举哀章时程、卓、罗衷之徒,则囿于一偏之见,非史家之杰也。凡所称举,并见其卷十《先贤士女赞传》。又有卷十一所辑《士女目录》。兹惟提供其所据数据,略释词义,以备查考。

【注释】

①"感于帝思",谓司马相如、扬雄初皆不为朝廷所识,由其文赋传颂至汉帝,叹不得晤其人,而著声名。并见二人本传。

②"西秀"谓蜀地秀出之士。"彦盛"谓既美且多。故征诏、聘帛纷纷入蜀。

③"紫闼"谓帝居。"璇玑"谓相位,用《尚书》典。

④"利居"谓隐居,用《易·遁卦》"肥遁无不利"典。"皓素"谓不仕之学、"素封"之业,用司马迁《货殖列传》典。

⑤《司马相如传》,在《史记》卷一一七,《汉书》卷五十七。

⑥《扬雄传》,在《汉书》卷八十七。

⑦严君平事,见扬雄《法言》及《汉书》卷六十四。成都人。

⑧李宏,字仲元,成都人。林闾字公孺,临邛人。并见《法言》。

⑨何武,字君公,郫人。《汉书》卷五十六有传。

⑩王延世,资中人,事见《汉书》卷二十九。

⑪杨庄,附见《扬雄传》。何显,附见《何武传》。杨得意,为武帝狗监,见《司马相如传》。"恂恂",严谨貌。

⑫《中和颂》,见《王褒传》。"拜为郎"出《何武传》。武时年十四五,为此颂之歌童也。

⑬纯,谓不杂。《易·乾卦》:"刚健中正,纯粹精也。"臻,至也,有造极之义。以下为后汉世蜀郡人物。

⑭赵戒,字志伯,成都人。赵温,字子柔,戒孙。其兄谦,字彦盛。《东观记》各有传,今佚。《后汉书》卷二十七附《赵典传》。均至三公。

⑮张皓,武阳人,《后汉书》卷五十六有传。

⑯赵典,字仲卿,戒子,《后汉书》同传。

⑰张纲,字文纪,皓子,同传。

⑱杜伯持,正史无见,《耆旧传》久佚,亦未见本书《士女目录》,其事无考。疑是资中人杜抚之兄,尚未得书证。

⑲王涣,字稚子,广汉郪人,《后汉书》卷七十六有传。

⑳常洽,字茂尼,江原人。献帝时京兆尹,为李傕所杀。惟见本书。原当在《耆旧传》,今佚矣。

㉑张俊事,《后汉书》列传三十五附《袁敞传》。秦宓,《三国志》卷三十八有传。

㉒董扶,绵竹人,《后汉书》入《方术传》。杨厚,新都人,《后汉书》有传(列传第二十)。本书《先贤》及《目录》并作序,字仲桓,当以名序为合。

㉓任安,字定祖,绵竹人,《按汉书》入《儒林传》。

㉔姜诗,雒人,《后汉书·列女传》有姜诗妻传。禽坚,成都人,隗相,吴顺,并僰道人,均唯见本书。《先贤志》有赞。

㉕王皓,《后汉书》附见《独行·李业传》。朱遵,武阳人,唯见本书。王累,新都人,《后汉书》附见《刘璋传》。张任,见《三国志》注引《益部耆旧杂记》。

㉖常氏二女,江原人,程珙牛鞞人,唯见本书《士女赞》。先络,亦见《水经注》卷三十三。二姚,郫人。殷氏女名纪配,广汉人。赵公夫人,谓赵温妻纪常,江原人。均唯见《先贤赞》。吴几事未详。

㉗"自时厥后",谓后汉以下,包括蜀汉与晋世人物,如《蜀志》有传之彭羕、张裔、杨洪、费诗、杜微、周群、张裕、杜琼、尹默、李撰、张翼、杨戏、张表、王嗣、常播、卫继,及《季汉辅臣赞》中之王元泰(谋),何彦英(宗)、王国山(甫)、李永南(邵)、李孙德(福)、李伟南(朝)与本书《后贤志》之柳

隐、杜桢、柳伸；司马胜之、常勗、常忌；何随、何观、张崇；王堂、王化、王振、王崇、李宓、李赐、高玩、杜轸、杜烈、杜意、杜良；任元、任熙、任蕃、杨彭、杨逖；王颙、王长文、柳绰、任兴、寿良、张征、费缉；何攀、李毅、李苾、李钊及毅女秀、张峻；杨邠；费揖、费立、吕毅；常骞、唐定、常宽、杜龚、侯馥等，皆三蜀人也。父子、弟兄与祖孙连发，朋友齐名者尤多，故曰："龙宗有鳞、凤集有翼。"又曰："汉征八士，蜀有其四。"皆就汉末以来言之。

九

然秦惠文、始皇，克定六国，辄徙其豪侠于蜀；资我丰土，家有盐铜之利，户专山川之材，居给人足，以富相尚①。故工商钱写作商。致结驷连骑②，豪族服王侯美衣③，娶嫁疑当作妇。设太牢之厨膳，归《函海》作妇。女有百两之徒车④，送葬必高坟钱写作墳。瓦椁，当作棺即陶棺。祭奠而羊豕夕牲，赠襚兼加，赗赙过礼，此其所失。原其由来，染秦化故也⑤。若卓王孙家僮千数，程、郑各八百人⑥；而郤公从禽，巷无行人⑦；箫、鼓歌吹，击【钟】钟廖本作钟。肆悬；富侔公室，豪过田文；汉家食货⑧，以为称首。盖亦地元丰、张、吴、何王本作池。沃土丰，奢侈不期而至也⑨。此下蜀郡文，旧皆误连。而廖本原作分章另起，兹分篇。

案：此章专论蜀中风俗，紧承士章人物为文，有如一赋之两章。前头人物之盛，此讥风俗奢靡。义旨相反，故以然字起。

所言风俗侈靡之原因，如其结论"地沃土丰，奢侈不期而至"，则诚然矣。若所举政治上之原因与对各事态之评判，则与班固同。此当辨也。

班固《食货志》，全用司马迁原传材料，而异其义旨。固所执者为"欲寡而事节，财足而不争"反对"嗜欲不制，僭差无节"。蜀地自秦迄汉五百年中，由落后社会突然发展为与中原文化比肩雁行之社会，中间包括有若干之发展阶段。而各地区间发展又非平衡一致。

【注释】

①秦汉有大量徙民之制。其徙入京师诸陵者，皆远郡之豪族富民。其自内郡徙边区者，多犯罪之人，先没收其固定赀产而以暴力押致之，如后世之军流。与徙豪京师不同。如始皇之徙卓氏、程、郑，与徙嫪毒、吕不韦等舍人之家于蜀，号为"迁虏。"固亦有募徙之民家，如惠文王所徙万者，非"徙豪"比。此谓"徙其豪侠。"侠当有之（韩非子云"侠以武犯禁"）。豪则亦罪家耳。《货殖传》言："蜀卓氏之先，赵人也。以铁冶富。秦破赵，迁卓氏。卓氏见虏略，独夫妻推辇行诣迁处。"则非挟赀入蜀，至即"拥盐铜之利，

擅山川之材"者可知。他迁房当亦如此耳。自秦灭赵（前二二八）至卓王孙（前——〇前后）一百余年，应已阅世三、四矣，由其人素饶工商才艺，既得至蜀，见此落后社会利弃于地者多。以其智慧劳力搤擷其间，果三四世而至："有僮千人，田池射猎之乐此于人君。"中间亦多委曲，岂得如常氏所云之易哉。近世流寓康、青川边之汉民，亦多有赤手致富者，岂亦得谓"资我丰土"？夫蜀民之富，在于产业勃兴，利源开发而已，迁房诚预其功，而非能独专其利以致富也。楚汉相争时，萧何曾屡漕巴蜀物资以济军，而不闻蜀民为之愁叹。至汉武帝时，屡诏腹地饥民转移就食于蜀，蜀地不患不给，则蜀地余粟之多可知矣。民食有余，以资工巧，工商业兴而民间益富，乃能"以富相尚"而侈靡之风兴。有侈靡之富而后可以兴大役。《汉书·食货志》侈言武帝开西南夷之糜费，而蜀人初无以此役怨叛者，知其利在能更益其富，故不患供此当前之役也（详审相如《难蜀父老丈》自知）。

自平准、均输、口算、占田之法行，卓、程大贾之家即当中落。其后未更闻临邛巨富。成都则官吏之以财雄，占田逾制，奴婢溢限者多。商贾亦犹有罗褱之辈新生。侈靡之风，继有发展。要必与政府所在有关。他小邑与农村，皆得感染侈靡者，明富力俱增，缘耕田足给而各有副业以自济，所谓"家有盐铜之利、户专山川之材"者，地无弃利，人各有所资取之谓也。所谓"居给人足，以富相尚"，乃工商业普遍发展之初，农产物价格提高时之社会现象。入后汉世，则官僚大地主兼并益甚。较之前汉，后汉之贫富益悬殊矣。后汉、魏晋，蜀地人物之多，父子、兄弟、祖孙联荣者，其故正在此。

②"驷"，谓四马驾驶之车。周制：服官者不徒行，官高者得驾四马，天子六马，庶民不得用车马。汉初仍尚其制。高祖八年（前一九九），命"贾人毋得衣锦绣、绮縠、絺纻，操兵，乘马。"其时，"民无盖藏，自天子不能具醇驷，而将相或乘牛车"，故有此禁也。"至武帝之初，七十年间，国家亡事，非遇水旱则民人给家足。……众庶街巷有马，仟伯之间成群。乘牸牝者，摈而不得会聚。"（并引《食货志》文）。则虽欲仍施此禁，岂可得哉？社会经济有发展，官府乃得肆所诛求。于是"宗室有土，公卿大夫以下，争于奢侈，室庐车服，僭上亡限"，事物发展之自然也。"天子为伐胡，故盛养马。马之往来食长安者数万匹。"军用既繁，官养不足给，则征于民间。桑弘羊、东郭咸阳，孔仅等应时而出，陈整理国家财政之道。"于是除千夫、五大夫为吏不欲者，出马。"明民间马已渐征用。"其明年，大将军、票骑大出击胡，赏赐五十万金，军马死者十余万匹。"耗费如此之巨而国不贫，马不乏者，缘竭力征用民间物资故也。汉军屡伐匈奴，动辄十万骑。至元狩五年（前一一八），"天下马少，平牡马匹二十万"（《武帝纪》）。方是时，工商又安得"结驷联骑"招摇过市哉？自均输法行，官吏兼营商贾事，"贱末"之法自废。东汉之世，工商之家，以财富相高，与仕宦家竞侈，"结驷连骑"，自傲于仕宦家人者乃复有之。凡《蜀都赋》所称奢靡之事，大抵皆后汉末叶之社会现象。其时贫富悬殊已甚，导致阶级矛盾激化，黄巾起义所以必发也。

③王侯地位，周代表以各所执玉，秦汉表之以玺绶，行则表之于舆马，居则表之于鼓吹。至于衣食资料，富有者得显其侈，拮据者自安于啬，非可以法令限制。儒生虽屡欲以法令抑制富人，不可得也。《曹风》有《蜉蝣》之刺，汉儒有"贱末"之法，徒发嫉心，迄无效应。"美衣"，非章服之谓也，绮、纨、锦、縠之衣，苟非乱于章制，法所不禁。大工商者，固得享之，岂王侯贵族所得专哉？常璩生于李雄之世，蜀中豪族势家多已被迫外流。李雄与其徒众，自奋于颠沛困顿之中，咸持节俭以自振奋。璩言"豪族服王侯美服"者，当非目见，徒用前儒陈言耳。是何时代见象，常氏不自知也。按《汉书·成帝纪》永始四年（前一三）六月诏云：

圣王明礼制以序尊卑，异车服以章有德。虽有其财而无其尊，不得逾制。……方今世俗，奢侈罔极，靡有厌足。公卿列侯，亲属近臣，四方所则……或乃奢侈逸豫，务广第宅，治园池，多畜奴婢，被服绮縠，设钟鼓，备女乐，车服、嫁娶、葬埋过制。吏民慕效，寖以成俗……其申敕有司，以渐禁之。青绿，民所常服，且勿止（禁止）。

于此可见：生产发达以后，向被轻贱之工商平民，反对阶级歧视之服色制度。至元成时，已经大大突破。统治者虽欲强为禁制，已感困难。但能责公卿近臣，俭以率下而已。往时平民号为"白衣"，不得著色服。至前汉末，平民之服青绿已习为常，势不可禁，故但禁其服朱紫而已。此前汉末叶社会情致，刘向、王莽之徒所为限制也。入后汉世，又当不同。而常璩尚持前汉时儒生之见，以责平民"美衣。"

④"娶嫁"谓娶妇，与"归女"为对句。《毛诗传》："妇人谓嫁曰归。""太牢"，在周为天子祭享之牲，秦汉以来，农户皆得养牛，故嫁娶祭飨亦得用之。"百两"谓嫁女之家，奁赠护送之车从人徒至百辆之多。卓王孙之赠文君也"僮百人，钱百万，及其嫁时衣被财物（《司马相如传》），则当不止百两矣。此亦富室分财于子女之自然也。

⑤常氏此节，大抵依据《董和传》文（下详）。养亲送死，为古代最重之礼，亦为中华文化之积弊。今世所发见战国前后贵族墓葬，已很奢侈。入汉以后，王侯贵族之富有者恒侈为之。武帝以后，皇帝陵寝庙祀固勿论，即封君、大吏之剥削残酷，致富隆溢者，亦极穷奢极欲之能事。然前汉高、惠文帝崇俭，朝廷大臣每以"祖法"制为法令，限制送死逾制之事。故前汉墓葬之逾制者，恒潜为之，至文、景晚期渐公开，今世所发见之中山靖王墓，长沙、荆州汉墓即为明证。西汉一代，自长安诸陵外，地面无巨墓。常氏此言"高坟瓦棺"，东汉时蜀中葬制也。蜀中西汉时墓葬之侈者，概为崖墓。近年四川发见崖墓甚多。上言"玉女房"（6章之注⑩）即是一例。汉灵帝时作三石人于其下而不知其为墓，称为"玉女房。"新津宝子山崖墓群，近世发现，中无铭刻。亦皆可判为西汉之民墓。若东汉墓，则必有铭刻矣。一九七三年南充天宫山发见之崖墓群，十余墓已外露毁灭。惟新开三室镌刻图象一穴完整，亦无墓志，而三塌、五尸，骨皆触手粉碎。二战刀铁已锈断，惟三铜镜完好。其一精铜制文作秦隶，已渐漫难辨，盖秦镜也。其二白铜镜如新，皆有"黄羊作"字。审铭文，系武帝时作，故有诅"胡虏灭"句。以此知亦前汉时墓也。

地面高坟、石碑，与石羊、石虎，双阙对立之墓道，在四川发现者最多。皆东汉官吏之墓（后分县详）。其特点为，卑官小吏虽不得肆为碑阙，亦必有铭刻宣扬，不更隐秘。其巨制，如樊敏、高颐皆仅郡守，而墓阙，所费值必甚巨。盖东汉对送死不加制约，而蜀地富乐亦盛，故能如此。蜀汉诸葛丞相躬倡节俭，此风乃克息灭。故知常氏此语，就仅适用于东汉末叶，非可通于秦汉之数百年也。

瓦棺，一九二六年前后成都少城公园陈列数具，皆自成都平原出土，属汉代者为黑陶，无文画，盖已毁。其一有琉璃釉，系小儿棺，则蜀王家冢也。芦山县有建安年造之王晖石棺，亦瓦棺之变制也。木棺易朽、陶、石棺不朽，故汉人尚之。

"夕牲"，祭之前夕，举行预祭仪式。古于郊天礼乃用之。魏晋迄近世，蜀人治丧皆重夕牲。馈人钱财为赠，衣物为襚。馈致治丧器物为赙，助丧币物为赗。凡此馈遗，皆原始社会同辈相恤之遗意，而封建社会沿袭未废之礼；称各家之有无，主动为之，初未曾有法度、礼度之规定者。常氏归其咎为"染秦化。"夫巴蜀无秦化，则仍蜀王之故民耳。促进蜀人之进化者，秦化也，常氏谬矣。

⑥卓王孙，汉景武时人也。郤公，后汉末年人也。相去三百余年，蜀中风俗已数变矣。而常氏通为一时言之，此其全章通病。

《史记·货殖传》："蜀卓氏……即铁山鼓铸，运筹策倾滇蜀之民，富至僮千人，田池射猎之乐，拟于人君。程郑，山东迁虏也。亦冶铸贾椎髻之民，富埒卓氏。俱居临邛。"又《司马相如传》："临邛中多富人，而卓王孙家僮八百人，程郑亦数百人，二人乃相谓曰……。"与司马迁言僮千人者一样，亦略举成数而已。谓程郑与卓王孙为同时之二人，则颇难说通。《汉书·货殖传》则依《相如传》改为卓氏僮八百人。而以程郑为一人，故曰，"程卓既衰，至成哀间，成都罗裒訾至巨万。"《常志》作"卓王孙家僮千数，程郑各八百人"，与《史》《汉》《相如传》不同。程郑下一"各"字甚可贵。可贵在蜀人所传，程与郑为二姓，非一人，足证《史记》衍二字也。

⑦汉灵帝时，河南偃师人郄俭，为益州刺史（据《元和姓纂》）。"赋敛烦扰，谣言远闻"（《三国志·二牧传》）。益州黄巾马相、赵祗等起兵绵竹，攻破雒县，（刺史治）杀俭，遂破全蜀。俭子揖留蜀，为孟达营都督，随达降魏。妻改嫁，有子名纂，孤苦奋学，能文章，仕蜀，至秘书令，随后主入魏。《三国志》有传，作郤正。左思《蜀都赋》："若夫王孙之属，郄公之伦，从禽于外，巷无居人。"谓出观者众。所言"郄公"，即郄俭也。郄、郤古字通用。（或谓杨雄《蜀都赋》已有"郤公之徒"，则非郄俭。查扬雄此赋不见于本传及《法言自序》，《文选》亦未收，通篇唯用奇字堆砌，无义旨可称，与雄其他赋体不类。应是后人伪造。不足以易此。）

⑧班固曰："洪范八政，一曰食，二曰货。食谓农殖嘉谷、可食之物。货谓布帛可衣，及金刀龟贝，所以分财布利通有无者也。"用今人语言，即凡农牧、林矿、工商，生产、厚生利用之物资，古皆称为"食货。"此言天下生产之富，无有更过于蜀者。

⑨"不期而至"，说明其为自然之理。又与"染秦化"说不伦类。盖璩身所见者，李雄时之蜀俗；而其所言者两汉人所记之书本也。

兹摘录汉魏晋史家论风俗者数条以资参验：

司马迁《货殖列传》："《诗》《书》所述，虞夏以来，耳目欲极声色之好，口欲穷刍豢之味，身安逸乐，而心夸矜执能之荣使。俗之渐民久矣。虽户说以眇论，终不能化。故善者因之，其次利道之，其次教诲之，其次整齐之，最下者与之争。……皆中国人民所喜好，谣俗被服饮食奉生送死之具也。故待农而食之，虞而出之，工而成之，商而通之。此宁有政教发征期会哉？人各任其能、竭其力以得所欲。……此四者，民所衣食之原也。原大则饶。原小则鲜。上则富国，下则富家。贫富之道，莫之夺予。而巧者有余，拙者不足。……故曰：'仓廪实而知礼节，衣食足而知荣辱。'礼生于有，而废于无。……"迁虽崇儒，然亦治黄、老、申、韩之书，因周行国中，且身受武帝迫害，故能识四民利弊，抒此巨识。常氏论风俗虽多书本之谬，其末结语两句则与迁之此论符合（《汉书》全删此段）。

迁又论巴蜀情俗云：'巴蜀亦沃野，地饶卮、姜、丹、沙石（案，此谓琢玉用之钢砂），铜、铁、竹木之器。南御滇僰，僰僮。西近邛，笮，笮马、牦牛。然四塞。栈道千里，无所不通。（案：谓虽四塞，由供需要求，即有栈道产生以通于各地。）唯褒斜绾毂其口，以所多易所鲜。"（案：此谓汉中地位之重要，故褒国开化最早。）

《汉书·地理志》论巴蜀风俗云："巴蜀广汉，本南夷，秦并以为郡。土地肥美，有江水、沃野、山林、竹木、疏食、果实之饶。南贾滇僰僮。西近邛莋马、牦牛。民食稻鱼，亡凶年忧。俗不愁苦，而轻易、淫泆、柔弱、褊陿。景武间，文翁为蜀守，教民读书、法令，未能笃信道德反以好文刺讥、贵慕权势。及司马相如游宦京师、诸侯，以文辞显于世。乡党慕循其迹，后有王褒、严遵、扬雄之徒，文章冠天下。由文翁倡其教，相如为之师。"

陈寿《三国志·董和传》："益州牧刘璋，以为牛鞞、江原长，成都令。蜀土富实，时俗奢侈。货殖之家，侯服、玉食。婚姻、葬送。倾家竭产。和躬率以俭，恶衣、蔬食，防遏逾僭，为之轨制，所在皆移风变善，畏而不犯。然县界豪强，惮和严法，说璋转和为巴东属国都尉。吏民老弱相携乞留和者数千人。璋听留二年。还，迁益州太守其清约如前。与蛮夷从事，务推诚心。南土爱而信。"此文表达当时蜀中风俗甚真实。时当后汉之末。蜀地贫富极为悬殊，而豪势奢靡之风益张。平民困于奢风，得和以法绳之，故所在爱戴，能屹然自立于刘璋暗弱罢软之世，以致其功。盖非只以俭率人而已，所重尤在持法，故曰"豪强惮和严法"也。其后诸葛亮治蜀，有仿于和。故亮之文教，屡称道之。移风易俗，固有道哉。

左思《蜀都赋》较《常志》早成约五十年，其赋风俗云："侈侈隆富，卓、郑埒名。公擅山川，货殖私庭。藏镪巨万，𨱇槻兼呈。亦以财雄，翕习边城。（案，此言临邛俗，均输法行以前事也。）三蜀之豪，时来时往。养交都邑，结俦附党。剧谈、细论，扼腕抵掌。出则联骑，归从百两。若其旧俗：终冬始春，吉日良辰，置酒高堂，以御嘉宾。金罍中坐，肴槅四陈。觞以清醥，鲜以紫鳞，羽爵既竞，丝竹乃发，巴姬弹弦，汉女击节。……"

此外本书蜀、广汉两郡序中，第五伦、廉范、陈宠等注文中，亦颇引录蜀中风俗文记，可互参正。

十

蜀郡，州治①。属县五。旧各本皆作五。廖本注云"当作六。"今按：后文成都、郫、繁、江原、临邛、广都，明六县，而云五者，常氏原不计成都。李氏京邑，比于长安、洛阳令。不同于他县故也。国亡后重写，偶未改耳。当作六。户，汉二十七万，晋六万五千②。去洛三千一百二十里。东接广汉。北接汶山。西接汉嘉。南接二字原脱。▲犍为。此下，旧本或连，或空格。叙郡治城市，当另起。

州治【太】大廖本作太。城。郡治少城③。西南两江有七桥：直西门郫江【中】上上字，元丰本黑巴，嘉泰本作中。兹依《水经注》引改作上。曰旧各本脱曰字，下各桥并有。兹依《水经注》、《初学记》引文补。冲【治】里桥。里字，刘本作冶。他各旧本皆作冶。《水经注》《初学记》《后汉书》注引并作里。赵一清《水经注释》曰："是唐人写本避高宗讳耳。"今按，下固云"蜀立里多以桥名"，冲里不误，冲治无义。兹改正。下同。西南石牛门曰市桥。其下，石犀所潜渊【中】也。旧各本省其字，衍中字。《水经注》云："桥下谓之石犀渊。"兹据补删。大城南门依《水经注》补二字。曰江桥。南渡流江《括地志》："大江，一名汶江，一名流江，一名笮桥水。"《元和志》："大江经成都县南七里，蜀中又谓为笮桥水。此水濯锦鲜于他水。"据此知流下原脱江字。曰万里桥。西上曰夷里桥。《水经注》官本作夷星桥。赵本作夷里桥。朱本作夷桥。上曰笮桥。上字，《水经注》作下。廖本注云"当作亦"。缘《寰宇记》误也。今按此四字，常氏因夷里桥所加自注语也。谓夷里桥更上检江有笮桥，不在七星桥之列。【桥】又各本旧作桥字。廖本注云"当作又"，是。盖传写又字小偏致误。从冲【治】里桥西【出】北廖本注云"当作北"。《初学记》正作北。折曰长升桥。郫江上，西有永平桥。长老传言：李冰造七桥，上应七星。故世祖谓吴汉曰："安军宜刘、李、钱、《函》本作置。他本同《水经注》作宜。在七星桥间④。"星下当有桥字。《水经注》引作"七桥连星间"。桥字不可少。城北十里有《水经注》作曰。升仙桥，有送客观。司马相如初《水经注》引作将。入长安，题市门曰"不乘赤《水经注》引作高。车驷马，不过汝下"也⑤。市门，《水经注》引作其门。廖本注："当作其。"无取。【其郫西上有永平桥】此八字与上文重复，当衍。参看附二《成都七桥考》。于是江众多作桥，故蜀立里多以桥为名⑥。其大江，自湔堰下至犍为有五津：始曰白华津；二曰里津；杨慎《丹铅录》，作"万里津"。三曰江首津；四曰涉头津，涉字，刘、李本作步。钱、《函》、廖本作涉，元丰与张、吴、何、王本作沙。顾广圻校稿云，"《李志》云，自沙头津济，即此。"今按，西南夷语，渡头曰步。或加水作涉。仍读如步。"涉头"，犹今云渡口。本书《李志》沙头津，字讹也。刘璋时，召东州民居此，改曰东州头；五曰江南津⑦。入犍为为字，吴本作黑巴、何本空脱。他本作为。有汉安桥，玉津，东沮津⑧。【津亦七】桥、二津皆在犍为郡界。因述蜀郡津梁并及之。其时蜀地桥少，故列举殆尽。津渡甚多，常氏举其尤当冲著名者耳。何能有此三字？顾广圻校稿，此上有眉批云："此按语，误入正文。"又有顾秋碧泐去，批云"不然"。廖刻仍存此三字。兹删。

始文翁立文学精舍，讲堂作石室，【一作玉室】元丰本作"一曰玉室"，小字双行。盖前人所加按语。嘉泰本乱入正文。廖本作字下注云"当作名"。顾观光改作曰。注云："曰，原误作。廖谓当作名。今依《艺文类聚》六十三，《太平御览》百七十六改。"在城南。永初后，堂遇火。太守陈留高朕元丰本作瞬。音舜。用目示意也。春秋文七年《公羊传》："朕晋大夫使与公盟。"更修立，又增造二石室⑨。州夺郡文学为州学，郡更于夷里桥南岸道东边起文学，有女墙⑩。其道西城，故锦官也。锦【工】江廖本改作"锦工"。非。织锦濯其中《初学记》引作"流江中"。则鲜明，濯他江则不好。《初学记》《事类赋注》引，并作"不如"。故命曰锦里《初学记》引作锦城。也⑪。西又有车官城⑫。元丰本车作军。缘下文讹。其城东、西、南、北，皆有军营垒城⑬。此句，旧皆误连上文。兹分。谓郡城四方各有驻军营垒城。其郡四出大道，道实二十里有衢。今言十八里者，昔蜀王女未嫁，年二十亡，王哀悼，不忍言二十，故言十八也。王女墓在城北，今王女陌是也⑭。

案：以上蜀郡地理，重在城郭交通。皆述其所亲见，当为考据者所重。历世传写，颇有窜夺讹乱。故详为订正。

【注释】

①此谓州牧治。汉益州刺史治雒。刘焉为州牧，初治绵竹。后徙成都。其后州牧刘璋、刘备、诸葛亮、蒋琬、费祎，皆开府于成都。虽出军外驻，仍设留府。其后牧废。钟会据成复称牧，败死，晋世乃称刺史。

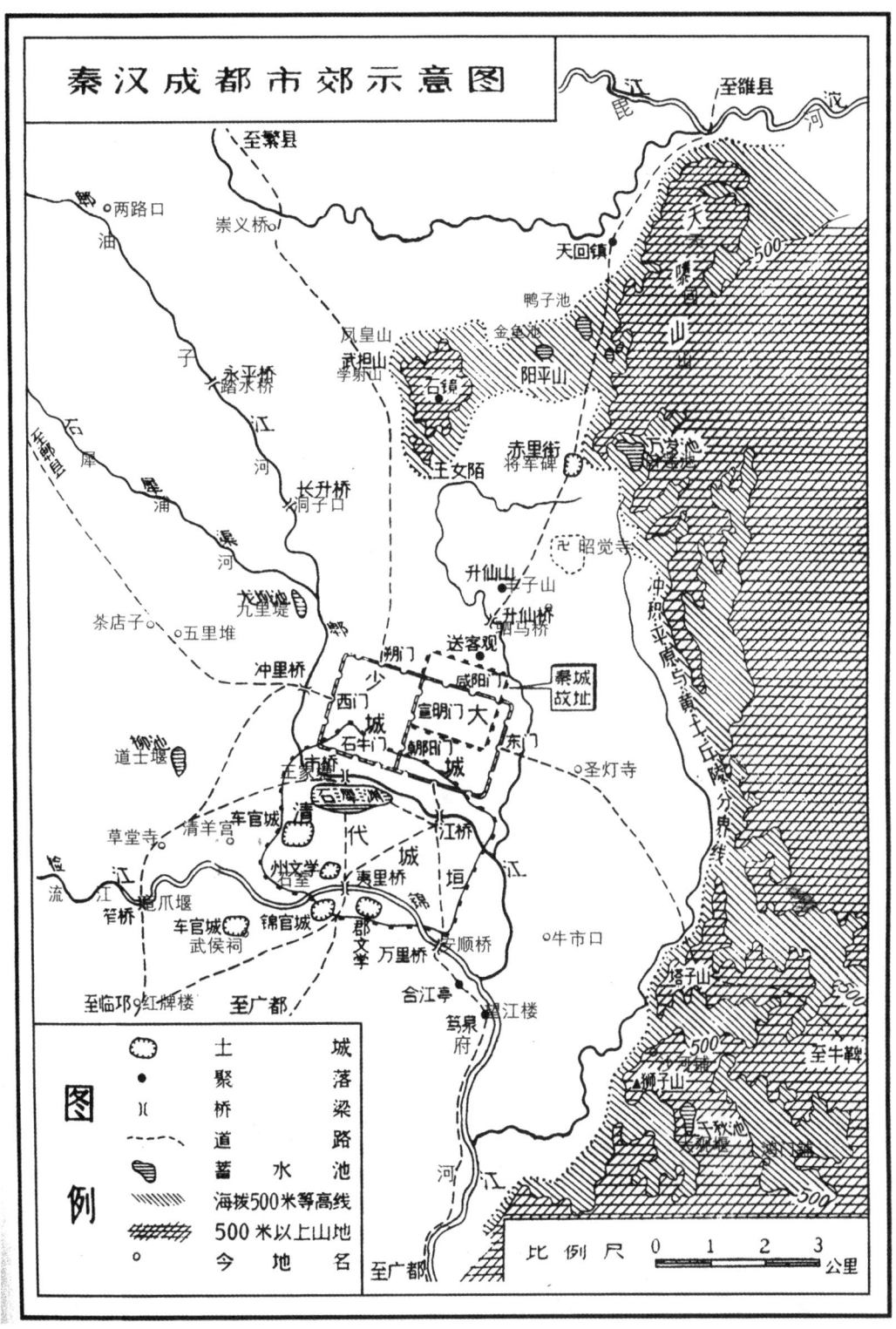

秦汉成都市郊示意图

②《前汉·地理志》：蜀郡十五县，户二十六万八千二百七十九，口一百二十四万五千九百二十九。系元始年簿。其六县与晋同，余九县皆边区并入，户口不能及半。《后汉·郡国志》：蜀郡十一城，较前汉少青衣、严道、徙、旄牛四县（已分置汉嘉郡），户三十万零四百五十二，口一百三十五万零四百七十六，系永和中簿。上距元始百七十年，户口增长四倍有余，虽经王莽之乱，由公孙述保据蜀土，户口无甚减耗故也。本书于此云"汉户二十七万"，虽仅就六县言，亦与前后二志户口不相当。疑是刘二牧时户籍，或刘璋出降时送呈账，谯周、常璩等见之。实较前汉六县有增，较永和簿则骤减（六十年间户减三万）。盖经马相、贾龙与赵韪之乱故也。《册府元龟》载蜀章武元年有户二十万，男女口九十万，系合巴蜀、汉中言之。去汉末才数年间，户口锐减至此，令人难信。张澍《蜀典》引王隐《蜀记》云："后主遣尚书李虎送士民簿，领户二十八万，男女九十四万，带甲战士十万二千，吏四万人。"此所云"后主"指李势，非指刘禅。王隐亦从桓温伐蜀者，所见应实。据此可知，李势时蜀地士民簿分三部立，赋役籍，军籍，与吏籍。编军籍、吏籍者皆不供赋役。仕宦之家，亦不入编籍。边郡县民赋役入郡，不在州府编籍。故李势所献士民籍如此。否则合巴、汉、三蜀及十余边郡言之，户口数断不能少至如此（与本书所记各郡户口总数亦相差太远）。刘禅降送簿，当因钟会之乱毁灭。《册府元龟》所载章武户口，亦当只是对州府供赋役者数耳。

本书此言蜀郡"晋六万五千"者，盖用《太康簿》。《晋书·地理志》蜀郡六县"户五万"（系用《太康簿》）。以万成数言则合矣。经永嘉以后，蜀地大乱数十年，故家巨室悉率其徒外流向荆、湘、南中，曾经"野无烟火"，"燕巢于林"。经李雄下至李寿，招徕安辑，乃次第复盛。故至李势降时，合军、民、吏三籍计之，亦不过一百零八万口。蜀郡纵得其四分一亦不过五万余户、二十万口而已，又减于太康世矣。

③大城、少城已详前。秦世郡治大城，县治少城。此所言是蜀汉以下制。

④"两江"，谓郫江、检江，李冰所凿以"双过郡下"者。皆在郡城西南侧。如附图。

"七桥"，其四在城南，分跨两江，如北斗之勺；其三在西北，俱跨郫江，如斗柄。故蜀人谓其"上应七星"。凡李冰时所建桥，皆木桥也。诸书言七桥者，《水经注》与《初学记》最详。虽皆引自《常志》而文各不同。盖引书时既非直录原文，传钞者又复多所讹脱。故虽资料同出一胎，而异文有如三种。参互考证，可得常氏原语真诣。参见附录《成都七桥考》。

⑤升仙桥，今云"驷马桥"，在咸阳门外。大城北面三门，惟此门最繁盛。郭外有市，往来京师者，宾客送迎所止也。有接官厅与送客观。送北客者恒祖钱于此观。市之尽头复有门。相如题字处在市门，非送客观门也。观在道侧，自北还者不入其门，唯市门则所必经耳。《水经注》引用常氏文，讹"市门"为"其门"，指送客观门。昧于实际，当辨。

今驷马桥北羊子山，旧名升仙山（《一统志》）。为自战国至清代历世墓葬累积所成之土山。其最下之战国时墓，只土砖，有铜鼎殉，应即蜀侯晖墓（已详5章之注⑭）。盖旧俗传晖神灵，称其仙去，故曰升仙山。汉世立里，为升仙里。其南，当市门外桥，因名为升仙桥。六朝后，传相如故事，称驷马桥。（解放前尚为木桥，有阁。故俗又讹传为"题桥柱"也。）今桥去城十里。汉世则桥在市门外。足知汉城咸阳门去此桥尤近。秦时，蜀王辉葬于北郭，即此桥外之羊子山。然则秦城又在汉城偏北，逼近升仙桥矣。

⑥"于是"，通作"于时"或"是时"解。谓李冰初作跨二江所作七桥和咸阳门外升仙桥，皆木桥。蜀民深感其利便，故纷起造桥以代津渡（船渡）。至汉划分乡、亭、里时，多因所在桥名以为里名，如冲桥附近为冲里，夷桥为夷里，及笮里、万里、升仙里、长升里、永平里之类。而冲里、夷里又复转为桥名也。

⑦"五津"，他无文籍可订。仅就本文推详，亦可得其部位：此所云"大江"指郫江干流与外江。水大江阔，

不可建桥，故仍为船渡。江首津，谓李冰所开郫江分水口之上方，估为今郫县北三道堰西，赴旧郫邑之要津也。自此上至都江堰只两津最繁紧。白华津当在今灌县界内。里津当在崇宁旧县下。江首津下有"涉头津"，盖即今成都、新津间之毗河渡。秦汉时北道要冲也。刘二牧时，自中原来之移民（东州民）与蜀地人不睦，故聚居于此处，以其为蜀与广汉两郡分界处，便其应变进退也。以是被称为"东州头"。若其分出之郫江、检江，则水小江面窄，易于架桥，无用津渡。唯沱江与外江本流，则不易架桥，惟有津渡。至"新都大渡"，则入犍为郡之牛鞞县界矣。

最后之"江南津"，盖谓天社山下之新津渡口。李冰于外江作笮通临邛。惟新津（秦汉属江原县）当外江、羊摩江、文井江、布仆水与蒲江水五水会流处，不能作笮，故只为津渡。地在蜀郡最南，接犍为界，水陆交通冲繁，直至解放前，俱号为天下名渡，故曰"江南津"。今新津之蒲江犹别称"南河"也。下文并及犍为津梁，明其已与犍为郡接。故"自湔堰下至犍为"之五津，为内江四渡，外江一渡。

⑧此因江南津接犍为郡界而连及犍为津梁，实已越出蜀郡以外。汉安桥，在犍为郡治下，另详《犍为郡序》。"玉津"，犍为郡大江名津也，《蜀都赋》所云"西逾金堤（都江堰堤），东越玉津"者也。《水经注》作"璧玉津"，云在南安县。盖指今眉山县东之蟆颐渡。蟆颐山旧传出白玉（参看16章之注③。）隋代有玉津县，大业十一年置。《元和志》谓："西至嘉州三十九里，本汉南安县地。"《寰宇记》云在嘉州"东南三十里"。"导江水，在县西五里"。或当是今牛华溪。疑是獠乱后，误用其名。东沮津，《寰宇记》玉津县有"石羊津，在县东十里，渡导江水"。盖即五通桥大江渡。牛华溪五通桥一带平原，古有东沮之称也。

⑨文翁石室，传在今城南门内锦江书院。近世改为石室中学。旧石已无存者。自本书与《益州记》《水经注》外，唐宋以来地理书金石书记录益多，大抵谓文翁初作文学，其讲堂用石柱，镌刻古名人像，皆颇粗陋，各有题字，如武梁刻石耳。遭火后，高朕重建。其讲堂石室增为三间，石柱镌刻益精，梁壁亦各有绘画。此如今世之直观教材耳。其后画家、书家与好事官吏多所增益。唐《元和志》，宋《寰宇记》，皆曾加以辑述。欧阳修《集古录》，开始搜集图片，今存有其《后汉文翁石柱记跋》及《后汉文翁学生题名记》两篇。赵明诚《金石录》有《唐益州学馆庙堂记跋》及《汉周公礼殿记跋》各一篇。席益有《府学石经堂图籍记》一篇。元·费著有《周公礼殿圣贤图考》一篇。元时石刻亦无存者。明时改建成都城，石室遗迹已全毁灭。今云锦江书院因其故址，亦想当然耳。

⑩此言"州夺郡文学为州学"，乃汉代事。"郡更于夷里桥南"起文学，则当在今盐道街附近。其时锦江（检江）循今金河东流也。"女墙"今云城垛。"有女墙"，则城亦高大，占地应不小矣。

⑪"锦官"，官营织锦之工场，有城护之，亦如郡文学（学官），故曰锦官城也。城在夷里桥南岸道西，则当是今城南门桥附近，去武侯祠不远。杜甫诗："丞相祠堂何处寻，锦官城外柏森森。"汉唐时，锦江去大城犹远。今成都自王家塘至洗马池一带，皆为郫江旧迹。其南至夷里桥约八里。桥南北皆农田村野，故州、郡新旧两学官，皆在夷里桥南北，不欲其近市也。锦官城与之鼎立，便于濯锦也。凡濯锦，宜清洁无污垢，不含盐类杂质之水。郫江当时近市，污染大，故不宜用。检江去市远数里，水最洁，故濯锦特好。宋元明清世，城南移，益近锦官城，锦官城亦废。民间锦工，皆远漂其织品于万里桥东，合江亭附近（近世漂丝织品绵织品者亦赴望江楼下）。

今成都城内之金河，是古检江（锦江）故道。古夷里桥在今盐市口南。明洪武时作成都城，乃包金河入于城内，而更开护城河于南城外。明代，城内金河尚通舟楫。据李劼人言，岸有康熙年石碣云："禁止系缆磨刀。"清代乾隆以后，乃夹岸成为市街，而南城濠变大河矣。冲积平原，河道随时随人意改。城市亦异代而徙,世或有执今地以求古迹者,不达此理,即难免于扣槃扪烛之谬也。

由于成都城市逐世南移,锦官城渐逼于市。五代时织锦业属民营。锦官遂废。宋元丰中,成都府尹吕大防请复锦官,"乃度府治之东,治室以为织所"。(吕撰有《锦官楼记》,见《全蜀艺文志》。)于是世莫知锦官城所在,而混为成都城之别称矣。

⑫ "车官",《两汉志》无。惟成都有工官,或兼造车。然成都平原多津渡与筏,少桥梁,不便于行车。故蜀地在秦汉似无车运。后汉世始有鹿车推行,即今世所谓"鸡公车"(推行之小独轮车)。大约至蜀汉时诸葛亮提倡车运,始置车官。其"木牛、流马"即车制之演变者也,故至《常志》乃言之,惜其未能详也。

今武侯祠西北有古城门遗址,曰"五块石"。疑即蜀汉车官城遗址,在锦官城西,与本文西字。承锦官言合。然去市远,似非推行之所便。又旧本西字上有空格,又似西字不承锦官言。五块石又可能是唐高骈所筑"罗城"故址。尚有待于发掘订证。要之车官城必在汉城之西南侧。盖江、沱二水之间适于行车之地,在城之西南面也。

⑬ 此"其城",指州、郡治城,非指车官城。平原备战,须四方俱有驻军。故成都四方各有驻军之营垒,亦皆筑城。

⑭《尔雅》:"四达谓之衢。"谓十字大道也。成都虽十八郭,仍只四门为大道。大道距城二十里即有十字邑街,纵横相通联,为郊区道路网之节点。历代里度不同,秦汉二十里,晋人量之为十八里,遂有结合"王女陌"传说为蜀王讳言十八之说者,未必然也。

十一

其太守著德垂绩者,前汉莫闻。<small>文翁,已前述。</small>建武以来,有【弟】<small>▲第廖本作弟。</small>五伦①,廉范叔度,特垂惠爱。百姓歌之曰:"廉叔度,来何暮。来时我单衣,去时重<small>当作有。</small>五袴②。"其后,汉中赵瑶,自扶风太守来之郡,司空张温谓曰:"【弟】<small>▲第</small>五伯鱼从蜀郡为司空。今扫吾第以待足下。"瑶换张、吴、何、王本作与。广汉③。陈留高眹亦播文教。太尉赵公,初为九卿,适子宁还蜀,眹命为文学,撰《乡俗记》。【亦】<small>其各旧本作亦。兹改。</small>能屈士如此④。广汉王商,犍为杨洪,皆见咏怀⑤。及晋建西夷府,太守多迁为西夷校尉。亦迁益州刺史⑥。

案:此章专述蜀郡太守。蜀郡,按《前汉志》,郡国一百零三,其户口数当在汝南、颍川、沛郡、东郡、南阳、东海、陈留、河南、临淮九郡之下,位第十(系元始二年簿)。然郡治成都,则在长安之次(又其次为茂陵、儁陵、宛、阳翟四县)。与颍川,南阳为全国四大都市。其去京师较远,选官者仍不乐就。故前汉自文翁外,太守无可称者。公孙述亦庸才,乘乱据蜀,称帝十二年而亡。《后汉志》：郡国一百零五，户口数，蜀郡仅次于南阳、豫章、汝南、巴郡，位第五（系据永和五年簿）。选官者利在大郡繁邑、宜乐就矣。而常璩竭力搜集名太守，亦仅得此数人。自第五伦、廉范外实皆无值称道。蜀土之富乐，乃蜀地人民勤劳开发之结果。惜其史迹不为史官所注意，无可举实例也。

【注释】

① 第五伦字伯鱼，京兆长陵人。《后汉书》卷四十一有传。在封建士大夫中，行谊足比贤者。起自平民，耿介行义，所在见称。洞悉民间情讹，明于政事。由小吏至二千石，不废劳动。袒率无私，言皆足训。凡与接者殆无不称道之。虽欲加诬毁，无可措其伎。由宕渠令迁蜀太守。"蜀地肥饶，人吏富实。掾史家赀多至千万，皆鲜车怒马，以财货自达。伦悉简其丰赡者遣还之，更选孤贫志行之人以处曹任。于是争赇抑绝，文职修理（文职，谓文法吏职）。所举吏多至九卿、二千石。时以为知人。视事七岁，肃宗（章帝）初立，擢自远郡，代牟融为司空。"（《东观汉纪》卷十八有残传辑文）。

② 廉范字叔度，京兆杜陵人。随父宦生于蜀。以气侠立名，《后汉书》卷三十一有传（《东观汉记》与第五伦同卷）。"历武威、武都二郡太守，随俗化导，各得治宜。建初中迁蜀郡太守。其俗尚文辩，好相持短长。范每厉以淳厚，不受偷薄之说。成都民物丰盛，邑宇逼侧；旧制禁民夜作，以防火灾。而更相隐蔽，烧者日属（《东观》作"日日相属"）。范乃毁削前令，但严使储水而已。百姓以为便，乃歌之曰：'廉叔度，来何暮。不禁火，民安作。平生无襦今五袴。'在蜀数年，坐法，免归乡里。"《东观记》歌同。作"民安堵"。不如"安作"佳。作，蜀人读如做，协于韵。记又续有"百姓皆喜，家得其愿。时生子，皆以廉名者千数"两句。

③ 赵瑶，父宣，字子雅，本书《汉中士女》有赞。瑶见《士女目录》。

④ 高眹修文翁石室，已前注。"赵公"，谓赵谦。谦初平元年代黄琬为太尉，其前已至九卿。然则眹为蜀守，在初平前也。

⑤ 王商，王堂曾孙，《后汉书》附《王堂传》，刘焉时为蜀郡太守。

杨洪，犍为武阳人，刘备北取汉中时为蜀郡太守，《三国志》有传。

⑥ 《晋书·职官志》：武帝时，置南蛮、西戎、南夷、护羌四校尉，"元康中，护羌校尉为凉州刺史，西戎校尉为雍州刺史，南蛮校尉为荆州刺史。"此四校尉，原皆主领一州夷落，权位亚于刺史。夷落进于县道者多，则改刺史。惟西夷校尉不改。"西夷府"即西夷校尉府。太康三年（二八七）置，治蜀郡，管羌夷。校尉持节、统兵。属官有长史、司马，与刺史同。张牧为首任校尉，见本书《大同志》。牧字或作收。张载父见《晋书》卷五十五，其人从王浚平吴，以功为蜀郡太守（太康元年），转西夷校尉（太康三年），更转益州刺史（太康六年，据吴廷燮《晋方镇年表》）。张牧后，益州刺史为粟凯、赵廞、罗尚。罗尚兼三府，其全衔为"平西将军、益州刺史、西夷校尉（《晋书》卷五十七讹为"西戎校尉"）。皮素继之，亦兼三府，详《大同志》。然则太守迁校尉又转刺史者、张牧一人而已。

十二

成都县　郡治。有十二乡，五部尉①。汉户七万，《前汉志》，"户七万六千二百五十六"。晋三万七千②。名难治。顺帝时，原脱时上字。据《后汉书·邛都夷传》"顺桓间为越巂太守"，则作成都令当在迁太守前。顺帝在位十九年，则作成都令在顺帝初，据补二字。广汉冯颢为令。【而】当衍。太守京兆刘宣不奉法。颢奏免之。刘、钱、《函》本有免字，在句首。张、吴、何、王、浙本字作令。廖本移免至奏下。兹从廖本。立文学，学徒八百人。实户口万八千。开稻田百顷。治【有】绩刘、钱、《函》、廖本作有。张、吴、何、王浙本作迹。兹作绩，谓考绩语也。尤异③。后有广汉刘庞刘、钱、《函》本作庞，下亦作庞，《先贤志》讹作宠。为令，大姓恣纵，诸赵倚公，故多犯法，濮阳太守赵子真，父子强横，庞治其罪，莫不震肃。承上大姓为句。郫民杨张、吴、何、王、浙本作杨、刘、钱、《函》廖本作阳。伯侯奢侈，大起冢营。因庞为郫令，伯侯遂徙占成都。庞复为成都，此下当有脱文。疑脱"召伯侯教而宥之"七字。不召无以称其明。不教，无以称其职。不宥，无以称其德。豪右敬服④。有蜀侯祠⑤。【大】四姓宋刻与刘、钱、《函》本作四姓。张、吴、何、王、廖本作大姓。浙本剜改作四。有柳、杜、张、赵、郭、杨氏⑥。此下钱、《函》本有空位。《函海》注云："吴、何本空作豪字。"盖元丰本黑巴，张本补。富，先有【程、郑】罗裒、程、郑在临邛。罗裒乃在成都。均见《货殖传》。郄公，后有郭子平⑦。奢豪，杨伯侯兄弟。刘、钱、《函》、廖本此亦作杨字。

郫县　郡西北六十里。冠冕大姓何、罗、郭氏⑧。

繁县　郡北九十里⑨。有泉水，稻田⑩。三张为甲族⑪。

江原县　郡西，渡大江，滨文井江，去郡一百二十里⑫。有青城山，称江祠⑬。此下，钱写本有空位，刘、《函》二本直空至行末。疑有脱文。张、吴、何、王、廖、浙诸本连缮。安汉，上、下朱邑出好麻，黄润细布，有羌筒李本作铜盛⑭。小亭，有好稻田。此下，刘、钱、《函》本有空位。他各本连。东方，常氏为大姓。文井江旧脱江字。廖本注云"当有江字"。兹依《水经注》补。上有【守捉】常堤元丰本作"守堤"。嘉泰改"守捉"。按唐制，边徼有守捉，为兵站，以防蕃夷混入与汉族人奸出。江原腹县，不当有。《水经注》云："文井江又东，径江原县。县滨文井江。江上有常氏堤，跨四十里。"明是引用《常志》。节引，故常下增"氏"字。常氏本文承上"常氏"为言，固可省云"常堤"二字。传写者讹常为守。李墡误缘《唐书》文改作"守捉"耳。兹改还。三十里，上刘、钱、《函》本作"土"。他各本作上。应是土字为讹。有天马祠⑮。

临邛旧各本作邛，廖本作邛。县　郡西南二百里。本有邛民⑯。秦始皇徙此字，钱写本作空格。张、吴、何、王、浙本作从。《函海》同，而注云："刘李本作徙。"上郡民原脱民字。实之⑰。有布濮水，从布濮来合【文】火井江。廖本讹作文井江。有火井，夜时光映上昭。民欲其火【先】光，元丰本与廖本作先，属下句。非。他各本作光。以家火投之，顷许，如雷声，火焰出，通耀数十钱写作千里。以竹筒盛其光当作气。藏当作然。之，可拽行终日不灭也。井有二水，廖本注"二"下云"当有误"。今按：二水，当作齐水。谓盐水也。已详6章之注⑲。盖火井之民，习于省写齐字，但用字头，常氏用之，传讹为二也。取井火煮之，一斛水得五斗盐。家火煮之，得无几也⑱。有古石山，有石矿，大如蒜子。火烧合之，成流支铁，元丰本作铁。下同。甚刚。因置铁官。有铁祖庙祠⑲。汉文帝时，以铁、铜当有山字。赐侍郎邓通。通假民卓王孙，岁取千匹。故王孙货当作赀。累巨万亿，邓通钱亦尽按《佞幸传》当作布。天下⑳。王孙女文君，能鼓琴。时有司马长卿者，临邛令王吉与之游王孙家，文君因奔长卿㉑。汉世，县民陈立，历巴郡、牂柯、天水太守，有异政㉒。陈氏、刘当是"郑"字讹。氏为大姓冠盖也。按《士女目录》，临邛仕宦，唯陈立，郑廑。刘氏无闻。故疑刘字讹。

广都县　郡西三十里㉓。元朔二年置。疑原是"本治樊乡。元朔二年徙"九字。传钞中脱讹。《蜀王本纪》云："蜀王本治广都之樊乡。后徙成都。"本书亦谓成都、新都、广都为蜀之三都。又李冰穿广都盐井诸陂池。则秦时应已置广都县矣。或缘汉初曾废并，武帝复置而徙其城，世遂传为新置。常氏误援之耶？有盐井、渔田之饶。大豪冯氏，有鱼池、盐井㉔。【县凡有小井十数所及渔田之饶】《函海》注：渔"何本作鱼"，田"应作井"。按此十三字是后人批注语，宋椠误入正文。大井、小井之名，出于五代之世，晋无有也。江有鱼钱、《函》本作鲁。刘、李、张、吴、廖本皆作鱼。鱼、鲁，古文每混。漕梁㉕。山有铁矿㉖。江西有安廖本注云"当有误"。审不误。稻田，穿山崖过水二十里㉗。汉时，县民当作人。朱辰，字元燕，为巴郡太守，甚著德惠。辰卒官，郡獽民北送及墓。獽蜑鼓刀辟踊，感动路人。于是葬所草木顷许皆仿之曲折。迄今蜀人，莫不叹辰之德灵，为之感应㉘。今朱氏为首族也。

成都市官，本有长，建武元丰本作建安。十八年省㉙。

蜀郡，太康初按《晋书·武帝纪》及《成都王颖传》初当作末。属王国，改号曰成都内史。王改封，乃复旧㉚。

案：以上志蜀郡六县特点。大抵：成都为巨室豪门所萃。郫、繁、江原皆沃野良田。临邛、广都为多种经济发达地区。附有郡官名号演变二条。地方小事，旧史所忽。加以传钞讹乱，含义未明，兹略加考订。

【注释】

①《晋书·职官志》云："县五百（户）以上皆置乡。三千以下置二乡。三千以上置三乡。万以上置四乡。"

成都户三万七千，故"有十二乡"。又云："县皆置方略吏四人。洛阳县（当时首都）置六部尉。江左以后，建康亦置六部尉。余，大县置二人，次县、小县各一人。"成都为比于京邑之大县，故有五部尉。又云"乡置啬夫"。盖汉制已是如此。《第五伦传》："后为乡啬夫，平徭赋，理怨结，得人欢心。"是啬夫之职为主一乡之徭赋与争讼也。部尉，则主兵刑、治奸盗，惩抗逆者。乡村之治，重在啬夫；城市治安，倚于部尉；而皆统于县令。部尉统佃兵，居市郊军营垒，受令调遣。故成都令有力惩治豪滑。

②《汉书·地理志》中，县著户口者，京兆长安，户八万零八百，口二十四万六千二百。左冯翊长陵，户五万零五十七，口十七万九千四百六十九。右扶风茂陵，户六万一千零三十七，口二十七万七千二百七十七。颍川阳翟，户四万一千六百五十，口十万九千。傿陵，户四万九千一百零一，口二十六万一千四百一十八。南阳宛，户四万七千五百四十七。蜀成都，户七万六千二百五十六，无口数，要亦当仅次于长安。所据元始二年（二）簿也。《后汉郡国志》所载户口，北方郡国较前汉锐减。南方皆有激增。为永和五年（一百四十）簿。蜀郡户三十万四百五十二，较前汉增三万二千一百七十三。较京邑所在之河南犹多九万一千九百六十六户。口数当在百二十万以上，为全国第一矣。本书言"晋户三万七千"，盖就晋永和四年（三四八）李势降时所送簿。太康元年（二八〇）簿为五万（《晋书·地理志》）。计自元始至永和百三十九年，增三万二千以上，王莽之乱，北方困甚，蜀地安宁，至汉末无大兵燹故也。自永和至太康百四十年，减户二十五万，三国时蜀有马相、贾龙之乱，又屡用兵于外故也。太康至李势降六十八年，又减户一万三千者，永嘉之乱蜀地民户几尽，虽经李雄抚绥招徕，犹难恢复也。然在晋世，仍不失为全国一大都会，则拥有沃野千里故也。

③"难治"，选官缺者术语。斥指贵家巨室多，奸猾集聚之郡县。冯颢，广汉郪人，见《三州士女目录》。"顺桓间为越嶲太守，政化尤多异迹"。见《后汉书·邛都夷传》。

④刘庞《士女目录》讹作刘龙。字世信，绵竹人。后至牂柯太守。"诸赵倚公"，谓赵戒为司空，赵谦为太尉，赵温为司徒，祖孙三世至三公，族人倚其势，横豪于县。

杨伯侯弟兄奢豪，后再言之。当为蜀人盛传之事。"大起冢茔"，谓大兴工营造茔墓。盖徒为巨富，与奸究犯法者不同。后汉末叶，蜀地有厚葬陋习，小官亦造坊造阙，小吏亦侈为圹殉。杨氏兄弟盖因逾制侈泰，为众所斥。其致富似非因吏职贪污，或亦如卓氏与罗褒，善贾而已。后汉无货殖传，与郭子平事皆失传。此只得其鳞爪，足证蜀民之富而已。

⑤"蜀侯祠"谓蜀侯恽祠。已见 5 章之注⑭。

⑥"四姓"与大姓不同。已解在《巴志》11 章之注⑥。此后新都、德阳、南安、江阳、汉安共七县，皆云"四姓"，江阳、汉安，皆于"四姓"外又有"八族"。此于成都云"四姓有柳、杜、张、赵、郭、杨氏"，又为六姓。且云"有"，则尚未全举，但举其著名者耳。他诸大县皆四乡，故全举四姓，德阳三乡，故举三姓。成都县十二乡，举著称者六姓。然则"四姓"者，谓世任啬夫之氏族。故德阳云："康、古、袁氏为四姓，大族之甲者也。"南安于"四姓"下又云"大族杨费"。明大族不必为四姓，四姓亦不必曾大族也。

⑦罗褒见《汉书·货殖传》。郄公盖谓益州刺史郄俭。已见 9 章之注⑦。郭子平又在其后，应是蜀汉时富人。

⑧秦郫城在郫河北今彭县西界，已前注。汉已徙于郫河南，即今县城。《清一统志》云："在府西四十五里。"此云："郡西北六十里。"由古今丈尺微异。亦由清城、晋城位置不同。

郫县何氏自何武作三公，兄弟显贵，直至蜀汉时何宗，何祗皆大官，见《士女目录》。罗氏与郭氏不以仕宦见称。扬雄之族不著,徙籍成都故也。代兴者为罗、郭两姓,盖皆以工商兴盛,购田宅于郫以长子孙。罗衺与郭子平为其代表人物。本人亦皆以事业移籍于成都市。族属固皆在郫。上言杨伯侯"徙占成都"即其例也。

⑨秦、汉繁县故城在今新繁县北彭县界上,约当青白江(场名)稍北之位置,故云"郡北九十里"。蜀汉时安插凉州降胡于县南界。宇文周时称为"新繁",徙县就之,隶彭州。元代以彭州隶成都路。明遂改彭州为县,与繁同属成都府。《元和志》新繁云:"本汉繁县地。……周改为新繁。隋开皇三年省。武德三年分广都(当是"新都"讹)县地置,因周旧名也。"刘昫《旧唐书·地理志》谓"刘禅加新字"。《寰宇记》:"刘禅延熙十年凉州胡率众降。禅居之繁县。以繁县移户于此,俗谓之新繁。"并微误。今新繁县在成都北六十里(《一统志》云五十六里)。有白虎胡王墓遗迹足证。唐复置新繁,只划入新都县地,非完全脱离繁县故境,《元和志》亦微误。

⑩"泉水稻田"谓自流溉灌之稻田,文翁所穿渠也。《甘氏星经》:"天泉,十星在鳖东,一曰天海,主溉灌沟渠之事。"故称自流溉灌水为泉水也。

⑪"三张"犹阆中之"三狐五马",犍为之"七阳、五李",此例恒见于少数民族使用汉姓初期,冒其姓而实不同源。疑此三张,是凉州胡改张姓与本县旧族张姓及六朝时他处侨民张姓为三族也。

⑫江原县,汉分秦临邛县东境置。故《汉志》叙在青衣下。大抵凡今金马河以西,崇庆县境南至新津,西至大邑,北至灌县外江之南,皆其故境。县治故城在今崇庆县北不远。今崇庆州城,明成化中徙筑者也。《一统志》云:"在府西南九十里。"晋时城较远,故云"一百二十里"。里度古今亦微异。

⑬青城山,今在灌县西南三十里。山由砾岩断裂所成,风景奇峭。道书定为十八洞天第五,称"宝仙九室之天"。谓是"神仙都会之府"。又号"五岳丈人"。杜光庭《青城山记》,谓有"七十二小洞应七十二候。八大洞应八节"。今于青城山惟见天师洞与朝阳洞,皆仅石壁微凹,无所谓洞府。山亦不高,仅出平地五百余尺,但峭秀幽奇耳。

山距江原县百二十里。萧齐时分置齐基县。后周改清城县。其县治在山之东面平原中约百里(今为石羊场)。唐改青城县。元代并入灌州。故今山与石羊场故治皆属灌县。

"称江祠",三字难解。钱写本下有空位。函海本下空至末,相当七字。盖旧有脱文。或是李䁀曾有校注,发镌后又复削去。兹设三解:(一)谓山有祠祀江渎,故曰称江祠。李冰作江祠在湔堰上,唐以来江渎神祠在成都郭外。或是李雄时曾祠江神于青城上,以崇范长生。常不以为然而云称耶?(二)抑称当读 chèn,谓李雄时祠青城山为五岳丈人,祀典与江祠等称耶?(三)抑称字为稻字讹。称字,旧写作秝,冉与白形近易讹。李冰穿羊摩江开江西稻田,或曾有稻江之名,后人为之立祠曰"稻江祠"耶?若然,则祠与山为江原之两名胜也。

⑭安汉、上朱邑、下朱邑,皆江原县辖之乡名。今崇庆县江原场、羊马场一带与温江、双流联界,俱为产大麻之名区。"黄润细布",谓细麻布,本用葛纤维制,巴、蜀人以苎麻为之,轻细如纱縠,每匹可纳于竹筒中。《蜀都赋》所谓"筒中黄润"是也(《巴志》三章亦见)。"羌筒"谓羌中竹管,尤细长,如笛(作乐器则称"羌笛")。一匹能纳于羌筒中,明其极细。《张骞传》所云"蜀布",盖即此布。

⑮小亭亦乡名,即常璩故乡,故言之特详。"有好稻田",乡在县之西南方,属羊摩江溉灌区也。"东方常氏",亦可有二解:(一)东方氏与常氏为大姓。(二)谓小亭乡之东方里,为常氏聚族所在。就文法言当用前说。然全书无东方姓再见。文井江在羊摩江更西,不得为"东方",故疑"东方"是里名。"常堤",

即常氏堤，盖常氏合族所筑以捍卫其农田兼资引灌者。《水经注》云："县滨文井江。文井江上有常氏堤，跨四十里。有朱亭。"盖即所谓小亭也。本书卷三越嶲郡"会无县"云："有天马河。马日行千里，后死于蜀，葬江原小亭，今天马冢是也。"此云堤"上有天马祠"，盖即祠此死马。《寰宇记·蜀州》"晋原县"引李膺《益州记》云"宁州有马元河（天马河讹倒）河边牧马产骏驹，一日千里。至此毙之，岸南人为立祠"是也。

⑯秦、汉、六朝临邛县，隋、唐、宋曰邛州。故城在今邛崃县南二里。后周时徙。《一统志》云："在省治西南一百八十里。"此云"二百里"晋里度异也。其城位成都平原西南端，当邛、筰、滇诸国入蜀门户。商贸所荟。"本有邛民"者，谓邛国人与所为市易之奴隶居此。县名临邛者，邛商人来返必须逾海拔三千公尺之大山（今云大相岭），有九折阪最险峻，旧称邛崃山。秦县界至此山，故名临邛。非谓临邛国界。《周地图记》云"取南界邛崃山为名"是也。

⑰此"上郡"，谓关东中原诸郡，对边疆民少赋薄之下郡言。不可体会为三十六郡之上郡。秦徙赵、齐迁虏于临邛，见《货殖传》。上郡在关内，民稀，多胡寇，亦赖山东民迁实。不可能自彼上郡徙民实此。

⑱"布濮水"，邛崃南河之上源也。源出今名山县北之石碑冈，曰"大幕水"。经名山县之朱家场至邛崃县之夹门关，与自太和场来之西源会。又东北流，经倒座庙，平落坝，平坝场，至马湖营与火井江会。会口至源头约百五十里，皆僻险山区，古为布濮民族聚居地。司马相如文"西蒲之长"，指此族也。蒲、僰、濮、仆古语皆指一族。此地濮民保存至元明年代。明代军屯遗址犹多。清代始有场镇。故晋世特称为布濮水。火井江，源出镇西山，亦东北流，与布濮水并行，经高兴场、沙坝场、何家场、高家场、油榨沱，为一夹谷，世称"火井槽"。合支流周家河后，折向东南流，至马湖营，合夹门关河（布濮水）。自此转东五十里，与清源河会，入平原即《蜀总序》之白水江也。过邛崃城南之南河桥。以下通称"邛州南河"。至新津入江。

火井场，公元前二世纪时曾出火井。盖作陂池盐井者掘出天然气。有人投以家火，遂燃烧发光焰。古人用湿絮塞之而灭。遂有人作石盘镇闭，而穿小孔泄气，燃以煮盐。亦可以竹筒吸盛其气，穿孔燃之，以代烛夜行。其气不与空气接触则不自燃，故可"拽行"也。此说明两千年前我国巴蜀地区已能利用天然气，载此科学奇迹的历史文献，甚可珍贵。

晋人记火井者，先有张华《博物志》（据《古今逸史》本），其文云："临邛火井一所，从（纵）广五尺，深二三丈。井在县南百里。昔时人以竹木投以取火。诸葛丞相往视之，后火转盛。热盆盖井上，煮盐，得盐。入以家火即灭。迄今不复然也。"（刘昭《郡国志注》引，称《博物记》作"后人以火烛投井中，火即灭绝不复然"。）

次有刘逵《蜀都赋注》曰："蜀都有火井，在临邛县西南。火井，盐井也。欲出其火，先以家火投之，须臾许，隆隆如雷声，烂出通天（刘昭《郡国志》注引出作然）。光辉（刘引作耀）十里。以筒盛之，接其光而无炭也。"刘昭注引，此下更有"取井火还煮井水。一斛水得四五斗盐。家火煮之，不过二、三斗盐耳"十七字。今本赋注无。

刘逵得其说于张载。张载曾入蜀，时则井火已绝矣。盖得其说于蜀之贾人。常璩更晚，亦只可能是得之传说。或即是得之《蜀都赋》注。要其说者去火井煮盐时间未远。

谓井火煮盐能多得者，当是火井出于盐井，其人分别引出，因其火煮之。如此者，得盐多至五斗，谓其井水浓度达于什之四五。家火煮则得盐无几者，谓井深不及出火，则卤水浓度小。亦不可得井火煮之，则不过得盐二三斗。煮盐皆熬至水蒸发尽。非火力能增减其卤之含量。

张华云"以烛火投井中即灭绝，不复然"者，盖天然气将尽，火势且灭。人投火以助之，无益于天然气之绝。非由火入井而不复燃也。

火井漕本布濮地，因火井盐利，工商业者麕集，地垦利兴，汉濮融合，乃成腹地。周置火井镇，隋升为县（《唐书·地理志》）。袁天纲为火井尉，见两《唐书》本传。故治在邛州西八十里，约当今高兴场附近。宋开宝三年徙治平落镇，去州六十里（《寰宇记》）。元时省入州，其时犹有獠、濮，与汉民称为"三班"（《一统志》）。

⑲古石山，《元和志》与《九域志》作"孤石山"。《元和志》谓在临溪县十九里。《九域志》云在火井县。《寰宇记》作"古石山"，在临溪县。《方舆纪要》"邛州"云："古城山，在州西七里，亦谓之古石山。"皆据《华阳国志》，而指地远异如此。盖各时代人各以其所知产铁地定之。以今地理推之：火井槽两岸连山，固当是铁矿地区。其铁宜是侏罗纪之磁铁矿。临溪县，后魏分临邛置（《元和志》），宋熙宁五年省为镇（《宋史·地理志》）。明改入蒲江县，在县北五十里（《一统志》）。其地当在今西来场附近，地质属第四纪黄土层，只能有褐铁矿，宋世已废为镇，采易尽也。按《常志》所言"石矿大如蒜子"乃菱铁矿，为纯铁在石中结晶。上古人类易于发见，破石得之，即可为天然铁锥。"火烧合之"，自然随沙模成各种形之铁器，故曰"流支铁"。铸铁则甚硬，故云"甚刚"。临邛古城在今城西南五里之古城坪。（即张仪城，后讹为公孙述城，瓦砾犹有存者。）《邛州旧志》云："古城山在州南十里，山有五面，亦名五面山。对拱州治，上有铁祖庙，鼓铸家祀之。"（《一统志》引）盖此一带山，古产菱铁矿石，故《志》云"石矿"，不言铁矿。铁矿，须待冶炼乃得成铁。石矿则破石即自得铁也。云"蒜子铁"，菱铁晶体似蒜子也。云"置铁官"，《前汉志》临邛"有铁官、盐官"。《货殖传》言卓氏至临邛，"即铁山鼓铸"，由是致巨富。汉武帝绾天下盐铁，夺其利，因而置铁官，国营之也。盐官之设，缘火井江与蒲江地区先有盐井故也。菱矿铁易尽。李蜀后，县地没于獠，宋、齐、梁皆不置郡县，隋唐后乃渐恢复。獠人肆取盐铁，菱铁遂尽，但存铁祖庙在八面山，今山下废铁渣犹往往发见。然则汉晋所云古石山，即今之八面山，又名古铁山也。

⑳邓通事详具《史》《汉》《佞幸传》。但言"赐蜀严道铜山，得自铸钱。邓氏钱布天下"。然邓通不能自鼓铸，其假手卓氏耶？

㉑事详《史》《汉》之《司马相如传》。

㉒陈立事具本书《先贤志》及《后汉书·西南夷传》（武英殿本卷九十五）。

㉓考广都县治曾屡徙。蜀王时广都在樊乡。其时成都平原出水不久，多沮洳，卑湿不宜都邑。故其初入平地，居九陇之郫，次徙新都，次营广都，最后居成都，亦只在赤里街之黄土地带。其新都亦只能是天嶛山附近，广都只可能是今龙泉驿至黄龙溪间之黄土丘陵区，不可设想为今双流县地。至秦世，郡下二江开通，合为"府河"，通舟于武阳，时广都县必当自樊乡徙就府河沿岸，即今正兴场（中兴场）永和场地带，或在籍田铺附近以便兼管盐井。又其后凿望川原，时县治当在牧马山下，大约当今文兴场附近，以便督导望川原水利工程。此后成都平原成为大陆。郫与三都皆徙就美田畴间。随时代需要筑城，城亦屡有徙变。《元和志》："广都县，北至府四十二里。"双流县，北至府四十里"。《太平寰宇记》："双流县（府）西南四十里。""广都县，（府）南二十七里。《方舆纪要》引《明梳志》云："广都废县在府城南四十五里。唐所置即此城也。又有汉广都城在废县东北十五里。晋广都城，在废县北十二里。"皆广都县城屡徙之证。《隋·地理志》："双流县旧曰广都。置宁蜀郡（谓桓温平蜀后，见《寰宇记》引臧荣绪《晋书》）。后周郡

废。仁寿元年改县曰双流。"《旧唐书·地理志》:"广都县,龙朔三年分双流县置。"按《常志》所言盐井、铁矿、鱼漕梁、望川原诸迹,可定秦汉广都县境为成都东南,府河两岸,西包牧马山区,东至龙泉驿,南包今仁寿县境之地。桓温平蜀时,军从广都水道入,县境因战争荒凉。其后五年(三五二,即晋穆帝永和八年),周抚斩萧敬文,再平益州,因三蜀流民集居所在,徙广都县治于西界,置宁蜀郡。隋改名"双流",取《蜀都赋》"二江之双流"为名。唐又更分其东境府河两岸地复置广都县。而其南境若今仁寿县地,则已置陵州矣。此言"郡西三十里"者,盖谓望川原附近之县城。西字当作西南。

㉔广都盐井、鱼池、皆李冰时开。皆在今仁寿县境,已详6章之注⑲。"大豪冯氏有鱼池盐井"是常氏自注语。又下十三字,则当是宋人侧注,非常氏语,或即吕大防所加,后人误镌为正文。

㉕"鱼漕梁",谓沿江作石堤分水,设笱以取鱼。小河则截江为横梁阻水,开口设笱。大河通舟航者,则顺江分水为堤,再作横梁设笱,取鱼,俾不害舟运,故曰鱼漕梁。

㉖今仁寿、井研、荣、威、资阳五县接界处,有侏罗纪地层隆穹地带富于铁矿,从来被人称为"大铁山"。在秦汉时为广都与武阳、南安、僰道、资中、牛鞞六县连界地。《前汉志》武阳、南安皆有铁官。南安产铁面甚宽,不必在此。若武阳,则唯此处产铁。应是以犍为郡治故,收归国营最早。广都则只有民营炉冶故但云"有铁矿"也。

蜀汉时,曾大量开采此山,冶铁铸兵器,见《元和志》。晋安帝义熙十年立冶官县,今仁寿建始场是也。其后铁山地区没于獠,铁冶业仍自兴盛。(隋世复立县于铁山西部,字讹为治官。唐以后又作资官,徙于铁山西南今荣县、宜宾界上。元代省,近世铁业则转入铁山东南荣县、威远界内,仍以连界场为中心。仁寿、井研铁业仍未废。)铁山没于獠人后,冶官县废。梁于其处置"怀仁郡"以抚獠民,寻亦废。魏于陵井上置陵州,周于其北界分广都立籍县隶之,隋唐世,铁山地区遂与广都隔绝。

㉗《后汉书·郡国志》广都县,刘昭注云:"任豫《益州记》曰:'县有望川源,凿石二十里,引取郫江水灌广都田。'云后汉所穿凿者。"此所谓"郫江",实即秦人所称之检江。汉徙郫县于毗河南检江灌城内,人遂混称检江为郫江也。

《水经注》:"江水东径广都县……李冰识察水脉,穿县盐井。江西有望川原,凿山度水,结诸陂池,故盛养生之饶,即南江也。"此其文是摘取《常志》语撰成。"即南江也"句,常氏所无。应是因检江于二江为南江,又自检江分水南行,故称其渠为南江。今云"新开河"者是也。

望川原,在今华阳县文兴场附近。牧马山石基曳尾露出,汉世广都人凿石开渠,引水过此山爪,灌府河西侧田畴。土堰不固,则易泛败。穿石为渠,则如灌县宝瓶口,乐山离堆渠,千百年不败,安全行灌,故曰"安稻田"。府河之西而称"江西"者,李冰开二江,至万里桥下游合为一水,称"郡江"。后世改蜀郡称成都府,乃被称为"府河"。牧马山下平原在其西,故称江西(江原县地在外江西,亦称"江西")。

《水经注》文接"望川原"于李冰事下。后人遂谓望川原亦李冰开。王先谦《合校水经注》云:"若此神功,要非李冰不能。"与常氏、任豫及刘昭语不合。成都水利,自李冰开始后,文翁以下历世皆有开凿,迄今未止,已数百渠。其实,由官民合力筹划,国力与民力结合开凿之大干渠堰,不过十余处而已。

㉘朱辰事迹唯见于此。獽、蜑,已详见《巴志》3章。

㉙成都有市官,当是秦汉旧制。故少城外有"市桥",又称为"州市"。凡汉户县至四万以上者,市居恒在一半以上,即不能不置市官。市官有长,即有丞、掾。市官仍当隶属于县,其县即不同于他县。故《常志》谓蜀郡属县五,不计成都。而成都令冯颢亦得核免郡守。后汉虽废市官,成都令地位仍与他县不同。

㉚《晋书·武帝纪》太康十年（二八九）："立皇子乂为长沙王，颖为成都王。"又卷五十九《成都王颖传》："武帝第十六子也。太康末受封，邑十万户。"颖实未就国，留京师，参预八王之乱。本书《大同志》叙在太康八年。合蜀、广汉、犍为、汶山为十万户。计实十一万一千一百户，举成数也。又《颖传》，直至败死，未改封，"永嘉中，立东莱王蕤子遵为颖嗣，封华容县王"。常氏云"改封"当指此。

十三

广汉郡，高帝六年置。属县八。汉户十七万，晋四万①。去洛三千里。南去成都百二十里。西接汶山。北接梓潼。元丰本作橦。东接巴郡。南接蜀犍为。原脱南接一句。盖以南去成都句代蜀郡也。然广汉西南接犍为之牛鞞、资中界。此不当省。本治绳乡。《水经注》引作乘乡。又作沈乡，云姜诗居。实一地。安帝永【和】初中阴平、汉中羌反，羌乱发于安帝永初元年。汉中羌乱发生于永初四年。永和为顺帝年号，上距永初三十余年。羌乱已平矣。故改一字。元初二年移涪。《水经注》引作"永初二年"，亦误。后治雒元丰本作䧩。下同。城②。王莽改曰新【就】都③。刘、李本作新都。他名本皆同《汉志》作就都。公孙述名曰子同④。益州以蜀郡、广汉、犍为为"三蜀"。旧各本不重为字。廖本加。当有。土地沃美，人士俊乂，此下旧各本皆有为字。顾广圻校稿批云，"上旧各本不重为字。廖本加。当有。土地沃美，人士俊乂，此下旧各本皆有为字。顾广圻校稿批云，"上为字错压下"。廖本删。当删移。一州称望。【然】似为赘文。汉选此下浙本有为字。并挤刻下蜀郡字。蜀郡、广汉太守，每重德刘本作得。他各本作德。疑重德上脱一字。高俊。故前有廖本脱有字。他本具。赵护、疑当作"楼护"。见《游侠传》。赵护徒以平郑躬乱入史。常氏未言郑躬事，即不当列赵护。【弟】第五伯鱼，见《蜀郡》。后有蔡、陈，表章礼物，殊于诸郡⑤。其太守著功德者，有刘【感】咸据《后汉书·独行·李业传》改。孙【宾】宝依《汉书》七十七改。蔡茂原脱。顾广圻校稿云："蔡茂，在《大同志》，又《士女赞》。陈宠。四部备要本陈下空二格夺"宠伯"二字。【伯鱼】此广汉太守。浅人妄缘上文夺茂，宠填"伯鱼"字也。茂自郡径迁司徒。宠亦至三公。而【袯】袯廖本从衣作袯。讽、尹睦、鲜于定、《四部备要》本夺定字，只空位。赵瑶皆公望也。薛鸿，疑当作汉。说在注⑥。辈，卿佐也。【而】许靖亦为上公。【及】何祗、常闳刘、钱、吴、何、《函》、王诸本作合。李本作闸。廖改作闳。皆有称⑥。此下，张、吴、何、王、浙本皆有一望字。并下连。于其上空格。刘、李、钱、《函》、廖本但空格，无望字，兹从。以处州中，益州恒明各本缺笔。治此郡。

初平中，益州牧刘焉自绵竹移雒县城⑦。筑阙门，云其地不王。云上当有占字。乃留孙脩《三国志》作循。吴、何本作修。据之。建安十八年，刘先主自涪攻围，且一年。军师庞统中流矢死。先主痛惜，言则涕泣。广汉太守南【杨】阳廖本南阳作南杨，误，兹据钱本等改回。张存曰："统虽可惜，违大雅之体。"先主怒曰："统杀身成仁，非仁者廖本无者字，兹依钱本等补。乎。"即免存官。十九年夏，雒城拔。何本作牧，与他旧本并有"雒城援"三字连。廖本无。兹从廖本，删三字（援，李本作接）。襄阳马良书诒刘，李本作诏，吴、何本作诣。《三国志·马良传》作与。诒同贻。诸葛亮曰："承雒城何、王本作县。已下，尊兄配业光旧各本作先。《函海》云"应作光"。廖本改作光。良本作固作光。国，魄兆见矣。"时州或治成都，时复治雒。为蜀渊府⑧。

案：《广汉郡序》指出其特点为土地平腴亚于蜀郡，人物之盛略与蜀郡相当。地位居全州中央，当中原往来要道，故守令恒出上选，重要比于蜀郡。旧刻每多讹脱。昔人未检校，兹校正。

【注释】

①《汉书·地理志》广汉郡十三县，户十六万七千四百九十九，口六十六万二千二百四十九。《后汉·郡国志》广汉郡十一城，户十三万九千八百六十五，口五十万九千四百三十八。合广汉属国三县户三万七千一百一十，口二十万五千六百五十二。为户十七万六千九百七十五，口七十一万五千一百九十。则仍是前汉旧境，户口仅较前汉略增十分之一左右。远逊于蜀郡增长率者，前有郑躬之役，后有羌乱频扰故也。汉末蜀乱，此郡最酷，故入晋更复锐减。《晋书地理志》新都郡户二万四千五百，广汉郡户五千一百，合计才二万九千六百户，是太康时此郡户口仅及两汉六分之一。此云四万，盖元康户数，亦仅较晋初稍多而已。

②绵乡，即姜诗故里（下详），今为绵竹县孝泉镇，在雒水（石亭江）北。元初二年（一一五）因御羌乱，太守徙居涪。羌乱平后，"治雒城"，谓刘循所固守之雒在雒水南今广汉县北金轮场也。凭绵、雒二重水以拒刘备。备围之一年乃克。今广汉县城，又其后徙（参看14章之注①）。

③按《前汉志》广汉郡班固自注"莽曰就都"。此"就"字，可疑是"新"字之讹。宋椠已讹，后世遂莫能改。知其然者，宋刻《华阳国志》本作"王莽改曰新都"。明刻刘、张二本，张佳胤用《汉志》文校改，则作"就都"，刘大昌遵用宋刻原字作"新都"。李一公亦通人也，改刻刘本，纠其谬讹，而于此"新都"二字遵用不改。当时去宋未远，蜀中不但有李㙨邛州刻本可校，亦且有吕大防成都刻本可校。李，进士也，岂能不见《汉书》？乃亦遵《常志》旧刻者，固已定其当作"新都"，或亦曾见《汉书》写本有作"新都"者，只缘非校《汉书》，故未言之耳。张佳胤后、明清学人所见《汉书》皆遵宋刻，莫能更见写本，则乃相与改易常氏原字，宋刻不可复见，遂亦无能正此误讹之《汉书》传写字矣。兹校《华阳国志》，从而校出《四史》中讹误字尚多，此其一例耳。

断定《汉志》此"就都"为"新都"之讹尚有理据数条。一为《汉·地理志》本身，蜀郡、广都县云："莽曰就都亭"。明王莽废蜀郡之广都县并入成都县为就都亭也。若其已改广汉郡为"就都郡"，则何能又于蜀郡属县下改广都为"就都亭"？广都与广汉同在成都平原中，相距仅百余里，分属两郡而作同文之两地改名，有何必要故作混淆？二为，晋并蜀初，复因蜀汉"西广汉郡"故境为"新都郡"，其郡治不在新都而在雒。别领什邡、绵竹、新都，凡四县。雒在后汉为广汉郡治，盖王莽时已然矣。王莽改雒县曰

"吾雒",什邡县曰"美信",广汉县曰"广信",涪县曰"统睦",梓潼县曰"子同"。绵竹,新都未改名。晋世不因"西广汉"旧名,亦未用郡治雒县命名,而远取偏近成都之属县"新都"以为郡名,此不可解也。夫地名因革,自有线索,不能突然而生。若依宋椠《常志》定王莽已改称广汉郡为新都郡,不用误椠《汉书》,则自然通贯无复扞格。三为:王莽好符命,又好用儒家经典文饰命名,自欺欺人以取天下。其初封新都侯,食邑为南郡新都县。篡位后,改名"新林",而广汉之新都县不改名。新林者,盖取伏生《尚书》"纳于大林(麓),烈风雷雨弗迷"之义,谓初贵时也。既篡位,国号为"新"。改益州郡名为"就新"(亦犹改犍为郡名曰"西顺",明为"向化"之意)。取去汉就新之义也。改益州部为"庸部",盖亦取伏氏《尚书》"舜生三十登庸"之养。正以广汉郡亦有新都县故也。其改广都县曰"就都亭"者,谓就并于成都也(亦可能是并于新都)。改雒县为"吾雒"者,明雒是其一别都所在,加吾字更显明也。以"吾雒"为郡治而改郡名曰新都,则其契合符命之意尤为明了。

或疑郡已有新都县,既非郡治,即不得改郡名为新都,是亦不然。《汉志》益州刺史(或牧)部,有益州郡,非刺史治。广汉郡有广汉县,非郡治。其他县同郡名而非郡治者甚多,则新都郡领有新都县而治"吾雒",非莽创例矣。

④王莽改梓潼县名曰"子同",公孙述遂改广汉郡为子同郡。皆因地方土话,本无定字,存其音而简化字形。或且是土民已经习用之简化字。在王莽辄改地名诸荒谬措施中,独此微具进步意义,应为一方人民所便,故公孙述遂以为郡名。此亦犹汶山人改"蚕陵"字作"八陵",《郡国志》亦遵用之。约定俗成,既久,未可强废也。(八为蜀人古写之蚕字,象两蚕对望待词之形,说在《蚕丛考》。)

⑤此言虽"三蜀"并称,朝廷特重蜀与广汉两郡。选用太守,每能注意其才与德。"高俊",谓才能出众。例如前汉的赵护(广汉)、后汉初的第五伦(蜀郡),和以后的蔡茂、陈宠(并广汉)。赵护唯以镇压农民革命著绩(另详附录《郑躬事件》)。第五伦自蜀郡入为三公。蔡、陈皆于广汉太守任中屡参朝廷议论。蔡茂在郡,论董宣纠湖阳公主事,光武纳之,见《后汉书》列传第十六。陈宠在郡,"廷尉有疑狱,辄手笔作议,所活者甚多",见《东观记·宠传》。常氏谓"表章礼物,殊于诸郡",盖谓如此之类。

⑥自"其太守"至"皆有称"六十余字,为兼论蜀、广汉两郡太守位望后,另起为单叙后汉广汉太守专条。列举太守十二人。除校正旧刻讹脱外,汇列诸人参考资料如下:

刘咸,《后汉书·列传》第七十一附见《李业传》。王莽居摄时为广汉太守,欲屈杀李业者,非贤守也。然能因客规谏改过,出业于狱,"因举方正"。旧讹刘感。

孙宝,《汉书》卷七十七有传,鸿嘉中为益州刺史,哀帝时以丞相司直出为广汉太守。"蛮夷安辑,夷民称之。征为京兆尹。"在刘咸稍前。旧讹作"孙宾"。

蔡茂,《后汉书》列传第十六有传,东汉初为广汉太守"建武二十年代戴涉为司徒"。旧刻脱茂字。

陈宠,《后汉书》列传第三十六有传,章帝时为广汉太守,和帝时擢为大司农,"代徐防为司空"。《东观记》卷十九已有传。"自郡径迁司徒"者蔡茂,字子礼。"伯鱼",第五伦字,非广汉太守,亦非迁司徒。当正。

祋讽,《后汉书》附见《来历传》。延光三年为光禄勋,与将作大匠来历等固谏废太子。又附见《陈忠传》(《列传》第三十六),作"建光中,尚书令祋讽",又云:"顺帝之为太子废也,诸名臣来历,祋讽等守阙固争。"祝字显为祋字讹。章怀注《来历传》云:"祋音丁外反。"《说文》:"祋,殳也。"引《诗》"荷戈与祋"。又汉左冯翊有祋祤县,字从衣。颜师古注:"祋,音丁活反,又音丁外反。祤音诩。"要不出

"殳"音之变。讽无传,未知其何时作广汉太守。以人事推,当在建光(一二一)前。

尹睦见《后汉书·党锢·尹勋传》。云勋"伯父睦为司徒"。勋,顺桓时人。则睦作广汉太守当在安帝时,后亦至三公也。

鲜于定,无考。

赵瑶,灵帝时为蜀郡守。献帝初转广汉。已见《蜀郡序》之末章。

薛鸿亦无考,疑为"薛汉"字讹。薛汉入《后汉书·儒林传》:"字子公,淮阳人也,世习《韩诗》。……永平中为千乘太守,政有异迹。从坐楚事辞相连,下狱死。"同卷《杜抚传》:"受业于薛汉。"本书《先贤志》言抚"少师事薛汉",皆未言其曾至淮阳,千乘及京师就业。疑汉亦曾作广汉太守,杜抚时方少,自犍为赴广汉就业。汉代经师作守令,多兼讲学。汉世重"经德"。史称"当时言《诗》者推(薛)汉为长",故常氏拟云"卿佐"耶?

许靖,《三国·蜀志》有传。刘璋时为巴郡、广汉太守。转蜀郡。逾城降刘备,为太傅,至司徒。

何祗见《三国·蜀志·杨洪传》及裴注引《益部耆旧传》,本书《先贤志》与《后主志》。后主时为广汉太守。

常闳,见本书《后贤志·常勗传》:"从父闳,汉中、广汉太守。"亦当是后主时。

⑦《前汉志》广汉郡治梓潼。雒县为"都尉治"。《后汉志》广汉郡治雒,亦"刺史治",前汉当同。刘焉为州牧,治绵竹,后徙成都。蒋琬常驻涪,费祎常驻葭萌,皆本郡地。其后刺史皆治成都。

⑧此节杂取《三国志》之《二牧传》《先主志》《庞统传》《马良传》为之,借以说明雒城地位之重要。惟张存论庞统一则独见此书,亦由其是广汉太守,故羼入也。

蜀中历史形势,北防重于三方。外倚汉中、武都阴平山水之阻。内则葭萌阻白水,西汉水,为第一防线,剑门、马阁、江油诸山道,为第二防线,涪城阻涪水,为第三防线,鹿头、黄浒山水捍卫,为第四防线,雒城阻石亭江、雒水,为第五防线。成都屏障尽于此矣,皆广汉郡地也。诸葛亮极力经营汉中。费祎死于葭萌。姜维扼守剑阁,诸葛瞻失涪而扼黄浒(绵竹),刘璋惟守雒城,则皆不免于速亡。御寇于门墙之内,得苟延一年之命,已云幸矣。故先民之言曰:"御盗于藩垣之外。"又曰"守在四夷"。《常志》于广汉郡突出雒城事,殊有意义。

十四

雒县　郡治①。【泛】沈旧各本讹作泛。廖本注"当作沈"。乡旧各本"泛乡"上连,下乃空格,甚至提行。以"郡治泛乡"为句。兹移正。有孝子姜诗田【地】宅,姓族②。大姓有镡、李、郭、翟氏③。

绵竹县　刘焉初所治④。绵与雒,各出稻稼,亩收三十斛,有至五十斛⑤。旧各本皆作"十五斛"。廖本改作"五十斛"。是。汉时,任定祖旧各本此下有安字。廖本删。是。以儒学教,号侔洙泗⑥。有多士,秦、杜为首族也⑦。

什【仿】邡廖本件仿。县⑧　　山出好茶⑨。杨氏为大姓。美田。有盐井⑩。

新都县　　蜀以成都、广都、新都为三都，号名城⑪。有金堂山。当作峡。水通于巴⑫。汉时五仓，名万安仓⑬。有枣，鱼梁⑭。多名士，有杨厚、当作序。董扶。当有误。又有四姓马、史、汝、郑者也⑮。

五城县　　郡东南。有水通于巴⑯。汉时置五仓，发五县民，尉部主之。"尉部"当倒。后因以为县⑰。玄武山，一名三隅山，在县东二里。其山六屈六起。山此处原有脱。用《寰宇记》引文补二十字，当旧写本一行。出龙骨。云龙升其山，值天门闭，不达，堕死于此。后没地中。钱写本脱中字。故掘取得龙骨⑱。

郪县⑲　　有山原田⑳，富国盐井㉑，濮㉒疑当重濮字。出好枣㉓。宜君山出麈，顾观光校作尘。尾特好，入贡㉔。大姓，王、李氏㉕。又有高、马家，世掌旧各本作常。廖本改作掌。部曲。蜀时，高胜、马秦旧本皆作泰。廖本依《李严传》改作秦。皆叛，伏诛㉖。

广汉县㉗　　有山原田。蜀时，彭【义】羕廖本注云"当作羕"。《三国志》传文不误。有俊才。晋世【改】旧各本皆只此改字。廖本注云："当作段。下当有容字。段容见《后贤志》。"段容号令德；故二姓为甲族也㉘。

德阳县㉙　　有青石祠㉚。山原肥沃，有泽渔之利。士女贞孝。唐百川校云：《御览》五百五十六引，作"山原沃美，有泽原之利。士女多贞孝。"望山乐水，土地易为生事。车骑将军邓芝此下，顾观光依《御览》补"方之邓林"四字。雅有终焉之思，后遂葬其山㉛。太守夏侯慕《三国志·秦宓传》作纂。未定孰是。时，古濮为功曹。康、古、袁氏为四姓，大族之甲者也㉜。钱写本无也字。

刘氏廷熙中，分广汉四县置东广汉郡。咸熙初省㉝。泰始末，《晋书》作泰始二年。又分置新都郡。太康省㉞。末年，又置【蜀】新都王国晋世无"蜀王国"。按《后贤志·常骞传》当作"新都王国"。蜀郡常骞为内史。永嘉末省㉟。按《晋书·成都王颖传》："永嘉中，立东莱王蕤子遵为颖嗣，封华容县王。"是颖初封成都王，失权后降封新都王。至永嘉继绝世，乃立遵为县王。然则新都王国已除废。当在永嘉五年，颖败死时国除也。

案：广汉郡属县，较前汉已分出广汉属国三县，增置德阳一县。较后汉已分出梓潼、涪、葭萌、白水四县为梓潼郡，又增置五城一绵。故为八县。

【注释】

①广汉郡治，上文云"本治绳乡"，谓姜诗故里之乘乡也（下条详）。"后移治雒城"，谓元初羌难定后，各郡太守罢兵还治，广汉太守遂徙治于雒水（今石亭江）南岸之雒城也（今广汉县北金轮城也）。其地近凭雒

水，外捍绵水，足以御敌，故刘备围雒城一年乃克之。平原中城易移徙，大约是刘备破雒后，城邑败坏，已更徙筑。历南北战乱，雒县城已徙至今广汉县位置（即唐以来之汉州）。城虽屡徙，县名不改。元省县入汉州。民国改曰广汉县也。历世地理书莫能详及雒城转徙遗迹。每有执一地以读《华阳国志》与《水经注》者，则多牴牾难通。故略因史事辨订之。

②此谓沈乡为姜诗故里。《水经注》云："汉高祖六年，乃分巴、蜀置广汉郡于乘乡……后治雒县。"此明是用《常志》说，以"乘乡"与"雒县"为两地。用以回校常文，可定"雒县郡治"为句。不当因上文"本治绳乡"而混为一。此下"沈乡有孝子姜诗田宅姓族"为句。谓县属之沈乡有此名迹可传。不当以郡治沈乡为句也。绳、乘、沈古同音 chén。（今读绳为 shéng，与乘、沉微异。然《广韵》作"食陵切"，《集韵》《韵会》《正韵》皆"神陵切"，并音乘。）三者为一地，传者作字不同。《水经注》又云："（雒）县有沈乡，去江七里，姜士游之所居。"与上文别为乘、沈二字，读者每误会县旧治之"乘乡"与姜诗里之"沈乡"是两地。不知郦氏文是杂取当时所有各种地理书纂合以成。传姜诗故里"去江七里"为另一书，非用《常志》故所言地名音同而字异，实一地也。

姜诗与其妻庞氏孝行，详具本书《广汉士女》与《后汉书·列女·姜诗妻传》及《水经注》卷三十三。其故里在今绵竹德阳界上之孝泉镇。《后汉书》作"汜乡"，亦沈乡之讹，与《常志》旧刻作"汛乡"均当用《水经注》正。本是雒县旧治，故姜诗孝行易于上闻。县徙至雒水南后，仍称故邑为"沈乡"。地处平原中，更南北朝之乱，县城屡徙，县境屡更，今乃成为德阳、绵竹界上之一镇。（西北距绵竹三十里，东北距德阳四十里，西南距汉州〈今广汉〉六十里，距金轮场三十里。）隋唐世属德阳县，宋《元丰九域志》属绵竹县，六朝以前属雒县，皆有文籍可据。

封建道德首重忠孝。故姜诗以布衣显名当世。后汉明帝永平三年（六十），察孝廉至京。"显宗明帝诏曰：'大孝入朝，凡诸举者，一听平之。'由是皆拜郎中。诗寻除江阳令。"卒后，"乡人为之立祀"，香火延至近世。甚至"赤眉散贼经诗里，弛兵而过。……遗诗米肉"（并引《后汉书》）。传姜诗母嗜鱼，诗夫妻勉供之宅侧涌泉，日出双鱼以之应。故宋治平中诏改姜诗里为"孝泉镇"，名故泉为"孝感泉"。近世姜祠香火犹盛。清代有人撰《三孝记》传奇，搬演诗夫妇及其子安安孝行故事。每岁必迎名剧团演之，为一方盛会，由历世夸张，深入人心也。常氏此言"田、宅"，志其所居与业，盖农民也。"姓"谓其子孙后裔，"族"谓其族人聚居者。不为大姓，四姓，但以孝称而已。

③雒县人物，前汉有乌桓校尉郭坚，后汉有司隶校尉郭贺。文学李尤、李充。将作大匠翟酺。又有武威太守、南阳折侯张江名雒，后裔改姓折。折、翟为同音姓，盖通谱，为雒有二翟也（并见《士女目录》）。惟镡氏在雒无名人。

④汉绵县故城，今为德阳县之黄浒镇，在鹿头关内绵水西岸。当时辖境，包有整个绵水流域，即今德阳、绵竹两县地。北道来赴成都者必先经此。成都恒借此城与绵水鹿头为屏障以卫此大平原，故历世为军事重镇。刘焉初入蜀，疑贾龙等，未敢遂入成都，但驻此为进退之备也。

⑤古以十斗为斛。若古斗与今斗同，则斛即是石。以今量计，每石约重百五十斤。三十石则重四千余斤；即在今日水稻最高产量不能及此。便十五斛，亦合二千余斤，古不能有此产量。以生产条件综合估计汉、魏、晋世水稻亩产量不能达五百斤。绵、雒虽美稻田，平均亩产四百斤已成奇迹矣。于此可以证明汉、魏、晋斗、石实量与今不同。大抵古一斗只相当于今之一升。而古斛，只相当于今之一斗。古斗字亦作斜，从豆。豆为盛粟之祭器，约容今之一升。以此核本文稻产量，斯近理矣。

《汉书·百官公卿表》颜师古注云："汉制，三公号称万石，其月俸各三百五十斛谷。其称中二千石者，月各百八十斛。二千石者百二十斛。比二千石者，百斛。千石者，九十斛。六百石者，七十斛……二百石者，二十七斛。百石者，十六斛。"二百石为长吏最低秩。百石为吏掾之禄，"百石以下，有斗食佐史之秩"。又注《汉官名秩簿》云："斗食，月俸十一斛。佐史，月俸八斛也。一说斗食者，岁俸不满百石，计日而食一斗二升。故云斗食也。"（即谓计日而食之俸，只当今日一升二合。）顾名思义，斗食者，仅可糊口之禄食也。"月俸八斛"，若以斛百斤计，亦已八百斤，足供十六口人一月之费矣。斛为十斗，则八十斤，已足供二口有余矣。足见汉、晋之斛，只合今之十斤而已。解放前，成都平原水稻田，岁收中稻一次，产量以二百斤为率。汉晋世绵雒田，年产三百斤为可能，五百斤为最高矣。

⑥任安，字定祖，《后汉书·儒林》有传。又见《方术·董扶传》及本书《先贤志》。

⑦绵竹名士，后汉最多，杨厚、寇欢、刘宠、董扶、任安、杜真、秦宓、郑度，均见《士女目录》，杜真仅以义士称。

⑧什邡县，《前汉志》作什方，《高惠文功臣表》作汁防，《后汉志》作什邡。盖录蜀人本语之音，故无定字。本蜀国之要邑，秦已置县，故《汉志》列于郡治梓潼之次，明其历史地位更重于涪、与雒也。原县境甚广阔，半为山地，半是平原。大抵蜀王内徙后，其族人先就高地，停滞于海窝子及绵、雒二水之上游山地区颇久。后乃从瞿上及高景关等山口下入平原。故其山地及平原农业于蜀地开发最早。秦灭蜀，郫与什邡皆为大县。李冰治湔堋后，特为什邡开绵洛稻田，其后乃分什邡置绵、雒二县也。

⑨什邡后山，历世皆出好茶。茶树风候土质特宜故也。此云"山出好茶"，自是就汉晋时言。《诗·谷风》："谁谓荼苦，其甘如荠。"系泾渭间平民之诗。唐陆羽《茶经》与宋魏了翁文，皆说茶（《尔雅》"槚，苦荼"之荼）即汉以来之茶字。可疑我国什邡县山产茶最早，自周代即为商品行销关陇（关陇非产茶之地）。是否尚待考订，然值研究茶业史者注意也（宋代什邡曾设买茶场，见《九域志》）。

⑩什邡又为成都平原内唯一产盐之县。其盐井，盖李冰所开，故能著于《常志》。晋时，应是陂井，宋以来亦改竹筒井，直至近年未废。水淡流小，为不利条件，然燃料廉便，近销广大山区夷区，比值廉近，故历世不息也。"美田"谓绵、雒浸灌田也。

⑪新都，蜀王旧邑。秦已置县。县境东抵云顶山金堂峡，宋咸淳二年（一二六六）始分置金堂县。

⑫金堂山谓金堂峡岸两山。《一统志》引《通志》云"两山拱峙，河流其中，相传望帝相鳖灵所凿。宋转运使韩璹复修之以通楫"。今赵家渡（金堂新治）峡口岸山是也。沱江会绵、雒，穿龙泉山脉北段成此峡，至江阳（今泸县）入江，皆可行舟，故曰"水通于巴"。峡东岸山之南端，即云顶山，宋余玠设"四柱八极"之山城以御蒙古，此一柱也。

⑬汉世，各郡建五仓，以储粮赋，备灾祲。广汉郡最大者为万安仓，建于新都县东界之万安山上。山为三段相缀之一黄土邱陵。土质坚致，排水良好，故宜建仓。北近绵、雒，西连郫、繁、三都，南通巴楚，粮谷集散均便（去金堂峡口只十余里）。山以仓名，今犹沿称。世俗讹言，"相传洪水时，居其上者万人俱得免。因名"（《一统志》），妄也，谓曾有荒年赖此获救者万人，则或然矣。他四处未详所在，要必在其附近、金堂山与鹿头山间高亢处，居全郡中央。又由下五城县文，足以知也。

⑭"有枣"谓金堂山区产枣。下部县云"出好枣"，部家连金堂山，故亦产枣也。迄今此一山区，犹以果园业著名。有"鱼梁"者，县境多大河岔港，亦如广都之多鱼漕梁也。

⑮杨厚，《后汉书》有传（《列传》第二十），本书《先贤志》与《士女目录》作杨序。考厚字讹。董扶，《士

⑯ 五城县今为中江县。隋改玄武县，宋改名中江。有中江水从罗江县入境，水量虽不大，县治以下平缓，通舟船，旧称"五城水"。入涪处，称"五城水口"，即今三台县治所在也。舟运入涪转巴，从来自荆楚入蜀，乐从内水（涪江）。又乐循此水至五城，逾山入新都取捷。故曰"水通于巴"。

⑰ 汉世习称县为城（《后汉志》足证）。汉征五县民营造五仓时，仓地多在中江水侧，以广汉部尉督之。遂因部尉所驻立县，称五城县。应征役之五县，当为郪、涪、绵竹、雒、与新都。此地最居中，故部尉恒驻此。部尉，郡都尉也。

⑱ 五城县地质，属上侏罗纪。此种地层中恒有完整之恐龙及古犀象化石。近年于合川、开江发现恐龙化石，已非一处。玄武山龙骨，盖恐龙化石发见之最早者也。全角似龙，隐于地中，昔人不解其理，妄谓天龙死而没地。吴普作《本草》以入药焉。

⑲ 郪县故城，在今三台县西南九十里，菊河场附近，古郪王国邑也。世称"郪王城"，（本书《李雄志》），宋时犹存基址（见《寰宇记》）。秦灭郪置县。郪王城外有小河，南经蓬莱镇，折而东流入涪，曰郪江，其会口曰郪口。都江不通航，然自古有名。盖战国时巴与蜀往来之捷道为：自垫江（今合川）入涪，至郪口陆行，循郪江至新都大渡（今金堂之赵渡），入成都平原。郪王之国实绾此道，成为巴与蜀间之缓冲部落，从而得交好于蜀与巴，兼取其文化物资，以发展地方经济，克成为四川盆地内紫土丘陵区生产发达最早之一部落。故秦灭巴、蜀后，并灭之以为县也。秦汉在四川盆地内县治，皆依水运节点，惟郪与梓潼，既离水运线，又非在冲积平原中，而只在紫土丘陵内。盖皆由其为交通要道上之故国，要邑也。隋大业初，徙郪县于五城水口、郪王旧城乃废。时则巴蜀往来，恒取中江（五城水）一路，不复过郪王城矣。

⑳ 高平曰原。《常志》于郪、广汉、德阳三县皆强调"山原田"者：广汉郡八县中，惟此三县无大山，少冲积平原，全属白垩纪地层之紫土丘陵。此种丘陵为砂岩与紫色软页岩交互层叠之浅山浅谷。其砂岩层皆形成绝壁外露，页岩层则风化为紫色耕土平铺其上，层层内缩，以至山顶。旧称此种耕土为"山原田"，义为山丘阶层之平田。此三县与五城县之一部，皆是如此地质，具有如此耕土，与成都平原和涪水中游平原不同也。巴西、梓潼两郡，亦多是此种山原耕土，然在汉世全属旱田，利用瘵低，故其人之诗歌曰"山崖惟平，其稼多季"（《巴志》）。不似郪等三县，已于如此山原上筑成梯级水田，种稻麦，利用率高，故特称之也。

㉑ "富国盐井"，汉晋间都甚著名之盐井，盖亦如隋唐时之"陵井"（今仁寿县），唐、宋时之"富世井"，（今富顺县），皆李冰法式陂井也（其后亦皆改作筒井）。近世三台、中江、蓬溪、射洪等县皆多产盐筒井。胖子店、（隋、唐、宋之飞乌县，元明并入玄武县，改名中江。）蓬莱镇（原郪县地，郪县徙后属铜山县。元省铜山，蓬莱镇划属蓬溪县）为最集中。皆郪王故地。今尤有"通山井"地名而无盐井，（地在菊河场西二十里，盖唐宋之通山井，曾设铜山县处）。疑即汉晋世所谓"富国盐井"，自筒井兴，乃与陵井、富世井同废也。

㉒ 此"濮"字，当上承有字为句。谓郪国本为濮族。经秦、汉、及晋，犹有保持旧俗之濮民。疑《尚书·牧誓》"庸、蜀、羌、髳、微、卢、彭、濮"之濮，即郪王先世部族，在百濮中，缘近蜀，故得成先进。亦缘自负先进，族性顽强，故有入晋犹保持旧俗不变者也。（彭是阆中古部族，秦称"彭道"，说在《巴西郡》《阆中县》。卢即奴。说在《巴志》3章。微，尚难定。）

㉓紫土丘陵宜枣，故郪县"出好枣"。或以"濮出好枣"为句，对下"宜君山出麋"成文。则濮下当有脱字（如乡、亭、里、邑字）。疑原重有濮字，谓濮人住区出好枣。传写者误夺之耳。盖濮人受统治者压迫，必渐退入山地。郪西北与新都界金堂山（今云龙泉山脉）相连。新都县云"有枣"，与郪之"濮出好枣"适成一片。常文因县有濮人，而缀以"濮出好枣"。他县亦多有如此法式，如"临邛县"："有布濮水从布濮来。"因即叙布濮火井之类，不胜举矣。

㉔宜君山，《寰宇记》引《九州要记》云："玄武山一名赤雀山，一名宜君山，有鹿，尾入贡。"《方舆纪要》引作："一名朱雀山，一名宜君山，又名大雄山。"《清一统志》元武山云："在中江县东。……《明一统志》：在县东南，一名大雄山。旧有真武祠，今废。水中之石多若龙蛇纹。"又"五城山"引"旧志"云："山在今县东郭外，隔河一面陡峻，余皆阶级层层如梯。"审此，则所谓"玄武山出龙骨"者，在今中江县东，隔江（即五城县东二里），一名五城山，系紫土丘陵，故出龙骨。由对城一面受江蚀削而峻。其尾六屈六起似龟蛇，故称玄武（汉儒说玄武为龟蛇连体）。后人因而立真武祠。又因其赤色壁立似火焰，科举时代喻为文峰，为南方朱雀之应，呼为朱雀山，隔江对县城，则东南亦为南也。此与宜君山本不相涉，后人妄相引合，脱离实际也。宜君山自是郪县山名，当是郪王城西之大山，故产鹿类，不得与玄武山混。

"出麋"，《九州要记》作鹿。《函海》注麋下云："当作鹿。"顾观光校作"出尘尾"。注云："尘，原误麋。依《广韵》九虞，《御览》七百三改。"尘尾，古作拂尘用固矣。麋、鹿尾美，古以为珍味，皆可入贡。

㉕《先贤志》与《士女目录》郪人有王堂、王稚及王祐、王博、王遵、王商、王士、王甫，与李朝、李邵、李邈，皆大官。故曰"大姓王、李氏"。

㉖高胜、马秦事，见《三国志·李严传》。汉魏时，边郡大姓皆有奴隶编队供战斗，称为"部曲"，本书屡见（说在《涪陵郡》）。腹郡中惟见于此。疑高、马皆旧大姓，有奴隶军队残存。因与资中界大姓私争，妄合族众越郡界寻衅，实非反叛。故虽号称"数万"，李严"但率将部士五千人讨之，"即能"斩秦、胜等首，枝党星散，悉复民籍"。严亦夸诞言之以自诩也。

㉗汉广汉县治，在今射洪县北三十里梓潼水口之小味坝。旧曰"小广魏"，对广汉郡言，称小广汉。六朝魏人改广汉为广魏，对广魏郡言，称"小广魏"。俗讹为"小广味"，又讹为小味坝也。

㉘彭羕，《三国志》有传，本书《先贤志》有赞。段容，字仲宗，广汉人。见《士女目录》及《后贤志·常勗传》。《目录》广汉人士，尚有严象、赵翹、张钳、宁叔、周幹、彭魍，官至二千石者只彭羕、段容二人。故"二姓为甲族"。

㉙德阳县，前汉无，后汉有。始置年岁无考。《巴志》云：巴郡"北接安汉、德阳"，明其位置在垫江县西北界外矣。《三国志·张裔传》："张飞自荆州、由垫江入。（刘）璋授裔兵，拒飞于德阳陌下。"陌，城外田间也。《史记·龟策列传》："故牧人民，为之城郭，内经闾术，外为阡陌。"龚煦春《四川郡县志》云："唐宋青石县，即今蓬溪县之青石坝。由镇沿涪江东南行五十余里，即今之潼南县。其东南有下县坝，即古德阳陌，亦即后汉之德阳县治。"今按：龚氏之书，考订四川古县城，如飞乌、小广魏、德阳、武隆等处，皆从地理实践中多发前人所未及，为一代创见。所定汉德阳县城位置，近之矣，犹未甚准也。下县坝一作"下乡坝"，在今潼南县治西北十里，又西北去双江镇亦十里。龚氏盖以双江镇为潼南县治。潼南县建于清末民初，原曾拟设治于双江镇，后决治小潼坝，在下县坝东南十里矣。下县坝水平缓无险，不利于守。小潼坝或双江镇地较险要。疑下乡坝是古德阳县治，张裔所守德阳陌则是小潼坝或双江镇也。

㉚青石祠，祖青石山神之祠也。《元和志》卷三十二"青石县"云："西北至（遂）州七十里。……青石山，在县东南，水路五十九里。旧巴蜀争界，累年未分。一朝密雾，石为之裂破，从上至下，直若引绳。因此定遂、合二州之界。"《寰宇记》卷八十七青石县云："青石山有祠甚严。《九州要记》云：'此山，天下青石无佳于此，可为钟磬。"亦传青石自裂息争说，云是"汉高帝八年"事。时无合、遂二州，与《元和志》不合。又谓"因共立祠。民将采石，必先祖之"。顾祖禹《方舆纪要》卷七十一蓬溪县又引《益州记》云："青石岭有九折，亦名九节岭，九岭溪水出焉。山下有九节镇，其东麓入合州界。"则青石山即合川西北蓬溪界上之龙多山也。所谓九节镇，当在今合川二郎场与潼南三合场之间，以产坚致之青石著名。采石者立祠以祀山神，从而傅会为若干神话耳。

　　青石，即黛石也，巴地新石器遗址中石器刀、斧、凿、削及饰物用青石制成者甚伙，古磬即多为青石制成，然则此山采石历史悠久矣。龙多山，为白垩纪地层之穹窿部分，故自侏罗纪露出此石层。凡坚致石层，如页岩与砾岩，砂岩层当地壳穹隆部，恒易直裂。青石山因裂处为界，理有可能。

㉛邓芝墓，《寰宇记》云在青石山。《一统志》引《旧志》云："在蓬溪县南一百里。或曰：在遂宁县北二十里凤台山。"今按：一九七二年春过遂宁，闻城西南石马坝山嘴新开汉墓，有陶马等物，赴县文化馆访问，陶马等明器已在展览后运走。墓穴在石马坝上山嘴紫页岩层凿造，有羡道、墓室，室中更凿壁为二龛，殉葬物已空。紫页岩已微有风化崩解。羡道有两重砖拱门，陶砖散存者皆有几何凸纹，无文字。确是汉墓。其下平坝（河原），石马及阙与碑皆已无迹，但存其名。窃疑即邓芝墓。考遂宁唐时始置县，因南齐"东遂宁郡"旧名，郡治"小汉"即汉之广汉县故治（小魏坝）。其西遂宁郡即今之蓬莱镇，亦即齐、梁、陈之遂宁县，南宋时省入蓬溪。前汉广汉县，后汉分南境置德阳县，分界处在今遂宁县城北。凡今遂宁县城，与其西之石船山，灵泉山，石马坝，安居坝，其东之广德寺至蓬溪砦诸处皆属德阳县。故石马坝汉墓，无论就墓葬规制与地理沿革言，皆可定为邓芝墓也。按东汉末年各地墓葬制度，中二千石以上墓，皆可树碑立阙，墓道列石兽。三国时，曹操与诸葛亮皆禁厚葬，然蜀之大官仍有窃为之者，如汉嘉王谋墓，龙泉山霍峻墓，大邑赵云墓，皆有石兽表墓道，惟碑阙皆不存，疑是畏明法。此邓芝墓与葭萌费祎墓（前详）皆有石马，无碑阙。故经六朝及獠乱后，人遂不能定其为何人墓也。

㉜古朴为郡守夏侯纂功曹，王普为主簿，并见《三国志・秦宓传》。此作夏侯慕与古濮，未定孰讹，又失王普。疑所据是黄崇《蜀书》非《陈寿志》。

　　"康、古、袁"只三姓而曰"四姓"，成都县以柳、杜、张、赵、郭、杨为"四姓"，皆可证"四姓"为助县之世吏所出大姓之习称，别于"大姓"。犹"九卿"之不必为九数。后汉至十余卿，仍称"九卿"，有时不具，亦云"九卿"（参看12章之注⑥）。

㉝《晋书・地理志》云，东广汉郡，"刘禅建兴二年（二二四）立，"与此微异，又云"蜀平，省东广汉郡"，则与"咸熙初（二六四）省"合。咸熙只一年，即灭蜀之次年也。吴增仅《三国郡县表》云："后主分广汉四县置，治郪。"今按四县，五城、郪、广汉、德阳也。若其时郪县犹治郪王城，以地理形势论，则郡当治广汉。若果治郪，则郪县当已徙治五城水口。然《晋书・谯纵载记》犹云："（侯晖）与巴西阳昧结谋，于五城水口共逼纵为主。"则晋世郪县犹未徙。则东广汉郡治应非在郪。

㉞《晋书・地理志》梁州、新都郡："泰始二年置（二六六）。统县四，户二万四千五百。"四县，雒、什邡、绵竹、新都。皆在成都平原中。

㉟成都王国，已详12章之注㉚。《大同志》云：太康"八年（二八七），武帝子成都王颖受封，以蜀郡、广

汉、犍为、汶山十万户为王国、蜀郡太守为成都内史。"颖实未之国，留洛阳。惠帝永熙九年（二九九）出镇邺，永宁元年（三〇一），与齐王冏起兵讨赵王伦，诛伦，惠帝复位。颖还邺，于时贤名卓著众望所归。太安元年（三〇二），长沙王乂攻杀冏（河间王颙亦超兵讨冏，请以颖代之）。二年，颙与颖合兵讨乂。明年（三〇四，改元永安又改永兴），乂败死。颖为太弟、丞相、都督中外事。颙为雍州牧，仍镇关中。颖专任私党，始失人望。东海王越奉帝讨颖。颙遣将张方助颖，遂据洛，切颖与帝赴长安。豫州牧范阳王虓，徐州牧东平王楙奏："颖弗克负荷，宜降封一邑，特全其命。"（并据《通鉴》卷八十五）。颖坐废。其后东海王越檄聚山东兵讨张方，颖败奔新野，更走朝歌，聚众图再起。被执，送邺，并其二子见杀。终身未曾入蜀。蜀地则自永康元年（三〇〇）赵王伦诛贾后，赵廞据地自擅，李特等农民军堀起，浸据其地。王国亦有名无实。成都内文徒有虚名。而本书《后贤志·常骞传》云："从（成都）王起义有功，封关内侯，迁魏郡太守，加材官将军。以晋政衰，睹中原不靖，固辞去官，拜新都内史。"然则成都王颖失权后，似曾因范阳、东平二王请，降封为新都王。故常骞为"新都内史。"时间当在公元三〇四年。李特、李雄初亦称成都王。三〇四年，乃称成帝。然则，成都王颖作皇太弟时，已失其封国矣。

十五

犍为郡，孝武晋代人当称汉武。盖李寿国号汉，故凡汉帝皆不加汉字。建元六年置。时治鄨①。此下廖本注云"当有属"字。今按《汉志》十二县无鄨。若治鄨时即不是属十二县。应是下脱"其后"二字。谓鄨属牂柯后，乃为十二县也。其后县十二，【汉】户十万②。鄨，故犍为地【是】也。鄨有犍山，见《保乾图》③。元丰本此下空五格。刘，张本提行。武帝初，欲开南中，令蜀通僰、青衣道。建元【年】中，旧各本皆作"是元年"。廖本改作"建元年"，又注"年""当作中"，兹从廖本。僰道令通之，费功无成，百姓愁怨。司马相如讽谕之④。司上当有"帝使"二字。使者唐蒙将南入，以道不通，执令，将斩之。今廖本无令，此据钱本等补。叹曰："忝官益土，恨不见成都市。"蒙即令送成都市而杀之。蒙乃斩石通阁道。故世为谚曰"思都邮，斩令头"云⑤。后蒙为都尉，治南夷道。元光五年，郡移治南广。太初二字旧脱，廖本据《水经注》补。四年，益州刺史任安城武阳。孝昭元年，郡治僰道，后遂徙武阳⑥。至晋，属县五，户二万。去洛三千二百七十里。东接江阳。南接朱提。北接蜀郡。西接【广】汉嘉。旧各本俱作"广汉"。顾广圻校稿，圈"广汉"，改"汉嘉"。批"癸酉校定"字。廖本不改，注云"当作汉嘉"。兹径改。王【桥】乔渐、廖本作桥。升其北山⑦。彭祖家其彭濛⑧。元丰本作濛，他各本作蒙。廖本于家字下注云"当有误"。此字下云"当作冢"。查顾广圻校稿云："蒙当作冢。彭冢见《水经注》。"今按，彭蒙，山名。《岑彭传》作彭亡。《桓温传》作彭模。刘昭引《南中志》作彭望。《元和志》云"亦曰平无"。《寰宇记》作"彭女山"，"又名彭亡山，亦云平模山。"《水经注》："江水自武阳东至彭亡聚，……谓之平模。"下云："此地有彭冢，言彭祖冢焉。"非谓山名"彭冢"也。濛、蒙、模、亡、无、汝音近，蜀人山名不当混为冢字。白虎仁于广德⑨。宝鼎见于江溉⑩。刘、李本作江流。绥吴、何、王本误作缓。和【五】元年，绥和只二年，成帝崩。五字当是元字之讹。又上宝磬十六。刘向以为美化所降，用立辟雍⑪。此下，旧本皆有而字，绥其下八字承上为句。大谬。兹删而字，以士、女八字属下。说在注。【而】士多仁孝，女性贞专。王莽改曰西顺，郡人不会。更始都南阳，远奉贡职。及公孙述有蜀，郡拒守。述伐之。顾观光校云："《书钞》百十八，伐作攻。与《御览》合。"郡功曹朱遵逆战，众寡不敌。遵绊马死战。当倒作战死。遂为述所并。而任君业闭户，费贻素隐⑫。光武帝嘉之曰："士大夫之郡也。"

郡去成都百五十里，渡大江。昔人作大桥，曰汉安桥。顾广圻校稿批"安汉。《水经注》"五字。今按：安汉，巴西县名，犍为不至袭用。他汇书亦未见作安汉桥者，《水经注》亦误倒耳。广当作长。一里半。每秋夏水盛，断绝。岁岁修理，百姓苦之⑬。建安二十一年，太守南阳李严，乃凿天社钱写本误作柱。山，寻江通车道，车字，元丰本作东。顾广圻校稿批云"《水经》州三无"。廖本注云"当衍"。今按：车字不误。后汉末，成都平原与彭眉平原间已行鹿车也。省桥【梁】，渡三津，旧本皆作"省桥梁三津。廖本删梁字。皆与地理实际不合。审旧本梁字为渡字讹。谓省汉安桥，改由天社山下渡三津以通车道。说详注与图。吏民悦之⑭。严因更造起府寺，观楼壮丽，观楼、射兰，见本卷第五章。第一州胜宇。二十四年，黄龙见武阳，钱写本武下衍功字。赤水九日，蜀以为刘氏瑞应⑮。其太守，汉兴以来，鲜有顾者。

案：以上《犍为郡序》。郡虽三蜀之一，然在汉晋间，犹为民族复杂，产业落后地区，除武阳、资中比较先进外，其他山地住民仅总开始向封建社会过渡。朝廷视同边郡，官吏仅用中下品人物？大都贫鄙无能。李严为其独着绩称者而已。地方事檬，委于大姓豪族，平民积受压迫，故社会经济与文化皆发展缓慢，无可称述。诣者亦大都忽视此郡，传写镌刻，讹谬特多。章节、句读之分，尤多混乱。

【注释】

①鳖县，后属牂柯郡。"时治鳖"，者，谓建元六年初置郡时。元鼎六年（前一一一）开置牂柯郡，郡治已在南广（前一三〇徙）。故鳖度入牂柯，犍为只十二县也。鳖为楚国故邑，秦已置县，汉初属巴郡。建元六年（前三一五），唐蒙因蒟酱建议开南夷牂柯江道，出奇制南越。武帝分蜀、巴置犍为郡，"拜蒙为中郎将，将千人，食重万人，从巴符开人"，开南夷道（《西南夷传》）。巴符开，即符县。其南，即鳖县，皆巴郡地也。于时人力、财力，皆资巴、蜀、广汉、汉中四郡，自蜀郡往者，集中于僰道。自巴汉三郡往者，皆集中于鳖。鳖之南为且兰，其西为夜郎，省南夷大国，故唐蒙驻鳖以便经营二国。二国与其旁邑售贪汉缯帛，"听蒙约，还报，乃以为犍为郡"，故初置郡治于鳖。追经营"数岁道不适。士疲饿馁，罹暑湿，死者甚众"。元朔三年（前一二六），乃因公孙弘言，（罢西夷，独置南夷两县，一都尉。唐蒙为都尉，治鳖，

辖夜郎、且兰两县"。时郡治已徙就南广也。至元狩元年（前一二二），汉发八校尉击灭且兰。元鼎六年置牂柯郡。鳖乃划属牂柯。

②《前汉志》犍为郡十二县，户十万九千四百十九，口四十八万九千四百八十六。首僰道，是元始初郡治尚未徙武阳也。《后汉志》只九县，首武阳，户十三万七千七百十三，口四十一万一千三百七十八。而朱提、汉阳为犍为属国，户七千九百三十八，口三万七千一百八十七。合郡计，户十四万五千六百五十一，口四十四万八千五百六十五，较前汉多三万六千二百三十二户，少四万零九百二十一口。多汉安一县，少邡鄢、堂琅二县，实际郡境未变。至晋太康时，分为犍为、江阳、朱提三郡，共户一万五千七百。犍为郡五县一万，江阳郡三县，三千一百。朱提郡五县，二千六百。境域如旧而户数则锐减矣。常氏云"汉户十万"，约举成数。晋"户二万"，倍多于太康时，盖元康户数，自南中返蜀者，多滞留于此郡故也。

③此以说明犍为郡名取义。犍山，疑即《汉志》之"不狼山"。犍，野牛。其山盖即今遵义之娄山，古以产野牛，称为犍山。为，治也。置郡于此，为开南夷道，故因其山名曰犍为（参看《南中志·牂柯郡》）。（保乾图），谶纬书。今佚。

④《司马相如传》（《史》《汉》同）："相如为郎数岁，会唐蒙使略通夜郎僰中，发巴、蜀吏卒千人。郡又多为发转漕万余人，用军兴法诛其渠率，巴蜀民大惊恐。上闻之，乃遣相如责唐蒙等因谕告巴蜀民以非上意。"其文全载本传及《文选》。"相如还报，唐蒙已略通夜郎"，相如亦遂请通西夷矣。

⑤《相如传》又云因通西南夷道，发巴蜀广汉卒，作者数万人。治道二岁，道不成，士卒多物故。费以亿万计。则斩僰道令在元光二三年唐蒙为都尉时也。

僰道在未置犍为郡前，其县属蜀郡，其令当受命成都。"治道二岁不成"，唐蒙将斩之，临死，乃叹"未见成都市"。可知其非汉人官此。盖僰侯之子弟，就地受任，因使将僰凿通夜郎道也。《西南夷传》固云，唐蒙"见夜郎侯多同，厚赐，谕以威德，约为置吏使其子为令"。其于僰侯亦当然也。其所治道，盖即自僰道通向夜郎之道，属今昭通、东川通向曲靖之路（《南中志·南广郡》详。僰人技术落后，固无法克服险峻山岭，故至于死。"思都邮，斩令头"亦僰人相与自诫之语。思犹汉言"念之诫之"。都邮，僰人称唐蒙山。蒙督诸都军民开通驿道，故曰"都邮"。故下文云"后蒙为都尉，治南夷道"，其前则被称为都邮也。

⑥犍为郡，治鳖者六年，治南广四十二年（前一三〇—前八十六，即武帝元光五年至昭帝始元元年）。何时自僰道徙武阳，《元和志·眉州》彭山县云："汉昭帝时，犍为郡自僰道移理武阳"。必非。昭帝仅十三年，不至于元年徙治僰道，及身又再徙武阳。《前冯志》位平帝元始二年簿，郡尚治僰道。故徙郡治于武阳，当在王莽时。公孙述攻犍为，朱遵拒战于六水门，则其时郡治已徙，故（后汉志）首列武阳县也。任安城武阳，与徙郡治无关。

《水经注》卷三十三云："太初四年（前一〇一），益州刺史任安城武阳。王莽更名郡曰'西顺'，县曰'戬成'。"盖即摘取《常志》与《班志》为之。太初至王莽约百年，时郡尚在南广。武帝正经营南中，无图徙郡治近蜀之理。只缘武阳溃化已深，人物渐盛，为之营筑，拟割归蜀郡耳。任安事迹，见《史记》卷一〇四《汉书》卷六十二及六十六，与司马迁同时，死于戾太子之狱。

⑦王乔，《后汉书·方术》有传。谓"或云即古仙人王子乔也。"王子乔出刘向《神仙传》（《后汉书注》引）。刘昭《郡国志注》武阳县引李膺《益州记》曰："县有王乔仙处。王乔祠在今县下。"

⑧彭祖，王子年《拾遗记》云姓钱名铿，古仙人之长寿者。《郡国志》注引《益州记》曰：武阳县"有彭祖

冢，上有彭祖祠"。《元和志》："彭亡城，亦曰平无城。彭祖家于此而死，故曰彭亡。"皆以岑彭死于此，傅会虚诞之说。《常志》妄采也。

⑨曹学佺《蜀中名胜记》引《神异记》云："犍为有一白虎，出，众黑虎随之，不伤人物。汉王褒《招碧鸡神词》云：'黄龙见兮白虎仁。'指此。"

《元和志》《寰宇记》皆言眉州通义县东北有白虎山倚江，长二十五里《或二十里》。查在今眉山太和场张坝之东，即晋时武阳县之广德也。虎非不吃人，惟饱时不食人耳。或曾有人遇饱虎不死，遂妄传为"虎仁"。

⑩《寰宇记》彭山县："鼎鼻山一名打鼻山。上有城，亦名鼎鼻，其城消灭。《李膺记》：'周德既衰，九鼎沦散。一没此山下江中，或见其鼻，因以为名。'宋将朱龄石伐蜀，寨于此。"今按：蜀王时已能铸鼎，或曾有鼎没于江溉，曾为人见，因以名山。传为周鼎恐非。《常志》云"见于江溉"尚非谬，传者斯谬耳。江溉，江水渡头也。溉晋既，今读如概（gài）。

⑪此出《汉书·礼乐志》。原文云："成帝时，犍为郡于水滨得古磬十六枚，议者以为善祥。刘向因是说上：'宜兴辟雍，设庠序，陈礼乐，隆雅颂之声，盛揖攘（让）之容，以风化天下。……'成帝以向言下公卿议。会向病卒，丞相大司空奏请立辟雍，案行长安城南。营表未作，遭成帝崩，群臣引以定谥。及王莽为宰衡，欲耀众庶，遂兴辟廱，因以篡位。"查《刘向传》，向死十三年，王莽篡汉。则其卒在哀帝建平三年（前四年）。蜀上编磬，在绥和元年，则阅三年而向死，又十三年而汉亡。终汉之世，讫未立辟雍于京师，更何能影响于蜀俗？刻作"而士多仁孝，女性贞专"，谬之甚者也。此八字应是领起下段语。

⑫王莽虽改郡名西顺，郡人并不附莽。"不会"谓不朝会上计，而远附于更始，亦不附公孙述。朱遵事详《先贤志》。任永、李业，亦各有赞。又分见《后汉书·谯玄传》与《李业传》。

⑬汉安桥盖竹索桥也，仿都江竹索桥为之，跨府河。竹索桥分段作倒虹下垂，至于近水，水涨则冲坏，须岁岁修，大水后又必坏必修。虽通行人，不任车马，故百姓不便之，而以维修为苦。然而江面阔深，不可以架木桥。

⑭汉武阳城故址在今彭山县之江口。其赴成都有三道：东道循府河通船，下行甚便。然上行则沿江险窄，曲屈纡绕不便。中道过汉安桥出牧马山西侧，沿江平坦，上行者恒取此。以桥故，不利车运。西道自江口下渡岷江，合南安县赴成都大道，过天社山（今新津宝子山）下，绕渡蒲江（南河）与外江（羊马河）入成都平原。虽越三津，水皆平缓，可渡车马。西出则分向邛徕，亦平原坦道，惟天社山嘴石岸逼江，险窄难逾。刘备以南阳李严为犍为太守，治武阳。严好立功名，敢于兴作，乃凿天社山嘴，使能通车马，废汉安桥为津渡，郡民便之。"三津"谓西道所历三渡。其后武阳县城竟徙至大江西岸，以就天社山道，盖以其赴成都、临邛与南安、僰道尤近便也。

⑮《三国志·蜀先主纪》建安二十五年，"所在并言众瑞"。劝承汉统称帝也。许靖等上言："间，黄龙见武阳赤水，九日乃去。"是常氏所据。赤水，发源于龙泉山，西南流会府河，今云黄龙溪也。

十六

武阳县① 郡治。有王【桥】乔、浙、廖本作桥，钱本等作乔，兹据改。彭祖祠。蒲元丰本作藉。廖本注云"当作藉"。江此下廖本又注云："当有为字，见《水经注》。"大堰灌郡下②。六水门水字用《水经注》补。有朱遵祠。山出铁及白玉③。疑当作土。特多大姓，有七杨、刘、钱、《函》本作阳。五李诸姓十二也④。疑"大姓"下有脱文。

南安县　郡东四百里。治青衣江会⑤。县溉，县字《水经注》作悬。古字通。有名滩，一曰雷垣，二曰盐溉。李冰所平也⑥。《水经注》引此作"悬溉有滩名垒坻。亦曰盐溉，李冰所平也"。顾广圻校稿据以反改本书。廖本亦据以入注。兹不改。有柑橘官社。柑字当衍。汉有盐井⑦。（南安、武阳皆出名茶，多陂池⑧。）此十一字，系常氏自注语。原当是双行小字，不害正文。兹加括弧。西有耳峡⑨。旧脱一字。廖本注云："当有峡字。《续汉志》引不误。"南有峨眉山，山去县八十里。《孔子地图》言，有仙药。汉武帝遣使者祭之，欲致其药，不能得⑩。此二十三字，疑后人窜入。有四姓，能、宣、谢、审、五。大族：杨、费⑪。"有四姓"至此句疑有脱误。又有信士吕孟真，纪至行也⑫。

僰道县　在南安东四百里。距旧各本作拒。廖本改作距。二字古通用。郡八里。按南安县文推当有八字。高后六年城之，治马湖江会。永通越嶲⑬，本有僰人，故《秦纪》言僰童之富。汉民多，渐斥徙之⑭。有荔芰、张、何、《函海》本作支。刘、钱本同廖本。姜、茁⑮。滨江有兵兰，刘、钱、《函》本作栏。张、吴、何、王本有注云："《后汉书》注引本志云：'有玉兵兰'，疑'兵兰'误。"今按：栏、兰古通用。蜀王兵栏，已见前本卷6章之注⑯。李冰所烧之崖有五色，赤白映水玄黄。鱼从楚廖本注云："当作僰，见《水经注》。"来至此而止，畏崖映水也⑯。《函海》注云"何本少'所'字。"又空此字。张、吴本已然。有韩原素祠⑰。又有孝子隗通，为母汲江【裔】膂旧皆作裔，廖本注云："当作膂字，见《水经注》。"是。水，天为出平石生元丰本作至。江中。廖本注江字下云"当有膂字。"今石在马湖江⑱。而孝子吴顺【奉】养廖本作奉。母，赤乌巢其门⑲。崩容江，浙本无容字，作空位。出好磨石。【崩】江廖本删崩字。是。多鱼害⑳。张、吴、何、王、浙本俱无害字。张误删也。民失在征巫，好鬼妖㉑。大姓吴、隗。又有楚、石、薛、相者。

牛鞞县　受新都江。去郡三百里㉒。元鼎《水经注》作元封。二年置。【相】有旧皆作相，应是有字之讹。廖本注云："当作有。下属。"阳明盐井㉓。程、韩氏为冠盖之族㉔。此下，刘、张、吴、何本接写资中县，不提行。《函海》本有小注隔之。钱写本与廖本提行。

资中县　受牛鞞江也㉕。此下，宋、明旧本有"江阳郡"三字，提行。《函海》本、廖本乃迳接"先有"以下三十六字。先有主延世著勋河平㉖。后有董钧为汉定礼㉗。王、董、张、赵为四族㉘。二县在中水，旧名本脱水字，即不成文。兹补。中水，即沱江。此云牛鞞江者也。多山田，少种稻之地。廖水引下注云："以上三十六字，旧错简入《江阳郡》下，今移正。"未知《函海》本已先修正矣。

案：犍为郡属五县，县治皆滨江。其三属外水（岷江），二属中水（沱江），是为距江稍远诸山原犹未开发之验。

【注释】

①武阳，秦县名。本丹犁国北界。秦伐蜀，蜀王兵败，欲从丹犁走僰，至此，被秦军追及。秦杀蜀王，灭蜀，并灭丹犁，降僰侯。置武阳、南安、僰道县。本作武扬。周、秦汉间扬、阳字通。《诗》曰"我朱孔阳"，三家诗作扬。《礼记·玉藻》"盛气颠实扬休"注云"扬读为阳"，蜀中扬雄本姓杨，别支为阳姓可证。录地名者，喜用阳字。然此县既无武山在北，亦无武水在南，不合"山南曰阳"与'水北曰阳'之例，故知本武扬义也。王莽改其名曰"戢成'，亦是就《武成》"乃偃武修文与《诗》"载戢干戈，载橐弓矢"为义也。

秦汉武阳治城，在今彭山县之江口镇。(寰宇记)云："相传云秦惠王时张仪所筑。"《常志》未有此说，而云："益州刺史任安城武阳。"时自赤水以南及于铁山，跨岷江西岸平原地带皆武阳县境，其精华所聚，则在"六水门与赤水两部"。通联两间，则王津也。南北朝时，县治屡遭兵燹废坏，乃徙至岷江之西，后周置隆山郡，唐改彭山县，今彭山县治是也。在犍为所属县中开置最早而近蜀，故文化高于诸县。虽偏在全郡极北，后汉至晋，郡治仍必在此。

②《水经注》"江水过武阳县"云："此县藉江为大堰，开六水门，用灌郡下。"未详何时何人开。《常志》称"蒲江大堰"者，新津南河旧名蒲江，西魏于水北原置临溪（盐溪）县，属蒲原郡，隋分置蒲江县，皆因水为名也。此水至天社山下入江。前汉时，已有人于天社山嘴凿石为渠，引蒲江水灌武阳县大江西岸平原诸田。其时水位高，渠缘山行开门水门六处分水下灌，故称其地为"六水门"，本志与《水经注》并见。《元和志》称之为"馨堰"，云在"彭山县西南二十五里，拥江水为大堰，开六水门，用灌郡下"云云，即此所谓"蒲江大堰"也。其称"馨堰"者，不知开凿者谁，县民但每常馨香祀之以报明德，或是馨香堰字省。盖古人依李冰法自凿之，亦如广都之望川原也。朱遵率郡人拒公孙述，战死于"六水门"，即是在此堰区，以此知堰是前汉时开。凡大堰皆必藉江水为堤坝提高水位。《水经注》之"藉江"，显为"蒲江'字讹。此堰至唐开元中已圮塞。章仇兼琼为益州长史，因李严旧凿车道穿石渠，就低作新干渠，长百二十里，开门水十处，为支渠小堰，灌彭、眉田四千六百顷。改名"通济堰"（蜀人语讹为"桐子堰"）。仍是堰蒲江水，非壅大江水也。李吉甫失其沿革，仍用馨堰旧称。章仇兼琼后，五代、宋、元、明、清皆屡有修治，迄今与青神鸿化堰（唐代新开）并称为川西南两大水利工程。

③武阳县境东南至铁山，故云（"山出铁"（参看工12章之注㉖）。侏罗纪与白垩纪地层皆不出玉。疑此白玉字是白土之讹。白土即垩，已见《蜀总序》(1章之注⑩)。然《四川通志》眉州土产云："州东蟇颐山出塞水石。"本汉武阳县地。县又有"玉津"。寒水石白色透明，与方解石同类，疑昔人呼之为"白玉"故蟇颐渡有玉津之称也（玉津参看 10 章之注⑧）。

④"七杨、五李"，犹阆中之"三狐、五马"，异其族源而姓同一字。大抵产生于少数民族初与汉人融合树立姓氏时，取字相同，如周代巴子、骊戎、吴王皆与周为姬姓，申、吕、许皆与齐为姜姓之类。其人物，杨见于《三州土女目录》者，有扬州刺史杨莽，司隶校尉杨涣，及其子汉中太守杨文芳，孙司隶校尉杨准。蜀郡太守杨洪，射声校尉杨戏。李见于《后贤志》者，有汉中太守李宓，其子汶山太守赐弟兄。则只为一

李,其他四李无闻也。

按武阳首族自汉至晋皆当推张氏。张晧为留侯张良六世孙,顺帝时官至大司空。其子纲,卒广陵太守。其子植,官郎中,子续官尚书,子方官豫州牧。曾孙翼,仕蜀,至左车骑将军。翼于微,仕晋,至广汉太守。世代冠冕,垂数百年,其为首族应无可疑。此外则有上党太守赵松,新都令赵敦,皆武阳人,见《士女目录》。疑原作特多大姓,张、赵为冠族,又有七杨五李云云。

⑤南安,本蜀支封丹犁地。秦武王时,丹犁结蜀侯叛秦(详5章之注④)。武王二年伐丹犁,取沿江地,至此。于时置县,此为蜀郡极南,故名"南安"。

汉、晋南安县,由本书"治青衣江会"五字,可定为今之乐山。与《水经注》所记亦合。由经獠乱,周、隋、唐次第收复,陆续分置龙游(今乐山),平羌(今夹江县千佛崖西北泾口坝),夹江(今夹江县东之干江坝),洪雅(今洪雅止戈街),峨眉(今峨眉县思峨场),绥山(今峨眉县青龙场),罗目(今峨眉县大为场),犍为(今犍为县城南)。皆故南安县地而失其旧名。诸城又屡徙不定。惟龙游当两江会处,隋唐为嘉州治。明省龙游县入嘉州。清雍正十三年升州为嘉定府,复置县改名乐山。民国废府,存县,即秦汉南安县城所在也。

⑥"县溉"者,邑名。今乐山县与青神县交界处,岷江水横穿一背斜层(属龙泉山脉背斜层西南端露出部分),构成一段浅峡,通称汉阳峡。中间江水曲绕一大河原,曰汉阳坝,即古县溉邑地。背斜层之南北部,各有一石质较硬之页岩层侧立,成二石阙,使江水决为二滩。一曰雷垣、一曰盐溉。雷状其声,垣状其形。水跌流曰溉。盐亦状其水花白沫耳。悬溉犹盐溉,因即以为邑名也。《水经注》误为一滩,其文似出《常志》,而实非。故雷垣字作"垒坻"盖出于转述《常志》如《益州记》者之文,垒、雷同音,垣、坻形讹也。

张澍《蜀典》又作"雷塠。"误以为沫水之离堆。其文云:"《益州记》:青衣神号雷塠庙。班固以为离堆。按垒坻即垒塠。据常璩说,雷塠、盐溉系二滩。郦道元说即一滩。而李膺之记又以为即离堆也。近刊《华阳国志》作雷垣、监溉,误。"(所据为王谟本)。今按:塠、堼,皆古堆字。李冰凿之离堆在乐山乌尤寺下,与此毫不相涉。言地理者昧于实践,恒妄体旧文,作脱离实际之谬解,另自为书,李膺、郦道元犹不能免。张澍博识旧文矣,而其体会之谬则又益远也,故说地理当重实践。

⑦《前汉志》南安"有盐官""铁官",不言橘官。然乐山以下河谷温暖,近世犹产荔支,则汉世当产柑橘,曾设柑橘官。废后,称其地为橘官社,即"有盐井"之处。今世牛华溪、五通桥盛产盐,皆南安故地,然其井系近代所开(唐、辛无闻),非秦汉已有。秦汉时陂池井在今夹江、丹棱县界。夹江旧贡荔支,橘官社当在其处。

⑧《常志》多有自注文,例如《先贤志》各赞下小传,《士女目录》内小字,皆其著者。此处盖于本条写成后,复因王褒"武阳买茶"句补"二县皆产茶"与"多陂池"句为小注。夹小注,则无碍于本县文也。此二县,西北总冈山脉,西南峨眉、瓦屋诸山,东南自龙泉、鼎鼻、蟆颐、中岩、九顶、三龟诸山,自古产茶。汉世集售于武阳市,故王褒《僮约》云"武阳买茶"也。陂池,大都为旧废盐井以成。恒在紫土丘陵中,与广县同。

⑨熊耳峡,即洪雅县西北竹箐关下青衣江峡。蜀王"以熊耳、灵关为后户",谓此外皆少数民族地也。《元和志》嘉州平羌县云:"熊耳峡在县东北三十一里。"后人遂谓熊耳山在青神县(指汉阳峡),曾与《常志》

文不合。或疑东西瓦山对峙于大渡河北岸，似熊双耳，其下即大渡河，万工堰下至金口场间有大峡，乃《常志》之熊耳。此解理有可能，然唐、宋以来地书皆无此说。

⑩峨眉山，为四川盆地内缘最孤峭之高山。山顶海拔三千又数十公尺，山下平原海拔仅四百公尺。全山由石灰岩构成，有舍身崖，自山顶直下千余公尺如劈壁，其他三方层峰侧拥如莲瓣复叠。崖间多洞穴，九老洞空透数十里。山下溪水，有双溪、牛心石、乌龙江、龙门峡、石船、龙洞诸胜。宋以前为道家胜地，称"虚凌太妙之天"（三十六洞天之一）。宋以来为佛教徒所夺，号为"普贤菩萨道场"（四大名山之一）。顶上有稍平处，已是寒带气候，有金顶、千佛顶、万佛顶三寺，远瞻数百里外，东西瓦山如在脚下，西番山（木雅贡噶）如在对席。常在"积云"平铺山腰，万里无际，号为"云海"，日斜射反光构成平环，映观者身影于其中，僧侣称为"佛光"。夜晦，望见舍身崖下青龙场大平原中人家灯火，闪灼如将相就，号曰"万盏神灯朝普贤"。往时步行至顶须三日，有蛇倒退、钻天坡诸险道。沿途寺庙密布，僧侣赖香客为生者数百人。亦有宋明以来名刹古物，名贵可珍如砖殿、佛牙、舍利、贝叶经、玉佛、铜佛、珍珠伞，与集王义之、诣遂良帖字镌成之两铜碑，皆艺术之极品。自麓至顶，具备热、温、寒各带气候与各带生物，杜鹃种植物至数百种，居然一最完备之自然博物馆。解放后，僧侣已皆从事生产劳动，又已建盘山公路，汽车可直达金顶矣。

《孔子地图》，汉魏人傅会《禹贡》之纬书，竟言及汉武帝事。

⑪安南人物见于《士女目录》者，有合浦太守费贻，学士谢襃，蜀汉谏大夫费诗。五官中郎将五梁。能、宣、审、杨四族无闻。五梁，又见《三国志·杜微传》。

⑫《先贤志》撰曰："犍为吕孟，有托孤之节。若兹之类，郡邑往往垂象刊铭。"然其事不传，《士女目录》亦惟"吕孟"二字，云"南安人"。其事不详，盖后人所补，非常氏文。常氏必知其事者，故此云"信士"，彼云"托孤之节"。

⑬汉僰道城，即今宜宾县治，可由此云"马湖江会"定。马湖江，今曰金江。自越嶲郡会无县来，故曰"水通越嶲"。然此水自马湖、石角营以上不行船，石角营以下通船。三国时旄牛道闭，诸葛亮南征，即是循马湖江水路，自石角营循西宁沟逾山至上安县（今昭觉）至越嶲（今西昌），故《南中志》云："自安上由水路入越嶲。"

马湖，今云雷波海子。在今雷波县东，古云龙马湖，在群山中，距金沙江二十里。旧有水口入金沙江，故汉晋人称金沙江曰马湖江也。似系一陷落湖，逐年下陷，今水已与江绝，然人犹传其湖底与江暗通。古时，岸上有草原，牧马者每产骏驹，人传为龙种，故名。前汉置有邡鄢县，后汉废。蜀汉置马湖县。故治在今"雷波之黄螂。隋、唐时为彝族所据，称马湖部。元置马湖路。明平土酋安鳌，置马湖府（治今屏山县）。湖地属雷波长官司（马湖四土之一），清改雷波厅。今雷波县属凉山彝族自治州。

⑭僰人，为能操汉话之少数民族，大抵本是百濮之属，受内地及巴、楚统治阶级压迫，西徙来居此者，其字与濮同音。在周秦时，向西分布甚广，凡青衣以南，氐筰以东，巴蛋以西广大地面皆有之。司马相如所云"西蒲之长"，常璩所云"布濮"，《唐书》所谓白夷，与今大理之白族，皆僰族区域性之音别用字。疑邛谷王与夜郎民族，及西爨皆是其别支。凡唐、宋、元、明、清西南地区之译员什九皆属僰人，因其人皆能汉语，兼通西南各民族语言者多也。又仁柔不好争斗，故在秦、汉、六朝、唐、宋世被掠卖为奴隶者甚多，特称"僰僮"，奴隶主皆喜购之。奴隶商人远贩售之达于京师。《汉书》服虔注云"京师有僰婢"是也。《史》《汉》之《货殖传》与《西南夷传》皆言"僰僮"。此作"僰童"，亦非字讹。许慎《说文》"僮，未

冠也"。"童,奴仆也,与今说二字恰相反。亦与《史》《汉》用字相反,常璩用许义也。

⑮荔支、姜、蒟皆热带作物,自周秦世,已由云南高原传入巴蜀之长江河谷种植。此河谷冬无霜雪,故能独成此利。姜在近世,已因农民技术精细,能栽培于四川盆地的全部农田,在六朝时,他州郡尚不能种,必须商运致于内地。

⑯已详6章之注⑭。

⑰韩原素,应即《先贤志·犍为士女赞》中之韩姜。太守龚扬为之诛左习、王苏,并立祠也。

⑱"隗通",《犍为士女赞》作:"隗相,字叔通。"《水经注·若水》:"至僰道,又谓之马湖江。……水有孝子石。昔县人有隗叔通者,性至孝,为母汲江膂水,天为出平石至江膂中。"全祖望校注:"江膂,江心也。"顾广圻校稿注云:"脊膂也。"《蜀典·姓氏类》引袁山松《后汉书》云:"隗相养母至孝。母饮江流,相常隆冬取水。一朝横石浮江,无有难涉,由是显名。"大抵皆据《常志》,常又摭取地方传说。今按:凡江水斜过硬崖石阙处。每有石梗连陆,深入江膂。膂,傅脊肉也。有近于正中之义。蜀江如此者甚多。(例如涪陵城外之石梁,冬季出水,长约一里。)此皆由地质条件自然形成,远在数十百万年前所已有,旧时养生家有饮江心水却病之说。汉世重孝行,民得察孝廉者能致官禄,官吏考绩,多祥异者得上考。郡县利在考绩而上之朝廷,朝廷利夸瑞应而旌扬之。相传"哀帝世察孝廉,平帝世为郎",皆王莽姑侄当政之世。

⑲吴顺,《犍为士女赞》亦与隗相联称。应是同时人。因"乌巢其门,甘露降其户",从而得"察孝廉,官永昌太守"。此皆当时县人已慕封建官禄,而不能以文学自显,故求以孝德干时,是已开始向封建社会过渡之征也(吴、隗为县大姓,见下文)。

⑳崩容江,即之今横江,一曰石门江。上游有石阁道通夜郎,即唐蒙所开阁道也。地层古,石质坚硬,故云"好磨石"。"鱼害",谓食草之鱼类,每天雨,或雾、露时,成群蹦人农田食害禾稼,有成大灾者。此非亲见者往往不信,故张佳胤刻时删害字作"多鱼"。夫江河多鱼则皆然也,岂唯崩容江独然而特见称哉?

㉑《寰宇记》卷七十七《戎州风俗》云:"夏夷杂居,风俗各异。其蛮獠之类,不识文字,不知礼教,言语不通,嗜欲不同;椎髻、跣足、凿齿、穿耳;衣绯布、羊皮、莎草;以鬼神为征验,以杀伤为戏笑,少壮为上,衰老为下;男女无别,山冈是居。"所言为唐世僰道地区少数民族一般情况与汉族居此区者不同之处。其时此区多僚人(所言凿齿,即是僚俗),然其所述,不尽为僚俗,信奉巫法,一切落后民族皆然。若"以鬼神为征验",则居此之汉族亦不例外,故有孝感石生、赤乌、甘露之谣也。

㉒汉牛鞞县治,在今简阳县之石桥镇。《说文》:"鞞,刀室也。"今云刀鞘。盖因其俗尚为名。《汉书》注:"孟康曰音髀。"谓与髀通,意为象地形隆洼之状。又县故有牛鞞井,盖为以牛皮为囊,人负之下汲卤水之李冰式盐井。县或因井名为名,难定。新都江即沱江,自新都大渡(赵渡)穿金堂山来,故曰"新都江"。《汉志》曰湔水,《水经注》曰雄水,一曰绵水,唐宋地书称中水(或讹作十水)或中江,清代始用《禹贡》文曰沱江也。

㉓《元和志》"简州阳安县"云:"阳明盐井,在县北十四里。又有牛鞞等四井,公私仰给。"《寰宇记》云:"今郡北十里阳明井是也。"所云北,皆实指西北。唐时无筒井,凡本书所言盐井,皆李冰法之陂井。牛鞞井开最早,故与县同名,阅两汉浸衰,"阳明井"起而代之,唐宋间阳明井犹盛,而牛鞞井亦尚未废。此四井皆在今龙泉山下石砾溪向斜谷中,今已塞为稻田。凡龙泉山东南侧,北起今中江县,南讫今井研县,向斜层部皆有盐井。本书广都、武阳、南安与此牛鞞诸盐井皆属之。宋以后筒井大兴,汲盐卤于地下深达数十百丈,浅层之陂井皆废矣。

㉔牛鞞人物，在本书，惟见程瑷玉贞节，未闻以文学显者。此云"冠盖之族"，未喻所指，疑是"冠族"衍文。

㉕汉资中县，故城为今资阳县治。晋末，地没于铁山僚部。西魏复开，置资州，治阳安县，即故牛鞞。又置资阳县，即故资中。周明帝武成二年（五六〇），移州治资阳，为资中郡。武帝保定中（五六一）又置盘石县（今资中县）。隋开皇七年（五八七），移郡治盘石。唐为资州资阳郡，曾徙治内江，僚乱渐平，故逐渐向南推进也。元代州县并废入简州。明复分置资、内江与资阳县，并隶成都府。清以资阳县隶简州，升资县为资州。民国改资州为资中县，非汉晋资中故县也。

汉资中县富盛不如牛鞞（后为简州治）而文物胜之。盖地居沱江中游紫土丘陵间，农业资于山田，人参贫乏，能发奋也。相传周苌弘为资中人（《庄子》证苌弘为蜀人）。近世于资阳黄善溪发现"阳阳人"头骨，证明人类初进为真人时，已经住于此地。

㉖王延世，字长叔，资中人。汉元帝永光五年（前三九），河决清河郡灵县鸣犊口。后三岁，河决馆陶及东郡金堤，泛滥四郡三十二县，水居地十五万余顷，徙民避水居丘陵者九万七千余口，一时莫能塞之。延世应募为河堤使者，用李冰笼石叠堤法，"三旬立塞"，（《汉书·沟洫志》）。是年三月诏曰："河决东郡，流漂二州。校尉王延世，堤塞辄平，其改元为河平。"（《成帝纪》）。"以延世为光禄大夫，秩中二千石，赐爵关内侯，黄金百斤。"后二岁，河复决平原，流入济南千乘。再塞之，复赐延世黄金百斤（《沟洫志》）。本书《先贤志》有赞。

㉗董钧，《先贤志》有赞，详《后汉书·儒林传》。

㉘资中人物，王延世、董钧外，有赵旂，杜抚。又有王冲为李严督邮，并见《先贤志》。张氏无见。《函海》于张字下注皓字，误。皓，武阳人也。惟牛鞞程瑷玉、夫张惟，可能是资中人，故王冲图娶之。

十七

江阳郡，旧刘本此下错入资中县"先有王延世"至"种稻之地"三十六字。《函海》本与廖本先已移正。本犍为枝江都尉①，建安【十】八年置郡。原衍"十"字。汉安程徵、石谦白州牧刘璋求立郡。璋听之，以都尉、广汉成存为太守②。属县四。户五千③。去洛四千八【百】十廖本十作百，非。里④。东接巴郡。南接牂张、吴、何、王本作牂。下同。柯。李本作牁。西接【广汉】犍为。线、《函》及张、吴、何、王、廖本皆作"西接广汉、犍为"。《函海》注云"刘、李本无'广汉'二字。"廖本注"当衍广汉二字。"查郡西界亦不当与广汉接。径省之。北接广汉。有荔芰、巴菽、桃枝、蒟、给橙⑤。廖本注云："当有客字。"俗好文刻，廖本注云："当作剌。"少儒学，多朴野，盖天性也⑥。

江阳县　郡治。治旧各本不重。廖本有。江、雒会⑦。有方山兰祠⑧。刘昭《郡国志》注引此文，无方字。江中有大阙、小阙。季春，黄龙堆没，阙即平⑨。昔云，世祖微时，过江阳，有一了。望气者曰："江阳有贵儿气。"王莽求之，县人杀之。后世祖为子立祠，谪江阳民不使冠带者数世⑩。有当【义】世盐井⑪。本名富世盐井，后周因之置富世县。唐人避讳作"富义"。又郡下百二十里者，当是有字讹。曰当衍伯涂鱼梁，云旧各本皆作六。廖本改作云。当作云。伯氏女为涂氏妇，造此梁⑫。张、吴、何、王本无"造此"二字。他各本有。浙本挤刻有。四姓，王、孙、程、郑⑬。八族，又有魏、赵、先、周也⑭。钱写本此下有小注云："有荔支、巴菽、桃枝、蒟、给橙字，与上文《巴志序》所称果蔓名大同小异。"盖元丰本已有之校批语。嘉泰本存之。张本移郡序下。李本在书头。《函海》本注云："李本，小注在上段书头。是本江阳县云云接上段为一：故置小注于'魏赵先周'句下。"

汉安县　郡东元丰本作西。五百里⑮。顾广圻校稿据《一统志》改此句为"在郡西五十里。"廖本于东字、百字下并注云"当有误"。今按，当作"郡东三百里"。土地虽迫，山水特美好。宜蚕桑，有盐井。鱼池以百数，家家有焉⑯。一郡丰沃。四姓，程、姚、郭、石。八族张、季、李、赵辈。而程、石杰立，郡常秉议论选之⑰。

符钱写作苻。县　郡东二百里。元鼎二年置。治安乐水会⑱。此下廖本注云"当有水字"。东接巴【蜀】顾广圻朱改蜀作郡字。又批"癸酉"字。廖本注云"当衍"。乐城。南【水】廖本注云"当衍"。通平夷、旧皆作羌。廖本改作夷。是。鳖县。永建元年十二顾广圻校稿改作一。批云"据《水经注》州三"。按朱、赵本作"十一"，官本仍作"十二"。兹不改。月，县长赵祉遣吏先尼和《搜神记》作"叔先泥和"。《后汉书·列女传》作"孝女叔先雄"。《水经注》作''先尼和女络'。疑当作"先尼叔和"。先为姓，名尼字叔和。拜檄巴【蜀】郡顾广圻校稿改蜀字作郡。廖本注云"当衍"。守，过成【瑞】湍滩，《水经注》官本作成湍，朱、赵本作"成濡"。《范史》作"乘般堕湍水物故"。皆足证原是水旁字。死。子贤求丧，不得。女络《范史》作雄。年二十五，有二子并数岁。依《水经注》与《范史》补。乃分金珠，作二锦囊系儿头下。至二年二月十五日，女络乃乘小船，至父没所，哀哭自沉。见梦告贤曰："至二十一日与父尸张、吴、何本作尸。俱出。"至日，父子浮出。县言郡，太守萧登高之，上尚书，遣户曹掾为之立碑。人为语曰："符有先络。下当有脱。僰道张帛，求其夫，天下无有其偶者矣⑲。"此下张本有小注云："按僰道黄帛，张贞妻也。沈身求贞，事颇类此。语乃云。"吴、何、王、浙本并有，刘、李、钱、《函》、廖本无。黄帛事具《先贤志》。《水经注》引《益部耆旧传》亦作"张帛"，从夫姓也。顾广圻校稿批云："《士女赞》无张字。又无'者矣'二字。"又注云："广圻按：当云'符有先络，僰道帛，求其夫，父无有偶'。洛、帛为韵，父、偶为韵也。"今按，不如云"符有先络求其父，僰道张帛求其夫，天下无偶"亦韵。各书不删"天下"字者。

新乐县　郡西二百八十里⑳。元康五年置。西【楚】接僰道。旧各本作"西楚"。元丰本小注："'西楚僰道'四字未详。"嘉泰本注："'西楚僰道'四字疑误。"并在文末。李本在书头。张本删此注。吴、何、王本并无。顾广圻改楚为近字。廖本注云："当作通。"意谓水道相通。兹按符县"东接乐城"例改。有盐井㉑。大姓魏、吕氏。

案：江阳郡与其属县虽居巴、蜀水运中心，而以偏近'南夷'故，不为秦汉统治阶级所重，文化落后，经济落后，入三国世始渐进入封建社会。《常志》虽以其为郡而欲重之，苦无资料充实篇章。徒多采民间传说。后之览者亦弗注视。若干讹讹，明以前无人校及。兹以其所代表者为开始向封建制过渡之社会心理舆社会动态，仍详为校订。

【注释】

①江阳郡，因秦旧县名为称。治城在江之北岸，故曰"江阳"。郡境则跨江之南北也。

枝江都尉，两《汉书》不见。盖亦如涪陵都尉，为刘二牧时，因犍为郡境辽阔而形势分散，分设都尉以治盗贼，划有属县，遂因程石大姓之请，升为郡也。枝江者，沱江之别称。沱江自都江堰分水，称为内江。至郫纳湔水，至新都大渡，纳绵、雒水，穿金堂峡，经牛鞞、资中、汉安至江阳（皆用汉县名）复入江水，（古人称岷江及今宜宾市以下的长江为"江水"，盖误以岷江上游为长江上游也。）故《禹贡》称之为沱。（后世因他处多有江、沱分合，不专称此水为沱江者约两千年。）《汉志》称之为湔（文在"绵虒县"）。《水经》称之为雒。《郦注》引用他书，时复称为绵水。《常志》则于牛鞞称新都江，于资中称"牛鞞江"，于此称为枝江（《水经注》朱、赵本作歧江）。其后又有资江（汉安人语，《一统志》用），支江（《寰宇记》），中水（《水经注》）等别称。至明清复称沱江。枝、歧、支、资古同音义，汉安人呼资江，江阳人呼枝江也。

②成存，未见《广汉士女目录》及《三国志》。不知何时作此都尉。本书谓其升太守在建安十八年（二一三），微有可疑。《晋书·地理志》谓："蜀章武元年，又改固陵为巴东郡，巴西为巴郡。又分广汉立梓潼郡，分犍为立江阳郡。"是改郡在章武元年（二二一），非建安十八年也。建安十八年，刘备攻刘璋已围雒城，刘璋正惶迫垂灭之年，安可能从容升江阳为郡？且就《三国志》各传作江阳太守者程畿、刘邕、彭羕诸人传记推之，亦不可能是建安十八年升郡。若作八年，则合矣。

《三国志·杨戏传》《辅臣赞》注赞程季然云："季然名畿，巴西阆中人也，刘璋时为汉昌长……羕知畿必不为己，厚陈谢于璋以致无咎。璋闻之，迁畿江阳太守。先主领益州牧，征为从事祭酒。"赵韪叛璋，庞义疑贰，在建安五年（二〇〇），先主领益州牧，在建安十九年（二一四）。则谓建安十八年升郡，成存、程畿于一年内更为太守，为不可能。又注赞刘和南云："刘和南，名邕，义然人也，随先主入蜀。益州既定，为江阳太守。建兴中稍迁至监军、棱将军。"又《彭羕传》云："先主领益州牧，拔羕为治中从事。……左迁江阳太守。"以此推之，建安十八年前后，江阳太守首为成存，代存者为程畿，皆在刘璋时。程畿征，代之者为彭羕。羕未就任，以怨诽死于狱中，代羕者实为刘邕，邕任甚久（至后主世）。庞羲疑贰，璋初未知。其知由程畿不附而拔畿为江阳太守，应在建安六年以后，十六年刘备入蜀以前，不能迟至刘备反攻刘璋之后。故江阳为郡，只能是建安八年，不能是十八年。至于《晋书》作章武元年，则尤误矣。

成存已至二千石秩，为常璩所知，而《广汉士女目录》未收者，盖曾参加叛乱罪废。常氏书例，凡参加贾龙与赵韪之乱者皆不收。疑存附赵韪叛璋。韪败后久之乃为璋所觉，故以程畿代之。

③晋《太康簿》，江阳郡户三千一百。此云五千，是元康时户数。

④后汉《郡国志》，广汉郡治雒，去洛阳三千里。蜀郡治成都，去洛阳三千一百里。犍为治武阳，三千二百里。巴治江州，三千七百里。依此推，江阳去洛阳，不得至四千八百里。四千八十里则合。

⑤各物已详《巴志》注。僰道、江阳、巴郡与巴东,同属四川红盆地之长江河谷,在北纬三十度以南。海拔三百公尺左右,全年无霜雪,属亚热带气候,故其物产大抵相同。

⑥"文刻",谓用律文法例中伤人,深刻无礼让,不温厚。"文学"谓儒士之学。文谓诗书六艺之文,说在《论语》。常璩,儒者,以此俗为"朴野"也。

⑦江谓岷江。雒谓沱江。故城今为泸县。

⑧《水经注》:"绵水(即沱江)至江阳县方山下入江。谓之绵水口。"此《常志》所言之方山也。"兰祠"未详。刘昭《郡国志》注引《华阳国志》作"有方兰祠",无山字,似女子名,应非。唐宋以来地书皆谓泸州有方山,而所指地不同。《元和志》"江安县"云:"在县北一十三里。"则当是今江安之九龙山也。《寰宇记》合江县云:"方山,唐天宝六年,敕改为回龙山,在县东二十里,山形八角。"则当是今合江弥陀场北之来龙山也。《一统志》云:"方山在州西。"引《旧志》云:"在州西四十里,有九十九峰。颠顶有池,周一里许。北去资江十余里。"则自今泸县城连龙透关临沱江一带诸山皆是也。凡紫土邱陵地之山皆方崖侧立,被称为方山者甚多。近世地文学者,以方山为此种山形之通称。江阳之方山,应即在江会处,不当是还至十里以外。

⑨大小阙,盖江中矗立之石屿对立如阙者。重庆沙坪坝外"龙门石阙"之类也。《寰宇记》引《郡国志》云:"泸江水中有大阙焉。季春三月,黄龙堆没,阙即平。"谓不待夏季洪泛,但只季春水涨,阙石即没至水下。又云:"黄龙堆者,昔尹吉甫子伯奇至孝,后母潛之。自投江中,衣苔带藻。忽梦见水仙,赐其美乐,扬声悲歌,船人学之。吉甫闻船人之声,疑是伯奇,援琴作《子安之操》,在此。"相传蔡邕作《琴操》,载此曲故事。然尹吉甫非巴蜀人。而近世泸县尚有尹吉甫两庙,称"穆清祠",造以劝孝行者也。常氏未取于此说。

⑩"世祖"谓后汉光武皇帝。生平事迹具在,不可能至江阳有儿。此盖内地文士沦落于此者妄造,常氏盖姑存民间传说也。《三州士女目录》江阳郡只女子先络一人,此"不使冠带"之说所由造也。

⑪《元和志》:"富义县,本汉江阳县地。属武帝于此置富世县。贞观二十三年改为富义县。"又云:"富义盐井在县西南五十步,月出盐三千六百六十石。剑南盐井,唯此最大。"盖李冰式之陂井,以盐汁浓,自汉魏即已开凿,晋已有富世之名,后周因井以置县,至唐犹大盛。宋代筒井大兴,此井乃废也。

⑫"伯涂鱼梁",别无所见。云"郡下百二十里",则当在今龙溪口以下,去郡已远而名不泯,必大工程也。大江不能作鱼梁,应是就江水岔港为之。工程不能不大,惟大富室乃能兴工。伯涂其人,盖如巴寡妇清之类,以工商业致巨富之寡妇也。非大地主或大奴隶主不能造此鱼梁,且亦不单为取鱼,盖兼为沿江造田或溉灌之用。江水涨落大,虽岔港亦非有高堤障水即不得为鱼梁也。郡少儒学而能进入封建社会者,盖地当江雒之会,近盐铁生产之区,人习于工商运输之业,易致巨富,乐得封建秩序而不喜诗书文学之业故也。富至累世,则子弟淫佚自戕,赖妇女持其业,每每出名寡妇。巴寡妇清与此伯涂,皆其一例。

⑬"王孙"是一姓或二姓尚难点定。本书言"四姓",代表掌乡亭政权之姓,不必适为四数,已前注明。程、郑旧皆临邛巨富,晋世不见于他县,乃独于此同著,疑自汉行"均输法"后,官笼天下盐铁工巧之事,临邛大姓骤败,徙就此区贾南夷,复以工商业为豪富大姓。其卓王孙子孙,更以自众盛故,为王孙氏,用羌氏俗以父名母氏为姓也耶?此地无故传光武有子于此之说,盖即缘有姓王孙者而造耶(上云"方山兰祠"疑即嗣光武子)?江阳,被江、沱二水划割县境为三个自然区,故其乡亭行政亦当为三区。从而"四姓"只实有三姓。

⑭ "八族"对四姓言，汉安县同，亦皆只举四族。上"资中县"云"王、董、张、赵为四族"，是"八族"与"四族"为同义语，谓世任掾史之氏族。不为四，必为八者，县有丞、尉、五官之属，亦城乡氏族任其掾史。有狱史、佐史、乡佐、斗食、令史、啬夫等名目（见《百官志》刘昭注引《汉宫》）。小县四族，大县八族，皆分乡举之，各名一姓为四。各二姓为八。江阳、汉阳皆工商业集聚之大县，城市人口多，故掾史有八族，实乃皆只四族当权。此种在官署有秩之掾史，大都必须识字，由习惯规定之氏族推举更任；先尼和即其一例。乡亭掌权之四姓，则无秩，有似后世之土司头人；此其不同之处。在文学已盛之县出仕守、令、长、尉及大官者多，则不任此役，亦有权言议地方利弊，是为大姓，每在四姓八族以外。

⑮ 汉安故城即今内江县治。《水经注·雒水》："又东径资中县，又径汉安县谓之绵水也。"《元和志》资州内江县云："本汉资中县地，后汉分置汉安县，李雄之后陷于夷獠。周武帝天和二年，于中江（当云中水，对内水，外水言）水滨置汉安戍，其年，改为中江县，属资中郡。隋文帝避庙讳（谓其父名忠也）改为内江县。"《寰宇记》文同，并续云："开皇二年，徙内江于汉安故城，即今县也。"是谓周之汉安戍，虽曾为内江（中江）县治，非汉安故城。至开皇二年乃徙内江回汉安故城，即今内江县也。周汉安戍，疑在今牛佛渡，与富世井近，且阻江峡以御铁山獠也。獠敛缩后，乃得徙还故城。

汉安本在郡北，约三百里。云在"郡东五百里"者，古无正确地图，但依所出城门方位言之。郡赴汉安，当出东门，渡沱江，从陆道往。按《后汉志》道里推算，郡北至汉安只能二百里，水行约三百里。疑五百是三百字讹，东字不误。

《元和志》江安县又云："本汉江阳地也，李雄后没于夷獠。晋穆帝于此置汉安县，十八年，改为江安县。"（晋穆帝在位十七年。惟孝武帝太元有十八年。疑原脱太元二字。）《一统志》遂谓："后汉所置汉安县，在今泸州江安县东。"世遂有误今纳豁县为汉安者，大误（顾广圻校稿改此句为"郡西五十里"即误指纳豁）。

⑯ 汉安、资中位沱江中游，当四川盆地正中，紫土丘陵间，溪谷盘纡，道路曲折，方山、梯田，农产丰赡。在汉世，人口尚稀，林木散在，风景和美，人民质朴，甚为士大夫阶级所欣赏（涪江下游之德阳、广汉，嘉陵中游之安汉、阆中亦正如此）。故邓芝乐德阳山水，而常璩亦赞美汉安。此种紫土丘陵，土性黏重，易于贮水。其地近巴，故家家皆有鱼池，蚕桑收入。山原田盛产粮食，又有盐井。江阳四县中，农产之富，此为首屈。舟运四方，一郡仰给，故曰"一郡丰沃"也。县境辽阔，包有今日荣昌、隆昌与荣、威远诸县。西界抵铁山，铁山穹窿带之西东南三侧皆产盐。汉世已多作陂井，至唐益盛，宋改筒井深汲，迄今未衰。

⑰ 汉安在晋世仍只开始向封建社会过渡，多富室而少儒士，大族当权。四姓、八族中，程、石两姓已有士人，少治文学，能与州郡官吏周旋，故地方政务，常受其言议影响，郡人咸遵重之，选犹遵也。刘璋立郡，即从程征、石谦之议。

⑱ 符县故城，今为合江县治。安乐水，即今赤水河也。古巴国通夜郎商道，从安乐水入。经平夷至朱提，转夜郎与滇，旁循鳛水道通于鳖，故巴王设关于此，以稽商贾，税货物，验符而后放行，称"巴符关"。《水经》："江水又东过符县北郭东南。鳛部水从符关东北注之。"郦注："县故巴夷之地也。汉武帝建元六年，以唐蒙为中郎将，从万人，出巴符关者也。元鼎二年立（县），王莽曰符信矣。县治安乐水会，水源南通宁州平夷郡、鳖县，北经安乐界界之东，又径符县下，北入江。"南齐置安乐县，因水为名。鳛部水，今云习水，在贵州习水县，为赤水支流。其上源曰温水，有名温泉，古代循此道通鳖邑（遵义）。明以来始开娄山关新道。

⑲先络，《后汉·列女传》作先雄，盖雒字讹。"张帛"，谓张真妻黄帛，《先贤志》有赞，亦载此谣歌。《先贤志》无江阳士女，故别详其事于此。大抵沿江男女皆习水能泅泳。封建官吏重义义，而治丧贵得尸，故络与与帛没求之，力竭以死。家人复得尸，夸言神奇，官吏从而炫之方志，然亦可见此地区于时封建文化虽尚未深入，孝道则已随官吏之提倡深入人心矣。

⑳新乐故城，以道里推之，当在今江安县治西。今江安城西五里，当淯江口，有小河原曰旧县坝，地属长宁县。传为江安旧城，而无城址与瓦砾之迹，盖即此新乐县故治。土城湮灭，久成耕土也。

按江安县沿革，《一统志》云："后汉置汉安县……隋开皇十八年改曰江安。"此缘《隋志》文省所误耳。龚煦春《四川州县沿革表》作："二九五置新乐县。三七三后改名常安。"魏、周、隋栏复曰："汉安，五九八改名江安。"查二九五即晋惠帝元康五年，此据《常志》也。三七三即东晋孝武帝宁康元年，此据《宋书·州郡志》也。（《宋志》云："常安令，晋孝武立。"）刘宋江阳郡领江阳、绵水、汉安、常安四县，其汉安在今之内江，不在江安甚明（参见注⑱）。《元和志》谓"晋穆帝于此立汉安县"者，盖就流民所在置之侨县。迨宋平獠乱，置东江阳郡时，汉安曾复还故地。南齐时，东江阳郡复陷，魏、周得蜀，于东江阳故地置中江县（隋改曰内江），而改常安从故侨县名，故《隋志》曰"旧曰汉安，开皇十八年改名"也。（隋志）本称《五代史志》，略于梁、魏以前沿革，行文又极省略，苟非与汉、晋、宋诸志综合分析，即不可能得其沿革全面。唐以后地理书尊《隋志》而径依之，遂至直通汉安至晋穆帝时，则与《常志》《沈志》皆不合矣。

《晋书·地理志》无新乐县，盖所据为《太康簿》，新乐置于元康年，固不能有也。

㉑此"盐井"当指安宁河（淯水）侧之淯井，唐置淯州，宋置淯井监。本盐泉，与川东各盐泉相似，非李冰式之陂井也，距淯水口只十余里，今为长宁县，晋时为新乐县地也。

十八

汶山郡，本蜀郡北部冉、駹都尉①，孝武元封四年置。廖本封四下注云："当作鼎六。《汉书·武帝纪》《后汉书·冉駹夷传》皆有明文。郡立于元鼎六年庚午，省于地节三年甲寅，故凡四十五年也。今按：常氏非不见《汉书》，此特与之立异者，必有所据。帝纪就决策时言之，方志就实成郡时言之，地方史与正史记年不同者，往往由此。迟四年者，或是吏民反对立郡，都尉已改太守，仍只行都尉职以慰抚其人，更阅四年绥辑而后成郡。故《帝纪》汶山郡叙在新立五郡之最后也。"旧属县八。当作五。户二十五万②。去洛三千四百六十三里。东接蜀郡。当云"东接广汉"。对北部言，蜀郡当在南。南接汉嘉。当作"南接蜀郡汉嘉"。西接凉廖本注云：旧误梁，今改正。州【酒泉】生羌。汉魏凉州洮、湟内处皆羌民。洮、湟内者，与齐民同供赋役。洮、湟外者为生羌，北至祁连，南尽赐支，不隶郡县，称为徼外。酒泉郡又在祁连山北，与汶山隔绝。《常志》误与阴平同。兹改酒泉为生羌，俾符实际。北接阴平。有六、为楼薄族之省称。用陈宗祥先生说。夷、羌、胡、【羌】赀虏、原作羌虏。兹用《吐谷浑传》改赀虏。即阴平郡之紫羌也。白兰、蜂峒钱、廖本作峒，他各本作蛔。《大同志》作"蜂蛔羌"。九种之戎③。上七种合冉氏与駹为九也。《后汉书·冉駹传》作"其山有六夷、七羌、九氐，各有部落"。是范氏因六夷、九氏语误凑为七羌之字。牛、马、旄、氈、班罽、刘、张、吴、何、王本作斑。钱、《函》、廖本作斑。义同。青顿、毞毲、钱、《函》、廖本作毞。他各本作毟毲。羊、【羖】羧廖本注云："《后汉书》羖作羧。"兹据改。之属④。《后汉书》以羊羧比旄氈、班罽、青顿、毞毲为工艺品。是误。当以羊、羧为家畜。特多杂乐，名香⑤。土地刚卤，不宜五谷，唯种稞麦⑥。原脱稞字。《范史》同。当补。【而】此字衍。多冰寒，盛复凝冻不释⑦。【故】此后人缘《范史》文衍。夷人冬则避寒入蜀，庸李本作傭。赁自食，夏则避署反落，岁以为常，故蜀人谓之作【五】氐旧皆作五。兹据《寰宇记》引文改。百石子也。⑧。

宣帝地节【元】三年，旧各本皆作元年。廖本注云："当作三。《汉书·宣帝纪》《后汉书·冉駹夷传》皆有明文。又前云'孝宣地节三年罢汶山郡'者，即此事，亦可证。《太平寰宇记》引作元年，所见本已讹耳。"用本书证，固应作三年。武都白马羌反。使者骆武平之。因旧刻此下接"拜越嶲太守，迎者如云，句，属《越嶲郡序》张璊事。中脱汶山、汉嘉、越嶲三郡文字，约宋刻六页之多。明清校刻诸家，未有觉者。顾广圻校稿开始指出，并辑有各书引文数条。廖本有长注六百十五字说明，并续有辑句。兹更搜讨《史》《汉》《三国》《晋志》《宋志》，及各方志、地理书与汇书所记三郡文之可能出于《常志》及常氏所引据者，进行补缀。力遵常氏格局、语调、篡组方法，俾成《蜀志》全文。慰劳汶山郡⑨。吏及百姓诣武自讼："一岁再役，更赋至重。边人贫苦，无以供给。求省郡。"郡建以来四十五年矣。武以状上，遂省郡，复置北部都尉⑩。以上依金陵刻本，《寰宇记》卷七十八引《华阳国志》文补，原误指作谓，役作度，郡作部，并据他本改正。又都尉上脱"北部"字，用《后汉书·冉駹夷传》补。孝安延光三年，复立之以为郡。十二字用《后汉·郡国志》刘昭注引《华阳国志》补。已仍为蜀郡北部都尉。灵帝时再为郡⑪。此据《后汉书·冉駹传》意补。原传云"灵帝时复分蜀郡北部为汶山郡。"则延光后曾复为都尉也。寻复为都尉。先主定蜀，陈震为都尉，因易郡名为汶山太守。据《三国志·陈震传》文补。后主延熙十年，平康夷反。卫将军姜维讨平之。维资此郡，屡出兵狄道。此据《三国志·后主纪》及《姜维传》补。晋平蜀，郡人不附。泰始七年，诸屯兵杀其督将以叛。十年，白马胡叛。刺史皇甫晏讨之，至都安，军叛被杀。后刺史王浚讨平之。此据《大同志》补。于时属县八，户一万六千。此用《晋书·地理志》补。元康八年，西夷校尉魏炳讨兴乐乱羌，大为羌胡所破。郡羌皆叛，太守但保都安。永宁元年，刺史罗尚遣牙门将王敦讨之。为羌所杀。李雄入成都，汶山太守兰维随尚东走。雄弃其地，以都安属蜀郡。依本书《大同志》补。

案：《汶山郡序》界至、道里、与民族特点，原具。历史部分，脱骆武平乱因字以下，兹辑补成全章。自汉武开西南夷，置蜀徼六郡。越嶲、牂柯、益州三郡较固定，惟亦皆曾叛没，沈黎、汶山与武都皆羌部，武都最稳定。沈黎郡立十四年而废，汶山虽至晋世乃废，然屡罢屡立，拖延二百三十年（七一一—三〇一），终不能免于废并。推原其故：越嶲、牂柯、益州土著属僰族，时已进入奴隶社会；又多有内地工商之民杂居，故较易稳定。沈黎以北皆羌胡，与封建社会制度距离悬远，格格不能接受。沈黎郡自旄牛一县外 汉民罕至，故罢废特早。汶山郡自都安一县外，汉民入居者较多，然皆商贾，不足以支持郡县政权，故屡立复废。武都近汉中与陇，西多农田，汉民定居者多，经济基础与上层建筑相适应（汉嘉郡同）。故虽亦屡有羌乱，郡卒稳定也。原存旧文，写刻每有脱乱，除校注外，补充说明八条。辑补之部，已注原书，足资查核，非有大疑，不为注释。

【注释】

①汉初，蜀郡设北、西、南三部都尉。并见《后汉·郡国志》。其北部都尉驻阴平，见《前汉·地理志》及本书《阴平郡》；分广汉郡后，称"广汉西部都尉"，见本书《武都郡序》。此云"北部冉駹都尉"者，盖原北部有两都尉。驻阴平者主白马羌，称北部白马都尉。驻汶山郡主冉、駹羌，称北部冉駹都尉。《郡国志》省白马二字，但云北部，《常志》于此著其全称也。其后西部亦设两都尉，见《后汉书·莋都夷传》。

②按《前汉志》蜀郡十五县，惟绵虒、湔氐道、汶江、广柔、蚕陵五县在汶山郡界。《后汉志》同，但汶江、绵虒称道，蚕陵作"八陵"不同。看来武帝立郡时，只当有五县，至蜀汉乃有八县也。五县户二十五万，已与《前汉志》蜀郡十五县之数（二十六万八千二百七十九）接近，相当《后汉志》蜀郡十一县（有四县为属国都尉）户数（三十万零四百五十二）之半，且皆不断称。此所云"旧属县、户"，皆就蜀汉时言，非开郡时数也。蜀汉姜维经略陇西，招抚羌胡，得其欢心，故此郡增拓三县。羌胡内附者多，故其载籍户数，至超越一般腹郡。（后汉永昌郡户大于腹郡十倍左右，亦正如此。）至晋泰康不过二十年，又复减为一万六千户，散失二十余万，亦缘羌氐不附者耳。

③此句在《范书·冉駹传》作"六夷、七羌、九氐"。遍参各书，莫能凑足六、七、九种之数。且郡境民族主为羌氐，支派虽别，亦不至遂有二十二种之多。疑范晔实误解《常志》"六夷"与"九种之戎"，又误赜（紫羌）为"七羌"也。常氏明言"九种之戎"，是谓有字所绾诸种皆西戎，有九种也。设以六夷为六种、则其下旧存七字无论如何点读，皆当有四种以上，不得为"九种"，况加以"七羌"乎！其结数既为九字，又有可得九种之理。兹分别解释如下：

"六"。陈宗祥先生云："六不是个数词，却是指楼薄。"陈有《试论岷江上游石棺葬的族属问题》一文，又有《后汉书白狼语诗研究》一篇，皆辨订此一问题。他所得最有力的证据，是雅安专区宝兴县的藏族语，呼天全"六番招讨"土司为楼薄甲波。"六"字对音既合，"番"字古音正读同薄，今世乃读如翻，而播、鄱、蟠等字犹与薄音近也。甲波，藏语国王之义。考天全土司为唐宋刘、杨、骆"三王部落"的氏王之一（余二王部落在今汉源与泸定县）。他们正是汉代楼薄王后代。《范史》称楼薄夷王名唐缯。足知其是近边夷部，已慕汉俗，故有汉名。楼薄（六番）既为种族名称，自亦可省称为"六"。《范史》又称其是："旄牛（县名，今汉源）徼外夷。"旄牛夷曾经入侵到汶山郡蚕陵县，见于《帝纪》。《竹书纪年》梁惠成王十年（前三六一）："瑕阳人自秦道岷山、青衣水来归。"瑕阳，唐代地理书作"夏阳"，后世通作徙阳或始阳，历为楼薄夷王的国邑（天全六番招讨司亦世代居此，今存遗迹甚多）。正是说楼薄（六番）人从青衣水溯源入汶山（岷山）地区，到秦国和魏国去经商，请求受廛居留。足见六番人居汶山地区者，早已有矣。六番，为氏族之善于经商，乐与汉民接近的一支氏人。故汉民说汶山民族者首先举之。

"夷"。为汶山土著自称语之译字。越嶲郡定莋县云："汶山曰夷，南中曰昆明，汉嘉、越嶲曰莋，蜀曰邛，皆夷种也。"（结语夷字当作氐）是常氏自证。此郡氐人，以冉氏、駹氏为最众盛（即《史》《汉》所谓'冉駹夷'）。接受封建文化较迟于六番（秦汉间始开通），故叙列六番之次。

"羌"。指新自赐支（黄河上源三俄洛地区之古称，见《禹贡》与《西羌传》）地区徙居于此者，主要为工、商、牧业之羌人。其人颇能与汉人亲近，数量亦颇大，尤以郡西北草原部分为多。如阴平郡之黑、白水羌，及六朝载籍所称宕昌羌，邓至羌皆是。姜维所抚用者多属此类。

"胡"。《后汉书·冉駹传》言："北有黄石、北地、泸水胡，其表乃为徼外。"此可说明汶山郡北部，洮湟（边徼）以内旧有胡人。胡人是古人加于塞北草原和沙原地区少数民族的通称；包括匈奴和东胡、月氏、鲜卑及北狄（本羌类）等。他们全是沾染了匈奴习俗的人。匈奴西徙后，他们被留存于长城南北郡县，被称为"杂胡"。本书《大同志》兴乐县有"黄石、北地、泸水胡，成豚坚、安角、成明石等"。泸水是湟水的支流，在今青海省。"北地"，郡名，在今陕西耀县。"黄石"亦当是地名，在今山西、河南地界（张良师称黄石公）。合如此不相接近之三地名为联称，足知其原是分居三地之一种，在匈奴西徙后，又重新合居于陇西，为一族落者。其中泸水胡早见于《西羌传》与《窦固传》及《三国志》的郭淮、张既等传。大概他们从黄石、北地迁出，最后与泸水胡合并，居于湟水地区。他们的扩散性很大，在三国时屡在河西四郡与陇西郡县生事，都只称为泸水胡。其入住汶山郡北的兴乐县，即在三国年代。

"赀虏"。即阴平郡的"紫羌"和《大同志》兴乐县的"紫利羌"。紫非颜色之义，而是录音，故亦作"紫利"，又作"赀虏"。此紫、赀字，又与"月氏"之氏字同音。疑即秦世之月氏遗民，未服匈奴而遁居于汶山之西者。《后汉·駹夷传》："其西又有三河槃于虏。""三河"即今阿坝州唐克县之白河（噶曲）、黑河（纳曲）与黄河（玛曲）。"槃于"，犹云盘纡，谓三河水行高原顶部，盘曲纡回而多沼泽之地区，因称其人为"三河槃于虏"，以别于黑水、白水羌（皆入嘉陵江，非入黄河之黑、白水），称紫利羌也。此族孱弱，无力拒羌胡之暴，故屡退避至三河沮洳之处以自存。自周秦至魏晋，未曾建成强武部落，亦未为他种所破灭，故称为虏。六朝时为邓至羌，"至"亦紫音之别字也，后为吐谷浑所并，故吐谷浑亦有赀房之称。

"白兰"，为西康高原东北部原有之牧族。三河之西为析支（赐支），其羌族后称党项，今云"俄洛"。俄洛之南为"白兰"，其名屡见于隋、唐文籍。今世石渠、色达、壤塘三县与罗科马、榆柯、独柯、色柯之地，皆古白兰人旧牧场也。（与《莋都夷传》之白狼是否同源，应成问题。其为不同的两个羌族则可肯定。）地接汶山草原，故有入居郡界为编户者。

"峒"，《大同志》作"蟀蛦"。峒、蛦易混，封建文人又好以虫旁字加于少数民族，兼蜂字已有虫旁，传写遂讹也。当以峒字为正。据茂汶羌民谈，古原有凿峒穴居之民。今其遗迹犹存。《寰宇记》汶山县云："石室，冉駹夷人所造者，深十余丈。"穴居，原是黄土丘陵地区住民从古已有之生活习惯，整个华北与秦陇地区皆然，后皆成为华夏族。此区非黄土丘陵，不易营造穴室，而有穴居先民者，盖其祖先原居陇西为夏族，如《五帝本纪》所传，昌意、青阳之流是也。其人入居此区，仍乐于营造穴室以居，因而自成一支民族，被称为峒。又传禹生于石纽一石穴，故称"禹穴"，亦传禹为黄帝之裔。然则，晋人所谓"蟀蛦"

与"峒人",实与华夏族同源。故昌意与青阳之子孙颛顼、帝喾(kù)及禹,皆自此区入为中华君王,是上古世此区与中原密切联系之证。自舟车兴于中原,农业与牧业分地发展以后,此区乃与中原隔绝。而后蜀国与于此区,自创文化,秦汉、六朝,褒斜道开,此区逐渐成为少数民族活跃的地区;穴居之民亦渐衰落,在汶山为末族矣。晋人又称之为"蜂"者,疑其人本自称为琒。峒乃别族所加字。此处继赘房、白兰后,当连续为双字族名,证以《大同志》,当原作"蜂峒",传钞者失之耳。今松潘少数民族,有被称为"别棒子"者,语言与羌氏不同,疑即古蜂峒羌之遗存者。(清代称尼泊尔人为"别棒子",亦可能是唐代吐蕃征服尼婆罗后,征其人来戍松州所遗。未经调查,不能定也。)

以上虽九或十字,仍只七种,不合九种之数。盖郡本开冉、駹夷置,冉与駹为此区人数最多,文化最高之主人。上已云"冉駹都尉"。此故但举此两种以外之杂居和新附之民族七种也。

《范史》作"六夷、七羌、九氐"者,盖晋、宋钞传此文者,于"赘房"旁注紫羌字,紫字漫漶,被审为"七羌",宋世刻本,亦误于此羌字而讹作"羌房"。又或传钞者欲注明此诸字为七种别,旁注"七羌"字而范氏用之以"六夷""九氐"配合。《西南夷传》固云自邛都以北至白马"皆氐类",故范又改"九种"为"九氐"也。

④此举郡地特产九种,"牛、马"与"羊、羧"皆为牲畜,中夹手工业品五种,疑当倒羊羧在牛马下。《后汉·冉駹传》作"其人能作旄、毡、斑罽、青顿、毞氎、羊羧之属"。则羊羧又似手工艺品。虽然,郡境西北部为大草原,既产牛马,即断无不产羊者。今此区畜产犹重于农业,养羊更多于牛马,则牛马下不能少羊羧字。疑宋刻本妄依《范赛》,倒羊羧在后耳。

《范书》羧字,旧刻《常志》作羖。羖在《尔雅》为牝羊,在《说文》为牡羊。无论为牝为牡,皆羊之别称,不得与羊为二物,羧则字书所无,《范史》亦不能别有所据以异《常志》,是作羖为正字矣。羧字只见于《篇海》,"羊病也",与此文义不相应。疑为狡之变写,指今之藏犬,字亦作玂。本猛兽狻猊(后借为狮子古称)。经羌人驯养以卫家畜,非犬类也。其毛亦有羊毛之用,故亦作羧,作毧。

李贤《后汉书》注云:"青顿、氎、羧并未详,字书无此二字。《周书》伊尹为四方献令曰:正西昆仑、狗国、鬼亲、枳已、阗耳、贯胸、雕题、离丘、漆齿,请令以丹青、白旄、纰罽、龙角、神龟为献。汤曰'善'。何承天《纂文》曰:'纰,氐罽也。'毞即纰也。"今按:"青顿",羌布也,麻织品,氐言顿,犹汉语言布。"毞氎",译音字,当说为毛织布,"班罽",拼合毛布所成之毯也。羌氏与藏族同,迄今世尚无纺织机,用手拧毛为线,挽缠小短木枝上代梭。长凳为机,亦拴纵为上下,足踏互张,手递横线以织,布不能宽过五寸。亦能染色,柔线细匀者为氆氇,粗拙者为毡子,即毞氎也。不可能作宽幅之球(罽),其宽幅之毯,皆骈其幅而缝合之,可织就色条,故汉语云"班罽",与波斯编花之罽不同。"旄"即牦牛之尾毛,"毡",乱毛所碾制之毛毡。皆汉地所无而汉人好之,为羌氏主要商品。

⑤"杂药",谓此区所产羌活、大黄、秦艽、甘草、贝母之类,"名香",谓麝香、木香、甘松、香草之属,皆海拔三千公尺以上乃生,内地所难得有者。魏晋时,唯自汶山输出,宋元以来始渐转移至冕定输出。

⑥"土地刚卤",谓山石硬固不平,土质浅薄而含盐碱,不宜种稻粱五谷。麦亦"五谷"之一,'不宜五谷,唯种麦",文自牴牾。麦上当有稞字。稞麦即青稞,为最耐寒之麦种。惟羌族种之。内地不种,故不在五谷之内。内地所谓麦一般指小麦,或大小麦合称("二麦")。若稞与穬及莜,虽麦类,各自有字为专称者,古人列于"百谷",不在"五谷"之列,以此知此处脱有稞字。

范晔《冉駹传》亦多用《常志》文,然不尽依《常志》。其言曰:"土地刚卤,不生谷粟麻菽,唯以麦为资。"此盖南人不知稞麦，妄以为衍稞字，只从麦字体会，而碍于"五谷"字义，故删改之，失其实矣。又云："而宜畜牧。有旄牛，无角，一名童牛，肉重千斤，毛可为毦。出名马。"此就《常志》"牛、马"二字用他书补充。则夸大失实。旄牛即牦牛，自是羌人住区特产（内地燠热处不能生活）。其牛皆有角，虽亦偶有犝牛，非其性也。肉重亦不至千斤。毛亦不尽可结毦。是传说已讹矣。又云："有灵羊，可疗毒。又有食药鹿。鹿麂有胎者，其肠中粪亦疗毒疾。又有五角羊，麝香，轻毛毨鸡，狌狌。其人能作……羊羧之属。特多杂药，地有咸土，煮以为盐，麝羊牛马，食之皆肥。"皆据夸者所谈以益《常志》，似是而非，不如《常志》之谨严。"灵羊"即羚羊，其角入药，云疗毒则难信矣。鹿不专食药，食药者粪有药气则然矣，疗毒则谬也。五角羊亦实有，正如犝牛、角马，非物之性。"狌狌"盖谓金丝猴，与麝香及轻毛毨鸡皆实，有咸土煮盐亦实，地质本由海底升起，岁时寒燥少雨，故土含食盐微量。仇池山亦有如此记载，陇西且有岩盐。麝即麂子，此区甚多，肉味美，皮柔韧，一方所重。但非家畜，惟可猎得之。又误解"羊羧"如上注。

⑦常氏于"唯种稞麦"句下，述其气候高寒，明'不宜五谷'之故。意虽相缀，文则另起为段。《范史》作"土气多寒，在盛夏冰犹不释，故夷入冬则避寒人蜀为佣"云云，移在"土地刚卤"句前。亦是另起为段。后人妄添"而"字为转介。非常氏本语明矣。

此郡自岷江河谷外，皆海拔三千公尺以上之高山与草原，气温经常低于成都十余度（摄氏）。有盛夏而冰不消释之高山，如岷江东岸之九顶山是，故有"玉垒"之称也。又如唐克草原沮洳地，秋冬、早春皆凝冻如平陆。夏季乃冰融生草。自此西北望大积石山（隔黄河），晶冰百丈，皑皑射目。即此平地，阴秘处，亦每有残冰未化者。迤西俄洛草原至西藏羌塘，皆是如此，是皆古代羌族居处之地区。

⑧旧刻此句皆是"故蜀人谓之作五百石子也"十一字。《寰宇记》卷七十八《茂州风俗》云："此一州本羌戎之人，好弓马，以勇悍相高，诗礼之训阙如也。贫下者冬则避寒入蜀，佣赁自食，故人谓之作氐。"贫下者以下十六字，显明引自《常志》。省"作五百石子"为"作氐"，足知旧刻皆讹"作氐"为"作五"。五与氏草书难辨。是宋元丰刻所据写本已讹，李㙂以下莫能正也。

"作氏百石子"者，古称劳动为作，相传尧时《击壤歌》曰："日出而作，日入而息；凿井而饮，耕田而食。帝力于我何有哉"《诗·邶风》："定之方中、作于楚宫。"《后汉书·廉范传》："不禁火，民夜作。"（蜀人读作为"做"，协暮、绔韵。今同。）故蜀人称此种出郡就佣之羌氏为"作氏"。"百石子"者，盖另一称呼而联言之。氏字，今读如低，古音读如纸，与子（zǐ）在蜀人为同音字。扬雄《解嘲》："响若坻隤。"《说文》引作"氏聤'。《玉篇》云："氏，崩声也。承纸切。"又《集韵》：'氏，轸视切，音旨。氏道，地名，在广汉。"（谓甸氏道、刚氏道。）皆氐、氏同音通用之证。蜀语称"作氏"为"百石氏"又作"百石子"也。云"百石"者，当时购买奴隶，最粗笨者值钱六百，（已详1章之注⑪）用之终身。赁如此氏人，值廉便。可省购奴之费，故其人佣无不售。一冬得值，亦获百石之多，蜀人利其劳而羡其所得，故称为"百石氏"，也。

茂汶羌民，直至清末民初，犹多有男女结队入成都平原及川北各地卖药，打井，及佣力者。故唐宋犹存"作氏"之称。若"百石子"，则隋唐以后，禄食以银、币计，人莫知百石之义，故不克传，乐史亦不取矣。

⑨骆武称"使者"，当是当时益州刺史。汉刺史恒得征用各郡军平乱，骆武既平武都羌乱，因循部至汶山郡，慰劳恭顺之羌民。故羌民与郡县吏向其吁请罢郡。汉制，郡县吏恒征用地方人，故下云："吏乃百姓诣武自讼。

⑩汶山夷至唐宋皆未进入奴隶社会，故虽已有"颇知文书"(《范史》语)之吏人，王侯邑君亦多驯顺，习近汉民，而其人终不愿接受封建郡县制度。自汉武建郡四十五年而废为"蜀郡北部都尉"。此谓县并入蜀郡，废汶山太守，仅以蜀郡之北部都尉镇汶山。都尉但领兵，主征调、征伐，不问民事，则其民事仅由县官督率各族落首领自理，可省大量禄食之费以轻其人民负担也。《前汉·地理志》证明自地节三年(前六七)至东汉初，将近二百年间，皆未复郡。

⑪自延光三年(一二四)至灵帝时(一六八——一八九)约五十年左右，虽置郡，亦数数有乱。延光三年，陇西羌乱与西南夷乱皆已平定，粉饰太平之时也。其二年，"分蜀郡西部为属国都尉"(《安帝纪》)。旋复以北部都尉为郡，加强封建统治，以镇羌戎。然自顺帝永建元年(一二六)陇西钟羌叛，直至汉末，诸羌陆续叛乱，中间延及武都、汉中、广汉及蜀郡者多次，汶山恒不安定。自"永初元年(一〇七)，蜀郡三襄种夷与徼外污衍种并兵三千余人反叛，攻蚕陵城，杀长吏"。至桓帝永寿二年(一五六)，"蜀郡夷叛，杀略吏民"，延熹二年(一五九)，三襄又"寇蚕陵，杀长吏"。(并见《莋都夷传》。《桓帝纪》作"蜀郡夷寇蚕陵杀县令"。)疑安帝复置汶山郡后再废，即在此时。灵帝再置再废年度未详，疑再置郡在建宁二年(一六九)，"段颎大破先零羌于射虎塞外谷，东羌悉平"之后。再废于中平元年(一八四)"湟中义从胡北宫伯玉与先零羌叛"，时(并《灵帝纪》文)。若然，则汶山郡建四十五年而罢，罢郡百九十一年复置，复立三十六年再罢，再罢十年又立，又立十五年又罢，又罢三十年，至建安十九年(二一四)刘备复立。阅蜀汉至晋元康八年(二九八)郡没，仅存都安一县，旋并都安于蜀郡，汶山郡遂永废矣。

十九

汶山县① 郡治。此用《晋书·地理志》补。原作"文山"。本汶江道，依《后汉·郡国志》。蜀改。据《三国志·廖立传》。**汶山在西，有玉轮坂**。用《水经注》文缀。原作"岷山"，字古通。**湔水、駹水出焉**②。六字，刘昭《郡国志》注引《华阳国志》文。湔，《前汉志》作湲，《水经》作洈。**故冉駹界邑也**。依《后汉书·冉駹传》意补。说在注。**其王侯颇知文书。而法严重。贵妇人，党母族。死，则烧其尸**③。用《冉駹传》文补。**山岩间多石室，深者十余丈**④。用《寰宇记》卷七十八"汶川县"文割补。**有盐溪。山出咸石，煎之得盐**⑤。此据《太平御览》卷五十二引《华阳国志》文，参《寰宇记》卷七十八文补。

都安县⑥ **本湔氐道**。据《前汉·地理志》。**李冰作堰处**。据《蜀志序》文。**蜀曰湔县。有观坂，后主登之，看汶水之流**。据《三国志·后主纪》建兴十四年文补。**县东南皆沃野**，此用《史记·货殖传》文意补缀。**有大芋如蹲鸱也**。七字据颜师古《货殖传》注引《华阳国志》文补。张守节《史记正义》同引，"都安"误作"安上"。蹲作踆。

广阳县⑦ **郡北一百里**。此据《元和志》。《水经注》文为"百二十里"。**本绵虒道**。依《郡国志》。前汉无道字。**北部都尉治。太康初更名**。据《水经注》文推定。**有玉垒山，出璧玉**，湔水所出。《郡国志》注"绵虒道"引《华阳国志》文。连岭九峰，通曰岷山。夏含霜雪，昆仑之仲也。此用《寰宇记》引王义之《与谢安书》，论岷山文，并《一统志》缀九峰句补。一曰沃焦。安乡山，直上六里，岷岭之最高者。遇大雪开泮，望见成都⑧。二十六字为《寰宇记》卷七十八引《华阳国志》文。《四川通志》作"其高直上六十里，山有九峰四时积雪"。山出青珠。此为《初学记》卷二十七引《华阳国志》文。

广柔县⑨　郡西百里。依《元和志》推定。有石纽乡，禹所生也。据《水经注》卷三十六文补。夷人共营其地，方百里，不也居牧。有过，逃其中，不敢追，《水经注》作"捕之者不逼"。云畏禹神；能藏三年，为人所得，则共原之，云禹神灵祐之⑩。此二十三字，为《郡国志·注》引《华阳国志》文。末句《水经注》作"大禹之神所佑也"。

蚕陵县⑪　郡北二百二十里。此据《水经注》："蚕陵至北部一百二十里"计算补。本蚕丛邑也。汉武帝元鼎中开为县。此依《元和志·冀州》文补。莽曰步昌。《前汉·地理志》文。有蚕陵山。据《旧唐书·地理志》补。

升迁县⑫　在广阳西百里。此定晋升迁县为今黑水位置推定。说详注。蜀汉立。依洪亮吉《补三国疆域志》补，下三县同。

平康县⑬　在郡北三百里。意推补。有岷阜，江水所出之处也。此为《北堂书钞》卷一百五十七引《华阳国志》文。岷原讹作汶。《水经注》云："汶阜山在徼外，江水所导也。"亦当是引《常志》，岷、汶字古通，《禹贡》作岷。《汉书》作嶓，又作岷。《史记》作汶。《三国志·秦宓传》："蜀有汶阜之山，江出其腹。"疑常氏原语为"有汶阜之山"，《书钞》夺二字。江初出，未可滥觞。至北部，始百许步。又四百二十余里至汶山，乃广二百余步矣⑭。此用《水经注·江水》文补。原引《益州记》，疑亦出于《常志》。

兴乐县⑮　在郡东北五百里。依南坪位置推算。蜀开，为白马县。晋平蜀，更名。此据《宋书·州郡志》引《太康地记》补。云"元年更名，本曰白马"。

案：全补汶山郡属县。县名依《晋书·地理志》，县叙首汶山，郡治也。次都安，近蜀，门户也。次广阳，汉绵虒最前列，秦旧也。次广柔，禹故乡也。次蚕陵，蜀国之源，汉世郡之北门也。次升迁、平康、兴乐，皆蜀置，由内及外，自南而北。

群自晋不受中央政权节制，直至隋唐始由羁縻州、逐步规复。中间三百余年文献断绝。唐、宋地志，考订沿革者，多有谬乱。其后承谬相习，每失其实。兹先考订八县部位，乃可裁辑旧文，分别缀附。所考订部位，不入补文，另为注说之。引补文有当说明者，亦为注释。

【注释】

①前汉汶江县，即后汉汶江道，蜀改为汶山县，晋曰文山，皆郡治也。汉置郡、郡治当在居中便于控制全局之处。置郡以冉駹二部落为基础，駹氏为今理县地，故理番厅之杂谷脑河古称駹水，则冉氏为叠溪以下之岷江河谷为必然矣。今汶川县治，为唐代之维州，宋曰威州，位駹水入江处，即冉与駹部间，为全郡正中。岷江之侧，地势开展，此宜为郡治矣。岷江一称汶江，而駹水之上源为汶山。从来以竹竹桥渡江，辖境偏在駹水之部，沿駹水开山道以西徼，是于称汶江，称汶山，称汶江道，名义无不合。移于他处，则不尽然。

然自《元和志》以来言沿革地理者，皆谓汉汶江是今茂县，而以旧汶川县为绵虒，此大误也。绵虒，秦旧县，故《前汉志》叙在蜀郡十五县第九，次于严道，而在旄牛及徙、湔氐道、汶江、广柔、蚕陵五新置县之上。盖秦以前龙溪与娘子岭山道（即所谓湔氐道）未开，冉駹与蜀之交通皆取土门关（安乡山）下湔水（海窝子河）至郫之路，故绵虒（茂汶县）地位最重要。湔氐新道既开后，冉駹区之重心自然自绵虒（茂汶县）下移至此（威州）。汉置郡时但以郡尉驻绵虒，称北部冉駹都尉，太守则在汶山（威州），故曰汶山郡也。

其县境沿江最少，主要在于駹水流域，西包有今马尔康县之地，此由《前汉志》文可以肯定。

②《前汉志》汶江县云："渽水出徼外，南至南安（今乐山）东入江。过郡三，行三千四十里。"此所云渽水，《水经注》作洈水，《郡国志》注引作濊水，未知孰讹。要其所指皆为今之大渡河，古今部位全合。过郡三者，谓发于蜀郡之汶山，经越巂郡阑县，至犍为郡南安入岷江也。班氏又云："江沱在西南，东入江。"駹水亦有沱水之名，缘其入江处先入大洲之岔港，已乃合流，故依'江别出者为沱'之义，称为"江沱"，实即指駹水。

《水经注》："江水又经汶江道。"下云："汶出徼外岷山西玉轮坂下而南行，又东，径其县下而注于大江。"此指为駹水，亦即《班志》之"江沱"也。所云"岷山玉轮坂"，今云鹪鸪山是也。山北麓为马尔康河，即《班志》之渽水，《常志》之濊水，大渡之上源也。山南坡陡急，常凝冰雪，即所谓"玉轮坂"。出水"南行"，经渺罗，"又东"折经杂谷脑下，径"其县"，明言是汶江县，"注于大江"，即今云"岷江"，古云汶江，字句无一不合。故知汉汶江县（道）与魏、晋汶山县是今威州故城，而其县境奄过今之马尔康河。

③冉、駹，本为同族之两支，别为二国，故司马相如文曰"朝冉、从駹"。地与蜀近，其人民冬恒入蜀，故其王侯君长亦慕汉文化而知文书（此诸王侯清代犹多存者，多已汉化）。此汉代能置郡县之原因。汶山郡所谓夷乱，皆非始于此部，而皆出于后置三县，及他族之入侵，冉駹人在汉官失势时，亦不能不附之也。其俗尊贵妇女而党母族者，盖羌族尚在母系氏族时代即徙来。山谷孤栖，经济虽已改变而习俗犹守旧惯所致。（羌族在周世有西王母之国，隋唐时有东西两女国。皆说明其停滞于母系氏族的时间甚长。惟洮湟羌频战争，进入父系氏族时代较早，亦当自秦汉始耳。）

④已于18章论述。

⑤盐溪地名今存，属理县。

⑥都安县，蜀汉为湔县，取湔氐道旧称，省为一字。湔水，本是郫之海窝子河之专称，著于《汉志》，入沱江后，沱江亦纳为通称。秦汉间称成都平原北山之土著为湔氐，西迤逾蒲村，灌口达子漩口、青城，皆湔

氐族落，故秦开龙溪峡至娘子岭山道通于岷江上游地区，称"湔氐道"，汉因以为县。蜀汉时，湔氐与汉族融合为一，不愿用湔氐名故省作湔县，其地实在湔外（后人有混湔为江者，非义）。湔县以李冰堰重，而设晏官，改称湔溯为都安堰，皆蜀汉时事。晋遂改称湔县为都安县，即今之灌县也。

⑦《寰宇记》茂州汶山县云："晋置广阳县，属汶山郡，在西北五百五十里，废末醒，今不详其处所。又立广阳县于石镜山南六十里，置广阳郡即今县也。"宋白《续通典》则云："晋置广阳县于汶江县西北五十里，周移置于石镜山南六十里。"似皆出于周隋人之书，而道里悬绝如此，均惝恍不可定其地。龚煦春《四川郡县志》依《元和志》定晋改汶江为广阳县，又谓"在茂县北五十里"，皆未足征信。审《晋志》，汶山郡八县，自蜀立三新县外，汉旧五县，四县皆备，惟无绵虒而有广阳。则《元和志》谓晋改绵虒为广阳可定矣。若定绵虒是今茂汶羌族自治县，则广阳不能"在茂县北五十里"。若谓绵虒是旧汶川，则更不能说"在茂县北"。两汉、魏至晋初，郡县相当固定。县治在山区者尤皆有一定条件限制，不易迁徙。岷江上游河谷，邑聚受地理条件制约尤大，虽改县名，不得即徙城，故可以肯定广阳即汉绵虒。虒、绵二字，边民难辨识，因今茂汶地势较开敞，故改广阳耳。

⑧成都平原北面最高之山，世称"鼕华九顶"，与岷江并行，逼在东岸，长数百里。西南终于灌县之龙溪娘子岭，东北连于松潘之雪宝顶，《禹贡》所谓"岷山导江"，指此山也。后世乃必于江、源求之，而指岷山为松潘城北之羊膊岭。羊膊岭但土邱浅阜，不足以言山。且三代人知界亦未即得至源。犹之"导河自积石"，积石山亦非河源也。（《前汉志》郡县亦未言江源河源，其时皆在徼外故也。）汉儒改岷山曰汶山，所指乃氂水源。《元和志》称此水为"汶水"。本江之巨支流，亦可以云江源矣。故世儒又有岷江以东诸山皆岷，岷江以西诸山皆汶之说，欲以此统贯古今。亦徒为多事耳。山不自名，随时从其人称可也。常璩与晋世多人实称此山群为岷山，唐人则称之为玉垒，明清人则称之云鼕华九顶，列于祀典。成都望江楼对岸之鼕华寺（今九中），即祀此山之专祠也。

安乡山，即土门关山口，为此九顶连峰中最低之凹脊。自茂汶羌族自治县登山脊二十里，山道中此为最高，相传晴朗时可俯望成都。"大雪开泮"，山雪初融时，即云气最薄时。

⑨广柔县故城，《括地志》《元和志》及《舆地纪胜》并云："汶川县西七十二里，"治书本之地理学者，每于今汶川县正西理县境内求之，无可得其处也。窃谓此西字，当向西南江水西岸求之。大抵今汶川县西南部，自瓦寺土司官寨以南，漩口以西，逾曰龙关，巴朗山（斑烂山）包有小金县地，皆汉广柔县境。若江水东岸娘子关，兴文坪与旧汶川城一线，是否亦属广柔县，则可疑。因自都安至威州（汶山），只此一县相通联，未宜割归广柔也。广柔旧治，决不能是旧汶川，只可能是今之漩口，去都安百里，从岷江南岸与成都平原交通，故在郡境虽距蜀甚近，仍为僻县。知其然者，汉晋巴蜀各县治，皆傍江河，汶山郡八县亦无不在沿之河谷底部。审其配置疏密，固宜如此。《水经》："沫水出广柔徼外，……与青衣水合，东入于江。"所言是今宝与河。其源出夹金山，山以北为小金与汶川县境。广柔县以此山为边徼，故曰"广柔徼外"，若茂、理等县，皆不可能与此水源接近。又《樊敏碑》称其"滨近圣禹，饮汶茹污"。樊敏，汉嘉（旧青衣县）人；禹，广柔人。此亦广柔县在汶山郡最南，接近青衣水流域之证。

⑩《史记正义》引《蜀王本纪》云："禹本汶山郡广柔县人也，生于石纽。"裴松之《秦宓传》注作"谯周《蜀王本纪》"，文同。又有"其地名刻儿坪"句。《水经》："沫水出广柔县徼外。"《郦注》云："县有石纽乡，禹所生也。"下文与《史记正义》引《华阳国志》文略同，其后《括地志》《元和志》皆肯定其说。《寰宇记》引《郡国志》同，又引《十道录》云："石纽是秦州地名，未详孰是。"大抵愈至近世，言禹生

地者愈分歧。寿春、当涂、会稽、秦州，皆争言是禹生处。甚至于同在汶山郡界之《北川（石泉）县志》，亦称其为石纽禹穴，有摩崖大字，而今汶川县境亦但传瓦寺土寨后山为石纽乡，刳儿坪，究莫能得其证验。《常志》曾有此文，则为必然也。

⑪蚕陵故城，在今松潘县南界之叠溪，当松坪小河入江处，周、隋、唐、宋为翼州治。《元和志》以来地理书皆如此说，形势亦合，可定。清代为叠溪营，有市街，民国二十三年地震山崩，塞江为湖，适当其处。（其后疏导积水，于湖畔得古碑，有蚕陵县字，见龚氏《四川郡县志》。）

⑫升迁县在何地，从来地理书无专条考订。惟《水经注》卷三十三氐道县下云："县本秦置，后为升迁县也。"未言所据。《清一统志》依之，并妄列入松潘厅古迹湔氏道云："在厅西北，秦置，晋改升迁县，宋有。《水经注》：'江水东径氐道县北。县本秦始皇置，后为升迁县。'"乾嘉以来考沿革者，皆只依据此条，虽或疑之，亦无法加以辨订，更无法指出是今日何地。盖徒恃书本之学，至此穷矣。龚煦春《四川郡县志》（民国乙酉刊），为考订四川郡县沿革最详备者，于蜀汉汶山郡，有升迁县，并云："《太康地志》属汶山郡，疑系蜀立，治地未详。"（其考汉湔氏道，亦遵《一统志》说。）已为矜慎矣。

今按：湔水自是沱江支流（《班志》则径以为沱江之源，见《地理志》"绵虒"本注），与江水（岷江）无关。即如设言湔水即岷江，发源在羊膊岭，亦只今松潘城北四十里之黄胜开外尽其源矣，秦人何能至此，又何得称其县为"湔氏道"？又况松潘西北皆高寒草原，或沮洳，雪山之地，平均每方公里不能有二人。蜀能于如此之松潘界置升迁、平康、白马三羌县耶！秦与两汉之湔氏旧县，又安置于何所耶？此其不可能为必然矣。用此资料以为说者，疏矣。

再查《水经注》，亦泛取当时地理书说所纂成。其于蜀地，由于郦氏未有践履，所纂用出于"扣槃扪烛"之误者甚多。杨守敬虽精于此书，亦因未有实践而不能多所订正。龚氏于此郡地亦无实践经验，但依杨氏为说，故不能解决问题。解决汶山属县问题之道，见于书本者既只如此，即当更从历史条件所许可，与地理环境之可能推定之，不能穷迷于文字征验。譬如考古，当重发掘，岂可倚恃于文献证订哉？

今考蜀地秦县，属于岷江上游地区者，秦世极于绵虒，汉世尽于蚕陵，过此即非当时之农地。按当时情况来说，无定居耕种之农民即不可能置郡县。此郡县发展所受制约之必然规律也。蜀汉时，农业随社会经济的发展与农民之逃避兵役，借工商之艺，混居少数民族地区，使耕地向边区推展甚为迅速。从户口文献推究，汶山、汉嘉、越嶲与南中人口，比于耕地面积，考其密度，皆已多与巴、蜀腹县相当，或且超过。汶山郡人口密度，即已超过蜀郡。估计当时凡岷江本支流河谷比较低暖可以种麦种荞之地无不开垦矣，此其所以能较两汉增设三县之基本原因，亦姜维之所以能屡从此郡出兵经营陇西，与魏争地争民而无后顾忧之唯一原因也。此为历史条件已许可矣。

至于地理条件，则除此诸河谷外，即不能耕之地。史言"姜维屯田沓中"，其地难于确指，要必在松潘之北草原中河谷以内，如今世南木寺、迭部、碌曲、玛曲、唐克、阿坝等处羌中之地，亦只是松潘草原西北之河谷，不可能在草原上，恃在军队行屯，非农民能耕种于羌族之中。然则蜀汉时置县所至只能在此草原之南部岷江本支流河谷间，不可能更入于松潘西北之草原也。则安得于松潘西北更有升迁县哉？

上列前提解决，则升迁县部位可得依准确之地图定矣。今以实测《四川省地图》推，灌县以西汶川县南部岷江西南鱼子溪与江口河两大支流地面，北至瓦寺寨，南尽漩口，西逾巴朗山之地已有广柔县。其北，西尽虢水（杂谷脑河）逾鹧鸪山，东至威州之地，已有汶山县。其北沿江水而上，两三百里，东逾土门（安乡山）之地，已有广阳县。更二三百里沿江，包有大姓沟之地，已有蚕陵县。更北岷江尽头之部，已有平康县。惟黑水芦花河谷纵横各三百余里之地，山高谷深，温暖宜农，而对外交通不便。既不可纡曲以遥附于广阳，又不可逾雪山以隶属于蚕陵、汶山及平康，其羌氏土著，自成部落久矣，虽至近世，犹为"梗化"之区。往时邓锡侯经略此区，曾遣军征讨，兵败而罢。解放后，民族政策适合其人民意愿，乃克建成黑水县（唐宋国力极盛时此河谷曾建羁縻州）。蜀汉时，既已北推县治达于岷江尽头，则其民族政策与经济发展应已深入于此区，其为升迁县地，应可必矣。然由于其地僻险，去江道远，而人民族性强固，置县亦不能固定。大抵自蜀灭后，即已沦没，故史籍罕得其资料，考地理者亦不能设想其为蜀汉县治焉。

今则可以得如此结论：蜀汉升迁县，即今黑水县也。

⑬由上条据理，知蜀汉平康县即今松潘县，当岷江最上游农牧交界处。汉魏县治，只可能推展至此，两千年来西陲边防，亦惟能推展至此。岷江上游，入此县界后，即平坦高旷，故蜀取县名为平康也。陈寿《蜀书·姜维传》：建兴六年（二四三），"汶山平康夷反，维率众讨定之。"龚氏《四川郡县志》定为："县盖蜀汉时立。治今松潘县西南一百五十里。"不知所指何地，唐宋地理书，无作此道里记述者。按《元和志》有平康县："西至当州六十里，显庆中，因古平康城置，在平康水西，属翼州，寻废。垂拱元年复置，属当州。"又云："当州，东北至极州二百十里，东南至翼州二百七十里。本蚕陵县地。贞观三年置通轨县，属松州。二十一年，于县置当州，仍以羌首领为刺史。"翼州即汉蚕陵县，松州即今松潘县，则当州应在今黑水河上游毛儿盖之位置。当州东六十里，即当大姓沟内某地，去松州与翼州这里相当，故唐代隶属无定。要皆是今松潘县地，而平康去松州尤近，不可能至一百五十里。况唐去汉远，中经羌乱陷没约三百年，所谓"古平康城"未必即不在松潘而在大姓沟内。果其在大姓沟内，亦只是岷江最上游支流之一，地理条件与松潘同，不得在松潘西南百五十里之远。

《隋书·地理志》汶山郡平康县："后周置，有羊肠山。"《唐书·地理志》松州："垂拱元年，割交川及当州通轨、翼针三县置平康县，属当州。天宝元年，改交川郡也。"是唐之平康县，确在大姓沟内。蜀亡三百年后周武帝时（《旧唐志》谓在天和六年）复置，置而复废，又近一百年，唐高宗显庆中乃复置。所云"古平康城"，盖周平康县故城，非蜀汉平康城也。所谓"平康水"，亦确是今之大姓沟，但系因周平康县为名，非蜀汉时已称平康水也。北属时，蜀平康县城已灭，于今松潘县东黄龙寺处立龙涸郡。治嘉诚县，设扶州总管府。其地距今松潘只十里，故分其西境置平康于大姓沟。用平康旧名，而非蜀平康故治，此可理解也。今松潘县，唐时乃立松州都督府，督文、扶、当、祐、静、翼六州，遂逐渐繁荣至今，其地位形势所固当也。由是观之，蜀平康县治，不能不是今松潘县城位置（龙涸以风景幽美胜，非行政与交通中心）。唐以后之平康，在大姓沟，是周平康县地，非蜀平康县治，可以成为定论。

⑭平康县为江源所在，常氏夸称井络，必于江源有所叙述。徒以郡文脱逸，无可辑补。"汶阜之山"出《秦宓传》，常氏用之，见《北堂书钞》。《水经注》亦有，多"在徼外"三字，系参《汉志》增。然《汉志》系于湔氐道，则当云徼外（时无平康县）。常氏必于平康县言之，则不得云缴外矣。

《荀子》："江出汶山，其始发源可以滥觞。"《水经注》引《益州记》作"殆未滥觞"，应脱可字。此《益州记》无论是李膺抑任豫作，皆出常氏后，复在汶山郡陷没后甚久，不可能知江流形势。唯常氏得读蜀汉文献，必能知之，《益州记》亦只承常氏说耳，故截补二十四字。

⑮兴乐县，《宋书·州郡志》南晋寿云："兴乐令，两汉、魏无。《太康地记》云：'元年更名。本曰白马，属汶山郡。'《何志》（指何承天之书）：'汉旧县。'检二汉益部无白马县。"今按《何志》所云，谓蜀汉刘备未即位前立汶山郡时置此县也。

《水经注》引《益州记》谓江源东南百余里有白马岭。"自白马岭回行二十（一本作千）余里至龙涸，又八十里至蚕陵县，又南下六十里至石镜，又六十余里而至北部（广阳）"。又西百二十里至汶山故郡。所言道里比例与今不应，然谓白马岭在龙涸与蚕陵之间则合。盖江东岸之山，连今平武县界，本为白马氏住区。《四川通志》卷三百四"龙安府关隘"云："白马塞，在平武县北三百里，番寨也。北通阶、文，西抵漳腊（在松潘县东北四十里），其生番（明清人以羌氏混称为番）号黑人。延袤数百里，碉房百许，有名色可举者凡十八寨。"今平武县西北水晶堡地区有黑水河，山岭抵松潘归化堡新塘镇江岸，即《益州记》所云白马山也。自水晶堡西入松潘界，即是黄龙寺（龙涸）与漳腊。水晶堡之东北，逾山岭为白马河（至平武城西近入涪）。其上游即明清白马寨落分布之地，有道通南坪县及甘南之文县与阶州（武都县）。凡此诸处，皆汉魏时白马羌住居之地，故蜀汉以其地置白马县，属汶山郡，晋改曰兴乐县，其治所无文记可定。今按：汉武帝以广汉西部白马为武都郡，其时郡治武都县在仇池附近，所管已内附之白马羌为东部之白马羌。其西北，盖有连结生羌未肯内附者也，故后汉羌乱，武都羌恒响应之，又导其寇蜀、广汉与汉中。屡受汉廷镇压按，东部白马衰残，其人渐聚于刚氐道（今平武）与阴平之西。蜀开汶山郡，抚其人置白马县，此历史条件所可能也。蜀亡后，汶山郡夷叛，郡县陷没，皆由白马。本书《大同志》：晋武帝泰始元年，"汶山守兵吕臣杀其督以叛。"曾说明蜀时在此郡险要地设置"汶江、龙鹤（即龙涸）、冉駹、白马、匡用五围，皆置修屯牙门"督将，此显然为备内羌叛乱，而非为备生羌。由于军士不附晋，故有此变，吕臣虽被族灭，围守大约亦即撤废，故泰始十年（二七四），"汶山白马夷态纵，掠诸种"，盖已胁迫诸种同叛。益州刺史皇甫晏率军进讨，至都安，军叛被害，全郡遂没。太康三年，"以蜀多羌夷，置西夷府"，校尉持节统兵，治西夷，汶山郡县曾惭恢复。改白马县名为兴乐，即是此时。元康八年（二九八），关中饥乱，"汶山兴乐县黄石、北地、泸水胡与广柔、平康羌有仇，遂与蜂蛹羌等数千骑劫县令，叛杀长吏。西夷校尉魏炳讨之，大为胡所破"，（节引《大同志》）。郡遂复陷。此役虽不言白马，自必有白马助之，由此兴乐与白马之关系及白马地理分布与历史情势综合分析，兴乐县治应在今南坪县。与洮岷、白水接近，故有卢水胡，与平康接界，故与紫利羌为仇，县境南接蚕陵、广阳，故以白马一族能纵掠诸种也。《宋志》南晋寿郡系侨郡，所属兴乐亦是侨县。盖自晋世郡陷，兴乐晋民皆南流，由阴平至晋寿者较多，再流转入绵雒地区，遂聚居为侨郡县也。

于此可得一结论。晋兴乐县治是今之南坪县，辖境包有今平武县西部。

二十

<u>汉嘉郡，本笮都夷也</u>①。五字用《汉后书·南蛮·笮都夷传》文借补。原有都字，当衍，说在注①。<u>自嶲以东北，君长以什数，徙、笮都最大。自笮以东北，君长以什数，冉、駹最大。其谷或土著，或移徙，在蜀之西</u>，上四十一字，借用《史记·西南夷传》补。<u>是谓西夷</u>。用《西南夷传》意补。<u>秦时尝通为郡县，至汉兴而罢</u>。十二字，用《司马相如传》文元鼎六年通南夷道，邛、笮君长闻南夷与汉通，得赏赐多，多愿为内臣妾，请吏比南夷。《西南夷传》。<u>乃拜司马相如为中郎将，建节往使，副使王然于、壶充国、吕越人，驰四乘之</u>

传，因巴蜀吏、币物以赂西夷，便略定西夷。邛、筰、冉、駹、斯榆之君，皆请为内臣。除边关，关益斥。西至沫、若水，南至牂柯为徼。此节取《史记·司马相如传》文。及汉诛且兰、邛君，并杀筰侯，冉、駹皆请臣、置吏。乃以邛都为越嶲郡，筰都为沈犁郡，冉、駹为汶山郡。此用《史记·西南夷传》文。《汉书》同。沈犁郡，治筰都，去长安三千三百三十五里。领县二十一②。此据《汉书·武帝本纪》颜注引《茂陵书》文。天汉四年，并蜀郡为西部，置两都尉。一居旄牛，主徼外夷；一居青衣，主汉人。此用《后汉书·筰都夷传》文补。邛来山本名邛筰，邛人、筰人所由来也。此依刘昭《郡国志》注引《华阳国志》文改三字。来字原作崃，依李贤《后汉书》注引文改。筰下句，原作"故邛人、筰人界也"，两注同。考其山为今大相岭，在汉为旄牛、严道两县界，非邛人、筰人界，邛国尤远不及此。但邛人共筰人入蜀，则必须由此由。当是原释邛来之义，作"邛人、筰人所由来也。"刘昭或据误本，或误"本名邛筰"之义为界山，改由来为界字，李贤又缘核对刘注而从其误，兹订正。有九折阪，意补四字，以启下文。严阻峻回，曲九折乃至山上。凝冰夏结，冬则剧寒。此续用刘昭注引文。李贤注引迴作回。又重山上二字。宣帝时，琅邪王吉子阳此据《汉书》卷七十五《王吉传》文，以郡、姓名，字联称之常氏语格缀补刘注引文。刘注有"王阳行部至此退"句。为益州刺史，行部至此叹曰："奉先人遗体，奈何数乘此险。"后以病去。乃元帝时，涿郡王尊子赣为刺史，至此阪，问吏曰："此非王阳所畏道邪？"吏对曰："是。"尊叱其驭曰："驱之！王阳为孝子。王尊为忠臣。"尊居部二岁，怀来徼外，蛮夷归附其威信。此用《汉书》卷七十六《王尊传》文补。徼有加字。公孙术据蜀，青衣人不附。世祖嘉之，建武十九年以为汉嘉郡。据《水经注》卷三十六文补。已，复为都尉。此据《郡国志》蜀郡属国注推定。永平中，益州刺史梁国朱辅好立功名，在州数岁，宣示汉德，威怀远夷。自汶山以西，前世所不至，正朔所未加，白狼、槃木、唐菆等百余国，户百三十万，口六百万以上，举种奉贡，称为臣仆。辅上疏曰："臣闻诗云：'彼徂者岐，有夷之行。'传曰：'岐道虽僻而人不远。'诗人诵咏，以为符验。今白狼王唐菆等慕化归义，作诗三章。路经邛来大山，零高坂，峭危峻险，百倍岐道。襁负老幼，若归慈母。远夷之语，辞意难正。草木异种，鸟兽殊类。有犍为郡掾田恭与之习狎，颇晓其言。臣辄令讯其风俗，译其辞语。今遣从事史李陵与恭护送诣阙，并上其乐诗。昔在圣帝，舞四夷之乐。今之所上，庶备其一。"明帝嘉之，事下史官录其歌焉③。此全用《筰都夷传》文补。《常志》即志邛来山，必缀有此三故事。《东观记》有《朱酺传》，今存钱文云："朱酺，梁国宁陵人，明帝时为益州刺史，移书属郡，喻以圣德。白狼玉等百余国重译来庭。献诗三章。"时部尉府舍，以部御杂夷，宜炫耀之。乃雕饰城墙，华画府寺及诸门，作神仙、海灵、穷奇、凿齿。夷人出入恐惧。骡马或悼而趑趄④。此用《太平御览》卷七百五十引《华阳国志》文补。御原作御。恐下原无惧字。《后汉书》作"画山神、海灵、奇禽、怪兽以眩耀之。"延光二年，旄牛夷叛攻零关，杀长吏。益州刺史张乔与西部都尉，击破之⑤。于是分置蜀郡属国都尉，领四县，如太守⑥。此用《后汉·莋都夷传》文。灵帝时，复以蜀郡蜀国为汉嘉郡。此用《莋都夷传》文。加复字以照上文。四县户十一万。依《郡国志》蜀郡属国户数。太康户一万三千。据《晋书·地理志》。

案：补《汉嘉郡序》。除《太平御览》有《华阳国志》一条适用外，唯可用《史记》《两汉书》与《水经注》补。《范史》与《郦注》引用常氏文甚多。正史例不举所据书名。郦氏凡杂取众书纂成，非专用《常志》者，亦不举书名。虽不举，察其资料必出《常志》者，固无妨酌取以补《常志》所轶。常氏所引《史》《汉》《三国》与《东观记》亦不用原文。兹取引补，即必尽量遵用其原文，乃便检核。以此字量未免于浮肿。要能循其意趣，存其神致而已。

【注释】

①《史记》《汉书》都有《西南夷传》，并言汉武帝"以邛都为越嶲郡，莋都为沈黎郡"。本书定莋县云："莋，夷也。……汉嘉、越嶲曰莋。蜀曰邛，皆夷种也。"说明莋之与邛，皆种族名称。邛族有王（邛谷王），其国都在邛海旁。是为"邛都"，即今西昌县。邛人、莋人与汶山郡之所谓夷人皆氐类也。本书《越嶲郡》定莋县文之"皆夷种也"，与《史记》《汉书》之《西南夷传》之"皆氐类也"为同一含义，故汉、魏、南北朝史地书，恒以羌、氐、夷字混用。（如青衣夷一作青羌、一作青氐。白马夷一曰白马氐，或白马羌。冉、駹夷一曰冉羌，或蚚氐。）就中，邛人进入奴隶社会最早，秦、汉时已经土著营农业，县备国家组织形式，有国王，有都邑，汉武帝开置为越嶲一郡。其他部分之氐人，汉时尚多停滞于游牧转徙，或半农半牧的原始社会阶段，仅只有氐族组织或原始公社性质之"邑君"与酋长。当时或称其北部高原附近之人为氐，南部狭谷地区之人为莋，《汉书·张骞传》所云"北闭氐莋"是也。或合称为"西夷"，《史》《汉》合南夷为一传是也。或又混之于羌，后汉《西羌传》是也。或通称之以夷，《常志》是也。更或随郡界而别其称，则汉嘉郡与故沈黎郡人皆曰莋，《后汉·冉駹传》是也。

其所以称为莋者，其地山高谷狭，水深而激，难架桥梁与设舟渡。其住民远在数千年前，已创绞篾为索，相对斜张于狭谷两岸，用木壳系皮条骑人，挟之滑翔以达对岸之法，即所谓莋，古云"度索寻橦"，今人呼为"溜索侨"者是也。《说文》："莋，筊也。"又："筊，竹索也。"谓以竹篾相绞缠成之巨绠也。其字亦省作筰。《汉书》作莋。此种筰渡之法，迄今仍甚普遍。山区边民之智慧，因地形之宜、竹材之便，创为此制，简便适用，犹李冰之都江竹笼索桥，近世之有登山索梯。巧拙不同，其为人类征服自然之巧思则一也。习于舟车之平原人民，惊异其制，称其地为"莋域"（莋国），称其人为"莋人"，非其人自有莋族之称也。

莋域在两汉世，由于发展前进程度之不同，又可分为若干部分。最北岷江上游冉駹部分，由于接近都江，习见李冰式之索桥，脱离溜索寻橦的阶段较早，蜀西青衣江流域亦然，后汉置郡后，已颇建造桥阁，通要道。至于山僻民间，则虽近世，仍用溜索，故魏晋南北朝人，皆以青衣氏列入笮类。然由其密近蜀郡，文化在诸笮中为最先进也。青衣之西，大渡河以内，邛徕山脉盘结地区，在汉世为楼薄部落，在唐宋为"三王部落"，（有刘、杨、郝三王分治，摇摆依附于中原与吐蕃之间，号称两面羌。）即《后汉·冉駹传》所谓"白狼楼薄"，元、明、清世所称之"天全六番"也。大渡河外，西达雅聋江，包括今康定木雅乡、九龙，冕宁与泸定西岸之地为旄牛部，《西羌传》所谓"牦牛种"，《张嶷传》所称之"旄牛王"，盖笮夷中之最强大部落也。其南，当今盐源，木里与云南宁蒗县地，为槃木部，《后汉书》所云"白狼槃木"，《张嶷传》所云"槃木王"，今普米族是也。更还有旄牛部以北，相当今大渡河上游鱼通、孔王、金汤、大小金川一带，在汉代被称为"三襄、污衍"等部落，唐宋称为"东西嘉良"等部分亦是笮夷。但隔于青衣、冉駹与楼薄等部，极少与内地有交涉。

笮夷既非一个民族，亦未建成一个国家，而《史》《汉》有"笮都"一专称者，缘诸笮有共同的商贸市集，其中一处最大，地位适中，汉开西夷置沈黎郡时，郡治于此，称笮都县，故曰"以莋都为沈黎郡也。"其地在今泸定县南之沈村，说另详。

②《茂陵书》今轶，《汉书》注所引者，有珠崖、儋耳与沈黎郡三条，盖纪汉武帝开置新郡县事。三条皆据《臣瓒》旧引，是隋唐间已轶，颜师古亦未见也。

沈黎郡置立十四年而罢。所领二十一县，除笮都与旄牛可定，及徙、严道、青衣与越巂郡之莋秦、定莋、大莋、姑复可能是故沈黎郡领，可知名者九县外，不知名者犹有十二县。又如《相如传》言除边关，"西至沫、若水"，又云"开沫若。"若水为今雅砻江。是沈黎郡西境达雅砻江也。又沈黎郡废后，存旄牛都尉。《前汉·地理志》旄牛县云："鲜水，出徼外，南入若水。若水亦出徼外，南至大莋入绳。过郡二，行千六百里。"所云鲜水，今流经炉霍、道孚、乾宁三县，至雅江县界入雅砻江之鲜水河也，（羌藏语鲜为赤金之义，沿河产金，羌语未变，故古今名同）。与雅砻江皆发源于俄洛草原，故云"徼外'。绳水即金沙江，雅砻江南至渡口市入金沙江"过郡二"者，蜀（或沈黎）与越巂二郡。"行二千六百里"则与湔氐道所载江水同长。谓僰道以上合绳若计之，古今地理皆合，然则汉沈黎郡境，盖又不只包括今之康定，且又曾扩展至鲜水流域矣。《水经》："若水出蜀郡旄牛徼外。东南至故关为若水也。南过越巂邛都县西，直南至会无县，淹水东南流注之。"与《汉志》全合，皆若水为今雅砻江之证。所言淹水，谓今渡口以上之金沙江，会若水后乃称绳水也。"故关"，当即是今之雅江县，沈黎郡立时，郡西界至此为关徼，郡废后，西徼内移至沫水，故谓雅江为故关也。

如此，则沈黎郡失名之十二县，皆当在今康定、九龙、乾宁、道孚、炉霍县内，随当时部落酋长请置吏者置立。大都皆氂牛种之小酋，贪赏赐者所请。时皆牧部，人无定居，县不能立，故旋复废去，并以属于旄牛都尉也。

③白狼槃木王地在今四川盐源，木里与今云南宁蒗三县盐池附近，不仅《三国志·蜀·张嶷传》可定，即今其遗民称为"普米"者，所分布地域与其所传历史亦可定。其所献诗三章，《东观汉记》存其本语译音与田恭译意对照。《后汉书》注亦存录之。"恩深"作"渡诺"音，"外"作"仪"音。"不远万里"作"莫受万柳"，"心归慈母"作"仍路孽模"之类，皆四字四音为句，显然是朱辅先为作诗，乃命田恭随文填比其本语字音。中有多字俱无本语可对，而直借汉音者，非其人固有之诗也。后汉越巂郡户十三万零一百二十，口六十二万三千四百一十八，永昌郡户二十三万一千八百九十七，口一百八十九万七千三百四十四。益州郡户二万九千零三十六，口十一万零八百零二。牂柯郡三万一千五百二十三，口二十六万七千二百五

十三，四郡合计才四十二万二千余户，二百八十九万八千余口，尚不及朱辅所称白狼槃本等百余国户口之一半，此其夸妄欺诞亦甚明矣。然其诗存，足以考订民族语言古今通变，则足珍也。

④范晔《莋都夷传》云："肃宗初，（朱）辅坐事免。是时郡府舍皆有雕饰，画山神海灵，奇禽异兽，以眩耀之。夷人畏惮焉。"不如《御览》引文较详，且明为《华阳国志》文。"穷奇""凿齿"皆异域远夷名称，见《山海经》。

⑤延光二年（一二三），东汉安帝即位之十七年也。《安帝纪》亦有此文，作'寇灵关'，《莋都夷传》则作"攻零关"，又多刺史张乔名。《范史·莋都夷传》应系引用《常志》，《安帝纪》则非用《常志》，而是依据他种官书之证。《两汉志》越嶲郡皆有"灵关道"。字不作零。惟《常志》依《司马相如传》"镂零山，梁孙原"语，作"零关"（《越嶲郡》阑县文讹作寒关）。又别指蜀王开国时以"熊耳，灵开为后户。"其熊耳与灵关，皆在青衣江流域（已详本卷2章之注⑩）。其地与旄牛夷隔邛徕山，与徙及严道县，不可能为旄牛夷所寇攻。惟越嶲郡之零关，近旄牛夷，故被攻入，杀长吏。长，谓零关道（汉县，在晋为阑县，参看《越嶲郡》阑县注）之县尹。吏，谓其县署之吏司。惟零关道有长吏。若青衣之灵关，则仅为边徼险要，时无县治（今为宝兴县治），不得云"杀长吏'。零关，是常璩书的正字，故《越嶲郡》阑县下旧刻讹作寒。零字易讹作寒，若灵字，则不可能讹作寒。以此知《两汉志》之"灵关道"及《灵帝纪》之"寇灵关"，皆当时朝廷官书之讹字，非如常氏地方史之得其本字也（参看《蜀志》2章及越嶲郡阑县注）。

⑥汉制，部都尉与属国都尉秩皆此二千石，其不同处为部都尉但主军、刑事，属国都尉则领县，兼理军、民、财、刑各政如太守。"属国"谓少数民族部落，自有君长，虽内附而不隶于县官之部落，置吏则比于县官，不置吏，则只管都尉钤束者也。

二十一

汉嘉县① 郡治。据《晋书·地理志》，是用《太康地志》文。故青衣羌国也。此用《水经注》卷三六原语。高后六年开为青衣县。此据《蜀志总序》与《汉书·地理志》有蒙山。此用《后汉·郡国志》汉嘉县文。《前汉志》合。青衣水所发。东径县，南与沫水会②。此用《水经注》文。删县上其字与会字下"于越嶲郡之灵开道"八字谬文。沫水从岷山，西来，出灵山下。其山上合下开，水出其间，至县东与青衣水合，东入于江③。此用《郡国志》注引《华阳国志》文，参合《水经注》文整补。刘昭此注引《华阳国志》，文殊谬乱，不可句读。盖据误本又自行窜乱。故与地理实际刺谬。《水经注》文亦多窜乱，故用今地文参合订之。土地多山。此刘昭注引《华阳国志》原语。产名茶④。此用《寰宇记》引《九州记》及《茶谱》补。说详注释。灵山下有灵关，在县北六十里。有峡，口阔三丈，长二百步。关外即夷邑。此借《元和志》文。安帝永初二年，青衣道夷邑长令西，与徼外三种夷三十一万口，赍黄金、旄牛觕举土内属。安帝增令田爵，号为奉通邑君。据《莋都夷传》文。延光二年，为属国都尉治。阳嘉二年，改县名汉嘉。节取《莋都夷传》文。用建武时郡名也。意补。自时厥后，人文蔚兴。王元泰州里无继。据《三国志・杨戏传・季汉辅臣赞注》补。樊叔达号为吏师。用《樊敏碑》文补。向举为一时表率。据《三国志・先主传》，劝进表名列第二。张休、王晖并俊彦称也⑤。并据今存墓铭等文献补。

严道县⑥　邛来山，邛水所出，东入青衣。有木官。十四字用《汉书・地理志》班固本注文。秦开邛来道，置邮传，属临邛。右十一字依《司马相如传》与《淮南王传》合参意补。始皇二十五年灭楚，徙严王之族以实于此地，汉为县，故曰严道，属蜀郡。至文帝，又徙淮南王之族于此⑦。此四十字，用《寰宇记》卷七十七文。倒"汉为县"三字在"故曰"上，以明"严道"取义。秦与前汉皆不讳庄为严。常氏不当有此说。然《读史方舆纪要》及《清一统志》皆有与此相同之文，云出《华阳国志》。是唐宋人书引《华阳国志》以存此说者尚有他种。乐史亦实转引可知。固当录补。道通邛笮，至险。有长岭、若栋、八渡之难，杨母阁之峻。昔杨氏倡造作阁，故名焉⑧。此《郡国志》注此《华阳国志》文。原无"通邛笮"三字，据《水经注》卷三十三再增补。有铜山，文帝赐邓通铸钱处也。取《史・汉・佞幸・邓通传》补。其人士，则李磐图像府庭，见《先贤志》，前汉时属蜀郡。高颐树阙锦里。据现存雅安姚桥之《高君碑》，与石阙。雅安，汉严道县地也。卫继仕蜀，至奉车都尉、大尚书⑨。《三国志》附《杨戏传》。

徙阳县⑩　本斯榆邑。汉武略斯，以为徙县。据《司马相如传》及《汉书・地理志》，颜注："徙音斯。"晋改曰徙阳也。据《晋书・地理志》。山出丹砂，雄、雌黄、空青、青碧⑪。据《郡国志》注引《华阳国志》文增山字。

旄牛县⑫　在邛来山表，本旄牛王地。邛人笮人入蜀必度此山，甚险难，南人毒之，恒止市于此。此用《郡国志》注引《华阳国志》文，改"旄地也"为"本旄牛王地"，改"邛人自蜀入"为"邛人笮人入蜀必"七字，增"恒止市于此"五字，补全文义。昔人引文多意为夺衍，故失之也。有鲜水、若水五字据《郡国志》注引《华阳国志》。出徼外，南至大莋入绳⑬。九字用《前汉志》旄牛县注补足。濊水一名洲江，合沫水，自南安入江⑭。《郡国志》注原引脱濊水字，遂失《常志》本旨。兹用《前汉志》青衣县注，更补后八字。而易漒字为"濊水"，俾与"汶山县"引文符合。

晋乐县⑮　此据《宋书・州郡志》补。说在注释。

案：补汉嘉郡属县，县名依《晋志》。考补李雄时晋乐县。引据旧籍，明著出于《华阳国志》者较多，而每因夺字衍文，害其本旨。兹既征引，不能不为之考订厘正。

【注释】

①《前汉志》蜀郡有青衣县。《后汉志》蜀郡属国云："汉嘉，故青衣，阳嘉二年改。"考故青衣县治即今芦山县城，汉晋时县境，即今芦山、宝兴县境及康定之上下鱼通地区（康定县城以东之河谷地区，包有今芦山

河谷，宝兴河谷的全部，与大渡河谷的一段。本青衣羌（青羌）根据地。青羌大酋住灵关外沫水河谷（今穆坪），早在周代已与蜀开明帝发生政治关系，故秦汉世即已请吏置县，并以青衣为县名。县治本青衣夷族经营汉羌市易之市场。置县时，筑城以居汉官，汉民称为"羌城"，后世讹为"姜城"。唐、宋以后，又讹为姜维故垒，甚至妄指为姜维墓葬处（或云胆墓），皆明清方志无稽之谬说也。今有姜祠与石兽及《都尉杨君碑》石残片（俗称天狗吃月），实汉末葬制遗物。当是都尉杨颙碑。（另详《芦山溪石图考》，见于《康导月刊》四卷六、七期，一九四二年九月，原题为《芦山新出汉石图考》。）置县后，汉民居留者多，与芦山河谷羌户习渐融合。至公孙述据蜀，蜀中巨室避地，多徙居此，后汉遂发展为郡治。时则灵关以外，仍为夷邑，惟已习汉文书，延聘汉儒为主书记，并供租赋与征役矣。

②《水经》："青衣水出青衣县西蒙山。东与沫水合。"此所言为今之芦山河。所云蒙山，即今罗绳山，为成都平原西侧岷江水系，与青衣江水系之大分水岭之统称。山脉纵行数百里，为四川红盆地之西界。海拔全在千公尺以上，经常细雨迷雾，罕睹晴日，故古有蒙山之称。其支脉东南出，为今名山、雅安两县之界山者，有蒙顶寺，唐以来始有蒙山之名，非即《禹贡》与《汉志》之蒙山也。《汉志》"青衣县"注云："《禹贡》蒙山溪、大渡水，东南至南安入溦。"所指亦是今芦山河。缘其出自蒙山，并与蒙山山脉并行入严道界，故曰蒙山溪。严道界有"大渡"最险要，故又称"大渡水"。合沫水邛水诸支流，穿飞仙关，竹箐关（熊耳峡），至南安合溦水（溦水，今云大渡河），入岷江，此古今地理可戡合者。《雅安县志》，随近世俗称名山界上之蒙顶寺为"蒙山"，遂以青衣江之小支流三里溪为蒙山溪（溪在雅安城对岸，沿溪有上里、中里、下里三村）。以为是青衣水正源，此大误也。雅安为汉严道县地，芦山乃汉青衣县治所在。自飞仙关以北，芦山河全域，及西灵关外之沫水（今宝兴河）流域，皆汉青衣县与青衣夷邑君长辖地。水因县为名，称为青衣江（羌江）正源，固不可以三里溪之小支当之也。

③《水经注》云："沫水，出岷山西，东流过汉嘉郡，南流，冲一高山。山上合下开，水径其间，山即蒙山也。"所言"上合下关"之山，即上自灵关（现为宝兴县治）朱砂溪，下迄天全铜头场长近百里之峡江。峡山为砾岩断裂所成，两岸壁如刀劈，离立十数丈，猿猱不得下汲，筏流不见天日，幽闭有如洞穴，故有其上合下开之喻，实系一山中裂。其山本曰灵山，今云灵鹫山，《水经注》混为蒙山也。蒙山之西为青衣水，青衣水西为此砾岩构破之大山脉（灵鹫山），又西乃为沫水（宝兴河）。《水经》云："沫水出蒙山南。"《郦注》云："沫水出岷山西。"查今宝兴县之穆坪河，源出宝兴县尧碛镇北之夹金山，本与汶山郡之岷山（鹧鸪山）为一脉，同高而近，固得同称"岷山"。更穿灵关峡而至青衣县南，与青衣水会，当蒙山山脉之南段，亦即汉嘉县之南界。是诸书文并无误，只《水经注》以灵山为蒙山是误耳。《郦注》于西南诸水道，随所引资料文字妄作体会，而致误者多矣。即如青衣水"与沫水会于越巂郡之灵关道"一语，便是以灵山下之灵关，误为越巂郡之零关道（前于临邛县引布濮水，亦被混为南中入海之"濮水"）。苟非用地理实践细加辨订，而只尽信其书，则诚不如无书矣。

④今芦山县境诸山皆产茶。其历世著名者，为蒙山茶。《寰宇记》名山县云"蒙山，在县西七十里，北连罗绳山，山接严道县。"（唐宋时严道县为今雅安，而汉严道县为荥经县。）此言蒙山，包括罗绳正西诸山，而以五顶之一的上清宫为蒙山正峰也。《寰宇记》又引《九州记》云："蒙者，沐也，言雨露蒙沐，因以为名。山顶受全阳气，其茶香芳。"又引《茶谱》云："山有五岭，岭有茶园。中顶曰上清峰，所谓蒙顶茶也，为天下所称。"今按，茶园宜温湿气候，与排水良好之山地。故于川西南诸山地无不相宜。《茶谱》谓"百丈、名山二县尤佳"者，亦只缘二县多茶园，人善焙制茶叶言之。实则整个蒙山产茶无不良好也。（百

丈县、唐贞观八年置。宋熙宁五年省入名山县，为镇。今百丈驿。）

⑤青衣县人物，前汉无称。公孙述据蜀，蜀中士大夫不附，而述逼之出仕甚厉，故巨家多徙避于此。后汉年代，人文已盛，故光武为之升为汉嘉郡也。今其地田塍间多汉砖，有建初、永元等年号字。汉末，县人樊敏，结青羌助刘焉平马相、贾龙之乱，官至巴郡太守，举三公，行事见其墓碑（今存），有"号曰吏师"语。

陈寿《三国志·杨戏传·辅臣赞注》云："王元泰，名谋，汉嘉人也，有容止、操行。刘璋时为巴郡太守，还为州治中从事。先主定益州，领牧，以为别驾。先主为汉中王。用荆楚宿士零陵赖恭为太常，南阳黄柱为光禄勋，谋为少府。建兴初，赐爵关内侯。后代赖恭为太常。……后大将军蒋琬问张休曰：'汉嘉前辈有王元泰。今谁继者？'休对曰：'至于元泰，州里无继，况鄙郡乎？'其见重如此。"盖蜀人仕于刘二牧与蜀二主至九卿者，唯王谋一人。州里，谓益州郡县中。王谋墓在芦山县郊，石兽尚存。

《三国志·先主传》：建安二十五年，"所在并言众瑞，日月相属。故议郎阳泉侯刘豹，青衣侯向举，偏将军张裔、黄权……上言"。凡劝进者十二人皆蜀人，则刘豹、向举亦蜀人也。青衣非侯国，汉制蜀地亦不建封国，则青衣侯者，青衣夷邑君之封号，在当时属汉嘉县也。

张休，亦汉嘉人，官至云南太守，见《士女目录》。王晖，益州上计史。墓在芦山东郊。石棺、砖椁、制甚伟。近年发见。汉上计史皆用地方名士。程苞、赵壹并著于《范史》。王晖行事虽无考，由其墓铭，知其为州里俊彦矣。

⑥汉严道故城，今荥经县郊古城坝是也。今荥经河，在《汉志》为邛水，出邛来山北麓，经县城下，北贯峡道，至始阳，合和水（天全河），东至飞仙关，入青衣江。峡道历为徙与严道界（今云天全与荥经界）。今雅安县，亦古严道县地。秦汉时，蜀通西夷道，系自临邛（今邛徕）西经火井槽，出八步关（今芦山县东北二十里），入青衣水河谷；出飞仙关，渡和水（大渡），入此邛水峡，出严道；沿邛水、度邛来山，至旄牛县，通于邛、笮。（此线即《张嶷传》所谓"旄牛故道"。今已建成公路。）非由百丈、名山、雅安一路。南北朝时，临邛旧境全为夷獠所据。后魏始重开青衣，置蒙山县与蒙山郡（郡治始阳）。隋以蒙山为芦山县，属邛州，而别开东道置名山县，又于雅安山（今云苍坪山）别立严道县，为雅州治。唐武德初，乃复于故严道城置荥经县。又于故青衣与斯榆（徙县）地立灵关、蒙阳、长松、杨启、嘉良、大利等县，皆因内附夷落立，与芦山俱属雅州。武德六年，省诸夷县。惟存严道、名山、芦山、荥经四县。贞观中，增百丈县（今为名山县之百丈驿）。凡五县，俱隶雅州。置雅州都督府，督青衣以西诸夷落羁縻州。直至明清，形势未变，而与晋宋以前形势、地名全不相应矣。后人治史地名，不知獠乱约二百年的陷没历史，与重开过程，每以隋、唐名称，还求汉晋故址；展转混乱，往往造成谬误。兹依两汉史实，核以今世地理，重为厘定，则汉嘉是今芦山，严道是今荥经，隋唐以后之严道乃是今雅安县也。

⑦顾祖禹《读史方舆纪要》与官修之《大清一统志》，并有此文，云出《华阳国志》，故不能不因以引补。然其说甚可疑也。刘昭《郡国志》注严道县引《华阳国志》六十七字，无此语意。顾观光《校勘记》引各类书已遍，亦未见有此说。宋刻《华阳国志》两种，俱全脱汉嘉郡，清人何乃能更见写本，争传此文？此资料来源有可疑者也。秦与前汉无讳庄王作严王之理。后汉明帝名庄，自其时起，乃有讳庄为严之例（相传严君平本姓庄）。班固撰《汉书》，改庄道为严道可矣。《史记·佞幸传》云"严道铜山"，《淮南王传》云"严道邛邮"，则可知县名本是严道，非因讳庄改也，此就名义推寻矣。窃谓严、岩古同音义，《鲁颂》："泰山岩岩，鲁邦所詹。"韵与詹协。人事严急，与山道岩险亦正同义。严道，谓邛来山道与邛水峡道并严

急险峻；非有严王之族徙此之义。常氏纵有此文，亦当驳正。

⑧"长岭、若栋"，别无可考。按引文次序，揆以今地理，当是自临邛至旄牛全线叙列。"长岭"谓火井槽大山。"若栋"，盖桥阁地名，在飞仙关附近青衣水侧。"八渡"疑是大渡字讹，即今飞仙关外多营坪渡口，水急无舟，古人不惯度素寻橦，以为渡难，故称之为"大渡"。因谓其水为"大度水。"《汉志》所云"蒙山溪、大度水，东至南安入渑"者是也。盖谓青衣水为蒙山溪，始阳河（即天全河，古云和水）为大度水，合流至嘉定入渑。（汶山郡之渑水。今称大渡河。缘纳此水而得为通称也。）又东入岷江也。杨母阁，在今荥经县黄泥堡南。崖道险窄数里，有旧铭刻甚多，今已漫漶。有妄人镌"七擒孟获处"，五大字方丈，盖汉世之阁道也。《元和志》严道县有"长坟岭，在县西二十七里"，唐严道县是今雅安，则所指长坟岭是今麈子冈。同卷名山县又有"弱栋坂，在县东北八里，长二里，道至险阻"，则似指今之黑竹关。以今视之，皆平浅土丘，未为险地。盖唐人妄引《常志》所傅会。夫唐世治地理者，尚不能指汉严道城之正确位置，则安得能确指长岭、若栋之险哉？是盖不可取也。自杨母阁起止邛来山，与刘昭引文叙次乃合。

⑨《常志》例于郡序首举地方人物。兹补汉嘉郡，以人物分别入县者，郡境四县地宜天候，社会经济，人物文化，互有不同，未可如巴、蜀诸郡之可通为一体。分县叙列，足以说明其文化发展不平衡的概况。大抵青衣县人文最盛，文化最高，汉末时竟可凌驾腹地山郡诸县，严道县次之，徙与旄牛则无闻矣。

李磐事在《先贤·蜀郡士女赞注》。高颐碑阙在今雅安县东之姚桥，汉严道县地也。（碑文今灭，《金石录》有拓勾本。）卫继事附见《三国志·杨戏传》注引《益部耆旧杂记》："汉嘉严道人也。"屡迁拜奉车都尉、大尚书。忠笃信厚，为众所敬。钟会之乱，遇害成都。"《先贤志》及《士女目录》并失汉嘉郡，故补其人。

⑩《汉志》徙县，今天全县始阳镇是也。颜师古注曰"徙音斯"，谓即《相如传》之"斯榆"。"榆"字，羌氏语族落地区之义，其人称为"斯叟"，属白狼楼薄种，青羌之别支也。汉武帝开西夷，以其地为三县，邛来山内，青衣水支流大渡水以西为徙县，邛来山外为旄牛县，大渡河纵谷为莋都县。其后遂发展为杨、刘、郝三王部落，而杨王最强大，后则为天全六番招讨司也。汉徙县，晋改曰徙阳县，后没于夷。唐宋为芦山县始阳镇，为六番正招讨司驻地。元更增设天全招讨司，主西番市易。明清合称天全六番正副招讨，分驻碉门、始阳。雍正七年改土归流，设天全州于碉门，州同于始阳，两地相去二十里。

⑪雄黄、雌黄，皆硫、砷化合物，并生于一矿。今天全尚以山出硫黄著名。灵关朱砂溪，疑即古产丹沙之地。天全南接荥经县界一带连山，矿产丰富。严道铜山即其支脉，故今天全犹多铜矿。空青与碧石皆铜矿副产品。然则徙县矿产自晋迄今犹未衰也（引文"青碧"，疑衍青字）。

⑫汉旄牛县故城当在今汉源县九襄镇（即汉原街）。今之流沙河，古有汉水之名，故其河原称汉原，李雄置汉原县也。其地在全县最中，宽坦腴饶，汉民所聚，设县自必从之。称旄牛县者，本旄牛王属地。始旄牛王就邛来山下立此与汉民市易之邑。汉民渐集，夷民渐与融合，亦如青衣，遂得置县。然青衣去蜀近，青衣夷君亦慕汉文化，故县能稳固。此县去蜀郡远，隔以邛来大山，而与邛、笮两地接近。笮中旄牛夷最强梁，贪赏赐而不慕汉文化，故屡叛。在汉末世，邛来山道为之闭绝者数十年，张嶷为越嶲太守，乃渐抚旄牛王，复开此路（事详《三国志·张嶷传》）。入晋又复陷没。李雄据蜀，再抚通之，置沈黎郡。桓温灭蜀，遂弃南中，此县复废。隋平夷獠，乃再开，其后为西南边防严重之地，州县兴废无常，关戍重眷，幻起幻灭，鲜有存至百年以上者。元明遂降为土司领地。清雍正改土归流，于黎州旧城置清溪县，在旧县北三十里，邛来九折坂下。解放后，徙治大渡河北之富林镇。旄牛旧名自刘宋时废，更未再用矣。

⑬《汉志》旄牛县列鲜水、若水，足知沈黎郡废后，所有旄牛以西，未著名之十余县地，曾并入旄牛县境，故其县境至鲜、若水也（参看20章之注②）。

⑭刘昭《郡国志》注旄牛县下引《华阳国志》曰："有鲜水、若水，一名洲江。"（《水经注》引作州江。州，古字，洲，今字。）洲，水中可居处也。鲜水、若水从海拔四千公尺之西康高原合流，至会无（今会理县）西界合孙水（绳水同），入金沙江（淹水），再流入僰道合岷江。僰道江面，海拔不足三百公尺，自僰道以上皆在峡谷中，无掌阔之河原，绝无洲渚可见，（鲜水在道孚、炉霍境内地势较平缓，亦未尝有洲渚住民。）则鲜、若水以及金沙江，皆不得有洲江之名矣。再，旄牛县境（今汉源县同）之西南两面绕大渡河，则县境大水，当重在近接之大渡河，不重在弯远之鲜、若。常氏记旄牛县水道，何能远举鲜、若，而近遗大渡河？又大渡河上游、中游虽亦同鲜、若行高山狭谷中，无洲渚；但其下游出三峨山麓后，则展扩为广袤数十里之平流，岔港纵横者百余里，大小洲渚以百计，洲中农民住户数千家。乃与青衣水合，敛束而东，直冲乐山大佛崖，秦代称之为沫水，《汉志》称之为渽水，《水经注》作"浽水"，又作"大度水"，又曰"一名州江。"常璩于《汶山郡》志其源曰"濊水"；于《汉嘉郡》志其委曰"一名洲江"，是州江为今大渡河也。刘昭未谙边徼地理，引文时夺若干字，遂至张冠李戴，以洲江误接于鲜若水，此必当辨明纠正者也。

《前汉志》青衣县云："大渡水，东南至南安入渽。"此谓青衣水（今芦山河）与沫水（今宝兴河）合流至飞仙关外，合和水（今天全河，古曰和川），有大渡，甚险难，而为蜀与邛、笮交通所必经，故又称为大渡水（大渡已详上注⑧八渡解说）。以下通称青衣水，再合渽水于南安县界，又东百里乃入岷江。"水随所纳入而得通称，故渽水被称为沫水（《史》《汉》并云李冰凿离堆避沫之害）。又被称为大渡河。唐于黎州置大渡戍，仪凤四年又分汉源置大渡县，皆因大渡河为名。盖其时青衣江之大渡已建桥，转为平易；而渽水之大渡特显紧要，遂得专享大渡之名，直至今世；而渽水、濊水、州江诸名并消失也。

渽水，颜师古注云"音哉"，未详何义，《水经注》作浽，状其水声也，《常志·汶山郡》作濊，亦状其水哗哗之声也。哉字古音才、音载，音戈，皆不成为水声。疑今本渽字是濊字讹，抑或皆是浽字之讹，兹系引补，故从《汶山郡》引作濊。

⑮晋乐县，不见《晋书》。然《宋书·州郡志》卷三十八《益州》有晋原太守，领县五，江原、临邛、晋乐、徙阳、汉嘉。其"晋乐令"下云："何志故属沈黎，晋《太康地志》无沈黎郡及晋乐县。"同卷《沈黎郡》云："二汉、晋，并无此郡。永初郡国有，何志无，旧领县四。"而其所列只城阳、兰、旄牛三县，是"旧领县四"者，谓永初时（四二〇—四二二）领县有晋乐，合此三县为四；大明时（四五七—四六四）乃只此三县，晋乐已别隶晋原郡故也。《齐书》沈黎为"獠郡"，谓獠民归附，因其首领从其习俗为治，存郡名而已，而有"晋康郡"领县与《宋志》晋原郡同，有晋乐。又查《晋书·地理志·益州》云："李雄分汉嘉、蜀二郡立沈黎、汉原二郡。"盖谓李雄分汉嘉郡邛来山外之旄牛、兰、城阳、晋乐四县为沈黎郡，而以蜀郡之江原、临邛、与汉嘉、徙阳等县流徙之民立汉原郡也。《晋书地理志》："桓温灭蜀，其地复为晋有，省汉原、沈黎。"仍复蜀与汉嘉之旧。至宋武帝永初时，复有沈黎、晋原二郡，晋乐县属沈黎。至孝武帝大明年，晋乐改隶晋原郡，沈黎郡亦为獠郡矣。

《宋志》无严道县，有晋乐县，是刘宋已改严道为晋乐之证，然若缘此即写晋乐是严道县改，亦不然也。晋永嘉（三〇七—三一三）后，蜀地大地主随罗尚东徙入巴及荆、湘州者甚多，其次南入七郡。出蜀以后，所至观望停留，冀得复还。其奔向越巂者，逾邛来山后，度李氏军力不能至，每多停留于大渡河谷旧旄牛、阑县诸地，渐分县籍、郡贯，而相与聚合为侨郡县。既非地著，随时复有流转分合，幻变起灭，晋宋间，各州皆然，固不止此一隅而已。就此邛来山外一隅而论，当蜀中剧乱时，江原、临邛、汉嘉、徙、严道诸县人民已大部迁入旄牛县境，旧县境内殆无民户。李雄得范长生支持，建国后次第招徕抚绥，蜀人回里者渐多，其流移观望不肯遽还者，雄亦因其所在抚定，就立郡县。于时邛来山外，旄牛县境内侨立汉原、沈黎两郡，证以文献为必然矣。如《沈志》所称晋原郡领之"江原、临邛、晋乐、徙阳、汉嘉"五县，皆当原是李雄就旧县侨民所立于邛来山外者，从而抚定之，非汉旧之实县也。惟晋乐不见《汉芯》，《旧唐志》云"晋灭李雄后立"。云"晋灭李雄"，文已误矣，若谓桓温灭蜀后，则《晋志》固云桓温灭蜀"省汉原沈黎"，又将作何解？审晋乐名，固当是李雄据蜀时，流移寄居于此区之"晋民"（晋世汉民入居夷中者称晋民），县籍人数不足成侨县者，则共合为一侨县，附晋原郡称"晋乐"也。《晋书》蜀郡固有江原与临邛县，汉嘉郡固有汉嘉、旄牛、徙与严道县，皆有户口，则安能更以此五县立晋原郡哉？是晋之为在邛来山外之侨郡可定矣。《沈志》沈黎郡，李雄分汉嘉立，领城阳、旄牛、兰三县。无晋乐，而别入晋原郡者，盖桓温灭蜀后，招怀晋原侨郡人民各回本籍，拟弃邛来山外。故虽云"省汉原、沈黎"，而流人居留已久，骤难迁回，侨郡实仍未废，故《宋书》乃有晋原沈黎二郡。惟大明时，厉行土断，晋原侨民乃皆迁还故县，但存沈黎实郡。晋乐民亦随徙还蜀，团聚已久，不乐分散，因留垦严道荒地。从而并改严道为晋乐，非常璩时已政严道为晋乐也。常璩时，晋乐与严道并存，故当补入汉嘉郡。

自永嘉至大明百五十年，晋乐虽侨县，其人亦当垦地土著数世矣。原属此区侨县，皆已返其本籍，惟晋乐一县独存。则其初流徙时所住地，必是荒废可垦之地，乃能成为定居之新县。又先属于沈黎郡，沈黎故郡治在今泸定县之沈村，即汉之莋都县治。沈黎郡废，莋都亦废并入旄牛县，其地随之荒旷。然河谷温暖而河原开展可垦，疑流徙蜀人垦于此处者多，故成为晋乐之新县也。李雄因之立沈黎郡，用旧郡名也。于时盖以流沙河流域为汉原郡，治汉原街。听诸侨民垦居，而统于借住旄牛之汉原太守。别以大渡河地区为**沈黎郡**，领晋乐、旄牛、兰与城阳县，晋乐为郡治。桓温平蜀后，招还侨民，晋乐人民乃渐内徙，先移就晋原郡（即李雄之汉原郡），最后乃徙过邛来山，而停滞于严道境内，此当时之历史实际情形也。

刘宋时，越嶲郡与沈黎郡尚能置吏，萧齐时虽皆为獠郡，邛来山外侨民，不能不内徙。晋乐虽已徙就严道，未几汉嘉、临邛诸郡县亦同为獠地，直至隋唐乃渐恢复。故唐宋以来地理书，莫能详确邛、雅、黎、嶲诸州县沿革，更何况此晋乐一县。惟因于旧文，核以地实，审形度势，略可推知其当然耳。

今泸定县之沈村，原沈边土司驻地。古今未闻有沈姓居此，盖沈黎郡之遗字，存其音于番夷之口，传至近世者也。其地在泸定县境，上连冷碛、龙巴铺、化林坪，下连得拖，对岸摩西面，皆良田，为农户与商民密集之地，宜其历世为边徼重地。在唐宋为三王部落之刘王住地，王墓砖造，甚秘固宏大，今犹保存完好。临大渡河山爪，石阜上有古筰渡与守卫人石室，近世已改为皮船渡，现为舟渡。在未有泸定铁桥以前（康熙以前），以为两岸交通之最大渡口。在打箭炉商路未通以前（明代以前），此为汉蕃民族最主要一商路码头。其路自此渡河，从摩西面上山，逾雅加埂，入木雅乡，即汉世旄牛王之大牧场也。由此诸条件，可以判断其为汉沉黎郡治之莋都县，从而亦可判断其为晋之晋乐县。

二十二

越巂郡,【拜越巂太守,迎者如云。后蜀郡赵温,亦著治绩】十八字当后移。故邛都夷国也①。此用《后汉书·南蛮·邛都夷传》(以下省称《邛传》)文意。秦时尝通为郡县。此用《史记·司马相如传》语插补。汉武帝复开,用《邛传》文,加汉字与复字。以为邛都县②。无几而地陷为污泽,因名为邛池,南人以为陷河③,《邛传》文作邛河。兹依刘昭注引李膺《益州记》改作陷河。李膺后于常璩,当据《常志》,《范史》字讹。后复反叛。元鼎六年,汉兵诛邛君,以为越巂郡④。《邛传》汉兵下"自越巂水伐之"六字,系用应劭说改《常志》语,其说无足取。兹用《史记·西南夷传》"诛邛君"三字易之,参看注释。其土地,平原有稻田。以上并用《邛传》文。其人椎髻、耕田,有邑聚。用《西南夷传》文补。俗多游荡,而喜讴歌,略与牂柯相类。豪帅放纵,难得而制。用《邛传》文。

王莽时,郡守枚根调邛人任贵以为军候。《邛传》文本作"长贵"。兹依宋椠残文改作"任贵",下同。更始元年,任贵率种人攻杀枚根,自立为邛谷王。用《邛传》文。改"更始二年"为元年。说在注释。【故】王莽【遣】以任贵为镇戎大尹守之⑤。此十二字为宋元丰刻本所谓"略加整理刻之"所保存旧本讹乱中的残文。原作"遣任贵"改用以字。又降于公孙述。述败,光武封任贵为邛王,建武十四年,任贵遣使上三年计,天子即授越巂太守印绶。十九年,武威将军刘尚击益州夷,路由越巂。任贵闻之,疑尚既定南边,威法必行,己不得自放纵,即聚兵,起营台,招呼诸君长,多酿毒酒,欲先以劳军,因袭击尚。尚知其谋,即分军先据邛都,遂掩任贵,诛之,徙其家属于成都⑥。以上《邛传》文。

自建武后,数叛。此六字亦宋椠所保存旧本讹乱中的残文。永平元年,姑复夷叛,益州刺史发兵讨破之,斩其渠帅,传首京师⑦。后太守巴郡张翕,政化清平,得夷人和。在郡十七年卒,夷人爱慕,如丧父母,苏祈叟二百余人,赍牛羊送丧至翕本县安汉,起坟、祭祀。诏书嘉美,为立祠堂。此用《邛传》文。《太平御览》卷六十引《华阳国志·张翕传》作"在官十九年",别详《补巴郡士女轶文》。安帝元初三年,郡徼外夷大羊等八种,户三万一千,口十六万七千六百二十,慕义内属⑧。时郡县赋敛烦数。五年,卷夷大牛种封离等反畔,杀遂久令。明年,永昌、益州及蜀郡夷皆叛应之,⑨众遂十余万,破坏二十余县,杀长吏,燔烧邑郭,剽略百姓,骸骨委积,千里无人。诏益州刺史张乔选堪能从事讨之。从事杨竦将兵至楪榆,大破之。封离等惶怖,斩其同谋渠帅,诣竦乞降,竦厚加慰纳。其余三十六种皆来降附,诸郡皆平。州中论功,未及上,会竦病创卒，张乔深痛惜之，乃刻石勒铭，图画其像。以上用《邛传》文。删省与《南中志》从同者及战略部署七十二字。存常氏刺守令不良，激成夷乱与表彰杨竦功勋之意。天子以张翕有遗爱，此用《邛传》文截缀《御览》引文。翕子璊，方察孝廉，天子起家拜越嶲太守。迎者如云⑩。此二十字，用《太平御览》卷二百六十二引《华阳国志》文。璊原作端，《范史·邛传》作"湍"，本书《士女目录》又作张瑞，《巴志》同，兹改从本书。后九字亦保存于宋椠讹乱残文中。足见《御览》引文原在此处。原所谓"略加整顿"者妄以上接于汶山郡骆武事因字之下，时次列王莽前，谬甚，兹移正于此。曰："郎君仪貌类我府君。"后璊颇失其心，有欲叛者，诸夷耆老相晓语曰："当为先府君故。"遂以得安。此《邛传》文。曰上原有"夷人欢喜，奉迎道路"八字，删去。后顺桓间，广汉冯颢为太守，十字用《邛都传》文。亦著治绩。《邛传》文作"政化尤多异迹云。"本旧宋刻本有讹舛略加整顿残文作"后蜀郡赵温，亦著治绩"。当是妄人用残乱之后字，与亦著治绩字，及湍残存字妄用赵温缀成。亦足证《常志》此处本有此后四字，范晔改其文耳。冯颢见12章之注③。

　　章武三年，越嶲此下廖本有高字，他各本无。【高】叟大帅张、吴、何、王浙本作师。高定元《三国志·张嶷传》作高定。称王恣睢，钱写本讹作眭。遣都督李承之《张嶷传》作李求承。煞《函》、廖二本作煞。他各本作杀。《函海》注云："亦作杀之。"当非。将军梓潼焦璜，破没郡土。丞相亮遣越嶲太守龚禄住安上县，遥领太守。安上去郡八百里《张嶷传》作"八百余里"。今按：八当衍，常氏缘《陈志》文误也。有名当作"徒有郡名。"而已⑪。建兴三年，丞相亮南征，复郡治。此依《三国志·后主纪》及《杨戏传·辅臣赞》"龚德绪赞"注文补。【蜀安南将军马忠讨越嶲郡夷】旧刻此上混乱，不成文理，考与史事殆全不合。除已校订上文，存其残字，更还常志原貌外，审此十字，与马忠与张嶷两传皆不合，又下文叠出而不衔接，当是宋椠依妄人窜乱残字所为，故删去另补。郡夷刚狠廖本作很。皆鸱视。军去后，复杀太守禄叛⑫。延熙初以安南将军马忠率将张嶷为越嶲太守。【张】嶷将所领之郡⑬。以上旧刻讹乱依《三国志》马忠、张嶷传及本书《南中志》改补。移上"安南将军马忠率"七字于此。诱杀苏祈、顾广圻校稿注"即苏示"。邑君冬逢及其弟隗渠等，怀集种落，威信允著，诸种渐服。又斩斯都耆帅李承之首，乃吴、何、王本作及。浙本剜改作乃。手煞焦璜、龚禄者也。又讨叛鄙，降夷人，安种落，蛮夷率服⑭。嶷始以郡郭宇颓，更筑小坞居之。延熙二二当作五。年乃还旧郡。《嶷传》云："在官三年，徙还故郡。"更城郡城，夷人男女莫不致力。兴复七县⑮。嶷迁后，复颇奸轨，旧各本后复二字倒。兹从廖本。虽有四部斯儿，廖本注云："当作叟。下同。"及七营军，不足因守。乃置赤甲、北军元丰本作都。二牙门，及斯儿督军中坚，卫夷徼⑯。此下刘、张、李本连缮，误。

　　旧本记此段，讹舛不重叙，姑考事之本末，略加整顿刻之。记字，《函海》本作纪。并注云："李本此注在书头。刘、李本作记。刘、吴、何本亦有此注。似吕氏语。"按：此二十三字，各本皆有，在

303

"更筑小坞居之"句下,大字,提行,低一格排,作二行。其下"延熙二年",乃提行作正文。此明是吕大防会刻时,因前脱页下,存文尽坏,浸不成理,妄以所可辨识残字纂合为之。廖本刻作双行夹注,在"小坞居之"句下。循此以求原文,参合历史文献,本易得其大致,而竟将"拜越巂太守"句上接汶山郡骆武事下之"因"字,而又将残页末行"更筑小坞居之,延熙二年乃还旧治"的不可分割之句割离为两段。兹将其移于章末,存其原形,以助了解校补移易之义。

案:补全《越巂郡序》,多用《范史·南蛮邛都夷传》文。为了便于核对引据,率用原语,字量不免溢滥,不可能得常氏原句,但求能得其意耳。常氏自《巴志》至《南中志》各篇,对于少数民族地区的"民变","夷乱",恒归咎于守令不良,于此郡尤为突出。故叙张翕父子事当详,叙"夷乱"惨酷报复亦当详也。越巂在益州八郡中,去蜀最远,汉、晋时,正由奴隶社会向封建社会过渡,比较筰与汶山为易接受封建制度,故其郡县保存独久。然其地汉民甚少,而挟大民族主义以凌土民之官府,肆其贪暴,每每积成民族仇恨。在此过渡期中,人民与封建统治者之间,汉族与地方民族之间,封建经济与奴隶经济之间,及各土著头人相互之间,矛盾重童,发展变化,风云万态。故其局势常呈不安。然若守、令仁廉,则能得地方拥护,力足以制土头诸恶势力的发展,可以导致其社会前进。如或失之贪酷,则地方士少数民族转为土头势力所挟持,而驱之以抗官府。地方由之糜烂矣。汉代越巂郡史,足为反映此一规律之适例。张翕、杨竦,张嶷,为良长吏之三种类型,所致效验,并皆明显。任贵、高定、李承之,狼岑、狼路等地方领袖人物,因随政局变化,从而兴起,从而败亡,或克存在,皆符合于如此规律。

【注释】

①邛族,在《史》《汉》之《西南夷传》中属于氐类。常璩与范晔之书,谓其略同于牂柯,是则僰类也。要皆可认为远古羌族东徙者,随地理条件与社会经济条件不同而形成为藏缅语系之一支。地接于筰,故邛筰恒联称,经济生活似夜郎与僰人,故又每被视同僰,而有"邛僰"之联称,在唐代,则称"白蛮"。白、僰濮古同音,实亦皆最古(或在旧石器时代)即已进入四川盆地东南边缘山区之羌族。本与中原居住之汉族不甚相远,由于进化速度不同,而自周代起,被称为濮、賨、僰、邛、白蛮也。大约周隋之际,乌蛮入居此处,并随邛俗进入奴隶社会,互相掠卖。而乌蛮强,白蛮弱,浸被掠卖殆尽,阅千余年至近世,古邛遗民为之消灭。惟盐边、会理山村,偶有所谓"白儿子"者,存在于小村落,盖其遗裔也。

《范史》邛都夷、筰都夷,皆只称邛夷、筰夷,兹随俗称,衍都字也。

②秦及汉初之邛都县,皆不废邛君,但置吏,导行郡县之务(青衣,徙都,旄牛,筰都,与沈黎郡诸废县皆同)。令、长皆以夷君及其子弟臣僚兼之。故《西南夷传》曰:约为置吏,使其子弟为令、长。"至诛邛君

后，乃置越嶲郡，设令、长，如内地矣。

③西昌邛海为四川省内第一大湖，其谢由地壳局部下陷而成。南中僰语谓湖泽曰"河"，故曰"陷河"。初陷时尚小，故汉语白"邛池"，后渐扩陷浸大，今世称为邛海，纵横各四十余里矣。现仍在继续下陷，其东部深不可测，西南部湖心亭以外甚浅，清光绪前尚为县人墓地。光绪初一次地震，下陷约一公尺，水中道光、咸丰时墓碑仍竖立，刻字明见，碑顶尚在水外，康熙、乾隆时碑，则全没矣。往时湖水西流入安宁河，称为"海河"，今则安宁河水倒流入湖。自西昌城东门至湖仅三里，地面被牵引倾斜，城垣亦为之圮裂。惟东南缘山，湖面无扩展。成湖在元鼎时，距今二千年耳。《后汉书》李贤注引李膺《益州记》云："邛都县下有一老姥，家贫孤独，每食辄有小蛇'头上戴角，在床间，姥怜而饴之。后稍长大，遂长丈余。令有骏马，蛇吸杀之，令因大忿姥，恨责出蛇，姥云在床下，令乃掘地，愈深愈大，而无所见，令又迁怒杀姥。……此后，每夜辄闻若雷若风，四十许日。百姓相见，咸惊语'汝头那忽戴煮'？是夜，方四十里与城一时俱陷为湖，土人谓之为'陷河'。唯姥宅无恙，讫今犹存。……风静水清，犹见城郭，楼橹晏然。今水浅时，彼土人没水取得旧木，坚贞、光黑如漆。好事人以为枕相赠。"所记除龙姥神话外，描绘落前现象，及旧木炭化，皆真实。李膺有二，一随桓温入蜀，一梁时人，皆有《益州记》传世。若梁李膺，则上距建元六年近七百岁，晋李膺亦五百岁，故水中木已炭化也。

④越嵩郡名义，《前汉·地理志》注引应劭说曰："有嵩水，雷越此水以章休盛也"，此说无据。常氏书无嵩水。《汉志》与《水经》亦皆无所谓嵩水。《郦注》为之说云："越嵩水，即绳若矣"似随水地而更名矣。"夫越嶲郡惟定筰县在若水西，武帝置郡时亦属沈黎郡。绳水即金沙，郡地初未超越此二水。则《郦注》傅会之说，亦不能通。后世又有指邛海河为嵩水者，海河在郡治下，亦不能圆应劭之说。夫越者，南方民族之称，亦用为越族住区之称。嵩者，《西南夷传》与昆明同为牧族之名称，本书《蜀志》固云"南接于越。"是以郡与益州、牂柯诺南中地为越矣。"自嵩以东北，邛都为大"。然则邛筰在汉初，亦被认为与巂同类，此所以称为越嵩耶？越字在《汉书》通作粤，非"度越"之义。今《汉志》越嶲郡作越者，后人用应劭说改之也。

⑤王莽改刺史为大尹，郡守为卒正，镇成大尹，系其末年设置招徕远人之官。原作"更始二年"。更始二年莽败死，不可能拜官至边徼。应是残文漫涣，蚀元字成二。兹还为元年字。

⑥任贵，《范史》作长贵，说者谓是君长之义。然边民历世相传，皆作"任贵"，《常志》残文亦是"任贵"，故悉改所引《范史》长字。雅、黎、巂、邛一带人民，奉任贵为土主，与川主李冰并重。雅安县解放前，土主庙颇宏丽，每年赛神，欢动一邑。其神像乌须袞服，亦似李冰，碑文明著"邛谷王任贵"。是任贵虽以叛罪被诛，民间仍尊奉之，近两千年。称"邛谷王"者，盖其人在邛国农业生产上有大贡献，使其地多谷，故能留思于民间也。

⑦姑复县，两《汉志》并有，属越嶲郡。《班志》本注云："临池泽在南。"《续志》刘昭注引《地道记》云："盐池泽在南。"俱当是今盐源西境之黑盐塘。盐源县有二处盐泉成池，在东者俗称"白盐井"，其盐历为汉民工匠所掌握，川黔边郡县食盐皆仰之。《三国志·张嶷传》挞杀槃木王舅狼岑所夺取之定莋盐池，即此池也。在西者俗呼"黑盐塘"，历世恆为"夷民"掌握，盐中多夹木灰，唯销该地区，即此池也。黑盐塘之北，为今木里县。其西北为川滇界上之永宁湖，湖大于邛海，有洲岛甚清美。湖西有平原与永宁寺，明、清世为永宁土知州驻地，盖即汉姑复县治也。湖西南为云南宁蒗县境，黑盐塘西卧龙河流域，乃木里县地，凡此皆当是汉姑复县境。县名姑复者，盖开郡置县时，因其民族自称，加复字，与川东郡之鱼复同

义。姑族之民，丽江人呼为"古宗"（见《维西小志》，《小方壶斋丛书》收）。康藏民族，在内地人称之为羌，在滇西人称之为古宗也（旧刻作狘猣）。复谓资其盐利，故免其徭役也。川黔边广大地面乏于食盐。当地人民拥有此盐泉，技术虽落后（参看"定莋县"文），亦足自富，怨汉官夺之，故易叛乱。虽强武如张嶷，亦只曾挞杀定莋狼岑，夺得白盐井自赡，未能恢复姑复县，故《晋志》与《常志》并无之，补注于此。

⑧此言徼外夷。谓不属于已置郡县之"西夷"，称"大羊种"，盖姑复以北，旄牛以西，即今理塘、乡城、稻城、雅江木里等县高原牧场之土著民族部落，因姑复、白狼、旄牛等夷王招致来附者。说明张翕德化所致，一部夷民信服，百部夷人咸倾向之，不纯为赏贪赐来也。

⑨"卷夷"一作"以卷夷"，"大牛种"，谓今云南永胜、丽江、维西、大理、洱海以北之牧民，属于巂、昆明一类。其地较低湿，牧畜以牛为主，故曰大牛种。原附属于永昌郡之楪榆、巂唐及益州郡之弄栋县。因受歧视与压迫而畔，遂影响永昌、益州两郡土民，响应而起，"杀遂久令"，则致乱原因在于越巂郡，姑复、定莋、大莋、莋秦等县民亦必应之。影响之远，及于蜀郡；则旄牛、斯都、白狼诸部落亦起矣，故曰"破坏二十馀县"，其祸源则起于越巂内之遂久县。遂久，在定笮、姑复两盐池之南，疑亦是为食盐纠纷所致。此后姑复遂陷，迄未收复（参看注⑦）。

⑩璊昔门。《诗·王风》："毳衣如璊。"《说文》："璊，玉赬色也。"作湍、作端者皆非。张翕父子事，详《先贤志·巴郡佚文辑补》。

⑪安上县，考是今昭觉县地。《三国志·张嶷传》云："去郡八百馀里。"此百字，盖十字之讹也。吕大防刻《常志》整顿此段残文剩字，因随《嶷传》为文，亦作"八百里"。今按《嶷传》："定莋、台登、卑水三县，去郡三百馀里。"台登去郡实百里，可知其记里多谬。又云："自旄牛道绝，已百馀年，更由安上，既险且远。"此百字，亦当是十字之讹。知其讹者：旄牛道即邛来山道，"灵帝时以蜀郡属国为汉嘉郡"（《后汉书·莋都传》），所领四县犹有旄牛县，则旄牛道未曾闭绝可知。《三国志·先主传》，章武二年（二二二）冬十二月，汉嘉太守黄元反。又《杨洪传》："众议以为元若不能围成都，当由越南据南中。"是当时旄牛道亦未闭绝也。又《后主传》："建兴元年（二二三）夏，牂柯太守朱褒拥郡反。先是，益州郡有大姓雍闿反，……越巂夷王高定（元）亦背叛。"是雍闿、高定、朱褒，皆因黄元叛蜀，屏绝旄牛道，汉军无由得至，乃陆续俱叛，使旄牛道绝。时距张嶷卸郡守回成都之时间（延熙十七年，二五四）仅三十一年，距其初赴郡任仅十四年。然则旄牛道闭之时间当只十余年耳，其百字当作十矣。《续汉·郡国志》记各郡道里：蜀郡治成都，在"雒阳西三千一百里"，越巂郡治邛都，在"雒阳西四千八百里"，可知邛都距成都为七百里。安上县为今昭觉，去西昌正一百里，则其循郡治至州治成都，正是八百里。然则《嶷传》云"去郡八百里"者，本是"去州八百里"或"去郡百里"，或"去郡八十里"之讹。由旄牛道闭绝之"百余年"，实只十余年，以揆此"去郡八百里"之当为八十里，殆可以定。举成数言之，亦当只作"百里"。

⑫《陈志》论史笔为良矣，然所用材料，牴牾者多，经校审本书时发见者，不止百处，即以《张嶷传》言亦不只上条两"百"字而已。传云："越巂郡，自丞相亮讨高定之后，叟夷数反，杀太守龚禄、焦璜。是后，太守不敢之郡。"兹考：焦璜作郡守在先，章武三年初反时所杀太守也。郡陷后，蜀廷任龚禄为太守，即已不敢之郡，但留成都俟亮南征。《陈志·杨戏传》辅臣赞注云：龚德绪"名禄，巴西安汉人也。先主定益州，为郡从事、牙门将。建兴三年为越巂太守，随丞相亮南征，为蛮所害。"亮南征取道安上，高定与

雍闿联军于卑水距之,已而高定部曲杀雍闿,孟获代领其众,还益州拒泸水。亮得先破斩高定,恢复越巂郡,龚禄始到郡治邛都。亮渡泸后,平南中,遂从汉阳、江阳返蜀,未处高定虽死,李承之(李求承)复杀龚禄以叛。蜀廷虽更拜太守,乃皆只住安上,存郡空名(参看《南中志》)。《常志》以焦璜列龚禄前,得其实矣。

⑬吕大防整顿旧本讹舛残乱文中,作"建兴三年,蜀安南将军马忠率越巂郡夷。郡夷刚很,皆鸱视。忠率越巂太守张嶷,将所领之郡……"此与《三国志·马忠传》及相关各传记皆不合。查《马忠传》:建兴"三年,亮入南,拜忠牂柯太守。"盖与亮分道南征,忠向牂柯讨朱褒,亮向越巂讨高定(元),别命庲降都督李恢案道向建宁(原益州郡)。张嶷"拜牙门将,属马忠'(《嶷传》),则必从马忠入牂柯矣。建兴八年(二三〇),马忠回成都为丞相参军。明年,诣汉中随亮出祁山。"军还,督将军张嶷等讨汶山叛羌。"十一年,忠代张翼为庲降都督,讨刘胄。"嶷复属焉。战斗常冠军首,遂斩胄。平南事讫,牂柯、兴古獠种复反,忠率嶷领诸营往讨"(裴松之《张嶷传》注引《益部耆旧传》文)。至建兴末,嶷皆在南中,为马忠率将。马忠则住味县,都督南中,未曾入巂越。《忠传》云:"越巂郡亦久失土地,忠率将太守张嶷开复旧郡,由此就加安南将军,进封彭乡亭侯。延熙五年还朝。"则张嶷恢复越巂旧郡工作,在延熙五年(二四二)以前完成可知。本嶷之功,与忠无预,其因此进爵者,缘嶷是其率将,按封建旧俗,军功当归于主将故也。吕大防整理残字,竟一再误解率将为率与同往之义,有如忠曾两度躬往越巂。兹考订更正,增删补入。

⑭"讨叛郿",谓讨平北徼捉马。嶷传云:"北徼捉马最骁劲,不承节度。嶷乃往讨,生缚其帅魏狼,又解纵告喻,使招怀余类。表拜狼为邑侯,种落三千余户皆安土供职,诸种闻之,多渐降服。嶷以功赐爵关内侯。"此嶷初展威恩,克复郡理之首功,同时马忠亦以此进爵,事在延熙五年时。捉马是今何地,无考。云"北徼",云"邑君,"疑是今甘洛或喜德县地,在安个县北,故首当抚定之,为进入郡治邛都创造条件。捉马平,夷落次第就抚,至复还郡治,为时三年。《嶷传》在郡十五年,以延熙十七年朝,是延熙二年(二三九)赴郡,在郡三年正延熙五年时也。还郡后,乃诛苏祁邑君冬逢,杀其弟隗渠,募购得李承之(求承),夺回定莋盐井,通牦牛道,完成全功。其术在于推其诚信,威恩并用。陈寿赞其"识断明果",盖亦班定远之流亚也。

⑮"七县",谓邛都、台登、苏祁阑、定莋、卑水、会无皆谓难于收复之县也,尚有大莋、三缝、潜街,合安上为十一县,较《汉志》少遂久、姑复、莋秦、灵关道、青蛉五县。遂久、青蛉在《南中志》,零关并入阑县,唯莋秦不复见,无考,以今地理与民族语言估定之,当在今雅砻江套"儿斯营"兴九龙县界。羌藏语 ꂚ(秦或靖),大也,莋秦,犹云大笮也,《后汉郡国志》已无此县。盖地既僻险,又与大莋地近名同,故合并之,或废弃之也。

⑯"四部斯儿"者,白狼楼薄夷称"斯叟",故其首邑称"斯都"(即《汉志》之徙县)。凡汉之徙、严道、旄牛、阑县(零关道)、苏祁(苏示)土著民皆是,率居于越巂郡之西北部,邛来山道内外。其首领称"耆帅",其丁壮称"斯儿",或以为斯儿是斯叟字讹者,非也。下文邛都县,亦作"四部斯儿"。与"七部营军",皆编组土民丁壮为郡部曲,统制于驯顺效忠之民族首领,受太守征调,不在汉军编制之内。后世称为"土兵。"前《巴志·涪陵郡》所云"分赢弱配督将韩蒋,名为助郡军,遂世掌部曲"是也。下文"邛之初有七部,后为七部营军"及《南中志》所谓"四姓五子"亦是此种土兵。越巂郡所辖邛族原有七大支,故有七部,斯叟人数较少,故有四部斯儿,此制盖两汉已然,高定(元)即斯叟大帅,七部总制之土

兵统帅也。李承之称"斯都耆帅",即七部率将之一人。张嶷率军入郡时,高定已死,李承之(李求承)逃匿,嶷购杀之,七部营军兴四部斯儿乃皆复为郡用。

张嶷去后,土著民渐携离,邛人七部与新人四部皆不足恃,故又更调内地军往长驻以镇压之。"赤甲军",本白帝城戍守之民兵,(见《涪陵郡》)。本以备吴,于时吴蜀和好,故分调部分戍此;"北军",谓戍守汉中地区诸围之军,分调部分戍此;"斯儿中坚",则编组斯儿之最忠勇可任者为正式战兵。与赤甲、北军,皆食军饷者,与四部士兵又不同矣。

魏晋时,例称自民间征募的兵士队伍为军,自少数民族私家部曲抽调丁壮所组成的队伍为部。是当时区别军士成分的习惯用语,本书《南中志》谓诸葛亮"移南中青羌劲卒万余家于蜀,为五部",《三国志·王平传》"统五部,兼当营事",与此所云"七部营军","四部斯儿",皆其例也。

二十三

邛都县 郡治,因邛邑名也①。邛,卭二字古通用。《史》《汉》及宋、明各本皆作卭。《函海》与廖本作邛。邛之初有七部,后为七部营军。又有四部斯儿。顾观光校勘记引上文廖本注。并于此注云:"《史记·司马相如传》索隐引作叟。不误。"今安:是误。南山出铜,此下,廖本注云:"《续汉书·志》注引'邛都河有唪嶲山。'疑此有脱文。""**邛河有唪嶲山**"②,又有温泉穴,冬夏常热,依《郡国志》注引《华阳国志》文补上八字。其温《初学记》卷七,《太平御览》卷七十一引作源。可汤《水经注》卷三十六引作爓雞、豚。下流《初学记》作汤。澡洗治疾病。《初学记》作"下汤澡洗疗宿疾"。《御览》引作"下流澡洗治宿病。"余多恶水,水神护之,不可污秽及沈乱发,照面《函海》注云:"元本作回,古面字也。吴、何本误回。"则使人被恶疾,一郡通云然③。

台登县④ 有孙水,一曰白沙江,入马湖水⑤。山有砮石,火烧成铁,刚利。《禹贡》"厥赋砮"是也⑥。又有漆,汉末,夷皆有之,**张嶷取焉**⑦。宋槧元有小注"嶷,张嶷也"。钱写本只"张嶷"二字。《函海》注云:"刘本无也字。李本小注在书头,亦无也字。"兹迳补张字。

【**阑**】阐县旧皆同误本《郡国志》作"阐县"。兹依《前汉志》改。 故邛人邑,李本作也。**治邛【都】部城**⑧。旧本皆只"邛都"二字。兹依《郡国志》注引《华阳国志》文补治,城两字。兹依《元和志》改"邛都"为"邛部"字。**地接【寒】零关。**旧各本皆作"接寒关"三字。寒为零字讹其明。依《司马相如传》,并补地字。

零关道⑨依《郡国志》注引《华阳国志》补。 **有铜山,又有利慈渚。太始九年,黄龙见于利慈,县令董玄之率吏民观之,以白刺史王浚。浚表上之,改名护龙县**。前七字,用《郡国志》注引文。并援《水经注》卷三十六补渚字及其下三十五字。**今省**⑩。此二字存宋槧旧文,元接"阐县"条。

苏示县⑪钱写本作"汉示县。"《张嶷传》作"苏祁"。汉末,**夷王冬逢**依《张嶷传》补此二字。及弟隗渠数偕刘、李本作背。吴、何、王本作偕。钱、函、廖本作偕。浙本剜改作偕。叛。以服诸种，张嶷先杀王。【弟】隗渠又叛，遁入西徼，遣视信二人使嶷。《张嶷传》云"诈降嶷。实取消息"。嶷知奸计，以重赂使，使杀渠。《嶷传》云："许以重赏，使为反间。二人遂合谋杀渠。"渠死，夷徼肃清⑫。【县晋省】此三字，当是后人批注，吕刻收入正文，说在注释。

会无县⑬【路通宁州。渡泸得住狼县】⑭廖本注：住，"当作堂。"狼，"当作蜋。《南中志》作蜋"。今按：此十字，当倒在末，以故濮人邑句上承县。故濮人邑也。今有濮人冢，冢不闭户⑮，闭字宋明旧本皆作开。清刻本皆同《郡国志》注引作闭。其穴多有碧珠，人不可取，取之不祥。有天马河，天马《郡国志》注引讹作"元马"。下文同。天马日千里，《郡国志》注引文补天字。后死于蜀，葬江原小亭，今天马冢是也⑯。【县】山有天马祠。"山有"是常氏文例"县有"非例。《郡国志》注所引文，固多改字，不足全遵。兹还县字为山字，与下文山下字相应。山，谓天马河侧之天马山也。【初】旧本皆有此字，于文不适。《郡国志》注引亦无。民家马牧山下，或产骏驹，云天马子也。今有钱、《函》本作其，廖本作有。天马【径】迹，刘、《函》、廖本作径。不取。厥迹存焉。河中有铜胎，钱、《函》、廖本作胎，《郡国志》注此作船，张、吴、何、王本同作船，《水经注》作"具子铜胎"，顾广圻校云："当依《不经注》。"今以羊祀之，可取，河中见存⑰。土地【时】特产好犀牛，⑱犀当作凶，东山【色】出青碧。依《郡国志》注所引《华阳国志》文补好字与东字，改时作特，色作出。顾广圻顾观光二校稿已先见及。

大筰县⑲旧各本作笮、廖本作筰。汉末省也。刘、李本无也字。

定筰县⑳《函海》注云，"前后《汉书》《晋书》作莋。" 筰，笮夷也。筰字，廖本注云"当衍"。汶山曰夷，南中曰昆明，汉嘉、越嶲曰筰，蜀曰邛，皆夷种也㉑。县在郡西。渡泸水，宾刚徼，【白】曰旧皆作白，兹改作曰。摩沙夷㉒。有盐池，《郡国志》注引此文，作"盐坑"。积薪，以齐水灌而【后】焚之，《郡国志》注引作"而后焚之"。其后字当衍。成盐。汉末，夷皆锢之，张嶷往争，夷帅狼旧无此狼字，廖本补，并注。岑，槃木王舅，旧各本作"槃木明。"廖本依《张嶷传》改，有注。不肯服，嶷禽，挞杀之。厚赏赐，余类皆安㉓，官迄今有之【北沙河是】㉔四字可疑当衍，说在注释。

三缝县《前汉志》作三绛。 一曰小会无㉕，音三播。旧本此下皆有小注云"音三播字疑误。"唯刘本多注"缝音播"三字。通道宁州。渡泸，【得】接蜻蛉县。得当作接，谓县境越泸水，接蜻蛉县界处也有长谷。蜻蛉在云南郡。有长谷石刘李本作古。【时】猪旧各本皆作"石时坪。"顾广圻校稿依《水经注》改。坪，张、吴、何、王本作平，依元丰本也。刘、李、钱《函》、廖本作坪，依嘉秦本也。中有石猪，子母数千头。长老传言：夷昔牧猪于此，一朝猪化为石，迄今夷不敢牧于此。张、吴、何、王本作"不敢往牧"。

卑水县 去郡三百里㉖。水流通马湖。《郡国志》注此作"水通马湖"四字，当是"水通马湖江"五字补削，详注释。

  潜街县 《函海》注云："刘、吴、何、李本作溪。《汉志》作灊。"汉【末】置，《前汉志》已有此县，末字衍。**晋初省**②。《后汉志》已无此县，则当云"后汉省"。而云"晋初省"者，盖蜀汉时曾复置。

  安上县⑧

  马湖县㉓　　水通僰道入江。晋初省。刘、李本无初字。

案：越嶲郡属县，非常氏所身历，杂采《三国志》与当时阅历者之说，非不可据，而多饰为神话。后世传为镌得，复有夺乱。兹详为订正，考其位置。

【注释】

① "因邛邑名"者，谓郡治邛都县，系就邛君所居之邑为县名。邑字，刘熙《释名》云："人聚会之称也。"《史记·五帝本纪》："一年而所居成聚，二年成邑。"此言集市成定居，有街衢者为邑也。原始社会，初有农业，随其氏族首领所在，依近垦殖，始有邑字以表其酋长所居。奴隶社会，称为"国邑"。《尚书·胤征》："荒于厥邑。"《汤誓》之"夏邑"，《盘庚》之"不常厥邑"，"怀兹新邑"，《商颂》之"商邑翼翼"，皆国邑之义。封建社会则称国都矣。《周礼》乡遂编制，"四井为邑，四邑为丘"，以定赋役（《周礼·小司徒》）。邑乃成为农奴编组之单位，其公卿、大夫食采之地，亦各为"家邑"。王畿之备作采邑而未授者，是为"公邑"（《周礼·载师》注）。诸侯之国亦然。故曰"雉，岩邑也"（《左传》隐元年）。汉世称少数民族之君长之大者曰"邑君"（《张嶷传》），其首领之小者曰"夷邑长"（《西南夷传》），故《说文》曰："邑，国也。"意指夷王所居之都邑也。此处"邛邑"即为邛王所在之都邑，与《诗》《书》国邑含义正同。故汉世称以为邛都也。《西南夷传》之"旁小邑"，本书"会无县"之"故濮人邑也"及其他夷邑字，皆是小奴隶主所居地之义。

② 此"南山"，指今西昌、会理界上之螺髻山，非指嶲嵩山。嶲嵩山，今云泸山，在邛海南岸，为一区名胜，故《常志》志之。所言"邛河"即邛海，从南人语，谓湖为河也，《水经注》作"蛙嶲山"，朱氏笺引《华阳国志》作"奉嶲山"，《官本水经注》作"蜂嶲山"，足见《常志》原自作蜯，各家转写，讹为奉、蜂、蛙字。蜯嵩、邛语，其义不传，或谓山形似蜯（蚌），似玳瑁（蟒蟒），皆就讹字意揣之说耳。

③ 西昌县温泉有二：一在礼州东北二十里之热水沟，《元和志》卷三十二"苏祁县"（今礼州），"温水出县东平地二十一里"是也；一在安宁河西之盐中乡，北周置可泉县，唐天宝初改名西泸，《元和志》"西泸县"云"温汤水出县西山下一十二里"是也；后者水温特高，是《常志》所传。

④ 汉台登故城，在今冕宁县泸沽镇外一黄土台地上，基址犹在，俗名"开索城"，并传有"关羽之子关索"与"鲍三娘"故事，谓城下安宁河畔桥头故垒为"鲍三娘梳妆台"，皆传说也。关索是关锁之讹，关羽并无子名索。此城据孙水与安宁河会口，最险要，守此，则邛地诸河谷夷民不易相往来，故有关锁之称也。川、滇、黔边险要地名称关索者多，俱是此义。

⑤ 孙水，汉世为安宁河之通称，有二源：东源出大凉山，经喜德县，西入山峡会出自小相岭之冕山河，有"孙水关"依山险置。出峡即泸沽镇，与西源合。小相岭即古之零山（今云冕山），为秦汉所开旄牛道之南

段。司马相如所谓"镂零山,梁孙原"者是也(今有孙水关桥)。西源即"白沙江",《前汉志》曰尼(夷)江,出今冕宁县西北,曰大桥河,经北山关,过冕宁县城东,至泸沽镇外受孙水。古以孙水为正源,今以西源为安宁河正源也。

⑥ "砮石"谓铁矿。古剥菱矿铁结晶为砮矢,其后遂谓磁铁矿石为砮石。台登铁矿近在泸沽镇之后山,与台登故城斜对,铁质绝佳。开采已两千年,历世著名,今其藏量犹丰富。

⑦ 今孙水(喜德河)流域,古代皆森林,近世乃成童山,故常氏特著"有漆"。"夷人皆有之"者,谓占有其利,不容官采。其漆山,本捉马夷地。巂平捉马,乃得取其漆,供军国之用也。

⑧ 两《汉志》皆有灵关道与阐县,考其地皆在今越西县境。《续汉书·郡国志》作阐县。颜师古《汉书》注:"阐,音兰",则《续汉志》作阐为形讹字也。旧刻《常志》,改从《续汉志》作阐、非也。

汉阐县故城,考是今越西县海棠营地,县之北界抵大渡河岸,为邛国北徼。邛人称之为阐,与射阐、阐干同义,犹言藩卫之邑也。

"治邛部城"者,其城本曰邛部,故周武帝改称邛部县,历隋、唐、五代皆曰邛部,宋为邛部王邑,近世之大田土司(岭土司),其遗裔也。盖邛部之称魏晋已有。其邑君系自邛分族,故曰邛部(疑即捉马魏狼故邑)。今甘洛县,地为阐县东境,云"地接零关"者,今越西县南部为汉零关县地,二县为旄牛道南段所经,故云地接也。

⑨ 汉零关道,《水经注》曰灵道县,两汉字本作零,后人与青衣之灵关混,改写作灵,讹也。宋刻《常志》又误作寒,然正因其误,更可知汉旧字作零,寒形近零故易讹,若灵字则不可讹为寒也。

汉县故城,当是今越西县南之"小哨"。属越西河大平原之南部,近小相岭。小相岭,故零山也。自小哨南逾此山,下登相营,冕山营至孙水关桥,是为司马相如"镂零山梁孙原"故道,属旄牛道之南段,为从来蜀邛间唯一平易之大道,《张嶷传》所谓"既平且近"者也。

今人称邛来山为大相岭,零山为小相岭,一曰大相公岭,小相公岭(《一统志》),谓因诸葛亮南征经此得名。考亮南征不经此道,称相岭者,或司马相如所开也。

⑩ 零关道县省后,必是并入阐县。越西平原与海棠平原同属越西河本支流上游之高原部分,自然区域不可分也,零山以外则当属台登县。利慈渚,盖越西平原中之洼地淹为湖者,今越西县诸山犹多铜矿,故知零关故县是今越西县地,《常志》云"有铜山"也。

⑪《前汉志》:"苏示,尼江在西北。"颜师古注曰:"示音祇。尼,古夷字。"则故城在今冕宁县位置。祇当读如神祇之祇,《正韵》"祇,渠宜切,音坟。同示,地神"是也。《后汉书·邛都传》作苏祈,《三国志·张嶷传》作苏祁,《宋书·州郡志》作苏利,《隋书·地理志》作苏祇,皆当读如祁音。按《张嶷传》,苏祁近旄牛界,故其邑君冬逢为旄牛王狼路姑婿。嶷杀冬逢,与其弟隗渠,定苏祁县,狼路欲为冬逢报怨,"遣叔父离,将逢众,相度形势。嶷逆遣亲近赍牛酒劳赐,又令离逆逢妻宣畅意旨。离既受赐,并见其姊,姊弟欢悦,悉率所领将诣嶷,嶷厚加赏待,遣还,旄牛由是辄不为患"。"嶷与路兄弟妻子盟誓,开通旧道,千里肃清,复古亭驿"。以此知汉苏示县是今冕宁,晋时沦没,周武帝复开越嶲,别立苏祇县于今礼州,非汉苏示故地也。唐与吐蕃争嶲州汉苏示县地,称为"台登北谷",(见《韦皋传》),后没于吐蕃,又没于南诏,又没于乌蛮。至明设宁番卫,清始复置冕宁县。

⑫《晋书·地理志》无苏示县,当是已省并于台登。然《宋书·州郡志》仍有此县,当是李雄时复置,常璩撰此书时,县固存也。常氏例云"今省",未有带县字者。此三"县晋省",明是后人因《晋志》无,批注此

三字，被镌入正文，故当删。

⑬会无县故城，即今会理县治。知其必然者，安宁河平原之南，金沙江以北广大地面，惟此间为较大之平原，气候温和，人文为盛，历代置县，宜必于此。其辖境亦当与近世会理州境相当，北至螺髻、夷门，南绕金沙江，西至绳若。（孙水下游合雅砻江，入金沙，古皆称为绳水，孙水之异字也。）惟东境接卑水县界南定，大抵与今会东、宁南县界相当，且跨越金沙江，占有江南部分地，即所谓住狼县，会无分出也。

⑭此十字，当在"山出青碧"句下，以"故濮人邑也"句承县字，乃合常氏文例。今既已倒移在前，亦即依次说明。

廖本以住狼为堂琅之讹者，非也，堂琅县固在《南中志》，何得窜越于此？此盖谓会无县辖境辽阔，曾分泸水以南地置住狼县，约当在李雄时。后以其不便，复还会无，故附及之。按地理推，其故治当在今云南省禄劝县北之撒营盘。其地距会理之通安甚近，自会理经通安，渡金沙江至此约百二十里，道依鸭掌河，经禄劝、富民至昆明市约二百里。乃魏晋时会无县入宁州故道也，故李雄开宁州时曾于此置县，寻复废并，故仅见于《常志》也。通安以东，今乃分置会东县。

⑮濮人即白族之古称，与僰人同，今会理县犹有存者。唐以前，在越巂郡界甚昌盛，此所言冢，盖濮王墓也，县多碧石，故濮王多有碧珠殉葬。曾见泸定沈村三山墓（砖砌），邃道深狭下陷，亦不闭，而人不敢入探，深而卑落能闷闭故也。此濮王冢或似之，地点未详。

⑯江原小亭，常璩家所在，故特能详天马事。

⑰铜胎亦谬说耳，会理县以产铜著名，河床有铜矿石岁积，土民以其取之不尽，遂谓为有铜胎耳。此与下文山出青碧当连看，青，谓空青，碧，谓碧玉，皆含氧化铜之宝石，副生于铜矿之山者。

⑱旧刻此句作"土地时产犀牛"，刘昭《郡国志》注引《华阳国志》作"特产好群牛"。群字不成文理，是犀字讹可定，昔人已见之矣。然"好犀牛"亦不成文理，盖亦如《蜀志序》李冰作石犀五头之犀，当作兕，即耕田之水牛也。会无沿金沙江诸支谷，最低下部为干燥之亚热带气候，海拔较高处为湿热之暖温带气候，此带稻田可三季收，且出好水牛。"好兕牛"，谓其驯而多力，耕效高也，若野生之犀，则何所谓好不好哉？

⑲大筰县，两《汉志》并有，皆无注文。惟《前汉志》旄牛县云："若水亦出徼外，南至大筰入绳。"此谓雅砻江，南至今盐边县东合孙水。又南至渡口市入金沙江（绳水）。是凡今渡口市以北，盐边、米易两县之地皆汉大筰县地。故县治当在今盐边河口雅砻江岸附近。

⑳汉定筰县，今为盐源县，由拥有黑白两盐泉，为一方所仰，封建官府与蜀土著酋长互相争夺阅数千年。其食盐营销地区为金沙江北之蜀郡边徼，如今世之甘孜藏族自治州，西昌专区，凉山彝族自治州的全部地面。秦汉时为筰人住地，汉开西夷，首在通道置吏，慑以军威，军威既定，官吏军民生活问题不容一日缓议者，即在于食盐。故开置郡县之地虽集中于邛园地区，利其农业已盛，易于接受封建文化；而为食盐故，尚不能不推展至于筰区以保证盐之供给。汉开邛地置二十余县，独此县称为"定筰"者，得此盐泉则筰人皆当就范，故曰定筰也。盐泉在筰人自拥时，生产方法极其落后（下文已志其法），供应量低，而质量恶劣。经建郡县后，由内地工匠以此较先进技术煎取之，产量提高，盐质亦美，当时川西南边区汉族与少数民族对此无不满意。然少数民族上层则徒见其大利被夺，极为嫉妒，每有动乱，即自据有，以挟制四方。自汉世此区之乱，下迄清末宁远府区之乱，莫不由此。治边区历史者，恒只注意于道路之通闭，郡县之废兴，与"夷民"之叛服等表面事象，说为因果（如常璩之重视守令贤能与否与唐宋人之偏重军威与德

化皆是），而不知其骨子里原因在于此二盐泉，是治史者之失也。

盐源地形平坦，海拔高出二千公尺以上，土质硗瘠泻卤，属于高寒草原地带。古代农民之耕种技术，尚不能充分利用之，故三千年中，内地农业移民所至，止于"白盐井"一部及其与西昌（邛都）联络一线之地。广大草原，委弃荒芜，留为土著之牧场，亦即留为川滇间各民族互争之地。自秦汉迄今，其地民族，已多次变更主人，今其后裔皆有遗存者。是故盐源西境如黑盐塘附近与木里南部，云南宁蒗、华坪、永宁、永北及四川之盐边地面，不同族源之民族，约在二、三十种以上，皆只数户或数十百户而止，上千户之民族甚少。语言习俗，各自不同，亦多能自言其先世之历史，其人大都为争夺盐泉来也。

今可验于古史者：汉益州刺史朱辅，招怀远夷，近在大渡河内外之"白狼楼薄"未受招致，而乃远致"白狼槃木王"所表率者一百余部，百三十万户、六百万口之多。白狼槃木王有何才能，遂得纠合如此众多之部族（纵谓其夸大具报，亦不能全无依据）？由《张嶷传》，可知其所拥此二盐泉者，藉盐之交易故能号召其他诸需盐诸部落与之联合助势以为此献诗之举，图取汉廷赏赐也。设其无盐，则一渺小部族，不得此于邛、筰、滇、僰，安可得纠合百余部落上书诗献哉（研究白狼献诗的人海多忽视此点，故特提示于此）？

张嶷去后，此县又渐沦陷，赖李雄时再得兴复。桓温灭蜀后，放弃南中，此县再沦陷，遂不见于《宋书·州郡志》。周武帝重开越嶲，以定笮为镇属可泉县，盖其时郡境不能逾安宁河平原，惟此盐泉不可不得，故抚其夷酋，许内地工匠入住白盐井，经营煎盐，与酋分利，工匠户与商户隶属可泉县而已。其时此地似属于摩莎夷（那哈族），摩些人传其先世占地越过此处也。《隋书·地理志》仍无此县，《唐志》有"昆明县"，武德二年置，属嶲州。武德时招抚西南土酋与豪杰之族，内附者皆授令长，昆明县，首即此间夷酋内附者所授名称。利其内附，厚予赏赐，以博嶲州诸县之食盐而已，故未久亦变为羁縻州矣。又后则没于南诏，南诏置香城郡于此，从而嶲州郡县无不次第陷于南诏矣（昆明与嶲皆藏语之牧民部落，见《史记·西南夷传》）。蒙古人灭南诏，占有今云南全境及嶲州地区，乃自此区协同陕西之军夹攻四川，以嶲州地为"建昌路"，招抚土酋，设置州府甚多。此县初为"闰盐州"（至元十七年立）寻复为"柏兴府，治闰盐县。"称闰盐者，南诏自有盐泉多处（另详《南中志》）。皆在金沙江南。以此二泉为金沙江北所仅有，故以为闰盐。取闰余之义也。其时此县已有彝族入住，故又隶属于"罗罗蒙庆宣慰司"（住建昌路）。

彝族于南北朝末期始由昭通（彝语读作"阿火地"被认为乃其族源所在）渡金沙江进入大凉山，有其笔摩经典及老民口传历史可据，与史籍文献亦符合。唐代宋代皆只盘结于安宁河东岸之大小凉山地区，元代始从越嶲、冕宁县境西向进入雅砻江流域，遂直向盐源西境移进，势如兔突，盖亦为图夺有此一盐泉也。近世黑盐塘地区，实际已是彝族占有，其他诸族，次第徙避，或被黑夷奴隶主消灭，只白盐井一处尚为汉族所有（解放后形势不同不在此论）。

明代平定四川、云南，改旧柏兴土官为柏兴千户，更于白盐井立盐井县，又置盐井卫于其北，即故定笮县城处（今云卫城），企图用军垦开发盐源河流域，充实民户以固盐城。曾经重开黑盐塘，未几仍复为彝族占有。清改盐井县名盐源，徙治卫城，徙有白盐一泉，黑盐塘在官僚政治上下欺蒙敷衍之下实际并未开发。

同为含有氯化钠之盐泉，而被黑、白盐之异称者，两泉相距百余里，西泉黑盐塘，历世为少数民族所据有，其煎盐方法不用锅，但燔柴得高温，以晒后之浓盐水泼之，连灰成盐，故盐黑质劣，杂有钾硝与炭质。东泉为汉族工匠，亦苦无盐锅，历世传统方法用耐火小陶杯，如手臼状多数安放小孔蜂窝状灶上，徐徐斟浓汁盐水使陆续蒸发，得多白中干盐块，俗称"碓窝盐"，以为商品，故其盐纯白。历世汉民工匠，只施工于此处，已足供广大边区人民消费，无须更用黑盐塘，故黑盐塘迄未兴复。

㉑常氏云"笮，笮夷也"者，笮，矢服也（《仪礼》注）。笮夷，谓定笮之夷为恒佩竹服，负矢之射猎民族（今滇西北之傈僳族、怒族仍保此俗）。与川边河谷"度索寻橦"之笮人有别，然族源相同，古人统称为笮类，因遍举各郡对于氐类之异称，而统谓之"夷种"，常云夷种，与《史》《汉》云"氐类"同义，言其与汶山夷为同类而又有区别也。

㉒"渡泸水"，谓自邛都向西，渡雅砻江若水。晋时称金沙江为泸水，雅砻江流入金沙江，昔人以为正流，故亦名泸水。"宾刚徼"，西方边徼曰刚徼，取西方王金刚之气为义，文士语也。宾与滨字义通，亦取其人附义不背之义，言其时定笮西徼为摩沙夷，情颇内向而犹未为郡县，仅结市易关系，和平相处而已。疑黑盐塘当时已在摩些人经营中，摩沙即摩些（沙与些并读如莎）即今之纳西族，主要分布地在丽江与其附近。曾经扩展东到冕宁、炉定，西入维西、中甸、德钦诸县地方。由《常志》，知其晋世已入定笮西界。

㉓其事详具《张嶷传》，传云："定笮率豪狼岑，槃木壬舅，甚为蛮夷所信任。"明其人是白狼槃木王下一贵踞头领，掌握此白盐井利源与他诸部族市易相结。"忿嶷自侵，不自来诣"，明是张嶷欲夺此盐利，岑意不服，故受召不往，表示意在抗拒。张嶷既仗军威，遂"使壮士数十直往收致，挞而杀之"，以示威严。岑罪不至死，遭此酷虐，其率必将反叛。嶷则利用其人怯弱贪赏心理，"持尸还种，厚加赏赐，喻以狼岑之恶，且曰：'无得妄动，动即殄矣！'"以威胁利诱之，遂得使其"种类咸面缚谢过，嶷杀牛享宴，重申恩信，遂获盐铁。"（同时获台登、卑水之铁与漆，"器用周赡"矣。）

下云"官迄有之"，谓白盐井始归官营。

㉔"北沙河是"四字，于文当指白盐井地名之别称。但白盐池即步北泽，在定笮南，不当云"北沙河"。按上文台登县："孙水一名白沙江。"孙水即泸沽河，台登铁矿所在。疑是昔人传写《常志》者参核《张嶷传》至"遂获盐铁，器用周赡"句，不明两县地理距离，误连"盐铁"所产为一地，遂用上文台登之"白沙江"批于此文之末，宋刻以为正文。此当删除之句也，故存其文加删号。

㉕三缝县，两汉并有，晋、宋无。应是晋初已废，李雄关宁州时复置，桓温灭蜀弃宁州，遂不复见，故城旧籍无论述者。今按《常志》文推，其县境当在今渡口市附近金沙江南北，下至三磊子、黎溪，逾江包有云南姜驿一带皆是也。知其然者：就县名推，前汉曰三绛者谓三大水会流处也。渡口附近雅砻江（若水）自北来，金沙江（淹水）自西来，合流（绳水或马湖江）向东南去，三水皆水势浩瀚，河谷深邃而燥热，古称洪水为绛水（见《孟子》），故曰三绛也。三大河谷合而为一，故《后汉志》与《常志》作三缝。缝为会合为一之义，与绛同，字亦作縫，非只与绛形近，边民书写易混，含义亦正可通。《常志》特言音播者，古播字与绛、缝、縫字皆读蒲禾切，音婆，义皆为分体辍合故也。其次证验，在《常志》明言长坪石猪在泸水（金沙江）南，接青蛉县界。今渡口市附近金沙江北曲，其南岸仁和街部分固当属越嶲，不当属大姚，自然地所必然，他处则不能合。至于县治位置，则似在若水入绳之下游三磊于，三磊子为江北岸一大河原台地，以有三大石堆著名，金沙江自此以上平缓可行舟船，古为泸水渡口之一。晋至唐世，宁州永昌，云南两郡及南诏与南、邛、蜀交通皆由此。故知其为三缝故治也。

青蛉县属云南郡，常氏另有文记述，不言石猪事，以此知三缝县而言青蛉，但谓其接境于泸水之南耳。不同于会无之言住狼县，故不当云得，只当云接耳。《水经注》误解常氏文，遂以长谷石猪径入于青蛉县下，故此附驳正之。

㉖卑水县，两汉并有。"去郡三百里"是《张嶷传》文，"水流通马湖"应是言水流与马湖江通。马湖江，即金沙江，过马湖县则系马湖江也，以此推知卑水即之宁南河（抄沙河，或普格河）。卑水县，即今之宁南县。古县治或是今之普格。或是近世之披沙汛（今宁南县治）。《水经注》谓"马湖江（绳水）左合卑水"，《南中志》谓丞相亮南征，"军卑水"，皆是此处，孟康曰"卑音班"。

㉗潜街，《前汉志》作"灊街"，音仍为潜。《后汉志》无，疑是蜀汉时置。蜀汉自越嶲郡为高定（元）叛据后，太守只住安上，盖曾开辟内方汉民住居区，向未置县者立为新县，以凑合一郡形势，如安上、马湖、潜街与新道皆是。新道见《李严传》，其地盖是今峨边、沙湾镇，亦通越嶲之小道也。不见《常志》，当是旋严。潜街与马湖皆当在僰道徼外，马湖有湖可定，潜街，当是今云南绥江县地，属金沙江南岸之河原地带，其县治若非今之绥江，即可能是桧江，或是故永善县治（今云莲峰镇）。此带江原肥沃而对蜀、滇、黔变通皆不便，形势幽闭，所以称为潜街耶？

㉘安上故城，在今凉山州昭觉县治南十里之"古城坝"。清宣统初，因黑彝杀法国游历者，分五路军大剿凉山，会师于此，设交足汛。旋改昭觉县，取旧城砖建新城，皆汉代砖也。又得大量五铢钱及其他汉代器物，摩有图片，载在宣统《昭觉县志》（写本，四川省图书馆与川大图书馆俱有）。蜀汉前此区无县，蜀汉建兴三年，丞相亮南征，"由水路入越嶲"，"军卑水"，"夏五月，亮渡泸水进征益州"（并《南中志》）。是亮下岷江自僰道分马忠征牂牁，李恢入建宁，而自循安上入越嶲。自卑水破雍闿、高定（元）联军后，平定越嶲，留龚禄守之，乃自赴建宁（益州郡）援李恢，完成南征全局胜利，取汉阳道还蜀也。自僰道至卑水，必过此地，亮去后，"叟夷数反，杀太守龚禄、焦璜。是后太守不敢之郡，只住安上。"（《张嶷传》），则安上是昭觉为可定矣。时旄牛（邛来山）道闭，故丞相南征由此，旄牛道复通后，此县还为僻邑。六朝时没于夷獠，千余年乃克复为县治，仅赖此故城遗迹与常氏遗文证其是蜀汉故县也。自宣统至解放前，三十余年中，昭觉虽置县，胁于恶夷，县官皆留滞西昌，莫敢赴任，县亦徒有其名而已。解放后，为凉山彝族自治州治，始复繁荣焉。现已公路四通，其西南经布拖至普格路，即诸葛亮自安上趣卑水击破雍闿、高定（元）联军之路。其地属凉山高原顶部，海拔二千公尺，平坦、高寒，仍能种稻，故蜀汉能置薪县于此，作越嶲郡侨治。《张嶷传》云"去郡八百里"是误文，已前注。

㉙马湖县，《前汉志》犍为郡之郁鄢县也。王莽改曰屠鄢，因马湖为名。湖在今屏山县西三百七十里，周二百余里，去金沙江约只二里，高出群山中，四周皆峻崖，只海脑坝一隅成为黄种溪之三角洲，有黄琅乡。又有湖心螺髻山，可住四百余人。相传牧马湖滩者得骏驹，故称马湖，又曰龙湖。郁鄢，僰语育马之义也。后汉县废，蜀汉时，越嶲陷，没于叟夷，汉民内徙者多停留于安上与湖旁诸河谷间，复开为县。今黄琅，盖即当时县治，辖境则包有今雷波县与屏山县西部至沐川马边诸地，李雄时犹存，其后陷没于夷獠。唐时称马湖部，分为殷驯、骋、浪四羁縻州，属戎州都督府。宋时有乌蛮主屯于湖内（见《元史·地理志》），元至元十三年内附，立马湖路，因其土酋治之，辖雷波、泥溪、平夷、蛮夷、夷都五长宫司。明为马湖土知府，万历十三年，立屏山县为府治，仍称马湖府，辖五长官司地。清雍正五年改土归流，废土府，雷波土官杨明义不服，作乱，剿平后置雷波卫镇摄之。乾隆二十六年改设流官曰雷波厅，因土官寨为厅治。民国为雷波县，杨土司后裔犹存，仍是一方彝民领袖，他四部土官则属屏山县为场镇矣。

川边凡僰民地区置郡县者，非至内地大混乱时不沦没。惟黑夷奴隶主所在地，不唯县易沦没，更能向腹浸渍，侵害所住汉民。马湖彝、汉民族变迁史事，足以代表屏山、马边、峨边以及越西地区历史发展变化之一般情况。近世地理书，每以马湖与屏山混乱，昧其部位沿革，故因考订汉晋马湖县论订之。

二十四

右益州，汉初统郡五。按，谓巴、汉中、蜀、广汉、犍为，皆高祖王汉中时故地，截于武帝建元六年止，不计武帝新开诸郡也。后渐分建，蜀郡及巴【郡】，又分为五郡。为，当作出。谓蜀郡分出汉嘉、江阳二郡，巴郡分出巴东、巴西、涪陵三郡，合为五郡，皆在建安以前。不计汶山郡，非汉王故地也。刘二主时，又自广汉、汉中、犍为、巴西分出六【为四】郡。谓自广汉分出梓潼、阴平，汉中分出西城、上庸、房陵，巴西分出宕渠，犍为分出朱提，亦皆故汉中王故境。武帝【又】开益州五郡，此谓武都、汶山、越巂、牂柯、益州五郡，沈黎旋废不计，益州后改晋宁。明帝开永昌郡，丞相亮分置建宁、兴古、云南郡，合二十五郡①。蜀汉世有此二十五郡不误，但上文夺去字多，即不可合，各郡文固在，可按补也。南中平乐、南广二郡亦蜀汉置。平乐旋废，南广丞相亮后所置，故不当计入。旧刻各本怪其数不合，莫知考补，廖本注云"以上舛驳，所未详矣。"及宁、【州】荆、梁州建，复增七郡，蜀于是有【三】州四，及字《函海》注云"何本误又"。顾观光校云"原误云"。盖元丰与张、吴、何本皆作又，刘、李、钱、《函》、廖本作及也。又"于是有"下州四上，各本皆列三字。廖本有，并注云："旧脱此字，今补正。"今按：李雄曾置荆州。见《大同志》，常氏原本有荆，为州四。降江左后，嫌荆州与晋牴牾，删去，改荆为州以掩之，而"州四"二字未及改。后之传抄者遂自州断句，以四下属。兹改还荆字，从四断句。凡三十二郡，旧刻误以四字下属代三字。兹补"凡三"二字。三十二郡者，上二十五郡，加李雄与王逊所增立之平夷、夜郎、平乐、南广（李雄复置），河阳、梁水、西平七郡及荆州之建平郡。由常氏去荆字删建平郡，故从来抄传与镌刻者不能得三十二数而作四十二，并上各数字疑昧不解，听其舛驳，甚至于改四州为三州，三十二郡为四十二也。一百九十六县②。各本此文并同。查本书所列郡县，共四百七十四县，尚差二十二县，疑皆在原荆州郡县中，合省并之县计，非常氏原文有误，不尽详考。州分后，《函海》作为。益州凡新旧郡【九】七③，旧刻皆作九，当是七字之讹，说详注释。县四十八，户夷、晋二十【二】四万。廖本作"二十二万"。

譔曰蜀之为邦，天文，则井络辉其土④。地理，则岷、嶓镇其城⑤。五岳，则廖本有则字，他本无。华山表其阳⑥。四渎，则旧各本有。汶江出其徼⑦。故上圣，则大禹生其乡⑧。媾姻，则黄帝婚其女⑨，显族，吴、何本无女、显二字，吴作墨巴，何本空格。疑是张佳胤删，以族代女字，意实胜于嘉泰本，然窃疑显族下有脱文，当是原有表扬诣大族字被删。大贤，彭祖育其山⑩。列仙，王乔升其冈⑪。而实鼎辉光于中流⑫。离张、吴、何、王本作骊。龙、仁虎跃当脱有一字。乎渊陵⑬。开辟及汉，国富民殷。府腐谷帛，家蕴畜积⑭。《雅》《颂》之声，充塞天衢⑮，中【林】穆旧本皆作穆。廖本作林。之咏，侔乎《二南》⑯。蕃衍三州，土广万里⑰。方之九区，于斯为盛。固乾坤之灵囿，先王之所经纬也⑱。

案：《蜀志》总结两章，前章统计郡县总数，先包举全书郡县者，盖其先撰《蜀汉书》时，本以《蜀志》为第一卷，降晋后乃首列梁州，为尊晋也（巴并入梁州乃晋之建置，李雄则以巴为荆州），放于益州郡县统计，用"州分后"句另起。后章为赞词，系各卷末所例有。《蜀志》作"撰曰"，入江左后，改订蜀、巴、汉编次时皆改作"赞曰"，惟《蜀志》未改，亦是《蜀志》保存《蜀汉书》旧貌之验，故仍酌注其出处。

【注释】

①往时读《常志》者，多偏重于人物与史事，虽亦重其地理四卷，而由于昧于此区地理实际，不能考订。传钞擅改与删省之处颇多，以致旧文统计，一片舛乱，不可回验于本书，亦不可符合于众史。顾广圻校稿，首先从考订郡县下手，是其能杰出于数十家校勘之上的主要原因。兹踵其事，更为详细考订，删补其文，克与"二十五郡"原文吻合。上文舛驳，庶获澄清，前人误改之"广汉、汉中、犍为为四郡"之语则径删之可也。

②前人或于李雄曾置荆州事未能注意，又因常氏入江左，因晋并巴入梁州后，删去荆州各语，而未及改"州四"，为州三，遂谓"有州四，三十二郡为有三州四十二郡。"此则与江左改写本之称"梁、益、宁三州"，（《士女目录》冠语）合矣，至于何来四十二郡则不问焉。于是回查本书，无从理解。兹改"宁州梁州"为"宁荆梁州"，加建平郡，完全符合《大同志》文义，而州郡数字无不吻合。县数合李雄所争得之建平、宜都与武陵诸县，亦当可足一百九十六数。此为李氏疆域之极数，惟常氏知之，正幸在于过去人未注意，克以保存至今。因常氏删去《巴志》之建平郡，故州郡数可落实，县数不能尽落实，所阙亦甚微也。

③益州新旧郡，七郡明在《常志》，即蜀郡、广汉、犍为、江阳、汶山、汉嘉、越巂。旧刻皆作"郡九"君，后主时广汉郡更分出东广汉，犍为郡又分出南广郡，即为九郡。然在李雄时，东西广汉仍合为一郡（西广汉即晋之新都郡），而南广划入宁州，故仍只当为七郡。于此益足见《蜀志》所保存者是《蜀汉书》原文未改，但常氏于江左依晋制统计益州郡县时，作九郡四十八县，乃非《蜀汉书》所原有也。

《晋书·地理志》"益州，统郡八，县四十四，户十四万九千三百。"依《太康地志》也。以与本书此文校，少一郡，四县，十万零七百户。查《晋志》系以新都、广汉二郡属梁州，本书则合为一郡属益州。又《晋志》益州有朱提郡与牂柯郡，故较李雄时多一郡为八郡。县户数，亦俱与李雄时不同，由《太康簿》与《元康簿》不同故也。

④"井络"，已详本卷①章之注⑧。

⑤"岷嶓"已详①章之注⑤与注⑧。

⑥华山，《尔雅》之西岳，历代崇祀。陕西华县有西岳庙，山在其南，属于秦岭山脉东段（太华山脉）之一支峰。自山以南，为《禹贡》梁州地界，故曰"华阳黑水惟梁州"。常氏取为书名。山虽不在益州，谓其为梁州之表，在汉则益州之表也。

⑦《尔雅》："江、河、淮、济为四渎。"江出岷山，为四渎之首，故《史记·封禅书》称岷山（汶山）为"渎山"。

⑧禹生于石纽，说在补《汶山郡》"广柔县"。

⑨黄帝娶西陵氏女曰嫘祖，始教中原人民养蚕，"西陵"盖即蚕陵国也。生二子，昌意降居若水，娶蜀山氏女，俱见《大戴礼》与《世本》及《史记》。

⑩彭祖家于彭模，已详15章之注⑧。

⑪王乔升其北山，已详15章之注⑦。

⑫"宝鼎"已详15章之注⑩。

⑬"离龙"，《犍为郡序》作"黄龙"。《易·离卦》："彖曰：离，丽也。"又"六二，黄丽元吉。象曰：'黄离元吉，得中道也。'"旧以五色配五方，黄为中央正色，离，谓黄之尤丽者，故此谓黄龙为离龙。张佳胤改离为骊则非，"骊龙"见《庄子》。五经注文皆释骊为黑色，与"黄龙见武阳赤水"文义不应。"仁虎"见15章之注⑨。

⑭此夸蜀土农产之盛，亦言官府征取之滥，至于谷朽于仓，帛腐于库。

⑮此言司马相如、扬雄、王褒、王尤等献赋、献颂事，"天衢"谓天子之都。

⑯此言益州刺史王襄献《中和颂乐歌》，"中穆"即中和之义。《诗·二南》二十五篇多南国所献于周王之诗歌，故曰"侔乎《二南》"。张佳胤改作"中林"，取《周南·兔罝》"施于中林"之义，失之凿矣。《兔罝》虽可能亦是蜀地江汉间人之诗，本在《二南》中，则安得云"侔于二南"乎？

⑰此谓巴蜀文化发展流播为"蕃衍"，由蜀之一郡，展拓及于南中（宁州）与荆梁三州。由此语足见常氏原作精神，固以蜀文化为主体，未甚注意巴、邛、滇、僰诸民族文化。

⑱"乾坤"，天地之代称，取《易系》"天尊地卑，乾坤定矣"之义。"灵囿"，取《诗·灵台》"王在灵囿"成语，然所指为梁，益二州，则又是用"人皇九囿"之义。"经纬"，是经营缔造之义。

附一　蚕丛考

蚕丛之名，始著于扬雄《蜀王本纪》，其书今佚，唯有辑本。所辑魏晋以来杂史、地书及汇书，文字小有异同，大旨若一。无非出于扬雄所传。兹于《常志》外选录数种以便参订：

《文选·蜀都赋》注："蜀王之先名蚕丛、柏濩、蒲泽、开明。是时，人萌（民）椎髻、左言，不晓文字，未有礼乐。从开明以上到蚕丛，积三万四千岁。"（左言，谓不同于汉语。六朝有"左郡"，谓语言不同之郡。）

《艺文类聚》卷六："蜀王始曰蚕丛，次曰伯雍，次曰鱼凫。"

《太平御览》卷一百六十六："蜀之先称王者曰蚕丛、柏灌，鱼易（凫）、开明。是时，椎髻、左衽，不晓文字，未有礼乐。自开明以上至蚕丛凡四千岁。"（左衽非羌氐俗。应是"左言")讹。)

又卷八百八十八："蜀王之先名蚕丛，后代名曰柏灌，后者名鱼凫。此三代各数百岁，神化不死。其民亦随王化去。"

综合分析，以求扬雄本语，则蜀王先世最先著名者为蚕丛氏。其时与中原不同俗，无文字，无礼乐，年代荒远，连坟墓亦无有。质言之，还是原始社会的初期或中期，或说是中石器时代以前的社会。自蚕丛氏开始，乃有氏族组织。所谓"王"，乃后人加于其氏族首领之称，正如称伏羲氏、神农氏曰"帝"，非即已经有国家制度之王号也。

常璩在《序志篇》，用特笔反对扬雄所传之说云："世俗间横有为蜀传者，言蜀王、蚕丛间适回三千岁。……按《蜀纪》，'帝居房心，决事参伐'（参）伐，则蜀分野。言蜀在帝议政之方。帝不议政，则王气流于西。故周失纪纲而蜀先（称）王。七国皆王，蜀又称帝。此则蚕丛自王，杜宇自帝，皆周之叔世，安得三千岁？"所据《蜀纪》三语、与《三国志·秦宓传》"请为明府陈其《本纪》"文同。璩固云："司马相知、严君平、扬子云、阳成子玄、郑伯邑、尹彭城、谯常侍、任给事等各集传记以作《本纪》。"则从前汉至魏晋，作《蜀本纪》者凡八家。扬雄仅居其一。璩与秦宓所据之《蜀本纪》，出于星象家言，非扬雄语。扬雄"怀铅握椠遍访故老"（《方言序》），传其《方言》。其记蜀王事，当亦如此。凡民族在无文字时，率有口诵其先代历史之能力。（近世彝族奴隶主，有能诵其祖先名氏至七十代以上者。）扬雄生于蜀，与故老习，记其传说如此。虽其真实性不能甚大，亦应较其他学人专恃书本、推断者为可靠。故璩所持以驳雄说者，不能成立。从而可知对《常志》相关诸语，亦当有所抉择矣。

用历史唯物主义观点分析旧籍所传关于蚕丛氏之资料，可以肯定其为原始社会最先形成一个氏族集团之首领。其至周末之时间，说三千岁，为保守数；四千岁，为近似数；估万余岁亦非甚夸。此为结论之一。

胡为称曰蚕丛？凡古籍记述原始社会之氏族名称，有录音者，有录意者。"蚕丛"为录音耶？必不敢于如此繁画之两字。意必亦如"伏羲""神农""有巢""豕韦"之为录意；或由其饲养原蚕成功，创缲丝法，为民族兴利，放号"蚕丛"也。宋黄休复《茅亭客话》云："蜀有蚕市，……耆旧相传：古蚕丛氏为蜀主，民无定居，随蚕丛所在致市居。此其遗风也。"是蜀人相传蚕丛氏时尚无都邑，随桑林所在，聚其人，教以养蚕缫丝，故曰蚕丛。然宋去蚕丛已远，后于扬雄一千余年，既非秦汉人传说，更难信赖。窃疑蚕丛之义，谓聚蚕于一箔饲养之，共簇作茧，非如原蚕之蛹蛹独生，分散作茧。是原始人类一大发明创造，故成为氏族专称也。今蜀人犹称作茧之草树为簇（cù），语音作丛（còng）之入声。疑即蚕丛语变也。

古史相传，黄帝元妃嫘祖，教民养蚕（出《世本》）。《史记·五帝本纪》据《世本》与《大戴礼·帝系姓·五帝德》撰成，称："黄帝居轩辕之丘，而娶于西陵之女，是为嫘祖。嫘祖为黄帝正妃，生二子，……青阳降居江水。其二曰昌意，降居若水。昌意娶蜀山氏女曰昌仆，生高阳……是为帝颛顼也。"蜀山氏居于何地，暂可不论。论蜀之为字，盖即原蚕之本称也。就我国文字发展过程言，先只象形，次会意。周秦以降，谐声字乃多。蚕字，从蚰，朁声。其非原始之蚕字甚明。较蚕字早出者，有蜀字；古文作罒，后加虫字，象形兼会意。所表者为蛾类之幼虫。蛾类幼虫与人类生活最关切者莫如蚕。故蜀字系古人专为原蚕制造。象巨目之虫。又加虫为识者是象形末期字；更加虫，以明其非他种巨目动物。原蚕眼实微小，然有大黑斑为伪目，故其造字如此。（家蚕经人工改良变化，多失其眼斑。）我国象形文字，在渔猎经济时代开始，畜牧时代大盛。进入农业时代转衰，乃渐进入会意、谐声阶段。估计蜀字之制成，即在黄帝之世。其字，亦即为当时之蚕字。后世乃以蜀为原蚕，而于人工改良之蚕种，则造蚕字以相区别。故《淮南子》云："蚕与蜀似而爱憎异。"其所云"蜀"，即原蚕，今云野蚕者是也。

野蚕，今四川有桑之处皆有之。桑林岁久，即自繁生。其蛾与蚕蛾无异，产卵于桑之枝干，不甚密集。春暖自孵出，就叶芽。恒分散，鲜共叶者。蜕变四化而后成茧。体较家蚕短小，形质全同。散向桑下枯草、篱栅、墙垣间结茧，或就桑皮皱裂间。茧淡灰黄色，较家蚕茧小而坚硬。可煮而抽丝，与家蚕丝无异，但多颗结。性不群聚。故蜀字引伸之义为独。扬雄《方言》："一，蜀也。南楚谓之独。"盖蜀人古语读一为蜀，其字作🐛，象蚕之形，亦即古代之蚕字。我国古代传养蚕法者，初亦只呼为"蜀。"更造为蜀字。是故"蜀山氏"，即古人加于蚕丛氏之称也。其义皆谓最先创造养蚕法之氏族。西陵氏女子嫘祖得其法，转施之于中原地区。故其子娶于蜀山氏。疑西陵氏居地与蜀山氏近，故传其术于中原独早。然则蚕丛氏在黄帝之先已养蚕矣

蜀族在蚕丛时无文字可定。自其入居蜀地，进入农业社会以后，即不能不有文字。其字在出土文物中颇有可验证者如手纹是造作义，花蒂纹，是王之义，持刀人，是兵之义，舞蹈人，是快乐及胜利之义，惟不识其作何音。其🐛字，象蚕形，读蜀音，可缘《方言》定。又🐛字，象二蚕对望待饲，读蚕音，则可由《后汉郡国志》蚕陵县字作"八陵"而定。《前汉志》作"蚕陵"。《后汉书》帝纪及《西南夷传》并

附 花蒂纹的发展变化

摘自王家祐同志辑录的《巴蜀出土文物》的一百五十种图像文字（尚未发表，图下数码为原文编号），审订汉字，是作者试拟。

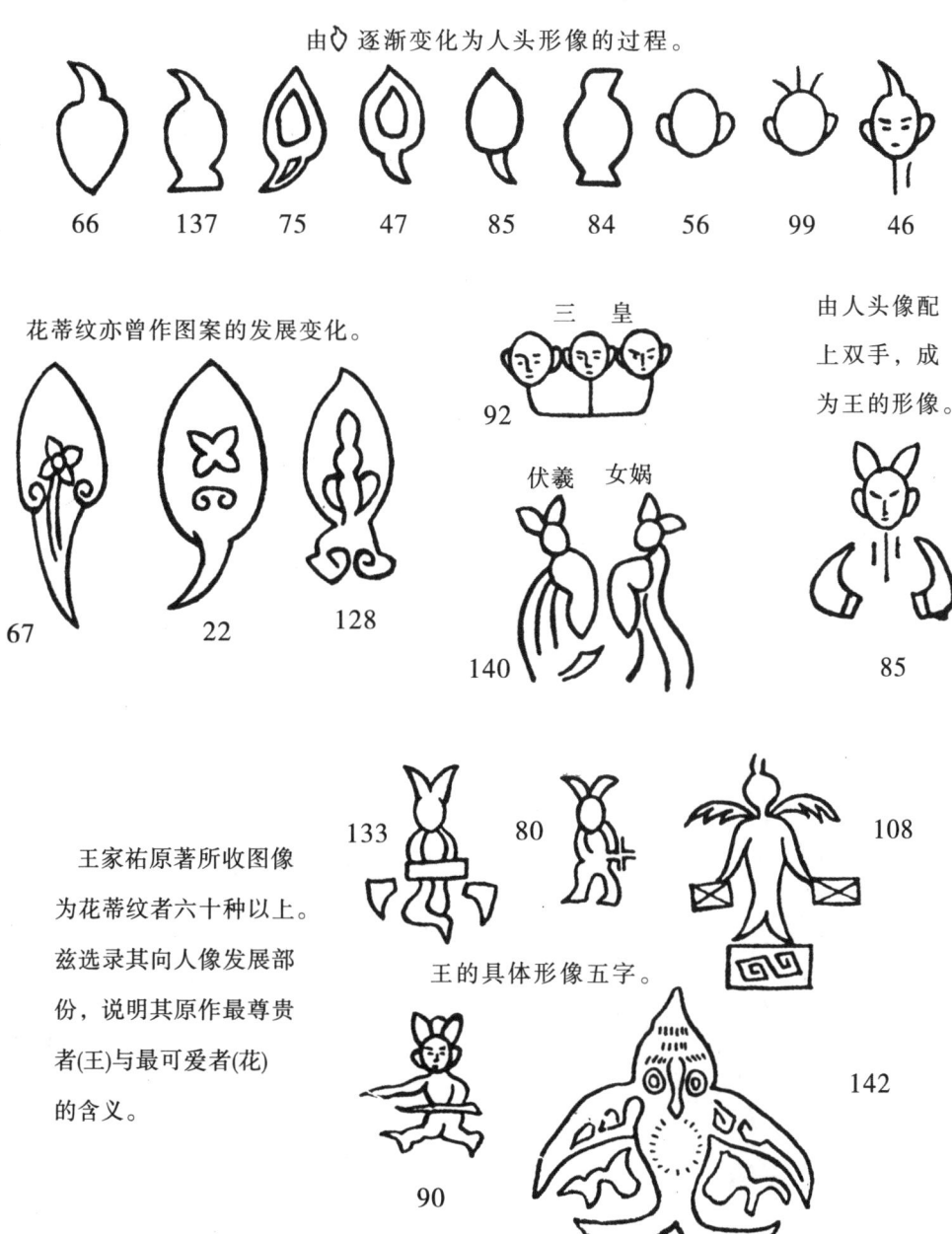

花蒂纹与手形合字，徐中舒先生暂称之为"手心纹"，兹审为"王作"或"王府监造"之义，手为造作之义。

原作出土在峨眉县符溪，係蜀王辖区，纹为"蜀王"之义。疑此花蒂相併二蜀字上下象蚕形，中为威慑的象征。

手为造作之义。肘下花纹仍是花蒂纹变，合为官府所造之义。

俩刀人表示战士（兵），在此表示武器（刀、剑），或是表示王的佩刀，或是表示王的军队。

圆形放光芒，为古蜀的日（太阳）字，亦表示永恒之义，中原语义亦然。《周礼·春官·司常》"日月为常"。

字纹不明。可释为人作舞蹈，表示快乐和胜利。亦可释为虎形，仍是表示无敌之义。

整句文审为"蜀王作剑长乐"或"蜀王作兵常胜"。

记有安帝永初元年，桓帝永寿二年，"蜀郡夷叛，攻蚕陵"。字并作蚕。惟《郡国志》作"八陵"。故可知此 ⌒ 字乃蜀人习惯使用之"蚕"字。《帝纪》用汉字，作蚕，《郡国》用地方字，作 ⌒。是蜀王时已有之古蚕字，一（蜀）表单数，音如独。⌒（蚕）表复数，为蚕字音。蜀人已知中原称此虫为蚕，缘之读 ⌒ 为蚕字音也。

由文字发展的时代变化：与区域性的不同，可以证明蚕丛氏之所以著名于世，由其创始发明养蚕。是为结论之二。

蚕丛氏居住何地？《前汉·地理志》蜀郡有蚕陵县。"莽曰步昌"，叙在蜀郡十五县之末，可知其为武帝时新开县。《后汉志》作"八陵"，可知其为蜀山氏故地，亦蚕丛之故邑也。《元和志》"翼州，北至松州（今松潘）一百八十里。……周武帝置。本汉蚕陵县地。汉元鼎中开。梁大清中，萧纪于旧县置铁州，寻废。周天和元年，讨蚕陵羌，于七顷山下置翼州。"考地理者，皆一致定为今松潘县南百八十里之叠溪。其地当松坪河岷江会口，旧有小平原。一九三三年地震，山崩壅江，今为叠溪湖。其北山名蚕陵山，见《旧唐书·地理志》"翼州卫山县"。

县名蚕陵者，盖旧传有蚕丛王墓在此。犹楚之夷陵，巴之故陵。皆因旧墓为称。抑或谓蚕丛氏所居之丘，与"蜀山氏"之蜀山同义。要必与蚕丛氏旧居有关。汉元鼎时，去蜀王杜宇来远。武帝时蜀人必能知其先王住地所在，故立县时用此名也。

上古人类，原从牧业渐进入于农耕。方其牧业经济时，以草原为乐园，暖谷为长途。岷江上游地区，为一丘低谷浅之大草原，北连陇西，接于河套。西连大渡河上游与雅砻江上游之康北大草原，接于析支、洮湟。如此连成一片之大草原，兼有浅谷河原，可以种植麦类与牧草，是为我国牧畜时代民族活动之中心地区。其后中原农业，与巴蜀吴楚农地次第开辟，蔚起为新的经济中心。初犹与此旧的牧业中心不能无频繁深厚之经济联系。在黄帝世，此草原与中原农区，犹是一大家庭。故黄帝"西至于空同"，而娶西陵氏女。（此西陵当指陇西某地。与楚之西陵无关。）其二子又降居江水、若水地区，与蜀山氏婚。其孙、曾之颛顼与帝喾，又次第入为中原大君。大禹亦生于此江水河谷，而入为尧舜之"司空"。其后遂克建成夏后氏之国家，开始了我国的奴隶社会。而此牧业时代中心之大片草原，受地理条件限制，社会停顿不前。周秦汉后，差距日大，遂形成夷夏畛域之别；人有论及蚕丛为蚕丝业之发明者，则反群起疑之，以为唯嫘祖是养蚕之创造发明人也。

蜀地与华夏之原始交通，原本以岷江上游河谷为媒介。绵虒（故茂州旧名）与蚕陵，为其枢纽。蚕陵以上，大体平易。故王莽改名步昌。蚕陵以下，河谷深狭，岸道险窄，至绵虒乃略开展，多农地。故秦县止于绵虒。绵字，古为茧絮之义。亦与蚕丛文义有关。自绵虒东逾土门关（今地名），仅一浅岭（属九顶山脉凹部），循湔水（海窝子之白鹿河）而下，至瞿上（彭县北之关口，《元和志》指为天彭门），穿短峡而出山，入于成都平原之郫邑。此蜀王柏灌、鱼凫由蚕陵渐迁入蜀农业地带之道路也。别自土门关循雒水下行至绵竹，一日可达。今世犹通行。远古时，成都内海未全出土，其东北已出土部分，为郫、什邡、绵竹等地区。此地区人物之往来于中原。者，恒自绵虒、蚕陵，溯江源（黄胜关），入于陇西地区，转入渭水平原。当时蜀与内地交通，只能如此。其后自宝鸡、故关入武都盆地。再循嘉陵江水至葭萌入蜀。是为殷周时代蜀与内地交通孔道。沿线多有桥梁与阪险。惟捷于草原旧路。此则必待至人民已能凿山、架桥之农业经济时代乃能开通。故知其为殷周世开。其时，蜀山氏（蚕丛氏）部落亦已转进至瞿上（海窝子）与郫矣。又后，巴蜀与中原商业发达，经济联系紧密，政治联系逐渐加强，褒斜栈道乃建成。蜀与内地交通孔道乃更东移，而以汉中为枢纽。则已在秦图统一之始。时则草原故道无复有人过问矣。秦灭蜀后，乃开湔氐道，即自今灌县龙溪出汶川娘子关之路。是为岷江上游河谷与成都平原间新开之捷径，为汉置汶山郡创立了基础。于是土门关古道亦渐废矣。又至蜀汉时，修成剑阁桥道，南栈新路成，马鸣阁旧路亦废。不知此种交通发展过程者，妄谓"三皇乘祇车出谷口"（《秦宓传》文），为今之褒斜谷口。而以为蚕丛氏之入为蜀王，是循江水而出。反以疑瞿上为蜀王故治之说焉。昧于地理故也。

以此考订古代西陲交通路线的发展变化，决定蚕丛氏最先住居地点，亦合于旧籍沿革之文。当为结论之三。

蚕丛氏属于何种民族？由其居地所在，即可肯定其为氐类。氐与羌族同源，为人类最先入居于康、青、藏大草原者。由于草原辽阔，多食草兽，易猎食；又富于白石英块，成天然的犀利石器；其地干燥无雨，空气清洁，人鲜疾病；又无毒虫猛兽害敌；故原始人类乐于留处。从而较早育成卓越之牧业文化。其贡献留存于今世者为：育成驯优之牦牛与藏狗，更进而育成乳肉兼用之良种犏牛，与耐寒之来麦（青稞）。来麦，为世界麦种之始祖。欧洲之黑麦至今仍用其音。我国之麦类名字，皆从来字为文。大麦、小麦、穬麦、莜麦，今已普种于世界各地，皆来麦之变种也。羊类、马类及玉类之为商品，莫不以羌族为最早，最多。中原文化，在牧畜经济时代，尚落后于羌族。虽已进入农业经济时代，依凭于羌族商品者仍多。"黄帝以玉为兵"（出《胡非子》），或多资于羌族之产品。后稷之"贻我来牟"（《诗·生民》），正谓开始引种青稞。《禹贡》之"织皮"，谓连毛羊皮，古人市以织褐也。《史》《汉》之"筰马、旄牛"，秦汉世犹依赖于羌族供应。羌虽限于地文，日渐落后于中原。若言石器时代之经济文化，则或较我国他族为古老矣。

羌族的原始住区，为藏北之绛塘草原（羌塘），与康北之俄洛草原。（《禹贡》之"析支"，《汉书》曰"赐支"。赐，古读如锡。）当其极盛时，人口发展无已，分向四方延展：南入雅鲁藏布江河谷者，为播族（《西羌传》云"发羌"，隋唐时为吐蕃）。更南延展者，为喜马拉雅山南斜面尼婆罗、哲孟雄、布丹、珞巴诸族。向西延展者，为克什米尔，在唐为大小勃律与西女国。向西北越昆仑而下，入于塔里木盆地者，后为西王母，与鄯善、于阗、龟兹诸沙汉绿洲国族。向东北延展者，别为党项（秦为义渠，唐为党项，宋为西夏）与猃狁，及赤狄、白狄、长狄等族。其向东南延展于西康高原者，在汉为旄牛羌，在隋唐为附国、白兰、东女（苏毗），在元为霍尔、木雅、梭罗，在清为明正、理塘、巴塘、德格等土司部。其更早已入居于西康高原贞四川盆地，及云贵高原间之河谷地带者，是为氐族。又有更早已远入汉水流域与大巴山区者，则于唐虞时为三苗，殷周时为楚芈，魏晋时为巴氐；皆已进入农业社会，渐与内地民族融合矣。（楚国芈姓，其字为羌之变体，而读音如米，与羌氐语呼人为米同音。盖羌族语犹存之证。）未能更向东南延展。向东扼于中原，向南后于越族故也。凡文化较高民族，恒向其四周文化落后地区作波浪式延展推进，其规律如此。

氐者，居于低地之羌也。岷江、大渡河、金沙江诸河谷，比较羌族居住之高原地方低暖，宜于种植，而交通不便。地理既异，经济生活不同，民俗随之变化，形成新的支派。自武都之白马，汶山之冉駹，汉嘉之青衣，沈黎之莋，越嶲之白狼，皆称曰氐。蚕丛，盖居岷江河谷之尤早者。蚕丛之族徙蜀，而后冉駹承居其地，是故蚕丛氏，虽蜀之先王，亦氐类也。

《殷武》之诗，称"自彼氐羌，莫敢不来享，莫敢不来王"。谓成汤时，住居陇蜀之氐羌民族，咸与殷商民族发生和好关系，商品市易不绝。殷墟甲骨文中，刻入羌字甚多。其字从 ⸸ 从人，形态甚多。有羌加石字的，它表示羌族卖石器（玉器）的商人，石器最美者以古羌族住区为多，中原古代人珍贵的玉器，大都由羌人运来出售，故加石字的羌字，仍应读为羌字的音。另还有大量的加系的字，有人解为被系虏的羌人，窃以为那是表示的卖丝的羌人。蚕丝是羌族所居温暖河谷才能生产的，岷江上游河谷生产得最早。那些河谷地区的人，中原古代把他称作"氐人"。故从羌加系的字，实际是指的"氐人"，即羌族入居温暖河谷经营农蚕业的人。

附甲骨文的三种羌字。

（据1934年哈佛燕京社出版的《甲骨文编》）

𦍋 𦍌 𦍍 𦍎 （表示的一般羌人）

〸癶兲癶　（表示卖石器［玉器］的羌人）

兲癶箙昺　（表示卖丝的羌人［氐人］）

羌人善养马牛羊。既居河谷，不利于养牛羊，行动咸需于马，故氐族皆有宜于山道之良马及驴营销内地，是谓"莋马"。蚕丝与马，为殷、周间氐人与内地商人市易之两大商品。故秦、汉恒以蚕与马为类。（《荀子·蚕赋》谓蚕神"马首"。郑玄注经，谓："蚕与马同气，故蚕月禁杀马。"《甘石星经》谓房四星其一为"天马"，一为"天驷"。《协律辨方书》谓："天马为丛神，为掌蚕之命神。"《唐月令注》谓"先蚕为天驷星"（并据《辞海》引）。而隋唐时以马明王为蚕神。马明王塑像，额上多一纵目，乘白马。此盖表示其神为纵目人，属白马氏类，隐指蚕丛也。宋王钦若驳天蚕为天驷之说（详《宋史》卷五十五本传），于是朝廷祀典称"先蚕"。废其燔柴，但瘗埋以祭。神亦另作翁媪持茧像，拟嫘祖。人民不愿从钦若说者，乃因马头娘故事，塑女子披马皮者为蚕神。或祀马明王如故，但改称其庙为白马庙而已。马头娘故事者，唐人所造。谓高辛氏时，蜀人为贼掠去。其女誓于众曰：能使父还者嫁之。家有马，绝缰逸去，乘其父归，父不肯以女嫁马。马咆哮嘶啼。其父怒，射杀之，曝其皮于庭。女过其处，皮蹶然起，卷女飞去，栖于桑上。女化为蚕，食桑成茧（节《太平广记》）。此明是迷信蚕马同气者所造。仍称"蜀人"。远托于"高辛氏"时，其意犹指蜀山氏也。明清人又谓蚕神为"青衣神"（徐光启《农政全书》，谓"蚕丛氏衣青衣"。青衣，白马，皆氐族支别之称。要皆足以说明养蚕为蜀地氐人所创。是为结论之四。

近世，有西人传教士著书，谓中国蚕丝业始于山东。其人不知蜀地有蚕丛，有原蚕，但缘山东有柞蚕，有黄丝（较原始的丝色），遂言之。夫若先无天然自生之野蚕以启发远古劳动人民，即不可能有养蚕的创造。四川自岷江河谷入四川盆地，今犹多有野蚕，亦其证也。

1976 年任乃强再稿。

附二　成都七桥考

常璩《华阳国志》云："长老传言，李冰造七桥，上应七星。"其上文专章记李冰事，未书造桥。此虽补述，犹曰"长老传言"，固疑之也。

今按，李冰既穿二江"双过郡下"，即不能不跨江造桥，以通行旅。二江者，郫江，自沱江（毗河）分水，至张仪、张若所造成都城西北，绕少城西，折向东流，过城南之市桥与江桥，至合江亭，与检江合。自灌田外，兼具护卫城防与漕转汶山地区竹木财物之用。是为二江之北江。其故迹，验于今地，则为自郫县三道堰，经成都市区之洞子口、九里堤，与今城内之王家塘、洗马池一带低地，出外东莲花池，至望江楼附近合检江。秦城在此江之北，面积不过今城九分之一、二。其商业繁盛区在市桥附近（属秦少城石牛门外）。其下有石犀渊，相当宽深。汉世展拓秦城，合大城、少城作十八郭，此市与渊均仍在市桥门郭外，当时汉民与少数民族市易，不乐在城内受官吏拘束故也。自隋、唐、宋、明，屡徙城址。明、清两代修建砖城时，则王家塘、洗马池一带已包入砖城之内，而别凿护城河以泛竹木（今云油子河）。城内郫江旧迹次第填平，变成街道，每大雨，街水漫流时，此旧河迹部分恒成泽国，有淹没屋基一、二尺深者，其明验也。

李冰二江之检江，远自都江堰内江之宝瓶口外分水，长百余里。即今之走马河，灌、温江、郫、崇庆、双流、新津诸县和成都广大田野之干流。秦时系自今百花潭、十二桥循金河一线，至合江亭，与郫江合。明代筑砖城包金河后，乃更于南门外开护城河，即今南门大桥下河，清代同。城内金河，初亦行船，后渐为沿岸民居侵夺，乃更开拓南门外渠为正流。今则金河渐埋灭矣。冲积平原开河易，可以随时依人意改变河道，其都市土城，亦屡圮，屡筑，移徙不定，故执今地形以求古地名位置者，每每致谬。先了解秦李冰二江旧迹与大城、少城之位置，乃可以考订秦之七桥。

兹先汇录七桥资料，以便审证：

1. 常璩《华阳国志》（依新校本）："西南两江有七桥。直西郫江士曰冲里桥，西南石牛门曰市桥，……大城南门曰江桥，南渡流（江）曰万里桥。西上曰夷里桥。上曰笮桥。又从冲里桥西北折曰长升桥。郫江上西有永平桥。

2. 《水经注》卷三十三："西南两江有七桥：直西门郫江上曰冲治桥。（一本无士曰二字，治作里。）西南石牛门曰市桥。吴汉入蜀，至广都，令轻骑先往焚之。……大城南门曰江桥。桥南曰万里桥。西上曰夷星桥（一本作"夷里桥"）。下（校作亦）曰笮桥。南岸道东有文学……道西城，故锦官也……又从冲治桥北折曰长升桥。城北十里曰升传桥，有送客观，……李冰沿水造桥，上应七宿。故世祖谓吴汉曰：安军宜在七桥连星间。（此则明是引据《常志》而以笮桥为夷里桥之别称，以升仙桥入七数。无永平桥。）

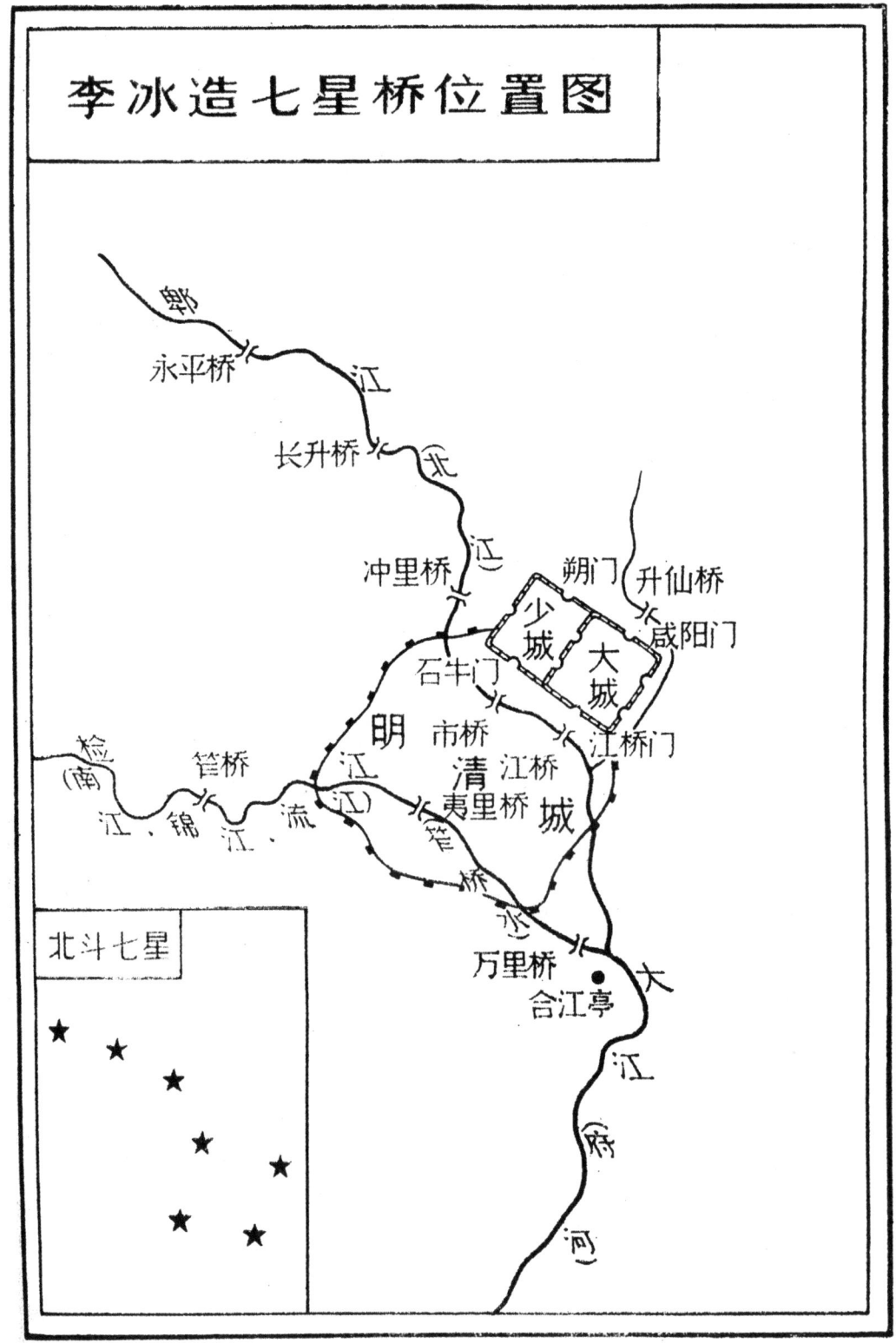

李冰造七星桥位置图

3.《初学记》卷七《桥总序》云："蜀有七桥：一，冲里；二，市桥；三，江桥；四，万里桥；五，夷里桥；六，笮桥；七，长升桥。"（此亦明是依据《常志》，未似《郦注》之参杂他书，不用升仙桥。）

4.《一统志》引李膺《益州记》云："一，长星桥，今名万里。二，员星桥，今名安乐。三，玑星桥，今名建昌。四，夷星桥，今名笮桥。五，尾星桥，今名禅尼。六，冲星桥，今名永平。七，曲星桥，今名升仙。"（附原注："按《益州记》与《华阳国志》多不同。《华阳国志》升仙桥亦不在七星之数。"）

今按：李膺从桓温伐蜀，留蜀中颇久，盖与常璩为同时人，而所记李冰七桥与常氏异者，常氏记"故老"传说，李膺记当时星纬家言，《郦注》折衷二家为文。《初学记》则恪遵《常志》也。兹先依《常志》次第，考订各桥名称，位置如下：

冲治桥　《初学记》作冲里。《水经注》官本作治，朱本、赵本作里。赵一清《水经注释》云："是唐时写本避高宗讳耳。"今按：秦汉制，县域区划，有乡、亭、里。"乡置有秩三老、游徼。"亭有亭长，以禁盗贼。"里有里魁，民有什伍，善恶以告。"（引《后汉·百官志》。）《常志》亦云："故蜀立里多以桥为名。"编户之法，大十户左右为甲。十甲左右为里。地有兴衰，户有增减。增减度过大时，亦每有分并。先有桥，则里因桥为名，先有里，则桥因里为名，此其大较也。秦已建桥，汉始分里，故可推断冲里桥者，原始当单名冲桥。冲即冲途、冲繁之冲字。秦时成都西侧当羌氏、笮、邛出入之冲，（当时临邛入郡自西门。僰自南门，賨自东门，秦自北门。）故正西之郫江桥曰冲。汉立里，因曰冲里。后遂转为冲里桥。宋人刻书者与传写《常志》者，每因唐避治作里，而误会理、里字为唐人避改，遂妄还为冲治桥。犹俗本《史记》《汉书》，改元元为玄元，说为黑头之义。亦谓古本为避讳改也。

市桥　秦少城正南为石牛门。门外跨郫江有桥，为市桥，为当时各族人民市易处。汉建益州，称为"州市"，谓一州最大市也。《寰宇记》卷七十二云："市桥，在州西四里。"又引李膺《益州记》云："汉旧州市在桥南，《华阳国志》云，后汉大司马吴汉征公孙述，述妹婿延岑伪遣鼓角麾帜渡市桥挑战，汉兵争观，延岑纵兵出汉军后袭击，大破之。（在《公孙述志》）即此桥也，七星桥之五。"郑樵《通志》谓古市桥"今曰金花桥"。考石犀渊当即今之王家塘。石牛门当在今宁夏街东武担山与文殊院之间，去金花街、五福桥不远。宋代犹能知其处，今难确定何点矣。

江桥　在大城南门外，尝估其桥址当在今城东北方正街、贵州馆街之间。《寰宇记》云："南江桥亦曰安乐桥，在城南二十五步（按此谓唐宋之府城）。宋孝武以桥名安乐,寺改名安乐寺。"今安乐寺为人民市场,在盐市口附近,祀蜀后主安乐公刘禅,非古之桥神庙也。

万里桥　在郫、检二江合流处之西跨检江。成都舟运,始畅于此。《元和志》云:"在县南八里。蜀使费祎聘吴,诸葛亮祖之(于此),祎叹曰:'万里之行,始于此桥。'因以为名。",又"明皇幸蜀过此(《寰宇记》作"适此桥",义较佳),问桥名。左右以对。阴皇叹曰:'开元末,僧一行谓,更二十年,朕当远游万里外,此其验也。'"范成大《吴船录》云:"在合江亭西。"考合江亭,当在今望江公园附近。万里桥当在今九眼桥附近。检江,亦即锦江,一名流江,《元和志》曰"大江",云"万里桥架大江水"也。舟行者自此始,故祖饯者恒于此处。费祎所叹,谓使程之远,正如此桥名,非因有此叹而名此桥也,万里之名,当秦已定,取长江万里为义。《寰宇记》云:"在州南二里,亦名笃泉桥。桥之南有笃泉也。……七星桥之二。"今按"二里"上疑脱十字。或二为八之讹。所举费祎、玄宗两故事与《元和志》同,则道里不能远异。宋之州城距此,亦不能是二里。所言"笃泉",疑即今之"薛涛井",本名"笃泉",清人傅会为薛涛故井也。成都郊区皆饮江水,渠水,不作井泉,惟此有一井泉,故知其为笃泉也。万亦为姓氏字,亦可疑"万里"是里名。

夷里桥　故址当在今盐市口南,跨金河(检江)。本曰夷桥,汉立夷里,遂称夷里桥也。夷字本义训大,训平易,又为姓,齐大夫有夷仲年,又与彝通,不必即为"蛮夷"义。

笮桥　常氏夹叙在七星桥之间。《益州记》《水经注》,皆以为即夷里桥。《寰宇记》云:"笮桥,去州西四里,一名夷里桥,又名笮桥,以竹索为之。"今按:李冰七桥皆木制之板桥,可行车马。惟此附郭七桥外,乃仍旧为竹索桥,夷里桥决非竹索为之。李冰于成都通临邛道上各渡口皆作笮桥,明著《常志》。其出少城赴临邛之第一笮桥,正跨检江,当在夷里桥上方赴临邛方向,疑是今草堂寺外龙爪堰处,虽李冰作,不在七木桥内。吴汉入蜀,蜀人坚守夷里、万里二桥,军不得渡。故上趋笮桥。延岑乃以鼓角、旗帜,大出市桥,趋夷里,若欲击其后者,汉军争东向夷里御之,延岑乃以奇兵向笮桥击其后方,故大败之,汉堕水,援马尾得出。其时笮桥亦已易木桥,而市桥江桥皆易为石桥矣。今成都南郊四十里,有地名簇桥,亦非秦之笮桥,秦笮桥当跨检江。

长升桥　按《常志》,当在少城西北,跨郫江,约在今洞子口附近。

永平桥　按《常志》文,当在郫江更上游,今踏水桥附近。旧地书于此两桥无所称述。兹订为如此位置者,如此乃合"上应七星"语。北斗七星特明朗。其四星排列略成四方（微作梯形），是为斗勺。其三星排列微弧，接于勺，为斗柄。李冰七桥，市、江两桥跨郫江，万、夷两桥跨检江，亦略成四方形，似斗勺。冲里以西北三桥，皆跨郫江上游，配合恰似斗柄状。如此乃与"七星"形位相应，否则不为"相应"。此应字，只能是相类似之义。北斗七星，斗勺之前端二星为天枢，其间作直线引长更约七倍距离处为北极星（北辰），正当天心，亘古对地面位置不变。北斗七星与其他星群则每昼夜对地面旋转一次（实即地球自转所见的天象），每月之同一时间，斗柄所指的方位又不相同。每一周年，斗柄回指一定方位（实即地球公转所产生的天象）。上古人类，便依据它转向的方位，定出年、月、日、时的历法来。李冰所造七桥，形位与斗宿七星相似，惟不能旋转如斗，每日仅瞬刻与之相应。李冰当时随地理形便造桥，恰有形似北斗之排列。后人遂饰为"上应七星"，传播于蜀人之口，常璩从而采入于书耳。笮桥位置与七星排列不相应，而与万、夷两桥同在检江上，故夹述及之。

升仙桥　即今之"驷马桥"，本汉城咸阳门外护城河桥。张仪筑时应已有木桥，非李冰造。唯郫、检二江上木桥，工程较大，或是李冰造耳。此桥既非跨郫检江，又不与七星排列位置相应，即不当在七桥之内。（《水经注》误入于七星桥。缘《益州记》误。）

李膺《益州记》久失传。唐宋人每多引之，文不尽同。如《寰宇记》谓南江桥为"七星桥之一"，万里桥为"七星桥之二"。市桥为"七星桥之五"，余四桥无名次，但有"夷里桥又名笮桥"，不言七星桥次，而与《一统志》所传《益州记》"四，夷星桥又名笮桥"之文正同。故知其出于《益州记》也。然《一统志》所传《益州记》之桥次为一万里桥；二安乐桥（按《寰宇记》，安乐桥即江桥）；三建昌桥，谓即长升桥，其下突然跃越至斗柄中，显有未合，疑原是夷里桥；其四为笮桥，而五为市桥（禅尼桥），顺序乃合，然则李膺本语固以笮桥入于七星与《水经注》同也；其六为"冲星桥"，沿市桥溯郫江而上，次叙合。其七为升仙桥，又不合如上所述。可疑所云"李膺《益州记》"，亦只是后人所妄托。即如长、员、玑、夷、尾、冲、曲等星名，亦非天文诸书所固有，不得为李膺实地考察之言矣。

若《常志》文，"上曰笮桥"，四字为自注语，则从江桥为斗魁第一星起，次万里、夷里、市桥为勺。次冲里、长升、永平三桥为柄，以象北斗，殆似之矣。

综上言之，可得下之结论："上应七星"之说。除形似外，不能有其他意义。既云："（秦城）西南两江有七桥……上应七星。"即不得有升仙桥（驷马桥），亦不得有笮桥。笮桥虽亦在检江，与七星不相应，亦非如七星桥之为木桥，常文本自明白。

后人转引讹谬，以升仙亦为木桥（汉世笮桥亦为木桥），而永平桥远（或已壤），说者不知，亦不细审常文，致昧七星之义。

《五行志》

　　成帝鸿嘉三年五月乙亥，天水、冀、南山大石鸣，声隆隆如雷。有顷止，闻平襄二百四十里。……是岁，广汉钳子谋攻牢。（颜注："钳子，谓钳徒也。牢，系重囚之处。"）篡死皋囚。郑躬等盗库兵，劫略吏民。衣绣衣。自号曰山君。党羽寝广。明年冬，乃伏诛。自归者三千余人。